카페 **사르트르**

사르트르 연구의 새로운 지평

카페 **사르트르**

사르트르 연구의 새로운 지평

한국사르트르연구회

가피랑 **에크리** Ecrit

책머리에

중개와 유혹의 카페

"모든 정신적 작품은 그 자체에 그것이 겨냥하는 독자의 이미지를 지니고 있다."

작가는 무릇 일반적인 독자, 즉 모든 시대와 모든 나라의 보편적인 인간이 아니라 그와 같은 시대, 같은 나라, 같은 계급의 독자를 대상으로 삼는 것이다. 따라서 정신적인 작품이란 자연히 '암시적'이게 된다. 그런데 이 점을 사람들이 별로 고려하지 않는 것 같다. 자연주의적 작품이 모두의 일상어를 사용한다면, 그러니까 정신적 작품의 언어는 '생략적'이고 '공모적'이게 된다. 이는 사르트르가 1948년, 『문학이란 무엇인가』에서 내건 전제이다. 이 전제는 1964년 노벨 문학상을 거부한 중요한 이유로 이어지기도 한다.

하지만 이 입장은 우리에게 냉정하고 배타적으로 비친다. 자연주의 소설이라면 어떤 입장이나 전제가 있어도 문제 될 게 없다는 얘기지만 그가 내건 '정신'이란 전제는 우리 한국 독자를 그야말로 아연하게 하기 때문이다. 철학서들은 논외로 치더라도 바로 그의 독자, 즉 제3공화정(1871~1939) 시대는 물론이고 그 이후의 부르주아지도 아닌 우리는 정말 그의 독자도 아니고, 그의 정신적인 저술을 제대로 이해할 수 없다는 건가?

이와 같은 근본적인 질문과 아울러 그의 철학에 대한 체계적 이해를 도모하자는 정명환 선생의 제안에 후학들이 1994년 말 한데 모였고 바야흐로 그에 대한 본격적인 첫 연구모임을 시작하였다(정명환, 박정자, 심정섭, 조영훈, 강충권, 장근상, 윤정임, 이재룡). 곧이어 여러 전공자들이 모임에 합류할 때마다 그동안 연구가 아쉬웠던 분야를 보완하는 기쁨을 누릴 수 있기도 하였다(정경위, 변광배, 지영래, 오은하, 강초롱). 정기적 참가자들 이외에 그간 초청 발표에 응해 주신 분들이 많다. 박이문, 오생근, 미셸 시카르 선생을 비롯하여 2009년 한상연, 2011년에는 서동욱, 조광제, 류종렬, 2012년에는 김재인, 강용수, 강미라, 안성찬, 2013년에는 김윤상, 권영우, 김경식 선생 등이다. 이러한 노력을 거듭하며 연구모임은 자연스레 한국사르트르연구회로 발돋움하게 되었고, 그동안의 결과물로 1999년에는『사르트르와 20세기』를, 2012년에는 한국의 사르트르 수용사를 정리한『실존과 참여』를 공저로 출간하였으며, 2003년 말부터 거의 3년간을 사르트르의 철학서『변증법적 이성 비판』의 번역에 전념하여 이를 2009년에 출간해 낼 수 있었다. 그리고 올해 20주년을 이같이 기념하기에 이르렀다.

이번 공동저작은 '카페'라는 이름 그대로, 참여 연구자들의 다양한 관심과 개성을 그대로 수용하기로 하였다. 17편의 글을 철학, 문학, 사회의 3분야로 분류하고 분야의 단위를 '카페'로 설정하기로 하였다.

우선 카페가 삶과 이야기, 일상과 모험, 행위와 무위를 동시에 넘보는 일종의 '중개 공간espace médiat'의 역할을 겸한다고 생각하기 때문이다. 작가 사르트르가 카페café와 식당brasserie을 독서와 글쓰기, 그리고 사교와 토론의 공간으로 삼은 건 익히 잘 알려져 있다. 첫 소설『구토』에서는 주인공 로캉탱을 호텔에 기거하게 하면서, 소설의 일정

5주 동안 카페 2곳, 식당 3곳, 도서관과 미술관 각각 1곳을 합쳐 모두 일곱 무대를 번갈아 떠돌아 다니며 부르주아들을 염탐케 하다가, 하루는 도서관에서, 하루는 카페에서 구토를 일으키게 하기도 하고 또한 진정하게 하기도 하였다. 예컨대 첫 번째로 맞이하는 일요일에는 아침부터 영화 장면과도 같은 안개를 헤쳐 가며 그날 하루만 해도 마블리 카페를 두 번씩 찾아가고, 부빌 도서관도 두 번씩 들르게 하기 위해 같은 공원을 세 번이나 지나치게 하기도 한다. 이번 내미는 우리의 글들도 독자를 때로는 도서관에서처럼 진지하게, 때로는 공원이나 카페에서처럼 방심하게, 때로는 미술관에서처럼 놀라게 하기를 희망해 본다.

물론 새로 제시하는 '카페'라는 단위는 사르트르라는 철학자, 참여문학가, 행동가의 묵직한 타이틀을 거머쥔 연구대상에 적용하기가 적당하지 않다는 생각도 들지 않은 건 아니지만, 이제 지구인의 현재는 기존 어려운 개념적 해설의 몫이 아니라는 생각이 우리로 하여금 용기를 내게 하였다. 그래서 다양한 생각 그대로, 다양한 형식 그대로, 다양한 글들을 그대로 내밀게 되었다. 더불어 사르트르의 여정에 평생 집요하게 반려자의 위상을 포기하지 않았던 시몬 드 보부아르에 대한 글 2편을 자연스레 포함하게 되었다. 사르트르의 작품 곳곳에 배어 있는 그녀의 표정과 숨결을 외면하며 작품을 이해하기란 온전하지 않을 수 있기 때문이다.

그다음으로 카페는 사르트르에게 유혹의 장소이기도 하기 때문이다. 어릴 적부터 자신의 외모가 가지는 이타적인 면에 예민해지면서 자기는 외모가 아니라 오로지 배우나 이야기꾼의 자질로써만 여자애들의 관심을 끌 수 있을 거라 그는 생각했다. 그도 그럴 것이 그가 열 살 때 그의 언변의 유혹 능력을 알아본 어떤 부인이 "이 아이가 스무 살이 되면 다시 보고 싶어요. 아마도 모든 여자들의 마음을 사로잡을" 거라고 장담했다는 기억을 본인이 1939년 『야릇한 전쟁수첩』에 옮겨 적기도 한다. 그리고 결국 '생겨나지 않은 여동생'의 빈자리를 채워 줄 대상을 찾아 카페와 식당에서 이야기꾼의 자질을 발휘한다. "유혹자는 세상을 상대에게 소개하면서 풍경이나 순간의 가장 감추어진 의미들을 벗겨 주는 자이고 세상을 말로 포착하여 세상이 제 모습을 드러낼 수 있도록 도와주는 자여서 그의 존재 덕분에 나무는 나무 이상의 것, 집은 집 이상의 것이게 되어 그 상대에게 세상이 갑자기 더 풍성하게 존재하게 되는 그런 자"이다. 그런 점에서 더 나아가 "쓰는 행위가 사물의 의미를 캐는 일이라면 유혹 행위와 다를 바 없고, 관점을 선택하여야 하는 것까지 고려한다면 유혹 행위와 문학의 작업은 다를 바 없다"고 사랑과 예술 일반을 연결하려 한다. 하지만 오랜 항해를 하는 선장만이 아니라 인간이라면 누구나 이야기꾼이라는, 다시 말해 이야기를 '먹고' 사는 존재라는 사실을 그는 차츰 이해하게 되는데, 이런 관념적 정의와는 다르게 오늘날의 과학자들은 인간이 아예 뇌에 이야기 회로를 가진다는 단서를 보여 주기도 한다. 감각기관을 통해 수집한 정보를 논리적으로 조합하여 이야기를 구성하는데, 혹시 (그것이 사실이라도) 혼란스러운 정보라면 뇌는 짜증을 낸다고 한다. 이에 외톨이 인간, 로캉탱도 다르지 않다. 그도 젊은 시절 일상의 시간을 이야기의 시간성, 즉 정밀한 성질의 시간으로 채색하려 하며 부르주아적 '진실같음 vraisemblable'의 취향에 머물러 있었음을 아쉬워한다. 하지만 '진실'의 태반은 세속인들에게 그야말로 짜증의 대상이어서 머리를 시원하게 해 줄 '진실같음'의 이야기라야 우대받기 마련이고, 용맹정진하는 수도승의 경지는 되어야 '진실' 그대로를 수용할 수 있을 것이다.

이 '중개와 유혹의 카페'에 선보일 글들 중 변증법, 존재론, 신체론 등에 관한 글 6편은 '철학 카페'로, 문학과 연극 그리고 미학에 관한 글 6편은 '문학 카페'로, 사회적 윤리적 성찰에 관한 글 5편은 '사회 카페'로 분류하여 각 카페마다 제시된 많은 생각들과 입장들 간의 갈등과 해소의 토론 장면을 마련해 본다.

모처럼 가벼운 차림으로 선보이는 이번 한국사르트르연구회 20주년 기념 문집은 사실 다른 의미도 있다. 정명환 선생께 표하는 회원들의 감사와 자성이다. 1994년 이래 선생께서는 후학의 정진을 정신적, 재정적으로 결집하고 있다. 21세기, 이미 우리가 일부 확인한 바와 같이 '정신적 소명'이란 언감생심 꿈꾸기 힘든 시대 그대로이다. 하지만 그만큼 소명의식이 더욱 요청된다는 점을 사람들은 그다지 고려하지 않는 듯하다. 선생께서는 계기를 마련하고 자성을 기대하지만 후학은 별로 절박하지 않은 듯하다. 이러한 자성은 또한, 아직도 그것도 인문학서 출간만을 고집하며 여전히 카페에서 철학과 문학과 사회에 대해 토론하는 이번 글들의 출판까지 허락한 도서출판 기파랑, 그리고 이 많은 글들 모두 꼼꼼히 교열을 보며 그야말로 뭍에 떠진 바다의 이미지를 단박에 떠올리게 한 김세중 교수에 대한 감사와 합쳐져 두 배의 반성이 된다. 아울러 원고 취합과 모든 사소한 일을 처리해 준 변광배 선생에게도 감사의 말을 전한다.

2014년 10월   일

한국사르트르연구회 회원들을 대리하여
장 근 상

차례

Contents

차례

Contents

차례

Contents

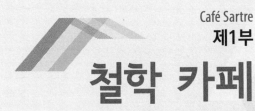

Café Sartre
제1부

철학 카페
café philosophie

사르트르의 시선과 신체에 관한 한 연구

단편 「벽」을 중심으로

변 광 배

1. 머리말

사르트르는 읽기 행위acte de lire를 '안내된 창조création dirigée[1]로 여기고 있다. 물론 읽기 행위와 이 행위의 주체인 독자를 안내하는 자는 글쓰기 행위acte d'écrire의 주체인 작가이다. 또한 독자를 안내하면서 작가는 독자보다 더 멀리 나아간다고 사르트르는 보고 있다.[2] 작가가 자신의 작품에 대해 특권적인 위치에 있는가의 물음에 대해서는 긍·부정의 대답을 할 수 있겠다. 그러나 이 물음에 긍정적인 답을 하는 경우 신비평에서 비판되는 '의도의 오류'에 빠질 가능성은 항상 존재한다고 하겠다. 그럼에도 불구하고 작가가 자신의 작품에 대해 남긴 여러 곁텍스트paratexte[3]는 여전히 독자를 그 작품으로 안내하는 소중

---

1 Jean-Paul Sartre, *Situations II* (Gallimard, 1948), p. 95; cf. Sartre, *Saint Genet, Comédien et martyr* (*Œuvres complètes* de Jean Genet, t. I, Gallimard, 1952), p. 550.

2 Sartre, *Situations II*, p. 129.

3 Cf. Gérard Genette, *Palimpsestes, La Littérature au second degré* (Seuil, coll. Poétique, 1982), p. 9.

한 가치를 지닌다는 사실은 부정할 수 없는 것으로 보인다. 다만 문제는 여러 곁텍스트에서 제공되는 정보가 모순된 경우에 발생한다. 한 작품에 대해 작가가 여러 곁텍스트를, 그것도 모순된 곁텍스트들을 생산한 경우 독자는 어떤 곁텍스트에 우선권을 주어야 하는가?

사르트르의 단편집 『벽 Le Mur』에 실린 다섯 단편 가운데 첫 번째 단편인 「벽 Le Mur」(1939)을 앞에 두고 우리는 이와 같은 문제와 맞닥뜨린다. 사르트르는 여러 기회를 통해 때로는 『벽』 전체에 관해, 때로는 「벽」에 관해 여러 곁텍스트를 생산해 냈다. 그중에서도 우리는 다음의 두 곁텍스트에 주목하고자 한다. 하나는 『벽』의 「저자 서문prière d'insérer」이라는 곁텍스트—'곁텍스트(I)'이라고 부른다—이고, 다른 하나는 「벽」이 영화화되었을 때 저자가 가진 기자회견이라는 곁텍스트—'곁텍스트(II)'라고 부른다—가 그것이다. 저자는 곁텍스트(I)에서 『벽』에 실린 다섯 단편의 인물들이 각자 보여 주는 실존의 어려움 앞에서의 도피와 그러한 도피가 벽에 막혀 실패로 끝난다는 사실, 즉 『벽』의 철학적 성격을 지적하고 있다.[4] 그러나 저자는 곁텍스트(II)에서 「벽」이 철학에 관한 작품이 아니라 스페인 내전에 관한 즉흥적이며 감정적인 대응이라는 사실을 밝히고 있다.[5]

그런데 우리는 이러한 곁텍스트(II)로 인해 혼란에 빠지게 된다. 그 이유는 이 곁텍스트가 「벽」의 철학적 성격을 부인하며, 『벽』의 저자 서문이라는 곁텍스트(I)과 상반된 정보를 제공해 주고 있기 때문이다. 이러한 혼란은 또한 다음과 같은 의문으로 이어진다. 비록 같은 저자에 의해 생산되었지만 이처럼 상반된 곁텍스트들 중에서 「벽」을 읽으면서 우리

---

4 Sartre, *Œuvres romanesques* (Gallimard, Bibliothèque de la Pléiade, 1980), p. 1807.

5 Conférence de presse sur le film *Le Mur* au festival de Venise le 5 septembre 1967, in *Jeune Cinéma*, n° 25 (octobre 1967), pp. 24-28 (Repris in Michel Contat et Michel Rybalka, *Les Ecrits de Sartre*, Gallimard, 1970, pp. 58-99, 452-53).

는 어떤 곁텍스트에 의해 안내를 받아야 할 것인가 하는 의문이 그것이다. 미셸 리발카Michel Rybalka는 곁텍스트(I)과 곁텍스트(II)를 취합하여 「벽」이 사르트르의 작품 세계에서 독특한 위치를 점하고 있다고 말하고 있다.[6] 「벽」이 역사적 성격을 지닌 텍스트로서의 성격과 후에 『닫힌 방Huis clos』, 『내기는 끝났다Les Jeux sont faits』 등으로 이어지는 철학적 성격을 지닌 텍스트로서의 지위를 동시에 지니고 있다는 것이다.[7] 「벽」을 읽으면서 우리는 이와 같은 절충적 태도에 만족해야만 할 것인가?

이 글에서 우리는 곁텍스트(I)에 충실하면서 「벽」이 사르트르가 그의 존재론에서 전개하고 있는 주요 개념들인 시선regard와 신체corps의 문제를 심도 있게 다루고 있는 작품이라는 사실을 보려 한다. 실제로 사르트르는 이와 같은 개념들을 토대로 타자의 존재 문제, 나와 타자와의 관계 문제들에 그의 철학 주저들 가운데 하나인 『존재와 무L'Etre et le Néant』의 많은 부분을 할애하고 있다. 여태까지 서구의 담론사에서 정신에 의해 억압당했던 신체에 합당한 자리를 부여하려는 움직임이 강한 요즈음, 단편에 불과하고 지금으로부터 70여 년 전에 쓰인 「벽」을 시선과 신체의 문제를 통해 다시 읽으면서 이 작품이 가질 수 있는 의미를 되짚어 보려는 노력은 나름대로 그 의의가 충분히 인정되는 작업이라 하겠다.

2. 신체의 두 가지 차원

(1) 하나의 질문

그러다가 나는 갑자기 깨어났고, 둥근 빛은 사라졌다. 나는 엄청난 무게

---

6 Sartre, *Œuvres romanesques*, p. 1804.

7 Cf. Geneviève Idt, Le Mur *de Jean-Paul Sartre: Techniques et contexte d'une provocation* (Larousse, coll. Thèmes et textes, 1972), p. 34.

에 짓눌려 부스러지는 듯한 느낌이 들었다. 그것은 죽음에 대한 생각도 두려움도 아니었다. 그것은 익명의 그 무엇이었다.[8]

위의 장면은 스페인 내전중에 포로가 되어 톰 Tom, 쥐앙 Juan과 함께 사형 선고를 받고 처형을 기다리는 극한 상황에서 벨기에 의사와의 첫 대면 후 파블로 Pablo가 그의 신체에 모종의 변화를 감지하는 장면이다. 여기서 우리가 특히 주목하고자 하는 것은 파블로가 그 아래에 짓눌렸다고 느낀 익명의 거대한 무게이다. 이것의 정체는 무엇인가?[9]

이 거대한 무게의 정체를 밝히기 위해 우리는 대타존재 être-pour-autrui의 문제를 다루고 있는 『존재와 무』의 제3부로 눈을 돌릴 것이다. 그 이유는 문제가 되고 있는 거대한 무게는 파블로와 의사와의 첫 대면 후에 나타났기 때문이다. 그런데 이들의 첫 대면 장면은 시선을 통한 타자의 출현과 신체에 관련된 사르트르의 사유와 무관하지 않은 것으로 보인다. 의사와의 첫 대면 후 거대한 무게에 짓눌렸다는 느낌을 받기 전까지 파블로는 약 1주일 동안 포로의 신분으로 있었다. 우리는 이 기간 동안 그가 어떤 상황에 있었는가를 눈여겨 볼 필요가 있는데, 그것은 거대한 무게에 짓눌렸다고 느낀 순간 이후에 그가 처해 있는 상황에 커다란 변화가 발생하기 때문이며, 또 그렇게 발생한 변화의 의미를 잘 이해하기 위해서는 이전의 상황에 관한 이해가 필수적으로 보이기 때문이다.

파블로가 거대한 무게에 짓눌렸다고 느낀 순간부터 거슬러 올라가

---

8 Sartre, *Œuvres romanesques*, p. 219. 이하에서 이 단편에서의 인용은 쪽수만으로 표기함.
9 사르트르는 독자의 기대(attente)를 읽기 행위가 끝날 때까지 뒤로 미루기 위해(cf. Sartre, *Situations I*, Gallimard, 1947, p. 36) 많은 질문을 이용하면서 「벽」뿐만 아니라 『벽』에 실린 다른 네 단편의 이야기를 구성하고 있다(Idt, *Le Mur de Jean Paul Sartre*, pp. 21-27). 이드의 지적에 의하면 「벽」은 세 개의 질문 – 라몽 그리(Ramon Gris)는 어디에 있는가? 파블로는 총살을 당할 것인가? 파블로는 사형 선고를 받은 밤을 어떻게 견딜 것인가? – 을 중심으로 짜여 있다. 그러나 우리가 보기에는 파블로를 짓누른 거대한 익명의 무게의 정체에 관한 질문이 「벽」에서 차지하고 있는 중요성은 이드가 지적한 세 질문의 그것에 비해 오히려 더 큰 것으로 보인다.

포로가 된 순간까지 그의 행적을 시간별로 정리해 보자. 포로가 된 그는 우선 중세에 지어졌을 듯한 대주교관의 골방에서 5일을 보냈으며(214), 내전 전에는 난방용 석탄을 넣어 두었고(215) 지금은 감옥으로 쓰고 있는 병원의 지하 감옥에서 24시간을 보내고 나서, 취조 겸 재판을 받기 위해 커다란 하얀 방에서 3시간을 머무른 뒤, 톰, 쥐앙과 함께 지하실 감옥으로 되돌아와 갇혀 있다(213-14). 또한 그날 저녁 8시경에 적군의 지휘자 한 명이 와서 그들 세 명은 내일 아침에 처형될 것이라는 사실(216)과 곧 한 명의 의사가 이곳으로 올 것이라는 사실(217)을 통고한다. 그리고 이러한 통고가 있은 지 얼마 지나지 않아 벨기에 의사가 실제로 지하 감옥을 방문한다(218). 이렇게 해서 이루어진 의사와의 첫 대면 후 파블로는 거대한 무게에 짓눌렸다는 느낌을 받게 된다.

사실 의사와의 첫 대면 순간과 파블로가 거대한 무게에 짓눌렸다는 느낌을 받은 순간 사이에는 많은 시간이 흐르지 않은 것으로 보인다. 우리는 뒤에서 이 시간 동안에 무슨 일이 일어났는가를 보게 될 것이다. 여기서는 의사와의 첫 대면이 있기까지 앞서 보았던 파블로의 행적이 갖는 의미를 살펴보기로 한다. 우리가 보기에는 파블로가 보낸 약 1주일 동안의 행적의 의미는 사르트르가 주장한 신체의 제1 · 제2 차원인 대자로서의 신체 corps comme être-pour-soi와 대타신체 corps-pour-autrui에 관한 문제에 밀접하게 연결되어 있는 것─이러한 연결은 의사와의 첫 대면 이후 파블로 주위에 발생한 상황에도 마찬가지로 나타난다─으로 여겨진다.

(2) 대자로서의 신체: 신체의 제1차원

신체에 관한 사르트르의 견해는 그의 여러 철학적 견해 중에서 "가장 독창적이며", "아마도 역사가 가장 값진 것으로 여길" 견해라는 평가를 받고 있다.[10] 물론 신체에 관해 관심을 보인 것은 사르트르가 처음이 아니다. 서구에서만 보더라도 많은 사상가들이 신체, 특히 정신과 신체의 관계에 관심을 보였다. 그러나 이러한 관심에 대한 통시적 연구는 우리의 능력을 벗어나는 일이며, 따라서 여기서는 다만 벨기에 의사와의 첫 대면을 전후한 파블로의 행적의 의미를 밝히는 데 도움이 되는 범위 내에서 신체에 관한 사르트르의 사유를 살펴보는 것으로 그칠 것이다.

신체에 관한 사르트르의 논의는 그가 정립한 존재론의 한 부분인 대타존재의 영역에서 이루어지고 있다. 뒤에서 자세히 살펴볼 것이지만, 사르트르는 타자를 '나를 바라보는 자'[11]로 정의한다. 그런데 타자의 시선하에 놓이는 것은 내 신체이다. 여기에 나와 타자와의 존재론적 만남과 존재론적 관계의 의미를 파악하기 위해 신체에 관한 논의의 필요성이 대두되게 된다. 그렇다면 신체는 무엇인가? 답을 미리 하자면 사르트르는 신체와 의식의 동일성을 주장하고 있다. 의식과 같이 신체도 완전히 '심적psychique'이며, 이들은 서로 구별되는 두 개의 실체이어서 '결합되는uni'는 것이 아니라, '하나'라는 것이다(EN, 368).

'고르디우스의 매듭'을 푸는 '일도양단'의 태도[12]로 사르트르가 이처럼 신체와 의식을 같은 것으로 보았음에도 불구하고 이들의 관계를 이해하는 것은 결코 쉬운 일이 아니다. 한 평자는 사르트르 자신도 그 관계를 기술하면서 어려움을 겪고 있다고 지적하고 있을 정도이다.[13] 비의적祕儀的이라고까지 말할 수 있을 신체에 관한 그의 사유를 이해하기 위해서 우리는 인간실재의 '세계-내-존재être-dans-le-monde'

10 Wilfrid Desan, *The Tragic Final: An Essay on the Philosophy of Jean-Paul Sartre* (Harper Torchbooks, The Academy Library, 1960), p. 74 n1.

11 Sartre, *L'Etre et le Néant, Essai d'ontologie phénoménologique* (Gallimard, Bibliothèque des Idées, 1943, pp. 315, 327). 이하에서 이 저서로부터의 인용은 'EN, 315'처럼 표기함.

12 신오현, 『자유와 비극: 사르트르의 인간존재론』(문학과 지성사, 1985), p. 169.

13 Desan, *The Tragic Final*, p. 75.

로부터 출발할 것이다. 사르트르의 체계 내에서 보자면 의식은 존재가 아니다. 오히려 의식은 다른 존재와 관련을 맺으면서 존재한다. 후설 Husserl에 이어 사르트르가 "의식은 항상 무엇인가에 관한 의식이다"라고 주장한 의식의 지향성이 내포하고 있는 의미들 중의 하나가 그것이다. 그러므로, 일단 세계에 출현하게 되면, 인간실재는 무화작용을 통해 세계에서 항상 무엇인가를 떼어 내어 그것을 가지고 자신의 지향성의 구조를 채우고, 세계에 의미를 부여함과 동시에 세계를 거기에 있게끔 하면서 존재한다.

의식은 다른 존재와 관계를 맺으면서 존재한다고 했다. 여기에 다음과 같은 물음이 제기된다. 존재가 아니라 무 néant에 속할 의식이 어떤 방식으로 다른 존재와 관계를 맺는가 하는 물음이 그것이다. 이러한 물음에 대한 답이 곧 신체이다. 의식이 다른 존재에 관한 의식이기 위해서 의식은 그 자체의 존재방식을 통해서 다른 존재와 관계를 맺을 수밖에 없다. 그리고 의식이 다른 존재에 관한 의식이어야 한다면 의식은 또한 필연적으로 존재의 방식으로서만 다른 존재에 관한 의식일 수 있다. 이것이 의식의 운명이다. 이러한 의식의 운명이 신체로 나타난다. 그러니까 의식은 신체의 방식으로 다른 존재와 관계를 맺고, 또 그러기 위해서는 반드시 신체의 방식으로 존재해야만 한다.[14] 이와 같이 신체의 방식 또는 신체화된 의식[15]으로서만 다른 존재와 관계를 맺는다는 사실로부터 사르트르의 신체에 관한 정의, 즉 신체는 "나의 우연성의 필연성이 취하는 우연적인 형태 la forme contingente que prend la nécessité de ma contingence"(EN, 371)라는 정의가 도출된다.

위의 정의를 잘 이해하기 위해 우리는 의식이 신체의 방식으로 세

---

14 신오현, 『자유와 비극』, p. 146.
15 Richard M. Zaner, 최경호 옮김, 『신체의 현상: 실존에 바탕을 둔 현상학』(인간사랑, 현대 프랑스철학총서 16, 1993), p. 135.

계와 관계를 맺을 때 그 의식은 '관점point de vue'이라는 사실을 지적하고자 한다. 이러한 사실은 우선 신체가 "세계에 관한 우연적인 관점 point de vue contingent sur le monde"(EN, 393-94)이라는 점을 이해할 수 있게끔 한다. 의식은 존재가 아니라는 사실을 반복해서 지적했다. 그런데 중요한 것은, 존재가 아닌 의식이 다른 존재와 관계를 맺을 때, 의식은 그 자신으로부터 출발해서 그 존재, 따라서 세계에 거리를 펼치는 하나의 '유일한 점'(EN, 382), 그러니까 '하나의 중심un centre' (EN, 381)이라는 사실이다. 이러한 중심이 결여된 세계는 무의미하다. 이러한 측면에서 인간실재가 세계 안에 있는 존재와 관계를 맺을 때 그 존재는 항상 그 인간실재-중심으로부터 거리-이 거리는 인간실재에 의해서만 주어질 뿐이다-를 부여받게 되며, 따라서 그 인간실재에 의해 방향지워진 존재가 된다는 점이다. 이것이 인간실재의 세계-내-존재의 의미이다. 사르트르는 이처럼 의식을 그 중심으로부터 출발해서 세계를 향해 거리를 펼치고, 의식 자신의 가능성을 펼쳐 보이는 '출발점point de départ'(EN, 391)으로 여기고 있다. 사르트르는 또한 이러한 출발점을 의식이 세계에 대해 취하는 '관점'으로 규정한다(EN, 391). 그런데 의식은 신체의 방식으로써만 다른 존재와 관계를 맺을 수 있을 뿐이다. 따라서 의식이 세계에 대해 취하는 관점은 곧 신체일 수밖에 없다. 한마디로 사르트르에게 의식, 관점, 신체, 출발점은 하나일 뿐이다.[16] 그리고 의식의 존재방식인 대자는 신체와 동의어이다.

　이제 사르트르의 신체에 관한 정의로 돌아가 보자. 우선 의식의 출현은 우연적 질서에 속하는 사건이다. 이것은 신의 부재라는 가정으로부터 도출된다. 그러나 의식이 다른 존재와 관계를 맺을 때 하나의 관

---

16 의식이 신체의 방식으로 세계와 관계를 맺으면서 존재하고, 또 다른 존재와 관계를 맺기 위해 먼저 맺은 관계를 부정하고 뛰어넘어야(dépasser)만 한다면, 신체는 '과거(passé)'일 수밖에 없다(EN, 390).

점을 취해야 하는 것은 필연적이다. 왜냐하면 의식이 그 존재에 관한 의식으로 있을 수 있기 위해서는 반드시 하나의 관점으로 있어야만 하기 때문이다.[17] 그러나 또한 의식이 신체의 방식으로 다른 모든 관점을 배제하고 바로 그 관점을 취하는 것은 여전히 우연적이다. 신체는 그러므로 우연적 질서에 속하는 의식이 세계와 관계를 맺으면서 세계에 대해 하나의 관점으로 있어야만 한다는 필연성으로 인해 의식이 세계에 대해 취하는 우연적인 관점으로 정의되는 것이다. 이러한 면에서 볼 때 신체는 의식과 분리되었다가 다시 결합되는 '우연적인 부가addition contingente'가 아니며, 신체는 또한 의식의 존재방식인 대자의 모든 성격을 지닌 채 세계에 관한 의식의 '항상적 구조structure permanente'를 이룬다(EN, 392).

신체는 대자 이외의 다른 것이 아니라고 했다. 그런데 이번에는 대자로서의 내 신체가 나에게 무엇인가를 살펴볼 필요가 있다. 그 이유는 이것이 바로 신체의 제1차원을 구성하기 때문이며, 또한 그로부터 나-신체는 나에게 '무관점의 관점point de vue sans point de vue'(EN, 407)이라는 정의가 도출되기 때문이다. 신체는 의식이 세계에 대해 취하는 우연적인 관점이라고 했다. 그러면 그 신체는 왜 나에게 있어서 무관점의 관점인가? 이 문제에 답을 하기 위해 일반적으로 관점이 문제시될 때 전제되고 있는 '이중의 관계double rapport'에 주목해 볼 것이다. 그 이중의 관계란 관점과 관찰 대상이 되는 사물과의 '제1관계'와, 관점과 관찰자와의 '제2관계'이다(EN, 393-94).

그런데 다음과 같은 사실에 유의하자. 신체는 의식이 세계에 대해 취하는 하나의 관점이기 때문에 신체-관점이 문제되는 경우 관점과 관찰

---

17 그러므로 인간실재에게 있어서 존재한다는 것(être)은 항상 '거기에 있다(être-là)'는 것, 다시 말해 하나의 관점을 취하고 있다는 것과 동의어이다. 사르트르는 이러한 사실을 '존재론적 필연성(nécessité ontologique)'이라고 부른다(EN, 371).

자 사이의 거리는 사라지고 일반적 관점에서 전제된 이중의 관계 중 제2관계는 없어져 버린다는 사실이 그것이다. 이러한 현상은 내가 가령 보조 도구-쌍안경, 전망대, 확대경, 안경 등-를 사용하는 경우와 비교하면 쉽게 이해된다. 사르트르가 들고 있는 예에서처럼 (EN, 394), 내가 전망대에서 경치를 바라볼 때, 나-전망대-관점과 나-관찰자 사이에는 어느 정도 거리가 있다. 이러한 거리는 또한 내가 안경을 쓰는 경우 더욱 더 좁혀진다. 그러나 내가 신체-관점으로 사물을 관찰하는 경우 나와 사물과의 거리는 무한히 줄어들어 나-관점이 곧 나-관찰자가 되며, 관점과 사물의 제1관계는 관점과 관찰자의 제2관계에 포개지게 된다. 그 결과 나는 사물을 보고 있는 내 눈을 보지 못한다. 만약 내가 사물을 보고 있는 내 눈을 본다면, 나는 내 눈에 대해 또 하나의 관점-가령, 타자의 관점-을 취하게 된다 (EN, 379). 이처럼 의식-관점으로 있는 나는 나-신체에 대해 새로운 관점을 취할 수가 없다. 이러한 의미에서 사르트르는 나에게 있어서 나-신체를 '내가 그것에 대해 관점을 취할 수가 없는 관점', 곧 무관점의 관점으로 정의한다.

따라서 의식이 신체의 방식으로 세계와 관계를 맺는 단계에서 의식과 신체의 관계는 존재관계 relation d'être일 수 없다. 이들의 관계가 존재관계이기 위해서는 의식은 신체에 대해 거리를 펼칠 수 있어야 하며-우리는 이러한 현상을 의식과 하나의 사물과의 관계에서 볼 수 있으며, 이들의 관계는 하나의 사물에 관한 의식 conscience d'une chose의 구조를 취한다-또한 신체에 관한 의식 conscience du corps의 구조를 취해야만 한다. 그러나, 앞에서 본 것처럼, 나-의식-관점이 나-신체-관점으로 세계와 대면할 때 나-의식과 나-신체는 하나이기 때문에, 이때 나-의식과 나-신체의 관계는 내 신체에 관한 내 의식 ma conscience de mon corps의 구조를 취할 수 없다. 오히려, 마치 의식이 자기 soi에 대해 비정립적, 전반성적 태도를 취할 때 이들의 관계는 '의식의 자기에 (관한) 의식conscience de conscience (de) soi'의 구조를 취하듯이, 나-의식과 나-신체의 관계도 '내 신체에 (관한) 내 의식ma conscience (de) mon corps'의 구조를 취하게 된다. 이것은 나-신체와 나-의식은 동일하다는 것을 의미한다. 사르트르는 이러한 나-의식과 나-신체의 관계를 '실존적 관계relation existentielle'로 규정하며, 타동사로서의 '존재하게 하다exister' 동사를 이용하여 "나는 내 신체를 존재하게 한다"라고 표현하고 있다(EN, 394).

(3) 대타신체: 신체의 제2차원

이렇게 해서 우리는 신체의 제1차원인 대자로서의 신체에 관해 살펴보았다. 그런데 신체는 타자를 위해서도 존재한다. 내 신체가 타자를 위해서 존재하는 것과 같이 타자의 신체 역시 나를 위해 존재한다. 이것이 사르트르가 파악하고 있는 신체의 제2차원이다. 이와 같은 신체의 새로운 차원을 규명하기 위해 사르트르는 편의상 타자의 신체는 나에게 무엇인가 하는 '대타신체corps-pour-autrui'의 본성을 고찰하고 있다. 대타신체의 본성을 잘 이해하기 위해서는 사르트르의 존재론을 관통하고 있는 두 가지 사실에 주목할 필요가 있다. 하나는 나에게 적용되는 모든 것은 타자에게도 적용된다는 것이고, 다른 하나는 의식은 의식에 의해서만 제한된다는 것이다. 이러한 사실들을 염두에 두고 대타신체의 본성을 살펴보자.

타자는 신체를 통해 처음으로 나에게 출현하는 것이 아니다. 사르트르에 의하면 "타자는 먼저 나를 위해 존재하고, 그 다음에 나는 타자를 그의 신체 속에서 포착하며", 이러한 의미에서 타자의 신체는 나에게 있어서 '2차적 구조'일 뿐이다(EN, 405). 다시 말해 타자의 신체는 나에 의한 객체화의 한 양상이다. 사실 타자도 나와 마찬가지로 세계의 중심-관점으로 있다. 그런데, 내가 타자를 객체화할 때, 타자는 '초월된 초월transcendance transcendée'로 있다. 이것은 타자가 그의 신체를 통해 조직하는 세계의 중심은 내 편에서 보면 '제2차적인 귀추중심centre de référence secondaire'(*EN*, 405)에 불과하다는 것을 의미한다. 또한 이러한 타자-신체는 "도구-사물들의 윤무에 의해 par la ronde des choses-ustensiles"(*EN*, 406) 측면적이고 간접적인 방식으로 나에게 가리켜질 뿐이다. 이러한 각도에서 본다면 나에게 있어서 타자의 신체-관점은 내가 그것에 대해 관점을 취할 수 있는 하나의 관점으로서, 또한 내가 이용할 수 있는 하나의 도구로서 나타난다.

그러나 내가 나-신체의 관점에서 포착하는 타자-신체는 살과 뼈 chair et os를 가진 타자-신체이다. 이와 같이 살아 있는 타자-신체는 나에게 무엇인가? 이 물음에 답을 하기 위해 사르트르가 들고 있는 예를 보자. 사르트르는 주인이 부재중인 객실에서 내가 주인을 기다리는 중에 주인ㅡ이름을 피에르Pierre라고 하자ㅡ이 나타나는 장면의 예를 들고 있다(*EN*, 408). 사실 피에르의 부재중에도 객실에 있는 도구-사물들ㅡ가령, 안락의자, 책상, 창 등ㅡ은 그의 신체를 계속해서 나에게 지시해 주고 있다. 그러나, 사르트르에 의하면, 피에르가 내 앞에 직접 나타난 순간 그가 부재중이었을 때와는 다른 '새로운 무엇quelque chose de neuf'(*EN*, 408)이 있다는 것이다. 그리고 이러한 현상이 무엇보다도 타자가 "자신의 대자 속에서 그리고 자신의 대자에 의해서 실존하는 사실성"이라는 것을 의미한다고 보고 있다(*EN*, 408-09). 따라서 위의 예에서 피에르가 살과 뼈를 가지고 출현하는 순간에 내가 포착하는 것은 바로 내 존재의 우연성이 아닌 피에르라는 존재의 우연성, 즉 그의 사실성 이외의 다른 것이 아니다(*EN*, 409).

타자의 출현이 이처럼 우연적인 사건이라면, 나와 마찬가지로 타자도 자신의 우연성으로부터 벗어나기 위해 노력한다. 그 결과 타자에게 있어서 그의 신체는 그의 우연성의 필연성이 세계에 대해 취하는 우연적인 형태로 정의될 것이다. 그러나 지금 문제가 되는 것은 내 앞에 출현한 타자-신체가 나에게 무엇인가이다. 이 문제를 해결하기 위해 대상으로서의 타자-신체는 그것에 대해 내가 하나의 관점을 취할 수 있는 관점으로 나에게 나타난다는 사실을 상기해 보자. 그런데 내 관점에서 보면, 비록 타자가 자신의 우연성에서 벗어나기 위한 모든 움직임─이것은 타자에게 있어서는 필연성이다─은 고정되고, 내 자신의 '초월하는 초월transcendance transcendante'의 대상이 될 뿐이다. 즉, 타자에게 있어서의 필연성은 내 편에서 보면 한갓 우연적인 일에 불과할 것이다. 그 결과 타자-신체가 직접 출현한다고 하더라도 내 관점에서 보면 타자-신체는 내가 내 자신의 가능성을 향해 뛰어넘는 '순수한 즉자존재'로서 주어진다(EN, 409). 따라서 내가 타자-신체에 대해 하나의 관점을 취하는 경우, 그 타자-신체는 타자 자신에게 있어서는 그의 우연성의 필연성이 취하는 우연적인 형태이지만, 이러한 형태가 나에게 있어서는 하나의 대상으로 드러나게 된다 (EN, 410).

그러나 타자-신체는 여전히 초월의 성격을 지니고 있다. 예를 들어 내 입장에서 보면 살과 뼈를 가진 피에르-신체와 피에르-시체cadavre는 분명 다르다. 따라서 살아 있는 타자-신체는 항상 "타자의 신체 주위에 종합적으로 조직되는 한 상황의 중심"─비록 이러한 중심이 나에게 있어서 제2차적 중심이라고 하더라도─으로 나에게 '즉각적으로' 주어진다. 이러한 의미에서 타자-신체는 자신이 중심이 된 상황과 분리될 수 없다. 그러니까 타자는 나에게 원초적으로 '상황 속의 신체 corps en situation'로 주어진다(EN, 410).

그 결과, 사르트르에 의하면, 살아 있는 타자-신체가 나에게 나타날 때 다음과 같은 특징들을 갖는다. 첫째, 타자-신체는 항상 '유의미적signifiant'이며, 그것의 의미는 타자의 초월, 따라서 그의 움직임이 나-초월에 의해 초월되고 응고된 것에 다름 아니다(*EN*, 411). 둘째, 나는 결코 타자-신체의 일부를 고립시켜 포착할 수가 없다. 가령 '하나의 움켜쥔 주먹 un poing serré'은 그것만으로는 아무런 의미를 갖지 못한다. 이 주먹이 어떤 의미를 가지려면 반드시 타자-신체가 중심이 되어 맺는 '종합적인 관계'로부터 출발해야만 한다. 이러한 특징들을 종합하여 사르트르는 타자의 신체를 내가 그것에 대해 생명이 없는 물체—예를 들어, 시체—와 같은 방식으로 파악할 수 없는 '심적 대상 objet psychique'으로 규정하고 있다(*EN*, 414). 따라서 타자의 신체는 타자의 존재와 구별되지 않으며, 또한 직접적으로 출현하는 타자의 신체는 '해부학-생리학 anatomo-physiologie'의 연구 대상이 되는 신체와는 근본적으로 다르다. 결국 타자의 신체는 나에게 대상으로 나타나지만 또한 초월이라는 성격을 지니고 있기 때문에 '신체-이상의 신체 corps-plus-que-corps'이며, 따라서 '마술적 대상 objet magique'으로 여겨진다(*EN*, 418).

(4) 대자로서의 파블로-신체와 대타신체들

사르트르가 파악하고 있는 신체의 제1, 2차원인 대자로서의 신체와 대타신체의 본성에 관한 위와 같은 사유들을 토대로 단편 「벽」에서 파블로가 벨기에 의사와 첫 대면을 하기 전까지 보낸 약 1주일 동안의 행적의 의미를 규명해 보자. 우선 파블로는 자신이 그 안에서 5일을 보냈던 대주교관의 골방을 후회하지 않는다는 사실, 거기에서는 추위로 고통스럽지 않았다는 사실, 혼자 있는 것은 결국 짜증 나는 일이었다는 사실을 말하고 있다(214). 그리고 병원의 지하 감옥에서 보낸 24시간에 대해 그는 이 시간을 어둠 속에서 보냈다는 사실, 여러 포로들과 함께 있었다는 사실 그리고 추위로 계속해서 떨었다는 사실을 가르쳐 주고 있다 (213, 214, 219). 위의 사실들에서 간파할 수 있는 것은, 비록 파블로가 포로의 신세로 있었으나, 그러한 상태에서도 그는 중심-관점으로 주위의 상황에 대해 여전히 의미를 부여하고 있었다는 점이다. 그럼에도 불구하고 위의 사실들에서는 추위에 관계된 파블로의 신체적 반응을 제외하고는 그의 신체-관점에 관한 정보는 거의 나타나 있지 않다.

그러나 3시간 동안 진행된 취조를 겸한 재판을 받기 위해 커다란 하얀 방에서 파블로가 보인 여러 모습들은 그의 신체에 초점을 맞추고 있는 우리의 관심을 끌기에 족하다. 우선 이 방으로 떠밀려 들어온 후에 그가 보인 모습을 살펴보자.

우리들은 커다랗고 하얀 방으로 밀려 들어갔다. 빛 때문에 눈이 부셔 나는 눈을 깜박거렸다. 그리고 나서 책상 하나와 그 뒤에 서류를 보고 있는 평복 차림을 한 네 명의 사람들을 보았다. 구석에는 다른 죄수들이 한데 모여 있었는데, 우리는 그들과 다시 합쳐지기 위해 방 한가운데를 지나가야만 했다. 거기에는 내가 아는 사람도 여럿 있었으며 외국인인 듯한 사람들도 있었다. 내 앞에 있는 두 남자는 머리가 둥글고 금발이었다. 그들은 서로 닮았는데, 나는 그들이 프랑스인이라고 생각했다. 그중 키가 작은 녀석은 계속 바지를 추켜올리고 있었는데, 아마도 초조한 모양이었다. (…)

간수들은 죄수들을 차례차례 책상 앞으로 끌고 갔다. 그러면 그 네 녀석이 죄수들에게 이름과 직업을 물었다. (…) 그들은 대답을 듣지 않았다. 아니 적어도 그런 기색이 없었다. 그들은 잠시 침묵을 지키다가 앞을 똑바로 쳐다보고는 무엇인가를 쓰기 시작했다. (213)

위의 장면은 단편 「벽」이 시작되는 장면이다. 여기에서 파블로는 분명 신체의 방식으로 주위에 있는 다른 존재들—가령, 테이블, 서류

등−과 관계를 맺고 있다. 다시 말해 파블로−신체는 관점이며 동시에 중심이다. 그러나 이러한 사실은 이 방에 있는 다른 사람들−서류를 들여다보고 있으며 평복 차림을 하고 있는 네 명, 포로들, 간수들−의 위치, 그들의 행동 방향에서 두드러진다. 예컨대 그들의 위치와 행동 방향과 관련된 표현들−예컨대, 'derrière la table', 'dans le fond', 'devant moi', 'devant la table', 'devant eux' 등−은 모두 파블로의 관점에서 포착된 것이다. 그리고 이 방에 있는 사람들의 생김새, 특징 등도 역시 파블로 자신에 의해 포착되고 있다. 이러한 사실들은 그들의 신체가 파블로−신체−관점에서 지각되어 대상으로 여겨지고 있음을 보여 주고 있다 하겠다.

파블로가 관점−중심으로 있으면서 타자의 신체를 대상으로 지각하고 있다는 사실을 특히 잘 볼 수 있는 것은 그가 다시 돌아온 병원 지하 감옥에서이다. 파블로는 이곳에 있는 존재들−벤치, 네 개의 짚방석, 환기창−에 대해 거리를 펼치면서 자신이 상황의 중심임을 다시 확인한다(214, 215). 그뿐만이 아니다. 파블로는 또한 톰과 쥐앙을 대상으로 파악한다. 그런데 이러한 그의 행동에서 두드러지는 것은 이번에는 그가 톰과 쥐앙의 신체를 직접 겨냥하고 있다는 점, 즉 그들의 신체−관점에 대해 직접 하나의 관점을 취한다는 점이다. 앞에서 지하 감옥이 매우 춥다는 사실을 지적했다. 추위로 인한 고통을 덜기 위해 톰은 체조를 하기 시작한다. 파블로는 그러한 톰−신체를 초월이 정지된 초월, 그러니까 고깃덩어리로 파악하고 있다.

　　그는 일어서서 체조를 하기 시작했다. 몸을 움직일 때마다 셔츠가 벌어져서 털투성이의 그의 하얀 가슴이 보였다. 그는 반듯이 드러누워 다리를 공중으로 추켜올려 벌렸다 오므렸다 했다. 나는 그의 커다란 엉덩이가 흔들리는 것을 보았다. 톰은 건장했지만 살이 너무 쪘다. 머지 않아 버터 덩어리처럼 부드러운 이 살덩어리 속으로 총탄이나 총검의 끝이 박힐 것이라고 나는 생각했다. 그가 말랐더라면 그런 느낌은 주지 않았을 것이다. (215-16)

파블로는 또한 어린 쥐앙에 대해서도 위와 유사한 의미를 부여하고 있다. 3일 전만 하더라도 귀여운 어린애의 모습이었으나, 지금의 쥐앙은 얼굴이 망가져 늙어 빠진 남색가의 모습을 하고 있다는 것이다(217). 어린 쥐앙에게 추위와 특히 임박한 죽음으로 인한 고통은 견디기 힘든 것이었으리라. 쥐앙의 얼굴과 손은 이미 흙빛으로 변했다. 그런데 여기서 우리가 관심을 갖는 것은 다음과 같은 두 가지 사실이다. 하나는 이처럼 흙빛이 된 쥐앙의 신체가 우선 파블로에 의해 대상으로 지각된다는 점이고, 다른 하나는 지금까지 파블로에 의해 대상으로 여겨졌던 톰이 쥐앙-파블로와 마찬가지로 톰도 흙빛이 된 쥐앙의 모습을 놓쳤을 리가 만무하다-을 자신의 대상으로 파악하려고, 다시 말해 자신이 중심이 된 세계를 조직하려고 한다는 점이다.[18] 그러니까 톰이 파블로의 초월에 의해 정지되었던 그 자신의 초월을 회복하려고 한다는 사실이다(217). 그러나 파블로는 톰의 의도를 정확히 간파하고 있다. 파블로는 톰이 쥐앙을 위로하면서 자신의 고통을 덜고자 하는 의도를 꿰뚫어 보고 있다(217). 톰의 초월은 이처럼 파블로의 초월에 의해 여전히 초월되고 있다. 그 결과 톰은 제2차적 귀추중심을 형성할 뿐이다. 이제 톰도 쥐앙과 마찬가지로 추위와 죽음의 공포로 인해 흙빛이 된 자신의 모습, 즉 그의 대상-신체만을 파블로에게 보일 뿐이다(217-18).

그러면 자신의 세계에 속한 모든 타자-신체를 이처럼 대상으로 파

---

18 톰이 쥐앙을 하나의 도구-사물로 삼으면서 자신이 중심이 된 새로운 세계를 조직하려는 기도는 바로 파블로의 시선에 의해 정지된다. 우리는 이러한 사실을 벨기에 의사가 출현하는 장면의 의미를 규명하면서 보다 자세히 살펴볼 것이다.

악하고 있는 파블로의 신체는 어떤 차원에 있는가? 우리는 앞에서 내게 있어서 내 신체는 무관점의 관점이라고 했다. 우리가 보기에 파블로는 아직까지는 자신의 신체에 대해 전前반성적 태도를 취하고 있는 것으로 보인다. 즉, 그는 자신의 신체-관점에 대해 그 어떤 관점도 취하고 있지 못하고 있다. 이러한 사실은 다음의 두 장면에서 명백하게 드러난다. 우선 톰이 체조를 하는 것을 보면서 파블로는 추위를 느끼지 못하고 있다고 말하는 장면에서이다(216). 이와 같은 상태는, 마치 사르트르가 눈의 통증douleur에 관한 설명에서 보여 주고 있는 것과 같이(EN, 397-404), 추위가 파블로-신체와 하나가 되어 파블로가 이러한 자신의 신체에 대해 반성적인 태도, 즉 하나의 새로운 관점을 취하지 않는 한 추위를 느끼지 못하는 것과 같다. 또 다른 장면은 파블로가 죽음의 공포를 전혀 느끼지 못하며 지금이야말로 죽음에 대해 생각할 수 있는 좋은 기회라고 여기면서 오히려 평온한 상태에 있는 장면이다(217). 대자로서의 신체는 과거라고 했다. 따라서 대자로서의 신체에 대해 내가 반성적인 태도를 취하는 것은 그러한 과거를 미래의 시점에서 포착하는 것이다. 그런데 파블로는 아직 일어나지도 않은 죽음을 과거로 여겨 미래의 관점에서 미리 생각할 필요가 없다는 판단을 하고 있는 것으로 보인다.[19] 이것은 파블로의 신체가 그에게 무관점의 관점으로 있음을 의미한다고 할 수 있겠다.

요컨대 벨기에 의사와 첫 대면을 하기 전까지 파블로가 포로 신세로 보냈던 약 1주일 동안 그는 대자로서의 신체로 존재하며, 파블로-신체가 중심이 되어 조직된 상황에서 타자-신체들에 대해 하나의 관점을 취하며 그들의 신체를 대상으로 여기고 있다 하겠다.

---

19 파블로는 후에 죽음에 관해 생각하면서 자신의 시체를 자기 눈으로 본다고 말하고 있다(222). 그러나 이것도 실제로 일어나지 않은 과거의 사건을 미래의 관점에서 바라보는 일에 지나지 않는다.

3. 신체의 제3차원

(1) 시선에 의한 벨기에 의사의 출현

　이처럼 의사와의 첫 대면 전에 파블로는 신체-관점으로 있으면서 그가 조직한 상황의 중심으로 있었다. 이러한 상황으로부터 출발해서 파블로가 의사와 첫 대면을 한 순간과 그 이후 그가 거대한 무게에 짓눌려 있다는 느낌을 받은 순간 사이에 발생한 일련의 사건들로 눈을 돌려 보자. 우리는 이러한 사건들의 의미를 살펴본 후에 여태까지 미해결의 상태로 두었던 거대한 무게의 정체를 밝혀 볼 것이다.

　먼저 의사와의 첫 대면의 순간과 파블로가 거대한 무게에 짓눌렸다는 느낌을 받은 순간 사이에 무슨 일이 일어났는지를 살펴보자. 앞서도 언급했듯이 의사의 방문은 이미 통고가 되었었다. 의사는 도착하자마자 자신의 목적이 인도적이라는 점을 밝히고 세 포로에게 서둘러서 담배와 여송연을 권한다. 그러나 이들은 그의 이러한 제의를 거절한다 (218). 다른 한편, 상황의 중심으로 있던 파블로는 의사를 바라보고, 그에게 그의 방문의 목적이 인도적이 아니라는 사실과 그가 적군과 같은 편이라는 사실을 말한다 (218). 이어서 파블로는 자신도 놀란 일, 즉 의사가 느닷없이 그의 관심 밖으로 사라진 것을 우리에게 가르쳐 준다. 그리고 평상시와는 달리 의사에게 더 이상 관심을 보이지 않고 그로부터 눈을 돌려 버린다 (218). 그러나 잠시 후에 파블로는 의사가 자기를 유심히 관찰하고 있는 것을 발견한다. 그 후에 발생한 사건이라고는 간수인 페드로가 석유등을 밝혀 의자 위에 갖다 놓은 것뿐이다 (219). 그리고 이어서 파블로가 거대한 무게에 짓눌렸다는 느낌을 받은 사건이 발생한다.

　이렇게 해서 의사와 첫 대면 순간으로부터 거대한 무게에 짓눌린 순간 사이에 벌어진 일들을 보았다. 얼핏 보면 이 두 순간 사이에 특별한 일이 있었던 것으로 보이지는 않는다. 그럼에도 불구하고 이러한 일련의 사건들은 우리의 관심을 끌기에 충분한데, 그것은 이 사건들이 사르트르의 문학작품 중에서 시선에 의한 타자의 출현을 가장 잘 보여 주는 여러 장면 중의 하나를 구성하고 있는 것으로 여겨지기 때문이다. 이제 그 사건들의 의미를 자세히 살펴보자. 이를 위해 우선 사르트르가 『존재와 무』에서 타자의 출현을 설명하기 위해 들고 있는, 공원에서 내가 한 사람을 바라보는 장면의 예(*EN*, 311)를 주목해 볼 것이다.

사르트르는 이 예에서 가령 내가 문제의 사람을 '인형' 정도의 대상으로 취급할 때 나는 이 대상에 대해 즉자존재에 적용시키는 시·공간의 범주를 적용시킨다고 보고 있다. 그리고 이 대상과 다른 존재들 사이의 관계는 나에게 '부가적additif'으로 나타나며, 따라서 나는 다른 존재들과의 관계를 현저하게 변화시키지 않고서도 이 대상을 사라지게할 수 있다는 것이다(*EN*, 311). 이와 같은 면에서 본다면 의사가 파블로의 관심 밖으로 사라진 현상은 그가 파블로에 의해 하나의 대상으로 여겨진 것으로 볼 수 있겠다. 즉, 파블로는 자신이 중심-관점으로 있는 상황에서 큰 변화를 겪지 않은 채 의사를 사라지게 한 것이다.

하지만 벨기에 의사는 인간이다. 사르트르는 위의 예에서 내가 지금까지 인형으로 여겼던 그 사람을 이제 나와 같은 한 명의 인간으로 여길 때 다음과 같은 변화가 일어난다고 보고 있다. 첫째, 그 인간과 다른 존재들 사이의 관계는 부가적이 아니며, 이것은 여태까지 내 세계에 속했던 존재들로 구성된 새로운 세계가 그 인간이라고 하는 '특권적인 대상objet privilégié' 주위에 조직되고 펼쳐진다는 것을 의미한다는 것이다(*EN*, 311-12). 둘째, 이러한 새로운 세계는 나의 옛 세계의 '와해désintégration'로 나타난다는 것이다(*EN*, 312). 셋째, 따라서 내가 중심으로 있던 세계에 한 명의 인간이 출현하는 것은 내 세계에 '하나의 특수한 균열 une petite lézarde particulière'의 출현을 의미하며, 또한 내 세계에 속했던 존재들이 새로운 중심을 향해 흘러간다는 의미에서 그 인간은 내 세계의 '배수공 trou de vidange'이고, 그 인간은 그러니까 내게서 내 세계를 훔치는 존재라는 것이다. 이러한 의미에서 한 명의 인간이 내 세계에 출현하는 것은 내 세계의 '내적 유출 écoulement interne' 또는 '내출혈 hémorragie'이라고 명명된다(*EN*, 313-15).

그러나 이처럼 내 세계에 출현한 한 명의 인간을 향해 이루어지는 이 세계의 유출은 나에 의해 아직까지는 정지되고 회복될 수 있는 것으로 여겨진다(*EN*, 313). 왜냐하면 그 인간은 나에게 객체-인간, 즉 아직 나를-바라보는-자로-우리는 시선의 의미를 곧이어 살펴볼 것이다-나타나지 않기 때문이다. 앞에서 우리는 의사가 병원의 지하 감옥에 도착하자마자 파블로, 톰, 쥐앙에게 담배와 여송연을 권했으나, 그의 그러한 제의는 그들 세 명의 포로에 의해 거절되었으며, 특히 파블로는 의사를 바라보았다는 점을 지적했다. 파블로의 이러한 행동은 자신이 중심으로 있던 상황을 와해시키려는 의사의 의도를 분쇄시키는 의미를 갖는 것으로 보인다. 이렇게 말할 수 있는 것은 사르트르가 '증여 don' 또는 '관용 générosité'에 부여하고 있는 의미 때문이다. 사르트르는 증여와 관용이 주체성의 파괴와 무관하지 않은 것으로 보고 있다. 다시 말해 증여자 donateur가 수증자 donataire에게 무엇인가를 줄 때 이 수증자의 주체성은 파괴된다는 것이다(*EN*, 684-85). 이러한 면에서 본다면 의사의 의도는 분명한 것으로 드러난다. 파블로, 톰, 쥐앙이 갇혀 있는 곳에 도착하자마자 담배와 여송연을 권한 의사의 목표는 그들의 주체성을 일거에 파괴하는 것에 있었던 것이다. 그러나 세 포로는 의사의 증여를 거절했다. 따라서 의사의 기도는 성공하지 못한 것이다. 또한 파블로는 거기에서 그치지 않고 의사를 바라보았다. 파블로가 보여주는 이러한 행동은 자기가 중심으로 있는 상황을 증여를 통해 와해시키려는 의사의 기도를 저지한 의미를 가진다고 하겠다. 바꿔 말해 파블로가 중심이 된 상황의 내출혈은 시작도 되기 전에 정지된 것이다.

그 이후에는 파블로가 거대한 무게에 의해 짓눌렸다는 느낌을 받은 순간까지 의사가 그를 관찰하는 장면을 제외하고는 특별한 일이 발생하지 않았다. 그러니까 의사가 파블로에 의해 조직된 상황을 와해시키고, 이러한 상황에서 파블로에게 속했던 존재들과 새로운 관계를 맺으며, 그 존재들을 훔쳐 간다는 것을 보여 주는 특별한 징후—우리는 의사의 집요한 공격에 의해 나타나는 이러한 징후를 곧 살펴보게 될 것이다—는 없다. 있었던 일은 단지 의사가 파블로를 한번 관찰한 것뿐이다. 그럼에도 불구하고 이러한 관찰이 있은 후 곧바로 파블로는 거대한 무게에 짓눌린다는 느낌을 받았다. 이 두 사건 사이에 모종의 관계가 있기는 한 것인가? 만약 있다면 그것은 어떤 성질의 것인가?

우리는 이 물음에 답을 한 후에 파블로를 짓눌렀던 거대한 무게의 정체를 밝혀 볼 것이다. 이를 위해 우리는 사르트르가 시선을 통해 '타자는 나를 바라보는 자'라는 정의를 도출하기 위해 『존재와 무』에서 들고 있는, 문구멍을 통해 방안을 들여다보고 있는 나를 누군가가 바라보는 장면의 예(EN, 318)를 참조하게 될 것이다. 사르트르는 이 예를 통해 내가 누군가에 의해 응시당하고 난 뒤에 발생하는 변화들을 '본질적인 변화들modifications essentielles'이라고 규정하며 그 변화들을 기술하고 있는데, 그중 주요한 것들을 보면 다음과 같다. 첫째, 앞에서 내 세계에 출현한 한 인간-객체를 내가 바라볼 때 내 세계의 내출혈은 회복되고 정지된다고 했는데, 이와는 달리 누군가에 의해 내가 응시당한 뒤에는 이러한 내출혈은 끝이 없으며, 또한 그 누군가는 그의 바라보는 행위를 통해 나를 이 세계의 저 너머에 존재시킨다는 것이다(EN, 319). 둘째, 누군가가 그의 시선을 통해 존재시키는 내 모습은 그의 가능성에 속하기 때문에, 마치 감추어진 '카드의 밑dessous des cartes'처럼 나는 그 모습을 알 수가 없으며, 또한 그 모습은 내가 그 '무게poids'를 느낄 수도 없이 짊어지고 있는 '짐fardeau'이라는 것이다 (*EN*, 320). 셋째, 내가 누군가의 시선을 받는다는 것은 내 세계의 와해가 완료됨을 의미하고, 그가 중심이 된 새로운 세계가 나의 옛 세계를 대신하게 되며, 그 결과 나는 그로부터 새로이 거리를 부여받는 하나의 대상이 된다는 것이다 (*EN*, 321). 한마디로 나는 타자를 위해 나의 초월을 벗어 던지는 것이다. 사르트르는 이러한 변화들을 종합하여 타자란 결국 나를 바라보는 자로 정의하며, 또한 타자의 직접적이고 구체적인 출현을 가능케 하는 시선을, 마치 자신의 눈에 와 닿는 모든 것을 화석화시키는 메두사Méduse의 눈초리처럼, 그의 시선이 가 닿는 모든 것을 객체화시킬 수 있다는 의미에서 '힘puissance'으로 여기고 있다 (*EN*, 324).

이제야 우리는 파블로를 짓누른 익명의 거대한 무게가 무엇인지를 말할 수 있다. 우선 그것은 시선, 보다 정확하게는 파블로를 대상으로 사로잡는 의사의 시선이 갖는 힘에서 기인한다. 그리고, 위에서 본 것처럼, 그 무게는 시선의 주체로서 의사의 가능성에 속한, 그가 조직한 세계의 저 너머에 존재시키는, 파블로가 그 무게를 느낄 수도 없이 짊어지고 있는, 그리고 파블로가 전혀 알 수 없는 파블로 자신의 모습이다. 이것이 파블로가 그 아래에서 짓눌렸다고 느낀 거대한 익명의 무게의 정체이다. 그러면 의사의 시선에 붙잡힌 파블로의 모습은 어떠한가? 우리는 이러한 문제와 함께 신체의 제3차원으로 넘어간다. 왜냐하면 타자에 의해 응시당하고 난 뒤에 나는 타자에 의해 지각된 대상-신체로서 존재하기 때문이다.

(2) 파블로-신체의 제3차원

사르트르가 주장하는 신체의 제3차원을 살펴보기 전에 먼저 벨기에 의사가 파블로를 바라본 후 파블로가 중심-관점으로 있던 상황이 와해되는 장면들을 보려고 한다. 앞에서 우리는 파블로에 의해 조직된 상황을 의사가 와해시키고, 그에게 속했던 존재들을 훔쳐 간다는 것을 보여 주는 특별한 징후는 없다고 했다. 또한 내가 누군가의 시선을 받는다는 것은 내 세계의 와해가 완료됨을 뜻하고, 그가 중심이 된 새로운 세계가 나의 옛 세계를 대신하게 된다고 했다. 따라서 우리는 의사의 시선을 받은 후 파블로가 중심으로 있던 상황의 와해가 완료되는 징후를 찾아볼 필요가 있다. 이러한 작업은 이중으로 중요하다. 우선 이러한 작업은 시선을 통해 이루어지는 나와 타자 사이의 근본적인 관계는 '갈등conflit'으로 점철된다는 사실을 보여 주기 때문이다. 그러한 작업은 또한 시선을 통해 출현하는 타자의 대상-신체가 자신의 초월을 회복하여 나를 대상-신체로 파악하는 과정을 보여 주기 때문이다. 그러면 과연 파블로가 중심이 되어 조직했던 상황을 의사가 와해시켜 그 상황을 자기가 중심이 되어 조직하는 새로운 상황으로 대체한다는 징후들이 「벽」에 나타나 있는가? 이 물음에 대한 우리의 대답은 긍정적이다. 그러한 징후들을 살펴보자.

의사의 시선을 체험하고 거대한 무게에 짓눌렸다는 느낌을 받은 후 파블로는 그 무게가 여태까지 자신의 대상-신체로 있던 톰과 쥐앙으로부터 기인하는지를 살펴본다. 그러나 그들은 여전히 파블로의 대상-신체로 있을 뿐이다. 그러나 자신의 시선을 통해 파블로를 일차적으로 객체화시킨 의사는 그에게서 쥐앙부터 훔치기 시작한다. 의사는 차가운 눈으로 어린 쥐앙을 바라보며 ─따라서 그를 대상으로 파악하며─ 그의 팔을 붙잡고 맥박을 재며, 그 결과를 수첩에 기록하고 있다. 주목할 만한 사실은 의사의 일거수일투족이 파블로에 의해 관찰되고 있다는 점이다. 앞에서 우리는 내 세계에 출현한 타자가 내 세계에 속했던 존재들을 가지고 자신이 중심이 된 세계를 조직한다고 하더라도 내가 그에게 시선을 던지면 내 세계의 내적 유출은 정지되고 회복된다고 했다. 이와 마찬가지로 의사가 쥐앙을 훔치려는 기도는 일단 파블로의 시선에 의해 정지되고 회복된다고 하겠다. 그러나 의사는 부분적인 성공을 거두었다는 점을 지적해야만 할 것이다. 왜냐하면 쥐앙의 맥박을 재며 그가 수첩에 기록한 내용은 오로지 그의 가능성에 속하며, 따라서 파블로는 그 내용을 전혀 알 수 없기 때문이다.

부분적이기는 하지만 이러한 성공을 거둔 의사는 이번에는 파블로를 공략한다. 그러나 파블로도 쉽게 물러서지 않는다. 때문에 파블로도 고개를 들어 그의 시선을 의사에게 던진다 (219). 이들의 시선 투쟁이 첨예화된다. 파블로의 세계를 와해시키려는 의사의 노력은 집요하다. 추위로 인해 새파랗게 된 의사가 파블로에게 이렇게 추운 곳에서는 사람이 추위에 떠는 것이 정상이 아니냐고 묻는다. 이에 대해 파블로는 춥지 않다고 대답한다. 그러나 대답을 하고 난 직후에 파블로는 의사의 시선하에서 자기가 한겨울에, 그것도 외풍이 심한 곳에서 온 몸에 땀을 흘리고 있다는 사실을 깨닫게 된다. 그리고 자신의 이러한 모습이 의사에 의해 거의 병리학적 공포의 징후로 파악될 것이라고 생각한다.

그는 계속 냉혹한 눈빛으로 나를 바라보았다. 갑자기 나는 알아차렸다. 손을 얼굴에 댔다. 땀에 흠뻑 젖어 있었다. 한겨울에 바람이 이렇게 부는 지하실에서 나는 땀을 흘리고 있었던 것이다. 머리카락을 만져 보니 역시 땀에 푹 젖어 있었다. 셔츠도 땀에 젖어 살갗에 착 달라붙어 있었다. 적어도 한 시간 전부터 나는 땀을 흠뻑 흘리고 있으면서도 아무것도 느끼지 못한 것이다. 그러니 이러한 사실을 이 돼지 같은 벨기에 녀석이 놓칠 리가 없었다. 그는 내 뺨으로 땀방울이 흐르는 것을 보고는 거의 병리학적인 공포의 표시가 아닌가 하고 생각을 했을 것이다. (219-20)

위의 장면에서 지적할 수 있는 것은 의사의 시선하에서 파블로는 하나의 대상-신체로 여겨지고 있다는 점이다. 그러니까 의사는 이제 신체-관점으로서 지금까지 자신의 신체에 대해 관점을 취하지 못하면서 '상황의 주인maître de situation'으로 있던 파블로의 신체에 대해 하나의 관점을 취하고 있는 것이다. 파블로는 적어도 한 시간 전부터 자기가 이처럼 땀을 많이 흘린 것은 죽음에 대한 공포 때문이 아니라고 말하고 있다(220). 그렇다면 그것은 무엇 때문인가? 우리는 주저하지 않고 그것은 의사의 시선에 의한 파블로-신체의 대상-신체로의 전락 때문이라고 말할 것이다.

그러나 파블로의 세계에는 아직 톰이 남아 있다. 톰도 과연 파블로와 쥐앙과 같은 현상을 경험하게 되는가? 답을 미리 하자면 톰도 의사에 의해 대상-신체로 지각되기에 이른다. 즉, 파블로의 세계는 완전히 와해된다. 다만 톰이 의사에 의해 대상으로 파악되는 과정은 약간 특이하다. 왜냐하면 그 과정은 마치 파블로가 그의 마지막 대상인 톰을 의사에게 제 손으로 넘겨주는 것처럼 진행되기 때문이다. 그 과정을 살펴보자. 파블로는 우선 톰 주위에서 이상한 냄새가 난다는 사실(221)과 이 냄새가 톰이 바지에 싼 오줌 냄새라는 것을 알게 된다(222, 223). 그리고 이 사실을 공개적으로 밝힌다. 그러나 의사는 말없이 오줌이 괸 자리를 보고는 그의 수첩에다 무엇인가를 기록한다(223-24). 왜 파블로는 톰의 자존심을 짓밟으며 그가 오줌을 쌌다는 사실을 의사 앞에서 공개적으로 밝혔을까? 우리는 그 이유가 바로 톰이 자기 세계에 속하는 대상에 불과하다는 사실을 파블로가 의사에게 과시하려고 했던 것이라고 생각한다. 그러나 파블로는 자충수를 두었다. 왜냐하면 죽음을 앞둔 상황에서 톰이 오줌을 싼 것은 결국 의사의 가능성 속에 기록되었기 때문이며, 따라서 파블로는 그 내용을 전혀 알 수가 없기 때문이다. 이렇게 해서 의사는 톰을 파블로에게서 빼앗는 데 성공한다.

병원 지하 감옥이라는 세계를 탈취하기 위해 의사와 시선 투쟁을 벌였던 파블로는 의사의 시선하에서 이제 톰, 쥐앙과 함께 한갓 대상-신체에 불과하다. 즉, 파블로-신체는 의사를 위해 존재하는 것이다. 이제 시선 투쟁에서 파생하는 이러한 결과들을 가지고 신체의 제3차원으로 눈을 돌려보자. 앞에서 본 것처럼, 신체의 제1차원은 대자로서의 신체이다. 즉, 나는 나의 신체로서 존재한다. 또한 내 신체는 타자에 의해 이용되고 지각된다. 이것이 신체의 제2차원이다. 그런데 이번에는 나는 신체의 자격으로 타자에 의해 지각되는 나의 대상-신체로 존재한다. 이것이 사르트르가 파악하고 있는 신체의 제3차원이다 (EN, 419).

타자가 나를 응시할 때 나는 나의 대상-신체로, 하나의 관점을 가진 관점으로 파악된다. 바꿔 말해 타자의 시선하에서 나-신체와 내 세계는 '소외 aliénation'된다. 또한 타자의 시선에 의해 존재하는 나의 대상-신체는—이것은 나의-응시당한-존재 mon-être-vu와 같은 것이다—타자의 가능성 속에 속하기 때문에, 나는 그 모습을 알 수가 없다. 내가 그 모습을 알려면 '언어 langage'에 의존해야만 한다.[20] 어쨌든 타자에 의해 내가 응시당할 때 나는 '외부 dehors' 또는 '본성 nature'을 갖게 된다. 그런데 중요한 것은 이러한 나의 외부가 어떤 모습인지를 내가 알 수 없다고 하더라도, 그러한 외부에 대해 '얼마간의 형식적 구조'를 파악하지 않고서는 나는 존재하지 못한다. 즉, 나는 '나의-타자를-위해-여기에-있음 mon-être-là-pour-autrui'에 대해 책임이 있는 것이다. 왜냐하면 이 존재의 한 부분은 바로 '내 신체'이기 때문이다 (EN, 419). 타자에 의해 내가 대상-신체로 파악되는 것은 필연적이다. 그 까닭은 타자는 신체의 방식으로 나-대상을 포함한 주위에 있는 존

---

20 Joseph S. Catalano, *A Commentary on Jean-Paul Sartre's Being and Nothingness* (The University of Chicago Press, 1974), p. 178; Zaner, 최경호 옮김, 『신체의 현상』, pp. 167-18.

재들과 관계를 맺으면서 존재하기 때문이다. 그러나 타자가 그의 시선을 통해 나-대상을 지각할 때 내가 정확히 그 대상-신체로 있는 것은 우연적이다. 그것은 타자가 보는 나의 대상-신체는 정확히 내가 세계에 대해 취하는 우연한 관점이 되기 때문이다. 따라서 타자가 보는 나의 대상-신체는 '사실적인 필연성 nécessité de fait'이다. 다시 말해 나와 '쌍생아적으로 출현 surgissement gémellé'하는 타자가 내 존재의 보편적 구조라고 한다면, 이처럼 나-신체를 대상-신체로 파악한 타자의 신체는 나의 신체에 늘 '붙어 있는 hanté' 항상적 차원이다 (EN, 420).

바로 이와 같은 차원에 속하는 나의 대상-신체, 즉 한편으로는 타자의 시선에 의해 지각되고, 그렇기 때문에 나에게서 '소외되고 aliéné', 내가 '파악할 수 없는 insaisissable', 또한 다른 한편으로 내가 실존을 통해 대자적으로 체험하고 살아가야만 하는 나-신체가 곧 신체의 제3차원이다. 이러한 사실로부터 우리는 타자의 나에 대한 이중의 그러면서도 모순되는 존재론적 지위를 유추해 낼 수 있다. 타자는 먼저 나의 대상-신체를 준다는 의미에서 나의 '지옥 enfer'[21]이다. 또한 타자는 대상-신체를 통해 나에게 외부, 본성을 준다는 의미에서는 '나와 나 사이의 중개자 médiateur ente moi et moi-même'[22]이기도 하다.

우리는 이렇게 해서 신체의 제3차원을 살펴보았다. 이러한 사유들을 토대로 벨기에 의사에 의해 대상-신체로 지각된 파블로의 신체로 눈을 돌려 보자. 실제로 파블로는 톰과 쥐앙 사이에서 혼자라는 느낌을 가졌었다. 다시 말해 파블로는 그들을 대상-신체로 지각하면서 그들과는 아무런 공통점도 가지고 있지 않다고 판단했었다 (223). 그러나 의사의 시선을 체험한 후 파블로는 그가 단지 그들과 함께 죽어간다는

---

21 Sartre, *Huis clos*, in *Théâtre*, I (Gallimard, 1947), p. 182.
22 Sartre, *Le Sursis*, in *Œuvres romanesques*, p. 1096.

이유만으로 그들과 쌍둥이처럼 닮았으며 (223), 서로가 서로의 모습에서 땀을 흘리고 겁에 질린 모습을 확인하면서 거울 구실을 하고 있다고 생각한다 (221).

파블로는 깨끗하게 죽고 싶다는 의견을 피력한다 (228). 그러나 죽음을 앞둔 극한 상황에서 죽어가는 포로들의 신체를 생생하게 관찰할 목적으로 이곳에 온 (222) 의사에 의해 대상-신체로 파악된 후, 파블로는 자신의 뜻과는 관계없이 땀을 흘리며, 마치 남의 신체인 것처럼 알아볼 수 없게 된 자신의 신체를 혐오한다. 파블로는 여태까지 자신의 신체에 대해 관점을 취할 수가 없었다. 톰과 쥐앙의 신체를 바라보지만 거울을 들여다보는 것처럼 그들의 대상-신체에서 자신의 모습만을 확인했을 뿐이다. 지금 파블로의 신체에 의미를 부여해 줄 자는 의사밖에 없다. 따라서 톰이 죽음의 공포와 고통에 못 이겨 바지에 오줌을 싼 것과 같은 행동을 하지 않기 위해, 그렇게 해서 의사에 의해 포착된 자신의 대상-신체를 더 이상 추악한 것으로 만들지 않기 위해 파블로는 구석으로 가서 오줌을 누는 조심성을 발휘하지만 소용이 없다. 왜냐하면 파블로의 신체는 이미 의사의 시선에 의해 대상-신체로 각인되었기 때문이다.

나는 잿빛으로 변해 땀을 흘리고 있는 내 육체가 끔찍하다. (226)

나는 이제 어떤 것에도 애착이 없다. 어떤 의미에서는 평온하기도 하다. 하지만 그것은 몸서리쳐지는 평온이었다. 내 육체 때문이다. 나는 육체의 눈으로 보고, 육체의 귀로 듣고 있지만 내 육체는 더 이상 내가 아니었다. 육체는 단지 혼자서 땀을 흘리며 혼자서 떨고 있었다. 이제 나는 이 육체를 더 이상 알아보지 못한다. 마치 다른 삶의 육체인 양, 이 육체가 어떻게 될지를 알기 위해서 나는 만져 보고 바라보아야만 했다. 이따금 나는 여전히 육체를 느끼곤 했다. 곤두박질하는 비행기에 탑승한 사람처럼 미끄러져 내리고 굴러 떨어지는 듯한 느낌이 들었다. 또 심장의 고통도 느꼈다. 그러나 그런 것은 나를 안심시키지 못했다. 내 육체에서 오는 모든 것은 수상쩍고 더러운 꼴을 하고 있었다. 대부분의 경우에는 육체는 말없이 잠자코 있었다. 나는 일종의 중압감, 나에 대항하여 있는 불결한 존재로밖에는 느끼지 않았다. 내가 커다란 벌레에 매여 있는 듯한 인상이 들었다. 순간 바지를 만져 보니 젖어 있었다. 나는 그것이 땀에 젖었는지 오줌에 젖었는지 알 수 없었다. 하지만 미리 조심하려고 석탄 더미 쪽으로 오줌을 누러 갔다. (227)

그러나, 비록 파블로, 톰, 쥐앙은 곧 죽을 운명에 처해 있지만, 그들은 아직 살아 있는 인간이다. 파블로로부터 시작해 쥐앙과 톰이 벨기에 의사의 시선 밑에서 대상-신체로 전락한 후, 이들 세 포로들은 모두 그에게 시선을 던져 다시 대자-신체의 상태로 되돌아가려고 애쓴다. 하지만 헛수고이다. 특히 지금까지 병원 지하 감옥의 중심으로 있었던 파블로는 혼자만이라도 옛 상황을 회복하려고 노력한다. 그러나 결과는 마찬가지이다. 의사는 살아 있으며, 내일을 생각할 수 있는 자인 반면, 그들 세 포로는 이미 핏기 없는 그림자 (224), 즉 준准시체에 불과하다. 살아 있는 자와의 시선 투쟁은 이미 승부가 난 상태이다.

의사에 의해 대상-신체로 지각되고 그와의 시선 투쟁에서 패한 세 포로들의 모습을 보자. 우선 쥐앙을 보자. 의사가 시계를 꺼내 시간이 많이 흘렀음을, 그러니까 포로들의 죽음의 시각이 더 가까워졌음을 알리자, 쥐앙은 발버둥 치며 거의 발작에 가까운 증세를 보여 준다 (227-28). 다시는 대자로서의 신체를 회복할 수 없는 모습을 의사에게 보인 것이다. 톰은 마지막에 의사에게 담배를 달라고 부탁한다 (228). 처음엔 파블로, 쥐앙과 함께 톰도 의사의 담배를 거절했었다. 그러니까 그때는 톰도 자신의 주체성을 지키고 있었다. 그러나 이번에는 자진해서 주체성을 포기한 것이다. 즉, 의사에 의해 포착된 자신의 대상-신체를 받아들이면서 패배를 인정한 것이다. 그러면 파블로의 경우는 어떠한가? 파블로는 그가 깜박 잠이 든 사이 총살당하는 악몽을 꾸고 난 다음에, 꿈속에서 자기가 용서를 구하면서 외치는 소리를 의사가 들었는지를 걱정한다 (224-25). 파블로의 이러한 우려는 의사와의 시선 투쟁에서 승리하려는 태도라기보다는 오히려 이미 의사에 의해 대상-신체로 포착된 자신의 신체에 더 이상 부끄러운 모습을 더 보태지 않으려는 안타까운 노력으로 보인다.

4. 맺음말

지금까지 우리는 「벽」에 관한 상반된 두 곁텍스트로부터 출발해서 이 작품이 저자인 사르트르 자신의 존재론적 사유, 보다 정확하게는 대타존재의 핵심적인 개념들인 시선과 신체의 문제를 심도 있게 다루고 있는 철학적 성격이 강한 작품이라는 것을 밝혀 보았다.

우선 파블로는 벨기에 의사와 첫 대면을 하기 전까지는 그가 있었던 곳에서 대자로서의 신체로 있었다. 즉, 파블로는 주위에 있는 모든 존재들, 특히 병원 지하 감옥에서는 톰과 쥐앙의 신체에 대해 하나의 관점을 취하며 중심으로 있었다. 그러나 이곳에 의사가 출현한 이후 상황은 급속도로 달라진다. 물론 파블로는 자기가 중심이 된 세계에 출현한 의사를 그의 시선을 통해 먼저 대상-신체로 파악한다. 그러나 의사는 그의 시선으로 상황을 역전시킨다. 의사는 파블로를 위시해서 톰과 쥐앙을 대상-신체로 포착한다. 물론 이들 세 포로들은 살아 있는 인간이다. 따라서 그들, 특히 파블로는 의사에게 빼앗긴 관점-중심을 되찾기 위해 그와 시선을 통한 투쟁을 벌인다. 그러나 결과는 참담하다.

파블로를 포함한 그들 모두는 의사로부터 하나의 관점을 부여받으며, 이 새로운 관점-중심 주위에 조직된 세계의 도구-사물로 전락하고 만다. 이 새로운 세계에서 이들 세 포로의 신체는 의사라는 바뀐 주인을 위해 존재하게 된다.

이렇게 돌변한 상황 속에서 이 상황의 옛 주인이던 파블로는 이제 의사라는 새 주인을 위해 존재하는 자신의 대상-신체가 살아 있는 동안—이것은 톰과 쥐앙에게도 마찬가지로 적용된다—대자적으로 존재해야만 한다. 그러나 문제는 의사에 의해 파악된 자신의 대상-신체가 어떤 모습인지를 알 수 없다는 데 있다. 파블로가 할 수 있는 것은 그저 의사-관점에 의해 포착된 자신의 대상-신체의 모습이 불결하고 추하다는 것만 추측할 뿐이며, 따라서 자신의 대상-신체가 부끄럽고 혐오스러울 따름이다.

이제 벨기에 의사는 파블로, 톰, 쥐앙의 대상-신체에 관한 비밀을 가지고 병원의 지하 감옥을 떠났다. 톰과 쥐앙은 총살을 당했다. 파블로는 혼자 남아 있게 된다(229). 혼자 남은 파블로는 적군에게 친구인 라몽 그리의 가짜 은신처를 가르쳐 주어(232) 삶의 길을 찾으려 한다. 그러나 파블로가 그들에게 거짓으로 가르쳐 준 바로 그 장소에서 그리가 우연의 일치로 숨어 있다가 적군의 기습에 살해되고 만다(239). 사르트르는 「벽」에서 파블로가 총살을 당했는지 아니면 총살을 면했는지에 대해서는 침묵을 지키고 있다. 그러나 사르트르가 지키고 있는 이러한 침묵 자체는 우리에게 그다지 중요하지 않다. 우리는 다만 다음의 두 가지 가정에 입각해서 파블로의 대상-신체에 관한 우리의 생각을 밝히면서 결론을 내리려 한다.

첫 번째 가정은 파블로가 총살을 당해 죽었다는 가정이다. 이 경우 파블로는 의사와의 첫 대면에서부터 총살당할 때까지만 자신의 대상-신체를 체험하고 살았다고 말할 수 있다. 두 번째 가정은 파블로가 총살을 면해 살아남았다는 가정이다. 이 경우 우리가 말할 수 있는 것은 그가 죽을 때까지 부끄러움과 분노 속에서 의사에 의해 포착된 그의 소외되고 붙잡을 수 없는 대상-신체로서 자신의 신체를 체험하고 살았을 것이라는 점이다.

사르트르의 존재론으로 본 미셸 투르니에의 『방드르디, 태평양의 끝』

정 경 위

1. 머리말

1967년에 출간된 미셸 투르니에의 소설 『방드르디, 태평양의 끝』은 1719년에 발간된 영국인 대니얼 디포(1660?~1730)의 소설 『로빈슨 크루소』를 차용하여 쓴 작품이다. 실제로 『방드르디, 태평양의 끝』에는 『로빈슨 크루소』의 두 주요 인물의 이름, 로빈슨(로뱅송)과 프라이데이(방드르디)와 함께 로빈슨의 특징이 그대로 적용되어 있다. 섬 생활이 길어짐에 따라 기독교 교인, 능란한 사냥꾼, 농부, 다양한 과학 지식을 이용할 줄 아는 장인匠人, 건축가, 항해일지의 기록자로 발전되는 양상도 같다. 그리고 동굴과 발자국의 발견, 식인종의 출현과 구원 등 사건도 같다. 이렇게 원전에 충실한 틀에도 불구하고 두 소설은 매우 다르다. 그 차이점은 물론 자신의 시대를 반영하는 작가의 목적에 기인한다.

대니얼 디포가 산 시대는 시민혁명으로 영국의 입헌군주 체제가 정착되던 시기였다. 왕권에 대립하는 의회민주주의가 형성되고 있었고, 해상활동으로 부를 축적한 신흥 중산층이 귀족계급에 도전하고 있었으며, 청교도가 국교도에 대항하여 신앙의 자유를 요구하면서 다른 대륙으로 식민지를 넓히고 있던 시대였다.[1] 디포는 로빈슨을 통하여 그 당시 영국의 식민지주의와 개신교 포교를 지지하고 있음을 알 수 있다. 무인도에 남겨진 로빈슨이 본국으로 귀환될 희망을 잃지 않고 부를 축적하고 원주민 선교에 성공한 부지런한 청교도의 장점만 갖춘 주인공으로 묘사되어 있다. 백인인 그는 주인으로서 옳고 선량하며 원주민인 하인은 마냥 순진하고 복종적이다. 이것은 매우 비현실적이며 이상적인 인물 설정이다. 이는 황당무계한 사건들과 더불어 전형적인 초기 소설의 특징이기도 하다.

반면, 250여 년 후에 쓰여진 『방드르디, 태평양의 끝』은 제목이 시사하듯 주인인 로뱅송보다 하인인 방드르디에 더 중요성을 둔 작품이다. 소설가가 되기 전에 철학교수를 지망했던 투르니에는 주인공이 겪어 가는 이야기에 철학, 그것도 특히 '존재론'과 '실질적인 함의의 논리'가 가미되어 있는 소설을 쓰고자 했다.[2] 무인도라는 배경은 어떤 인간도 없다는 의미이며, 따라서 절대 고독에 싸인 주인공의 의식작용이 인간존재의 정의에 기여할 수 있는 아주 유리한 조건이라 하겠다. 게다가 구원된 원시인과의 주종관계는 최소 단위 인간관계인 동시에 각자의 의식작용으로 복잡 미묘할 수밖에 없다. 그로 인해 주종의 수직관계

---

1 김병익, 「『로빈슨 크루소』 그 작가와 작품」, 『로빈슨 크루소』 제1부(문학세계사, 2004), 358-59쪽.

2 Michel Tournier, "La dimension mythologique," in *Le Vent Paraclet* (Gallimard, nrf, 1993), p. 174: "나의 철학 스승들이 내 손에 쥐여 준 감탄할 만한 무기들을 포기하면 안 되었다. 나는 물론 장작 타는 냄새나 가을철의 버섯이나 젖어 있는 짐승 털의 냄새가 묻어나는 이야기를 쓰는 진정한 소설가가 되기를 열망하고 있었다. 그러나 그 이야기들은 존재론과 실질적인 함의의 논리에 의하여 은밀히 작동되어야 했다."

가 평등의 수평관계로 될 수밖에 없는 극적인 변이[3]는 20세기 시대정신이 반영된 결과라 하겠다.

1년간의 "시시한 일들"로 채워진 로빈슨의 일기를 투르니에는 31개의 항해일지로 대치했다. "철학에 정통한 바" 없는 로뱅송이 "내적 생활의 명상과 발전"을 일기에 적게 함으로써 투르니에는 철학적 논제를 자연스럽고 쉽게 펼쳐 보인다. 특히 사르트르의 『존재와 무』에서 거론된 구토증, 의식, 관점, 얼굴과 신체로 설명된 주체와 객체, 주체의 객체화, 사물 그 자체를 뜻하는 즉자존재 l'être-en-soi,[4] (무엇)에 대한 의식을 뜻하는 대자존재 l'être-pour-soi, 타자 등 핵심 단어의 개념을 쉽게 풀어 주고 있다. 원전의 난해함이 상황에 적용되어 개념의 이해를 돕고 있다.

사르트르의 『구토』에서처럼 투르니에는 로뱅송이 느끼는 존재의 잉여성, 우연성을 구토증 dégoût(Vend., 39, 99)으로 표현했다. 난파에서 살아난 로뱅송이 갑각류 게한테 철저히 무시당하고 나서 사물화된 자신의 존재를 자각했을 때, 아무도 바라봐 주지 않는 자신의 얼굴을 거울 속에 비추어 보면서 타인의 시선을 받지 못하는 사물로 여겨졌을 때, 구토증이 일었다. 이 구토증은 마지막 장에서 방드르디가 자기를 버리고 영원히 섬을 떠나 버려 혼자 남은 사실이 확인되는 순간, 28년 전 난파 후 겪은 절대 고독이 회상되며 다시 외톨이 신세에 죽음만을

---

3 Tournier, "Tournier face aux lycéens," *Magazine littéraire*, n° 226 (janvier 1986), pp. 20-21: "이 소설(『로빈슨 크루소』)에서, 방드르디[프라이데이]는 무(無)로 축소되어 있어요. 그는 단순한 집합소(réceptacle)였죠. 진리는 오직 로뱅송[로빈슨]의 입에서 나왔으니까요. 왜냐하면 그가 백인, 서양인, 영국인, 기독교인이기 때문이었죠. 나의 의도는 이 소설에서 방드르디가 중요한 역할을, 아니 끝에 가서는 핵심적인 역할을 하게 하는 데 있었어요. […] (문명의 세계가) 백지화된 (무인도에서는), 새로운 언어, 새로운 종교, 새로운 예술, 새로운 놀이, 새로운 관능성의 창조가 가능합니다. 그렇기 때문에, 내 소설에서는 방드르디가 필수불가결한 역할을 합니다. 그가 미래를 여니까요."

4 Tournier, *Vendredi ou les limbes du Pacifique* (Gallimard, coll. Folio plus, 2004). 얼굴과 신체는 80, 104, 221쪽, 격하된 객체는 115쪽, 객체화는 99쪽, 즉자존재는 101쪽(이하, 'Vend., 80' 등처럼 약함).

바라보는 늙은이라는 자각과 동시에 로뱅송에게 나타난다. 이는 사물처럼 잉여의 인간, 즉 즉자존재로서만 살 수 없는 인간의 조건을 잘 구현한 것이다. 촛불에 비유된 의식은 이것의 이해를 돕는다. 촛불이 비추는 곳이 곧 시선[5]이 닿는 곳, 의식을 끌어내는 곳이다. 그 나머지는 어둠 속에 속성 그대로 있다. 따라서 시선은 인간 개개인의 제한된 관점이 된다. 의식의 특징, 한계의 설명으로 이보다 더 좋은 비유가 없을 것 같다.

대자존재의 부분적 설명은 제6장의 항해일지에서 찾을 수 있다. 로뱅송이 탄 배가 난파된 사실을 알고 있는 고국의 친지들은 그가 죽었다고 믿는다. 그것은 바로 친지들의 대자존재, 즉 로뱅송의 생사에 관한 의식이지만, 사실과는 다르다. 이는 같은 사실을 두고 각자의 대자존재는 제각기 반응할 수밖에 없는 사실을 돋보이게 해 주는 예이다.

타자는 "강력한 주의력 전환 요인"으로서, "현실로 인정 받으려고 기를 쓰는 가능태"로 정의된다.[6]

학창 시절 사르트르의 『존재와 무』를 투르니에와 함께 읽으며 감동

---

5 "섬에 대한 나의 비전은 섬 그 자체로 축소되었다. 내 눈으로 보지 못하는 것은 '절대적인 미지의 세계(un inconnu absolu)'일 뿐이다. 내가 지금 있지 않은 모든 곳에서 측정할 길 없는 어둠이 덮여 있다"(Vend., 63); "어두운 방 안에서 이리저리 왔다 갔다 하는 촛불 하나가 어떤 물체는 밝게 비추고 다른 물체들은 어둠 속에 남겨 둔다. 그것들은 잠시 동안 빛을 받아서 어둠 속에서 솟아났다가 다시 어둠 속으로 녹아든다. 그런데 그들이 빛을 받아 밝아지건 밝아지지 않건 간에 그들의 본질이나 존재는 변함이 없다"(110). 이하, 한글 번역은 김화영 옮김, 『방드르디, 태평양의 끝』(민음사, 2003)에서 인용함.

6 "타인이란 우리에게 있어서 강력한 '주의력 전환 요인(facteur de distraction)'이라는 것을 깨달았다. 왜냐하면 타인이 끊임없이 우리의 주의력을 방해하고 현재 하고 있는 생각으로부터 딴 곳으로 주의력을 분산시키기 때문만이 아니라, 타인이 나타날 수 있다는 가능성만으로도 당장은 우리들 주의력의 변두리에 위치하고 있지만 언제든 그 중심이 될 가능성이 있는 사물들의 세계 속에 희미한 빛을 던져 주기 때문이다"(Vend., 40); "인간들 하나하나는 저마다의 가치, 관심점과 싫어하는 점, 중력의 중심을 지닌, 상당히 논리 정연한 하나씩의 '가능적' 세계였다. […] 그래서 그 가능적 세계들의 하나하나는 순진하게도 자기의 현실성을 선언하고 있었다. 타인이라는 것이 이런 것이었다. 현실(réel)로 인정 받으려고 기를 쓰는 가능태(un possible) 말이다"(276).

을 나눈 들뢰즈도 『방드르디, 태평양의 끝』 후기[7]에 있는 단 하나의 주석에서 투르니에의 타자 개념은 라이프니츠와 사르트르의 울림 échos 이 포함되어 있다고 했다. 실제로 디포 시대의 주인과 노예, 문명인과 야만인으로 평등 의식이 없었던 수직관계가 방드르디의 출현으로 인해 로뱅송이 변화되고 영향을 받아 수평관계로 바뀌고 있다. 『로빈슨 크루소』에서 독실한 신앙인이 되어 프라이데이에게 전도하고 중산층의 예의범절을 가르치고 식민지 국가를 세운 로빈슨이, 『방드르디, 태평양의 끝』에서는 공기 원소를 쫓아가는 방드르디처럼 태양을 숭배하는 원소적 상태로 돌아간 로뱅송이 된다. 이는 인류학[8]이 증명한 사실을 투르니에가 존재론을 적용함으로써 재확인하는 것이다.

이와 같은 사실들을 염두에 두면서 로뱅송의 대자존재가 겪는 타자와의 관계를 사르트르가 『존재와 무』에서 규정한 개념을 중심으로 존재론적 양상을 밝히고자 한다. 먼저 제2절 "로빈슨의 신앙"에서는 눈에 보이지 않는 하느님과 로뱅송의 관계를, 그다음 "로뱅송의 대자존재와 즉자존재 스페란차"에서는 사물로 존재하는 스페란차를 바라보는 로뱅송의 변화하는 의식을, 마지막 절 "로뱅송의 대타존재[9]와 타자 방드르디"에서는 타자로서 인식하는 두 사람의 대타존재가 어떻게 작용하는가를 살피고자 한다.

---

7 Gilles Deleuze, "Michel Tournier et le monde sans autrui," postface de *Vendredi ou les limbes du Pacifique*.

8 Tournier, "Vendredi," in *Le Vent Paraclet*, p. 221: "그것은 1962년이었다. 그때 방드르디의 집필을 시작했다. 나는 그 작품에 인류박물관(musée de l'Homme)에서 특히 클로드 레비스트로스의 지도하에서 배운 요점을 넣으려고 했다."

9 Jean-Paul Sartre, *L'Etre et le néant*, p. 277: "나는 대자가 대타에게 보내는 내 존재의 모든 구조를 완전히 포착하기 위하여 타자(l'autrui)가 필요했다. 그러므로 만일 우리들이 인간의 존재와 즉자존재의 관계를 총체적으로 포착하고자 한다면, […] 우리들은 아주 만만찮은 두 가지 질문에 답을 해야만 한다. 먼저 타자의 존재에 대한 질문과, 그다음 타자존재(l'être d'autrui)와 내 존재의 관계에 대한 질문이 그것이다." 이하, 이 책의 인용은 '*EN*, 277'처럼 약함.

2. 로빈슨의 신앙

(1) 청교도인 로빈슨과 하느님

투르니에가 디포의 『로빈슨 크루소』에서 차용한 부분은 로빈슨이 무인도에 상륙해서 산 28년 동안, 그의 청교도 생활이 많이 묘사되어 있는 부분이다. 그러나 두 작가가 의도하는 개신교의 의미는 다르다. 디포는 개신교의 전파에, 투르니에는 신앙생활에서 드러나는 즉자존재로서의 자기기만 mauvaise foi[10]에 초점을 두고 있는 것으로 보인다.

디포는 로빈슨의 돈독하지 않은 신앙심[11]을 역경을 통해 더 단단하게 발전시켰다. 신앙생활의 기본인 감사하는 마음과 기도와 성경 읽기가 점진적으로 이루어졌다. 이는 전지전능한 하느님을 대상으로 한 로빈슨의 이성적 반응에 기인한 것이다. 로빈슨이 처음 폭풍을 만났을 때, 그는 부친의 말을 거역했기 때문에 내린 하느님의 벌이라 생각한다. 이것은 모든 사건, 사고가 하느님의 뜻이고, 하느님의 뜻을 따르지 않으면 "재난과 절망"을 면할 수 없다고 믿는, 창조주 하느님 중심의 신앙심이다.

로빈슨에게 감사의 마음이 일어난 것은 무인도에서의 괴로운 마음을 일기로 풀고 현재의 처지와 더 불행한 여건의 상황을 비교하는 "길흉점"을 적음으로써 현재의 처지가 하느님의 뜻임을 알게 되었을 때이다. "보이지 않는 하나님의 은총"에 대한 감사 또한 이성적 사고에 의한 것이다.

---

10 "자기기만은 '진지한 정신(l'esprit de sérieux)'과 같다. 그것은 세상으로부터 온 가치를 포착하고 그 가치의 안심이 되고 사물화된 구체적 형태에 거주하는 정신이다"(*EN*, 77).

11 김병익 옮김, 『로빈슨 크루소』, 제1부, 93쪽: "나는 전에는 종교적인 신념이 없이 행동했다. 사실 내 머릿속에는 신앙심이 거의 없었고, 내게 생긴 일은 아무튼 우연이거나 그저 막연히 하나님의 뜻이라고만 느꼈을 뿐이었다."

기도도 마찬가지이다. 로빈슨은 지진과 학질로 죽음을 경험한 후에, 기도를 할 줄 모르는 자신을 발견하고 기도하는 법을 모색했다. 학질의 발작이 일어났을 때, 그는 하느님의 환상을 본다. 하느님이 종교에 무관심한 자신을 죽이려는 악몽이었다. 로빈슨은 학질이 자신의 어리석은 영혼과 메마른 마음, 그리고 여전히 사악하며 타락해 있는 현재의 삶의 징벌로 하느님이 주신 "응보"라고 결론짓는다. 결국 그는 "공포와 절망의 절규"의 기도를 시작으로, 식사 기도도 하기에 이른다.

로빈슨은 또한 "내가 너를 구하리라"라는 성경 구절을 읽고 홀로 무인도에 사는 것이 하느님의 은혜이고, 그의 영을 구원하기 위한 시련임을 깨닫는다. 본격적인 신앙생활의 계기가 되어 아침 저녁으로 성경을 읽고 비종교적이던 과거 생활을 "절실하게 반성"하면서 죄 사함을 얻도록 "나를 회개하게 해 주소서"라고 기도한다. 그리고 섬에서의 고독한 삶을 뛰어넘어 죄의 심판에서 구원받기 위해 그의 영혼이 "보다 높은 세계를 지향하게" 된다. 상륙한 지 1주년이 되는 날, 그날을 금식일로 정하고 엄숙하게 지키며 "하나님께 죄를 고백"하고 "하나님의 의로운 판단"을 받아들이며 "예수 그리스도를 통해 자비를 베푸소서"를 기도하는 충실한 신앙인이 된다. 무인도가 주는 절대적 고독의 고통을 때때로 겪지만 성경에서 그 위로를 찾아내어 이긴다.

하지만 로빈슨의 평온한 신앙생활은 시련에 부딪친다. 어느 날 그가 낯선 발자국을 발견하고 나서의 일이다. 보이지 않는 타인의 공격을 상상하며 절대적 공포감에 사로잡혀 기독교인답게 희망을 잃지 않고 성경을 읽으며 사울[바울]처럼 되고자 했으나, 그는 "모든 종교적 소망과 하나님에 대한 신앙심"을 잃어버리고 2년 동안을 불안과 고통에 시달리면서 타인의 존재가 나타나는 축복을 기원한다. 이성적 사고로써는 풀리지 않는 부분을 해결하려면 하느님의 은혜가 필요하다는 것을 보여 주는 대목이다.

하느님의 섭리로, 드디어 로빈슨은 식인종의 제물이 되지 않으려고 결사적으로 도주하는 프라이데이의 목숨을 구해 주고 동반자를 얻게 된다. 그러나 로빈슨은 그를 하인으로 훈련시킨다. 아주 잘생긴 프라이데이는 26세이고, "유럽인처럼 부드럽고 상냥"한 것은 물론, "무척 명랑하고 부지런"하며 칼과 활을 잘 쓰는 "믿음직스럽고 사랑스러운 충실한 사내"이며, 온갖 장점과 능력을 갖추고 있어 언어를 배우는 데 가장 "똑똑한 제자"가 되어 로빈슨의 완벽한 하인이 된다. 마침내 "지금 살고 있는 곳을 떠나지 않아도 괜찮다는 생각"도 들고, 이때까지의 어떤 생활보다 "가장 즐거운 시절"로 여겨지고, 프라이데이의 성실성이 날이 갈수록 더욱 돋보여서, 로빈슨은 "진심으로 이 야만인을 사랑"하게 된다. 로빈슨이 보기에 프라이데이 역시 이제껏 그 무엇보다도 자기를 사랑한다고 믿는다. 로빈슨은 더 나아가 "하나님의 연장"이 되어 "불쌍한 야만인" 프라이데이의 "생명과 영혼"을 구하기 위하여 그와 함께 기도하고 성경을 읽어 "신앙과 기독교 교리"에 대한 지식을 가르쳐 주고, "예수 그리스도와 영원한 삶"을 알게 해 주려고 전도한다. 그 과정에서 로빈슨은 "가장 심한 환난"으로 여겼던 자신의 운명이 프라이데이와의 계속된 대화로 "완전한 행복" 속에서 지내는 "감사하는" 나날의 연속이라고 생각하게 된다. 로빈슨보다 "더 훌륭한 기독교 신자"가 된 프라이데이 덕분에 로빈슨 스스로는 "경전학자"가 될 정도에 이른다.[12] 로빈슨은 이런 프라이데이의 도움으로 섬의 침입자들을 평정하여 식민지 국가도 세운다. 이렇게 이상적인 관계는 프라이데이의 죽

---

12 김병익 옮김, 제1부, 256쪽: "우리 둘이 똑같이 하나님에게 회개하고 위로를 받으며 구원받는 자가 되기를 바랐다. 또 그 때문에 하나님에게 감사를 드렸다. 우리는 이 섬에서 하나님의 말씀을 읽었고 성령의 가르침을 받았는데, 영국에 있었더라면 이런 행운을 얻을 수 있었겠는가. 나는 언제나 성경을 읽으면서 그 읽은 부분의 뜻을 가능한 한 그에게 이해시키려고 힘썼다. 한편 나는 아까도 말한 것처럼 진지한 질문을 받음으로써 혼자서 성경을 읽을 때보다 훨씬 더 많은 것을 깨닫게 되었다. 가히 경전학자가 될 정도였다."

음으로 종결된다. 이로써 디포의 목적이 개신교의 전도와 식민주의를 위한 설정임을 알 수 있다.

착하고 너그러운 주인의 지시에 죽을 때까지 절대 복종하는 충실한 하인은 하느님을 따르는 종교인과 다를 바 없다. 하지만 존재론적으로 말하면 이 수직관계는 현실성이 없는 비인간적 관계라 하겠다.

(2) 타자로서의 하느님과 자기기만

투르니에의 로뱅송도 디포의 로빈슨처럼 환경에 의한 개신교도이다. 어머니의 교육에 따라 "퀘이커 교도들의 정신에 따라 성장했지만" 성경을 열심히 읽지 않았던 것과 무인도에 홀로 살아남게 된 것을 벌로 여기는 죄의식은 로빈슨과 같은 설정이다. 그러나 하느님을 대하는 태도가 다르다. 구원의 하느님이 아닌 것이다.

몽유병 환자와도 같은 무감각 상태에서 지칠 줄 모르고 '탈출호'를 제작하고 있던 어느 날, 로뱅송은 소나기를 맞으며 방뇨하며 즐긴다. 그러나 유치한 기쁨이 가라앉자 "벌거벗은 몸으로 묵시록 같은 풍경 속에서 홀로 처절한 고독의 심연"에 빠져 "멸망해 가는" 느낌을 받는다. 그는 하느님에게 "참담한 형벌의 무게"로 자신을 버리는 것이 아니라면 "옆에 계시다는 증표"를 보여 달라고 항의한다. 마침 무지개가 솟는 것을 보고, 로뱅송은 "옷을 되찾는 것과 동시에 일에 대한 감각과 열정을 다시" 찾는다. 이는 보이지 않는 존재의 하느님이 무지개로써 보이는 존재의 하느님이 됨과 동시에 로뱅송 자신을 인식하고 있는 타자의 존재가 되게 한 것이다.

그 후, 로뱅송이 씨를 뿌리면서 첫 번째 수확이 신의 심판이라고 맹세할 때나, 연기 기둥이 솟아오르면 자신이 신의 사원을 증거한다고 생각할 때에도 하느님은 그에게 타자로서의 역할을 한다.

타자 부재로 절대 고독을 느끼고 있던 로뱅송은 벌거벗은 자신의 모습에서 "황금바다표범" 같은 "동물적인 모습"을 발견하지만, 바람, 선인장, 돌, 심지어는 햇볕에서도 위협을 느낀다. 즉 생물학적으로 하위에 있는 식물과 무생물이 대등하게 느껴진 것은 존재론적으로 볼 때 세상 모든 존재의 하나로서 있어도 좋고 없어도 좋은 존재의 잉여성, 우연성을 의미한다. 달리 말하면 이때 로뱅송은 즉자존재로서의 무상성無償性을 절감한 것이다.

청교도 정신의 근면성에 입각하여 시간표에 따라 빈틈없이 꽉 짜인 일과를 엄격하게 실행하고, 일요일은 물론 사건이 증가할 때마다 주일 예배를 평일까지 확대해도, 로뱅송은 절망에 빠져 버린다. 디포의 로빈슨처럼 절망이 더할 수 없는 죄악이라는 것을 인지하고 있지만, 로뱅송은 그처럼 감사하는 마음도 하느님의 자비와 구원에 의한 희망도 품지 못한다. 그럼에도 불구하고 그는 자신의 "정신적 욕구"를 충족시키는 성경을 매일 읽고 성령에 귀 기울여 행동한다. 예를 들어, 성경에 쓰여진 대로 그는 좋은 씨알과 해로운 씨알 고르기를 추수 전까지는 하지 않았다. 식인종들의 잔혹성을 목격하고 역겨움은커녕, 오히려 오른손이 잘못하면 베어 던져 버리라는 성경 구절대로 그는 식인종들이 그들의 적을 벌하는 것이 옳다고 여겼다. 심지어 신랑의 노래와 신부의 노래인 「이사야」 62장과 「아가」를 근거로 스페란차를 인간화하여 아내로 상상하며 "성경의 축복을 받으면서" 날이 갈수록 더욱 강하고 친밀해지는 관계라고 그는 믿었다. 절기에 맞는 농사는 인류 문화의 누적으로서 타당성이 있지만, '귀에는 귀로' 식의 복수나 제멋대로의 해석은 독자의 웃음을 자아낸다. 뛰어난 철학적 사고와 일치되지 않는 이런 로뱅송의 희극성은 도리어 현대인의 정신분열증 양상이라 하겠다.

로뱅송은 또한 자신을 성경의 인물들과 동일시한다. 진수 문제를 생각지 않고 배 건조에만 전념했던 이유는, 그가 자신을 무의식적으로

「창세기」 6장의 노아로 여겼기 때문이다. 발자국을 발견하고 미지의 타인을 상상하며 공포에 떨었던 디포의 로빈슨과는 달리, 로뱅송은 그 발자국을 자신의 서명이라고 믿으며 섬을 개척하고 통치, 지배한다. 이는 그가 자신을 아담으로 착각한 것을 보여 준다.

그뿐 아니라 로뱅송은 자신을 하느님과도 동일시한다. 식인종의 제물이 안 되려고 도망치는 방드르디를 겨냥하고 있는 자신의 행동을 그는 하느님의 분노로 착각한다. 방드르디가 자신과 똑같은 자격으로 얼룩무늬 만드라고라를 만들었을 거라고 짐작하고, 로뱅송은 하느님처럼 "인간의 타락을 벌하기 위하여 온 땅덩어리를 뒤덮는 대홍수요, 소돔과 고모라를 불태우는 하늘의 불이요, 잔인한 파라오를 벌하는 이집트의 일곱 가지 재난"에 버금가는 극도의 분노를 분출한다.

그것은 또한 방드르디가 하인으로서, 흑인 혼혈아로서 백인과 동등할 수 없다는 로뱅송의 식민주의, 백인우월주의에 기인한 것이기도 하다. 그렇기 때문에 "백인의 전 무게를 다하여" 방드르디를 타고 앉아서, 죽이지 말아 달라는 애원의 소리가 인식되기 전까지 주먹질을 해 댄 것이다. 카인이었던 자신이 부끄러워, 급히 성경으로 달려가 성령의 계시를 기다리며 아무데나 펼쳐보았지만, 로뱅송은 "배은망덕한 하인이요 유혹자요 유린자"로서 방드르디를 벌하는 구절 대신 "어미를 고발하라"는 「호세아」 2장 4절[13]과, 「창세기」 39장에서 요셉이 주인의 아내에게 모함 당하는 구절을 보게 된다. 요셉이 주인의 아내에게 유혹되었듯이 스페란차가 방드르디를 유혹한 결과로 결론짓는 로뱅송의 과대망상증은 가히 정신병자 수준이라 하겠다.

부의 축적을 정당화하는 로뱅송의 이론은 최고의 코미디이다. 돈은 모든 것을 "정신적인" 것으로 만드는 "거룩한 제도"이며, 모든 것이 돈

---

13 개신교 성경에서는 2장 2절.

으로 "매매(되는) 가능성은 근원적인 미덕"임을 찬양하는 "독실한 청교도"를 작가는 비웃고 있다. 또한 이현령비현령으로 모든 것의 당위성의 제공처인 성경 구절을 투르니에는 꼬집고 있는 것이다.

나는 오늘날 돈이라고 하는 이 거룩한 제도를 비방하는 자들이 얼마나 미쳤으며 그 짓이 얼마나 못된 짓인지를 헤아릴 수 있다. 돈은 합리적인 – 계량할 수 있으므로 – 동시에 보편적인 – 돈으로 치환된 부는 만인에게 접근 가능한 잠재력을 지니므로 – 차원을 제공함으로써 그것이 접촉하는 모든 것을 정신적인 것으로 만든다. 매매 가능성은 근원적인 미덕이다. (*Vend.*, 71)

이렇듯 로뱅송의 대자존재는 보이지 않는 존재의 하느님을 타자로 간주하며 환경의 변화에 따라 모든 판단과 행동의 근거를 성경에서 골라 뜯어 맞춤으로써 분명한 자기동일성 idendité을 지닌 즉자존재로 존재하고자 한 것이다. 이에 따라 성경 속 인물들과 동일시하는 로뱅송의 자기기만은 라블레적인 과장으로 더욱 희화화되어 기독교 정신의 참뜻을 상실하고 형식에만 치우친 기독교인을 간접적으로 비판하게 된다.

3. 로뱅송의 대자존재와 즉자존재 스페란차

로뱅송에게 있어서 인간이 없는 무인도에서 시간을 메우는 일거리를 제공하는 스페란차 섬은 아주 중요한 대상이다. 디포의 로빈슨에게는 오직 경영의 대상이었던 섬을, 로뱅송은 어머니로, 그리고 아내로 여기게 된다. 이는 로뱅송의 관점의 변화로 대자존재에 기인한 것이다.

로뱅송에게 있어서 처음부터 여성의 모습으로 보인 스페란차는 그의 발을 묶고 있는 감옥이었다. 그는 거기에서 탈출할 계획으로 배를 만들기 시작했다. 그러나 배의 진수가 실패하자 섬에 남기로 체념한 로뱅송은 이제까지의 "탄식의 섬"을 "희망의 섬"으로 개명하고, 개척 건설 지배 통치하여야 할 대상으로, 즉 객체로서 섬을 보게 된다.

그러기 위해서 로뱅송은 스스로 총독이 되어 법을 제정하고 호구조사를 하며, 장군으로서 집과 방어의 성을 건축하여 총괄하며 개신교의 목사로서 종교생활을 실천한다. 그의 과대망상증은 사물로만 구성된 나라를 탄생시키고 스스로 사물 왕국의 왕이 된다. 만화영화의 주인공과 다르지 않은 그의 행동은 희극적이 될 수밖에 없다. 이 모두는 실체가 없던 로뱅송의 내적 계획이 스페란차라는 객체를 통하여 형상화된 것이다. 달리 표현하면, 로뱅송의 대자존재의 실체의 실재화인 것이다.

그다음으로 로뱅송에게 있어서 스페란차는 어머니와 같은 하나의 인격체[14]로 인식된다. 일 중독에 지쳐, 절망의 고독에 빠질 때마다, 로뱅송은 우연히 발견한 자궁 모양의 동굴 속 깊이 들어가곤 한다. 그때, "행복한 영원" 속에 정지되어 있는 느낌을 받은 로뱅송은 스페란차가 자신의 어머니처럼 "진리와 선의 기둥, 푸근하고 굳건한 대지, 공포와 슬픔으로부터의 피난처"가 됨을 의식한다. 그렇지만 가뭄 피해로 농작물 수확이 줄어들자 그는 동굴 속 피신을 중단한다. 대지의 생산을 막을 뿐 아니라 근친상간의 괴물이 생겨날 위험 때문이다. 이렇게 스페란차를 어머니와 동일시한 것은 로뱅송의 대자존재 작용이며 그의 환상fantasme의 실재화인 것이다.

로뱅송의 성적 욕망은 킬레나무와의 교접으로 해결되었으나, 거미에 물린 후 그만둔다. 그러나 성적 욕망의 몽상은 더 발전하여 그는 장밋빛 골짜기를 아내로 여긴다. 이는 성경이 인정하고 축복하는 관계였

---

14 "스페란차는 이제 관리해야 할 영토가 아니라, 여성적인 성격을 지닌 것이 분명한 하나의 '인격체(personne)'로 군림했다"(*Vend.*, 118).

다. 어찌나 강하고 친밀한 관계인지, "어느 날 아침잠에서 깨어나 보니 자신의 수염이 밤새 자라나서 땅속에 뿌리를 내리기 시작한 것을 확인"할 정도였다. 식물화된 로뱅송의 과대망상적 몽상은 스페란차와 방드르디의 딸이라고 추정되는 얼룩 만드라고라를 발견하고 깨어난다.

이처럼 사물이 객체로 취급되면 그 사물은 주체에 의하여 의미가 달라짐을 스페란차를 통하여 알 수 있다. 주체의 대자존재는 실체가 없이 머릿속에만 존재하는 계획, 환상, 몽상을 객체에 적용하여 실재하게 한다. 즉 로뱅송의 대자존재가 "자신의 의식의 빛으로 이 세계[스페란차]를 비춤으로써 이 세계를 조직하고 또 이 세계에 의미를 부여"[15] 하기 때문이다.

4. 로뱅송의 대타존재와 타자 방드르디

(1) 사디즘, 무관심의 태도

인간과 인간은 서로를 객체화하면서 주체의 위치를 지키려는 대타존재 의식을 가지고 있다. 이를 로뱅송과 방드르디와의 관계에서 살피고자 한다. 이들은 로빈슨과 프라이데이처럼 주종관계였다. 이 관계는 프라이데이가 자기 목에 로빈슨의 발을 올려놓아 식인종의 제물로부터 목숨을 구해 준 감사의 대가로 로빈슨의 노예를 자처하면서 시작된다. 이 주종관계는 『로빈슨 크루소』에서 프라이데이가 죽을 때까지 유지된다. 『방드르디, 태평양의 끝』에서 이 주종관계는 방드르디가 섬을 떠남으로써 끝난다. 그러나 노예를 대하는 주인의 태도가 서로 같지 않

---

15 변광배, 『존재와 무』(살림, 2005), 147쪽.

다. 로빈슨은 옷을 만들어 입히고 언어, 먹는 법 등 문화를 우선적으로 가르치는 이타적인 주인인 반면, 로뱅송은 "여러 해에 걸쳐 완벽하게 만들어 놓은 체제"에 방드르디를 예속시키고자 스페란차처럼 지배 통제하려 드는 주인이다. 이는 방드르디가 의식이 없는 즉자존재일 것을 요구한 것이다. 그런데 방드르디는 엄숙하게 성경을 읽어 주며 따라 하라는 로뱅송 앞에서 때때로 "악마적인 폭소"를 터트려 괴롭힌다. 이는 폭소[16]로 인하여 이성 따위는 기대되지 않는 유색인에다 잡종이고 "열다섯 살도 채 안 된 완전한 인간"도 아니라고 아무리 얕보고 무시해도 타자[17]로서 방드르디의 대타존재가 로뱅송의 주체성을 무화시켜 객체화시킨다는 것을 의미한다. 또한 로뱅송의 자기기만의 거짓된 가면을 벗김으로써 그의 가치체계가 묵살되었다는 의미이기도 하다.

처음에 로뱅송은 방드르디에게 "자존심이 상할 만한 터무니없는 일"을 시킨다. "구덩이를 하나 파고 나서 그 파낸 흙을 담을 두 번째 구덩이를 파고, 또 그 두 번째로 파낸 흙을 담을 세 번째 구덩이를 파는 식의 일"이다. 그런데 방드르디는 이 굴욕적인 일을 동반견 텐과 함께 즐거운 놀이로 여긴다. 방드르디의 주체성을 철저하게 뭉개고자 내려진 로뱅송의 명령은 여지없이 우스운 꼴이 되고 만다.

방드르디를 대하는 로뱅송의 이와 같은 태도는, 사르트르가 규정한 타자에 대한 태도에 따르면, 제2의 태도, 타자를 바라보면서 객체화시키는 태도에 해당한다. 거기에는 구체적으로 "성적 욕망, 무관심, 증오, 사디즘"이 있다. 그런데 로뱅송이 온갖 고통으로 방드르디의 육체를 도

---

16 "그는 무시무시할 정도로 폭소를 터뜨린다. 그 웃음은 총독과 그가 통치하는 섬의 겉모습을 장식하고 있는 그 거짓된 심각성의 가면을 벗겨 뒤죽박죽으로 만든다. 로빈슨[로뱅송]은 자기의 질서를 파괴하고 권위를 흔들어 놓는 그 어린 웃음의 폭발을 증오한다"(*Vend.*, 172).
17 "이렇게 타자란 나에게는 먼저 그에게 내가 객체인 존재이다. 즉 그에게서 나는 나의 객체성을 얻는다"(*EN*, 329); "이렇게 타자란 나이었던 바를 오직 깨우쳐 준 것만이 아니다: 새로운 성질을 받쳐 주어야만 하는 새로운 존재 유형에다 나를 형성하였다"(276).

구화하여 방드르디의 주체성을 자신의 것으로 만들고자 함은 사디즘[18]의 태도에 해당된다. 반면 방드르디가 로뱅송의 명령을 즐거운 놀이로 행한 것은 무관심의 태도라 하겠다.

혼자 있는 방드르디는 주인 로뱅송의 지배와 상상을 완전히 벗어나서, "신비한 놀이"로 그를 놀래키거나 "엉뚱한 생각의 실천"으로 그를 놀래키는 사고뭉치이다. 방드르디는 거북이의 등을 불에 구워 방패를 만들기도 하고, 씹은 구더기로 새끼 독수리를 살리기도 하고, 가지를 땅에 묻어 나무를 살리기도 했다. 그는 온몸에 담쟁이를 그린 후 식물처럼 서 있다가 로뱅송을 감쪽같이 속이기도 하고, 선인장에 옷 입혀 마네킹 집단을 이루기도 한다. 그는 또한 저수지에 빠진 개를 구하기 위해 물을 빼어 벼농사를 망치게 한다. 로뱅송은 망연자실한다. 이 모든 것은 방드르디의 천방지축[19]을 통하여, 무한하고 근본적으로 파악과 예측이 불가능한 '자유와 초월'의 주체를 구체적으로 보여 주는 것이다. 달리 말하면 타자의 속마음 읽기의 불가능을 보여 주는 것이다.

로뱅송은 자연발생적이고 원초적인 방드르디의 행동이 자신의 "질서, 경제, 계산, 조직" 등에 완전히 저항적이고, 위협적이라 느낀다. 그의 불안은 얼룩 만드라고라를 발견했을 때 현실화된다. 극도의 분노에 달해 혼자 사는 당위성을 성경에서 찾아본다. 하지만 그는 결국 「전도서」에서 "혼자보다는 둘이 사는 것이 차라리 나으니라"라는 구절밖에

---

18 "그가 소유하고자 한 것은 사실 희생자의 초월하는 자유(la liberté transcendante)이다. 그러나 그것은 정확히 원칙적으로 그의 능력 밖에 있는 자유인 것이다. 게다가 사디스트가 타인을 도구로 다루려 열을 올릴수록 더 자유는 그로부터 멀어진다"(EN, 476).

19 "타자-주체(autrui-sujet)는 추호도 있는 그대로로 인식될 수도 고안될 수도 없다"(EN, 479); "타자란 원칙적으로 잡히지 않는 존재이다. 내가 그를 찾으면 그는 나를 피하고 내가 그를 피하면 그는 나를 소유한다"(354); "방드르디는 그가 꾸벅꾸벅 순종하는 태도 이면에 어떤 개성을 감추고 있다는 것을, 그리고 그 개성에서 생겨 나온 것이란 한결같이 그의 마음 깊숙이 충격을 주는 일들이고 통치된 섬의 질서를 해치는 일분이라는 사실을 로빈슨도 인정하지 않을 수 없었다"(Vend., 187).

는 발견하지 못한다. 이 구절을 구실로 함께 살기로 결심하면서 로뱅송은 방드르디보다 체제와 생산성을 더 귀하게 여긴 자신의 신념을 반성하기에 이른다. 이는 방드르디가 자신의 유일한 존재근거이며 필수 불가결한 타자이기 때문이다. 본질에 앞선 타자의 필연성과 타자-주체인 방드르디로 인하여 로뱅송이 형성한 세계의 근본적인 변형이 불가피함을 시사한 것이다.

그러나 로뱅송의 세계에 타자가 있음으로 해서 절대적 고독 대신 갈등[20]이 발생한다. 그 후 로뱅송은 자신의 주체성을 유지하고자 방드르디와 "걷잡을 수 없는 반목과 은근한 화해를 되풀이"한다. 방드르디를 더 좋아하는 텐에게 "질투심이 섞인 모종의 분노"를 느끼고, 방드르디의 "악마적인 생각"에 감염되기도 하고, "증오심이 점점 퍼져" 방드르디를 죽이고 싶은 생각이 들기도 한다. 어느 날, 방드르디가 땅과 교미하는 현장을 포착했을 때, 로뱅송은 그에게 "성스러운 분노"로 카인에 버금가는 폭력을 행사했다. 이 살인적인 폭력은 그동안 쌓인 불만의 축적이자 사디즘의 극치이다.

(2) 마조히즘, 사랑의 태도

간신히 살인을 면한 로뱅송은 「창세기」의 요셉 사건을 방드르디에 적용하여 그의 잘못이 아닐 수도 있다고 판단한다. 그리고 그는 자기가 새로운 시대로 넘어가는 전환점에 있다는 것을 느낀다. 로뱅송이 "멍한 시선으로 수평선을 향하여" 쭈그리고 앉아 있는 방드르디를 관사의 문턱에서 발견하고 그의 모습을 착잡한 심정으로 흉내 내어 본다. 그러면서 그는 처음으로 "고요하고 엄청난 기다림 속으로 그와 한마음

---

20 "갈등은 대타존재의 본래 의미이다"(*EN*, 431).

이 되어 빠져들어" 가는 평화를 맛본다. 그는 상처투성이인 추악한 방드르디의 얼굴에서 무언가 "빛나고 순수하고 섬세한" 눈을 바라보며 매혹된다. 그리고 그는 "천하고 바보 같은 혼혈아의 모습" 속에 "기막힌 것들의 결합으로 이루어"진 몸 전체를 모르고 있는 것이 아닐까 하고 자문한다. 처음으로 로뱅송의 시선이 방드르디의 눈과 몸을 인식함으로써 주체로서의 타자를 지각하기에 이른 것이다.

어느 날 주인이 잠시 자리를 비우는 동안 방드르디는 물결 모양의 담배 연기를 즐기고자 탄약 저장고가 있는 동굴에서 로뱅송의 흡연을 모방한다. 예상보다 일찍 나타난 주인의 벌을 피하려고 후다닥 파이프를 던져 버린 결과로 모든 건설이 잿더미가 되어 버린다. 로뱅송이 조난된 시점으로 되돌아간 것이다. 그날의 절대적 고독을 회상하며 로뱅송은 그동안의 섬 통치가 부담스러웠다는 것과 자신도 모르게 방드르디에 이끌려 가고 있다는 것을 깨닫는다. 나아가 그는 방드르디의 세계를 알고 싶은 조바심을 느끼며, "새로운" 자신이 기존의 길과 반대되는 낯선 길에 들어서는 것에 동의한다. 이는 로뱅송이 자신의 주체성을 버리고 방드르디의 주체성에 흡수[21]된다는 의미이다. 로뱅송은 점점 방드르디처럼 되어 간다. 그는 권위의 상징이었던 수염 대신 머리카락을 기르고 알몸의 육체를 드러내어 방드르디와 함께 놀고 운동도 한다.

로뱅송은 방드르디를 지켜보며, 그가 만든 숫염소의 양피지 연을 통하여, 해맞이를 통하여 공기와 불의 원소도 체험한다. 또한 그는 숫염소의 두개골로 된 하프가 전하는 공기의 흐름을 방드르디의 몸을 부둥켜안은 채 들으면서 대지와 나무와 바람의 원소들과 혼연일체가 되는 무아지경도 경험한다. 그것은 영원 속에 자리 잡은 시간에 쫓기지 않

---

21 "사실 그는 방드르디와의 관계에 있어서 이런 대단치 않은 양자택일의 수준을 넘어서 있었다. 그는 그의 동료가 하는 행동을 하나하나 유심히 관찰했고, 동시에 그것이 자신에게 충격적인 변신을 유발하는 데 깊은 관심을 기울였다"(*Vend.*, 220).

는 평화이다. 이렇게 로뱅송은 자신의 주체성을 방드르디의 주체성에 동화시켜서 휴식을 맛본다. 말하자면 이때의 로뱅송은 타자 방드르디에 대해 제1의 태도를 취한 것이다. 사르트르에 의하면 이 태도를 중심으로 맺어지는 타자와의 관계, "사랑, 언어, 마조히즘" 중 마조히즘[22]에 해당된다.

그 이후 로뱅송과 방드르디는 절대복종의 관계를 끝내고 성을 내며 다툴 수 있는 평등한 사이가 된다. 방드르디의 엽기적인 요리로 인해 터져 버린 로뱅송으로부터 봉변을 당한 방드르디는 로뱅송을 닮은 대나무 인형에다 복수한다. 로뱅송은 불만을 방드르디를 닮은 모래상에 퍼붓는다. 즉 "하고 싶은 못된 짓"의 앙갚음 대상인 대용물은 과거의 산물로서 그들의 즉자존재를 상징한다. 과거에 일어난 상대방의 실수와 잘못은 마땅히 과거의 그 즉자에게 돌아가야 한다. 초월된 현재의 대자와는 상관없는 일이기 때문이다. 그들은 이렇게 해서 "오직 친절만이" 오가는 사이가 된다. 그들은 옛날 모습의 대용물을 만들어 수시로 그 역할을 바꾸는 놀이를 한다. 말하자면 심리극(사이코드라마)을 한 것이다. 그렇게 해서 방드르디는 "불쾌한 추억"에서, 로뱅송은 "마음에 걸리는 부분"에서 해방되는 치유를 얻는다. 그 결과 방드르디가 로뱅송을 껴안기도 하고, 항해일지를 쓰기 위한 도구로 "정성스럽게 깎은 알바트로스 깃털 한 묶음과 대청 잎사귀를 갈아서 채취한 푸른색 물감병"을 선물하기도 한다. 두 사람은 이제 서로의 주체성을 인정하고 존중하는 관계를 맺게 된 것이다. 이것은 사르트르가 제시하는 제1의 태

---

22 "타인에 의해 나를 흡수하게 하는 투기와 나의 주체성으로부터 나를 제거시키고자 그의 주체성에서 나를 잃게 하는 투기는 […] 마조히즘의 태도에 의해 구체적 계획에서 표출될 것이다. […] 그것은 내 고유 자유로서 무엇보다도 나의 주체성을 부인하는 것이다. 그러므로 나는 나의 전부를 나의 존재-객체에 걸려고 애쓴다. 나는 객체 이외의 아무것도 되기를 거부한다. 나는 타인 안에서 휴식을 취한다"(*EN*, 446).

도 중 '사랑'[23]에 해당된다 하겠다.

그 후 로뱅송은 방드르디처럼 원소적 존재가 되기를 원한다. 그는 해에게 "내 젊음의 충동을 꺾고 삶의 기쁨을 꺼 버리는 중력의 너무 뻑뻑한 기운을 내 핏속에서 씻어내 다오", "무겁고 슬픈 얼굴" 대신 현재의 순간을 사는 방드르디의 활짝 핀 웃음을, 이목구비의 얼굴을 달라고 기원한다.

로뱅송은 결국 방드르디의 출현[24]이 자신의 요소를 완전히 바꾸기 위한 것이라는 결론을 내린다. 로뱅송은 그 자신이 이 "땅속의 암흑 속에 숨어 있던 허옇고 물렁물렁한 유충"이던 대지의 존재에서 태양신의 불꽃 쪽을 지향하고 자양을 공급 받아, 생명력과 환희에 감싸인 "나방이, 단단하고 변하지 않는 태양의 존재"가 되었음을 자각한다. 요컨대 그는 원소적인 상태가 되어 자연과 혼연일체가 될 수 있는 것을 인식한 것이다.

로뱅송은 계속해서 '버지니아호'가 침몰하기 직전에 있었던 타로 카드의 예언을 떠올린다. 동굴에서 은자를 나오게 하는 금성, 해를 향하여 화살을 쏘는 활잡이로 둔갑하는 금성, 쌍둥이 어린이가 태양의 도시를 상징하는 벽 앞에서 손을 마주잡고 있는 모습의 카드가 바로 이제까지의 타자로서 방드르디의 역할과 변화된 로뱅송 자신의 이야기를 하고 있음을 알게 된다.

쌍둥이 카드에서 미래의 예언을 엿본 로뱅송은 보름달을 보며 환각

---

23 "만약 사랑이 이상으로서 타자 즉 상대가 되는 주체성으로서 타자를 점유(appropriation)하는 것이라면 이 이상은 타자-객체가 아니라 오직 타자-주체와의 만남에서부터 투기될 수 있다"(*EN*, 442).

24 "비너스(방드르디[의 어원])가 나를 유혹하기 위해서가 아니라 나를 강제로 제 아버지 '우라노스' 쪽으로 향하도록 만들기 위하여 물에서 나와 나의 바닷가를 걸어 다녔기 때문이다. 나를 인간적인 사랑[동성애] 쪽으로 퇴행시키자는 것이 아니라 원초적인 것에서 벗어나지 않은 채 나의 '원소를 바꾸어 놓자는(changer d'élément)' 것이었다"(*Vend.*, 264).

에 빠진다. 제우스 신과 레다가 낳은 쌍둥이, 디오스쿠로이의 탄생 과
정을 본다. 몸은 두 개인데 하나의 영혼을 지닌, 즉 의식이 하나인 쌍
둥이는 아버지 태양의 축복과 영원성을 부여받아 "영원한 젊음과 비인
간적인 아름다움"을 소유하고 있다. 이는 바로 미래를 향한 로뱅송의
투기[25]이자 소원이다. 방드르디와 의식을 공유하며 갈등 없는 쌍둥이
가 되어 이상적인 인간관계를 유지하고 싶은 로뱅송의 소원인 것이다.

그러나 그것은 실현될 수 없는 이상이다. 표현되지 않은 타자의 대자
는 파악되지 않을 뿐 아니라,[26] 방드르디가 느낀 '화이트버드호'의 매력
과 로뱅송의 시선 밖에서 일어난 방드르디와 부선장 사이의 대화는 알
수 없는 것이다. 그리고 두 사람만의 절대적 관계는 부선장에 의하여
상대적이 될 수 있는 그런 관계인 것이다.[27] 방드르디의 승선으로 끝난
두 사람의 관계는 수부 소년이 없었더라면 결국 로뱅송의 죽음으로 끝
날 비극적 결말의 운명이었던 것이다.

이렇게 로뱅송과 방드르디 두 인물 사이에 발생한 구체적 사건들은,
로뱅송에게서는 사디즘이 사랑으로, 방드르디에게서는 무관심이 사랑
으로 변하게 된 이유를 밝혀 주고, 또 이와 같은 변화는 결국 각자의 타
자에 대한 대타존재의 작용이었음을 보여 준다.

그러나 로뱅송을 버리고 섬을 떠나는 방드르디를 통하여 작가는 변
화무쌍한 대자존재의 원초적 자유를 강조하고 그에 따라 영속적 관계
유지의 불가능성이 설명되었다.

---

25 변광배, 『존재와 무』, 163쪽: "인간존재는 살아가면서 곧 실존하면서 항상 자신의 최종
목표인 즉자-대자의 결합 상태를 실현하기 위해 자기 자신을 '투기한다(se pro-jeter)'."
26 "어제 제가 고급 선원식당에서 식사 시중을 들고 있을 때 당신은 저를 정다운 눈길로 바
라보았어요"(김화영 옮김, 316쪽)라고 소년 수부가 말하기 전까지 로뱅송은 오해하고 있
었다. "맑은 소년의 눈과 마주치려고 애를 써 보았으나 헛수고였다. 혹시 무슨 실수라도
저지르지나 않을까 하고 겁을 먹은 소년 역시 이 조난자에게는 아무런 관심도 보이지 않
았다"(304쪽).
27 "사랑이란 타인들에 의하여 끊임없이 상대적이 되는 절대인 것이다"(*EN*, 445).

5. 맺음말

무인도의 설정이 『로빈슨 크루소』에서 개신교의 신앙심을 찾아가기 위한 전제조건이라면, 『방드르디, 태평양의 끝』에서는 인간존재란 무엇인가를 찾아가는 조건이다. 디포는 로빈슨이 겪은 모든 역경을 통하여 연약한 인간이 하느님을 찾을 수밖에 없는 당위성을 증명하여 식민지에 개신교의 포교를 목표로 삼고 있는 것을 보인다. 반면 투르니에의 『방드르디, 태평양의 끝』은 무인도에 혼자 살아남은 사실 자체가 인간존재의 우연성이 도출되는 상황이고, 사르트르의 존재론이 깔고 있는 신을 부정하는 설정임을 알 수 있다. 따라서 로뱅송의 하느님은 그의 존재에 필수불가결한 타자의 역할에 그치고 만 것이다.

타자의 부재로 일체의 잠재성이 배제된 무인도에서 로뱅송이 살아가는 방법은 그때까지 지녔던 가치관으로 사는 것이었다. 즉 타자의 자극이 없는 로뱅송은 모든 행동과 판단의 기준을 성경에서 찾을 수밖에 없었고, 그것으로써 자체동일성이 있는 즉자존재로 안주할 수밖에 없었다. 이는 바로 사르트르가 규정한 존재론적 자기기만이며, 그 결과 로뱅송은 마치 섬이 영국의 식민지인 양 개척하고 부를 축적한 것이다. 작가는 이를 구체적인 예들로 형상화하여 독자의 웃음[28]을 자아냄과 동시에 굳어진 가치체계에 갇혀 사는 사람들을 비판하고 있다.

그다음으로 스페란차 섬이 로뱅송의 최대 관심사로 개척의 대상이 된 것은 아주 자연스러운 설정이다. 대자존재를 설명하기 위하여, 의

---

28 Tournier, "La dimension mythologique," p. 191: "웃음은 상처를 준다(Le rire fait mal). 부적합한 무의식적 자동행위의 현장을 본 목격자 누구나 그 행위를 한 동류에게 벌을 가하도록 유도된다. [⋯] 그것은 인생 자체이며 어제의 질서에 대한 끊임없는 재검토, 무질서에로의 주의 환기이다. 그렇기 때문에 확고부동한 조직에 가장 깊숙이 박힌 사람들—공무원, 경찰, 군인, 의사, 지방유지 등—은 그들 계층에 대한 반박에 누구보다 더 노출되었으므로, [⋯] 특별히 희극적인 천직을 가지고 있다."

식이 없는 즉자존재인 섬이 머릿속에서 일어나는 계획, 환상, 몽상 등을 구체적으로 실재화시키기에 좋은 대상이었음을 알 수 있다. 그 섬이 어머니가 되었다가 아내가 되는 것은 사물의 인간화로 로뱅송의 섬에 대한 애착을 대변한다. 로뱅송이 빈틈없이 계획을 실천하면서도 어쩔 수 없이 일의 무상성을 느껴 동굴에 침잠하는 것은 현대인의 삶을 조명한 것과 다름없다. 이것은 현대인의 삶에 대한 작가의 간접적인 비판이며, 이를 치유한 것이 자연, 어머니인 것은 시사하는 바가 크다고 하겠다. 작가는 또한 만드라고라를 통하여, 성적 욕망의 대상이 없는 상황으로부터 변태성욕자가 만들어질 수 있는 가능성의 논리도 제공할 뿐 아니라, 모든 것을 허용하는 대자존재 의식이 오늘날 인기 있는 판타지 소설이나 공상과학 영화 등의 무궁무진한 가능성의 근원임도 간파하게 한다.

마지막으로 방드르디의 출현은 존재론적으로 로뱅송의 생활에 대이변의 동기가 되는 설정이다. 방드르디가 타자가 되어, 서로를 바라보아 객체화시키면서 주체의 위치를 차지하려고 하는 갈등의 관계를 형성하여 로뱅송의 시선을 잠재되어 있는 세계로 이끌기 때문이다.

처음에 로뱅송의 대타존재는 노예인 방드르디를 즉자존재로 여겨 객체화하려는 사디즘의 태도를 취하였고, 화약 폭발 후에는 방드르디의 주체성에 동화되는 마조히즘의 태도를 보였다. 그리고 로뱅송이 방드르디의 세계를 관찰하고 흉내 냄으로써 자연과 혼연일체가 되는 평화를 맛본 후에는 두 사람 사이에는 각자의 주체성을 잃지 않고 배려하는 사랑의 태도도 엿보였다.

그 결과 방드르디는 저절로 노예의 신분에서 벗어나 자유와 초월의 주체가 되고 로뱅송은 개신교를 버리고 방드르디처럼 대자존재의 지향성에 따라 현 순간을 사는 태양 숭배의 원소적 상태가 된 것이다. 원소적 상태란 시간에 쫓기며 생산만을 추구하는 삶이 아니라, 무한한 우주의 한 원소로서 자연의 리듬에 맞추어 사는 인류 태초의 삶을 의미할 수도 있다. 그러나 스피노자의 『윤리학』에 나오는 "세 종류의 지知 trois genres de connaissance"[29]를 적용하면, 로뱅송이 아침마다 해돋이를 맞이하며 황홀감과 함께 생명의 원기를 부여받는 삶은 제3의 단계인 '명상의 지'에 이르렀음을 뜻한다. 썩은 물이 독을 내뿜는 진창에서 자신의 배설물과 멧돼지들과 함께 뒹구는 모습으로 묘사된 절대 고독은 로뱅송이 겪은 제1단계의 '감각과 감정의 지'를 의미한다. 그다음 단계의 지는 온갖 과학 지식을 동원하여 배를 만들고 섬을 건설 통치하게 한 '과학과 기술의 지'이다. 즉, 로뱅송은 절대 고독에 찌들어 절망했던 단계를 시작으로, 머리가 좋고 과학 지식과 일반상식이 풍부한 총독, 장군, 목사의 사회적 명성의 단계를 거쳐, 마침내는 삶을 명상하는 종교적 철학적 단계에 이르는 지혜를 터득했다는 설명이다.

명상의 경지에서 로뱅송이 두 개의 육체에 하나의 영혼을 가진 쌍둥이가 태양을 바라보며 사는 미래를 꿈꾸는 것은 당연한 순서 같다. 두 사람이 서로의 존재에 필연성을 부여하며 갈등이 없는 삶, 평화와 행복이 깃들인 순간 순간의 삶을 사는 꿈은 인류가 그리는 이상이다. 그러나 그 꿈은 공기 원소의 새로운 형태로 보이는 범선 화이트버드호에 이끌린 방드르디가 로뱅송을 버리고 떠나는 주체성을 발휘함으로써 깨져 버릴 수밖에 없었다.

『방드르디, 태평양의 끝』은 이렇게 작가의 의도대로 존재론적으로 읽을 수 있다. 즉, 사르트르가 『존재와 무』에서 규정한 존재론의 세 영역이 소설의 전개와 맞물려 있는 것을 알 수 있다. 작가 투르니에는 구체적으로 형상화하여 실질적인 함의가 있는 논리로 로뱅송의 즉자존재는 기독교 신앙을 매개로 우연성과 자기기만을 통하여, 대자존재는

---

29 *Ibid.*, p. 227.

스페란차를 통하여, 대타존재는 방드르디와의 관계를 통하여 전개하
고 있음을 알 수 있다.

타인 없는 세계

사르트르와 들뢰즈의 타자론 비교

박 정 자

1. 로빈슨풍

대니얼 디포의 『로빈슨 크루소』(1719)는 근대소설의 원형이다. 영국의 수많은 소설가들이 로빈슨의 아류를 썼고, 프랑스의 생존 페르스 Saint-John Perse는 『크루소의 이미지들 Images à Crusoe』, 장 지로두 Hippolyte Jean Giraudoux는 『쉬잔과 태평양 Suzanne et le Pacifique』, 쥘 베른은 『신비의 섬 L'Ile mystérieuse』으로 각기 그들의 로빈슨 이야기를 썼다. 어린이 소설에서도 로빈슨의 모험은 가장 인기 있는 주제다. 19세기 프랑스의 청소년 소설인 『15소년 표류기 Deux ans de vacances』(쥘 베른)는 그대로 로빈슨의 청소년판이다. 소녀 소설 『집 없는 소녀 En famille』(엑토르 말로 Hector Malot)에서는 주인공 소녀가 호수 안의 작은 섬에서 새알을 프라이해 먹고 직접 예쁜 구두를 만들어 신는 과정이 세밀하게 묘사되어 있다.

하기는 근대 이후 서양문학의 대부분이 로빈슨에 빚지고 있다. 로버트 스티븐슨의 『보물섬』이나 쥘 베른의 해양소설들은 물론이고, 찰스

디킨스의 『데이비드 코퍼필드』도 로빈슨의 영향에서 벗어나고 있지 못하다. 발자크가 무명 시절에 쓴 해적 이야기들은 공공연하게 로빈슨풍이지만, 그가 나중에 쓴 본격 소설 『인간 희극』도 결코 덜 로빈슨적인 것은 아니다. 허먼 멜빌의 『모비 딕』이 웅장한 로빈슨풍 서사시인 것은 두말 할 나위 없지만 그의 다른 작품들 역시 디포의 강한 영향을 보여 준다. 흔히 실존적 인간 소외의 문학으로 알려진 카프카 또한 로빈슨의 계보에 속하는데, 그것은 단순히 그의 청년기 작품인 『아메리카』때문만은 아니다. 20세기 후반에 이르러서는 움베르토 에코가 『그 전날의 섬』으로 자기 식의 로빈슨을 썼고, 우리가 살펴볼 미셸 투르니에 Michel Tournier는 『방드르디, 태평양의 끝』(1967)으로 로빈슨에게 가장 높은 예술적 향취를 부여했다.

언뜻 보기에 모험소설과 이국적인 해양 이야기들, 특히 사이언스 픽션의 원형인 듯이 보이지만 형식과 주제의 유사성만이 로빈슨풍의 전부는 아니다. 마르트 로베르 Marthe Robert는 『기원의 소설, 소설의 기원』에서 '가족소설 roman familial', 다시 말해 '친부살해'의 개념으로 『로빈슨』을 분석한다. 그녀에 의하면 근대 이후 모든 소설은 '가족소설'이고 따라서 로빈슨은 서구 근대문학의 기원이다. 요컨대 세계와 개인 사이의 모순적인 관계들, 그리고 한 인간의 성장과 수련을 보여 주는 모든 소설이 로빈슨적이다. 마르트 로베르는 『로빈슨 크루소』를 『돈키호테』와 함께 서양문학의 시작이자 전범典範으로 자리매김한다.

그러나 우리가 로빈슨에 관심을 갖는 것은 타자의 문제 때문이다. 미셸 투르니에의 『방드르디』와 함께, 그리고 『방드르디』를 해석하는 들뢰즈와 함께 타자의 문제를 본격적으로 고찰해 보기로 한다.

2. 디포의 로빈슨: 기원의 소설

무인도에서 타자 없이 홀로 사는 고독한 인간에게는 무슨 일이 일어날까? 우선 먹고살아야 하니까 채집이나 수렵을 통해 영양분을 공급하고, 비와 바람을 막아야 하니까 나뭇가지로 얼기설기 집을 지을 것이다. 차츰 농사를 짓고 가축을 사육하며, 조직적인 경영을 위해 식량을 비축하고 문자로 기록을 하게 될 것이다. 한마디로 원시인으로 돌아가 우리 인류가 원시사회에서 현대 문명사회에 이르기까지 겪었던 모든 과정을 압축적으로 되풀이하게 될 것이다.

로빈슨 크루소가 그랬다. 난파한 배의 표류물을 주워 모아 동굴집을 짓고 농사를 지으며 가축을 키웠다. 달력을 고안하여 섬 안에 시간을 다시 도입했고, 집 짓는 기술, 나무와 금속 작업, 사냥, 가축 사육, 농경, 항해, 의술, 그리고 신학까지도 복원했다. 완전히 섬 안에 작은 영국 식민지를 하나 만들어 놓았다. 인류가 순수한 필요를 충족시키기 위해 수 세기 동안 발전시켰던 노동의 양상들이 로빈슨이라는 한 인간의 단일한 존재 안에 응축되었다. 그는 진화의 모든 단계를 그 기원에서부터 경험했다.

『로빈슨 크루소』는 그러므로 인간의 기원origine으로 돌아가는 기원의 소설이다. 마르트 로베르가 『로빈슨』을 소설의 기원으로 말한 것과는 전혀 다른 의미로 투르니에는 디포의 『로빈슨』을 기원의 소설이라고 말한다. 이때 '기원'이란 노동하는 인간, 경제적 인간의 기원이다. 디포의 『로빈슨』은 무인도에서 노동의 엄격한 질서와 그 기원을 탐구하고, 그 노동의 결과인 자연 정복을 탐구하는 소설이었다.

그러므로 디포의 『로빈슨』에서는 노동의 요소가 절대적 가치를 지닌다. 목가소설, 궁정소설, 기사도 소설, 바로크 소설, 코믹 소설 등 그 어떤 장르의 소설이건 로빈슨 이전의 소설에 노동이란 없었다. 로빈슨과 함께 노동과 수고와 결핍이 유토피아의 주요 요소가 되었고, 로빈슨과 함께 개척적이고 근면한 인간이 근대적 서구인의 원형이 되었다.

노동과 수고, 근면은 모두가 부르주아 계급의 덕목이다. 노동과 근면에 절대적 가치를 부여함으로써 이 책은 당대의 상승계급인 부르주아 계급의 가치관을 그대로 반영하고 있다. 그런 의미에서 이 소설은 근대 서구 문학의 효시이고, 또 철두철미하게 부르주아적이다. 근대성의 진화 과정은 그대로 부르주아 계급의 진화 과정과 일치하기 때문이다.

한편 이 소설의 이국 취미는 사람의 발길이 닿지 않은 자연에 대한 문명인의 향수를 자극하고, 개발의 보상이 커다란 이익으로 돌아온다는 교훈을 심어 줌으로써 그 후 제국주의 열강의 식민주의 경영을 위한 암묵의 모멘텀이 되었다. 한마디로 진취성, 독립심, 개척 정신, 청교도 정신, 경제적 인간 등 이른바 영국적인 가치관이 소설이라는 형식 속에 녹아 있다.

기원으로 돌아간다는 점에서 디포의 『로빈슨』은 과거 지향적이다. 그의 관심은 온통 잃어버린 것을 복원하는 데만 집중되어 있다. 물론 들뢰즈가 지적한 대로 '기원' 또는 '복원'이 정확한 개념은 아니다. 왜냐하면 로빈슨이 '기원'으로 돌아간다고 할 때의 '기원'은 그것이 만들어 낸다고 간주되는 것들을 전제로 하고 있기 때문이다. 다시 말하면, 예를 들어 로빈슨은 난파선에서 꺼내 온 표류물들을 가지고 섬을 건설하는데, 그 표류물들은 경제가 고도로 발전한 후의 결과물들인 것이다. 그러므로 로빈슨이 완전히 경제적 인간의 기원으로 돌아갔다는 것은 사실이 아니다. 이 기원에서부터 재-생산된 세계도 현재의 세계와 다른 세계가 아니라 지금 현재 실재réel하는 세계, 다시 말해 당시의 문명인들이 이룩해 놓은 경제적 세계와 똑같은 세계이다. 그러므로 기원의 회복이나 복원, 다시 말해 원시 상태로의 회귀는 아닌 것이다.

실제의 세계에서 그렇듯이 많은 부를 축적한 로빈슨은 마침내 절대

권력의 제왕이 된다. "나는 혼자서, 제왕처럼, 신하들에 둘러싸여 저녁을 먹었다!"라고 그는 일지에 썼다. 동반자의 전부인 개 한 마리, 고양이 두 마리, 앵무새 한 마리는 그에게 권력의 열광을 주기에 충분했다. "나는 섬 전체의 왕이자 주인으로 군림했다. 종복從僕들의 생사여탈권이 내게 있었다. 교수형에 처할 수도, 쫓아낼 수도, 자유를 줄 수도, 또 박탈할 수도 있었다. 신하들 중에서 반역은 있을 수 없었다!"

타고난 교육자인 로빈슨은 온순한 젊은 미개인 프라이데이에게서 자신의 교육의 열정도 마음껏 충족시킨다. 남을 가르치고 싶다는 욕구는 남을 지배하고 싶다는 욕구에 다름 아니다. 프라이데이는 그의 하인이며 제자였다. 진리는 오로지 백인이고 서양인이고 영국인이고 기독교도인 로빈슨의 입에서만 나왔다. 그런 점에서 디포의 『로빈슨 크루소』에 나오는 검둥이 소년 프라이데이는 있으나마나 한 존재이다.

3. 투르니에의 로빈슨: 목적의 소설

투르니에는 프라이데이가 중요한 역할을 맡는 소설을 쓰고 싶어 했다. 소설의 제목도 『로빈슨』이 아니라 『방드르디』가 될 것이다. 방드르디 vendredi는 '금요일 Friday'의 불어이다. 결국 그의 소설에서는 방드르디가 불쑥 나타나 로빈슨이 건설한 모든 것을 무너뜨린다. 그리고 로빈슨으로 하여금 과거의 재구성이 아니라 무언가 새로운 일을 하도록 도와준다.

투르니에는 디포의 소설이 보여 주는 회고적인 시각이 마음에 안 들었다. 디포는 로빈슨을 우리 세계의 원형, 다시 말해 경제적 세계의 기원으로 돌아가게 했다. 그러나 투르니에는 백지 상태에서 새로운 언어, 새로운 종교, 새로운 예술, 새로운 유희, 새로운 에로티즘이 생겨나는 그런 소설을 쓰겠다고 마음먹는다. 그것은 스스로 일탈하여 들어간 환상의 세계, 즉 우리의 세계와는 전혀 다른 세계일 것이다. 그의 소설이 기원의 탐구가 아니라 목적의 탐구가 되는 이유이다.

한마디로 투르니에의 관심은 기원과 과거 쪽보다는 미래와 결말 쪽에 있다. 디포의 소설이 손안에 있는 모든 수단을 동원하여 과거의 잃어버린 문명을 복원하는 과정이라면 투르니에의 소설은 미래를 향한 창의적인 기획이다. 『로빈슨』이 경제적인 기원을 찾는 소설이라면 『방드르디』는 철학적인 목적을 지향하는 소설이다.

그러니까 투르니에는 『로빈슨 크루소』를 완전히 뒤집어 다시 썼다. 디포의 세계와는 반대로 여기서는 자연이 문화를 지배한다. 로빈슨이 프라이데이를 가르치는 것이 아니라 방드르디가 오히려 로빈슨을 가르친다. 원시성이 문명을 극복한 것이다. 『로빈슨 크루소』가 서구의 산업사회를 탄생시켰다면 『방드르디』는 그 사회의 기본 이념을 폭파시킨다. 『로빈슨』에서는 신의 섭리가 유일하고 보편적인 의지이지만 『방드르디』에서는 타로 카드의 점괘가 로빈슨의 장래 운명을 예고한다. 『로빈슨』이 기독교적이라면 『방드르디』는 이교도적이다. 인간은 이제 경제동물이기를 그치고 삶과 우주의 깊은 뜻을 터득한다. 수천 년간 쌓아 올린 인류 문명은 붕괴되고 인간은 다시 원소로 회귀한다.

디포의 로빈슨이 경제동물로서의 자신의 기원으로 회귀하는 것이라면 투르니에의 로빈슨은 원소로의 회귀이다. 이것은 인간이 이때까지 경험하지 못한 새로운 세계라는 점에서 미래와 목표를 향한 지향성이다. 그러니까 여기서는 기원이 중요한 게 아니라 출구issue가 중요하다. 즉 모든 아바타(변화)들을 지나 발견하게 되는 최종적인 목표le but final가 중요하다. 그 궁극의 목표는 '탈인간화' déshumanisation이고, 리비도와 자유로운 원소들의 만남 la rencontre de la libido avec les éléments libres이며, 우주적 에너지 또는 원초적 건강함의 발견 la

découverte d'une énergie cosmique ou d'une grande Santé élémentaire
이다.

(1) 원소로의 회귀

에피쿠로스의 원자론原子論을 시詩로 옮겨 쓴 루크레티우스는 세상의 모든 사물이나 생명체가 똑같이 원자들의 조합으로 이루어졌다고 설파함으로써 유물론의 기원이 되었다. 그에 의하면 우주 만물의 생성은 창조에 의한 것이 아니다. 원자가 수직으로 떨어지다가 몇몇이 경로를 살짝 이탈해 다른 원자와 충돌해 연쇄반응이 일어나면서 생성된 것이 우주 만물이다. 이때 원자들 간의 충돌은 무게의 차이에 기인하는 것이 아니라 가로지름clinamen에서 기인한다. 가로지름은 에피쿠로스적 체계의 주요 부분을 차지하는 시간론과 관련이 있다. 들뢰즈가 「루크레티우스와 시뮐라크르」(『의미의 논리』 보론)라는 글에서 루크레티우스의 원자론을 상세히 기술하고 있는 것을 보면 그의 일의적一義的 존재론이나 사건의 존재론도 에피쿠로스의 원자론을 바탕으로 하고 있음을 알 수 있다. 그가 투르니에의 『방드르디』에 깊은 관심을 가지는 것도 바로 이 '원소로의 회귀'라는 주제 때문이었을 것이다.

로빈슨은 우선 대지大地와의 관계에서 원소로 환원된다. 장밋빛 골짜기에서 잠이 들었다가 깨어난 어느 저녁 그는 돌연 섬의 육감적인 존재를 의식하며 자신이 '다른 섬'에 와 있음을 느낀다. 사람의 위에 눕듯이 섬 위에 누워 있다는 것, 섬의 몸뚱이가 그의 몸 밑에 있다는 것을 발견한다. 그를 감싸고 있는 대지는 벌거벗은 몸이다. 옷을 벗고 종일토록 햇볕을 받아 뜨거워진 그는 거대한 대지의 몸을 힘껏 껴안는다. 그리고 "그의 성기는 마치 보습의 날처럼 땅바닥을 파고들면서" 스페란자와 결합한다. '희망'이라는 의미의 스페란자는 그가 섬에 붙인 이름이다. 투르니에의 『로빈슨』에서 방드르디 출현 이전의 시기를 근친 상간적 성격으로 특징짓는 이유가 여기에 있다. 흔히 대지는 어머니로 비유되지 않는가.

이때까지 그는 스스로 총독이 되어 섬의 개발과 건설에 온갖 힘을 다 기울였다. 그런데 이제 섬은 인간화되어 그의 아내라 불러 마땅한 것이 되었다. 이처럼 '여성'이 된 섬은 차례로 그의 어머니, 약혼녀, 아내로 변신한다. 섬이 인간화되는 것과는 반대로 로빈슨 자신은 대지와의 결합을 통해 인간성을 상실한다. 그는 자신이 원소로 환원되고 있음을 의식한다.

원소로의 회귀는 방드르디와 로빈슨의 관계가 역전된 후에 본격적으로 이루어진다. 그 시초에 방드르디와 염소와의 인상 깊은 싸움 장면이 있다.

그 짐승은 갑자기 씹기를 멈추고 잠시 그라미네를 입에 물고 있었다. 그리고 나서 히죽이 웃듯이 입을 벌리고서는 뒷발로 몸을 세웠다. 그 짐승은 방드르디에게 몇 발자국 다가와 앞발을 허공에 휘젓더니 그 커다란 뿔을 흔들어 댔다. 그 모습은 마치 걸어가면서 군중들에게 인사하는 것과도 같았다. 이 위협적인 몸짓은 방드르디를 섬뜩하게 만들었다. 그 짐승은 머리를 두 앞발 사이에 묻고 뿔을 쇠스랑처럼 내밀고서는, 새털을 단 화살처럼 방드르디의 앞가슴을 향하여 돌진했다. 방드르디는 옆으로 피했으나 이미 늦었다. 사향 냄새가 그를 엄습했다.

이 싸움으로 방드르디는 상처를 입고 염소는 죽는다. 그리고 방드르디는 기묘한 계획을 실행한다. 죽은 염소는 날아오르고 노래 부를 것이다. 계획의 첫 번째 부분을 실행하기 위해, 방드르디는 염소의 가죽을 벗겨 털을 뽑고 물에 씻어 나뭇가지에 말렸다. 낚싯대에 묶인 염소는 낚싯줄의 매우 작은 움직임도 크게 부풀려 주었다. 그다음 방드르디는 염소의 머리와 창자 그리고 마른 나뭇가지를 사용해서 일종의 악기를 만들었다. 바람은 그 악기로부터 아름다운 소리를 만들어 냈다. 대지에서 발생한 소리는 하늘로 올라가, 잘 조직된 하늘의 소리, '원초적인 음악'이 되었다. 그 음악 소리는 인간의 세계를 초월한 어떤 협주곡과도 같았다.

단 한 줄기의, 그러나 무한한 하모니로 충만한, 단조로운 음조로서 영혼에 결정적인 위력을 행사하는 것이었으며, 무수한 구성 요소들로 이루어진 화음으로서 그 끈질긴 위력은 사람을 매혹하는 숙명적이고 거역할 길 없는 그 무엇을 지닌 그런 음이었다. […] 저 강력하고 멜로디 넘치는 울음소리, 비인간적이고 그야말로 원초적인 음악, 그것은 대지의 어두운 목소리요 동시에 천상계의 하모니요, 또한 제물이 된 큰 숫염소의 목쉰 탄식이었다. 절벽을 굽어보는 바위에 몸을 의지한 채 서로 몸을 부둥켜안은 로빈슨과 방드르디는 곧 있는 그대로의 원소들이 서로 혼연일체가 된 그 신비의 위대함 속에 빠진 채 무아지경이 되었다. 대지와 나무와 바람이 한 덩어리가 되어 앙도아르를 예찬하는 그 심야의 의식을 집행하고 있었다."

헨리 밀러는 로빈슨의 원소 회귀에 대해 "갓난아기의 울음소리를 닮은, 헬륨, 산소, 규토, 철 같은 신생 기본 원소들의 바스락거림"이라고 말한 적이 있다. 방드르디가 죽여 악기로 만든 염소가죽이 이미 이런 기본 요소들의 바스락거림을 보여 주고 있다. 죽은 거대한 염소는 물, 불, 공기, 흙 등의 기본 원소들을 방출했다.

흙이 원소들을 물질 덩어리 속에 가둔다면, 하늘은 태양빛을 통해 그것들을 자유롭고 순수한 상태로 인도한다. 원소들은 그 한계를 벗어나 각 원소에 고유한 우주적 에너지를 형성한다. 대지와 하늘의 투쟁이 있게 되며, 그 싸움의 목표는 모든 원소들을 감금하느냐 또는 해방하느냐이다. 마치 하이데거의 '대지와 세계의 투쟁'을 연상시키는 대목이다. 투르니에의 『방드르디』에서 섬은 그 싸움의 최전선 또는 장소가 된다. 로빈슨이나 방드르디와 함께 섬 또한 소설의 주인공이다. 로빈슨이 일련의 변신을 거쳐 스스로를 바꾸는 것 못지않게 섬 또한 일련의 분신分身 작업dédoublement을 거쳐 형태를 바꾼다.

(2) 대지적 섬에서 태양적 섬으로

대지적 인간이었던 로빈슨이 태양적 인간으로 탈바꿈하는 것은 15세의 검둥이 소년이 출현하는 것에서 시작된다. 아라우칸 족이 섬에 와서 불을 피워 놓고 의식儀式을 치르는 동안 제물로 지명된 인디언 혼혈아가 로빈슨 쪽으로 도망친다. 로빈슨은 엉겁결에 그를 구해 주고, 그날이 금요일이었으므로 소년에게 방드르디(금요일)라는 이름을 지어준다. 그것은 사람의 이름도 물건의 이름도 아니요, 두 항의 중간쯤 되는, 반은 생명이 있고 반은 추상적인 이름이다. 게다가 시간적이고 일화逸話적인 성격의 이름이다. 유색인종에 어린아이요 이름마저 '우연적'인 이 소년은 백인 로빈슨의 노예가 되기에 아주 적합한 인물이다.

두 사람은 모든 측면에서 대립적이다. 하나는 백인이고 하나는 흑인이며, 하나는 경험이 많은 장년이고 하나는 천둥벌거숭이의 소년이다. 하나는 엄격하고 진지하고 편집광적으로 정확한 사람이며 다른 하나는 제멋대로이고 어릿광대 같은 쾌활함을 가진 무질서 그 자체다. 생명의 은인에게 무조건 복종하는 온순한 하인이지만, 그러나 그의 천진난만한 '웃음'은 자칭 섬의 총독인 로빈슨의 진지함을 단숨에 조롱하며 그 가면을 벗겨 버린다. 그럴 때마다 로빈슨은 방드르디를 제압하고 총독의 권위를 되찾지만 마음속 한편으로는 '다른 섬'에 대한 욕망을 부정하지 못한다. 그가 유혹을 느끼며 달밤에 깨어서 '골짜기'를 찾아가는 장면이 그것이다.

드디어 방드르디가 주인공이 되는 순간이 온다. 로빈슨은 외출중이고 물시계는 정지되어 있다. 방드르디는 기상천외한 엉뚱한 짓으로 로빈슨의 기존 질서를 단숨에 전복시킨다. 선인장 밭에 보석과 옷감 상자를 옮겨다 놓고 선인장에 옷을 입힌다. 사람은 벗고 식물은 입는다. 무슨 움직임이건 불가능할 것이 없고, 눈길을 가로막는 것 하나 없는 무한한 세계 속에서 그는 젊음과 자유에 도취해 있었다. "돌이 날 수 있다면! 나비로 변할 수 있다면!" 그는 황홀감에 젖어 조약돌로 물수제비 뜨기를 한다. 거북이를 불에 구워 등껍질을 벗겨 방패를 만들기도 한다. 노예가 잠시 해방되어 주인 노릇을 하는 이 대목에서 투르니에의 방드르디는 디포의 프라이데이와 전혀 반대되는 방향으로 나아간다.

어느 날 로빈슨은 '장밋빛 골짜기'에서 두 개의 까만 엉덩짝이 "밀려드는 흥분의 물살로 팽창했다가 단단하게 오므라들고 또 다시 팽창하고 조여들면서 한창 작업중"인 장면을 목격한다. 방드르디의 "이 완전한 타락 행위"를 보자 그는 증오심을 이기지 못한 채 방드르디를 구타한다. 분노를 삭이려고 성서를 읽지만 그는 이제 '역사의 전환점'에 이르렀음을, '통치된 섬', '어머니로서의 섬', 그리고 '아내로서의 섬'도 이제는 끝나 가고 있음을 느낀다. 예전에 한 번도 들어 본 적이 없는 완전히 새롭고 예측할 수 없는 시대가 가까워 온다. '대지'가 지배하는 시대가 가고 '태양'이 지배하는 시대가 온다. 방드르디의 눈에서 "빛나고 순수하고 섬세한 것"을 발견하면서 그는 자신이 알지 못하고 있던 "또 하나의 방드르디"를 느낀다.

방드르디는 주인이 없을 때면 파이프를 가지고 굴속에 편안히 누워서 몰래 담배를 피우곤 했다. 파이프는 남성 혹은 권력의 상징이다. 그는 자신에게 금지된 '남성'을 주인 몰래 즐긴다. 스페란자와의 금지된

교미와 담배 피우기는 결국 '폭발'을 부른다. 어느 날 외출했던 로빈슨이 갑자기 돌아오자 들킬 것을 두려워한 방드르디는 피우던 파이프를 굴속의 폭약 상자 위로 던졌고 그로 인해 섬 전체의 거대한 중심부가 폭발한다. 로빈슨이 지금까지 힘들여 건설한 모든 것이 다 파괴되었다. 그러나 로빈슨은 그런 대재난을 기대하기라도 했던 듯 그 파괴와 폭발에 별로 적극적으로 대응하지 않는다. 폭발과 더불어 '스페란자의 수호신'인 거대한 삼나무가 쓰러져 뿌리가 공중으로, 가지들은 아래로 처박힌다. 이것은 '뿌리 뽑힌' 로빈슨, 또는 전도된 세계의 은유이다. 동시에 무거운 땅으로부터 가벼운 '공기'의 세계로 가는 화살표와도 같다. 나무가 어둠 속에서 무너지는 순간 방드르디는 로빈슨의 손을 잡았다. 그 '갈색의 손'은 이제부터 그의 형제요 안내자요 스승의 손이 될 것이다.

방드르디는 이제 자신의 '천성'에 따라 행동한다. 물론 아직도 두 사람은 서로 대립하지만, 방드르디는 로빈슨을 '공기'와 '태양'의 세계로 인도하기 시작한다. 완전히 새로운 삶이 시작되었다. '새로운 시대'가 예고되고 있다. 수평 이동에서 수직 이동으로, '대지'의 세계에서 '공기'의 세계로, '물질'에서 '정신'으로, '무거움'에서 '가벼움'으로 옮아가는 질적 전환의 순간이다.

알바트로스의 깃털을 푸른 잉크에 찍어 쓴 항해일지에서 로빈슨은 이제 자아와 태양의 통일을 찾아가는 과정을 보여 준다. 시간의 척도가 사라졌으므로 아침은 영원회귀의 아침이다. "날들은 서로가 비슷해져서 […] 나는 똑같은 날을 끊임없이 다시 살고 있는 것 같은 인상을 받는다." "그 순간부터 우리, 즉 방드르디와 나는 영원 속에 자리 잡은 것이 아니겠는가? 시간으로부터의 해방은 곧 영원이며 순간이며 부동이다." 성서에 대한 참조 대신 우라노스, 비너스, 디오스쿠로이 등 이교도적 신화가 등장한다.

로빈슨의 겉모습에도 변화가 일어난다. 머리를 기르고, '하나님 아버지' 같았던 수염은 깎았다. 방드르디와 '닮은' 모습이 되어 알몸으로 햇볕에 나가기도 한다.

방드르디는 아무 일도 하지 않고 재미있게 '노는 것'을 가르친다. 날아다니는 것이면 무엇이나 다 관심을 가지는 '공기空氣적' 존재인 그는 활과 화살을 만들어 멀리 날려 보내는 놀이를 즐긴다. 그가 주도하는 세계는 비상飛翔과 가벼움의 세계다.

(3) 새로운 에로티즘

처음에 로빈슨은 대지의 지배를 받았다. 자신의 섬을 마치 어린아이가 어머니를 사랑하듯 사랑했고(동굴의 에피소드), 다음에는 남편이 아내를 사랑하듯 사랑했다(만드라고라 에피소드). 그러나 이 대지적인 사랑은 방드르디의 영향으로 서서히 변화하여 태양 쪽으로 향한다. 방드르디가 나타난 이후 섬은 더 이상 대지가 아니라 태양적 세계가 된다. 고요한 행복 속에서 변신이 이루어지고, 그 무엇으로도 측량할 길 없는 광대한 시간의 광야가 펼쳐진다. 방드르디의 충동적 모험을 좇아 그는 새롭고 엉뚱하고 자유로우며 창의적인 삶의 길로 접어든다. 이러한 삶에서 그는 새로운 음악, 새로운 종교를 발견한다. 그리고 특히 새로운 성性을 발견한다. 그것은 전혀 인간적이지 않은 성이다.

디포의 로빈슨은 무성無性적asexué 인간이었다. 그의 『로빈슨』에서는 성이 전혀 언급되지 않는다. 그러나 투르니에의 『방드르디』에서는 섹슈얼리티가 중요한 요소로 등장한다. 여기서 로빈슨은 성을 가지고 있고il est sexué, 성적 감각에 민감하며, 어쩌면 모든 것이 성적이다. 하지만 그것은 전혀 인간적인 섹슈얼리티가 아니다. 일종의 사막적인 섹슈얼리티la sexualité désertique라고나 할까. 엄밀히 말해 로빈슨은 일탈적인 일을 하나도 rien de pervers 하지 않았다. 두 사람밖에 없는 절해고도에서 두 남자가 남색을 즐길 것이라고 막연히 독자들은 생각하겠지만, 그리고 로빈슨이 방드르디의 눈부신 아름다움을 새삼 발견하기도 하지만, 그는 단 한 번도 방드르디에게 남색적인 욕망을 느낀 적이 없다.

그것은 우선 방드르디가 너무 뒤늦게 왔기 때문이다. 즉 로빈슨의 성이 인간적인 차원을 넘어서서 이미 원초적으로 변한 후에 방드르디가 온 것이다. 로빈슨은 항해일지에서 "비너스가 나를 유혹하기 위해서가 아니라 나를 강제로 제 아버지 우라노스 쪽으로 향하도록 만들기 위해서 물에서 나와 나의 바닷가를 걸어 다녔다"라고 썼다. 이 비너스가 바로 방드르디이다. 방드르디는 이미 인간적 성을 초월한 로빈슨을 인간적인 사랑 쪽으로 퇴행시키는 대신 아예 그를 원소로 바꾸어 놓았다. 스스로 원초적인 상태로 변하면서 로빈슨은 원소들과 혼연일체가 됨을 느낀다. 원소로 환원된다는 것은 인간적인 섹스와는 거리가 멀어졌다는 것을 뜻한다.

방드르디의 우라노스(하늘)적 사랑은 로빈슨에게 생명을 가득 불어넣어 주었고, 그 생명력이 하루의 낮과 밤 동안 줄곧 그에게 힘을 공급한다. 이 태양적 성교를 구태여 인간의 언어로 번역하자면 그는 차라리 여성이 되어 하늘의 아내가 되었다고 말하는 것이 옳다. 방드르디와 로빈슨이 함께 도달한 이 최고의 경지에서 성의 차별은 초월되었다. 로빈슨은 자신의 몸을 열어 북극성을 잉태하고, 방드르디는 비너스와 동일화되었다.

(4) 화이트버드호, 라캉적 얼룩

어느 날 방드르디가 수평선에 나타난 하얀 점 하나를 발견한다. 배

이름 '화이트버드'(하얀 새)처럼 하얗게 떠오른 얼룩이다. 슬라보예 지젝이 히치콕의 영화를 분석하면서 키워드로 삼았던 그 라캉적 얼룩이다. 〈북북서로 진로를 돌려라〉에서 먼 하늘 끝에 점으로 나타나기 시작한 비행기의 얼룩과, 〈새〉에서 새에 쪼인 여성의 이마 위에 나타난 피의 얼룩처럼 로빈슨의 섬에 나타난 하얀 점은 엄청나게 중요한 사건의 전조이다. 그것은 죽음의 위협인 동시에 문명세계와 과거의 출현을 의미한다. 그 하얀 점 앞에서 로빈슨은 마치 숨을 거두기 직전의 사람이 그러하듯 이 섬에서의 전 생애가 눈앞에 파노라마처럼 펼쳐지는 것을 본다. 자신이 만들어 '탈출호'라고 이름 붙였던 배, 진흙탕, 스페란자를 경영하기 위한 동분서주, 동굴, 작은 골짜기, 방드르디의 출현, 고요한 행복 속에 이루어졌던 자신의 태양적 변신, 도저히 측량할 길 없는 광대한 시간의 광야 등이 주마등처럼 한순간 눈앞을 스쳐 지나갔다.

로빈슨은 화이트버드호에 초대받는다. 해군 장교 출신의 윌리엄 헌터 선장을 통해 그는 자신이 섬에 표류한 지 28년 2개월 19일이 되었음을 알게 되고, 선장의 속내 이야기도 듣게 된다. 특히 열두 살쯤 된 붉은 머리 소년 수부水夫 자안에 대한 선원들의 거친 행동과 그들의 물질적 욕망을 목격하고 혐오감을 느낀다. 무질서한 선원들의 행동이 그에게 충격을 준다. 자연을 대표하는 섬에는 질서가 있는데 문화를 대표하는 배에는 무질서만이 있다. 역설적이게도 질서는 자연에서 온다. 우리의 상식과 달리 엄격하게 조직된 질서는 자연의 것이고, 무질서는 문화에서 온다고 로빈슨(또는 투르니에)은 생각한다.

자신이 사육하던 염소들을 다 놓아 준 후 일지에 기록한 다음 구절은 로빈슨의 이와 같은 생각을 잘 보여 준다. "야생의 상태로 되돌아간 염소들은 이제 인간들에게 강제로 사육되는 동안 강요받았던 무질서 속에 살지 않게 되었다. 그들은 가장 힘세고 똑똑한 숫염소들이 지배하는, 계통과 서열이 확실한 무리로 나뉘었다." 로빈슨이 섬에 와서 겪은 야만과 문명 사이의 갈등도 우주를 구성하는 물, 흙, 공기, 불이라는 원소들 간의 자유로운 질서를 수용함으로써 해소되었던 것이다.

로빈슨은 방드르디와 같이 스페란자에 남기로 결심한다. 그 배의 선원들이 살고 있는 타락하고 유한적인 시간의 소용돌이에 공포감과 거부감을 느꼈기 때문이다. 시간의 소용돌이는 반드시 죽음을 포함한다. 그러나 영원한 현재만이 있는 섬은 영원한 생명이다. 매일 아침이 그에게는 최초의 시작이었으며 세계사의 절대적인 시작이었다. 태양 아래 스페란자는 과거도 미래도 없는 영원한 현재였다. 완벽의 극한점에서 균형을 이루고 있는 이 영원한 순간으로부터 몸을 빼내 굳이 피폐와 먼지와 폐허의 세계 속으로 추락할 필요는 없었다.

새벽에 잠을 깬 로빈슨은 범선에 매혹된 방드르디가 그 배를 타고 사라졌음을 알았다. 절망한 그는 굴의 잔해 속에 들어가 죽으려 한다. 그 순간 바위더미 사이 좁은 구멍에서 한 소년이 나오는 것이 보인다. 로빈슨의 친절에 감동한 화이트버드호의 어린 수부가 배로 돌아가는 대신 그의 곁으로 피신한 것이다. 지난날 방드르디가 그랬듯이 로빈슨은 바위 무더기를 굽어보는 언덕 꼭대기로 그를 데리고 올라가 사라지는 화이트버드호를 바라본다. 로빈슨은 아이의 이름을 죄디Jeudi (목요일)로 바꾸어 준다. 방드르디(금요일)의 하루 전날 이름이다.

4. 타자의 문제

무인도에서 타인 없이 혼자 사는 한 남자에게 타인은 어떤 의미를 갖는가? 나중에 합류한 방드르디를 타인으로 간주할 수 있을까? 여기서부터 들뢰즈의 타자 구조 탐색이 시작된다. 그러나 타인의 문제에 관한 한 사르트르의 대타존재 이론을 그냥 지나칠 수 없다. 사르트르는 타자 이론을 본격적으로 정립한 최초의 철학자이기 때문이다. 들뢰즈는 사르트르의 타자 이론을 독보적인 것이라고 높이 평가하면서도 거기에 근본적인 오류가 있다고 반박한다. 어떤 점이 오류일까? 사르트르의 타자 이론을 먼저 살펴보기로 한다.

(1) 사르트르의 타인

1) 타인은 나의 세계를 해체하는 존재

사르트르에 의하면 타인의 첫 번째 효과는 세계의 해체이다. 나는 공원의 벤치에 앉아 있다. 벤치에서 멀지 않은 곳에 잔디가 있고, 잔디밭 옆으로 벤치들이 놓여 있다. 이 고요한 공원 풍경은 나의 세계이다. 이 세계에 한 남자가 나타난다. 그는 벤치 곁으로 지나간다. 나는 이 남자를 바라본다. 그때 나는 이 남자를 하나의 물체이며 동시에 사람으로 파악한다. 이 물체가 하나의 사람이라고 내가 확인한다는 것은 무슨 의미인가?

그가 만일 벤치 옆에 있는 조각상이었다면 나는 사물들을 시간-공간적으로 배치하는 평상시의 방식을 따랐을 것이다. 다시 말해서 조각상은 잔디 옆 2미터 20센티의 거리의 벤치 옆에 얼마큼의 무게를 가지고서 있다, 라는 식으로 말이다. 그때 그 조각상과 다른 물체들과의 관계는 순전히 부가적(덧셈적) 관계일 것이다. 잔디나 벤치에 덧붙여 다른 사물이 하나 더 놓여졌다는 의미이다. 그것을 치워 버린다고 해서 잔디나 벤치 같은 다른 사물들의 관계가 바뀌는 것은 아니다. 그 조각상이 출현했다고 해서 내 앞에 펼쳐진 세계 속의 사물들이 새로운 관계를 형성하는 것도 아니다.

사물들은 나를 중심으로 모이고 종합되어 도구성의 총체를 이룰 뿐그 조각상과는 완전히 무관심한 관계일 뿐이다. 그러나 그것이 조각상이 아니라 사람일 때 문제는 달라진다. 벤치와 그 사람 사이의 관계는 단순한 덧셈의 관계가 아니다. 내 세계 안의 사물들이 이 특별한 대상 주위로 재편성된다. 물론 잔디는 여전히 그로부터 2미터 20센티 거리에 떨어져 있다. 그러나 잔디와 그 남자 사이의 거리는 무심하고 상호적인 관계가 아니다. 그 남자가 걸어서 좀 더 잔디에 가까이 갈 수도 있고, 멀리 떨어질 수도 있다. 이때까지 나의 세계였던 이 공원 안은 그 남자를 중심으로 하는 그의 세계로 재편되고 있다. 그 남자와 잔디는 내게 있어서 똑같은 대상이지만, 그 두 대상이 서로 새롭게 맺는 관계는 내게 있어서 매우 특이하다.

그 남자는 우선 내가 인식할 수 있는 대상이다. 왜냐하면 내 눈앞에 그런 모습으로 주어져 있기 때문이다. 그러나 또 한편 그것은 완전히 나에게서 벗어나 있다. 왜냐하면 이제 관계의 기본 축은 그 남자이기 때문이다. 지금부터 나는 이 세계 안의 중심이 아니다. 잔디와 그 남자 사이에 펼쳐지는 거리는 내가 설정했던 거리를 부정한다. 다시 말해서 내 세계 안의 사물들 사이에 내가 설정했던 관계는 해체되기 시작한다. 그리고 이 해체를 수행하는 것은 내가 아니다.

이처럼 내 세계 안에 한 사람이 나타나면 그것은 나의 세계를 해체하는 요인이 된다. 사물들은 내게서부터 도망쳐 이 사람 주위로 정렬된다. 타인의 출현에 의해 나는 이 세계에 대한 영주권을 박탈당하고 큰 위험을 느낀다. 혼자인 줄 알았는데 그렇지 못하고 최고 군주인 줄 알았는데 남이 나를 앞질러 갔다. 집안의 사랑을 독차지하다가 동생을 보게 된 어린아이의 시샘과 비슷하다고나 할까. 사르트르는 이것을 출혈 hémorragie에 비유했다.[1] 타인의 의식에 붙잡힌 세계가 나에게서 도

---

1 Jean-Paul Sartre, *L'Être et le Néant* (Gallimard, nrf, 1973[1943]), p. 319(이하, '*EN* 319'처럼 약함).

망가고 나의 영역으로부터 완전히 빠져나가는 것이 마치 우리 몸의 어느 부분에서 피가 마구 유출되는 것과 같다는 것이다.

이런 식으로 타인의 존재는 나의 세계를 훔쳐 간다. 모든 것이 제자리에 있고, 모든 것이 여전히 내 앞에 있건만, 이 모든 것은 보이지 않게 내게서 도망가고 새로운 대상을 향해 간다. 세계 안의 타인의 출현은 온 세계의 미끄러짐과 중심의 이동을 의미하고, 내가 중심으로 있던 세계가 내 발밑에서부터 꺼져 들어가고 있음을 뜻한다.[2]

로빈슨의 세계가 그랬다. 무인도에 혼자 사는 로빈슨은 섬의 제왕이었다. 나무와 풀과 대기와 짐승들이 모두 그를 중심으로 질서정연하게 배치되어 있었다. 거기에 방드르디가 불쑥 나타나 모든 질서를 흐트러뜨렸다. 로빈슨만 바라보고 있던 모든 사물들이 이제는 방드르디 중심으로 돌아가기 시작했다. 방드르디는 엉뚱한 짓으로 기존 질서를 전복했다. 방드르디의 무질서한 생활과 비밀스러운 세계가 로빈슨에게 복잡한 불안감을 자아냈다. 그리고 마침내 방드르디의 부주의로 인해 섬 전체의 거대한 중심부가 폭발한다. 로빈슨이 지금까지 힘들여 건설한 모든 것이 다 파괴되었다. 폭발과 더불어 '스페란자의 수호신'인 거대한 삼나무가 쓰러져 뿌리가 공중으로, 가지들은 아래로 처박혔다. 그야말로 '뿌리 뽑힌' 로빈슨, 또는 전도된 세계의 은유이다. 이 모두가 방드르디라는 타인의 출현 때문이다.

2) 타인은 나를 대상으로 만든다

타인이 거기 있다는 것만으로 그는 나에게서 나의 세계를 훔쳐 가고,

---

2 "세계 안에 타인이 나타난다는 것은, 한순간 정지된 우주 전체의 미끄러짐, 또는 세계의 탈중심과 같다. 세계의 탈중심으로 인해, 내가 동시에 수행하던 중심적 역할이 밑바닥에서부터 꺼져 들어간다(L'apparition d'autrui dans le monde correspond donc à un glissement figé de tout l'univers, à une décentration du monde qui mine par en dessous la centralisation que j'opère dans le même temps)"(EN, 313).

내게서 그 소유를 박탈한다. 그뿐만이 아니다. 타인은 나를 딱딱한 물체 같은 대상으로 만든다. 누군가 나를 바라보면 나는 내가 물체로 된 듯한 느낌을 갖는다. 내가 내 주위의 사물들을 무심히 바라보듯 타인도 나를 그렇게 무심히 바라본다. 나는 그에게 사물처럼 바라보여진다. 타인에게 있어서 나는 마치 의자 위에 놓인 가방처럼 앉아 있고, 길옆의 가로수 줄기처럼 버스정류장 가림막 기둥에 기대 서 있다.

그의 시선은 절대주체이고, 나는 한갓 객체에 불과하다. 객체 objet란 물체와 동의어이다. 타인 앞에서 왜 나는 우선 물체로 보이는가? 그것은 우리의 의식을 지향성으로 파악하는 현상학적 존재론 속에 이미 구조적으로 내포되어 있다. 우리의 의식은 매 순간 자기에게서 몸을 빼내 대상을 향해 가는 초월성이다. 그러므로 주체인 나의 의식 앞에 놓인 것은 모두 대상 objet (객체)이다. 하나의 주체 앞에는 반드시 대상이 있다. 그리고 하나의 대상 앞에는 결코 대상이 있을 수 없다.

그러므로 타자의 의식 앞에 놓인 나는 주체가 아니고 대상이다. 타자가 나를 대상으로 본다는 것은 주체인 타자가 나를 그 대상인 객체로 본다는 의미이며, 동시에 그때의 나는 물질성(즉자존재)을 띠게 된다는 뜻이다. 쉽게 말하면 남이 나를 볼 때 그는 나를 사람으로 보지 않고 우선 물건으로 본다는 이야기이다.

하나의 돌멩이는 그 안에 의식이 들어 있지 않은 즉자존재이므로 다른 것을 대상으로 삼을 수 없다. 그것은 오로지 주체인 나의 대상이 될 뿐이다. 그 돌멩이 앞에 또 하나의 다른 돌멩이가 놓였다고 해도 새로 놓인 돌멩이는 원래 있던 돌멩이의 대상이 될 수 없다. 왜냐하면 돌멩이에는 다른 사물을 대상으로 삼는 의식이 없기 때문이다.

주체인 나도 마찬가지다. 나는 다른 사람에 의해서만 대상이 될 뿐, 다른 대상(물체)에 의해서는 대상이 되지 않는다. "나의 대상성은 세계의 대상성으로부터 나오지 않는다."³ 세계는 나에 의해서 구성되고 나에 의해서 존재하는 것이므로 내가 그것을 의식하지 않으면 세계는 나의 대상이 될 수 없다. 반대로 나에 의해 존재가 부여된 세계가 거꾸로 나의 존재를 정립해 줄 수는 없는 일이다.

사람이 없이 물건만 있는 방에 들어갔을 때 나는 대상이 아니지만 그 방 안에 사람이 하나라도 있으면 나는 그의 대상이 된다. 사람이 없는 방에 나는 아무런 감정의 동요 없이 편안하게 들어가지만 누군가 있는 방에는 왠지 불편하거나 불안한 마음으로 들어간다. 그것은 내가 그의 대상이 되었기 때문이다. 그의 시선 앞에서 나는 짐짝 같은 사물로 전락한다. 다시 말하거니와 내가 타인 앞에서 우선 대상(물체)이 될 수밖에 없는 것은 의식의 초월성 때문이다. 그리고 대상이 되었다는 것은 내가 화석처럼 딱딱한 물체가 되었다는 의미이다.

나의 존재를 이처럼 순간적으로 화석화시키는 것은 다름 아닌 타인의 시선이다. 뭔가 남몰래 은밀한 일을 하다가 들킬 때를 생각해 보자. 누가 보지 않고 넘어갔다면 나는 내가 한 행위의 처음부터 끝까지를 결코 상세하게 의식할 수 없다. 그러나 남에게 들킨 바로 그 순간, 바로 그때의 나의 모습은 마치 사진처럼 내 머릿속에 인화된다. 나는 그의 시선에 의해 마치 석고상 같은 즉자존재가 된다.

그러므로 지금 이 순간의 내 모습으로 고정되기 위해서는 타인의 시선만 있으면 된다. 의자에 앉아 있는 나의 모습이 조각품처럼 굳어지기 위해서는 타인의 시선이 그것을 포착하기만 하면 된다. 직전의 자기 존재를 끊임없이 무화시키면서 자기 몸에서 자기를 빼내 부단히 앞으로 나아가는 것이 대자對自의 존재양식인데, 이와 같은 탈자脫自 운동은 이제 더 이상 물 흐르듯 진행되지 않는다. 그것은 단단하게 굳어 즉

---

3 "Mon objectivité ne saurait elle-même découler *pour moi* de l'objectivité du monde" (*EN*, 314).

자即自가 되고 만다.

이처럼 대자를 딱딱하게 굳혀 즉자로 만드는 타인의 시선을 사르트르는 메두사에 비유했다. 희랍 신화에 나오는 메두사는 머리칼이 뱀으로 되어 있는 흉측한 괴물이다. 이 괴물 앞에 서면 누구나 돌로 변한다. 타인의 시선 또한 우리를 돌로 만들어 버리지 않는가? 타인의 시선은 나에게 명령을 내리고 나를 비판한다. 나를 꿰뚫어 보고 나를 나의 정확한 자리에 위치시키고, 나를 객관화한다. 막연히 자신을 사실 이상으로 높이 평가했던 나는 남의 차가운 시선 앞에서 여지없이 무너지며, 냉정한 객관성을 되찾게 된다.

3) 눈과 시선

다른 사람을 대상성으로 만드는 것은 우리의 신체 중에서 특히 두 눈이 수행하는 기능이다. 더 정확히 말하면 시선의 기능이다. 두 눈은 다른 몇 개의 신체기관과 마찬가지로 대상을 지각하는 감각기관이다. 그런데 그 기능인 시선만은 좀 특이한 데가 있다. 시선이란 생물학적으로 말해 보면 두 개의 안구가 하나의 대상을 향해 초점을 맞추는 행위이다. 우리는 사람의 두 눈에 대해서는 그것이 위치해 있는 공간과 형태를 특정할 수 있지만 시선에 대해서는 그것이 도대체 어디에 있는지 어떻게 생겼는지 특정할 수 없다. 물론 내 앞에 서 있는 사람의 얼굴에 있는 두 눈은 나의 시각이 지각할 수 있는 가시적 물체이다. 그러나 그 사람의 두 눈에서 출발해 내게로 와 꽂히는 시선을 우리는 지각할 수 없다. 시선視線이라는 명칭에 '줄[線]'이라는 말이 들어가 있지만 우리는 그 줄을 눈으로 볼 수도 없고, 손으로 만져 볼 수도 없다.

르네상스 시대 원근법을 체계화한 알베르티는 시선을 시각광선 visual ray이라고 불렀다. 빛도 손으로 잡히지는 않지만 그러나 빛은 우리 눈에 보이기는 한다. 하지만 시선은 보이지도 않고 만져지지도 않는다. 그런데도 우리는 시선을 본다. 참으로 이상한 감각 기능이다. 모든 문제는 이 시선에 있다. 라캉도 시선을 매우 중요하게 생각하여, 시선은 욕망의 대상들 중에서도 가장 특별한 대상이라고 했다.

사르트르에 의하면 눈과 시선은 서로 비양립적이다. 나는 상대방의 눈과 시선을 동시에 보지 못한다. 내가 시선을 포착했을 때 나는 더 이상 그의 눈을 지각하지 못한다. 그의 두 눈은 거기 내 지각의 영역 안에 있지만, 현상학적 용어로 그저 순수한 제시 présentation일 뿐, 나는 그것을 시각적 데이터로 사용하지 않는다. 그의 두 눈은 중립적이고, 내 관심의 밖이고, 정립의 대상이 아니다. 내가 타인의 시선을 의식할 때 나는 그의 눈이 아름다운지 아닌지, 또는 그 색깔이 무엇인지를 전혀 의식하지 못한다. 시선은 자신이 거기서부터 나온 두 눈을 덮어 가린다. 시선에 관한 한 우리는 지각과 인식을 동시에 할 수 없다.

우리가 다른 물체를 바라볼 때는 지각이 곧 인식이었다. 접시 위의 사과를 바라보며 그 색깔이 빨갛다는 것을 나는 안다. 유독 시선에 대해서만 우리는 양자택일을 해야 한다. 시선에 관심을 두지 않고 두 눈의 생물학적 양태만을 바라볼 것인가, 아니면 그것을 가리고 그 앞에 나와 있는 시선을 포착할 것인가? 눈과 시선의 관계는 이처럼 비양립적이다. 일상생활 속에서 우리가 타인의 눈을 본다는 것은 이 세상에 있는 수많은 물건 중에 눈이라는 물건을 보는 것이 아니다. 그것은 시선과 시선의 마주침이고, 한쪽이 시선이면 다른 쪽은 눈으로 떨어지는 그런 관계다.

단순히 바라보기만 하는 기능인데 이상하게도 시선에는 힘이 실려 있다. 시선의 문제는 권력의 문제이다. 꿰뚫어 보듯 냉혹한 시선 앞에 서면 우리는 갑자기 자신이 초라해지고 안절부절못하게 된다. 상대방의 시선은 자신의 모든 즉자적 상태를 잔인하게 적나라하게 보여 준다. 시선은 그저 단순한 시선이 아니다. 그것은 그 자체로 상대방에 대한 냉혹한 평가이다. 그것은 비수처럼 상대방을 찌르고 그의 존재의 권리마저 문제 삼는다.

소설 『구토』의 주인공 로캉탱이 초상화의 인물 앞에서 느낀 열등감도 그런 것이었다. 초상화의 인물은 더할 수 없이 아름답고 당당하다. 이상하게도 이 초상화의 인물들 앞에서 로캉탱은 마음이 한없이 불편해진다. 자기가 그 인물에 대해 생각하는 것은 전혀 이 인물에게 타격을 가하지 않는데, 반대로 "초상화의 인물이 자신에게 내리는 평가는 비수처럼 가슴을 찌르고 마침내 존재의 권리마저 문제로 삼기" 때문이다.[4] 그런 점에서 타인의 시선은 나를 비춰 주는 거울이다. 그것은 나에게 나의 모습을 보여 주는 매개물이다. 『존재와 무』에서 사르트르는 "타인이 나를 보므로 나는 나 자신을 본다 je me vois parce qu'on me voit"(*EN*, 318)라고 말한다.

이처럼 내가 한갓 대상으로 전락했을 때 나는 수치심을 느낀다. 수치심이란 내가 타인에 의해 바라보이고 평가되는 대상이 되었다는 사실에 대한 자각이다.[5] 나는 엄연히 감정도 있고 견해도 있고 자유도 있는 주체이건만 내 자유가 나에게서 빠져나가 한갓 주어진 대상으로 된 것이 나는 못내 부끄럽다. 나는 내 자신에 대해 여러 가지 견해를 가질 수 있고, 여러 측면의 나를 인식할 수 있지만, 그 많은 견해와 인식은 다 무용지물이다. 나는 그저 타인이 알고 있는 모습의 나일 뿐이다. 이때 타인이 알고 있는 나의 모습이란, '과거에 그러했던 모습'도 아니고, '앞으로 될' 모습도 아닌 '지금 현재의' 모습이다. 다시 말하면 시간성 속에서 무화 운동을 계속하는 대자의 존재가 아니라 마치 영화의 스톱

---

4 "Mais son jugement me transperçait comme un glaive et mettait en question jusqu'à mon droit d'exister" (Sartre, *La Nausée*, Gallimard, folio, 1972[1938], p. 122).

5 "La honte, elle est reconaissance de ce que je suis bien cet objet qu'autrui regarde et juge" (*EN*, 319).

모션처럼 현재의 순간에 화석처럼 굳어진 즉자의 존재로서이다. 타인의 시선은 나에게 명령을 내리고 나를 단죄하는 시선이다. 이때 나는 타인의 시선을 볼 뿐 그의 눈은 보지 못한다. 그러나 타인은 나의 눈을 볼 뿐 내 시선 따위는 아랑곳하지 않는다. 아니 나에게는 시선이 없다. 시선은 권력을 가진 자의 것이고 눈은 복종하는 자의 것이다. 타인의 시선 앞에서 내가 눈으로 전락했을 때 나는 수치심을 느낀다.

4) 수치심

사르트르의 문학작품에서 강박관념으로 자주 나오는 것이 수치심이다. 그의 주인공들은 언제나 남의 시선을 참을 수 없어 한다. 누군가 자기를 바라보고 있는 것은 그를 안절부절못하게 하고, 한없이 수치스럽게 만든다. 『존재와 무』에서는 54페이지나 시선의 고찰에 할애하고 있다. 그에게 있어서 수치심은 인간의 존재 양식의 한 중요한 국면이다.

수치심이란 무엇일까? 수치심이야말로 근본적으로 타인과의 관계에서 발생한다. 우리가 수치를 느끼는 것은 타자의 시선 속에서이다. 혼자 마음속으로 수치를 느꼈다고 하더라도 그것은 타인의 시선을 가상적으로 상정하고서이다. 『존재와 무』에서 사르트르는 열쇠 구멍으로 남의 방을 들여다보다가 들키는 사람의 예를 든다. 이것은 주체가 갑자기 대상의 지위로 전락하는 반전의 메커니즘을 잘 보여 주고 있다.

나는 열쇠 구멍을 통해 어느 방을 몰래 들여다보고 있다. 나는 단지 그 방 안에서 전개되고 있는 것만을 지각할 뿐, 나 자신을 의식하지 못한다. 나는 주체이고 방 안의 풍경은 대상이다. 나는 방 안을 바라보는 주체로서만 존재하며, 나 자신을 대상으로 삼지 않는다. 나는 세계의 중심이며, 물론 수치심도 없다. 이때 갑자기 발소리가 나며 누군가 가까이 온다. 타인의 시선에 의해 바라보여지는 순간 나는 내 행동이 상스러웠다는 사실을 깨닫고 부끄러워진다. 이때까지 자신이 어떤 모습을 하고 있는지 생각조차 하지 않았는데, 타인의 시선에 의해 나는 열쇠 구멍에 눈을 대고 구부정하게 몸을 구부려 방 안을 몰래 들여다보고 있는 추악한 모습의 나 자신을 본다.

자신을 의식하지 않던 나는 타인의 존재에 의해 나를 대상으로 의식하고 나의 행동을 수치스러운 것으로 파악한다. 타자는 이처럼 나와 나 자신을 연결하는 필요불가결의 매개자이다. "나는 타인에게 보이는 모습 그대로의 나 자신을 부끄러워한다 j'ai honte de moi tel que j'apparais à autrui"(EN, 276). 다시 말하면 나는 나의 기초를 나 자신의 외부에 가지고 있다.

그러니까 수치심은 반드시 수치스러운 행위에서만 촉발되는 것이 아니다. 순수한 수치심은 자기가 대상(물체)이 되었다는 것, 다시 말해 즉자존재로 전락했고, 나의 존재를 남에게 의존해야만 한다는 사실에 기인한다.[6] 나의 존재가 나의 밖에 있다는 것을 느낄 때, 그리해서 나는 완전히 무방비 상태로 있다는 것을 느낄 때 나는 수치스럽다.

사르트르는 수치심을 기독교의 원죄에 비유한다. 원죄는 불어로 péché originel, 혹은 chute originelle이다. chute originelle은 직역하면 '원초적인 추락'이다. 아담과 이브가 죄를 짓고 하늘나라에서 지상으로 떨어졌다는 의미이다. 그럼 사르트르가 말하는 '추락'의 의미는 무엇인가? 그것은 인간이 사물들 사이로 떨어졌다는 의미이다. 나는 엄연히 인간이건만 인간들 사이에 있지 않고 사물들 한가운데로 굴러 떨어졌다. 더군다나 '나'라는 존재가 되기 위해서는 나 혼자의 힘만으로 할 수

---

6 "순수한 수치심은 내가 굳이 수치스러운 대상이 되었다는 느낌이 아니라, 단순히 하나의 대상이 되었을 때 갖는 느낌이다. 다시 말하면 내가 한갓 사물처럼 딱딱하게 굳어진 물건이 되어 내 존재를 타자에게 의존하고 있다는 것을 알아차렸을 때 느끼는 감정이다(La honte pure n'est pas sentiment d'être tel ou tel objet répréhensible; mais en général, d'être *un* objet, c'est-à-dire de me *reconnaître* dans cet être dégradé, dépendant et figé que je suis pour autrui)" (EN, 349).

없고 반드시 타인이 있어야만 한다.[7] 이것이 나는 한없이 부끄러운 것이다. 반드시 수치스러운 일을 해서 수치스러운 게 아니다.

이 원초적 수치심을 가장 잘 보여 주는 것이 나체의 부끄러움이다. 우리가 벌거벗었을 때 수치를 느끼는 것은 바로 대상성의 문제이다. 벌거벗었을 때 우리의 육체는 무방비 상태의 대상성(물체성)이다. 옷을 입는다는 것은 자신의 물체성을 가리는 것이다. 그리하여 우리는 남에게 보이지 않는 채 자기는 남을 바라볼 권리를 갖게 된다. 다시 말하면 순수 주체가 되는 것이다. 아담과 이브가 최초의 죄를 저지른 후 "자기들이 벌거벗고 있다는 것을 알았다"는 성경 이야기는 옷의 이러한 기능을 상징적으로 보여 준다.

5) 타인은 지옥이다!

타인은 내게서 나의 세계를 앗아 갈 뿐만 아니라 동시에 내게 위협적인 존재이다. 그것은 나를 죽음에 몰아넣을 만한 위협이고 내 가능성을 죽이는 존재이다. 사람이 없는 숲 속을 혼자 걸어가는데 뒤에서 나뭇가지가 바스락거리는 소리가 들렸다면 그것은 단순히 누군가 거기에 있다는 그런 태평스러운 의미가 아니다. 그것은 내가 치명적인 공격의 대상이 되었다는 것, 상처를 입을 만한 육체를 갖고 있다는 것, 도망칠 곳이 없는 이 자리에서 완전히 무방비 상태로 있다는 것을 의미한다.

무방비 상태라는 것은, 나는 타인을 보지 못하는데 타인은 나를 보고 있는 상황이다. 시선의 비대칭성의 문제인 것이다. 미셸 푸코는 『감시와 처벌』에서 이처럼 보고 보이는 관계가 결국 권력의 관계라는 것을, 중앙 망루가 있는 원형 감옥의 구조를 통해 상세하게 분석한 바 있다.

---

7 "즉 내가 세계 안에, 사물들 한가운데 '떨어져서', 오로지 타인의 매개를 통해서만 내가 존재할 수 있게 되었을 때를 말한다(Je suis 'tombé' dans le monde, au milieu des choses, et que j'ai besoin de la médiation d'autrui pour être ce que je suis)" (*EN*, 349).

생명의 위협까지는 아니라 하더라도 최소한 타인의 존재는 내 가능성의 잠재적인 죽음을 뜻한다.[8]

그러나 눈과 시선의 비대칭적인 관계는 언제든지 역전될 수 있다. 지금은 내가 "타인에 의해 바라보임을 당하지만 être-vu-par-autrui", 현재 나를 보고 있는 그 주체도 언젠가 '나에 의해 바라보일 수' 있다. 다시 말해 나의 대상으로 뒤바뀔 수 있다. 그 과정은 다음과 같다. 상대방의 냉혹한 시선에 주눅 들었던 나는 심기일전하여, 온갖 경멸과 차가운 평가의 시선을 그에게 던진다. 타인에게 있어서 처음에 나는 주체가 아니라 대상이었다. 그런데 나의 주체성을 거부하고 나를 물체로 규정하는 타인을 이번에는 내가 대상으로 규정해 버리는 것이다. 심하게 수치심을 느꼈던 내가 이번에는 내 쪽에서 상대방을 대상으로 포착한 것이다. 타자가 내게 대상으로 보이는 순간 그의 주체성은 단순한 대상이 되고 만다. 그의 주체성은 아래로 굴러떨어져(전락) 대상적 성질로 변한다. 대상으로 변한 타자 Autrui-objet는 물론 인간이므로 그 안에 의식, 다시 말해서 무無의 공허가 패여 있기는 하지만 그것은 이미 속이 텅 빈 상자 이상의 것이 아니다.

이쯤 되면 "나는 나를 다시 찾았다 je me récupère"(EN, 349). 나는 타인에게 빼앗겼던 내 존재를 다시 거둬들였다. 상대방을 대상으로 간주하면 나의 존재는 회수된다. 대상은 결코 다른 대상을 가질 수 없기 때문이다. 돌멩이 앞에 다른 돌멩이가 놓였다고 해서 그 다른 돌멩이는 원래 돌멩이의 대상이 아니다. 왜냐하면 돌멩이에는 의식이 없으므로, 그것은 주체가 아니므로, 따라서 그것은 대상을 가질 수 없기 때문이다. 그런데 지금 내 앞의 타자가 대상으로 변하고 말았다. 그가 한갓

---

8 "타인이란 내 가능성들의 죽음이다(Autrui, c'est la mort cachée de mes possibilités)"(EN, 323). 박정자, 『시선은 권력이다』(기파랑, 2008), pp. 29-48 참조.

대상에 불과하다면 그 앞에 있는 나는 결코 대상이 될 수 없다. 이 책상 앞에 앉아 있는 내가 결코 책상의 대상일 수 없는 것과 같다. 나는 엄연한 주체로서 나의 완전한 주관성을 소유하게 되었다.

하지만 내게 중요한 것은 타인에게도 중요한 법이다. 내가 타인의 손아귀에서 벗어나 자유스럽게 되기를 시도하는 동안 타인 역시 나의 지배에서 벗어나려 애쓴다. 내가 타인을 예속시키고자 하는 한, 타인도 나를 예속시키려 한다. 마치 상대방에게 먹히지 않기 위해 사력을 다해 싸우는 두 맹수처럼 두 대자의 시선은 날카롭게 부딪친다. 이것이 헤겔의 '주인과 노예의 변증법'이다. 사르트르는 헤겔의 '인정認定 투쟁' 개념을 고스란히 빌려와 자신의 대타관계의 얼개로 삼았다.

그러나 여기에는 승자도 패자도 없다. 그것이 우리를 더욱 더 절망적으로 만든다. 내가 상대방의 시선을 노려본 순간 상대방의 시선은 사라지고 거기에는 두 눈만 남는다. 이 순간에 타자는 하나의 즉자존재가 되어 버리고, 그 즉자존재는 나의 자유를 인정하고 있으며, 나는 그 즉자존재를 소유한다. 나의 목표는 달성된 듯이 보인다. 왜냐하면 나의 대상성의 열쇠를 쥐고 있는 존재를 내가 소유하고 있기 때문이다. 나는 그에게 수천 가지 방법으로 나의 자유를 느끼게 할 수도 있다.

그러나 실상은 모든 것이 무너져 버렸다. 왜냐하면 내 손에 남겨진 존재는 주체로서의 타자가 아니라 한갓 물체로서의 타자autrui-objet이기 때문이다. 하나의 대상은 다른 존재를 대상으로 만들 수도 없지만 다른 존재의 자유를 인정해 줄 수도 없다. 대상으로 변해 버린 타인은 나를 대상으로 만들 수도 없지만 동시에 나의 자유를 인정해 줄 수도 없다. 나의 실망은 크다. 나는 타인의 자유를 내 것으로 소유하려 했는데 그 자유가 내 시선 앞에서 허무하게 무너져 버린 것이다. 내가 타인에게 영향을 미칠 수 있는 것은 이런 절망적인 상황 속에서일 뿐이다.

사르트르는 이런 관계를 남녀 간의 사랑이나 사디스트의 행위를 통해 설명하고 있다. 나는 사랑하는 여자를 나에게 예속시키기 위해 나의 자유를 숨긴다. 왜냐하면 내가 자유로 있는 한 나는 그녀를 대상으로 취급하게 되고, 대상이 된 그녀는 자신의 주체성이나 자유를 완전히 잃어버리게 될 것이기 때문이다. 내가 원하는 것은 그녀의 주체성 또는 자유이지, 한갓 물건으로 전락해 버린 대상성이 아니다. 나를 사랑하기 이전까지 그녀는 완전한 자유였다. 마침내 그녀도 나를 사랑하기 시작한다. 그러나 나를 사랑하게 되면서 그녀는 자신의 자유를 내팽개쳤다. 다시 말하면 주체가 아니라 객체, 대상, 물체로 전락한 것이다. 나를 사랑하기 전의 그녀는 자유였지만 그녀가 나를 사랑하지 않았으므로 그 자유는 나의 것이 아니었다. 지금 그녀의 사랑을 얻었지만 내 손에 남겨진 것은 그녀의 자유가 아니라 사물 같은 즉자존재일 뿐이다. 그러므로 나는 그 어느 때고 그녀의 온전한 자유를 소유할 수 없다. 그래서 사랑은 영원한 실패이다.

타인과의 관계는 이처럼 영원한 실패의 관계이다. 서로가 타자에 의해 대상화되지 않으려 긴장하고 있고, 타자에 대해 단단히 무장을 하고 있지만, 그 누구 편에도 성공이나 휴식은 없다. 홉스 Hobbes의 표현을 빌리면 오직 죽음에 의해서만 종식되는, 힘에 대한 끊임없는 추구이다.

그리고 보면 대타존재의 본래적인 의미는 갈등이다. 타인의 자유를 존중한다는 것은 공허한 말이다. 우리가 이 자유를 존중하려고 노력한다 하더라도 타자에 대한 우리의 모든 행동은 타인의 자유에 대한 침해이다. 우리가 무슨 행동을 하건, 그것은 이미 타인이 존재하고 있는 세계, 다시 말해서 내가 타인에 대해 잉여적으로 존재하고 있는 세계에서 이루어지는 것이다. 우리의 죄의식은 거기에서 유래한다. "원죄란 이미 타인이 존재하는 세계 속에 내가 솟아났다는 사실이다. 타인과의 차후의 관계가 어떻게 되든 간에 그것들은 나의 죄의식이라는 이 원초적 테마의 다양한 변주에 불과할 뿐이다." [9]

타인은 이처럼 나를 물체로 만드는 사람, 나를 수치스럽게 만드는 사람, 나의 생명을 위협하는 사람, 나의 세계를 빼앗아 가는 사람이다. 이것이 지옥이 아니고 무엇이겠는가? 희곡 『닫힌 방』에 나오는 가르생의 그 유명한 대사는 사르트르의 대타존재의 개념을 한마디로 압축해 보여 주고 있다. "나를 삼킬 듯한 이 시선들… 이것이 지옥이야. 전에는 생각조차 못 했었어…. 당신들도 알겠지, 유황, 화형의 장작 더미, 화형의 쇠꼬챙이…! 아! 웃기는 얘기야. 쇠꼬챙이 같은 것은 필요 없어! 지옥, 그것은 타인들이야."[10]

(2) 들뢰즈의 타자론

1) 타인은 나의 지각을 가능하게 해 주는 존재

타인을 지옥으로 생각한 사르트르와는 달리 들뢰즈는 우선 타인에 대해 매우 우호적이다. 타인은 공간적으로 우리와 가까이 있고, 형태적으로 우리와 유사하여 달콤한 존재이다 la douceur des contiguités et des ressemblances.[11] 타인은 누군가 뒤에서 우리를 공격하는 것을 막아 주고, 세계를 호의적인 풍문으로 가득 채운다. 우리는 흔히 타인의 악의를 불평하지만, 타인이 없을 경우 사물들이 보여 주는 더 무서운 악의를 잊고 있다.

타인은 세계를 가능성, 배경, 가장자리, 전이轉移 등으로 가득 채운

---

9 "Ainsi, le péché originel, c'est mon surgissement dans un monde où il y a l'autre et, quelles que soient mes relations ultérieures avec l'autre, elles ne seront que des variations sur le thème originel de ma culpabilité" (*EN*, 481).

10 "Pas besoin de gril: l'enfer, c'est les Autres" (Sartre, "Huis clos," in *Théâtre*, Gallimard, nrf, 1962, pp. 181-82).

11 Giles Deleuze, "Michel Tournier et le monde sans autrui," in *Logique du Sens* (Les Editions de Minuit, 1982), Appendice II, p. 355(이하, '*LS*, 355'처럼 약함).

다. 내가 아직 무섭지 않을 때 무서운 세계의 가능성을 보여 주고, 반대로 내가 세계에 대해 정말 무서워하고 있을 때는 나를 안심시켜 준다. 표면상 동일한 듯 보이는 세계를 하나하나 서로 다른 국면들로 나누어 감싸 안아 수많은 가능세계들의 기포氣泡를 구성한다. 이것이 바로 타인이다.

무엇보다도 타인은 나의 지각을 가능하게 해 주는 존재이다. 여기 정육면체의 갈색 마분지 상자가 하나 놓여 있다. 내 눈에 보이는 것은 두 옆면과 윗면, 합쳐서 세 개의 면뿐이다. 그런데도 나는 그것을 육면체라고 확신한다. 내 눈에 보이지 않는 저 뒤편과 바닥에 역시 세 개의 면이 있다는 것을 나는 알고 있다. 어떻게 아는가? 만일 누군가가 거기 서 있다면 그는 그것을 보고 있을 것이라고 내가 생각하기 때문이다. 하나의 대상을 지각할 때 나는 그 대상에서 내가 보지 못하는 부분을 같은 순간에 타인은 보고 있다고 생각한다. 그래서 대상의 숨겨진 쪽을 보기 위해 돌아가면 거기서 타인을 만나게 된다고 생각한다. 그러므로 우리가 한 대상의 전체 모습을 온전하게 파악할 수 있는 것은 그 뒤에 있는 것으로 상정되는 타인 덕분이다. 타인은 내가 지각하지 못하는 것을 그가 지각하고 있다고 나로 하여금 생각하게 만든다. 소위 "지각되지 않은 것을 상대화해 준다." 우리가 비록 뒤의 모습을 보지 못함에도 불구하고 대상의 전체 모습을 온전히 지각하는 것은 이런 과정을 통해서이다.

한편 내가 볼 수 없는 내 등 뒤에서도 대상들은 서로 촘촘하게 조이면서 하나의 세계를 형성하고 있다. 그것들이 세계를 형성하는 것 역시 타인들이 그것을 보고 있기 때문이다. 더 정확히 말하면 그것을 보고 있는 타인이 있다는 것을 내가 상정하기 때문이다. 그런 의미에서 "내 눈으로 보지 않아 믿을 수 없다"라고 말하는 사람은 타인의 존재를 인정하지 않는, 유아적 단계의 의식 상태라 하지 않을 수 없다.

타인은 내가 지각하는 대상 혹은 내가 사유하는 관념 주변에 여분의 세계를 조직하고 연결 장치와 배경을 마련해 준다 l'organisation d'un monde marginal, d'un manchon, d'un fond (LS, 354). 책상에 놓인 갈색의 마분지 상자를 내가 바라볼 때 그 주변의 다른 물건들은 내 시각장의 중심이 아니고 희미한 배경이었다. 이번에는 육면체의 상자로부터 눈을 돌려 다른 것을 바라본다. 아까 내 지각의 대상이었던 상자는 다시 배경 속으로 얌전히 돌아가 있다. 그 배경 안에서 내 눈을 사로잡는 새로운 대상이 나타난다. 이 새로운 대상들은 그 세계 안에 이미 존재하고 있었던 것들이다. 그것들은 모두 각기 가능성과 잠재성 virtualités et de potentialités들이며, 세계는 이런 가능성과 잠재성들로 가득 차 있다 (Ibid.). 그 가능성과 잠재성들을 현실화시키는 것이 나의 능력이다.

그런데 내가 이처럼 대상들의 가능성과 잠재성을 현실화시키는 능력은 오로지 타인이 있기 때문에 가능하다. 대상들이 얌전히 정렬하고 있는 여분의 세계를 느낄 수 있는 것부터가 타인 덕분이었다. 타인이라면 아마도 이 물건을 이렇게 보았을 것이다, 라는 가정 때문에 나는 대상을 지각할 수 있었고, 또 그 주변의 모든 다른 대상들의 가능성과 잠재성을 일깨울 수 있었다. 사르트르에게 타인은 내 가능성의 잠재적인 죽음이었지만 들뢰즈에게 타인은 그 자체로 가능성의 존재이고, 자기 안에 가능세계를 잔뜩 품고 있는 존재이다.

타인이 유발하는 또 하나의 효과는 주체와 대상의 구분이다. '가능세계의 표현'인 타인이 내 앞에 현전하면 일차적으로 나의 의식과 대상이 구분된다. 나와 세계의 구분은 타인 구조에서부터 나온다.

2) 타인 없는 세계의 비참

만일 세계 속에 타인이라는 것이 없다면 어떤 일이 벌어질까? 오직 하늘과 땅, 그리고 눈부신 빛과 칠흑같이 어두운 심연의 거친 대립만이 있을 것이다. 그것은 '전부 아니면 전무全無라는 간단한 법칙'만이 지배하는 세계이다. 지각되지 않은 것 또는 인식되지 않은 것을 상대화해 주는 타인이 없으므로, 인식된 것과 인식되지 않은 것, 지각된 것과 지각되지 않은 것이 격렬하게 싸움을 벌이며 절대적으로 대립할 것이다. 투르니에의 로빈슨이 겪은 세계가 바로 그런 세계였다. 섬에 대해서 그가 보지 못한 것은 절대적 미지未知이고, 그가 가 보지 못한 곳은 깊이를 가늠할 수 없는 캄캄한 밤일 뿐이다. 타인의 부재와 함께 가능성도 잠재성도 사라져 버렸다.

날것 그대로의 어두운 세계, 가능성도 잠재성도 없는 이 세계에서 가능성의 범주 자체가 완전히 붕괴해 버린다. 하나의 배경 속에서 일정한 시공간 질서에 따라 상대적 조화를 이루고 있는 형태들 대신, 눈을 찌를 듯 빛나는 추상적인 선線과 완강하게 저항하는 심연만이 존재한다. 오직 원소들만이 남았다. 회화적으로 말해 보자면 배경과 명암법의 세계 대신 심연과 추상적인 선만이 남았다. 모든 것이 집요하고 냉혹하다. 서로를 향해 손을 내밀고 서로 복종하는 대신 대상들은 위협적으로 몸을 세운다.

이 세계에는 인간의 악의가 아닌 다른 악의가 있다.[12] 마치 명암법의 입체감을 포기하고 딱딱한 선들로 환원된 것 같은 모든 사물들이 뒤에서 우리의 뺨을 때리거나 후려치는 것만 같다. 타인의 부재, 그것은 우리가 어둠 속에서 뭔가에 탁 부딪쳐 놀랄 때와도 같다. 벌거벗음은 타인의 신체들에 포근하게 둘러싸인 인간만이 누릴 수 있는 사치이다. 타인 없는 인간의 살은 날것의 원소들에 노출되어 치명적으로 된다. 우리를 세계 속에서 살아가게 해 주는 인접성과 유사성의 달콤함

---

12 "우리는 이때 인간의 것이 아닌 어떤 악의를 발견한다(Nous découvrons alors des méchancetés qui ne sont plus celles de l'homme)" (*LS*, 356).

은 사라졌다.

3) 구조構造로서의 타인

종전의 철학은 타인을 하나의 특수한 대상으로 생각하거나 아니면
또 하나의 다른 주체로 간주했다.[13] 다시 말하면 타인도 나와 똑같은 주
체다, 라고 생각하거나 또는 타인이 나의 대상이지만 다른 사물들과는
다른 좀 특별한 대상이다, 라고 생각하는 것이다. 사르트르가 『존재와
무』에서 시도한 것도 이 두 결정의 결합에 다름 아니다. 즉 나는 타인
을 내 시선의 대상으로 간주하지만, 그 대상의 시선도 나를 바라봄으로
써 나를 그의 대상으로 변모시킬 수 있는 주체이다, 라는 것이다. 들뢰
즈는 이것이 잘못된 생각이라고 비판한다(*LS*, 356).

상식적인 의미에서 타인은 '다른 사람'이다. 나 아닌 다른 사람, 그
러므로 다른 주체이다. 또한 그는 대상이기도 하다. 내 의식, 내 지각
의 대상이기 때문이다. 그 '다른 사람'이 나를 지각할 때는 그가 주체
가 되고 나는 대상이 되며, 반대로 내가 그 사람을 지각할 때는 내가 주
체가 되고 그 사람이 대상이 된다. 이것이 일상적 언어 감각 속의 보통
사람들의 생각이다. 사르트르의 어려운 대타존재 이론도 여기서 크게
벗어나지 않는다.

그러나 들뢰즈가 생각하기에 타인이란 나의 지각장 속에 놓여 있는
하나의 대상도 아니고, 나를 지각하는 하나의 주체도 아니다. 우리의
상식과는 달리 타인이란 우선 '사람'이 아니다. 그것은 지각장의 한 구
조이다. 이 구조는 절대적인 선험적 구조여서 이것이 부재할 경우 지각

---

13 "어느 때는 특이한 대상으로, 또 어느 때는 다른 주체로(le réduire tantôt à un objet
particulier, tantôt à un autre sujet)" (*Ibid.*).

장 전체가 그 본래의 기능을 하지 못한다.[14]

타인은 피와 살을 가진 실제 인물이고, 또 한편으로는 '나'라는 주체에 의해서만 현실화되는 존재가 아닌가, 라고 우리는 반박하고 싶어진다. 그러나 들뢰즈는 타인이라는 구조가 제아무리 실제의 다양한 인물들에 의해 작동된다 해도 그것은 지각 일반에 선험적으로 존재하는 조건임에 틀림없다고 말한다. 여기서 **선험적 타자** Autrui a priori와 실제적인 타인들이 구분된다. 선험적 타자는 구조이고, 실제적인 이 타인, 저 타인은 이런저런 지각장 안에서 이 구조를 실행시키는 사람이다. 이 타인이 너에게 있어서의 나, 나에게 있어서의 너처럼 실제적인 '누구'이다. 즉 매 지각장 안에서 자기 고유의 다른 지각장을 소유하고 있는 하나의 주체이다. 그러나 선험적인 타자는 자신을 실행시키는 요소들에 대해 초월적이다. 따라서 그것은 '아무도 아니다'.[15]

다시 복기해 보면 타인은 실제의 인물이 아니라 하나의 구조이다. 그런데 이 구조를 작동시키고 실행시키는 것은 실제의 타인들이다. 그러므로 우리는 구조로서의 타인을 '타자'라 부르고 실제적 타인을 '타인'으로 부르기로 한다. '타자구조'는 '선험적 타자'이고, 이것이 작동되는 것은 실제의 다양한 인물들에 의해서이다. '타자구조'와 '실제의 타인들'은 별개의 두 항목이다. 그러나 두 항목은, 마치 사르트르의 아날로공analogon 이론에서 미적 오브제와 물질적 오브제가 결합되어 있듯이, 아주 미세한 차이로 분리되어 있어서 서로 분간할 수 없는 하나

---

14 "하지만 타자는 내 지각장 속의 한 대상도 아니고, 나를 지각하는 주체도 아니다. 타자는 우선 지각장의 구조이다. 이 구조가 없으면 지각장 전체가 제대로 작동하지 못한다 (Mais autrui n'est ni un objet dans le champ de ma perception, ni un sujet qui me perçoit: c'est d'abord une structure du champ perceptif, sans laquell ce champ dans son ensemble ne fonctionnerait pas comme il le fait)" (*LS*, 356-57).

15 "그러나 선험적 타자는 사람이 아니다. 왜냐하면 구조는 자신을 작동시키는 양 당사자에 대해 초월적이기 때문이다(Autrui a priori, en revanche, ce n'est personne, puisque la structure est transcendante aux termes qui l'effectuent)" (*LS*, 369).

의 항목으로 보인다. 여하튼 내용 없는 순수 형식이라는 점에서 '타자 구조'는 칸트의 대상-형식을 강하게 연상시킨다.

칸트에 의하면 내가 대상을 지각할 때 나는 그 대상을 있는 그대로 지각하는 것이 아니다. 내가 대상을 지각하기 위해서는 대상-형식이라는 것이 우선 있어야 한다. 나의 지각은 대상-형식을 지각의 조건으로 삼는다. 칸트는 이 대상-형식을 '대상object=x'라는 공식으로 만들었다. 시-공간이 감각의 순수 형식이듯이 대상=x는 지각의 순수 형식이다. 이 대상-형식이 없다면 나는 대상을 지각할 수 없다. 절대적 구조로서의 텅 빈 대상이 먼저 있고, 그것이 시공간적인 다양성의 자료들과 연결되었을 때, 비로소 대상은 구체적으로 결정된다.

예컨대 사자 앞에서 나는 즉각 사자를 지각하는 것이 아니다. 우선 텅 빈 구조로서의 대상-형식이 있고, 그다음에 그것이 긴 갈기, 으르렁거리는 소리, 무거운 발걸음 등의 데이터와 연결될 때 '저건 사자다!'라는 지각작용이 일어난다. 수많은 경험 속에서 우리가 체험하는 감각들은 우리가 대상=x라는 빈 형식을 소유하고 있지 않으면 결코 하나의 대상을 지시할 수 없다. 왜냐하면 감각 경험 그 자체 안에는 나로 하여금 감각적 다양성을 넘어서서 하나의 대상을 향하도록 해 주는 기능이 전혀 없기 때문이다.

지각이 아니라 의식의 문제이기는 하지만 사르트르의 '비명제적非命題的non-thétique 의식' 혹은 '비정립적非定立的non-positionnel 의식'도 비슷한 논리이다. 『존재와 무』에 나오는 담뱃갑의 에피소드가 그것이다. 담뱃갑 안에 담배가 몇 개비 들어 있는지를 셀 때 나의 의식은 담배만을 대상으로 하고 있을 뿐, '담배를 세고 있는 나'를 의식하지는 않는다. 즉 나는 담배라는 대상에 대해서만 정립적 의식을 갖고 있지, 그것을 세는 나의 의식에 대해서는 전혀 의식하지 않고 있다. 그러나 '담배를 세고 있는 나'의 의식은 겉으로 드러나게 정립되지 않았을 뿐 엄연히 존재한다. 그리고 실제로 이 의식이 없으면 담배를 세는 행위 자체가 불가능하다. 실제로 정신이 멍한 상태에서 당신이 기계적으로 하나, 둘, 셋 하고 어떤 물건을 센다고 가정해 보라. 다 세고 나서 그 물건이 몇 개인지 당신은 알 수 없을 것이다. 그래서 사르트르는 "대상에 대한 모든 정립적 의식은 동시에 자신에 대한 비정립적 의식이다" (*EN*, 19)라고 말한다. 그러므로 비명제적 의식은 그 자체로 인식은 아니지만 모든 인식의 근원에 있다 (*EN*, 110).

마찬가지로 들뢰즈의 타자구조에 대해서도, 이것은 아직 실재적 타인은 아니지만 그러나 이것이 없으면 타인의 존재는 불가능하다, 라고 우리는 말할 수 있다.

4) 가능성의 구조

'타자구조'란 도대체 무엇인가? 그것은 우선 가능성의 구조celle du possible (*LS*, 357)이다. 내 앞에 누군가가 겁에 질린 얼굴을 하고 있다. 그가 느끼는 공포를 나는 아직 느끼지 못하고 있지만 나도 그만큼의 공포를 느낄 수 있다는 것은 충분한 가능성이다. 내가 아직 보지 못하지만 그러나 볼 가능성이 있는 무서운 세계나 무서운 사물을 내게 보여 준다는 점에서 타인은 가능성의 구조이다. 나는 그의 얼굴만 보아도 무섭다. 무서워하는 얼굴은 무서운 얼굴이다. 사실 그는 자기 외부의 무서운 것을 보고 공포에 질렸을 뿐, 무서운 대상과 그 사이에는 아무런 유사성이 없다. 그런데도 그의 얼굴이 무서워 보이는 것은 그가 무서운 사물을 자기 안에 들여와 품고 있기 때문이다. 표현되는 내용이 표현하는 주체 속에 들어가는 일종의 뒤틀림une sorte de torsion qui met l'exprimé dans l'exprimant이다(*LS*, 357).

일상생활의 차원에서 우리가 흔히 느끼는 현상이다. 나에 대한 나쁜 이야기를 내게 전해 주는 사람에게 나는 불쾌감을 느낀다. 반대로 나에 대한 좋은 평가를 전해 주는 사람에게 나는 호감을 느낀다. 그가 하는 말이 전혀 그 자신의 말이 아니라 제3자의 말을 전달하기만 한 것인데, 나는 마치 그것이 그 사람의 생각이기라도 한 듯 그에 대해 불쾌감혹은 호감을 느낀다. 표현되는 내용이 표현하는 주체 속에 들어가는 뒤틀림 현상 때문이다.

여하튼 모든 타인은 내게 있어서 가능성의 세계이다. 타인은 가능화의 기능을 가진 존재이다 Autrui, c'est ce qui possibilise(LS, 372). 투르니에도 가능세계 un monde possible라는 말을 '선원들'과 동의어로, 더 나아가 타인들과 동의어로 쓰고 있다. 화이트버드호의 선원들을 묘사하면서 그는 "이 사람들은 각기 자신의 가치와 인력引力과 중력重力을 갖춘, 충분히 논리 정연한 하나의 가능세계이다"라고 말한다. 가능성이란 다시 말해 잠재성이다. 그것은 잠재적일 뿐 아직 실재는 아니다. 그래서 타인은 자신이 속에 품고 있는 가능성들을 실재로 만들기 위해 악착같이 애를 쓴다 un possible qui s'acharne à passer pour réel. "그게 바로 타인이다 C'était cela autrui"라고 투르니에는 단언한다.[16]

가능성들은 아직 실재는 아니다. 그것은 마치 보자기에 싸이듯 타인안에 내포되어 있다. 그러므로 "타인은 가능성의 존재다"라는 것은 조금 부정확한 말일지 모른다. 더 정확히 말하자면, 타인은 '내포된' 가능성의 존재이다 Autrui, c'est l'existence du possible enveloppé(LS, 357). 이처럼 타인 안에 내포되어 있는 세계는 아직은 그 타인 안에만 있지 밖에는 없다. 그것을 현실화하려면 언어로 표현해야만 한다.

시간적으로 말해 보면 가능성은 미래에 속하는 것이다. 타인은 가능의 세계이므로 그의 세계는 미래의 세계이다. 반면에 나는 과거의 세계

---

16 Michel Tournier, *Vendredi ou les limbes du Pacifique* (Editions Gallimard, 1972[1967]), pp. 192-93(이하, 'Vend., 192-93'처럼 약함); 미셸 투르니에, 김화영 옮김, 『방드르디, 태평양의 끝』(민음사, 2013), p. 297.

이다.[17] 나의 자아는 정확히 타자에 의해 모습을 드러내는 과거 세계로 구성되어 있다. 타인은 필연적으로 나의 의식을 과거의 '나' 속에, 즉 더 이상 현재의 나와 일치하지 않는 하나의 과거 속에 집어넣는다. 사르트르의 타인이 나로부터 과거와 미래를 모두 앗아가 나를 오로지 현재의 대상으로 만드는 데 반해, 들뢰즈의 타인은 나를 현재의 나와 일치하지 않는 과거의 의식으로 만든다.

5) 타자론의 반전

텅 비어 있는 선험적 구조로서의 타자구조가 구체적 타인에 의해 채워지지 못할 때 인간에게는 어떤 일이 일어나는가? 타인이 현전해 있을 때 세계 안의 모든 것들은 서로 배경이 되었다가 이어서 대상이 되기도 하는 전이轉移transitions의 능력이 있었다. 그것들은 언제고 현실화될 수 있는 가능성 혹은 잠재성들virtualités이었다. 그러나 타인이 부재하면 세계는 이런 전이의 능력과 잠재성을 상실한다. 주체와 대상의 구분도 없어진다. 인간이 '나'와 세계를 구분하는 것은 타인을 상정할 때 가능한 것이다. 그러나 타인이 없으면 인간의 의식은 대상과 완전히 점착粘着하고 일치한다. 로빈슨이 그랬다. 타인의 상실을 그는 우선 세계의 근본적인 혼란un trouble fondamental du monde(LS, 362)으로서 체험했다. 타인 없는 섬에는 빛과 밤의 대립 외에는 더 이상 아무것도 남지 않았다.

그러나 로빈슨은 곧 세계를 혼란스럽게 하는 것이 타인이라는 것을 발견한다. 여기서부터 타자론의 반전이 일어난다. 타인이 부재하기 때문에 세계가 혼란스러운 것이 아니라 타인 자체가 곧 혼란이다. 결국 타인의 부재는 불행이 아니라 엄청난 축복이 된다.

---

17 "타자가 가능성의 세계라면, 나는 과거의 세계이다(Si autrui, c'est un monde possible, moi je suis un monde passé)" (LS, 360).

타인이 없으면 세계는 일어난다. 이제 들뢰즈 특유의 은유들이 이어진다. 타인 때문에 세계는 평평했었다. 타인은 거대한 세계 전체를 접어 평평한 바닥으로 만드는 자grand rabatteur(LS, 363)이다. 타인이 현전해 있을 때 세계는 누워 있었다. 그러므로 타자구조를 해체 déstructuration d'autrui한다는 것은 세계의 조직을 와해 désorganisation du monde시키는 것이 아니라 누워 있는 조직 l'organisation couchée을 서 있는 조직une organisation-debout으로 바꾸는 작업이다. 타인의 현전에 의해 바닥에 눕혀져 평평하게 되었던 이미지들은 다시 일어나 수직적이고 두께 없는 이미지가 될 것이다. 결국 해방된 원소의 이미지이다(Ibid.).

로빈슨의 섬이 그랬다. 타인이 사라지자 하루하루의 나날들이 다시 몸을 세우고 일어섰다. 사물들도 서로 포개 눕지 않고 모두 일어났다. 세계의 표면에서 공기空氣적 이미지들ces Images aériennes이 발산되는데, 그것은 환영phantasmes, 또는 사물에서 해방된 순수 원소들ces Eléments purs et libérés이다. 이것들은 마치 더듬이에 꽃가루를 묻히며 꽃 위로 날아다니는 나비와도 같이 들판 위 하늘을 가볍게 날아다닌다. 요컨대 타자는 자신의 육체 속에 원소들을 가두는 자이다. 그런 의미에서 대지 또한 타자다. 대지 자체도 원소들을 간직하는 하나의 거대한 육체이기 때문이다. 타인이 없으면 대지의 모든 표면이 꼿꼿이 일어서고, 무인도가 온통 다시 일어난다.

이렇게 다시 일어나는 이미지들을 들뢰즈는 분신double이라고 한다. 타인 없는 세계에는 무수한 분신들이 생겨난다. 나와 대상의 구분이 없어지면서 나의 의식은 사물들에 내재하는 인광燐光이 되고 사물들 머릿속의 불이 된다. 이 빛 안에서 다른 것, 즉 각 사물과 꼭 닮은, 공기처럼 가벼운 분신이 나타난다. 각각의 사물들의 분신인 것이다. 사물로부터 해방된 분신은 사물의 복제물이 아니다. 오히려 그것은 하늘적인 모든 원소들이 해방되고 다시 세워져 만들어진 수천 개의 변덕스러운 형상들이다. 로빈슨이 "순간적으로 하나의 숨겨진 다른 섬을 본 듯하다"거나, "거칠고 어리석은 혼혈아 밑에 또 다른 방드르디가 있을 가능성을 힐끗 엿보았다"(Vend, 149)든가 하는 구절들이 바로 분신의 가능성을 말해 주는 것이다. 사물만이 분신을 방출하는 것이 아니다. 인간도 분신을 만들어 낸다. 그래서 로빈슨의 의식은 각 사물 위에서 반짝이는 빛이 되고, 사물들 위로 '날아다니는 나'가 되었다. 다시 말해 그 자신의 분신이 된 것이다.

그러니까 타인의 현전과 부재를 구분하는 방법은 간단하다. 사물이냐 분신이냐의 차이이다. 타인이 현전해 있을 때는 사물이 나타나고 타인이 부재할 때는 분신이 나타난다. 타인이 있는 곳에 사물들이 있다. 타인은 세계를 사물들로 조직하고, 이 사물들 사이의 추이推移적 관계들relations transitives을 만들어 낸다. 사물은 타인의 가능성들에 의해서만 존재하는 것이다(LS, 362-63).

6) 욕망의 대상은 이미지

이번에는 욕망과 타인의 관계를 생각해 보자. 타인이 없을 때 욕망은 어떻게 될까? 욕망은 타자와 가장 밀접한 관계를 맺고 있는 상관자이다. 사물에 대한 욕망이든 타인에 대한 욕망이든 모든 욕망은 타자구조에 의존한다는 것이 라캉의 그 유명한 욕망 이론이다. 라캉에 의하면 나는 타인에 의해 표현된 대상만을 욕망하고, 타인이 표현하는 가능 세계들만을 욕망한다(LS, 370). 그런 점에서 타인은 내 욕망의 원형이다. 들뢰즈의 생각도 마찬가지이다. 나는 타인을 통해 욕망하고, 타인을 통해 내 욕망의 대상을 받는다.[18] 즉 타인에 의해 보여지거나 생각되거나 소유되지 않는 어떤 것도 욕망하지 않는다. 이때 물론 타인은 실

---

18 "C'est toujours par autrui que passe mon désir, et que mon désir reçoit un objet"(LS, 355).

재적 타인일 수도 있고 개연적인 타인일 수도 있다.[19] 여하튼 내 욕망을 대상과 연결해 주는 것은 언제나 타인이다.[20]

그런데 타인은 가능세계를 힘들여 자기 안에 머물게 하는 자이다. 이처럼 가능세계를 품고 있는 타인을 우리는 가능세계와 혼동한다. 그러나 타인이 부재하면 그가 내면에 품고 있던 온갖 가능세계가 해방되어 밖으로 나온다. 세계는 해체되어 새로운 구조가 구축restructuration du monde된다. 분신과 원소들이 생산되기 위해서는 우선 기존의 거대한 구조를 해체시키는 대재앙이 있어야만 할 것이다. 『방드르디』에서는 거대한 염소를 죽이는 의식과 엄청난 대폭발의 순간이 그 역할을 했다. 폭발을 통해 섬은 동굴마다 불의 토사물을 내뿜었다. 이 재앙을 통해 다시 일어선 욕망은 자신의 진정한 대상이 무엇인지를 알게 된다. 이것이 바로 로빈슨의 위대한 건강la grande Santé이었다. 로빈슨은 '타자의 상실perte d'autrui'에 새로운 차원 혹은 제3의 의미를 부여했다. 그러니까 타자의 부재와 그 구조의 해체는 세계의 와해가 아니라 오히려 구원의 가능성이었던 것이다 (LS, 366).

그렇다면 로빈슨이 발견한 욕망의 진정한 대상은 무엇인가? 타인 없는 세계에서 욕망은 더 이상 타인에 의해 표현되는 가능세계나 대상으로 향하지 않을 것은 당연한 이야기다 (Ibid.). 타인이 부재한 세계에서 욕망의 대상은 그냥 '이미지Image'이다. 투르니에는 이것을 대문자 Image로 표시한다. 우리 욕망의 대상은 육체도 사물도 아니고 오로지 '이미지'라는 것이다.

하기는 타인이 현전하는 세계에서도 우리가 타인을 욕망할 때 사실 우리는 타인 그 자체라기보다는 그가 표현하고 있는 가능세계를 욕망

---

19 "Je ne désire rien qui ne soit vu, pensé, possédé par un autrui possible" (*Ibid.*).
20 "C'est toujours autrui qui rabat mon désir sur l'objet" (*Ibid.*).

하고 있었다. 가능세계란 타인 그 자체가 아니고 다만 그가 부당하게 자기 안에 품고 있는 어떤 것이다. 아직 실재화되지 않고 타인 속에만 있는 세계이다. 현실화되지 않아 아직 실체가 없고 상像에 불과하다. 다름 아닌 이미지이다. 원본과 똑같은 이미지이므로 분신이라고 해도 괜찮다. 그리고 보면 우리가 누군가를 사랑할 때 이미 우리 욕망의 대상은 그 사람 자체가 아니라 그가 내포하고 있는 비실재의 이미지, 또는 그의 분신이었다. 그러나 타인이 부재하는 세계에서는 이 이미지, 분신이 자유롭게 몸 밖으로 나와 부유하고, 우리는 그 이미지, 분신들을 욕망의 대상으로 삼는다.

그렇다면 타인은 타인 너머에 있는 이미지에 도달하기 위한 우회로에 불과했던 것 아닌가? 타인이 현전할 때 세계는 평평하게 누워 있었다. 타자는 종이접기 하듯 모든 것을 접는rabat 자이다. 원소들을 땅에 대고 접고, 땅을 육체들에, 육체들을 대상에 대고 접어 평평하게 만든다. 평평하게 접으면 한없이 늘어난다. 그러니까 타자는 길고 먼 우회의 길을 만드는 자이다. 그는 나의 욕망들을 대상들에 갖다 붙이고, 내 사랑들을 세계들에 갖다 붙인다.[21] 그리고 보면 섹슈얼리티도 이성異性의 우회로를 통해서만 생식과 연결되었다. 그러나 방드르디는 평평하게 누워 있던 대상과 육체들을 다시 일으켜 세운다. 땅을 하늘로 가져가고, 원소들을 해방시킨다. 일으켜 세우고, 곧추세우는 것, 그것은 먼 거리를 짧게 단축시키는 것이다.

타인 없는 세계를 건설한다는 것은 이처럼 세계를 일으켜 세워 우회로를 피하는 것이다. 욕망을 그것의 대상son objet으로부터, 다시 말해 육체에 의한 우회로부터 분리시켜 그것을 순수 원인une cause pure,

---

21 "Autrui est un étrange détour, il rabat mes désirs sur les objets, mes amours sur les mondes" (*LS*, 368).

즉 원소들 les Eléments로 되가져가는 것이다. 타인이 현전한 세계에서는 그 말의 이중적 의미에서, 즉 스스로 육화되어 일정한 형태를 띤다는 의미와 실제로 여성의 육체를 취한다는 두 가지의 의미에서, 욕망은 육체를 가지고 prendre corps 있었다 (Vend., 99). 성도 분화되어 sexe différencié 성의 차이가 분명하게 확립되어 있었다. 그러나 타인 없는 세계에서는 더 이상 성의 구분이 없다.

육체는 **이미지**에 도달하기 위한 우회로에 불과하며, 섹슈얼리티는 이 우회를 생략하고 **이미지**에 직접 호소했을 때, 다시 말해 육체로부터 해방된 원소들에 직접 호소했을 때, 그 목표를 더 잘, 더 빠르게 실현한다는 것이 투르니에의 생각이다 (Vend., 100, 111). 우회의 철폐라든가, 욕망의 원인과 대상의 분리라든가, 또는 원소로의 회귀 같은 개념에서 정신분석학자들은 아마도 죽음의 본능을 볼 것이다. 그러나 상관없다. 투르니에는 이것을 그저 단순히 태양적인 본능이라고 말할 뿐이다.

7) 플라톤과 시뮐라크르

투르니에가 말하는 대문자의 이미지, 그것은 들뢰즈가 찬양해 마지않는, 플라톤에 의해 동굴 속 심연에 처박혔던, 그리고 우리가 다시 복원시켜야만 한다고 들뢰즈가 주장하는 시뮐라크르에 다름 아니다. 심연의 공격적인 귀환은 도저히 피할 수 없는 것이 되었다고 들뢰즈가 확인했을 때, 심연이란 플라톤에 의해 억압되었던 시뮐라크르의 은유이다. "심연의 공격을 받으면 모든 것이 의미를 잃고, 모든 것이 **시뮐라크르와 흔적**이 되고 만다. 노동의 대상, 사랑받는 존재, 세계 자체와 세계 안의 나까지도…"[22]라고 들뢰즈는 말했다.

---

22 "Tout a perdu son sens, tout devient *simulacre et vestige*, même l'objet du travail, meme l'être aimé, même le monde en lui-même et le moi dans le monde…" (*LS*, 366).

그렇다면 플라톤에 의해 심연에 처박힌 시뮐라크르란 도대체 무엇을 뜻하는가? 플라톤은 우리가 살고 있는 현상계의 모든 사물이 이데아의 복제품 혹은 그림자에 불과하다고 말한다. 이데아는 모든 사물의 원형이며, 가장 본질적인 인식의 대상이다. 사물과 이데아의 관계는 닮음의 관계이다. 사물들은 이데아에 비해 한 단계 낮은 열등한 존재이기는 하지만 이데아와 최대한 닮았다는 장점이 있어서 인정해 줄 만하다. 그러나 이데아와 닮지 않고 대신 다른 사물들과 닮은 것들이 있다. 사물들 자체가 이데아의 그림자인데, 그것을 또 닮은 허상이라면, 이것은 그림자의 그림자, 복제의 복제여서 아무런 가치가 없을 것이다. 가치가 없을 뿐만 아니라 유사함이라는 미끼로 사람들을 미혹하는 불길한 존재이다. 그러므로 깊은 동굴 속 심연에 처넣고 다시는 현상계 위로 올라오지 않도록 조심해야 한다. 이것이 플라톤의 생각이었다. 그가 아무런 가치가 없는 허상이라고 말한 것, 그것이 바로 시뮐라크르이다. 그러나 들뢰즈는 『의미의 논리』 보론補論인 「플라톤과 시뮐라크르」에서 플라톤주의를 전복하고 시뮐라크르의 권리를 복원시켜야 한다고 강력하게 주장한다. 그가 투르니에의 『방드르디』에 열광한 것도 이미지, 분신 등과 같은 시뮐라크르적 개념들과 무관하지 않을 것이다.

8) 방드르디가 타인이 아니라 분신인 이유

『방드르디』가 타인 부재의 소설이라고는 하지만, 실상 검둥이 소년이라는 타인이 있었다. 그런데도 우리가 이것을 타인 부재의 소설이라고 하는 이유는 방드르디가 전혀 타인의 역할을 하지 않았기 때문이다.

타인의 부재에 대한 로빈슨의 첫 번째 반응은 절망이었다. 그것은 정확히 신경증의 순간moment de la névrose이었다. 더 이상 그것을 채우고 현실화할 아무도 없을 때, 그럼에도 불구하고 타자구조가 여전히 기능할 때, 신경증이 유발된다. 실재의 존재들에 의해 점유되지 않은 텅 빈 상태의 구조는 더욱 더 엄격하게 작동하여, 로빈슨을 가물가물한 먼 기억 속으로, 개인적 과거 속으로, 또는 환각의 고통 속으로 밀어 넣었다.

타인의 부재에 대한 로빈슨의 두 번째 반응은 스스로 타인이 되는 것이었다. 더 정확히 말하면 자신이 타인의 역할까지 담당하는 것이다. 로빈슨은 타인이 사물들에 부여했던 질서나 노동 같은 것들(들뢰즈는 이런 것들을 '주름pli'이라고 부른다)을 그대로 유지시키기 위해 타인의 대체물을 찾았다. 물시계를 만들어 시간을 조정했고, 풍요로운 생산 체계를 수립했으며, 법률을 제정했고, 무수한 공직을 만들어 스스로 취임했다. 이것은 타인들의 세계를 다시 타인들로(이때 물론 타인들이란 로빈슨 자신이지만) 가득 채우기 위한 방법이었다. 즉 타자구조가 기능을 상실해도 타인의 효과들을 그대로 존속시키고자 하는 노력의 일환이었다 (LS, 364). 이렇게 인간적 흔적의 질서를 복원함으로써 실재적 타인들의 부재에 대처했지만, 한편으로는 초인간적인 인척관계를 맺음으로써 타인의 구조를 해체하는 데 기여하기도 했다.

마침내 로빈슨은 타자구조에서 빠져나온다. 멧돼지 가죽을 입고 진창에서 뒹구는 장면이 그것이다. "오직 그의 눈, 코, 입만이 좀개구리밥과 두꺼비 알이 만들어 낸 흔들리는 양탄자 위에 빠끔히 드러나 있었다. 대지에의 집착에서 벗어나, 그는 꿈속에서 기억의 편린들을 쫓아갔으며, 과거에서 빠져나와 부동의 잎사귀들 속에서 춤추며 하늘로 향했다" (Vend., 34).

이제부터 방드르디가 개입한다. 로빈슨의 변신을 안내하고 완성시킨 것은 이 검둥이 소년이다. 방드르디는 아주 순진하고 가볍게 로빈슨에게 변신의 의미와 목적을 드러내 보여 준다. 그는 우선 로빈슨이 섬에 재건한 경제적 도덕적 질서를 모두 파괴했다. 물론 우연치 않게 화약통 근처에서 담배를 피우다가 일으킨 화재 때문이었다. 죽은 염소를 날게 하고 노래하게 한 것도, 로빈슨에게 자유로운 원소들을 발견하게 해 준 것도 모두 방드르디였다. 원소는 이미지나 분신 les Images ou les Doubles보다 훨씬 더 근원적인 것이다. 왜냐하면 원소들은 그 이미지와 분신들을 형성하는 것이기 때문이다.

이 모든 것은 방드르디가 전혀 타인으로서 기능하지 않았기 때문에 가능했다. 그가 만일 타인으로서 기능했다면 로빈슨은 이미지나 분신을 발견하지 못했을 것이며, 원소로의 회귀도 이루지 못했을 것이다. 방드르디가 타인으로 기능하지 못한 이유는 그가 너무 늦게 왔기 때문이다. 그가 도착했을 때는 이미 타자구조가 사라진 뒤였으므로 실재의 타인이 들어갈 구조가 없었다.

그는 어느 때는 엉뚱한 대상으로서, 또 어느 때는 이상한 공모자로서 기능했다. 로빈슨은 그를 어느 때는 섬의 경제적 질서에 통합시켜야 할 노예, 즉 불쌍한 시뮐라크르로 취급했고, 또 어느 때는 질서를 위협하는 새로운 비밀의 담지자, 즉 신비한 환영으로 취급했다. 그러니까 어느 때는 물건이나 동물로서, 또 어느 때는 방드르디 너머의 방드르디 un au-delà de Vendredi 즉 방드르디 자신의 분신이나 이미지로서 취급했다. 다시 말해 어느 때는 타인의 이쪽, 또 어느 때는 타인의 저쪽으로 취급한 것이다.

그 차이는 매우 중요하다. 왜냐하면 정상적으로 기능할 때 타인은 가능세계를 표현하기 때문이다. 이 가능세계는 우리의 세계에 속해 있는 것이다. 적어도 그것은 현실 일반의 질서와 시간의 연속을 구성하는 법칙을 따르기 마련이다. 그러나 방드르디는 가능세계와는 아무 관계가 없었다. 그는 하나의 다른 세계를 지시하고 있었다. "방드르디는 그의 주인이 만들어 낸 대지적 영역 le règne tellurique de son maître과는 대립하는 어떤 다른 영역에 à un autre règne 속한 것처럼 보였다" (Vend., 100). 이 다른 세계 위에서 그는 그가 아닌 어떤 다른 사람의 분신이 되었다. 그가 가리키고 있는 **다른** 세계는 참된 세계였으며, 그가 보여 주는 분신은 더 이상 환원이 불가능한 최소 단위의 유일한 분신이었다. 그런 의미에서 그는 타인의 복제 réplique가 아니라 절대적인 분신 Double이었다 (*LS*, 368). 들뢰즈가 타자와 다른 타인 l'Autre qu'Autrui (*LS*, 371)이라고 명명한 그런 타인이었다.

당연히 그는 로빈슨의 욕망의 대상이 되지 못했다. 로빈슨이 그의 무릎을 잡고 그의 눈을 그윽하게 바라보았자 소용없었다. 고작해야 그의 몸에서부터 빠져나온 자유로운 원소들을 아주 조금 담고 있는 그의 빛나는 분신만을 부여잡고 있을 뿐이었다.

9) 사르트르 비판

투르니에의 원소 회귀 개념이 라이프니츠의 모나드 이론에서 영향받은 것이라면, 타자의 문제에서는 사르트르의 영향을 무시할 수 없다. 들뢰즈도 『방드르디』를 해석하면서 사르트르의 타자 이론을 언급했는데, 이 소설의 주요 주제인 타자 이론에 관한 한 사르트르를 지나쳐 갈 수는 없기 때문이다. 그러나 우리가 읽어 본 바로는, 투르니에의 타자는 사르트르의 타자와 그리 닮지 않았다. 들뢰즈가 「미셸 투르니에와 타인 없는 세상」(『의미의 논리』 보론)에서 사르트르의 타자 이론을 고작 주註를 통해 간단히 비판하고 있는 것도 그 친연성이 그다지 강하지 않기 때문일 것이다.

들뢰즈는 사르트르가 타인을 수많은 대상 중의 하나라고 생각한 것이 오류였다고 비판한다 (*LS*, 358-59). 들뢰즈가 생각하기에 타인은 다른 대상들과는 전혀 다른 성질의 것으로, **지각장 전체를 조건짓는 구조**이고, 선행적 범주들의 구성과 적용을 가능하게 하는 전체적 기능이다. 그러므로 타인을 지각장 속의 특수한 대상으로 생각하거나 아니면 지각장의 다른 주체라고 생각하는 것은 근본적인 오류라는 것이다.

들뢰즈는 사르트르의 타자 이론이 타인에 관한 최초의 위대한 이론이라고 극찬하는 것에서부터 시작한다. 타인은 엄연히 자기 고유의 지각장知覺場 le champ perceptif을 갖고 있는 주체이다. 그러나 내 지각장 안에서 그는 나의 대상이다. 물론 다른 사물들과는 다른 특수한 대상이다. 그래서 타인은 대상이기도 하고 주체이기도 하다. 이처럼 타인을 대상으로도 주체로도 환원할 수 없는 특수한 구조로 이해한 최초의 철학자가 사르트르이다. 타인이 하나의 대상인가 아니면 주체인가, 라는 양자택일의 이론을 극복한 것이 그의 독창성이다. 사르트르는 어쩌면 구조주의의 선구자일지도 모른다고 들뢰즈는 말한다.

그러나 이 구조를 '시선'으로 설명함으로써 사르트르는 결국 대상과 주체라는 범주에 다시 떨어지고 말았다고 들뢰즈는 애석해 한다. 즉 타인은 나를 바라볼 때 나를 구성하는 자가 되고, 반대로 내가 그를 바라볼 때는 나의 대상으로 떨어진다는 것이 사르트르의 생각이다. 하지만 들뢰즈에게 있어서 타인의 구조는 시선에 선행하는 텅 빈 구조이다. 실재의 '나'와 실재의 타인이 시선과 눈을 교환하는 관계가 아니라, 전혀 비인격적인 '타자구조'가 먼저 있고 그 다음에 구체적 타인의 시선이 그 빈 구조를 채워 준다. 이 구조는 독립된 구조이며, 이 구조 속에 들어가 그것을 실행시키고 현재화하는 것이 바로 시선이다 (LS, 360 n11).

라캉도 비슷한 논리로 사르트르를 비판했다. 사르트르에 의하면 시선은 갑자기 나를 덮치고, 세계의 모든 전망, 모든 전선前線을 변화시키며, 나에게 명령을 내리는 일종의 권력이다. 여기서 눈과 시선의 대결이 시작된다. 나는 나를 바라보는 타인의 눈을 볼 수 없고, 다만 그의 시선만이 보일 뿐이다. 내가 타인의 시선 밑에 있는 한 나는 타인의 눈을 보지 못한다. 그러나 이 관계가 역전되어 내가 그의 눈을 볼 때 그의 시선은 사라진다.

그러나 이것이 과연 옳은 현상학적 분석인가? 라고 라캉은 반문한다. 그리고 곧 이어 이것은 참이 아니라고 잘라 말한다('왜상歪像').[23] 내가 타인의 시선 밑에 있을 때, 내가 하나의 시선을 간청할 때, 그리하여 내가 그것을 얻었을 때, 나는 그것을 시선으로 보지 않는다. 라캉에게 있어서 그것은 오브제 프티 아objet petit a이다.

라캉에 의하면 시선은 스스로를 바라본다The gaze sees itself.[24] 그러니까 사르트르가 말하는 시선, 즉 나를 덮치고, 나를 수치스럽게 만드는 시선은 나에 의해 바라보여진 시선seen gaze이 아니라 타자the Other의 영역 안에 있을 것이라고 내가 상상하는 시선이다. 실제로 내가 어떤 시선을 보아서가 아니라 세계 안에 어떤 시선이 있을 것이라고 상상하기 때문에 나는 타인의 시선에 불편함을 느낀다. 라캉에 따라 사르트르의 텍스트를 다시 읽어 보면 모순점이 확연하게 드러난다.

『존재와 무』에서 열쇠 구멍을 들여다보던 남자는 자신의 관음적觀淫的 행위가 하나의 시선에 의해 발각되고, 방해하고, 제압되어, 수치심을 느끼게 되었다고 생각한다. 그러나 그가 갑자기 수치심을 느낀 순간에 그는 타인의 시선을 본 것이 아니라 복도에서 들려 오는 발걸음 소리를 들었을 뿐이다. 그가 타인의 시선이라고 생각했던 것은 타인의 현전이라는 개연성일 뿐 시선 그 자체는 아니었다. 게다가 갑자기 다른 사람에게 들켰다는 긴박한 순간에도 주체는 여전히 욕망의 기능을 수행하고 있었다. 그러므로 비록 타인의 시선이 개입한다 해도 그것은 결코 '나'라는 주체를 무화시키지 않는 한에서의 개입이다.

그렇다면 타인의 시선이 나를 대상화한다는 사르트르의 주장은 사실이 아니고, 내가 타인의 시선 앞에서 수치심을 느낀다는 것도 참이

---

23 "Anamorphosis," in: Jacques-Alain Miller, ed., *The Four Fundamental Concepts of Psychoanalysis* (*The Seminar of Jacques Lacan*, Book XI, 1973), tr. by Alan Sheridan (W. W. Norton & Company, 1998), pp. 79-90.
24 *Ibid*, p. 84.

아니다, 라고 라캉은 말하고 싶은 듯하다. 타인의 시선이라고 상정했던 것은 실은 내가 상상했던 타인의 시선이었기 때문이다. 이 부분에서 들뢰즈의 타자론과 라캉의 타자론이 접점을 이루고 있다. 들뢰즈는 타자구조가 실재적 타인의 시선보다 앞서 존재하고 있음을 설파했고, 라캉은 타인의 시선이 실은 나의 상상의 소산이라고 말함으로써 둘 다 선험적 구조로서의 타인을 말하고 있기 때문이다.

후기 타인 없는 세계라는 엄청난 주제

소설 『로빈슨』의 의미는 무엇일까? 한마디로 타인 없는 세계이다. 타인의 문제를 상기시킨다는 점이 『로빈슨』의 현대성이다. 우리는 타인들에 둘러싸여 살고 있다. 모든 문제는 타인들에서 나온다. 욕망의 대상도 타인이고, 심리적 안정감을 주는 것도 타인이며, 우리에게 깊은 좌절감과 소외감을 주는 것도 타인이다. 그러나 타인이 없다면 어떻게 될까? 생각해 보면 엄청난 가설이다. 근대소설의 원형으로 일컬어지는 『로빈슨』은 타인이라는 탈근대의 중심 주제를 건드림으로써 또 한 번 새로운 생명력을 얻었다.

수많은 로빈슨풍 소설들 중에서 미셸 투르니에의 『방드르디』는 타자의 문제를 다룬 첫 번째 소설이다. 분신과 시뮐라크르의 철학자 질 들뢰즈는 이 소설을 통해 독특한 타자론을 발전시켰다. 타인은 이미지와 분신을 은폐하고 원소를 자기 속에 가두는 자이다. 세계의 분신들을 자기 속에 가두고 있던 타인이 부재하면 이미지와 분신과 원소들이 해방된다. 타인 없이 인간이 혼자 있게 되면 사물들은 자기 몸에서 이미지들을 방출하고, 분신을 해방시키며, 순수 원소로 회귀한다. 공기처럼 가벼운 이 세계 속에서 로빈슨은 세계의 표면과 본질적인 저 너머의 세상 l'au-delà élémentaire을 발견한다. 이것이 들뢰즈가 말하는 로빈슨의 위대한 발견(LS, 370)이다. 이처럼 원소로 회귀하는 것은 사물들만이 아니라 인간도 마찬가지다. 투르니에의 소설은 여기서 인간과 사물의 구분이 없는 들뢰즈의 일의적 존재론과 일치한다.

『감각의 논리Francis Bacon: Logique de la sensation』에서 프란시스 베이컨의 말과 들뢰즈의 말이 구별되지 않듯이 「미셸 투르니에와 타인 없는 세상」에서도 투르니에의 말과 들뢰즈의 말은 구별하기 쉽지 않다. '가능성들을 자기 안에 품는 타인'처럼 그도 투르니에의 말을 자기 안에 그대로 품는 방식의 담론을 구사하고 있어서인 듯하다.

사르트르의 타자론 비판도 흥미롭다. 물론 사르트르의 타자론을 비판한 것은 들뢰즈만이 아니다. 라캉도 사르트르의 타자론을 빈정거리는 투로 비판한 적이 있다. 여하튼 사르트르의 이론을 비판하건 지지하건 간에 그 누구도 타인의 문제에 관한 한 사르트르를 비켜 갈 수 없다는 것을 우리는 다시 한 번 확인할 수 있었다. 헤겔의 '인정 투쟁'을 근거로 하여 본격적이고도 방대한 타자론을 최초로 전개한 철학자가 사르트르이기 때문이다.

『방드르디』를 예증으로 삼은 들뢰즈의 타자 이론은 사르트르의 타자 존재론과 어떻게 다른 것인지가 우리의 관심사였다. 그래서 우리는 투르니에의 『방드르디』, 사르트르의 타자 존재론, 그리고 들뢰즈의 타자론을 차례로 살펴보면서 그 관계와 차이들을 점검하였다. 매우 감각적인 들뢰즈의 타자론이 매우 이성적인 사르트르의 타자론 위를 가볍게 날고 있었다. 들뢰즈가 발견한 것은 타인 없는 세상에서 모든 것이 원소로 환원된 본질적인 '저 너머의 세계'이고, 사르트르가 발견한 것은 구체적 타인들의 한가운데에 떨어진 우리의 원초적 수치심이었다. 결국 들뢰즈의 세계는 무인도에 표류해 수십 년간 산 사람, 혹은 우리가 죽어서나 발견할 수 있는 세계이고, 사르트르의 세계는 일상성 속에서 타인들과 부대끼며 사는 현실 세계이다. 그러므로 사르트르와 들뢰즈의 타자론은 서로 모순적이라기보다는 서로 다른 차원의 담론이다. 즉 감각과 이성, 초월성과 내재성이라는 두 차원의 이야기였다.

현실적 삶도 중요하지만 인간에게는 자신이 알 수 없는 저 너머의 세계에 대한 갈구가 있는 것도 사실이다. 그런 점에서 사르트르와 들뢰즈의 타자론 중 어떤 것이 더 타당성이 있다고 말하기는 어렵다. 기술 과학이 극도로 발달한 현대 세계에서 우리는 더 이상 영원한 본질을 믿지 않지만, 그래도 여전히 우리는 우리의 힘이 미치지 않는 어떤 초월적 세계가 있다는 것을 문득문득 느낄 때가 있지 않은가?

사르트르의 변증법에 대한 고찰

강 충 권

1. 머리말

근대적 의미의 변증법적 사고의 길을 연 헤겔 이후 변증법이 마르크스와 엥겔스에 의해 유물론적 변증법으로 하나의 큰 흐름을 이룬 것은 주지의 사실이다.

2차 대전 이후 프랑스 공산당과 동반자 관계를 모색하고, 사회주의와 마르크스주의에 대한 관심을 지니게 됨에 따라 사르트르는 마르크스주의의 유물론적 변증법을 검토하게 된다. 이미 존재론상으로 사르트르는 『존재와 무』를 통해서 존재의 변증법 이론을 시도한 바 있다. 헤겔 이론의 영향을 받아 사르트의 존재론은 즉자-대자 상태를 추구하면서 즉자와 대자가 끊임없이 상호 부정의 관계를 지닌다는 데에 초점이 맞추어져 있었다. 이후 정치적 사회 참여 과정을 통해서 자신의 문학과 철학의 지평을 넓힌 사르트르는, 그의 철학적 성찰에서 '사회적 존재의 변증법'을 모색한 것으로 보인다. 이러한 그의 의도는 『변증법적 이성 비판Critique de la raison dialectique』(1985)의 서문으로 편집되어 있는 「방법의 탐구Questions de méthode」에 드러나 있다. 그에 따르면 현대의 초극할 수 없는 이데올로기인 마르크스주의와 실존주의의 이상적인 결합을 꿈꾸는 시론으로서 그는 『변증법적 이성 비판』을 기술하였다.[1] 그런데 그와 같이 마르크스주의에 경도되었음에도 불구하고 우리는 이 저서에서 사르트르가 마르크스주의를 수용하지 않는 부분을 발견하게 된다. 그것은 인간에 대한 물질의 구속적 영향력을 언급하며 시작하는 그의 논리 전개이지만 마르크스주의에서 볼 수 있는 유물론적 결정론이 부인되어 있다는 점이다.

그러한 면에서 우리는 사르트르의 변증법을 좀 더 면밀히 살펴볼 필요성을 느낀다. 사물과 인간과 상황과의 관계를 천착하는 변증법 이론의 시도에 있어서 사르트르는 변증법의 전제조건인 '사고pensée'[2]를 견지하기 때문이다. 형이상학적 관념론이나 유물론적 결정론 모두를 부인하면서 '주체의 변증법'이라 할 새로운 변증법을 탐색하는 그는 정치 분야에서 제3의 길을 모색했던 것만큼이나 지난한 작업을 펼친 셈이다. 우리는 사르트르의 변증법이 지니는 차이점을 좀 더 정확히 파악하기 위해서 『변증법적 이성 비판』 제1권과 2권을 중심으로 그의 이론 전개를 살펴보도록 하겠다.

---

1 「방법의 탐구」에서 그는 마르크스주의가 "역사적 과정을 총체적으로 조명하려는 가장 철저한 시도(la tentative la plus radicale pour éclairer le processus historique dans sa totalité)"(Jean-Paul Sartre, *Critique de la raison dialectique, I*, Gallimard, 1985, pp. 35-36. 이하, 'CRD I, 35-36'처럼 약기하고 직접 본문에 표시)였다고 말하면서 현대 마르크스주의의 난맥상을 열거하는 가운데 실존주의와 마르크스주의를 접목할 필요성을 이끌어내고 있다.

2 Paul Foulquié, *La Dialectique* (PUF, 1976), p. 125: "우리는 변증법을 사고의 역동성(le dynamisme de la pensée)으로 정의하고자 한다"; Jonas Cohn, *Théorie de la dialectique* (L'Age d'Homme, 1993), p. 206: "변증법은 사고의 한가운데에서 생겨나는 관계이다. 사고가 없다면 변증법을 상상할 수도 없다."

2. 절대주의적 변증법에 대한 비판

(1) 형이상학적 변증법에 대한 비판

헤겔의 변증법 개념의 영향을 받은 사르트르는 정−반−합의 지양 관계를 이어받지만 절대자를 상정하는 헤겔의 이상주의는 거부한다.

사람들은 변증법을 우주에 부과되는 하늘의 법으로, 스스로 역사의 과정을 만들어 내는 형이상학적 힘으로(이것은 헤겔의 이상주의에 다시 빠지는 것이다) 삼는다. (*CRD I*, 81)

역사를 절대자의 자기 실현 과정으로 간주한 헤겔의 역사주의적 입장에 대하여 인본주의적 입장인 사르트르는 동의할 수 없었을 것이다. 그러므로 그는 헤겔의 절대자 혹은 절대정신을 상정하는 출발 입장을 "비인간적이고 고정된 시작"으로 보면서, 인간의 역사에로의 환원을 거부하고 인간과 역사의 상호작용을 탐색한 인간적인 입장의 키르케고르를 대비시키기도 했다.

헤겔의 비인간적이고 고정된 시작에 대항하여 키르케고르는 움직이며 조건지우고 조건지워지는 conditionné-conditionnant 개시를 제안한다.[3]

키르케고르는 헤겔의 부정의 방법을 이어받되 체험과 현실성을 부여하여 변증법적 사고의 발전에 기여한 것으로 사르트르는 평가한다.

---

3 Sartre, "L'Universel singulier in 'Kierkegaard vivant'," colloque à Paris du 21 au 23 avril 1964, in Sartre, *Situations IX* (Gallimard, 1972), p. 170.

키르케고르가 옳다. 인간의 고통과 욕구와 정열은 실재réalités brutes로서 지식이 넘어서거나 변화시킬 수 없다. [⋯] 헤겔과 비교해 볼 때 그는 실재론을 향한 진전을 이룩한다. 무엇보다도 하나의 실재 un certain réel가 사고로 환원불가능하다는 점과 그 실재가 우위성을 지닌다는 점을 강조하기 때문이다. (*CRD I*, 24-25)

그러나 비합리적인 면을 포함하여 삶의 다양한 현실태를 고려하려한 키르케고르도 필경은 "신 없는 인간의 불행malheur de l'homme sans Dieu"을 이야기하려 한 "종교적 주관주의subjectivisme religieux"로 말미암아 이상주의에 빠진 것으로 사르트르는 결론짓는다(*CRD I*, 25, 24). 사르트르에 따르면 절대자를 상정하고 변증법적 부정을 끝까지 밀고 나아가지 못한 헤겔과 키르케고르 공히 형이상학에 머물고 만다는 것이다.

(2) 유물론적 변증법에 대한 비판

'희소성rareté'[4]을 출발 개념으로 하여 인간에 대한 물질의 구속력을 이야기하는 사르트르는 일견 마르크스주의 이론에 동조하는 것으로 보인다. 그러나 그는 여전히 이전의 입장인 비非유물론을 견지하고 있다. 일찍이 그는 유물론으로부터는 변증법도 사회주의도 불가능하다고 말한 바 있다.

나는 유물론과 변증법 사이에 용어상의 모순이 있다고 생각한다.[5]

---

4 사르트르가 이 용어로써 의미하는 바를 풀어서 말한다면 '태부족' 또는 '절대 부족'의 뜻이다.

5 Sartre, in Jean Dudié, *Liberté européenne* (1949), pp. 133-40 (Michel Contat et Michel Rybalka, *Les Ecrits de Sartre*, Gallimard, 1970, p. 147에서 재인용).

그러므로 유물론적 사회주의는 모순적이다. 왜냐하면 사회주의는 유물론이 그 상정을 가로막는 휴머니즘을 목표로 삼기 때문이다.[6]

이와 같이 그들은 사고에만 속하는 종합적 전개 방식을 물질에 부여했다. 불투명성과 투명성, 외재성, 타성과 종합적 진전은 '변증법적 유물론'의 거짓된 통일성 속에 단순히 병치되었을 뿐이다. […] 스스로가 변증법이기를 주장하면서 유물론은 이상주의로 '이행한다'.[7]

또한 사르트르는 1962년 '마르크스주의와 실존주의'라는 심포지엄에서 물질에 초점을 맞추는 마르크스주의의 자연변증법에 이의를 제기한 바 있다. 그와 같은 역사의 자연화와 자연의 역사화는 인간 역사의 변증법적 생성 과정을 물질의 운동에 환원시킴으로써 인간을 물화하는 위험이 있음을 지적한 것이다. 『변증법적 이성 비판』의 초두에서부터 사르트르는 유물론의 한계를 지적하며 다음과 같이 말하고 있다.

일종의 역사적 유물론이 있는데 이 유물론의 법칙은 변증법이다. 그러나 몇몇 저자들의 의도처럼 변증법적 유물론이라는 것이 인류 역사의 외면을 지배한다고 하는 일원론을 뜻한다면 **변증법적 유물론은 없다**-혹은 아직 없다-고 말해야 한다. (*CRD I*, 152)

이와 같이 일관된 사르트르의 입장을 볼 때 『변증법적 이성 비판』이 '물질의 변증법dialectique matérielle'을 시도한 것이라는 고르즈의 지

---

6 Sartre, "Matérialisme et révolution," in *Situations III* (Gallimard, 1949), p. 210.
7 *Ibid.*, pp. 165-66.

적[8]이나 인간존재의 물질성을 강조했다는 카탈라노의 지적,[9] 혹은 사르트르의 변증법이 마르크스주의보다 훨씬 더 교조적이라는 귀르비치의 지적[10]은 옳지 않은 것이다.

다른 한편으로 우리는 사르트르가 마르크스주의와 유물론을 구분하려는 데에서 난점이 발생하는 것을 볼 수 있다.

> 이 유물론은 우리가 잘 알다시피 마르크시즘의 유물론이 아니다. 하지만 그에 대한 정의를 우리는 마르크스에게서 발견한다. "세계에 대한 유물론적 개념은 그 어떤 생소한 추가물도 없이 있는 그대로의 자연에 대한 개념을 의미할 뿐이다." 이 개념에서는 인간이 자연의 한 객체로서 자연 속으로 돌아가며 자연법칙에 따라 우리의 눈앞에서 발전해 간다. 즉 변증법의 보편적 법칙에 지배되는 순수한 물질성으로서 발전해 간다. [···] 이 외부의 유물론은 변증법을 외재성으로서 부과한다. 인간의 자연은 그의 밖에 있는 선험적 규정, 인간 밖의 자연, 성운에서 시작되는 역사의 안에 있다. 이러한 보편적 변증법에 있어서 부분적 전체화는 일시적인 가치도 없다. (*CRD I*, 146)

우리가 비교적 긴 위의 인용문을 제시하는 이유는 마르크스주의를 원용하는 사르트르가 끝내 마르크스주의와 결합할 수 없는 분기점을 위의 글에서 명백히 드러내기 때문이다. 아마도 사르트르는 초기의 마르크스를 염두에 두고, 현금의 유물론에 관해서는 그가 보기에 마르크

---

8 André Gorz, "Sartre ou de la conscience à la praxis," in Jacques Lecarme, ed., *Les Critiques de notre temps et Sartre* (Garnier, 1973), p. 159.

9 Joseph S. Catalano, *A Commentary on Jean-Paul Sartre's* Critique of Dialectical Reason, vol. 1, p. 46: "그러므로 사르트르가 인간 실재의 '존재(being)'를 말할 때 그가 주의를 환기하는 것은 인간 유기체의 이 고유한 물질성이다."

10 Georges Gurvitch, *Dialectique et sociologie* (Flammarion, 1962), p. 226: "사르트르는 변증법에 대한 그의 전체적 개념이나 그 개념의 사회학에 대한 적용에 있어서 비교할 수 없을 정도로 마르크스보다 더 교조적이다."

스 사상을 왜곡한 후기 마르크스주의자들의 잘못으로 돌리는 듯하다. 그러나 인간의 감성적 활동을 실천으로서 주체적으로 파악할 것을 주장하기도 한[11] 마르크스이지만 기본적으로 그는 인간의 주체적 의식을 인정치 않는 유물론에 바탕해 있다.

　나에게 사고의 세계란 인간 정신에 의해서 전위되고 표현된 물질세계일 뿐이다.[12]

　인간의 의식이 인간존재를 결정하는 것이 아니라 반대로 인간의 사회적 존재가 인간 의식을 결정한다.[13]

이후 마르크스와 엥겔스가 확립한 경제, 사회, 역사에 대한 유물론적 결정론은 현금에 이르러도 변함이 없다.

　변증법, 역사, 유물론은 함께 다룰 때만 성찰된다. 역사학과 유물론적 변증법은 한 가지일 뿐이다.[14]

---

11 마르크스, 「포이어바흐에 관한 테제」, 전집 제13권, 5쪽(아이히호른 외, 윤정윤·김성환·서유석 옮김, 『변증법적 유물론』, 동녘, 1996, p. 320에서 재인용).

12 Karl Marx, tr. Joseph Roy, *Le Capital*, préface de la seconde édition (1892)(Paul Foulquié, *La dialectique*, p. 61에서 재인용). Roy의 불어번역판 *Le Capital*에서는 독일어판본 2판의 후기로 소개되어 있으며 번역상 다음과 같이 약간의 차이를 보이고 있다. *Le Capital* (Editions Sociales, 1977), p. 21: "그와 반대로 나에게 감정과 사고란 인간의 뇌로 이동되고 전위된 실제 감정에 대한 성찰일 뿐이다." 또한, 또 다른 이본의 번역문을 다음과 같이 추가해 놓고 있다(같은 책, p. 22): "그와 반대로 나에게 사고란 인간 두뇌에 전위되고 표현된 물질일 뿐이다."

13 마르크스, 「정치경제학 비판 서문」, 전집 제13권, 8쪽(아이히호른 외, 『변증법적 유물론』, p. 89에서 재인용).

14 Georges Labica, "Matérialisme et Dialectique," in Etienne Balibar *et al.*, *Sur la dialectique* (Editions Sociales, 1977), p. 244.

사르트르는 헤겔의 '절대지savoir absolu'[15]의 개념을 원용하여 마르크스주의가 자체의 이론을 강제조항들diktats로 만들었고 스스로를 완벽한 절대지로 구성하려는 이중의 오류에 빠져 있음을 지적하기도 했다(CRD I, 35). 요컨대 독자적인 정신적 실체를 인정치 않고 마르크스레닌주의에서 보듯이 주체와 객체와의 관계를 생산력과 생산의 관계로 간주하고 물질적 통일성을 제1 원칙으로 하여 의식의 작용과 그 산물을 모두 물질과 그 작용의 반영으로 간주하는 소위 '유물론적 변증법'에는 사르트르식의 주체와 의식이 존립할 여지가 없다. 따라서 "마르크스주의의 틀로 사회 속의 인간을 재발견하려는 진정한 포괄적 인식의 시도engendrer dans le cadre du marxisme une véritable connaissance compréhensive qui retrouvera l'homme dans le monde social"(CRD I, 132)는 근원적으로 불가능한 작업임이 드러난다.

3. 주체적 변증법의 시도

(1) 변증법적 이성의 의미

사르트르의 『변증법적 이성 비판』은 그 제목의 방식에서 드러나듯이 칸트의 『순수이성 비판』 혹은 『실천이성 비판』과 닮은 모습을 보이고 있다. 아마도 저자의 의도적인 제목 설정이라고 여겨지는 까닭은 '변증법적 이성'에 대한 여러 가지 규정에서 그가 추구하는 차별성이

---

15 G. W. F. Hegel, tr. Jean-Pierre Lefebvre, *Phénoménologie de l'Esprit* (Aubier, 1991), p.517: "자신의 완전하고 진실된 내용물에 자신의 형태를 부여하고 그럼으로써 이러한 실재화 한가운데에서 자기의 개념 속에 남아 있는 것과 똑같이 자신의 개념을 실재화하는 정신의 이 마지막 형태가 바로 절대지이다."

드러나기 때문이다. 그는 이성을 선험성에 기초한 진위 판단 혹은 도덕적 판단능력으로 여기지 않는다. 진정한 이성이란 변증법적 이성이라고 간주하면서 우선 그는 변증법적 이성을, 총체화하는 포괄적인 움직임 혹은 운동으로 규정하고 있다.

> 변증법적 이성의 가지성可知性은 쉽게 정의될 수 있다. 그것은 다름 아니라 전체화 운동 그 자체이다. (*CRD I*, 163)

그러한 움직임으로서의 변증법적 이성은 능동성과 수동성 중 그 어느 한쪽에 치우치지 않고, 구성하고 구성되며 스스로를 끊임없이 부정하고 지양하는 이성이다.

> 변증법적 이성은 구성하는 이성도 구성되는 이성도 아니다. 그것은 세계 속에서 그리고 세계에 의해서 스스로를 구성하는 이성이어서 자체 안에 모든 구성된 이성들을 용해시키고 거기로부터 새로운 이성을 구성하며 그것을 지양하여 다시 용해시킨다. (140)

이와 같이 자기부정과 지양의 반복되는 과정으로 정의되는 변증법적 이성은 칸트의 선험적 이성과 큰 차이를 이루고 있다.

다음으로 들 수 있는 변증법적 이성의 특징은 세계내재성이다. 이것은 사르트르가 이미 『존재와 무 L'Etre et le néant』에서 존재의 진정성과 연관해서 규정한 '세계내적 존재 être-dans-le-monde' 개념의 연장으로 보인다.

> 고찰되는 객체의 외부에 머무른다면 그 누구도 변증법을 발견할 수 없다. […] 변증법은 내부에 위치한 관찰자에게만 발견된다. (156)

사르트르는 변증법을 삶, 체험, 탐구과정 자체로 간주하기 때문에 변증법적 이성이란 역사 뒤에서 조종하는 절대적인 통합력이 아니라 그 삶을 살아가면서 삶의 부정적인 요구를 부정하며 새로운 삶을 만들어가는 의식과 실천의 작용을 의미한다. 그러므로 사르트르의 변증법적 이성을 투쟁과 폭력에만 연결시켜서 그것을 단순히 "폭력이자 마르크스주의의 폭력-진리"로 치부한 레몽 아롱의 견해[16]는 그릇된 것이다.

사르트르는 『변증법적 이성 비판』에서 변증법적 이성을 분석적 이성과 대비하여 그 개념을 드러내는 방법을 사용하고 있다. 그가 분석적 이성에 가하는 비판은 미시성, 단기성, 물화적 객관화 등으로 요약할 수 있다. 그에 따르면 분석적 이성은 대상에 대해서 거시적, 포괄적 이해를 가질 수 없으며 탈세계적 객관화의 입장을 취하는 것은 절대주의적 관점이어서 이러한 관점은 부르주아 계급이 피억압자를 억압하는 이데올로기, 식민주의 이데올로기 및 엥겔스에게서 볼 수 있는 기계적 경제주의 économisme (CRD I, 792) 등으로까지 연장된다. 따라서 분석적 이성은 대상과 관계를 맺는 가운데 총체적 이해를 도모하는 것이 불가능하다고 사르트르는 말한다. 그는 분석적 이성에 기초한 실증주의 과학이나 자연과학이 파악할 수 없는 대상의 구조, 관계, 의미 등은 변증법적 이성만이 파악할 수 있다고 말한다.

그러나 우리가 처해 있고 우리 자신이기도 한 전체화를 통해서 변증법적 이성은 어쨌든 역사적 사실들을 이해하는 우월성을 증명해야 한다. 변증법적 이성은 자신의 고유한 전체화 활동의 내부로부터 실증적이고 분석적인 해석을 용해시켜야 한다. 또한 원칙상 모든 실증주의에서 벗어나는 구조들,

---

16 Raymond Aron, *Histoire et dialectique de la violence* (Gallimard, nrf, 1973), p. 215: "변증법적 이성은 폭력이자 마르크시즘의 폭력-진리(la Violence Vérité)이다."

관계들 그리고 의미작용들을 드러내야 한다. (*CRD I*, 173)

그리하여 분석적 이성이 의미를 지니려면 변증법적 이성의 일부분일 경우에만 가능하다. 변증법적 이성은 분석적 이성을 포괄하며 스스로를 비판하고 자체를 초극하는 이성이다.

변증법적 이성은 분석적 이성을 넘어서며 자체 안에 스스로에 대한 비판과 지양을 품고 있다. (157-58)

이와 같은 '변증법적 이성'의 정의를 볼 때 우리는 『존재와 무』의 다음 단계로서 사르트르의 사상적 진전을 볼 수 있다. 『존재와 무』에서는 즉자와 대자의 상호 부정 관계, 즉자-대자 상태의 추구, 탈자적 시간화와 행동이 존재 양식의 주축을 이루고 있었다. 『존재와 무』에서의 끊임없는 개인적 존재 차원의 '부정'과 '무화'의 관계는 『변증법적 이성 비판』에 이르러 사회적 존재의 '지양'의 관계로 발전했다고 볼 수 있다. 그것은 그가 말한 바, 현상학적 입장에서 출발했지만 '성찰적이면서도 비변증법적인 의식'으로 본질의 성찰에만 도달한 후설과, 변증법의 시도는 하였으되 초월transcendance에만 관심을 쏟았던 하이데거를 종합 지양하려는 사르트르의 시도[17]의 연장선상에 있다고 할 수 있다. 결국 그가 정립하려는 것은 선험적인 이성도 아니고 신적인 혹은 절대적인 이성도 아니며 물리화학적인 혹은 경제적인 이성도 아니다. 그것은 억압이 없는 사회와 인간의 삶을 향하여 부정하고 지양하는 실천적 이성이다.

---

17 "Sartre, Conscience de soi et connaissance de soi" (1947), in Contat et Rybalka, *Les Ecrits de Sartre*, p. 191.

(2) 변증법의 전개 과정

1) 물질의 희소: 부정의 여건

사르트르의 마르크스주의에 대한 경도는 한편으로 공산당과 정치적 동반을 모색하고 동시에 다른 한편으로는 사회와 경제에 대한 유물론적 설명에 상당 부분 동조하는 모습을 보이고 있다. 그러면서도 그가 기술하는 것은 생산양식과 노동가치 그리고 자본주의 경제·사회 구조의 형성과 전망에 대한 세밀한 분석이 아니라 자원, 노동, 생산물의 수요와 공급의 불균형에서 비롯하는 억압-피억압 관계, 부르주아 지배계급과 노동자가 주요 층을 이루는 프롤레타리아 계급 사이의 투쟁 관계 및 집단의 형성 문제에 집중되어 있다.

일단 사르트르는 마르크스주의에 동의하면서 물질의 구속력을 강조하는 데에서 시작하고 있다. 그는 인간의 변증법적 과정의 발달을 물질의 희소성에서 찾고 있다. 각 인간에게 적정한 배분을 불가능하게 만드는 이 '희소성'은 근원적으로 인간을 인간답게 살지 못하게 하는 '인간의 부정' 혹은 '반反인간 contre-homme'의 존재 여건을 구성한다. 그것은 유령처럼 인간에게 생존의 위협이나 죽음의 위협으로 작용하며 부족한 자원을 확보하기 위한 인간 간의, 그리고 국가 간의 투쟁을 야기한다. 사르트르는 이러한 투쟁 양상이 인류의 역사 내내 20세기에 이르기까지 계속되고 있다고 보았다.

다음으로 그가 『변증법적 이성 비판』에서 천명하고 있는 것은 인간이 물질적 존재라는 점이다.

> 그러나 인간은 물질세계 가운데에 있는 하나의 물질적 존재이다. 그는 자신을 짓눌러 대는 세계를 변화시키고자 한다. 즉 '물질성의 질서에 물질로 작용하기. 따라서 자신을 변화시키기'이다.(*CRD I*, 224)

물론 앞에서 우리가 살펴보았지만 사르트르가 인간을 물질적 존재라고 본다고 해도 물질이 전적으로 인간을 결정한다는 유물론을 액면 그대로 받아들이는 것이 아니다. 여기서 그가 강조하고자 하는 것은 인간이 물질의 희소성에 크게 좌우되며 그에 따라 생존을 위한 투쟁이 야기되어서 인간이 인간에 대한 위협적 존재가 되고 인간이 객체 상태에 떨어지는 사회적 존재 여건이 구축된다는 사실이다. 달리 말하면, 이와 같이 물질적 관계가 주도하는 객체화의 과정은 이타성異他性altérité을 강요하며 타성태적pratico-inerte 삶의 여건을 구성한다. 이것은 인간 간의 객체화뿐만이 아니라 생산물에 대한 생산자의 객체화도 가져온다. 즉, 생산물 간의 결정, 생산물에 의한 인간의 결정을 통하여 인간의 수동적 질서가 형성된다.

생산품 간의 결정, 생산품에 의한 인간의 결정을 통하여 실천적 장의 수준에서 수동적 요구 질서가 이루어진다.(*CRD II*, 396)

그러므로 요구는 실천에서의 **물질**이다(물질은 실천 속에서의 이타성이다. 실천-물질은 요구이자 절대적 요청이다).[18]

이와 같이 인간의 물화réification의 근원인 희소성은 결국 인간의 인간에 대한 소외와 인간의 사물에 대한 소외라는 이중적 소외를 가져온다.

2) 실천praxis: 부정의 부정

이러한 희소성에 직면한 인간의 욕구로부터 비롯하는 것이 바로 실천이다. 희소성이 인간에 대한 부정의 조건을 부여하는 데 대하여 부정

---

18 Sartre, "Esquisse pour la Critique," in *Etudes sartriennes* 10 (2005), p. 22.

하는 반작용으로서, 실천은 변증법적 의미를 지닌다.

그런데 요구에서 생겨난 실천은 전체화이며 자신의 목표를 향한 이 전체화의 운동은 실제로 자기 주위를 전체성으로 변화시킨다. (*CRD I*, 199)

목표를 향하여 물질적 조건들을 극복하고, 목표에 도달하기 위하여 실천적 장을 수정하고 수단들을 통일하는 행위로서 노동을 통하여 무기물질에 자신을 등록하는 조직적 기투를 실천이라고 정의한다. (813)

실천의 전반적인 특징으로 사르트르는 '초월', '종합적 통일성 l'unité synthétiqué, '시간화temporalisation', '전체화totalisation', '변증법적 이성 la Raison dialectique'을 들고 있다 (*CRD II*, 394). 이외에 개별적인 특수한 역사적, 사회적 상황을 예로 들 때에도 '실천'이란 용어를 광범위하게 사용하고 있다.[19] 그리하여 『변증법적 이성 비판』은 제1권과 2권에 걸쳐 '실천'을 주 모티브로 한 기술이라고 해도 과언이 아니다. 사르트르는 이 '실천'에 대하여 기본적인 정의 외에 개별적인 의미로부터 변증법적 전체화까지 아우르는 폭넓은 의미를 부여하고 있다.

어원적으로 '행동'의 의미도 지니는 이 '실천'은 사르트르의 변증법에 있어서는 능동성 일변도의 동일성을 의미하지 않는다. 이 실천은 주체성과 이타성을 동시에 지니고 있다.

---

19 부정적 존재 여건의 종합적 지양을 향한 변증법적 안티테제로서 실천을 의미하려는 것이 사르트르의 본래의 의도인 것이 분명한 것으로 볼 때, 경우에 따라서는 '실천'이라는 용어의 부적절한 내지는 모순되는 사용도 엿보인다. 예컨대 '집렬적 실천(praxis sérielle)'(*CRD I*, 373), '식민적 실천(praxis coloniale)'(802), '자본주의적 실천(praxis capitaliste)'(826), 그리고 스탈린의 소련 통치 상황을 설명하며 사용하는 '지도적 실천(praxis dirigeante)'(*CRD II*, 160) 등이 그러한 경우이다.

각자의 실천은 자신의 내밀한 외재성으로서 그리고 자신의 심층적인 내재성으로서 타인의 실천 속에 살고 있다. (*CRD I*, 226)

희소성이 강요하는 인간관계에서의 이타성을 전면 부정하는 것이 아니라 그것을 수용하여 지양하는 실천은 '희소성의 내면화'라고도 할 수 있다. 그러므로 실천은 타인에 대한 타성적 부정inerte négation으로 작용할 수도 있으며 수동화된 모습으로 작용하기도 한다. 이것은 개인적 실천이나 공동적 실천 모두에 적용된다. 또한 실천은 제3자로서, 매개자로서 작용하기도 한다. 그러므로 때로는 수동적인, 때로는 강제적인 실천은 집단 형성에 있어 주요 역할을 한다.[20]

지양(그리고 존재태l'exis의 보존)으로서 인간의 실천은 시간화의 모습인, 항상 열려 있지만 결코 끝날 줄을 모르는 나선형과 같은 전체화를 창출해 낸다. (*CRD II*, 356)

3) 포괄적 종합

앞에서 인용한 바와 같이 사르트르는 인간이 '물질적 존재'라고 언급한 바 있다. 그러나 다른 한편으로 그는 궁극적으로 변증법의 주체가 인간임을 밝히고 있다. 사르트르의 의도는 결국 물질적 조건 및 영향과 인간의 실천이 어떠한 방식으로 변증법적 종합을 이루는가를 보여 주려는 것이다. 그것은 물질이 인간을 결정한다고 보는 일원론적 유물론에 대하여 인간과 사물(물질)이 상호작용하는 이원론적 변증법의 제시이다. 기실 사르트르가 말하는 변증법적 총체화는 사람, 사물을 비롯한 모든 요소들을 품으면서 이루어진다.

---

20 "매개자는 객체가 아니다. 그것은 실천이다"(*CRD I*, 479).

그것[전체화]은 실천적 장의 그 어떤 요소(인간, 사물, 실천, 실천적 타성태, 집렬체série, 집단, 개인)도 자신의 밖에 남겨 두지 않는다. 그것은 모든 요소에 의해 생겨나기 때문이다. (*CRD II*, 255)

그러나 인간이 궁극적인 주체가 된다고 해서 인간에게 절대적인 주도권을 인정하는 것은 아니다. 주체를 일방적으로 강조할 때의 실제 사례로 그는 스탈린 치하의 소련을 비롯한 사회주의 국가들의 정치적·이데올로기적 난맥상, 그리고 마르크스주의가 겪는 위기를 들고 있다. 유물론과 유물사관에 입각했던 그들은 정작 역사를 만들고 지배하는 주체가 될 것만 강조하고 역사가 자신들을 만드는 것은 인정치 않은 자기모순에 빠졌다는 것이다.

『존재와 무』에서 타인의 지옥에 대한 주체의 의식과 행동에 과도한 비중이 실렸다고 한다면, 『변증법적 이성 비판』에서 적대적 대타관계에서 좀 더 나은 단계의 집단을 형성하려는 주체는 절대적인 주체가 아니라 상대화된 주체이다. 사르트르의 주체와 상황에 대한 인식은 전체적으로 포괄적이고 상대적으로 변화하였다고 우리는 말할 수 있다. 콘은 변증법이 상대적인 개념이어야 함을 다음과 같이 적절히 지적하고 있다.

변증법 전체는 상대성 속에 움직인다. 변증법은 끊임없이 절대성의 외양을 파괴한다. 그러면서 변증법은 영원히 절대를 지향한다. 모든 변증법적 사고는 절대를 향한 사고이되 절대의 사고는 아니다. […] 변증법적 사고는 절대의 사고가 될 권리를 가로채서는 안 된다. […] 변증법적 체계는 또한 절대도 아니다. 왜냐하면 변증법적 체계는 논증적discursif이고 논증적인 문제에 관련되어 있기 때문이다.[21]

---

21 Cohn, *Théorie de la dialectique*, 385-86.

이제 사물과 인간은 상대적인 관계에 놓여 있다. 『변증법적 이성 비판』에서 사르트르가 역사의 두 가지 원칙으로 '인간의 행동 l'action des hommes'과 '타성적 물질 la matière inerte'을 든 것 (CRD II, 147)을 보아도 그는 물질에 우위를 부여하는 유물론적 역사가 아니라 인간과 물질(사물)과의 변증법적 상호관계로 이루어지는 역사를 규명해 보려 한다는 것을 알 수 있다. 그러므로 사르트르의 변증법에서 볼 수 있는 포괄적인 종합의 시도는 일방적 과학주의를 표방하는 분석 이론들과 과학주의에 의거한 유물론적 변증법 모두에 대한 비판이 되는 셈이다. 이와 같은 사르트르의 시도를 감안할 때, 사르트르가 정신 esprit 속에서만 변증법을 찾았다는 논지의 슈바르츠의 지적,[22] 역사에서 개인의 특수성을 무시했기 때문에 인간의 특수성과 보편적 역사와의 결합이 불가능하다는 아롱의 지적,[23] 변증법에 필연성을 도입하여 본래의 사르트르 자신의 의도를 저버렸다는 스택의 지적,[24] 그리고 인간존재의 역사·지리적 양식들 중에서 한 가지 양식으로만 인간을 설정했다는 레비스트로스의 지적[25] 모두 사르트르의 변증법 시론을 충분히 검토하지 않은 결과로 보인다. 사르트르의 변증법은 "인간이 없는 자연을 만들어 낸 마르크스주의의 자연변증법"[26]에 대한 타개책의 시도로 간주할 수 있다. 비엘로 Bietlot는

---

22 Theodor Schwarz, *Jean-Paul Sartre et le marxisme* (L'Age d'Homme,1976), pp. 56-58.

23 Aron, *Histoire et dialectique de la violence*, p. 201.

24 George J. Stack, *Sartre's Philosophy of Social Existence* (Saint Louis: Warren H Green, 1978), p. 128: "그는 자신의 사회관계 변증법의 입론에 필연성을 너무 많이 도입해서 자기 뜻에 반하여 자신의 의도를 위태롭게 만들었다."

25 Claude Lévi-Strauss, *La Pensée sauvage* (ch. IX, Histoire et dialectique), in Lecarme, ed., *Les Critiques de notre temps et Sartre*, p. 164: "인간이 자기 존재의 역사적 지리적 양식들 중 전적으로 단 한 가지 속에 피신해 있다고 생각하는 것은 엄청난 자기중심주의와 어리석음의 소산이다." 그는 이외에도 변증법적 이성은 자기 자신을 알 수 없으며 분석적 이성을 알 수도 없다고 단언하고 있다(p. 167).

26 Ronald D. Laing et David G. Cooper, *Raison et Violence* (Payot, 1972), p. 104: "자연에 대한 마르크스주의적 변증법은 인간이 없는 자연을 꾸며 낸다."

물질의 희소성이라는 개념에 의거하면서도 물질에 직면한 자유의 구조를 정립하려는 점을 사르트르의 기여로 간주하면서, 사르트르의 시론이, 실천과 투쟁을 정해진 과정 혹은 경제적인 결정으로서의 타성태로 고정시킨 마르크스주의 이론가들과, 역사에 주체가 없다고 한 푸코에 대한 반론이 될 수 있다고 언급하고 있다.

모든 실천과 모든 투쟁을 과정과 경제적 결정의 실천적 타성태에 고정시킴으로써 마르크스주의를 정지시킨 마르크스주의자들의 이론에 대한 이러한 사르트르의 논박은 마찬가지로 **푸코**에게도 가해질 수 있다. 푸코의 이론에서는 역사의 주체가 없으며 계급이나 사회관계들이란 과정의 결과에 불과하기 때문이다. (*CRD I*, 893)[27]

사르트르는 역사를 "모든 다양한 실천태들과 그것들이 지니는 모든 투쟁들의 총체화la totalisation de toutes les multiplicités pratiques et de toutes leurs luttes(*CRD I*, 893)라고 하였다. 그는 계급투쟁을 '역사의 동력moteur de l'histoire'(865)이라고 했으며 투쟁의 한가운데에서 공시적 총체화totalisation synchronique가 이루어져야 역사를 변증법적으로 알 수 있다고 말하기도 했다(*CRD II*, 60). 그러면서도 그는 한 사회의 모든 분열과 갈등은 "통일unification에서 비롯하며 다시 통합을 위한 수단"이라고 말하고 있다(196). 리즈크는 『변증법적 이성 비판』에서 이러한 대립과 투쟁이 역설적으로 "다수를 통일하는 역사적 방식mode historique d'unification de la multitude"이 되고 있다고 말하기도 했다.[28] 사르트르에게 투쟁은 이제 상대(적)를 절멸시키는 것을 목표

---

27 Mathieu Bietlot, "La mise au ban des bouches inutiles," in *Etudes sartriennes* 10, p. 182.
28 Hadi Rizk, *La Constitution de l' être social* (Ed. Kimé, 1996), p. 201.

로 하는 전쟁이 아니라 상대적으로 자신을 더 잘 파악하게 만드는 상호 극복과 지양의 변증법적 수단으로서 의미를 지니게 된다.

4. 맺음말

이상과 같이 우리는 사르트르의 『변증법적 이성 비판』에서 변증법적 이성과 변증법에 대하여 그가 내리는 정의와 논리 전개를 중심으로 그의 변증법이 지니는 특징들을 살펴보았다. 사르트르는 칸트를 비롯하여 헤겔, 후설, 키르케고르, 하이데거 등으로부터 합리주의, 현상학, 실존주의 등의 영향을 받았지만 이성에 대한 선험주의와 이상주의, 본질에 대한 성찰로의 회귀, 형이상학적 혹은 종교적 관념론과 변증법 등은 배격하고 있다. 또한 그가 마르크스주의와 실존주의의 이상적인 결합을 위하여 시도했던 새로운 변증법은, 물질과 물질의 작용이 인간의 의식과 사회관계를 결정한다고 보는 유물론적 변증법과, 궁극적으로 인간의 의식을 변증법의 주체로 삼는 그의 변증법 사이의 근원적 괴리 때문에 불가능한 작업임이 드러났다. 메를로퐁티는 사르트르의 마르크스주의에 대한 이해가 상상과 신화의 수준에 머무르고 있다고 혹평하기도 했다.[29] 물론 사르트르가 마르크스주의의 모든 이론을 꿰뚫고 있는 것은 아니다. 하지만 노동과 노동자의 소외 문제, 고용주인 자본가와 피고용자인 노동자와의 억압-피억압 관계, 식민지 경제논리, 일부 생산양식과 노동자와의 관계 등에 대한 분석을 살펴보면 경제논리의 정치함에 있어서는 마르크스에 훨씬 못 미치는 것이 사실이지만 심리학적·사회학적 관점은 마르크스를 능가하는 면이 있다. 또

---

29 Maurice Merleau-Ponty, *Les Aventures dialectiques* (Gallimard, folio, 1955), pp. 270-71.

한 집렬적 집단, 융합집단 등 집단의 형성과 변화의 과정에 관한 그의 분석은 집단의 의미에 대한 통찰력 있는 분석이기도 하다. 그리고 무엇보다도, 대화술을 가리키던 고대적 변증법의 의미에서나 합리적 이성 작용을 가리키는 근대적 변증법의 의미에서나 공히 변증법의 시초가 되는 것은 '인간의 사고'였는데 사르트르가 이것을 주체로 삼고 있다는 점이 그의 변증법 시론의 유효성을 이루고 있다. 기실 모든 생산양식, 생산관계, 사회주의 체제, 자본주의 체제 등을 고안하고 운영하는 주체는 분명 인간이 아니던가? 결국 인간 세계의 문제는 인간으로 되돌아온다.

방법론상으로 마르크스주의와 실존주의 양자 간의 결합이 불가능한 사르트르의 위와 같은 작업은 비록 성공을 거두지는 못했으나 '인간의 불가능성'을 불가능하게 하려는 나름대로의 의미 있는 시론이다. 사르트르가 『변증법적 이성 비판』 제1권의 말미에서 언급한 것처럼 그의 시론은 통시적 총체화에 대한 연구가 뒤따라야 좀 더 완성된 체계의 변증법 이론이 될 수 있을 것이다. 그의 사후에 편집 간행된 제2권에서는 소련의 사회주의 독재 체제에 대한 기술에 많은 부분이 할애되어 있기 때문에 보편적인 이론 정립을 위한 후속편이 되기엔 미흡한 것이 사실이다. 그럼에도 불구하고, 물질의 지배력이 점점 더 강고해지고 있으며 인간의 물질화와 객체화가 인간의 소외를 가속시키고 있는 오늘날, 그의 시론은 인간과 사물의 관계는 어떤 변증법적 관계를 지닐 수 있는가에 대한 새로운 성찰의 기회를 제공한다고 할 수 있다.

사르트르의 『킨』 연구

배우의 존재론에 관한 시론

윤 정 임

1. 서론

모두 열한 편에 이르는 사르트르의 희곡 작품 목록에는 온전한 창작극 이외에 각색 작품으로 분류될 수 있는 세 편의 희곡이 포함되어 있다. 이 중에서 그리스 신화를 각색한 『파리떼』와 『트로이의 여인들』은 '신화 다시 쓰기'로 분류될 수 있는 작품들이다. 에우리피데스의 비극을 준거로 했다는 추측은 가능하지만, 신화 자체가 원본이 없는, 즉 원작자가 없는 이야기이므로 각색이라기보다는 현대의 여러 '문학 신화'들과 마찬가지로 사르트르의 작품으로 받아들이는 데에 무리가 없을 것이다.

이와는 달리 진정한 각색의 면모를 갖춘 작품이 바로 『킨』이다. 1954년에 발표된 사르트르의 『킨』은 알렉상드르 뒤마 페르Alexandre Dumas père의 1836년도 희곡 『킨 혹은 무질서와 천재Kean ou désordre et génie』를 각색한 작품이다. 출간 당시 『킨』의 겉표지에는 '알렉상드르 뒤마 원작, 사르트르 각색'임을 밝히고 있으며, 본문 뒤에 뒤마의 원

작을 함께 싣고 있다.[1]

그런데 사르트르의 『킨』은 여러 가지 점에서 흥미로운 평가를 받고 있다. 우선 본인의 창작물이 아니라 뒤마 희곡의 각색이었기에 사르트르는 이 작품에 대해 일정한 거리를 두며 자신은 단지 뒤마의 글에서 "녹을 벗겨 내고 곰팡이를 털어 냈을"[2] 뿐임을 강조하고 있다. 그럼에도 불구하고 『킨』은 다른 어떤 작품보다도 "가장 사르트르적인 희곡"이라는 평가를 받고 있다.[3] 게다가 이 작품은 흔히 '상황극'이라는 특징 아래 한데 묶여지는 사르트르의 일련의 희곡작품 중에서 '앙가주망'의 색채가 전혀 드러나지 않는 작품으로 꼽히기도 한다.[4]

이렇듯 서로 모순되어 보이는 평가를 어떻게 이해해야 할 것인가? 사르트르의 창작품이 아닌데 '가장 사르트르적'이라는 평가의 의미는 무엇일까? 그리고 앙가주망 개념으로부터 가장 멀리 떨어져 있으면서도 사르트르 철학의 핵심 개념과 연결될 수 있는 지점은 어디인가? 만일 이러한 평가들이 타당한 것이라면, 왜 사르트르는 직접 작품을 창작하지 않고 뒤마의 희곡을 각색한 것일까? 이 모든 궁금증은 『킨』에 대한 새로운 주목과 세심한 읽기를 요구한다.

---

1 플레야드 판 사르트르 희곡집(Jean-Paul Sartre, *Théâtre complet*, Bibliothéque de la Pléiade, Gallimard, 2005.[이하, '*TC*')에는 뒤마의 원작이 포함되어 있지 않다. 본 논문에서는 1954년판 Alexandre Dumas, *Kean, Adaptation de Jean-Paul Sartre* (Gallimard, 1954. 이하, '*K*')를 사용할 것이고, 필요에 따라 플레야드 판도 참조할 것이다.

2 "A propos de Kean," *TC*, 691.

3 Michel Contat, "Le Théâtre de la politique," *Pour Sartre* (PUF, 2008), p. 552.

4 John Ireland, *Sartre, un art déloyal: Théâtralité et engagement* (éditions Jean-Michel Place, 1994), p. 126.

2. 뒤마에서 사르트르로: 각색의 문제

뒤마의 『킨 혹은 무질서와 천재』는 실존 인물 에드먼드 킨Edmund Kean, (1787?~1833)을 모델로 삼았다. 에드먼드 킨은 셰익스피어의 작품들을 도맡아 연기했던 영국 낭만주의 시대 최고의 배우이다.[5] 킨은 대중적 인기와 성공을 거둔 배우였지만 유랑극단의 광대였던 전직과 하층계급 출신이란 점 때문에 당대 부르주아 관객으로부터 은밀한 냉소를 받았다. 이 마음의 상처와 열등감은 부유층 관객과 사회에 대한 저항감으로 발전하게 되고, 이 모든 심리적 갈등은 그의 인생사에 고스란히 투영된다.

에드먼드 킨의 인생 역정은 당시 극작가로서 대중적 성공을 거둔 뒤마 페르에게 적잖은 감정이입을 불러일으키게 된다. 『삼총사』를 비롯한 뒤마의 소설들은 활달한 이야기 전개와 단순한 구성으로 대중들에게 쾌감을 주었기에 남녀노소 누구나 좋아했다. 하지만 바로 그 점으로 인해 평단이나 고급 독자들 그리고 아카데미로부터 은근한 조롱과 무시를 받았으며 그것은 뒤마에게 상처로 남아 있었다. 뒤마와 킨 사이에는 부르주아 사회와 관객에 대한 울분이라는 공통점이 발견되며, 『킨 혹은 무질서와 천재』에 드러난 킨의 호소는 당시 사회를 향한 뒤마 자

---

5 출생연도가 불분명할 정도로 킨에 대한 실제 정보는 그다지 많지 않다. 활달한 정신과 거친 목소리를 가진 작은 키의 에드먼드 킨은 풍부한 표정 연기로 낭만적 성격을 표현해 내는 데 뛰어난 배우였다. 유랑극단을 전전하던 광대였던 그는 1814년 Drury Lane 극장에서 셰익스피어의 『베니스의 상인』의 샤일록 역할을 맡으면서 연극계로 진출한다. 그 후 셰익스피어의 거의 모든 작품에서 주인공 역을 꿰차면서 승승장구하여 미국 무대에까지 진출하게 된다. 그러나 미국에서의 활동은 계약 파기로 인해 좌절되고 이때부터 그의 경력은 차츰 내리막길을 타게 된다. 킨의 사생활 또한 파란만장했다. 간통 사건에 휘말려 법정에 서게 되고 아내와 자식으로부터 결별을 당했던 것이다. 곧이어 그의 명성은 붕괴되기 시작하고 1826년부터는 건강까지 악화되어 모든 공식 석상에서 배우로서의 위력을 잃게 된다. Sartre, *Un Théâtre de situations* (Gallimard, 1973/1992), pp. 331-34(이하, 'TS, 331-34' 처럼 줄여 표기한다).

신의 호소로 읽혀질 수 있다.[6]

반면에 사르트르의 『킨』에는 계층 간의 갈등이나 사회적 불만은 비교적 덜 두드러져 보인다. 그보다는 킨이 배우로서 통감하는 내적인 자기정체성 문제가 더 중요하게 부각되어 나타나고 있다. "원작에 충실하고 약간의 언어만 현실에 맞게 고치겠다"는 애초의 기획에도 불구하고 뒤마의 원작에서 전체적인 틀과 줄거리만 가져왔을 뿐, 사르트르는 극의 중심을 다른 곳으로 이동시키고 있는 듯하다.

(1) 각색에 대한 사르트르의 입장

공연 직후의 인터뷰에서 사르트르는 뒤마의 작품을 각색하게 된 이유와 입장을 분명히 밝히고 있다. 그는 각색 작업이 자의반 타의반으로 이루어졌으며, 뒤마의 원작을 가능한 한 충실히 존중했고, 시대에 뒤떨어진 극언어를 현실화하고 불필요한 낭만적 요소들을 제거했다는 점을 분명히 한다.

당시의 발언에 따르면, 사르트르는 그즈음에 공연된 위고의 『에르나니Hernani』를 보았는데, 자신이 좋아하는 그 작품이 '세월의 간격'으로 인해 관객에게 외면당하는 것을 보고 전 시대의 좋은 작품들을 현재화할 필요가 있음을 절감했다고 한다. 그러던 중 친구이던 배우 피에르 브라쇠르Pierre Brasseur가 뒤마의 『킨 혹은 무질서와 천재』를 무대에 올리고 싶다며 사르트르에게 각색을 의뢰해 왔다.[7]

뒤마의 작품을 읽어 본 사르트르는 강한 흥미를 느끼며 곧 각색 작업에 착수하게 된다. 그리하여 넉 달 만에 완성된 사르트르의 『킨』은 피

---

6 Annie Ubersfeld, "Désordre et génie," in *Europe* (mars 1970), pp. 117-19.

7 "A propos de *Kean*", *TC*, 691.

에르 브라쇠르의 연출과 연기로 1953년 11월 파리의 사라베르나르트 극장 무대에 올려진다.

> 각색자의 임무는 소박한 것이었다. 녹을 벗겨 내고 곰팡이를 털어 내는 일, 요컨대 청소를 해야 했다. 배우가 자기 자신이라는 인물을 연기하는 이 특별한 작품에 대중이 관심을 기울일 수 있게 하려면 쓸데없는 것들을 치워 버리는 일이 필요했다. (*TC*, 691)

단지 "녹을 벗겨 내고 곰팡이를 털어 내는" 일이 각색자의 입장이긴 했지만 그러한 청소에 몰두하게 된 이유는 이 작품이 아주 "특별한" 것으로 다가왔기 때문이다. 뒤마의 희곡에 흥미를 느꼈던 것은 무엇보다 "배우가 자기 자신이라는 인물을 연기"한다는 점에 있었다. 그리고 이것은 앞으로 사르트르의 『킨』에서 부각될 의미를 예견하게 한다.

뒤마의 작품에도 킨이 배우로서 마주하는 고민과 갈등이 나타나지만 뒤마의 성향과 당시의 낭만주의로 인해 그 점이 강하게 드러나지는 않았다.[8] 뒤마에게 극장과 연극은 사회세력에 의해 둘러싸인 어떤 대상이며, 그것은 배우가 매 순간 고려해야 하는 불가피한 상황이다. 뒤마의 킨에서 배우를 옥죄는 상황은 무대 밖에서 오는 것이며 구체적인 사회 속에 그 기원을 가진 것으로 표현된다.[9]

사르트르는 뒤마가 "진취적이지 않았으며 귀족들에게 얕보였던" 인물이기에 그의 작품의 사회성을 부각시키는 일은 부정적이라고 생각했다. 물론 킨이라는 인물이 사회에 대한 원망ressentiment에서 벗어나기

---

8 Ubersfeld, "Désordre et génie," pp. 118-19.
9 W. van Maanen, "Kean, From Dumas to Sartre," *Neophilologues*, vol. 56, no. 2 (April 1972, ed. Springer Netherlands), p. 225. 뒤마의 『킨 혹은 무질서와 천재』 공연 직후의 평론들은 이 작품에 나타난 킨의 비난이 부르주아 관객과 기자들 그리고 연극비평가를 향한 것이라고 평가했다.

위해 배우가 되었으며 그것만으로도 혁명적이라는 점은 인정하지만, 뒤마의 성향으로 인해 그 측면이 두드러지지 않았다는 것이다. 그렇기에 원작을 존중하는 각색자로서는 뒤마 작품의 사회적 요소를 애써 강조하지 않았다고 한다(TS, 335-3).

사르트르는 그보다는 배우 자체에 몰두한다. 그리고 이를 위해 뒤마의 극 전반에 흐르는 '기상천외한rocambolesque' 분위기와 낭만적 요소를 과감하게 치워 버린다. 낭만성을 거두어 내고 킨이라는 인물에 집중한다면 '배우'라는 흥미로운 주제가 드러날 수 있을 것이라 생각했다.

> 이 각색의 시도는 배우라고 불리는 인격체에 대해 반성해 볼 수 있는 기회를 주었다. […] 뒤마의 희곡은 줄거리 자체보다는 배우에 대해 생각해 볼 기회, 즉 '배우의 함정'에 대해 반성해 볼 수 있는 독특한 기회로 보였기에 무엇보다도 흥미로웠다. (TS, 329, 335)

사르트르는 배우acteur와 연기자comédien를 구분하고 있다. 그에 따르면 "배우는 연기자와 대립적"이다. 연기자는 연극이 끝나면 다른 사람들처럼 다시 일상인이 되는 반면, 배우는 매 순간 "스스로를 연기한다". 연기자는 흔히 '혼이 배어들지 않은 연기'를 일삼는 단순한 직업 배우나 일상의 연극쟁이를 일컫는다. 물론 사르트르의 관심은 '배우'에게 쏠려 있고, 매 순간 연기에 빠져 산다는 일은 말 그대로 "경이로운 재능이자 동시에 저주"이다(TS, 329).

여기에 덧붙여, 원저자의 애매한 위상이 각색의 부담을 덜어 주었던 듯하다. 뒤마의 『킨 혹은 무질서와 천재』는 프랑스의 저명 배우이던 프레데리크 르메트르Frédéric Lemaître의 요구로 시작되었다. 르메트르는 킨이 연기한 『오셀로』에 깊은 감명을 받고, 킨이 프랑스 순회공연을 하러 왔을 때 직접 만나 본 후 그의 인생과 연기에 깊이 빠져들게 된다. 그리하여 무명 작가인 프레데리크 드 쿠르시Frédéric de Courcy와 테올롱 드 생랑베르Théaulon de Saint-Lambert에게 킨에 관한 희곡을 부탁한다. 그러나 이들의 원고에 불만을 느낀 르메트르는 뒤마에게 새 원고를 부탁하는데, 뒤마는 처음부터 다시 쓰기보다는 기존의 원고에 가필과 정정을 한 뒤 자신의 작품으로 내놓는다. 뒤마의 작품 중에는 이런 식으로 대필 작가를 거쳐 탄생한 글이 적지 않으며 『킨』도 그런 작품 중 하나라고 한다(TS, 334-35).

사실 킨이라는 실존 인물을 모델로 삼았다는 점에서 일단 『킨 혹은 무질서와 천재』는 온전한 허구가 아니다. 여기에 드 쿠르시와 생랑베르 그리고 뒤마에 이르는 복수의 작가들을 거쳤다는 점에서 뒤마의 작품은 한 저자의 순수 창작물이라고 볼 수 없을 것이다(TS, 335). 이러한 상황은 신화를 바탕으로 한 고대의 작품을 각색할 때처럼(TS, 329) 원작에 대한 부담을 덜어 주었을 것이고, 이야기의 틀은 존중하되, 자유로운 변용을 통해 새로운 해석을 시도했을 것이다.

(2) 차이와 변용 그리고 그 의미화

공연 당시 3막이던 대본은 단행본으로 출간되면서 뒤마의 원작과 동일한 5막으로 수정된다. 그러나 내용 면에서는 공연 대본이 뒤마의 원작에 더 충실하다. 단행본에는 적지 않은 변화와 차이가 발견되기 때문이다. 본 연구에서는 단행본 『킨』을 중심으로 사르트르의 각색에 드러난 변화와 그 의미를 살펴볼 것이다.[10]

---

10 『킨』에는 세 개의 판본이 존재한다. 1953년 초연 당시의 공연 대본(수고본)과 1954년의 갈리마르 출판사의 단행본, 그리고 최근에 발견된 타자본이 있다. 이 타자본에도 기존의 두 판본과 다른 부분이 꽤 발견된다고 한다. TC, 1461.

상연 직후의 인터뷰에서 사르트르는 "가능한 한 원작에 충실하려고 했으며" 구태의연한 안나의 캐릭터를 "완전히" 바꾸었고, 엘레나에게 는 약간의 애교를 부여하고 영국 웨일스 대공의 모습을 두드러지게 했 다고 밝힌다. 또한 제2막에서 킨이 안나를 상대로 배우의 위대함과 종 속성을 설교하는 장면은 구시대적이라고 판단하여 수정을 가했다고 한 다. 요컨대 자신의 각색은 "시대에 좀 뒤떨어진 것들을 바꾸었을 뿐"임 을 강조한다(TS, 330).

그러나 출간된 단행본을 면밀히 살펴보면 사르트르의 각색에 좀 더 많은 변화들이 나타난다. 우리는 사르트르의 『킨』에 나타난 중요한 변 화들을 지적하고 그것이 극 전체에 가져온 의미를 추론해 볼 것이다.

1) 제목

우선 제목이 『킨 혹은 무질서와 천재』에서 『킨』으로 줄었다. 표면적 인 이유는 제목이 너무 길어서였다지만, '무질서와 천재'라는 제목에 서 풍기는 낭만적인 분위기를 제거하려던 게 좀 더 분명한 이유로 추정 된다.[11] 예술가란 '무질서한 삶을 영위하는 천재'라는 표현 자체가 낭 만적으로 읽힐 수 있기 때문이다.

2) 구성

구성 면에서는 뒤마와 사르트르 모두 5막acte 6경景tableau으로 동 일한 모습을 보인다. 그러나 자세히 살펴보면 간과할 수 없는 차이들이

---

11 사르트르의 『킨』에는 안나의 입을 통해 '무질서와 천재'라는 말이 등장한다. 그녀는 킨의 삶의 양상을 '무질서'로 규정하며, 자기 같은 여자가 질서를 잡도록 내조한다면 킨의 '천 재'가 유감없이 발휘될 것이라며 결혼을 제안한다("l' ordre, ce serait ma partie; le génie ce serait la vôtre." K, 105).

드러나며,[12] 특히 제3막에서는 두 작품의 차이가 두드러진다. 제3막에서 킨은 술집을 찾아가 옛 곡예단 시절의 동료들과 대화를 나누고 그곳에 들이닥친 안나 담비의 약혼자와 설전을 벌이게 된다.

우선 뒤마의 극에서는 이 제3막에 상당히 많은 인물들이 등장한다. 킨은 곡예단 동료들과 옛날을 추억하고 고충을 전해 들으며 깊은 공감과 연대를 표현한다. 성공한 배우일지언정 벗어날 수 없는 출생신분의 차이와 그로 인한 원망과 절망을 강조하는 이 장면은 전형적인 휴머니즘의 도식을 따르고 있다.

반면에 사르트르의 『킨』에서는 이 제3막이 훨씬 짧게 처리되고 있다.[13] 열네 개의 장이 일곱 개로 대폭 줄어들고, 곡예단 시절의 동료도 단 두 명으로 제한된다. 게다가 그들은 이름도 없이 그저 남녀로만 표시된다. 옛 동료들의 애환과 고충은 종복인 살로몽의 입을 통해 간접적으로 짧게 처리된다.

또한 메윌 경卿Lord Mewill[14]과의 싸움 장면도 뒤마에서는 난투극의 양상을 보이며, 뒤마 특유의 '기상천외한' 분위기가 연출되는데, 사르트르의 극에서는 단순한 설전으로 그치며 상대방을 희화하는 수준에 머물고 있다.

3) 인물

구성의 차이에서도 드러나듯이, 킨과 주변 사람들과의 관계에 좀 더 치중하는 뒤마의 원작과 달리 사르트르는 킨에게 집중하기 위해서 불

---

12 극 전체로 보면 사르트르는 원작에서 모두 14개의 장(scéne)을 제거했고, 그대로 가져온 장들에도 변화를 가하거나 새롭게 구성하고 있다.

13 브라쇠르의 초연 대본에는 제3막이 뒤마 원작에서처럼 그대로 살려지고 있다.

14 안나의 약혼자인 이 사람은 사르트르의 작품에서는 출연진 목록에 들어있지 않을 정도로 역할이 축소되어 있다.

필요한 인물들을 제거했다.[15] 그리고 등장인물 모두 킨의 내적 갈등을 부각시키는 방향으로 선회하고 있다.

엘레나의 역할 변화는 두 작품의 차이를 단적으로 드러낸다. 뒤마의 극에서 엘레나는 킨에게 불러일으킨 사랑 이외에는 정작 갈등 해결의 주요 인물로 부각되지는 않는다. 그러나 사르트르의 극에서 엘레나는 연극의 환상에 깊이 빠져 있는 인물로 그려지고 있다. 처음부터 엘레나는 자신이 사랑에 빠진 인물이 '배우' 킨임을 분명하게 밝히고 있고, 킨은 사람이 아니라 환영이자 신기루일 뿐이라는 웨일스 대공의 말에 큰 혼란을 표하기도 한다. 엘레나는 단순한 연인이 아니라, 킨의 정체성 혼란을 가중시키는 역할을 맡고 있는 것이다. 결국 에드먼드 킨이 함께 도망갈 것을 제안하자, 그녀는 환상에서 빠져나와 현실의 제자리로 돌아가게 된다. 킨과 함께 연극적 분위기를 연출하며 '환상에서 벗어나는 작업'에 동참하는 제5막 제6장은 이 같은 엘레나의 역할이 돋보이는 부분이다.

사르트르가 "전적으로 변화를 주었다"는 안나의 경우, 낭만주의 시대의 병적이고 유약한 여성에서 벗어나 적극적이고 활달한 현대적 여성으로 거듭난다. 그녀는 킨을 배우이자 동시에 하나의 인간으로 볼 줄 알고, 겉으로 보이는 모습과 달리 킨이 불행하다는 걸 꿰뚫어 본 유일한 인물이다. 더구나 자신을 받아들이지 않겠다는 킨의 태도에 절망하거나 미련을 갖지 않고 당당하게 미래를 개척하는 매우 '현대적'인 모습을 보인다.

4) 극중극

제4막 제5경 제2장에 삽입된 극중극 장면은 킨이 처한 괴로운 상황

---

15 단역을 제외하고, 출연진 목록에 포함된 인물의 수를 비교하면 28명에서 7명으로 대폭 줄었다.

을 무대 위에서 벌어지는 연극을 통해 표출하는 중요한 장면이다. 뒤마의 작품에서는 셰익스피어의 『로미오와 줄리엣』이 극중극으로 사용되었는데, 사르트르는 이것을 『오셀로』로 바꾸었다. 이에 대해 사르트르는 우선 연출자이자 배우인 브라쇠르의 요구가 있었고, 자신도 웨일스 대공에 대한 킨의 질투심을 표현하는 데 오셀로라는 인물이 더 적합하다고 생각했기에 변화를 주었다고 한다(TC, 1455).

베니스 공국의 장군이지만 아프리카 무어인이라는 오셀로의 출생신분은, 유명 배우이지만 하층계급 출신인 킨의 상황과 의미 있는 유사성을 연출해 낸다. 게다가 낭만적 멜로드라마의 전형인 『로미오와 줄리엣』보다는 계급의식과 질투심이 부각되는 『오셀로』가 사르트르의 각색 의도에 더 적합했을 것이다.

5) 장소

극이 진행되는 공간을 비교해 보면, 뒤마의 극에서는 킨이 주로 자기 집의 거실에서 사람들을 맞이하는 반면, 사르트르의 킨에서는 킨의 분장실 loge de Kean이 자주 등장한다. 분장실은 배우가 무대에 올라갈 준비를 하는 공간이므로 '배우'의 정체성을 질문하려는 사르트르에게 중요한 장소로 여겨졌을 것이다. 사교적인 장소인 거실이 아니라 무대 옆의 분장실에서 이루어지는 대화는 '연극에 빠져 있는 배우', 삶과 연극이 밀착되어 있는 킨의 일면을 드러내는 데 더없이 효과적이다.

6) 즉흥극

사르트르는 뒤마가 평범한 대화로 처리한 부분을 두 개의 즉흥극으로 변형시키고 있다. 우선 제2막 제3장에서 배우를 지망하며 찾아온 안나에게 킨은 그녀의 연극적 소질을 평가하겠다며 각자 자기 역할을 즉흥극으로 해 보자고 제안한다. 그런데 안나는 연극을 하고 있는 중이라는 사실을 자꾸 망각하고, 킨에게 "그게 정말이냐?"고 되묻는다. 극중의 얘기를 실제로 혼동해 버리는 '즉흥극 속의 안나'는 배우가 빠져들 수밖에 없는 정체성 혼란의 한 모습을 코믹하게 예시하고 있다.

두 번째 등장하는 즉흥극은 엘레나와 벌이는 제5막 제6장의 장면이다. 이것은 두 사람의 사랑이 연극적 환상에서 비롯한 것임을 인정하고 현실로 돌아가는 과정에서 벌어지는데, 실제로는 아주 이성적이고 현실적인 자각을 통해 헤어지게 되었음에도, 엘레나는 그것이 좀 더 낭만적으로 포장되길 바란다. 그리하여 킨은 '헤어지는 두 남녀의 즉흥극'을 제안하고 이 연극을 통해 엘레나는 현실이 극화될 때 얼마나 과장되고 미화되는지, "눈물이 나도록 우스꽝스럽다"는 사실을 절감한다. 자신이 품어 왔던 연극적 환상의 실체를 깨닫게 된 것이다.

이처럼 뒤마와 사르트르의 작품에 나타나는 두드러진 차이만을 고려해 봐도 꽤 많은 변화가 나타난다는 것을 알 수 있다. 이 모든 변화는 킨을 다른 각도에서 조명하기 위해, 즉 극 전체를 킨에게 집중시키기 위해 동원되고 있다. 사르트르는 "킨의 인생역정에 매료"되었음을 공언했지만 실제로는 킨의 전기적 사실들이나 사회 안에서의 계급적 불평등과 소외감 그리고 곡예단 시절의 사람들과의 끈끈한 동료애 같은 것들을 모두 생략하거나 축소하고 있다. 사르트르의 각색은 킨을 외적인 상황이나 타인들과의 관계로 인해 좌절하는 인물이 아니라 자기 내면의 문제에 몰두하는 인물로 그려 내는 것이다.

그 결과 사르트르의 킨은 뒤마의 작품에서보다 자기성찰에 훨씬 뛰어난 인물로 나타난다. 그는 거리낌 없이 행동하며, 자신과 타인의 상황을 명석하게 객관화하고 그로부터 독특한 아이러니와 냉소를 구사한다. 진중하고 울분에 찬 뒤마의 킨은 유쾌하고 신랄한 대사를 쏟아 내는 사르트르의 킨으로 탈바꿈한다.

극작가보다는 배우가 더 중요하다며 극작가 중심의 극이 아니라 배우의 문제로 만들겠다던 공언, 녹을 제거하고 곰팡이를 털어 내는 '청소'만 하겠다던 처음의 의도와 달리 사르트르의 각색은 작가의 관심사를 녹여 낼 수 있는 터전을 공고히 하고 있다. 『킨』은 단순한 각색을 넘어 아주 사르트르적인 내용으로 전개되고, 이후의 작품들에까지 영향을 미치게 된다.

3. 배우의 존재론

(1) 『킨』에 나타난 배우의 존재론

『킨』의 표면적인 줄거리는 사랑 이야기이다. 배우 킨의 연기에 매료되어 신분 차이에도 불구하고 킨에게 연정을 품은 영국 주재 덴마크 대사 부인 엘레나, 킨과 막역한 사이로 온갖 사교계의 방탕을 함께하면서도 두 사람 사이를 가로막고 나서는 웨일스 대공, 귀족과의 결혼이 예정되어 있으나 연극에 대한 열정으로 파혼을 결행하고 킨에게 달려드는 안나 담비. 킨을 중심으로 서로 얽힌 이들의 4각 관계는 분명 '사랑' 이야기로 해석될 여지가 충분하다. 이렇게 볼 때, 신분 차이의 사랑을 표면에 내세워 배우의 자기정체성을 문제 삼고 있는 『킨』은 '원망의 드라마'와 '배우의 형이상학'이라는 두 개의 주제가 맞물려 돌아가고 있다.[16]

엘레나와 킨의 사랑은 웨일스 대공의 추궁과 안나의 개입으로 갈등

---

16 Adrian van den Hoven, "Lire et écrire et l'adaptation par Sartre de *Kean* de Dumas," in *L'Écriture et la lecture: Des Phénomènes miroir?* (PURH, 2011), p. 98.

과 질투에 휩싸인다. 이런 가운데 시작되는 킨의 고민은 자기정체성 문제로 발전해 간다. 냉소적이면서도 공격적으로 쏟아지는 킨의 질문과 성찰은 엘레나와의 사랑이 두 사람 모두의 연극적 환영에서 비롯했다는 깨달음을 가져다 준다.

배우에 대한 시각은 극의 초반에 단정적으로 표현되고 있다. 킨의 연기에 매혹된 엘레나에게 웨일스 대공은 배우의 '비현실적 위상'을 공표한다.

웨일스 대공 [⋯] 여자들이 킨에 빠져들 때, 그녀들은 사람의 환영을 쫓고 있는 겁니다.
엘레나 환영이요? 그렇다면 킨은 사람이 아닌가요?
대공 아닙니다, 부인, 그는 배우랍니다.
엘레나 도대체 배우가 뭔데요?
대공 그건 신기루죠. (*K*, 29)

킨은 사람이 아니라 '환영'이며 '배우'이고, 배우란 '신기루'라는 웨일스 대공의 발언은 킨을 바라보는 극중 인물들의 시선, 나아가 배우에 대한 일반인의 시각을 드러내고 있다. 킨 또한 자신이 '거짓된 상황'을 살아가는 배우임을 자조한다.

(킨) "그렇습니다. 나는 또 다시 거짓된 상황에 빠져 있지만, 어쩌겠습니까, 이게 직업인데. 나는 거짓된 상황들을 살아가야 하거든요." (*K*, 30)

배우들이란 "진실이 아닌 상황을 사는 일에 면역이 되어 있고", 그러다 보니 "간혹 진실한 감정이란 단지 잘못 연기된 감정들이 아닌지 자문하게 (*K*, 30-31)" 된다. 급기야 "불행이 닥치면 불행한 감정을 느끼려고 그 감정을 흉내 내기"(179)에 이른다. 연극이라는 '거짓된' 상황을 되풀이하다 보면 진실과 거짓의 경계가 흐려지는 것이다.

"무대 위에서 군림"하는 배우에 대한 킨 자신의 태도는 이중적이다. 그가 현실적인 삶에 무심하고 방탕한 삶을 영위하는 것도 이러한 사정과 무관하지 않다. 즉 그것을 즐기면서도 자조하는 모습을 보이고 있다.

자신의 무절제한 삶을 꾸짖는 살로몽에게 현실적 삶에는 관심이 없다며 "신기루를 지배하는 일"이 마음에 들고 "그것이 실제로 존재하지 않는 만큼 더더욱 좋다"(K, 45)고 응수한다. 그런가 하면 킨의 연극적 재능을 치하하는 웨일스 대공에게 자신은 "모든 재능을 가지고 있지만 그게 모두 상상적이라는 게 지겹다"(58)며 상상적 세계만을 지배하는 자기의 처지를 냉소하기도 한다.

킨의 이중적 태도는 배우에 대한 관객의 시선, 특히 웨일스 대공과 같은 상류계급의 이중 잣대에서 비롯한다. 그들은 '무대 위'의 배우 킨은 환호하며 인정하지만, 실제의 인간 킨에 대해서는 거리를 둔다. 때문에 막역한 친구라던 웨일스 대공마저 영국과 덴마크의 이해관계를 내세우며 엘레나에 대한 킨의 감정을 부정하며 제지하려 든다.

"당신들은 경탄과 경멸 사이에서 나를 찢어 놓고 있다"며 관객의 이중적 잣대를 질타하는 킨은 결국 배우라는 존재에 대해 사유하기 시작하고, 배우의 모호한 위상이 관객들에 의해 만들어진 것임을 항변한다.

> (킨) "나란 사람은 당신들이 만든 게 아니면 아니라면 도대체 뭐겠소? […] 근엄한 인간들은 환상이 필요하거든요. […] 그들이 무얼 하냐고요? 어린애를 하나 붙잡아 그를 눈속임으로 바꾸는 거지요. 눈속임, 몽환, 바로 이게 그들이 킨을 가지고 만들어 놓은 겁니다. 나는 가짜 왕자, 가짜 대신, 가짜 장군입니다. 그것 외에는 아무것도 아닙니다."(K, 64)

모든 사유는 우연한 사건에서 비롯하기 마련이다. 엘레나와의 사랑이 장애에 부딪치자 킨은 본격적으로 자신에 대해, 배우에 대해, 배우의 정체성에 대해 자문하기 시작한다. 그리하여 자기의 삶은 "행위 acte가 아니라 제스처geste"였을 뿐이고 이십 년간의 연기 생활은 "환등기의 이미지image de lanterne magique"만을 만들어 왔다는 반성에 이른다.

"그것 외에는 아무것도 아니죠. 아! 아니다, 국가적 영광이라는 게 있죠. 단, 진짜로 존재하는 척해서는 안 된다는 조건이 달리지요. [⋯] 이제는 환등기 이미지에 진저리가 난다는 걸 아십니까? 이십 년간 당신들을 즐겁게 하려고 제스처를 해왔어요. 이제는 행위를 하고 싶다는 걸 이해하십니까?" (K, 64-65)

"나는 연기를 하기 위해 스스로를 다른 사람으로 여겼던 거야. 나는 킨을 자처하고, 킨은 햄릿을 자처하고, 햄릿은 포텐브라스를 자처하고." (175)

"나는 제스처들로 꽉 차 있어. 매 순간, 모든 계절에 어울리는, 모든 나이에 맞는 제스처들이 있거든⋯. 여기 앉아 있던 사람은 내가 아니라 리처드 3세야. 그리고 저기 있던 건 베니스의 유태인 샤일록이고." (177)

엘레나를 포기하고 현실적인 안나와 결합한다는 극의 결말은 '제스처'가 아닌 '행위'를 열망하는 킨의 의지의 표현일 것이다. 철없는 젊은 여자로만 알았던 안나의 결단, 자신의 미래를 적극적으로 찾아가는 "이 여자애는 원하는 걸 모두 할 수 있군, 언젠가 난 이 여자에 미쳐 있을 거야"(K, 185). 그녀의 '행위'는 킨의 '제스처'만을 사랑하던 엘레나의 대척점에 있기 때문이다.

극중극 장면(제4막 제5경 제2장)에 이르면, 실제와 연극, 행위와 제스처 사이의 킨의 혼란은 정점에 달한다. 그러나 이것은 '위장된' 혼란이다. 킨은 혼란을 가장하여 연극적 진실을 토로하고 있다. 오셀로를 연기하던 킨은 관객석의 엘레나와 웨일스 대공을 향해 자신의 실제 감정을 뒤섞어 소리친다. 킨의 혼란스런 연기에 관객들이 야유를 보내자 킨은 냉소적으로 대꾸한다.

"누가 날 오셀로라고 부르지? 내가 오셀로를 연기하고 있다고 믿는 게 누구지? (자신을 가리키며) 이게 오셀로라고? 이봐요, 그자는 살인자예요, 나는… 나는… 나는 말더듬이고. […] 아니, 말씀해 보세요, 도대체 여러분은 누구에게 박수를 보내고 있죠? 네? 오셀로에게? 그럴 리 없죠. 그자는 미친 살인마인데. 그렇다면 킨에게 보내는 박수로군요. '우리의 위대한 킨, 소중한 킨, 우리의 국민 배우 킨'에게. 그런데 여러분의 킨은 바로 이 사람입니다. (호주머니에서 수건을 꺼내 얼굴을 문지른다. 분장이 지워지고 말간 얼굴이 나타난다.) 그래요, 이게 그 사람입니다. 잘 보세요. 박수 안 치세요? (관객의 야유) 정말이지 이상하네요. 당신들은 가짜만 좋아하니 말입니다. […] 어째서 야유하고 있죠? 무대 위에는 아무도 없어요. 아무도. 아니, 오셀로 역을 맡은 킨을 연기하고 있는 어떤 배우가 있을 겁니다." (K, 164-66)

연극적 자아와 실제의 자아는 킨과 에드먼드의 분리로 나타나고, 이것은 엘레나에게도 똑같이 드러난다. 킨은 엘레나가 사랑한 사람은 삶속의 인간 에드먼드가 아니라 무대 위의 배우 킨이라는 것, 그리고 그녀를 사랑한 사람 역시 에드먼드가 아니라 킨이었다는 걸 확인한다.

엘레나   내가 미쳐서 당신을 사람으로 착각했던 거고, 당신이 한낱
          배우에 불과하다면 그건 당신 잘못이 아니에요.

킨　　　배우는 사람이 아닌가요?

엘레나　아니에요, 가엾은 사람, 웨일스 대공이 분명히 말했어요. 배우는 반영reflet이라고. (K, 194)

극의 초반에 웨일스 대공이 배우란 '환영'이고 '신기루'라고 했던 말이 엘레나의 대사에서는 '반영'으로 나온다. 환영에서 반영으로 옮겨 간 이 부분은 사르트르가 이 극을 단지 배우의 존재론이 아니라 그 외연을 인간 전체로 옮겨 가려는 듯이 보인다.

사실 앞에서 이미 킨은 자신의 모습은 모두 "다른 사람에 의한 것"임을 인정했다. 타자에 의한 자기 모습이라는 이 확언은 사르트르의 존재론을 통해 이해할 수 있다.[17] 킨은 단지 배우인 자기 자신뿐 아니라 엘레나와 웨일스 대공 역시 모두 타자에 의한 반영에 불과하다는 것을 깨닫는다.

"우리 세 사람은 희생자들입니다. 엘레나 당신은 여자로 태어났고, 웨일스 대공은 너무 잘 태어났고, 나는 너무 나쁘게 태어난 겁니다. 그 결과 당신은 다른 사람들 눈에 의해 당신의 아름다움을 누리고, 나는 다른 사람들의 박수 속에서 나의 천재를 발견하고, 웨일스 대공으로 말하자면, 그는 꽃입니다. 그가 웨일스 대공이라는 걸 느끼려면 누군가 그의 향기를 맡아 주어야 합니다. 아름다움, 왕위, 천재, 이것은 모두 똑같은 하나의 신기루지

---

17 사르트르의 존재론에서 '타자'는 '나를 객체화시키는 존재이면서 나의 존재를 일깨워 주는 존재'이다. 타자란 나를 돌아보게 하고, 세상의 중심을 나 이외의 다른 것으로 이동시키는 존재이면서 동시에 나의 존재에 없어서는 안 되는 존재이다. 무엇이건 나에 관하여 어떤 진실을 얻으려면 나는 타자를 통과해야만 한다. 타자는 나의 존재에 필수불가결하다. 뿐만 아니라 내가 나에 대해 가지는 인식에서도 마찬가지이다. 타자는 "나와 내 자신을 연결해 주는 필수불가결한 매개자(médaiteur indispensable entre moi et moi-même)"이다. Sartre, *L'Etre et le Néant* (Gallimard, 1943), p. 412. 사르트르의 타자론에 관하여는 이 책 앞부분의 박정자, 「타인 없는 세계」 참조.

요. 당신 말이 맞아요. 우리는 반영들에 불과해요. 우리 세 사람은 다른 사람의 사랑으로 살아가고 세 사람 모두 사랑에 무능합니다. 당신은 내 사랑을 원했고, 나는 당신의 사랑을, 그는 우리의 사랑을 원한 거지요. […] 세 개의 반영, 각자 다른 두 사람의 진실을 믿고 있는 거지. 그게 바로 연극이지." (*K*, 199-200)

배우는 '환영' '신기루' '반영'일 뿐이고, 행위가 아닌 제스처만을 쌓아 나가며, 결국에는 연기하는 중에 스스로를 상실해 가는 존재가 된다. 그리하여 "오셀로의 역할을 하고 있는 킨이라는 배우를 연기하고 있는 킨"으로 끝없이 사라져 가며, 이는 의식의 초월적 상태와 같은 구조를 가진다. 배우의 정체성에 대한 킨의 반성은 단지 배우뿐 아니라 엘레나와 웨일스 대공이라는 배우 아닌 사람들에게도 "우리 모두는 타자의 '반영'일 뿐"이라는 의식을 심어 주고, 결국 "인간은 규정된 실체가 없으며, 단지 끊임없이 초월해 가는 의식일 뿐"이라는 『존재와 무』의 인간존재론을 떠오르게 한다.

"나의 재능은 아무것도 아닙니다. 단지 말을 하고 제스처를 행하는 어떤 기교, 한낱 마술에 불과합니다. 나는 매일 저녁 자신을 사라지게 하는 사람이지요. […] 그것은 킨의 역할을 하고 있는 배우 킨일 뿐입니다. 그리고 당신, 당신은 누구인가요? 당신은 혹시 웨일스 대공의 역할을 하고 있는 거 아닙니까?" (*K*, 69)

"자신을 사라지게 하는 사람" 외에는 아무것도 아닌 배우, 그리고 배우를 넘어 모두에게 제기될 수 있는 이 존재론적 질문은 사르트르의 예술론과 철학에 그 뿌리를 두고 있다.

(2) 배우와 아날로공

사르트르가 이미지와 상상력의 문제를 다루고 있는 『상상계』(1940)의 마지막 부분은 '예술작품'의 존재론에 할애되고 있다. 여기에서 논의되는 '아날로공analogon' 개념은 사르트르 예술론의 근간이 되며, 이후에 발표되는 일련의 비평서인 『성자 주네』와 『집안의 천치』 그리고 조형예술에 관한 글에 빠짐없이 등장한다.

예술작품의 상상적인 차원을 설명하기 위해 도입한 아날로공 개념은 '유사 재현물'이라는 말로 옮겨지기도 하는데, 쉽게 말해 예술작품의 물질적 측면을 일컫는다. 예컨대 회화에서 캔버스와 그 캔버스 안에 물감으로 그려진 그것이 아날로공이다. 한 폭의 그림을 바라보며 우리가 상상하는 '예술'은 캔버스나 그 위에 데생과 채색으로 이루어진 그림의 물질적 측면 자체가 아니라 그것(물질적 측면)을 통해 감지하는 어떤 '비현실'의 세계이다. 아날로공은 예술이라는 비현실의 세계를 떠받치고 있는 하나의 표현매체support이다.

음악의 예를 들자면, 베토벤의 교향곡을 듣고 있을 때, 악단이 악보에 따라 연주해 내는 그 소리는 아날로공이다. 우리는 악단의 연주를 통해 베토벤이 상상해 낸 '비현실'로서의 예술작품을 공감하게 된다. 그러므로 베토벤의 악보와 악단의 연주는 모두 그 비현실의 세계를 표현해 내는 아날로공이다.

이와 같은 아날로공 개념을 연극에 적용하자면, 배우란 희곡작품이라는 비현실의 세계를 구체화시키고 있는 아날로공이다. 배우 킨은 자신의 몸, 목소리, 감정 등을 이용하여 실재하지 않는 인물 햄릿을 연기한다. 그 과정에서 킨이라는 일상의 인물은 연극적 인물인 햄릿 속에 빨려들어 비현실적 존재가 되어버린다.

햄릿을 연기하는 배우는 절대 자기 자신을 햄릿으로 여기지 않는다. 하지만 이것은 그 배우가 햄릿을 연기하기 위해 온몸을 동원하지 않는다는 의미는 또한 절대 아니다. 그는 햄릿의 감정과 태도의 아날로공으로서 자신의 모든 감정, 모든 힘, 모든 제스처를 이용한다. 하지만 바로 이러한 사실로 인해 그는 그것들을 비현실화한다. 그는 전적으로 비현실적 양태에 따라 살아가는 것이다. […] 배우란 비현실적인 것에 전적으로 붙잡혀 있으며 그것에 의해 영감을 받는다. 배우 안에서 현실화되는 것은 극의 인물이 아니며, 배우가 그 인물 속에서 비현실화되는 것이다.[18]

킨이 햄릿을 연기한다고 해서 햄릿이 실제로 우리 눈앞에 나타나는 게 아니고, 단지 킨이라는 배우가 햄릿이라는 인물 속에 '덥석 사로잡혀' 사라져 버리는 것이다. 물론 관객들은 그렇게 연기된 인물이 진짜 햄릿이 아니란 걸 뻔히 알면서도 그런 척 받아들인다. 다시 말해, 킨이 연기한 햄릿은 창작된 허구 속에 머물러 관객의 상상력과 '믿음'(킨이 연기하는 인물이 바로 햄릿일 것이라는 믿음) 안에서 지탱된다.

배우라는 아날로공은 까다롭고 복합적인 문제를 안고 있다. 회화나 음악의 아날로공은 캔버스와 물감 혹은 음표와 소리 등등의 사물 존재, 즉 우리의 '바깥 세계'에 있는 즉자존재인 반면, 연극의 아날로공인 배우[19]는 인간이라는 대자존재로서 작동하기 때문이다. 그러므로 배우는 끊임없이 자기 존재의 정체성이 흔들릴 수밖에 없다.

배우의 재료는 자신의 인격체이다. 그의 목표는 비현실적으로 다른 인격

---

18 Sartre, *L'Imaginaire: Psychologie phénoménologique de l'imagination* (Gallimard, 1940), pp. 367-68; 윤정임 옮김, 『상상계』(에크리, 2010), pp. 338-39

19 그렇기에 연극은 비현실의 매혹과 힘을 강조하는 사르트르의 상상력 이론에서 궁극적 표현매체, 즉 최상의 아날로공(archi-analogon)처럼 보일 수 있다. Ireland, *Sartre, un art déloyal*, p. 119.

체가 되는 것이다. 물론 우리 모두 자기 자신을 연기한다. 하지만 킨은 자기가 아닌 모습을, 불가능하다는 걸 알고 있는 모습을 연기한다. 그리하여 그는 매일 저녁, 언제나 도중에 멈춰질, 늘 같은 지점에서 멈춰질 것임을 알고 있는 어떤 변모를 다시 시작할 것이다. (TS, 219)

배우는 현실의 세계와 상상의 세계 사이에 걸쳐 있는 존재이다. 무대 위의 배우는 언제나 두 세계 사이를 오고 간다. 에드먼드 킨이 연극적 자아와 실제적 자아 사이의 분열과 혼란을 느끼는 이유도 바로 이런 맥락에서다. 배우의 모호한 위상에 대한 가장 널리 알려진 논의는 아마도 디드로가 제기한 '배우의 역설'일 것이다.

훌륭한 배우는 판단력이 좋아야 합니다. 배우는 냉정하고 침착한 관찰자여야 합니다. 저는 그에게 통찰력을 요구하고 감성은 전혀 요구하지 않습니다. [⋯] 배우는 등장인물 자체가 아니며 오직 그 등장인물을 연기할 뿐입니다. 아주 잘 연기하기 때문에 당신은 그를 등장인물과 동일시하는 겁니다. 극적 환영이란 오로지 당신들을 위한 것이며, 그는 자신이 그 환영이 아님을 알고 있습니다. [⋯] 보잘것없는 배우를 만드는 것은 지나친 감성입니다.[20]

디드로는 "배우들이 관객들에게 인상을 남길 때는 그들이 격분했을 때가 아니라 그 격분을 잘 연기할 때"[21]라고 주장한다. 감성을 자제하고 판단력과 통찰력을 통한 연기, 즉 '제어된 연기'를 펼쳤을 때 관객은 '극적 환영'을 얻을 수 있다는 것이다. 디드로의 연기론은 배우가 감정을 억누르고 인위적인 기교와 계산이 절정에 달했을 때 자연스러운 연

---

20 디드로, 주미사 옮김, 『배우에 관한 역설』(문학과 지성사, 2010), pp. 19, 31.
21 위의 책, p. 131.

기가 나온다는 '배우의 역설'을 낳게 된다.

> 디드로의 말이 옳다. 배우는 자기가 연기하는 인물의 감정을 실제로 느끼지는 않는다. 하지만 배우가 그 감정을 냉정하게 느낄 것이라는 가정은 옳지 않을 것이다. 진실을 말하자면, 배우는 그 감정을 비현실적으로 느끼고 있다. (*TS*, 216)

어떻게 해야 가장 좋은 배우가 될 것인가를 고민하며 무대에 오르는 순간 배우는 자신의 존재를 떠나 자신이 형상화하는 인물 속으로 들어서게 된다. 좋은 배우일수록 그 거리감은 줄어들 것이고 그럴수록 그의 자아는 상실될 것이다. 사르트르는 킨을 통해서 배우가 비현실화되는 순간 느낄 수밖에 없는 자기 부재와 탈현실의 감정을 극적으로 재구성하고 있다.[22] 『킨』은 디드로가 제기한 배우의 역설이라는 질문에 하나의 답을 주면서 또 다른 중요한 문제, 즉 '연기하다'라는 말의 존재론적 의미를 건드린다.

배우 지망생 안나 담비를 설득하는 장면(제2막 제3장)에서 킨은 '연기'란 배움과 연습으로 익혀지는 게 아니라는 것, 귀족이 태생적이듯 배우란 "타고나는 것 de naissance"이라고 말한다. 사르트르의 킨에게 배우의 재능이란 "소명이면서 동시에 저주"이고, "배우가 되도록 선고받은 것"이다.

> "밥벌이를 하려고 연기를 하는 게 아니야. 속이려고, 자신을 속이기 위해, 있지도 않을 모습을 위해 연기하는 거야. 왜냐하면 지금의 자기 모습이 너무 지겨우니까. 자기를 알아보지 않으려고 연기하는 거야. 왜냐하면 우

---

22 John Ireland, "Le Kean de Sartre, personnage ou concept?" *Genesis* 25 (2005), p. 38.

리는 자기 자신을 너무 잘 알고 있거든. 비겁하니까 영웅을 연기하고, 사악하기 때문에 성자를 연기하고, 가까운 사람을 죽이고 싶어서 살인자를 연기하는 거라고. 우리는 태생적으로 거짓말쟁이라서 연기를 하는 거야. 진실을 좋아하기 때문에 그리고 그 진실을 증오하기 때문에 연기하는 거라고. 연기를 하지 않으면 미쳐 버릴 것 같아서 연기하는 거야. 연기를 한다! 연기를 하고 있을 때, 내가 연기하고 있다는 걸 알 거 같아? 내가 연기를 그치는 순간이 있을 거 같아? 이봐, 내가 여자들을 증오하는 걸까? 아니면 그녀들을 증오하는 연기를 하는 걸까?"(K, 81)

"연기를 하지 않으면 미쳐 버릴 것 같은" 킨의 처지는 "자유롭도록 선고받은 존재"인 인간을 떠오르게 한다. 언제나 지금 이 순간의 모습이 아니며, 언제나 자기 자신으로부터 벗어날 수밖에 없는 존재, 무화하는néantisant 존재이며 시간화하는temporalisant 존재라는 『존재와 무』의 "쓸데없는 수난passion inutile"이 연상되는 것이다.[23]

(3) 킨의 후예들

『킨』에 드러나는 배우의 존재론의 뿌리가 『상상계』와 『존재와 무』에 이어진다는 사실로부터 이후의 사르트르의 비평적 글에서 킨이 재등장하리라는 짐작 또한 어렵지 않게 할 수 있다. 실제로 사르트르가 연극

---

23 사르트르의 철학에서 인간 의식은 '대자존재'로서 언제나 '결핍'이고 '무'이며, 항상 의식 외부의 대상을 향해 초월해 가는 존재이다. 대자존재인 의식이 인간 현실을 초월해 가는 방향이 바로 시간성이다. 즉 시간성은 그 자체로 존재하는 것이 아니라 "대자의 내부 구조로서만 존재한다." 그러므로 '무화하는 존재'와 '시간화하는 존재'란 모두 인간 의식의 초월성을 일컫는 같은 표현이다. 초월성으로서의 인간 의식은 결코 사물과 같은 실체에 다다를 수 없다. 그럼에도 불구하고 인간은 끊임없이 그 불가능한 상태를 추구하며, 그렇기 때문에 사르트르는 존재의 모든 시도를 "쓸데없는 수난"으로 일컫는다.

을 이야기할 때면 거의 언제나 배우 킨을 예로 들고 있다.

『집안의 천치』에서 귀스타브 플로베르의 '연극에의 꿈과 좌절'을 설명할 때 사르트르는 배우 킨의 예를 자주 들고 있다.[24] 어린 시절의 낙원에서 추방된 귀스타브는 자기만의 개성을 만들어 가고 새로운 행동으로 나아가기 위해 '비현실의 세계'를 선택한다. 불안정한 존재를 벗어나기 위해 어린 귀스타브가 채택한 구체적인 전략 중의 하나가 바로 '배우 되기 être acteur'이다.

> 그가 배우가 되겠다고 맹세한 것은 사람들이 자기를 그렇게 여겨 줄 거라 믿었기 때문이었다. 여기에서도 타자-되기 être-autre를 찾아가는 그 과정은 여전하다. […] 귀스타브가 곧 깨닫게 될 사실은, 그가 추구했던 것은 결코 배우의 위력이 아니라 배우라는 위상이 자신에게 부여해 주는 최소한의 존재였다."[25]

진정한 배우는 인물들 속에서 '비현실화되는' 존재이며 이미지를 제시하기 위해 자기 자신을 상실해 가는 존재이다. 킨과 같은 진짜 배우는 "매일 밤 온몸을 인물 속에 던져 스스로를 비현실화하고, 수백 명의 관객을 집단적으로 비현실 속으로 이끌어 간다."

그러나 아무것도 모른 채 그저 어린아이의 충동과 교활함으로 이어 가는 귀스타브의 연기는 "공상에 사로잡힌 연극쟁이 comédien-mythomane"에 머물 뿐이다. 여덟 살에서 열 살까지 친구들과 여동생과 함께 몰두했던 플로베르의 연극놀이는 '진정한 배우'로 가는 과정이라

---

24 Sartre, *L'Idiot de la famille. Gustave Flaubert de 1821 à 1857*, t. I (Gallimard, 1971), pp. 784-854. 플로베르의 '배우 되기' 과정을 킨의 예를 들어 자세히 기술하고 있는 이 부분은 "L'acteur"라는 제목으로 *TS*에 다시 실린다.

25 *Ibid.*, p. 785.

기보다 불안정한 존재를 은폐하려는 또 하나의 시도로 해명된다. 사르트르에 따르면, 배우를 '광대' 취급하던 부친의 반대 또한 귀스타브의 '배우 되기' 계획을 좌절시켰다고 한다. 하지만 이 경험을 통해 플로베르는 진정한 "비현실의 대가, 비현실 세계의 가장 아름다운 군주"인 작가로 나아가게 된다.[26]

『성자 주네』에 묘사된 주네는 더더욱 사르트르의 킨과 유사해 보인다.[27] 『성자 주네』라는 제목 자체가 로트루 Jean de Rotrou의 비극 『진정한 성자 주네스트 Le Véritable Saint Genest』(1646)를 염두에 두고 붙인 것이다. 로트루 극의 주인공 주네스트 역시 연극배우이다. 주네스트는 극에 너무 심취하여 무대 위에서 진짜로 순교해 버린 실제 인물의 극적 변형이다. 그는 삶과 연극, 현실과 비현실의 경계를 허물고 성자가 되어 버린 배우로 일컬어진다. 사르트르는 주네를 이 '순교자적인 연극인'에 비유하고, 삶을 연극으로 몰아 가며 고의적으로 고행을 자처하는 '배우이자 순교자'인 주네의 삶을 그려 내고 있다.

킨과 주네에게서 공통적으로 발견되는 특징 중 하나는 '사생아성私生兒性 bâtardise'에 있다. 사르트르가 각색 당시에 흥미를 가졌던 것도 "킨이 사생아"라는 사실로부터 출발했다.[28] 게다가 킨은 그러한 자신의 처지를 연극에 이용하기도 했다 (TS, 331-32). 사생아가 흥미로울 수 있는 이유는 그것이 단지 불행한 출생으로 그치는 게 아니라, '다른 사람들과 다르다'는 생각에 고통스러워 하고, 한 걸음 더 나아가 스스로를 '가짜'로, '비존재'로, '존재하지 않는 사람'으로 여긴다는 데 있다.

---

26 *Ibid.*, pp. 786-92.

27 『성자 주네』가 1952년에 출간되었으므로, 주네와 킨은 비슷한 시기에 사르트르를 사로잡고 있었을 것이다.

28 사르트르-킨-주네를 '사생아'라는 공통점으로 묶어 『킨』에 나타난 사르트르의 자화상을 읽어 내기도 한다. Catharine Savage Brosman, "Sartre's *Kean* and Self-Portrait," *The French Review*, n° 55, numéro spécial (1982), pp. 120-21.

킨은 엘레나를 연극적 환상에서 깨워 내기 위해 "부인, 저는 사생아입니다"라고 말한다(K, 198). 그 한마디로 많은 것이 설명된다고 생각한 것이다. 그리고 사생아라는 태생적인 '비존재' 상태는 날마다 '제스처'만 쌓아 가며 '거짓된 상황'을 살아야 하는 배우라는 직업을 통해 한없이 증폭된다.

주네 역시 태생적으로 인정받지 못한 자신의 존재를 인지한다. "부모가 누군지도 모르고, 물려받은 것도 없는" 사생아가 어찌 정상적일 수 있는가? 주네는 '가짜 아이'고 '인공적 부산물'이라서 그의 존재만으로도 자연과 사회의 질서를 흐트러트린다. 누군가의 합법적이고 합당한 자식이 될 수 없었기에 주네는 성자의 '제스처'를 흉내 내며 비현실의 놀이에 탐닉하는 것이다.

하지만 주네 자신의 고백대로 그의 성스러움 Sainteté이란 말과 제스처가 아니고 뭔가? 그리고 그 제스처들이란 진정한 성스러움에 대한 희화 아닌가? 비천함을 겸손으로, 배반을 궁핍으로 바꿔치면서 주네는 악의 가장 깊숙한 곳으로 빠져 들어간다.[29]

킨에게 더할 수 없는 혼란을 가져다 준 배우의 정체성은 플로베르와 주네에게 현실을 피해 비현실의 세계로 도망칠 수 있는 '계획'으로 이용된다. 그러나 태생적이지 않은 이들 두 사람은 그저 '공상에 사로잡힌' 혹은 '순교자를 가장하는' 연극쟁이 comédien에 머물 뿐이다.

---

29 Sartre, *Saint Genet, comédien et martyr* (Gallimard, 1952), pp. 374-75.

4. 결론

사르트르의 『킨』은 단지 지난 시대의 낭만적 멜로드라마를 현재화시키려는 소박한 각색이 아니다. 뒤마 원작의 '녹과 곰팡이'만 털어 내겠다던 각색자의 은근한 손길은 구석구석에까지 닿아 뒤마의 작품에서 쉽게 찾아낼 수 없었던 빼어난 주제들을 도드라지게 했고, 내친 김에 자신이 가지고 있던 버팀목 몇 개를 괴어 그 주제들이 좀 더 잘 드러나 보이게 했다.

차이와 변화를 통해 다시 나타난 사르트르의 『킨』에는 『상상계』와 『존재와 무』에서 개진된 예술론과 인간 존재론이 바탕으로 깔려 있다. 킨을 통해 구현된 배우의 존재론은 이후 주네와 플로베르의 '연극성théâtralité'을 설명할 때 중요한 준거로 늘 등장하고, 킨은 "사르트르의 존재론을 가장 잘 응축하고 있는 연극적 인물"로 꼽히게 된다.[30]

사르트르에게 연극은 그의 인생 최초의 조건이기도 하다. 자서전 『말Les Mots』을 보면 빅토르 위고와 신을 자처하던 외조부를 '대단한 연극쟁이'로 치부하며, 할아버지와 함께 벌이던 '천재 손자'의 연극을 술회하고 있다.[31] 연극은 이후 사르트르가 규명하려던 인간 실존의 모습에 중요한 요소로 줄곧 등장하게 된다. 사르트르가 의미하는 '연극성'은 햄릿의 대사인 "사느냐 죽느냐"의 문제가 아니라, "존재하며 존재하지 않는être et ne pas être"이라는 문제로 변형된다.[32] 『킨』이 내장하고 있는 문제의식이 단지 배우의 정체성으로 한정되는 게 아니라 인간존재에 대한 사유로 연장되는 것은 당연한 귀결일 것이다.

---

30 Denis Hollier, "Actes sans paroles," *Les Temps Modernes*, n° 531-33 (oct.-déc. 1990), p. 820.
31 사르트르, 정명환 옮김, 『말』(민음사, 2008), pp. 27-30: "알콜 중독자가 술 생각을 떨칠 수 없는 것처럼 늘 엉뚱한 연극을 꾸밀 생각을 하는 이 사나이…. 우리는 가지각색의 장면이 담긴 풍성한 연극을 꾸며 보았다."
32 Hollier, "Actes sans paroles," p. 813.

이처럼 사르트르의 특색이 고스란히 드러나는 작품임에도 불구하고 극구 자기 작품이 아니라고 부인[33]한 것은, 물론 원작에 대한 당연한 '예의'이기도 하지만, 그보다는 당시의 사르트르의 상황과 관련된 좀 더 내밀한 이유 때문인지도 모른다.

『킨』의 각색과 공연이 이루어진 1953년 무렵은 사르트르의 삶에서 중요한 변화가 일어났던 시기이다. 〈현대〉지를 창간하고, 참여문학을 주장하고 적극적 좌익 운동에 가담하던 시기, 그러나 좌우 양쪽의 사람들로부터 비판을 받아야 했고, 카뮈와 메를로퐁티와 결별하던 시기, 냉전시대와 더불어 공산당과의 동반자를 자청하며 본격적인 현실 참여가 시작되던 시기이다.[34] 이런 '위기'의 시기에 전 시대의 낭만주의적 멜로드라마를 각색하는 일은, 게다가 원작의 사회적 요소는 과감히 삭제 혹은 축소시켜 버린 각색은 어떻게 보아도 당시의 분위기와 맞지 않아 보였다.[35] 그래서 "친구가 부탁해서 원작을 조금 고친 것뿐"이라고, 그러니까 "내 작품이 아니라"며 거리를 두었을 거라는 추측이 가능하다(*TC*, 1456-57).

어쨌거나 『킨』은 매우 사르트르적인 작품이며, 이 작품을 통해 우리가 그의 다른 작품들을 좀 더 깊이 있게 이해할 수 있으며, 더불어 뒤마의 원작을 새로운 의미로 읽어 낼 수 있으리라는 점만은 분명하다.

---

33 "Mon adaptation d'Alexandre Dumas ne sera pas une pièce de Jean-Paul Sartre," interview par Jean Carlier (*Combat*, 5 novembre 1954), in Michel Contat et Michel Rybalka, *Les Ecrits de Sartre* (Gallimard, 1970), p. 269.

34 사르트르와 〈현대〉지 그리고 메를로퐁티와의 관계에 대하여는 이 책 제3부의 졸고, 「사르트르와 메를로퐁티」참고.

35 더구나 이즈음 프랑스 연극계는 누보테아트르(Nouveau Théâtre)가 주도하고 있었기에 19세기의 낭만주의 멜로에 대한 집착은 미래가 아닌 과거로의 퇴행처럼 보였을 것이다.

시몬 드 보부아르의 『피뤼스와 시네아스』
윤리적 실존주의의 밑그림

강 초 롱

1. 서론

시몬 드 보부아르Simone de Beauvoir는 제2차 세계대전 직후인 1945년 이후 20여 년 동안 프랑스 사회에 지적·문화적으로 커다란 영향력을 행사했던 실존주의 사상을 대표하는 철학자들 중 한 명이다. 그들 중에서도 보부아르는 특히 인간존재가 '세계 내 존재l'être-dans-le-monde'로서 타인과 맺을 수 있는 이상적인 인간관계를 탐구하는 데 가장 적극적인 관심을 기울인 실존주의 철학자라고 할 수 있을 것이다. 실존주의에서 타인의 존재는 주체로 존재하던 나를 객체로 전락시켜 나의 실존을 애매한 상태에 빠뜨리는 가장 결정적인 요인이자, 나의 자유에 제한을 가하는 주된 방해물이라 할 수 있다. 하지만 그렇다고 해서 인간이 홀로 존재하기란 결코 불가능하며, 존재하는 한 인간은 타인과 함께 살아갈 수밖에 없는 운명을 타고난 존재이다. 이러한 실존 조건은 필연적으로 나와 타인의 자유가 서로 충돌하도록 만들어 인간존재 사이에 갈등을 야기한다. 『존재와 무L'Etre et le Néant』에 집약된 사르트르의 실존주의는 기본적으로 이러한 갈등을 인간존재가 필연적으로 경험하기 마련인 존재론적 숙명으로 규정하는 데 관심을 둔다. 그러나 이와 달리, 보부아르의 실존주의는 갈등 관계를 넘어서 인간존재들이 서로의 자유를 존중하면서 함께 공존할 수 있는 길을 모색하는 데 관심을 기울이고 있다. 즉 보부아르의 실존주의는, 인간의 존재 원리를 규명하는 것에 기본적인 목적을 두고 있는 사르트르의 존재론적 실존주의와는 달리, 인간이 윤리적 실존을 영위할 수 있는 방식을 탐구하는 철학이라고 할 수 있으며, 그런 의미에서 '윤리적 실존주의l'existentialisme moral'라고 규정될 수 있다.

실제로 윤리적 실존주의에 대한 논의는 보부아르의 모든 작품을 관통하는 가장 핵심적인 주제라고 할 수 있다. 그중에서도 『피뤼스와 시네아스Pyrrhus et Cinéas』(1944), 『애매성의 윤리를 위하여Pour une morale de l'ambiguïté』(1947), 『제2의 성Le Deuxième Sexe』(1949), 그리고 『노년La Vieillesse』(1970)으로 이어지는 일련의 철학작품들에서 보부아르는 윤리적 실존주의에 대한 사유를 문학작품들에 비해 상당히 직접적인 방식으로 전개해 나가고 있다. 그리고 이들 중에서도 특히 『피뤼스와 시네아스』와 『애매성의 윤리를 위하여』는 보부아르의 윤리적 실존주의를 이해하는 데 반드시 필요한 핵심 개념들이 제시되고 있다는 점에서 상당한 중요성을 지닌 작품들이라고 할 수 있다. 보다 구체적으로 말하자면, 이 두 작품이 『제2의 성』과 『노년』에서 본격적으로 전개될, 타인과 관계를 맺으며 살아갈 수밖에 없는 인간이 영위할 수 있는 윤리적 실존의 구체적이면서도 실질적인 실천 방식에 대한 논의를 이해하는 데 필요한 개념적 기반을 제공하고 있다는 점에서, 이 두 작품의 중요성은 매우 크다고 할 수 있는 것이다.[1] 따라서 이후의 철학 및 문학작품들에서 윤리적 실존과 관련하여 보부아르가 본격적으로 제기하게 될 다양하면서도 구체적인 질문들에 제대로 답하기 위해서는 이 두 작품을 심도 있게 이해하는 작업이 반드시 선행되어야 할 필요가 있다 하겠다.

이러한 필요성에 대한 인식하에 진행될 연구의 첫 번째 단계라 할 수 있는 이번 연구에서 우리는 우선 보부아르가 쓴 최초의 철학작품인 『피뤼스와 시네아스』에서 다뤄지고 있는 윤리와 관련된 논의들을 살펴보고자 한다. 1944년에 발표된 이 작품은, 그 이듬해에 발표된 소설 『타인의 피 Le Sang des autres』(1945)와 희곡 『군식구들 Les Bouches inutiles』(1945)과 더불어 보부아르의 생애에서 "윤리의 시기 la période morale"로 규정되던 시절의 산물이라 할 수 있다. 제2차 세계대전의 발발은 보부아르에게 개인의 자유가 타인의 자유와 얽혀 있다는 인식을 처음으로 안겨 주었다. 그 결과 1939년을 기점으로 그녀의 관심은 개별적인 자유로 존재하는 인간의 존재 원리에 대한 탐구로부터, 타인과 함께 살아가야만 하는 인간의 윤리적 실존 방식에 대한 성찰로 옮겨 가게 된다. 그리고 그러한 관심의 변화가 1947년에 출간된 『애매성의 윤리를 위하여』를 통해 윤리적 실존주의라는 명확한 개념으로 귀결되기 전까지, 한동안 그녀는 실존에 대한 존재론을 윤리의 영역과 접목할 수 있는 가능성을 탐색하는 시간을 갖게 된다. 그리고 이 시기를 보부아르는 바로 "윤리의 시기"로 규정하고 있다.[2] 이 기간 동안 그녀가 집필한 작품이 바로 『타인의 피』와 『군식구들』, 그리고 『피뤼스와 시네아스』이다. 이 세 작품을 통해 보부아르는 지속적으로 타인과의 연

---

1 같은 맥락에서 보부아르의 철학적 근간에 대한 정밀한 분석으로 보부아르의 철학이 지닌 독창적 의미를 밝히는 데 결정적인 공헌을 한 연구자로 알려져 있는 에바 룬트그렌고틀린 역시 우리와 의견을 같이하고 있다. 룬트그렌고틀린은 "타인과 함께 그리고 타인과의 관계 속에서 어떻게 살아갈 것인가를 알고자 하는 질문들을 제기하는 윤리"에 대한 지속적인 관심으로 특징지을 수 있는 보부아르의 철학이 지닌 독창적인 측면을 이해하기 위해서는 이 두 작품에 대한 이해가 반드시 선행되어야 한다고 주장하고 있다. Eva Lundgren-Gothlin, *Sexe et existence: La Philosophie de Simone de Beauvoir*, traduit de l'anglais par Michel Kail et Marie Ploux (Editions Michalon, 2001), pp. 179-80 참조.

2 Simone de Beauvoir, *La Force de l'âge* (Gallimard, 1960), p. 561 참조.

대 가능성 및 타인의 자유에 대한 나의 책임의 범위 등에 대한 진지한 질문을 던지면서 존재의 원리와 윤리적 가능성을 연결짓기 위한 노력을 기울이고 있다.

윤리의 시기를 수놓고 있는 세 작품들 중에서도 『피뤼스와 시네아스』는 특히 중요한 의미를 지닌 작품이라 할 수 있다. 우선 이 작품은 문학적 글쓰기와는 다른 방식으로 실존에 대한 성찰을 형상화하고자 한 보부아르의 새로운 시도가 처음으로 결실을 맺은 작품이라는 점에서 중요하다. 1943년경, 보부아르는 당대의 이데올로기적 경향을 집대성하기 위해 기획된 에세 총서의 기획 책임자였던 장 그르니에Jean Grenier에게서 실존주의에 대한 글을 집필해 보라는 제안을 받는다. 망설임 끝에 보부아르는 『타인의 피』와 『군식구들』를 통해 제기한 타인과의 연대 및 타인의 자유에 대한 책임의 문제를 철학적 글쓰기라는, 보다 직접적인 논의 방식을 통해 다뤄 보자고 결심하고 『피뤼스와 시네아스』를 발표하기에 이른다. 이 작품을 집필하면서 보부아르가 발견한, 자신이 생각하는 바를 우회 없이 직접적으로 이야기할 수 있는 새로운 글쓰기 방식의 가능성과 더불어, 작품이 발표된 이후 쏟아진 평단의 호의적인 반응을 통해 그녀가 맛본 만족감은, 이후 보부아르가 철학적 글쓰기에 매진하도록 만든 중요한 원동력이 되어 주었다.[3] 즉 『피뤼스와 시네아스』의 집필을 계기로 보부아르는 문학적 글쓰기와 더불어 이후 자신의 작품 세계를 지탱하게 될, 철학적 글쓰기라는 새로운 글쓰기 방식을 발견하기에 이른 것이다.

다음으로 『피뤼스와 시네아스』는 『애매성의 윤리를 위하여』에 이르러 비로소 완성된 형태로 제시될 보부아르의 윤리적 실존주의의 밑그림을 제공하고 있다는 점에서 상당한 중요성을 지닌다. 하지만 윤리적

---

3 *Ibid.*, pp. 561-62; Beauvoir, *La Force des choses* (Gallimard, 1963), p. 79 참조.

실존주의를 향한 보부아르의 철학적 여정 속에서 이 작품이 지닌 중요성은 지금까지 제대로 평가받지 못해 왔다.[4] 우리가 보기에 이러한 저평가의 저변에는 무엇보다도 이 작품이 사르트르의 『존재와 무』의 단순한 요약본에 지나지 않는다고 보는 선입견이 자리 잡고 있다. 실제로 『피뤼스와 시네아스』는 상당 부분에서 사르트르의 『존재와 무』를 떠올리게 만든다. 특히 보부아르가 철학적 성찰의 출발점으로 삼고 있는 '초월la transcendance'과 '자유la liberté'로서의 인간존재 개념, 그리고 이로부터 파생하고 있는 '투기le projet' 개념 및 개인적 자유에 절대적 가치를 부여하는 관점 등은 이 작품에 새겨 있는 『존재와 무』의 흔적을 명백하게 드러낸다.[5] 그러나 『피뤼스와 시네아스』를 『존재와 무』의 요약본으로 한정지어 읽는다면, 이는 이 작품에서 보부아르가 전개하고 있는 핵심적 논의를 전혀 파악하지 못한 채 책을 덮게 되고 마는 결과를 초래하고 말 것이다. 왜냐하면 우리가 보기에, 이 작품의 본질적 가치는 보부아르가 이 작품을 통해 인간존재에 대한 사르트르의 개

---

4 보부아르에 대한 연구와 관련하여 양적 · 질적 측면 모두에 있어서 프랑스 연구자들을 능가하는 성과물들을 발표해 온 영미권 연구자들 사이에서조차도 『피뤼스와 시네아스』는 거의 주목받지 못해 왔다. 영미권의 대표적인 보부아르 연구자라 할 수 있는 데브라 베르고펜은 이 작품이 단 한 번도 영어로 번역된 적이 없으며 언급된 적도 거의 없을 뿐만 아니라 심지어 읽히고 있는지조차 의심스러울 정도라고 말하면서, 『피뤼스와 시네아스』에 대한 보부아르 연구자들의 일반적인 무관심을 지적한 바 있다(Debra B. Bergoffen, *The Philosophy of Simone de Beauvoir: Gendered Phenomenologies, Erotic Generosities*, State University of New York Press, 1997, p. 45).

5 이는 보부아르 연구자들이 공통적으로 지적하고 있는 이 작품의 특징이기도 하다. 예를 들어 베르고펜은 비록 『피뤼스와 시네아스』에서 보부아르의 관심이 타인과의 관계가 던져 주는 윤리의 문제를 부각시키는 데 집중되고 있다고 할지라도, 그녀가 인간을 초월과 자유로 규정하는 사르트르의 존재론을 논의의 전제로 삼고 있다는 사실은 이 작품에 대한 『존재와 무』의 상당한 영향력을 보여 주는 증거라 할 수 있다고 말한다(*Ibid.*, pp. 45-46 참조). 룬트그렌고틀린 역시 이후의 작품들에서와는 달리 『피뤼스와 시네아스』에서 보부아르가 역사의 힘에 대한 회의적 시선을 표출하는 동시에 개인적 자유에 절대적 가치를 부여하고 있다는 점을 근거로 들어 "『존재와 무』의 철학이 『피뤼스와 시네아스』에서 여전히 지배적으로 나타나고 있다"라고 평가하고 있다(Lundgren-Gothlin, *Sexe et existence*, p. 180 참조).

념에 대한 동의를 넘어서, 그 개념들을 독창적으로 재해석해 낼 수 있는 가능성을 제시하고 있다는 데 놓여 있기 때문이다. 물론 이 작품에서 윤리라는 단어가 등장하고 있지는 않다. 나아가 보부아르가 전개하고 있는 윤리에 대한 논의가 상당히 추상적인 단계에 머물러 있다는 점은 이 작품이 드러내고 있는 부인할 수 없는 한계라 할 수 있을 것이다. 하지만 보부아르는 이 작품을 통해 타인과 함께 살아가야 하는 존재인 인간이 추구해야 하는 진정한 투기의 모습을 윤리적 틀 안에서 형상화하고자 함으로써, 『애매성의 윤리를 위하여』를 기점으로 본격적으로 매진하게 될 윤리적 실존주의에 대한 탐구의 밑그림으로 이 작품을 제시하고자 한다. 그런 의미에서 이 작품은 보부아르가 처음부터 사르트르의 존재론적 실존주의와는 다른 방향 속에서 자신만의 실존주의를 발전시켜 왔음을 보여 주는 중요한 근거자료가 될 수 있다 하겠다. 즉 『피뤼스와 시네아스』는 사르트르의 존재론에 대한 이해 없이 보부아르의 실존주의를 논하는 것은 불가능하지만, 동시에 사르트르의 존재론만으로는 그녀의 실존주의를 온전히 이해할 수 없다는 주장을 사실로 증명할 수 있는 최초의 근거자료라 할 수 있는 것이다. 그리고 바로 이 점이 우리가 이 작품에 주목하고자 하는 주된 이유이다.

지금부터 우리는 윤리적 관점에서 보부아르가 사르트르의 존재론적 실존주의를 재해석함으로써 윤리적 실존주의의 밑그림을 어떻게 제시하고 있는지를 구체적으로 분석해 보고자 한다. 이를 위해 우선 제2절에서는 보부아르가 논의의 출발점으로서 인간의 존재 원리를 어떻게 규정하고 있는지를 살펴볼 것이다. 그리고 제3절에서는 그녀가 이러한 존재론적 원리를 어떻게 윤리적 실존의 가능성과 연결시키고 있는지를, 투기의 개념을 중심으로 살펴보고자 한다. 그리고 마지막으로 제4절에서는 폭력이 야기하는 딜레마에 대한 논의를 중심으로 보부아르가 상정하고 있는 진정한 윤리의 모습이 무엇인지를 살펴보고자 한다. 이를 통해 우리는 사르트르의 존재론적 실존주의뿐만 아니라 전통적 윤리학과는 차별화되는, 보부아르만의 고유한 윤리적 실존주의의 본질적 모습을 이해할 수 있는 실마리를 얻을 수 있게 될 것이다.

2. 인간의 존재 원리: 개별적 초월의 주체

보부아르의 논의는 인간존재를 '초월'로 규정하는 것으로부터 시작된다. 『피뤼스와 시네아스』의 서문에 해당하는 고대 에피루스의 왕인 피뤼스와 그의 고문관인 시네아스가 나누는 대화 내용은 바로 인간존재를 초월로 규정하는 그녀의 선언을 담고 있다. 이들의 대화는 세계 정복 계획을 구상하는 피뤼스와 그러한 피뤼스에게 계속해서 "그 다음에는 무엇을 할 것인가?"라는 질문을 던지는 시네아스 사이에 오고간 문답으로 구성되어 있다. 여기서 피뤼스가 끊임없이 주어진 것을 초월하여 미래를 향해 나아가도록 운명지워진 인간존재를 형상화하는 인물이라면, 시네아스는 끝내 완성된 결말에 도달할 수 없는 인간존재의 초월이 헛된 움직임에 불과하다고 주장하는 회의적인 '반성 la réflexion'을 대변하는 인물이다. 특히 시네아스는 세계를 정복한 후에는 휴식을 취할 것이라는 피뤼스의 마지막 대답에 대해 "그렇다면 왜 지금 바로 쉬지 않는가?"라고 항의함으로써, 끊임없이 무언가를 향해 나아가고자 하는 인간이 행하는 초월의 움직임에 대한 회의적인 입장을 명확하게 표출한다.[6] 보부아르는 인간이 행하는 초월의 움직임을 헛된 것

---

6 Simone de Beauvoir, "Pyrrhus et Cinéas," dans *Pour une morale de l'ambiguïté suivi de Pyrrhus et Cinéas* (Gallimard, coll. folio essais, 2003[1944]), p. 201. 이하, 'PC, 201'처럼 줄이고 본문에 직접 표기함.

으로 바라보는 시네아스의 회의적인 시선에 대해 전면적인 이의를 제기하지는 않는다. 오히려 그녀는, 사르트르가 인간존재를 대자와 즉자의 불가능한 결합을 꿈꾸며 끊임없이 스스로를 초월해 나가는 '불행한 의식 la conscience malheureuse'이자 '무용한 정열 la passion inutile'로 규정한 것과 마찬가지로, 시네아스의 입을 빌려 인간이란 새로운 계획을 향해 끊임없이 앞으로 나아가야 하지만 끝내 어디에서도 만족스러운 결말을 이끌어 낼 수 없는 불행한 운명을 지닌 존재임을 드러낸다.

　하지만 동시에 보부아르는 인간이 행하는 초월의 움직임이 어떠한 완성된 형태의 결말에도 도달할 수 없기에 무언가를 하려는 모든 시도는 헛되다고 주장하는 시네아스의 관점에는 반대한다. 그녀에 따르면 인간은 아무리 원한다고 해도 초월의 움직임을 멈출 수 없는 존재이다. 초월의 움직임을 멈출 수 있는 유일한 방법은 죽음뿐이며, 살아 있는 한 인간은 '그 다음엔 무엇을 해야 하는가? 그게 무슨 소용이 있나?'라는 회의적인 질문을 스스로에게 던지면서도 끊임없이 앞을 향해 나아가야만 하는 존재이다. 이러한 맥락에서 보부아르는 초월의 무용성에 근거하여 현재의 순간에 충실할 때에만 인간은 진정한 행복을 누릴 수 있다고 주장하는 모든 철학들을 비판한다(PC, 214-20 참조). 그녀에 따르면 진정한 행복, 즉 진정한 '쾌락 la jouissance'은 현재의 순간에 충실하다고 해서 맛볼 수 있는 것이 결코 아니다. 왜냐하면 현재 내가 어떠한 즐거움을 맛보고 있는 이유는 내가 초월해 온 과거에 비해 지금 이 순간이 새롭기 때문일 것이고, 동시에 내가 이 순간에 영원히 머무를 수 없다는 것을 알기에 현재 내가 누리고 있는 즐거움이 더욱 소중해지는 것이기 때문이다. 따라서 오랫동안 같은 상태에 머물게 된다면 우리는 더 이상 즐거움이 아니라 '무미건조함 le fadeur'과 '권태 l'ennui'만을 맛보게 될 것이다. 그렇기 때문에 보부아르에 따르면 "모든 쾌락은 투기이며, 그것은 미래를 향해, 그리고 미래의 응고된 이미지라 할 수 있는 세계를 향해 과거를 뛰어넘는 행위Toute jouissance est projet. Elle dépasse le passé vers l'avenir, vers le monde qui est l'image figée de l'avenir"라 할 수 있다 (217). 보부아르에 따르면 쾌락이 시간과 맺고 있는 이러한 관계는 다시금 우리에게 초월의 움직임이 인간존재의 본질을 구성하고 있음을 확인시켜 준다. 즉 바로 이 초월의 움직임 속에 "인간의 진실la vérité de l'homme"이 담겨 있음을 확인시켜 준다는 것이다 (203).

하지만 동시에 보부아르는 인간이 초월로 존재한다는 보편적 사실을 확인했다고 해서 '왜' 그리고 '어떻게' 살아야 하는가라는 질문에 대해 답할 수 있는 것은 아니라고 말한다. "우리의 정원을 가꾸어야 한다 Il faut cultiver notre jardin"라는 캉디드의 충고가 "[그렇다면] 무엇이 [내가 가꿔야 할] 나의 정원이란 말인가?"라는 질문에 대한 답을 제시해 주지 않듯 말이다 (Ibid.). 즉 보부아르는 미래를 향해 나가는 인간존재의 초월이 세상 속에서 의미를 지니기 위해서는 무엇보다도 인간 스스로 자신이 개별적인 주체로 존재한다는 사실을 받아들여야 하며, 그에 대한 인식하에서 삶의 목표와 행동 범위를 스스로 설정해 나가야만 한다고 주장하고 있는 것이다.

이와 같이 인간존재를 '개별적인' 초월 주체로 규정함으로써, 보부아르는 자신의 사상을 사르트르에 의해 주장된 실존주의의 전통 안에 분명하게 위치시킨다. 특히 이러한 관점은 보부아르가, 모든 개별적인 인간주체를 '보편적 정신l'Esprit'이라는 추상적인 절대가치 속에 흡수시켜 버린 헤겔의 보편주의에 반대하여 인간의 개별적 실존을 절대로 단순화할 수 없는 것으로 규정하려 한 키르케고르의 관점에 근거하여 인간존재를 설명하고 있는 실존주의의 핵심적 관점을 계승하고 있다는 사실을 명백하게 보여 준다.

실제로 이어지는 논의에서 보부아르는 인간의 개별적인 실존을 보편성에 도달하기 위한 과정의 일부라고 보는 관점에 대한 구체적인 비판을 전개해 나간다. 그녀는 "초월은 끊임없이 뛰어넘는 것 un perpétuel dépassement이기 때문에, [초월을] 멈추는 것은 절대로 불가능하다. 하지만 동시에 하나의 무한한 투기를 [행할 수 있다고 믿는 것] 역시, 어떠한 결론에도 도달할 수 없게 된다는 점에서 터무니없다"(228)라고 단언하고, 보편성의 신화에 기대어 개별적인 주체로서 마땅히 짊어져야 하는 실존의 무게를 회피하고자 하는 인간존재의 기만적인 욕망들을 차례로 비판해 나간다. 이러한 차원에서 신, 인류, 그리고 죽음에 대해 인간이 지녀 온 환상이 비판의 대상이 된다. 보부아르에 따르면 신과 인류, 죽음은 인간의 모든 개별적 행위에 영원불변한 절대적 의미를 부여해 줄 것이라는 믿음을 우리에게 불러일으켜 온 보편적 가치를 상징한다는 점에서 공통점을 지닌다. 보부아르는 이들이 자신의 삶을 정당화해 줄 것이라는 인간의 믿음은 헛된 꿈에 불과하다고 주장한다. 왜냐하면 인간이 행하는 모든 행위가 신의 뜻에 따른 것임을 믿는다 할지라도, 결국 신의 뜻을 세상 속에서 어떻게 드러낼 것인가를 결정하는 것은 세상과 직접 관계를 맺고 있는 인간의 몫이기 때문이다. 이는 곧 삶이란 결국 인간이 선택한 결과이며, 그에 대한 책임 역시 인간의 몫으로 남겨져 있다는 것을 의미한다.[7] 그렇다면 우리가 직접 몸담고 있는 인류라는 인간 집단은 우리를 대신하여 우리의 개별적인 실존을 정당화해 줄 수 있지 않을까? 역시 불가능하다. 내가 행하는 행위는 반드시 누군가에게는 득이 되고 또 다른 누군가에게는 해가 되기 마련이다. 나의 행위를 통해 내가 모든 인간들을 만족시키는 것은 불가능하다는 말이다. 이러한 현실 속에서 선택은 다시 개개인의 몫으로 남겨지게 된

---

7 그런 의미에서 보부아르는 "그렇기 때문에 만약 신이 존재한다면 그는 인간의 초월을 이끄는 데 있어서는 무능력한 존재라고 할 수 있을 것이다"라고 단언한다. PC, 236 참조.

다. 그리고 그 결과에 책임져야 하는 자 역시 개인이다. 그렇다면 죽음은 어떠한가? 인간이 유한한 삶을 사는 존재라는 사실은 무엇을 의미하는가? 혹시 이는 인간이 죽기 위해 살아가는 존재임을 의미하지는 않는가? 그리고 그렇다면 우리는 바로 죽음 속에서 우리의 초월을 무용함에서 건져 낼 수 있는 최종적인 목표를 발견할 수 있지 않을까? 보부아르는 죽음과 관련하여 인간이 오랫동안 간직해 온 이러한 희망 역시 거짓에 불과하다고 단호하게 주장한다. 특히 "죽음을 향해 가는 존재 l'être-pour-la-mort'"로 인간을 규정한 하이데거와 달리, 보부아르는 인간은 무엇을 위해 존재하는 것이 아니라 그냥 존재하는 것일 뿐이라고 말한다. 그렇기 때문에 인간의 삶은 어떠한 선험적인 본질이나 목적에 의해 결정되는 것이 아니며, 오직 개별적인 주체로서 그가 선택한 행위에 의해서만 인간의 삶은 정당화될 수 있을 뿐이라고 단언한다 (254-55).

다른 무언가에 기대어 자신의 실존을 정당화하고자 하는 인간의 기만적인 욕망에 대한 보부아르의 비판은 여기서 끝나지 않는다. 이제 그녀의 관심은, 신이나 인류와 달리 구체적으로 내 눈앞에 현존하고 있기에 기만적인 욕망을 충족하고자 하는 인간이 가장 쉽게 접근할 수 있는 타인에게로 옮겨간다. 보부아르에 따르면 타인의 구체적인 현존으로 말미암아 인간은 타인의 존재가 나의 실존을 정당화할 수 있으리라는 기대감에 쉽게 휩싸이곤 한다. 그리고 이러한 기대감은 타인이 필요로 하는 존재가 될 때 자신의 실존 역시 정당화될 수 있다는 믿음을 불러일으키게 되고 그 결과 많은 이들을 타인에게 헌신하는 삶을 선택하도록 만들어 왔다. 보부아르는 타인을 위해 사는 삶, 즉 헌신이 불가능하다는 점을 증명함으로써 인간의 삶은 오직 본인이 자유롭게 선택한 결과이며 그렇기 때문에 오직 본인만이 자신의 실존을 정당화할 수 있다는 결론을 우회적으로 도출해 내고자 한다. 기본적으로 헌신은 타인을 위해 자신의 자유를 전적으로 포기하는 것을 전제로 할 때 완성되는 행위이다. 보부아르는 바로 이러한 전제 자체가 진정한 의미에서 헌신을 실천하는 것을 불가능하게 만든다고 주장한다. 왜냐하면 애초부터 모든 헌신은 이미 헌신하는 자의 자유에 기반하여 이루어지기 때문이다. 그런 의미에서 보부아르는 "헌신하길 원하기에 우리는 헌신하는 것 On se dévoue parce qu'on le veut bien"이며, 헌신을 통해 궁극적으로 "우리는 자신의 존재를 되찾길 바라고 있다 on espère récupérer son être"라고 말한다(266). 그녀에 따르면 그렇기 때문에 헌신은 "타인을 배제하고, 타인에 반하여 그의 행복을 바라는 c'est sans lui, c'est contre lui que nous voulons le bien d'autrui" 행위와 다를 바 없으며, 그런 측면으로 말미암아 헌신은 매우 빈번하게 "공격적이거나 전제적인 형상 une figure hargneuse et tyrannique"을 취하게 된다(267). 여기서 한 걸음 더 나아가 보부아르는 헌신이라는 명분하에 이루어지는 모든 행위들은 처음부터 전제적인 성격을 지니게 된다고 주장한다. 나의 행동이 순수하게 남을 위한 것이기 위해서는, 그 행동이 타인이 절대적으로 원하는 바를 충족시킬 수 있어야 한다. 그러나 나와 마찬가지로 타인 역시 개별적인 초월의 주체로 존재하기에, 타인은 자신이 목적한 바를 끊임없이 초월해 나가기 마련이다. 그렇기 때문에 우리가 타인이 절대적으로 원하는 '단 하나의 행복'을 파악하기란 결코 불가능하며, 다만 우리는 타인이 원하는 다수의 '행복들'을 파악할 수 있을 뿐이다. 따라서 우리는 바로 우리 자신의 자유에 기반하여 그 행복들 가운데에서 무언가를 선택해야만 한다. 그렇기 때문에 결국 모든 헌신은 내가 설정한 목표를 타인 역시 자신의 목표로 받아들이도록 강요하는 행위가 될 수밖에 없으며, 그런 의미에서 보부아르는 헌신이란 기본적으로 전제적인 성격을 지닐 수밖에 없다고 말하고 있는 것이다. 헌신의 불가능성, 그리고 헌신이 기본적으로 내포하고 있는 전제적 성격을 확인하는 과정에서 우리는 존재의 기본적인 진실과 다시 한 번 마주하게 된다. 내가 행하는 모든 행위는 나의 자유에 기반하고 있고, 그렇기 때문에 나는 누구에게도 삶의 방향을 대신 제시해 줄 수 없으며, 반대로 그 누구도 내 삶의 목표를 대신 결정해 줄 수 없다는 것이다.

지금까지의 논의를 통해 우리는 보부아르가 실존주의의 전통 속에서 인간존재를 개별적인 초월의 주체로 규정하고 있다는 사실을 확인할 수 있었다. 이 시점에서 우리는 새로운 질문들을 제기할 수 있을 것이다. 인간이 개별적인 초월의 주체로 존재하며, 그렇기에 그가 행하는 모든 행위가 개인적인 자유의 구현에 해당한다는 것이 실존의 진실이라면 이는 곧 모든 인간존재들이 각기 분리되어 있는 주체로 존재할 수밖에 없다는 것을 의미하는 것인가? 만약 그러하다면 타인과의 연대 가능성 및 타인의 자유에 대한 책임에 대해 이야기하는 윤리의 문제와 실존주의를 연결할 수 있는 가능성은 어디에 놓여 있는가? 지금부터 우리는 보부아르가 이 질문들에 대한 답을 어떻게 제시하고 있는지를 살펴보고자 한다.

3. 투기 개념의 재정립:
존재론적 차원에서 윤리적 차원으로

『피뤼스와 시네아스』에서 보부아르가 진정으로 관심을 기울이고 있는 문제는 어떻게 하면 개별적인 자유로 존재하는 인간들이 서로 분리되어 있는 동시에 서로 연결될 수밖에 없는 운명을 지닌 존재들임을 증명할 수 있는가라 할 수 있다. 그리고 이를 통해 실존의 문제를 존재론적 차원에서 윤리적 차원으로 끌어올릴 수 있는 가능성을 탐구하는 것이다. 보부아르는 그 가능성을 바로 '투기'라는 개념에서 발견하고 있다. 투기는, 언제나 무엇을 향해 있는 존재 즉 '대자존재 l'être-pour-soi'

라 할 수 있는 인간존재가 자신의 최종 목표인 즉자와 대자의 결합 상태를 실현하기 위해 행하는 초월적 움직임을 의미하는 실존주의 용어인 '투기하다se projeter'라는 동사로부터 파생한 개념이다. 개별적인 초월의 주체로서 인간이 행하는 자발적 움직임을 지칭하는 이 개념을 보부아르는 윤리적 관점에서 재정립하고자 한다.

나는 오직 나의 것들을 통해서만 내 존재를 재인식할 수 있으며, 내 존재가 연관되어 있는 경우에만 내 존재를 재인식할 수 있다. 그리고 하나의 대상이 내 소유가 되기 위해서는, 그 대상을 내가 만들어 내야만 한다. 즉 전체적으로 그 대상을 내가 만들어 냈을 때에만 그것은 완전히 내 것이 될 수 있다. 그러므로 전적으로 내 것인 유일한 현실은 바로 내 행위mon acte이다. (…) 무엇보다도 내 투기가 달성한 것이 바로 내 것인 것이다. (…) 나의 주체성이 무기력함, 자기폐쇄성, 분리가 아니라, 반대로 다른 이를 향한 움직임이라는 사실 때문에, 타인과 나 사이의 차이는 소멸되고 나는 타인을 내 것이라고 부를 수 있게 되는 것이다. 그리고 오직 나만이 나와 타인을 연결하는 선을 만들어 낼 수 있다. 나아가 내가 하나의 사물이 아니라 타인을 향한 나 자신의 투기un projet de moi vers l'autre, 즉 초월로 존재한다는 사실에 의해 나는 그 선을 만들어 내게 되는 것이다. (PC, 209-10)

여기서 보부아르는 투기를 두 가지 차원에서 정의하고 있다. 우선 그녀는 존재론적 차원에서 무언가를 '함'으로써 그 대상을 나의 것으로 '소유'하고 이를 통해 궁극적으로 세상 속에 '존재'하는 방식으로서 투기를 정의하고 있다. 두 번째로 보부아르는 각기 개별적인 주체로 존재하는 나와 타인을 갈라 놓는 분리의 틀을 깨고 그들 간에 연결 고리를 만들어 인간존재들 간의 공존을 가능케 하는 윤리적 실존의 원리로 투기를 정의하고 있다.[8] 그리고 보부아르는 이 두 가지 차원의 투기 개념이 서로 연결되어 있다고 주장함으로써 실존의 존재론을 실존의 윤리로 끌어올릴 수 있는 가능성을 제시하고자 한다.

인간은 개별적인 자유로 존재하기도 하지만 동시에 타인이라는 또 다른 개별적인 자유와 함께 살아가야만 하는 운명을 지닌 존재이기도 하다. 이러한 운명은 나의 자유를 구현하는 행위와 타인의 자유를 구현하는 행위 사이에 긴장 관계가 형성되도록 만들어, 실존 과정에서 수많은 모순과 갈등에 직면하도록 인간을 이끈다. 내가 나의 자유에 기반하여 행하는 투기는 경우에 따라 타인의 자유에 해를 가할 수도 있고, 타인의 자유를 확장시키는 결과를 가져올 수도 있기 때문이다. 따라서 인간이 자유로운 주체이자 타인이라는 또 다른 자유로운 주체와 함께 살아가는 존재라는 사실을 인정하는 순간, 우리는 투기를 인간의 존재론적 운명으로 받아들이게 되는 동시에, 다른 한편으로는 내가 행하는 투기가 타인의 자유에 미치는 영향에 대해 고민하게 되기도 한다. 보부아르가 투기를 존재론적 원리이자 윤리적인 실존의 원리로 규정하고 있는 이유가 바로 여기에 놓여 있다.

그렇다면 보부아르가 말하고 있는 윤리적 실존의 원리로서의 투기는

---

8 행위와 소유의 방식을 존재의 방식과 등치시키는 보부아르의 논리는 『존재와 무』에서 사르트르가 실존적 정신분석에 대해 논하는 과정에서 제시한 '함(faire)', '가짐(avoir)', '있음(être)'의 세 범주 사이에서 이루어지는 이중의 환원 가능성에 대한 논의를 환기한다. 사르트르에 따르면 인간존재가 행할 수 있는 모든 행위들은 반드시 함, 가짐, 있음이라는 세 가지 범주들 중 하나에 속하기 마련이다. 사르트르에 의하면 인간존재가 무엇인가를 만들어 내는 행동을 지칭하는 함의 범주는 그것을 행한 자가 그 행동을 통해 만들어 낸 어떤 대상의 창조자가 되는 동시에 그 대상을 자신의 의식이 지향하는 하나의 항목으로 선택하는 것을 가능케 한다는 점에서 소유(가짐)의 범주로 환원될 수 있다. 그리고 자신이 창조한 대상을 소유한 자는 자기로 말미암아 세상에 출현한 대상의 존재근거가 되며, 자신을 존재근거로 삼고 있는 그 대상을 소유함으로써 결국에는 자기 자신의 존재근거를 지니게 된다. 그런 의미에서 소유의 범주는 다시 있음의 범주로 환원될 수 있는 것이다. 사르트르는 이 세 가지 범주 사이에 이루어지는 이중의 환원을 보여 줌으로써 자기를 창조하려는 인간존재의 모든 행위는 궁극적으로 존재하기 위한 것임을 증명하고자 한 것이다. Jean-Paul Sartre, *L'Etre et le Néant: Essai d'ontologie phénoménologique* (Gallimard, coll. Tel, 1976[1943]), pp. 487-678 참조.

구체적으로 어떠한 모습을 지니는가? 우선 헌신에 대한 논의에서 이미 살펴보았듯이 투기가 윤리적 실존의 원리가 될 수 있다는 말은 분명 인간이 타인을 위해 투기해야 한다는 것을 의미하지는 않는다. 타인을 위해 무엇인가를 한다는 것 자체가 불가능할 뿐만 아니라, 이 행위는 오히려 타인의 자유를 억압하는 독재로 전락할 위험이 크기 때문이다. 그러므로 윤리적 실존의 원리로서 투기를 실천하기 위해서는 우선 무엇보다도 나의 실존이 나의 자유의 산물이라는 점을 명확히 인식하는 것을 출발점으로 삼아야 한다. 그다음으로는 타인이 나와 마찬가지로 자유로운 주체로 존재한다는 점을 사실로 인정해야만 한다. 다시 말해 타인과 내가 각기 동등한 자유로 공존하고 있다는 점을 사실로 받아들여야 한다는 것이다. 보부아르는 이러한 두 가지 사실들을 실존의 가장 기본적인 조건으로 받아들인 인간을 "포용적인 인간l'homme généreux"으로 지칭하고, 포용적인 인간이야말로 개별적인 주체들의 자유가 서로 연결되어 있다는 것을 깨달을 수 있는 인간이라고 단언한다.

포용적인 인간은 자신의 행위가 타인의 외부에만 가 닿을 수 있다는 것을 잘 알고 있다. 그리고 자신이 요구할 수 있는 것이, 자기가 행한 행위의 덕을 보는 누군가가 이 자유로운 행위를 근본 없는 순수한 사실성과 혼동하지 않기만을 바라는 것, 즉 자신의 행위가 자유로운 것으로 재인식되기만을 바라는 것뿐임을 잘 알고 있다. (…) 합의된 명확한 재인식 속에서, 서로 분리되어 있는 듯 보이는 이 두 자유, 즉 타인의 자유와 나의 자유는 서로 마주본 상태를 유지할 수 있어야 한다. 그리고 나는 스스로를 객체이자 자유로 파악해야만 하며, 내 존재를 상황을 넘어선 것으로 확신하면서 나의 상황을 타인에 의해 만들어진 결과물ma situation comme fondée par l'autre로 재인식할 수 있어야만 한다. (PC, 277)

여기서 보부아르가 사용하고 있는 "포용적인 인간"이라는 표현은 타인을 위해 자신을 희생하는 인간을 지칭하지 않는다. 우선 포용적인 인간이란 나와 타인이 개별적인 자유로 존재하고 있음을 인식하고 있는 자이다. 따라서 포용적인 인간은 자신이 행하는 모든 행위가 타인의 본질적인 자유에 영향을 미칠 수 없다는 사실을 잘 알고 있는 자이다. 하지만 동시에 그는 자신의 행위가 타인에게 새로운 상황을 제공하게 되며, 이렇게 서로가 서로의 상황에 영향을 끼치는 과정 속에서 나와 타인은 서로 연결된 존재로 살아가게 된다는 사실 역시 깨닫고 있는 자이다.[9] 즉 포용적인 인간은 자신이 모든 주어진 '상황을 넘어서' 자유로 존재하는 동시에, '타인에 의해 만들어진 상황 속'에 살고 있는 존재임을 명확하게 인식하고 있는 인간인 것이다. 그런 의미에서 보부아르가 말하는 포용적인 인간이란 나와 타인이 개별적인 주체로 존재하고 있다는 사실에 대한 '인식'으로부터, 실존 주체들 간의 자유가 서로 연결되어 있다는 실존 조건에 대한 '재인식'을 이끌어 낼 수 있는 명민한 정신을 지닌 인간을 의미한다고 하겠다.

포용적인 인간의 개념으로부터 우리는 한 가지 중요한 사실을 발견할 수 있었다. 나의 자유로운 행위가 타인에게 새로운 상황을 제공할 수 있다는 것이다. 그리고 이는 한 가지 새로운 실존 조건과 직면하도록 우리를 이끈다. 나의 행위가 세상 속에서 어떠한 가치를 지니게 될 것인지를 결정하는 것이 바로 타인이라는 사실이 바로 그것이다. 왜냐하면 나는 나의 행위를 통해 타인의 상황에 영향을 끼치게 되지만, 나

---

9 보부아르에 따르면 타인은 내가 결코 그 본질에 가 닿을 수 없는 하나의 자유로 존재한다. 하지만 내가 나의 자유에 근거하여 행하는 행위들이 만들어 낸 상황은 타인이 위치하고 있는 상황의 '사실성(la facticité)'을 구성하게 된다(PC, 283). 즉 우리가 행하는 행위가 타인에게 어떤 상황을 야기하게 된다는 것이다. 역으로 타인의 행위 역시 나에게 어떠한 새로운 상황을 제공해 준다. 이렇게 각자의 행위가 서로의 상황에 영향을 미칠 수 있다는 점에서 보부아르는 인간존재의 자유가 서로 연결되어 있다고 말하는 것이다.

의 행위가 야기한 상황을 타인이 어떻게 받아들일 것인가는 전적으로 타인의 자유에 달려 있기 때문이다. 즉 초월의 과정에서 내가 만들어 낸 상황을 방해물로 인식할지, 도움으로 인식할지를 결정하는 것은 타인의 자유로운 몫이라는 것이다.[10] 보부아르가 제시하고 있는 "오직 타인의 자유만이 나의 존재를 필요로 할 수 있다"라는 명제(PC, 289)는 바로 이러한 실존 조건에 대한 선언을 담고 있다고 할 수 있다.

이러한 실존 조건은 나의 실존의 가능성이 타인을 통해 확장될 수 있으며, 동시에 타인 역시 나를 통해 더욱 더 커다란 실존의 가능성을 획득할 수 있다는 점을 시사한다. 왜냐하면 타인이 내가 내놓은 결과물을 가치 있는 것으로 받아들이고 그것을 기반으로 자신이 원하는 무언가를 새롭게 만들어 낼 때, 나의 행위는 한 개인의 성과물이라는 의미를 넘어설 수 있는 기회를 획득하게 되며, 동시에 나는 이렇게 나의 행위가 지닌 의미를 넓혀 나감으로써 나의 실존 가능성 역시 확장시킬 수 있게 되기 때문이다. 보부아르는 바로 그렇기 때문에 타인의 자유에 대한 존중을 실존을 위한 나의 노력을 성공으로 이끌 수 있는 '제1의 조건 la condition première'으로 삼아야 한다고 단언한다(305). 내가 타인의 자유에 반하여 행동한다면 타인 역시 나의 자유를 가치 있는 것으로 대해 주지 않을 것이며, 이는 결국 타인의 자유는 물론 나의 자유 역시 축소시키는 결과를 야기하게 될 것이기 때문이다. 그리고 보부아르는 그러한 조건을 창출해 낼 수 있는 방식으로 "호소 les appels"를 제시한다.

타인의 자유를 존중하는 것은 추상적인 법칙이 아니다. 그것은 나의 노력을 성공으로 이끌기 위해 필요한 제1의 조건이다. 내가 할 수 있는 것은

---

10 이러한 맥락에서 보부아르는 "나는 타인을 위해 출발점들만을 만들어 줄 수 있을 뿐"이며, 그렇기 때문에 "나는 타인이 스스로를 만들어 나가는 데 있어 사용하게 될 도구에 불과하다"라고 단언한다(PC, 273).

타인의 자유를 억압하는 것이 아니라 타인의 자유에 호소하는 것뿐이며, 가장 간절한 호소들을 만들어 내고, 타인의 자유를 매혹시키기 위해 노력하는 것뿐이다. (PC, 305-06)

내가 타인을 마음대로 조종할 수 없는 만큼, 나의 투기는 언제나 불확실성이라는 위험 앞에 노출될 수밖에 없다. 하지만 역설적으로 이러한 위험은 나의 투기가 지닐 미래의 가치를 결정하는 것은 타인이며, 그렇기 때문에 인간존재들이 서로의 호소에 귀를 기울일 필요가 있다는 주장에 더욱 힘을 실어 준다. 다시 말해서 모두의 자유를 확장시키기 위해서는 적어도 나는 타인이 무엇을 필요로 하는지를 파악하기 위해 타인이 호소하는 바에 귀를 기울일 필요가 있으며, 동시에 타인이 나의 행위를 지지할 수 있도록 노력하고 그에게 지지해 줄 것을 호소할 수 있어야 한다는 것이다. 즉 보부아르는 호소를 모두의 자유가 구현되는 방향으로 투기하도록 인간존재를 이끌어 궁극적으로는 이들이 서로 간에 윤리적 관계를 형성하는 것을 가능케 하는 구체적인 방식으로 제시하고 있다고 하겠다.[11]

이러한 호소 개념에 기반하여 보부아르는 투기의 윤리적 실천을 위해서는 무엇보다도 서로가 서로를 향해 자유롭게 호소하는 것이 가능한 상황을 만드는 것이 우선적으로 선행되어야 한다고 강조한다.

---

11 룬트그렌고틀린은 사르트르가 『존재와 무』 이후에 전개한 윤리에 대한 성찰 과정에서 보부아르가 제시하고 있는 이러한 호소 개념을 적극적으로 수용하고 있다는 점에 주목하여, 적어도 윤리의 문제에 있어서는 사르트르가 보부아르의 영향 아래 놓여 있었다고 볼 수 있다는 주장을 전개한 바 있다(Lundgren-Gothlin, *Sexe et existence*, pp. 176-78 참조.) 실제로 사르트르는 1947년에서 48년 사이에 존재론과 윤리를 접목하기 위한 작업에 뛰어들었으나 끝내 결실을 맺지 못하고 중도 포기한 바 있으며, 사르트르가 죽은 뒤인 1983년에 이 미완의 결과물이 『도덕 노트(*Cahiers pour une morale*)』라는 제목으로 출간되었다.

타인과 이러한 관계를 맺기 위해서는 두 가지 조건이 충족되어야 할 필요가 있다. 우선 내가 호소하는 것이 가능해야만 한다. 따라서 나는 나의 목소리를 억누르고 내가 스스로를 표현하는 것을 가로막는 동시에 존재하는 것조차 방해하고자 하는 것들에 대항하여 투쟁해 나가야 한다. (…) 다음으로 나는 나에 대한 자유로 존재하는 동시에 나의 호소에 응답할 수 있는 인간들이 내 앞에 존재하도록 만들어야 한다. (PC, 306)

위의 인용문은 『애매성의 윤리를 위하여』를 기점으로 하여 『제2의 성』을 통해 본격적으로 구체화될 상황과 자유의 관계에 대한 보부아르의 독창적인 사유가 『피뤼스와 시네아스』에서 이미 그 싹을 틔우고 있음을 보여 주는 구절이라고 할 수 있다. 보부아르의 사유에서 상황은 개인적인 의식으로 존재하는 인간이 이 세계와 맺고 있는 관계의 양상을 지칭하는 개념이다. 타인을 비롯해서 자신이 위치하고 있는 시간과 공간, 죽음 등 내가 선택하지 않은 '사실적' 측면들과 맺고 있는 관계, 그것이 바로 보부아르가 말하는 상황이다. 상황에 대한 보부아르의 사유는 특히 그녀가 『애매성의 윤리를 위하여』에서 제시하게 될 '윤리적 자유la liberté morale'라는 개념의 근간을 이루고 있다는 점에서 특히 중요하다. 보부아르에 따르면 이러한 사실적 측면들에 의해 상황지워진 인간은 절대적으로 자유로울 수만은 없는 존재이다. 선험적 목적이나 본질에 의해 결정되는 존재가 아니라 자신의 자유로운 선택에 따라 자신의 삶을 창조해 나가야 하는 존재라는 점에서 인간은 자유롭다고 할 수 있다. 하지만 자신이 처한 상황에 따라 그 자유가 제한될 수 있다는 점에서 보부아르는, 『존재와 무』에서 사르트르가 어떠한 상황에서도 인간은 절대적인 자유로 존재한다고 말한 것과는 달리, 인간존재의 자유를 '절대적'인 것이 아니라 '상대적'인 것으로 규정한다. 그리고 이로부터 보부아르는 인간존재의 자유를 '자연적 자유la liberté spontanée'와 '윤리적 자유'라는 두 가지 범주의 자유로 구분한다.[12] 우선 자연적 자유란 인간이 자신의 자유로운 선택에 의해 스스로의 실존을 영위해 나가야 하는 존재임을 지칭하는 개념이다. 하지만 동시에 그가 처한 상황에 따라 인간이 자신의 자유를 구현할 수 있는 실질적이고 구체적인 가능성은 제한될 수 있으며, 심지어 어떠한 상황에 놓인 인간들의 경우에는 자유로서 존재할 수 있는 가능성 자체를 원천적으로 차단 당한 채 살기도 한다. 가부장적인 사회 속에서 남성의 대상으로서만 살아 온 여성들처럼 말이다. 그런 의미에서 보부아르는 인간존재의 자유가 절대적인 것이 아니라 상대적인 것이라고 주장하고 있는 것이다. 이렇게 자유를 상대적인 것으로 바라보는 관점은 개인적 자유가 온전히 실현되기 위해서는 개인이 처한 상황을 변혁시키고자 하는 노력이 병행될 필요가 있다는 점을 시사한다. 즉 상대적 자유의 개념에 따르면 자유란 수동적으로 주어지는 것이 아니라 세계 속에서, 타인과의 관계의 올바른 정립을 통해 적극적으로 쟁취해 나가야 하는 대상이라 할 수 있는 것이다. 바로 그런 의미에서 자유는 윤리적 차원에 속하게 되며, 이러한 자유를 가리켜 보부아르는 윤리적 자유라 지칭하고 있다. 상황 개념으로부터 파생한 윤리적 자유 개념과 연결시켜 볼 때, 인간존재들이 서로의 자유를 존중하는 상호적인 관계를 만들기 위해서 서로를 향해 호소할 수 있는 조건을 만드는 것이 우선시되어야 한다는 보부아르의 주장은, 비록 그것이 명시되고 있지는 않다 할지라도, 그녀가 초기부터 개인의 자유라는 것을 물질적 상황에 의해 조건지어워진 것으로 보고 있음을 보여 주는 명백한 증거라고 하겠다.[13]

지금까지 우리는 보부아르가 존재를 가능케 하는 초월의 원리로서

---

12 Beauvoir, "Pour une morale de l'ambiguïté," dans *Pour une morale de l'ambiguïté suivi de Pyrrhus et Cinéas*, pp. 33-35 참조.

뿐만 아니라, 나와 타인이 서로의 자유에 대한 존중에 입각하여 거리를 정립하는 동시에 분리를 넘어서 모두의 자유를 함께 구현하며 공존할 수 있는 윤리적 실존의 원리로서 투기를 규정함으로써, 윤리적 실존주의에 대한 사유를 정립해 나가는 데 필요한 중요한 초석을 다져 나가고 있음을 확인할 수 있었다. 하지만 보부아르의 논의는 여기서 그치지 않는다. 이어서 그녀는 다음과 같은 문제를 제기한다. 윤리적 차원에서 투기를 실천하는 과정에서 우리가 현실적으로 마주치게 되는 딜레마는 무엇인가? 그 딜레마 앞에서 우리는 어떠한 선택을 해야 하는가? 지금부터 이 질문들에 대해 보부아르가 어떻게 답하고 있는가를 살펴봄으로써 우리는 그녀가 생각하는 '윤리'의 진정한 모습에 대해 이해할 수 있는 계기를 마련할 수 있을 것이다.

4. 윤리의 사명: 실존의 딜레마의 탈은폐

『애매성의 윤리를 위하여』의 도입부에서 보부아르는 윤리학이 오랜 기간 동안 반복해 온 과오를 다음과 같이 비판하면서 윤리학이 추구해야 할 진정한 목적을 다음과 같이 규정하고 있다.

그리고 [실존의 애매함을 가리고자 했던] 철학자들이 자신의 후계자들에

---

13 베르고펜 역시 보부아르가 호소 개념을 통해 인간존재의 자유를 상황과의 관련성 속에서 파악할 수 있는 가능성을 발견하고 있다고 말하면서, 이 개념이 이후 전개될 윤리적 자유 개념과 관련하여 지닌 중요성을 다음과 같이 지적하고 있다: "호소 개념을 따라가면서도 보부아르는, 신체를 망각하고 자유를 의식과 등치하는 오류를 범하지 않는다. 호소의 의미를 검토하는 가운데, 호소 자체가 물질적 상황에 의하여 조건지워진다는 사실을 깨닫는 것이다. 의식의 존재론은 호소를 필요로 하되, 이끌어 내지는 못한다는 것을 발견한 것이다. 호소는 특정 상황하에서라야 소리를 낼 수도 들릴 수도 있다"(Bergoffen, *The Philosophy of Simone de Beauvoir*, p. 54).

게 제안해 온 윤리 역시 언제나 같은 목적을 추구해 왔다. 순수한 내면성이나 외면성 pure intériorité ou pure extériorité이 되어, 감각적인 세계로부터 벗어나거나 그 세계 속에서 스스로를 소멸시키고, 영원에 도달하거나 완벽한 순간 속에 스스로를 가둠으로써, 애매함을 제거하고자 했던 것이다. (…) 우리의 기본적인 애매성을 받아들이도록 노력하자. 우리 삶의 진정한 조건들에 대한 인식 속에서 우리는 살아갈 수 있는 힘과 행동해야 할 이유들을 이끌어 낼 수 있는 것이다.[14]

보부아르에 따르면 윤리학의 진정한 목표는 인간이 살아가면서 경험하게 되는 수많은 딜레마들 – 보부아르는 이를 실존의 애매한 측면이라고 표현하고 있다 – 을 제거할 수 있는 방법을 제시하는 것이 아니라, 딜레마 자체를 실존 조건으로 받아들이도록 인간을 이끌어 그러한 딜레마와 더불어 어떻게 살아가야 하는가에 대해 고민하도록 만드는데 놓여 있다. 우리는 윤리학에 대한 보부아르의 이러한 입장이 『피뤼스와 시네아스』의 논의에 이미 전제되어 있음을 확인할 수 있다. 이와 관련하여 폭력이 야기하는 딜레마에 대한 논의는 특히 주목할 만하다.

앞서 이야기했듯이 투기의 윤리적 실천은 나의 호소에 응답할 수 있는 자유로운 타인의 존재를 필수적인 전제로 한다. 그리고 이러한 사실은 인간에게서 타인의 자유를 존중해야 할 필요성에 대한 인식을 이끌어 낼 수 있다는 점에 있어서는 윤리적 실존을 가능케 하는 원리로 작용한다. 하지만 보부아르에 따르면 이러한 사실이 언제나 윤리적 실존 가능성과만 연결되는 것은 아니다. 여기에는 윤리적 실존을 실패로 몰고 갈 수 있는 위험 역시 도사리고 있다. 이러한 위험은 기본적으로 내가 나의 명분에 동의하도록 모두를 설득하는 것이 불가능하다는 현실

---

14 Beauvoir, "Pour une morale de l'ambiguïté," p. 12.

로부터 기인한다. 보부아르는 이러한 현실로 말미암아 타인이 나의 호소에 응답하도록 설득하는 노력이 실패로 돌아갔을 때 우리는 선택의 여지 없이 폭력에 의존하게 된다고 주장한다.

따라서 인간은, 자신의 초월을 반영하는 굳어진 이미지를 발견할 수 있는 대상들을 만들어 나가고, 자신의 자유 그 자체라 할 수 있는 앞을 향한 움직임을 통해 스스로를 초월해 나가면서 매 걸음마다 인간들을 자신에게로 이끌어 오도록 노력하는 것이라 할 수 있는 이 두 가지 일치된 노선에 가담해야 한다. (…) 다만 모두가 그의 뒤를 따르겠다고 하지는 않을 것이다. 어떤 이들은 그 자리에 머물러 있길 원할 수도 있고, 어떤 이들은 그 길에 동참하겠다고 할 수 있다. 또 어떤 이들은 그와 그를 따르는 자의 행보를 멈추기 위해 애쓸지도 모른다. 이렇게 설득이 실패할 경우 기댈 것은 폭력밖에 남지 않게 된다. (PC, 309)

여기서 주목할 만한 점은 보부아르가 폭력을 설득에 실패한 인간이 필연적으로 선택할 수밖에 없는 문제 해결 방식으로 간주하고 있다는 것이다. 심지어 그녀는 이어지는 논의에서 "우리는 폭력을 선고받았기에 실패를 선고받았다 Nous sommes condamnés à l'échec parce que nous sommes condamnés à la violence"라고 말함으로써(PC, 310) 폭력을 불가피한 것으로 보는 자신의 관점을 다시 한 번 명확하게 밝히고 있다. 폭력에 대한 보부아르의 이러한 입장은 타인과의 공존을 목표로 하는 윤리적 실존 자체의 실패를 암시하고 있는 듯 보인다. 그 결과, 폭력을 숙명적인 것으로 규정하는 보부아르의 관점은 투기의 윤리적 실천의 필요성을 피력한 그녀의 앞선 주장에 동의하고 그로부터 타인과의 조화로운 공존 가능성에 대한 희망을 발견한 우리를 다시금 절망 속에 몰아넣는다. 그렇다면 보부아르는 정녕 인간관계란 갈등의 양상에서 영원히 벗어날 수 없으며, 그렇기 때문에 윤리적 실존을 향한 모든 노력은 결국 실패로 귀결될 수밖에 없다고 보는 것일까?

만약 기본적으로 폭력을 '악 le mal'과 동일한 것으로 간주하는 상식에 비추어 본다면 폭력을 인간의 숙명으로 규정하는 보부아르의 관점은 인간의 존재론적 운명을 악과 결부시키고 있다고 할 수 있으며, 그렇기 때문에 이 관점이 결국 윤리적 시도의 무용성에 대한 주장을 내포하고 있다는 결론에 도달할 수 있을 것이다. 그러나 보부아르는 폭력과 악 사이에 등식이 성립된다고 보는 기존의 관점에 이의를 제기하면서 폭력의 숙명성에 대한 자신의 입장이 윤리적 실존의 불가능성에 대한 주장으로 자연스럽게 귀결될 위험을 비껴가고자 한다. 보부아르는 폭력을 무조건적으로 악의 범주에 위치시켜서는 안 된다고 주장한다. 그녀에 따르면 실존주의적 관점에서 볼 때 진정한 악은 자유로 존재하는 타인의 주체성을 완전히 말살하는 행위라 할 수 있다. 하지만 우리는 어떠한 방식으로도 타인의 자유를 근본적으로 훼손할 수 없다. 왜냐하면 내가 타인과 맺고 있는 관계는 타인이 대변하는 사실성과의 관계에 한정되어 있기 때문이다. 이러한 맥락에서 보부아르는 "한 인간을 위해서도 또한 그에 반해서도 우리가 할 수 있는 일은 아무것도 없기에 폭력은 악이 아니다 la violence n'est pas un mal, puisqu'on ne peut rien ni pour ni contre un homme"라고 주장한다(309).

그런데 이어서 보부아르는 폭력을 단순히 악으로 치부해 버릴 수 없다고 해서 우리가 폭력을 가볍게 여길 수 있다거나 정당화할 수 있는 것은 아니라고 주장한다. 왜냐하면 비록 우리가 타인에게 가하는 폭력이 타인의 사실성에만 영향을 끼칠 뿐이지만 폭력을 통해 "사실성에 영향을 미치기로 선택함으로써 우리는 타인을 자유로 인식하는 것을 포기하게 되고, 그만큼 우리 존재를 확장시킬 가능성 les possibilités d'expansion de notre être 역시 놓아 버리게 되기" 때문이다 (Ibid.). 보부아르는 그렇기 때문에 어떠한 경우에도 "우리는 힘에 의존하는 것을 결코 가벼운 마음으로 받아들일 수는 없다On ne peut donc accepter d'un cœur léger le recours à la force"고 단언한다(310). 즉 보부아르는 인간이란 폭력을 사용하도록 운명지워진 존재이지만 폭력을 쉽게 사용하다 보면 결과적으로 폭력의 대상이 된 자는 물론이거니와 폭력을 사용한 자도 모두 자유의 축소를 경험하게 될 뿐이라는 주장을 펼치고 있는 것이다.

폭력에 대한 이상의 논의를 통해 보부아르는 폭력과 관련하여 인간이 경험하게 되는 한 가지 중요한 딜레마를 드러내고 있다. 우리는 폭력으로부터 벗어날 수도 없지만, 그렇다고 해서 폭력이라는 방식을 쉽게 선택할 수도 없다는 것이다. 그리고 폭력과 관련된 이러한 딜레마는 타인이라는 존재가 실존하는 인간에게 안겨 주는 딜레마를 정확히 대변한다. 나와는 별개의 개별적인 자유로 존재하는 타인은 나의 자유에 방해가 될 위험을 처음부터 내포하고 있는 존재이지만, 이러한 위험 때문에 내가 타인의 자유를 억압하고자 한다면 이는 결국 나의 자유를 축소하는 결과로 이어지게 될 것이다. 따라서 타인의 자유로 말미암아 나의 존재는 끊임없이 위협을 받게 되지만, 그렇다고 해서 내가 타인의 자유를 쉽게 부정할 수 있는 것은 아니다. 이것이 타인과 함께 세상 속에 존재하는 인간이 필연적으로 경험하게 되는 실존의 딜레마이며, 보부아르는 바로 이러한 딜레마를 드러내기 위해 폭력의 딜레마에 대해 이야기하고 있는 것이다.

더욱 중요한 사실은 인간이 이러한 딜레마를 절대로 극복할 수 없다는 것이다. 우리가 인간으로 존재하는 한 우리는 타인의 현존과 마주하며 살아갈 수밖에 없기 때문이다. 이러한 맥락에서 보부아르는 딜레마를 안고 살아가야 하는 인간의 삶, 바로 여기에 자유의 본질이 놓여 있다고 규정한다.

우리는 타인의 자유에 종속되어 있다. 즉 타인은 우리의 목표가 아닌 것들을 위해 우리를 지워 버릴 수도, 우리를 무시할 수도, 우리를 이용할 수도 있다. (…) 바로 이러한 불확실함과 위험 속에서 우리는 우리의 행위를 책임져야만 하며, 정확히 바로 이 지점에 자유의 본질이 놓여 있는 것이다. (PC, 310)

타인의 존재가 안겨 주는 불확실함과 온갖 위험을 감내하면서 살아가야만 하는 것이 인간존재의 운명이라는 사실은 윤리적 투기의 문제에 대해 다시금 고민하도록 우리를 이끈다. 우리가 어떠한 행동을 선택하느냐에 따라 이러한 딜레마는 우리의 실존적 가능성을 확장시킬 수도, 반대로 축소시킬 수도 있을 것이기 때문이다. 그리고 보부아르가 제시하고 있는 윤리는 실존의 딜레마로부터 긍정적인 결과를 도출해 낼 수 있는 어떠한 비법도 끝내 알려주지 않는다. 그 길을 찾는 것 역시 자유로 존재하는 개개인의 몫이기 때문이다. 하지만 우리가 보기에 보부아르는 적어도 한 가지 사실만은 명확하게 주장하고 있다. 우리가 윤리적 차원에서 투기해 나갈 수 있는 방식을 진지하게 고민하지 않는다면 그 누구의 자유도 온전히 실현되지 못하리라는 것이다. 그리고 그녀는 바로 이 점에 대한 분명한 인식이 윤리적 실존을 향한 첫 걸음이 될 수 있다고 이야기하고 있다 하겠다.

5. 결론

지금까지 살펴보았듯이 『피뤼스와 시네아스』에서 실존에 대한 보부아르의 윤리적 성찰은 다음과 같은 세 단계를 걸쳐 구체화되고 있다. 실존주의의 전통 속에서 인간존재를 개별적인 초월의 주체로 규정하는 것으로부터 출발하여, 투기 개념을 윤리적 차원에서 재정의함으로써 개별적인 주체들 간에 연결 고리를 만들어 내고, 나아가 폭력에 대한 논의를 통해 윤리적 실존의 딜레마를 드러냄으로써 윤리적 실존의 당위성을 다시 한 번 역설하고 있다.

이러한 과정을 거치면서 보부아르는 인간의 존재 원리의 문제에 국한되어 있었던 기존의 실존주의 담론을 윤리적 담론으로 승화시키고 있을 뿐만 아니라 그렇게 탄생한 윤리적 실존주의를 칸트의 윤리로 대표되는 전통적인 윤리와도 차별화할 수 있는 발판을 다지는 데 성공하고 있다. "너는 해야만 한다, 그러므로 너는 할 수 있다tu dois, donc tu peux"라는 명제하에 인간사에 대한 보편적인 해답으로서 인간이 따라야 하는 절대적인 규범들을 제시하고자 해 왔던 칸트의 윤리와는 달리,[15] 보부아르의 윤리는 갈등을 해소할 수 있는 어떠한 결정적인 길도 우리에게 보여 주려 하지 않는다. 오히려 보부아르는 인간관계의 모든 갈등을 단번에 해결할 수 있는 결정적인 해답을 윤리 속에서 발견할 수 있으리라는 우리의 희망을 과감하게 무너뜨리고자 한다. 이를 위해 그녀는 우선 그동안 은폐되어 왔던 실존의 딜레마를 전면에 부각시키고 그러한 딜레마를 해결하는 데 있어 윤리가 지닌 불완전한 측면을 의도적으로 드러내고자 한다. 왜냐하면 고통스러운 실존의 진실과 직면하도록 인간을 이끌어, 그러한 진실에 대한 인식하에 어떻게 세상 속에서 타인과 더불어 살아갈 것인가라는 질문에 대한 답을 본인 스스로

---

15 슈네빈트에 따르면 계몽주의 이전까지 윤리란 신에 대한 인간의 복종을 정당화하는 담론을 지칭해 왔다. 그러다가 18세기에 이르러 스스로를 통제할 줄 아는 자율적인 존재로 인간을 규정하게 되면서 윤리는 '자기 통제(gouvernement de soi)'의 필요성을 이야기하는 담론, 즉 칸트의 윤리와 같은 양상으로 자리 잡게 된다. 그러나 20세기 이전의 윤리적 담론이 일정한 규범에 대한 인간의 복종을 주장하고 있다는 점에서 18세기 전후의 윤리는 공통적이라 할 수 있다. Jerome B. Schneewind, *L'Invention de l'autonomie: Une Histoire de la philosophie morale moderne*, traduit de l'anglais par Jean-Pierre Cléro, Pierre-Emmanuel Dauzat et Evelyne Meziani-Laval (Gallimard, 2001), pp. 15-28 참조.

찾아가도록 독려하는 것이 보부아르가 생각한 윤리의 진정한 사명이기 때문이다. 이것이 바로 앞으로 보부아르가 '애매성의 윤리'라는 명칭을 내걸고 이야기하게 될 윤리적 실존주의가 지닌 '부정 la négation'의 힘이라 할 수 있다.[16] 그런 의미에서 『피뤼스와 시네아스』는 윤리적 실존주의의 정립을 향한 보부아르의 첫 행보가 담겨 있는 작품이라고 할 수 있으며, 이것이 바로 우리가 이 작품에 주목해야만 하는 이유인 것이다.

마지막으로 이 작품은 보부아르의 문학적 세계를 이해하는 데 있어서도 중요한 실마리를 제공해 주고 있다. 특히 폭력의 딜레마에 대한 논의는 보부아르의 생애에서 윤리의 시기에 해당하는 시절의 결과물인 소설작품 『타인의 피』와 희곡작품 『군식구들』의 핵심 주제로 다시한 번 등장하게 된다는 점에서 상당한 중요성을 지닌다. 이 작품들에서보부아르는 폭력의 딜레마가 야기하는 타인의 자유에 대한 나의 책임범위 및 그러한 딜레마 앞에서 인간이 휩싸이곤 하는 기만적 욕망의 문제들을 전면적으로 다루고 있다. 특히 이 작품들을 통해 보부아르는 구체적인 등장인물들이 실존의 딜레마 속에서 경험하게 되는 비극의 드라마를 생생하게 재현해 냄으로써 윤리적 실존의 문제를 현실 세계와연결시켜 생각해 볼 수 있는 기회를 독자들에게 안겨주고자 한다. 따라서 본 논문은 『타인의 피』와 『군식구들』, 이 두 작품에 대한 연구라는새로운 과제를 우리에게 안겨주고 있다고 하겠다.

---

16 『애매성의 윤리를 위하여』에서 보부아르는 "전환(la conversion)"이라는 개념을 사용하여 결여를 긍정적인 의미로 변화시켜 나갈 수 있는 부정의 힘을 윤리적 가능성과 연결시키게 된다. Beauvoir, "Pour une morale de l'ambiguïté," pp. 14-21 참조.

Café Sartre
제2부

문학 카페

café littérature

사르트르의 '진실같음'

장 근 상

　'진실같음'은 'le vraisemblable'을 번역한 것이다. 일반적으로 '그럴듯함', '진실같음' 내지 '진실임직함' 등으로 국내에 소개되어 있다. 하지만 필자는 이 개념을 1938년 출간된 『구토』에서 사르트르가 '진실 vrai'과 '진실같지 않음invraisemblable'의 개념에 대립시켜 소개한 점에 주목하고[1] 또한 이 개념이 17세기 프랑스 비극을 중심으로 재조명되고 논란이 되었던 배경과 그 당시의 의미를 감안하여 볼 때 '진실같음'의 표현이 더 적당하다고 생각하였다.[2]

1　이 '진실같음'이라는 단어는 카페 장면에서 4번 연속(처음 원고에서는 6번)으로 등장하고, 도서관 장면에서 또다시 1번 더 등장한다.

2　그런데 '진실다움'과 '진실같음'의 두 표현 중에서도 망설임이 있을 수 있다. 하지만 '~다움'은 vraisemblable이나 possible의 어미 '-(a)ble'의 의미를 '~같음'만큼 담아 내지 못하는 듯하다. 즉 '진실같음'은 아리스토텔레스가 『시학』의 제9장에서 개진한 의미대로 '[진실이 아니지만] 진실을 수 있음'의 준말이기 때문이다. 이에 비해 '진실다움'이라는 번역어의 접미어 '~답다'는 진실성 여부 혹은 진실로서의 수준이나 정도의 의미를 가지므로 vraisemblable의 뜻에 부합하지 않는다. 17세기 프랑스 고전주의 연극에서 vraisemblable은 사건이 아무리 진실이고 역사 그대로라고 하더라도 이야기나 무대에 재현될 때 그 사건이 이성적으로 이해되고(conceivable) 합리적인 틀에서 이루어져야 한다는 일종의 당위(Sollen)이기 때문이다.

예컨대 이 첫 소설에서 사르트르는 이 개념을 일상적 이야기의 형태와 문화의 제 양상에서 나타나는 일종의 '비진실'의 의미로 사용하고 있다. 첫 번째로는 카페에서 당연한 대화를 하는 젊은이들의 자신감 넘치는 이야기에서, 두 번째로는 주인공의 시야에서 사물들의 안정 상태가 깨지기 시작한 어느 날 도서관 장면에서 등장한다. 이때 평소 '진실같음'의 한계를 고정하는 역할을 하던 책들이 갑자기 불안한 모습으로 보이는데, 그러니까 그동안 현실은 그에게 '진실'과 '진실같음'의 아슬아슬한 균형으로 이루어져 있었던 것이다. 또한 미술관에서 부르주아 블레비뉴의 초상화가 왜 그의 이목을 끌었는지 이유를 캐는 과정에서 '진실같음'의 현장을 또다시 목격하게 된다. 마지막으로 집요하게 주인공의 주위를 맴도는 독학자라는 인물의 경우인데, 그가 주인공에게 성찰의 몫으로 귀띔하는 주제는 비단 '모험'만이 아니다. 그가 독서를 통해 얻은 격언과 체험으로 얻게 된 휴머니즘을 거론하며 주인공의 의견을 타진하는데, 이 또한 '진실같음'의 주제와 관련되기 때문에 주인공은 격한 분노의 반응을 보이게 된다.

하지만 사르트르는 후일 이 소설을 두고 1939년 참전하기 이전, 사회와 아무런 관계를 맺지 않던 초년 작가의 '무정부적 관심'이라고 말하는데, 그것은 현존에 대한 진실을 파헤치는 작업을 그 당시 그가 부르주아의 거짓을 벗겨 내기와 결국 매한가지라고 생각하였기 때문이라고 한다. 하지만 또한 로캉탱은 바로 자신이었고 부르주아에게 한 방 먹였다고 자랑하는 걸 보면 "자기도 모르던 무정부주의자"였다는 그의 고백을 따를 수도 있지만 그가 도리어 자신도 모르게 참여를 준비한 '혼자 사는 인간'인 셈이라고 생각할 수도 있을 듯하다. 해묵은 개념이지만 '진실같음'은 그 자체로도 여전히 힘든 성찰을 요구하며, 존재와 계급이라는 양가적 물음을 가능하게 하는 그 개념이 가지는 역사적 배경 자체가 이 소설에 참여적 지위를 부여하고 있다고 해도 크게 틀린

평가는 아닐 것이다.

이에 우리는 『구토』 출간 이후 곧바로 참전하면서 자연스레 참여 경험과 성찰을 담게 된 작가의 다른 글을 참고하면서 그의 '진실같음'의 개념을 정리하고 소설 전체의 주제와 관련하여 가지는 포괄적인 의미를 찾으려 한다. 이를 위하여 우선 17세기, 일명 '르시드 논쟁'의 쟁점이라고 볼 수 있는 '진실같음'의 배경과 내용을 정리하고, 이와 아울러 예술 일반에 걸쳐진 '진실같음'의 영향력을 알아보고, 그리고 특히 『구토』에서 부르주아를 묘사하는 시각과 어떠한 관련이 있는지를 살펴보고자 한다.

1. 진실 vrai과 진실같음 vraisemblable

'진실같음'의 역사는 프랑스에서 17세기 전반으로 거슬러 올라간다. 사르트르가 이 개념을 어떠한 의미로 소설에 다시 거론하는지 판단하려면 이 개념이 논란의 중심이었던 시대적 상황과 의미를 살펴볼 필요가 있다.

인간에게 '진실'은 언제나 극복해야 할 대상으로, 즉 인정하기 힘든 사실로 제시되는 듯하다. 그에 비해서 '진실같음'은 시대가 거듭할수록 더욱 인간이 추구하는 가치의 한중심에서 인간의 일상을 제도하고 있다는 생각을 하게 된다. 하지만 의고적인 성격 때문에 우리에게는 우선 낯설고 추상적인 의미로 비춰진다. 그래서인지 『구토』에 관한 많은 연구에서도 이 개념을 직접 언급한 글을 접하기는 힘들다.

17세기 고전주의 연극의 내적 규칙 중 하나로 꼽혔던 '진실같음'을 둘러싼 논쟁은 주로 코르네유의 희곡을 두고 작가와 이론가들이 벌였던 이른바 '르시드 논쟁'이다.[3] 우선 크게 구분하자면 코르네유는 '진실' 그 자체를 믿었고, 그에 반해 이론가들은 대부분 '진실같음'의 편이었다. 코르네유는 유별나게도 예외적인 사건(즉 진실)에서만 매력을 찾았다. 즉 믿기 어렵지만 분명히 역사적으로 일어났던 생소한 사건을 즐겨 극에 차용하면서 그 예외성의 담보를 역사라는 사실에서 찾았다. 그의 연극미학의 쟁점인 셈이다.

그에 비해 이론가들이 주장하는 '진실같음'의 규칙이란 아베 도비냐크에 의하면 일단 연극이 '진실'을 재현하더라도 '진실'이 이성과 상식 그리고 예절도의상 용인될 수 있는 한도 내에서 그 재현이 가능하다는 것이다. 그러니까 '진실'이라고 모두 재현할 수 있지 않을뿐더러 재현하는 '진실' 또한 '진실같음'의 규칙에 따라 가다듬어져야 한다는 일종의 제재라고 볼 수 있다. 그리고 중요한 사실은 연극의 규칙이 같은 시대 데카르트의 발견이라고 할 수 있는 인간의 이성과 합리에 대한 믿음에서 나온 제재라는 점이다.

우선 아리스토텔레스에 따르면 "연대기는 개별을 이야기하고 시는 보편을 말하"는 것이다. 연대기가 행위action 자체를 서술한다면, 시 혹은 비극은 "유형, 즉 사건의 필연적이거나 개연적인 관계들"을 재현한다. 즉 '개별'이 사실 즉 '(역사적) 진실'을 말한다면 '보편'이란 '(비극

---

3 코르네유의 『르시드』가 1637년 초연되고 스퀴데리가 이 작품의 '진실같음'에 관한 문제를 지적하며 촉발된 논쟁이다. 프랑스의 연극이론가들은 아리스토텔레스의 『시학』과 이에 대한 이탈리아 학자들의 해석을 새롭게 거론하기 시작한다. 결국 코르네유를 아끼던 리슐리외 재상이 아카데미의 원로 샤플랭(1595~1674)에게 의견을 청하여 정리하게 한 보고서, 「학술원의 의견」에 의해 논쟁은 일단 코르네유의 패배로 수습된다. 이에 코르네유는 그렇다 할 어떤 대응도 하지 않았는데, 샤플랭이 1640년 집필하고 1657년 출판한 이 시대의 가장 중요한 저서라고 할 수 있는 『연극론』에서 '진실'보다는 '진실같음'을 우위에 놓아야 한다고 이 문제를 정리하려 할 때야 비로소 코르네유는 다시 나선다. 사건이 '진실'이라면 '진실같음'은 전혀 고려하지 않아도 된다는, 그의 변함 없는 의견을 피력하며 외로운 투쟁을 새로이 마주한다.

의) 진실같음'을 말한다. 이를 이탈리아 연극으로부터 답습한 프랑스 17세기 비극은 비일상적 소재 위주의 역사극을 쓴 코르네유에서 그리스 비극을 17세기 프랑스의 덕목과 여론에 맞추어 각색한 라신으로 이어진다.[4] 코르네유는 개별을 소재로 삼으며 삶의 우연성을 주제 깊숙한 곳에 상감象嵌하려 했고 라신은 그와는 대조적으로 시대와 연대하며 시대가 요구하는 보편타당성을 덕목으로 삼은 것이다.

라펭에 의하면 '진실'이란 그에게 여전하게 결함을 포함한 '사물 자체의 모습'을 가진다. 왜냐하면 지상의 어떠한 사물도 그 관념의 완전함과는 달리 태어나기 때문이다. 따라서 '진실같음'은 사물의 결함을 보완하는 식으로, 즉 그 자체의 모습보다는 그렇게 되어야 하는 모습으로 묘사해야 한다는 규칙이다. 사물에는 결국 부패하게 된다는 개별적 결함이 있다. 이 결함은 모범이 되지 못하고 모범은 차라리 '진실같음'이라든가 사물의 일반원칙에서 찾아야 한다고 생각하게 된다. 예컨대 '지금 눈에 보이는 세상'이 '진실'이라면 '보다 바람직한 세상'에 대한 기대와 희망은 '진실같음'이다.

이처럼 비극의 규칙이란 우리가 알고 있는 모방이라는 예술 규칙에 준하는 게 아니다. 차라리 모방의 불가피한 결점에 대한 유일한 보완책이 '진실같음'의 규칙이라고 할 수 있다. 스퀴데리는 『르시드』의 주제가 '진실'이긴 하지만 '진실같지 않다'고, 브왈로는 '진실'도 때때로 '진실같지 않다'고, 도비냐크는 연극은 모든 것을 '진실같음'의 상태로 회복시켜야 한다고 주장하는데 결국 샤플랭은 고전주의 비극의 목표는 '관념으로 수정된 실제'이고, 괴물 같은 '진실'은 사회의 선을 위해 제거해야 하고, 진실같음은 비록 그것이 허위일지라도, 기이하여 못 믿

---

4 예컨대 라신에 의하면 그리스 비극 그대로 앙드로마크가 엑토르에 대한 정절을 포기하고 재혼한다거나 이피제니가 아버지 아가멤농에 의해 제물로 희생된다거나 이폴리트가 사랑에 무감각한 청년으로 묘사되어서는 안 되었기 때문이다.

을 진실보다는 존중되어야 한다고 정리한다.

이렇게 역사적 사실에 대해 이들은 공통적으로 무시하는 태도로 일관한다. 바로 이 입장에 코르네유는 외롭게 대응한다. "순전히 진실같음의 주제만으로 비극을 만들 수 없다는 건 아니다. 하지만 격하게 정념을 동요시키거나 혈통과 의무의 규율에 대해 불굴의 정념을 대립시키는 위대한 주제들이라면 언제든 진실같음을 넘어서 갈 수 있어야 한다." 그리고 "작가의 몫이란 역사의 혼란을 수정하는 게 아니며, 아무리 역사가 진실같지 않다고 하더라도 역사를 수용하는 것이며, 오히려더 나아가 역사가 보증하는 '진실같지 않음'이나 '예외적임'을 추구해야 한다"고 말한다. 왜냐하면 이를 통해야 비로소 위대한 주제가 펼쳐지는 예술이 될 수 있기 때문이다. 하지만 라팽은 이 코르네유의 변명이 그 혼자만의 생각이 아닐 수도 있다고 하면서 다른 작가들도 고백하지 않을 뿐 그의 입장과 크게 다르지 않을 수 있다고 말한다. 이에 따라 그는 모두를 종합하여 진실같음이란 "대중의 여론에 부합하는 모든 것"이라고 규정한다.

2. 진실같음과 격언 maxime

다른 한편 이는 주네트가 말하는 행위와 격언 간의 은밀한 관계로도 부연될 수 있고,[5] 또한 '진실같음'으로 '진실'을 규제하고자 하는 인간의 부단한 역사를 설명하는 의미가 될 수도 있다. 아울러 라팽처럼 '진실같음'을 모방이 가지는 불가피한 결점을 보완하는 유일한 치유책이라고 간주할 수도 있다. 그러니까 '관념에 의해 수정된 실제'의 모습

---

5 Gérard Genette, "Vraisemblance et motivation," in *Figure II* (Seuil, 1969), pp. 71-99.

이란 17세기뿐 아니라 인류 전반의 지향점이 아닌가 생각해 볼 필요가 있다. 이 은밀한 관계는 설명의 원리로서 기능하며, 일반적인 것이 개별적인 것을 규정하고 따라서 설명하는 관계이다. 따라서 어떤 인물의 행위를 이해한다는 것은 승인된 격언에 그 행위를 위치시키는 것이다. 어린이에게 예컨대 사자성어라든가 '세살 버릇 여든까지 간다'와 같은 격언을 외우게 하는 교육이 바로 그렇다.

하지만 로드리그는 쉬멘의 아버지를 결투로 이끈다. 그것은 코르네유가 그 당시의 격언을 벗어난 선택을 하면서 '진실같음'의 논란을 불러온 계기가 된다. 주네트에 따르면 어떠한 행위가 이해 불가능하거나 과도하다고 판단되는 경우는 어떠한 격언도 그 행위를 설명할 수 없을 때인데, 바로 로드리그가 아버지의 치욕을 갚기 위해 약혼자의 아버지와 결투를 하려는 경우가 그렇다. 과도하지만 아무도 이를 막을 수는 없다. 이 또한 시대의 격언대로 가문의 명예에 대해 잘 교육받은 아들의 선택이기 때문이다. 하지만 쉬멘의 경우는 다르다. 그녀의 선택, 즉 비록 약혼자라고 하더라도 자신의 침실에 자신의 아버지의 피를 묻힌 칼을 든 로드리그를 받아들이는 선택이라면 그것은 몰염치이거나 과장이다. 그리고 비록 사랑하더라도 명예로운 처녀라면 아버지의 살해자와 결혼할 수 없고, 결혼하지도 않는 법이다. 그러한 쉬멘은 1637년 초판에서는 왕이 대리한 결혼 제안을 어정쩡하게 묵인하는, 일컬어 해피엔딩의 주인공이 되는데 해피엔딩은 가능성의 세계에 있다. 하지만 1648년 재판부터는 제목이 *Le Cid tragédie*로 바뀌게 된다. 이는 비알라A. Viala에 의하면 코르네유의 주인공들이 갖추게 된 '영웅적 신중함' 때문이다. 즉 가문의 명예라는 어쩌면 외부 장애물일 수도 있는 협소한 의미를 벗어나 자신의 개인적 명령, 즉 자기 의식의 세밀한 판정에 따르는 '영광'이라는 고양된 이미지에 부합하려는 주인공들 때문이다. 결투와 전투로 이루어진 세상의 연극과 인간 내면의 비극이 서로

겨루게 되면서 비극의 '진실같음'의 개념에서 심리적 유기성이 중시되게 되기 때문이다.

평소 우리의 표현, '~야 하는 법'이 바로 프랑스 인들의 소위 격언이자 '진실같음'의 문체이다. 즉 상상의 가능한 경계를 지시한다. 주네트의 표현으로 코르네유의 이 구상은 일종의 독창성을 넘어 고전주의 정신에 대한 도전이기도 하다. 그 당시 도덕적으로 존중된 유일한 이유란 '진실같음'이었기 때문이다. 따라서 17세기의 '진실같음'이란 이야기의 행위가 대중에 의해 진실로서 승인된 격언집에 부응해야 한다는 규제였다. 하지만 드러내고 승인하는 형식이 아니다. 엄격한 행동규칙이란 언급 없이 적용되는 법이다. 주네트는 이를 '기표 없는 기의'가 아니면 차라리 작품 자체가 유일한 기표라고 정의한다. 이를 앞서 언급한 라팽 식으로 표현하자면 차라리 '진실같음' 자체에 객관성이란 있을 수 없다고 할 수 있겠다. 어떤 이에게 진실같은 것이 다른 이에게는 진실같지 않을 수 있기 때문이다.

코르네유에게 아름다움이란 이와 같이 예외적이고 비일상적인 경험의 극복에서 비롯하였다. 바로 이 점에서 1947년 사르트르가 개진한 상황극 이론도 이러한 코르네유의 극한상황 설정에 대한 지지 입장이라고 생각된다.

> 위대한 비극, 즉 아이스킬로스, 소포클레스, 코르네유 비극의 주요한 주제는 인간의 자유이다. 고대극에서 확인하는 운명은 결국 자유의 뒷면이다.[6]

이처럼 사르트르는 코르네유를 그리스의 비극작가와 같은 반열에 올려놓는다. 운명과의 대결에서 주인공이 꿈꾸는 자유를 코르네유의

---

6 Jean-Paul Sartre, *Un Théâtre de situation* (Gallimard, 1973), p. 19.

작품에서 엿볼 수 있다는 것은 그가 자신의 운명을 '진실같음'의 틀에서 완성하지 않기 때문일 것이다. 예측 가능한 권력의 결과보다는 자신의 실수에 의해 주인공의 파국이 초래될 때 비로소 위대함이 나오며, 따라서 극의 중심은 성격보다는 상황이 되어야 한다고 사르트르는 주장하는데, 이 상황이란 정해진 성격이 아닌 형성이 진행중인 성격, 그리고 선택과 자유로운 결정의 순간이 펼쳐지는 하나의 요청으로서의 상황이어야 한다고 강조한다. 이러한 상황이란 부르주아나 귀족, 그리고 그들의 '진실같음'의 규제와는 거리가 멀다. 왜냐하면 사르트르가 말하는 상황이란 죽음이 하나의 대안으로 제시되는 극한상황을 말하기 때문이다. 그렇다면 '진실같음'과 '격언'의 형성은 코르네유의 시대에 어떤 신분에 의해 주도되는가.

일반적으로 부르주아 계급은 17세기에는 거론되지 않는다. 하지만 『문학이란 무엇인가』에서 사르트르는 17세기에 '신사honnête homme'와 부르주아는 사교계를 같이 출입하였다고 보는데, 이는 부르주아가 바로 새로이 출현한 작가 즉 시인이 소속된 부류라고 보는 것이다. "사교계가 바란 것은 그들의 진실한 모습을 계시해 주는 게 아니라 스스로 제 모습이라고 믿는 바를 비춰 주는 것"이었다. 즉 사교계에서의 시인의 역할을 이렇게 규정하고 있는 것이다. 사르트르는 이같이 17세기의 사교계를 진짜 신사 즉, 궁정인, 성직자, 법관 등의 귀족들과 부유한 부르주아지, 그리고 이에 새로이 진입하려는 신사연紳士然하는 꼴사나운 부르주아들이 구성하고 있었고, 이른바 '취향'이라는 일종의 검열 기능을 공유하던 집단으로 보고 있다. 이로부터 프랑스 식 '진실같음'의 개념의 등장과 이 개념의 주동자로 그가 지목하는 부르주아 계급의 등장을 같은 시기에 이루어진 것으로 보고 있음을 알 수 있다. 이같이 당시에는 아직 하나의 뚜렷한 계급으로 자리하고 있었다고 보기는 힘들다고 생각되지만, 5세기 프랑크 족의 갈리아 점령 이래 형성된 프랑스의 귀족과 왕족이라는 지배계급 간에 형성된 암묵적인 동조를 유지 시키기 위해 이 작가들 중 몇 명을 그들 계급의 상징적 단체인 한림원 에 편입시켰다는 것이다.

『구토』에서는 17세기를 거의 언급하지 않는다. 코르네유에 대한 언 급도 없고 다만 라신의 『브리타니쿠스』가 거론되기는 한다. 그것도 '진 실같음'이라는 테마와 관련은 없어 보인다. 그러니까 이 테마의 구상 은 직접적으로 코르네유를 둘러싼 논쟁보다는 사르트르가 부르주아라 는 신흥계급과 관련하여 생각하는 '가능함 le possible'에 대한 성찰에 서 그 근거를 찾는 것이 옳을 것이다. 이를 위하여 우리가 지금까지 살 펴본 17세기 논쟁의 상황과 배경적 의미를 감안하여야 전반적인 이해 가 가능하리라 생각된다.

사르트르는 스스로 이 소설의 중요한 주제 중 하나가 이 '진실같음' 에 대한 공격이라고 밝힌 적이 있다. 전문학자의 주석에 따르자면, 그 는 이것을 "일종의 부르주아적 사고의 범주로 간주하는데, 왜냐하면 부 르주아는 실제나 진실에 직접 관심을 갖기보다는 그가 가능함이라 여 기는 것의 베일을 통해서 그 실제와 진실을 보기 때문이다." 그러니까 로캉탱이 부르주아지를 상대로 한 형체 없는 싸움은 여기에 근거한다 고 볼 수 있다. '혼자 사는 인간'의 대표로서 로캉탱은 이 '비일상적 모 험'을 통하여 부르주아지의 존재이유와 자신의 현존이라는 비밀을 캐 야 하기 때문이다. 그 베일은 말하자면 그들의 '이데올로기'로서 "실제 세계 자체를 직접의식 la conscience immédiate에 따라 파악하는 태도에 반대하는" 입장이다. 즉 "날것 그대로의 '진실'을 파악하는 혼자 사는 인간의 특권"을 부인하는 것이다. 로캉탱과 부르주아지의 대립을 우리 가 코르네유와 샤플랭 파의 대립과 같은 구도로 보는 이유가 그것이다. 현실 그 자체(진실)가 아니라 현실을 '그렇게 되어야 한다고 그들이 믿 는' 그 가능성의 베일, 즉 '진실같음'을 통해서 보려 한다.

하지만 사르트르가 「뒤퓌 수첩」의 '우연성' 항목에서 생각하듯이 "현존이 가능성의 존재양태이지 가능성 자체가 존재양태는 아니다." 그리고 "존재양태는 오로지 실존existence과 존재 être뿐"이다. 또한 가능성이란 그 한계를 모르는 일반인보다는 차라리 과학자의 세계이기 때문에 일반인의 접근이 실제로 허용되지도 않는 '심리적 카테고리' 일 뿐이다. 그래서 가능성이란 "실제에 대한 생각의 독립"이라는 특징을 가질 뿐이다. 그리고 가능성이란 "필연에 대한 생각 자체가 아니라 그에 이르는 예비적 생각"인데 왜냐하면 "필연에는 선택과 삭제가 있지만 우연에는 없기 때문"이다. 그래서 **우연성의 실제에 선택과 삭제를 주입하여 바라보는 부르주아적 사고의 범주가 바로 '진실같음'**이고, 자연을 상대로 하는 인간의 역사에서 새로운 계급의 주된 이념이 되었다고 볼 수 있다.

그렇다면 작가수첩에 이상과 같이 요약되어 있는 안티부르주아적 구상이, 전통적 의미로 부르주아의 전유물로 알려진 소설에서 그 독자를 상대로 어떻게 형상화되는지 살펴보기로 한다.

3. 『구토』와 진실같음

로캉탱은 카페에서 항상 혼자 있다. 주위 사람들의 즐겁고 '합리적인' 목소리 가운데 있다. 그리고 옆의 젊은이들이 나누는 대화는 간결하고 '진실같은' 이야기이다. 그러니까 로캉탱의 생각에 '합리적'과 '진실같은'은 대칭적이다. 두 관형어는 모두 인간의 이성에 대한 믿음에서 비롯한다. 17세기의 유산이다. 그들은 그렇게 서로 자기 생각을 말하고 '서로 같은 생각'을 가지고 있음에 행복해 하며, 그들이 같은 것에 대해 모두 같은 생각을 하고 있다는 확인에 얼마나 집착하는지 모른다. 그 예로 그들 사이로 우연히 물고기 눈 같은 눈을 가진 사람이 한 명 지나갈 때 그들이 어떤 표정을 짓는지 보기만 해도 충분하다. 이 물고기 눈을 가진 사람은 다른 사람들을 설득하거나 교화시킬 수 없다. 그들과 같지 않기 때문이다. 그들의 눈길을 끌려면 그들과 같은 차림에 같은 눈빛을 가져야 가능하다.

로캉탱은 어느 날 카페에서 아실을 보게 된다. 마주치는 사람들 중에서 유일하게 그와 같은 '혼자 사는 인간 l'homme seul'이라고 생각한다. 아마도 두 사람은 같은 출신일 것이다. 그는 아실을 자기처럼 여행 기념품과 같은 추억을 간직할 가정 없는 일종의 '표류물'이라고 호칭하는데, 하지만 로제라는 의사가 카페에 들어오는 순간 아실은 그의 당당한 자세에 비굴하게 순종하기 시작한다. 그러자 로캉탱은 아실 때문에 부끄러워하고, 같은 편인 두 사람이 오히려 합세하여 그들에 대항해야 할 판인데 그가 그만 그쪽으로 건너가 버렸다고 서운해 한다. 그리고 아실의 경우는 너무 쉽게 '공통된 개념'으로 인도된 경우라고 생각한다. 이에 관련하여 그는 의사, 신부, 법관, 장교와 같은 즉 부르주아나 성직자란 "경험의 전문가"이며, 옛 것을 가지고 새 것을 설명하고, 예컨대 레닌을 러시아의 로베스피에르라고 한다든가 로베스피에르는 프랑스의 크롬웰이라고 말하듯이, 현재를 과거로 이해한다고 비난한다. 그리고 이들의 경험에 다른 사람들도 그렇듯이 아실 씨 또한 쉽게 넘어간 것뿐이며, 이와 같이 '혼자 사는 인간'인 로캉탱도 자신의 개념보다는 전문가의 경험과 같은 '공통된 개념'에 대한 믿음에 오히려 마음이 편안해지는, 그런 유혹을 받는다고 고백한다. 그렇게 나이가 들면서 그들의 사소한 '집착'과 '격언'은 경험이 되고, 휴대용 격언집을 그들은 지혜라고 부른다. 이들 이외에도 사무원, 상인들 같은 아마추어들도 경험을 믿으며 이들 뒤를 따른다. 이처럼 "(개별이나 사실 자체보다는 그에 대한) 보편적인 관념이 더 (합리적이라고) 유혹을 하는 법이고,

그래서 (경험의) 달인뿐 아니라 초심자들도 항상 결국에는 합리적으로 생각하게 되는 법"이라고 생각한다. 그래서 전문가이건 초보자이건 그들이 가장 좋아하는 이야기란 경솔한 자와 튀는 자는 결국 벌을 받는다는 이야기인 것이고, 이에 대해 아무도 반대의견을 내지 않는다는 것이다. 이어서 자못 몽테뉴적인 생각이 계속된다. "그들의 지혜는 그래서 가능한 한 잡음을 내지 않도록, 가능한 한 덜 경험하도록, 그리고 사람들이 자기를 잊어버리기를 독려하게 된다." 몽테뉴의 "미끄러져 가시게, 인간들이여, 체중을 싣지 말고"라는 경고를 연상하게 하기 때문이다.[7] 이는 전형적인 부르주아의 인생관으로 소개된다.

그만큼 '진실같음'의 유혹이 17세기나 20세기나 여전한 이유는 필경 인간 자체에 기인하는 듯하다. 아실은 젊은 날 아버지와 누나의 충고를 따르지 않은 것을 후회하고 있고, 그에 비해 로제는 자신이 지난 삶을 유용하게 할 줄 알았기 때문에 '말할 권리'가 있다고 생각한다면, 아실을 로제와 어떻게 비교할 수 있을까? 주위의 충고를 따르지 않고 제멋대로 살아온 자와 경험과 여론에 따르며 정돈되고 성공적인 삶을 이루어 온 자의 차이라고 할 때, 삶을 유용성의 측면에서 바라보았다는 로제에 대한 묘사에서 우리는 부빌 박물관에서 어느 날 로캉탱이 부빌 항만 건설에 기여한 대표적인 부르주아, 파콤의 초상화를 보며 사로잡힌 긴 상념의 장면을 연상하게 된다. 그 이유는 바로 파콤이 아마도 저녁 시간에는 호라티우스의 송가頌歌odes와 몽테뉴를 읽고 또 읽었을 것이라는 그의 묘사 때문이다. 그리고 한동안 그를 사로잡았던 올리비에 블레비뉴의 초상화에 대한 의구심과 그로부터 파생된 부르주아 전반에 대한 미망을 단숨에 떨쳐 버리고 박물관을 떠나면서 로캉탱

---

7 이 표현을 사르트르는 어린 시절 할머니가 즐겨 되뇌던 구절이라고 자서전의 처음과 끝에서 2번이나 반복하고 있다. 이외에도 『존재와 무』뿐 아니라 1950년대 작성하고 1991년 출판된 베네치아 기행문 모음집 『알브마를 여왕』에서도 인용한다.

은 그들, 부르주아 특유의 의심치 않는 존재이유, 삶을 사는 지혜, 가족에 대한 애착, 그리고 세대 간 대물림 의지를 야유하며 이런 하직 인사를 하기 때문이다.

안녕 당신들의 백합, 그림 속 피난처에 정말 정교하구려, 안녕 예쁜 백합, 우리의 자존심 그리고 우리의 존재이유여, 안녕, 더러운 놈들.(강조 인용자)

이들에게 로캉탱이 야유의 함성을 보내는 이유는 결국 이들의 기만적 속성 때문일 것이다. 자신에게 진실을 숨기는 의식 상태 즉 '자기기만'이라고 사르트르가 정리한 의식의 중요한 속성이다. 그들은 자신의 우연성과 '여기 지금'에 좀처럼 눈을 돌리지 않고 오로지 사회적 지위에 자신의 온전한 정체성이 있다고 믿는 자들이다. 즉, 여론에 의하여 승인되었다고 믿는 어떤 '외관'에 '진실'의 모든 것을 희생시키는 그들의 관점은 '진실같음'을 둘러싼 17세기의 예술관에서도 볼 수 있다.

이와 관련하여 로캉탱이 카페에서 만난 로제 의사가 "눈이 없는 얼굴"과 "마분지 가면"을 가진 살아 있는 사자로 묘사되어 있고, 그와 반대로 도서관의 동상 엥페트라즈와 미술관의 그림 속 주인공들은 죽은 자이지만 오히려 150쌍의 '시선'으로 살아 있는 자를 제압하며 오히려 제2의 삶을 누리고 있다는 어느 해설자의 지적은 흥미롭다. 임박한 자신의 죽음을 스스로 경험으로 이미 느끼고 있는 로제 의사는 "사실은 자신도 혼자이고 획득한 것도 과거도 없으며 점점 기억력은 굳어만 가고 몸도 망가지고 있다는 사실을 견딜 수 없고 그걸 자신에게 감추고 있지만", 영생을 믿는 그는 경험을 통하여 미술관 혹은 도서관에서, 아니면 동상으로 다시 부활할 것을 안다.

사르트르는 일명 「뒤퓌 수첩」에서 이와 같은 의미로 '경험'을 일종의 '체념'이라고 정의한다. 여행에서 얻은 앎이라는 게 실은 그 여행지

원주민들에 대한 '일반적 관념'에 불과하다는 의미에서 '경험'도 개별적이 아닌 보편적인 관념으로의 체념이기 때문이고, 정작 여행을 많이 했다고 하는 사르트르 자신도, 예컨대 서재 밖으로 한 번도 나가 본 적이 없는 어느 철학자보다 인간에 대해서 더 많이 알지 못할 수 있다는 조심성의 부연인 것이다.

4. 진실같음과 예술

이같이 적어도 17세기 예술은 도덕에 종속되었다고 볼 수 있다. 시(운문희곡)에서 이루어지는 행위를 규제한 것은─비록 코르네유는 『시학』의 해석에 있어 자신만의 시각을 고수하며 동의하지 않았지만─이상에서 본 바와 같이 '진실같음'이었고, '진실같음'은 바로 예술의 규정이 되었다. 더 나아가 샤플랭은 '보는 즐거움'과 그 '즐거움의 효과'라는 측면에서 『시학』 제4장의 카타르시스라는 불균형적으로 간소한 교육 효과에 만족하지 않는다. 그래서 그는 호라티우스(65~8 BCE)가 자신의 시학이라고 할 수 있는 『피소 삼부자에게 보내는 서간문』에서 언급한 '효용성'의 개념을 1623년 프랑스에 처음 도입하였다. 결국 이 개념은 17세기를 대표하는 작시법 혹은 연극이론으로 정착하였고, 이를 부알로는 후일 자신의 『연극론』(1674)에서 다시 인용하며 정리하게 된다. 다시 말해 훌륭한 시는 마치 쓴 약을 꿀에 감춘 당의정糖衣錠 같은 유인책으로서 독자를 즐겁게 하지만 시의 참된 목적이란 불유쾌하더라도 유익한 교훈을 주는 것이라는 호라티우스의 주장, '유인한 다음 교육하기'를 그들의 정론으로 삼았고, 따라서 예술의 목적이 대중의 교화라고 생각했다. 이를 위해서는 우선 대중을 감동시키거나 적어도 친화력이 있어야 했다. 이를 승계하여 결국 '진실같음'의 개념이 역사적 '진실'을 제압하고 이 시대를 지배하게 되었던 것인데, 그런데 몇 세기를 뛰어넘어 20세기, 그것도 연극이 아닌 소설에서 다시 거론되는 모습에 우리는 우선 의아한 느낌을 갖지 않을 수 없다.

하지만 교화의 메시지를 담은 예술에 로캉탱이 반감을 표시하는 장면에서 우리는 일종의 기시감을 갖게 된다. 부빌 박물관에서 보게 된 새로운 그림, 〈독신자의 죽음〉은 평생 자신만을 위해 혼자 살던 노인이 혼자 외로운 임종을 맞이하는 장면을 묘사하는데, 18세기 극작가 디드로Diderot(1713~1784)의 '경景tableau'과 화가 그뢰즈Greuze(1725~1805)의 '완전한 순간'을 연상시키는 이 그림이 마찬가지로 독신자인 자신에게 주는 경고에도 로캉탱은 반어법으로 암시한다. "아직 시간이 있어, 난 되돌아 갈 수 있단 말이야."

이는 도서관에서 어느 신문철을 뒤적이다가 로캉탱이 급히 미술관으로 달려오고서부터 생긴 일이다. '구토' 증상의 원인은 물론, 파리해진 '진실'의 흔적 일반을 힘들게 들출 뿐이고 본격적 단서를 잡지 못하였듯이 평소 미술관에서 그냥 지나치기만 하던 블레비뉴라는 어느 부르주아의 초상화에서 슬쩍 담아 두기만 하였던 어색한 기립 자세가 문제가 되기 시작한 것이다. 다시 말해 '진실같음'의 아지랑이에 가려졌던 '진실'이 고개를 살짝 들어올린 것이다. 실인즉 어느 토요일 오후 오래된 어느 신문철에서 블레비뉴의 키가 153센티미터의 단신이었다는 가십 기사를 읽었는데 문득 초상화 속 블레비뉴의 기립 자세가 불균형적으로 보인 점이 이 사실과 관련이 있으리라 생각하여 단숨에 달려온 것이다.

이미 로캉탱의 일상에서 '진실'과 '진실같음'의 경계와 균형이 허물어진 시점이기는 하지만 역사학자라는 그의 직업은 감출 수 없다. 이 순간 우리는 이 소설이 문제점의 단서를 조각조각 나누어 군데군데 설치하고 나중에 퍼즐처럼 짜맞추게 하는 탐정소설의 기법을 차용한 점을 확인하고 놀란다. 사실인즉 블레비뉴는 자신의 영웅적 생애에 비해 초라한 자신의 신체 그대로를 초상화에 담고 싶지 않았고, 또한 이에 영합해 작은 키를 왜곡하면서 불가피하게 구도상의 불균형을 남긴, 화가의 기만적인 초상화 기술을 들추어냈다는 내용이다. 한마디로 예술이 괴상하고 혐오스런 '진실'을 '진실같음'으로 왜곡하여 보여 준 것이다. 이는 17세기의 예처럼 예술이 도덕에 협력한 예로 볼 수 있는데, 그렇다면 왜 이렇게 지루할 정도로 긴 미술관 보고서를 그것도 소설 한가운데 설정했는지, 그 의도를 이제는 가늠해 볼 수 있다. 그리고 이와 관련하여 예술의 감상과 공감의 문제를 꺼내면서 로캉탱은 또다시 부르주아에게 야유와 냉소의 반응을 보인다.

> 저런, 예술에서 위안을 건지려는 바보들이 있다니. 나의 고모 비주아도 그랬지. 그리고 연주회장에는 굴욕을 받은 사람, 자존심을 다친 사람들이 눈을 감고 그들의 창백한 얼굴을 수신 안테나로 바꾸려 한다. 그들이 들은 음들이 그들 안에 흘러들어 와 부드럽게 마음의 양식이 되어, 그들의 고통도, 젊은 베르테르의 슬픔처럼, 음악이 된다고 상상한다. 미가 그들을 동정한다고 믿는 것이다. **얼간이들이라니.** (강조 인용자)

미술관 그림에서 로캉탱이 예로 드는 죽은 사람들뿐 아니라, 연주회 객석에서 눈 감고 고전적 선율로 가슴을 채우려는 살아 있는 사람들은 모두 예술에서 그들이 공유하는 가치를 확인하려 한다. 이러한 의미에서 이른바 "얼간이들"과 "더러운 놈들"은 동격이다.

그들과는 다르게 로캉탱과 같은 '혼자 사는 인간'에게는 나름대로 자신의 특권이라고 생각하는 순간이 있다. 낯설지만 생생한 장면과 순간들이 주는 '무해한 감동'이라는 느낌이 그것인데, 부르주아들에게는 이런 순간이 오히려 두렵거나 난감할 것이다. 바로 로캉탱이 카페에서 본 장면인데, 흑인 청년과 뒤로 걷던 백인 여자가 공사장 간이담장의 길모퉁이에서 부딪쳤는데, 여러 명의 무리에 속했다면 이 장면에 같이 웃었을 테지만 '혼자 사는 인간'에게는 반대로 어떤 것과도 무관한 감동을 얻을 수 있는 장면이다. 이런 종류의 감동은 고전적 예술의 비전이자 어떤 의미에서는 '질곡'이라고도 할 수 있는 '진실같음'과 '확실함'을 통해 얻을 수 있는 추상적 감동과는 차원이 다른, 말하자면 '혼자 사는 인간'이 날것 자체로서의 삶의 순간성과 우연성을 구체적으로 경험하면서 얻을 수 있는 감동이다.

실인즉, 로캉탱과 그의 헤어진 여자 친구 아니 Anny는 모두 자신의 삶과 모험을 연결하려 했던 '모험가'에 속한다. 아니는 말한다. "누구든 행동하는 인간이 될 수는 없다고요." 영웅도 행동하는 인간인 투사의 기생충이다. 즉 자신이 영웅이 되고 싶었지만 삶에서는 잡을 수 없는 모험을 헛되이 추구할 뿐이며, 그녀는 죽음의 길목에서 차선의 '완전한 순간들'의 수집에 집착하는 모험가에 그쳤음을 뒤늦게 복기해 본다. 이러한 아니가 후일 부러워하게 되었을 롤모델은 고문에도 불구하고 입을 열지 않았으며 단순히 "난 달리 방법이 없었다"라고 말하는 투사일 텐데, 하지만 부르주아지를 청산하고 이러한 투사만 남게 하려는 공산주의에도 부족한 건, 사르트르에 의하면, 그래도 역시 모험가의 이율배반이며 주체성이다. 그 마지막 모험가로 그는 7개의 불가능한 조건들을 경험하는 (아라비아의) T. E. 로렌스(1888~1935)를 꼽으며, 차제에 이 부르주아 문화를 그는 '개별적 전체'라고 이름 짓고, 그 특유의 추상성과 단독성을 드러내며 부각시키게 된다. 물론 그들의 모험 추구는 '모험가'라는 명칭 자체가 암시하듯이 결국 실패하게 되지만, 그래도 그들의 예술적 시도는 자신의 삶 즉 '진실'을 겨냥하며 자신이 속한 부르주아지의 '진실같음'의 예술관과는 차별적이고 싶어 한다. 로캉탱은 '모험'과 같은 형식의 문학적 삶을 실현하려 했다.

여태 그는 이야기의 정체를 몰랐기 때문에 '살기'에서 '이야기하기'를 분리해 내지 못했다. 그 혼돈 속에서 마치 눈뜬장님처럼 모험에 대한 환상을 일상의 삶에서 지켜 온 것이다. 그런데 뜻하지 않은 독학자의 매개로 비로소 진실을 깨닫게 된다. 즉 모든 이야기의 첫 줄에는 이미 아무도 의식하지 못하는 그 사건의 결말이 도사린 채 다음 문장들을 제도하고 암시하고 있다는 점에서 결국 '진짜 이야기'란 세상에 있을 수 없으며, 시작과 끝이라는 건 '살기'에는 없는 것이고 오로지 이야기에나 있는 것이고, 그래서 같은 사건이 삶과 이야기에 동시에 위치한다고 가정할 때도 그 발생 형식에는 각기 우연과 필연이라는 근본적으로 다른 속성이 있는 것이다. 그래서 로캉탱은 결국 모험이라는 짜릿한 순간에 대한 환상을 삶에서 지우게 된다. 이 발견은 동시에 그로 하여금 그의 일상에서 '진실같음'의 그늘을 분리해 낼 수 있게 하는 첫 번째 성과를 이루는데, 그는 이를 발판으로, 우리가 앞서 보았듯이, 또 다른 부르주아의 장르인 초상화에서 '진실같음'의 단서를 추적할 수 있게 된 것이다. 한편, 발자크(1799~1850)의 『외제니 그랑데』(1833)의 초반, 모녀간의 대화는 그런 이유로 『구토』에 인용된 것이다. 앞으로 전개될 주인공, 외제니의 불행의 윤곽을 그려 내는 단서와 예고로 충만하다.

외제니는 엄마 손에 입술을 맞추며 말한다: −우리 엄만 참 착해! 이 말에 오랜 고통으로 지친 엄마의 안색이 밝아진다. −그 사람, 좋아 보이지 않아, 엄마? 이에 그랑데 부인은 미소만 지을 뿐, 잠시 말을 멈추더니 낮게 말한다. −그러니까 그를 사랑한다고? 그건 안 돼. 외제니가 말을 받는다. −안 된다니, 왜? 엄마 맘에 들고, 나농 맘에도 들고, 그런데 왜 내 맘에 안 들겠어? 자 엄마, 우리 같이 그의 점심을 차려요.

하지만 '살기'에는 그런 예고가 없다. 예컨대 로캉탱은 소설의 문장하나하나가 가지는 연결과 예고의 힘이 자신의 '살기'의 시간까지도 조명하는 그러한 계시가 되기를 희망한 것이었다. 이러한 이야기 속 순간순간의 연결과 예고에 대한 착각과 환상이 바로 17세기 이래 '진실같음'이라는 부르주아의 이미지를 빌려 사르트르가 소개하는 부분이다. 아니는 삶을 연극과 같은 '완전한 순간'의 연속으로 이루려 했으나 결국 그들 모두는 모험이나 완전한 순간이나 예술과는 상관없이, 일상의 흐름을 그대로 수용하는 연명의 삶을 이어 가게 된다. 이와 관련하여 사르트르는 『전쟁 수첩』에서 그보다 겨우 일 년 전에 출간된 이 소설의 중요한 단정, 즉 "모험은 없다"를 "모험은 실현할 수 없는 것"으로 수정 제의하면서 이 기회에 예술을 모험에 연관시켜 정의한다.

모험이란 가장 예외적인 상황 한가운데서 항상 모험가를 피해 달아나지만 그래도 인간 행위의 본질적인 카테고리이다. 모험은 또한 그 모험을 소재로 만들어진 이야기를 통해 오로지 과거형 시제로만 출현하는 속성을 가진 존재자이다. 이 '실현 불가능한 것'의 특징은 내가 그것을 끝까지 그리고 자세하게 생각할 수 있고 또한 어휘를 통해 다른 사람으로 하여금 그것을 실현하게 할 수 있다는 점이다. 그것은 예술 형태일 것이고 그렇다면 예술이란 우리의 '실현 불가능한 것'을 다른 사람으로 하여금 상상적으로 실현하게 하는 수단일 것이다. 그러나 진정성을 따른다면 우리는 그것을 부정하거나 헛되이 실현하려 하기보다는 실현 불가능한 것으로 수용해야 할 것이다. 가끔 타인에게서 보게 되는 이런 결함을 보부아르와 나는 가상假像이라고 생각했는데, 이는 기본적으로 실현 불가능한 것을 우리 스스로 실현된 것이라고 믿도록 하는 일종의 자기기만으로 이루어진다.

말하자면 데카르트의 코기토에 삼켜진 파스칼 식 직관, 또는 '진실같음'에 자리를 내준 '역사적 진실'에 관한 코르네유 식 유감은 로캉탱

이 카페 유리창을 통해 보게 된 어느 남녀의 가벼운 충돌 장면에서도
되살아날 수 있다. 그건 직관과 이성, 날것과 익힌 것, 자연과 문화, 등
등 17세기 식 갈등이 그대로 잊힌 채 20세기에도 여전히 새로운 문제
인 듯 남아 있게 한다.

5. 진실같음과 휴머니즘

이 소설에는 독학자만큼 흥미로운 인물도 없다. 우선 독서는 그를
격언의 수호자가 되게 한다. 하지만 로캉탱은 그의 우스꽝스런 독서법
을 알아챈다. 알파벳 순서대로 지식 습득을 진행하는 중인 것이다. 그
래서 만날 때마다 그가 대화에 도입하는 격언에 냉담한 반응을 보인
다. 그럼에도 독학자가 표현하는 일련의 관심과 주제는 로캉탱 자신이
부정하게 되는 자신의 과거 모습을 내비치는, 즉 로캉탱의 '과거형 분
신'이 아닐까 생각하게 된다. 그리고 물론 우연의 일치이겠지만 소설
출간 2년 후 작가의 참전 상황, 포로수용소의 공동체 생활, 그리고 인
간에 대한 인식 변화 등의 체험은 그의 역겨운 주인공, 독학자의 경험
들과 흡사하다.

"파스칼처럼 습관이란 제2의 천성이라고 말할 수 있을까요?"라는 독
학자의 질문에 로캉탱은 "경우에 따라 다르다"고 대답하고, 리녹스 로
빈슨이라는 미국 작가가 1933년 출간한 『삶이란 살 가치가 있는가?』라
는 책의 결론을 독학자가 인용하며 의견을 묻자 마찬가지로 "전혁"라
고 간단히 말을 자른다. 인간이 만일 의미를 찾으려 한다면 삶에는 의
미가 있다는 입장에 대한 반응이다. 그러니 우선 행동을 하고 시도를
하고 그다음 생각해 봐서 자신의 운명이 그 선택에 던져진 상태라면 그
게 바로 독학자가 말하는 참여라는 것이다. 이러한 인간 위주의 '진실

다운' 해석에 이미 '진실'을 향한 비일상적 모험 한가운데에 접어든 로 캉탱이 동의할 수 없음은 자명하다. 하지만 독학자는 공모를 구하는 눈 빛으로 자신은 이 삶의 '의미'라는 결론보다 오히려 한 걸음 더 나아가 삶에 '목적'이 있음을 믿는다고 로캉탱을 한술 떠 본다. 자신의 결론은 삶의 목적이 다름 아닌 '인간'이라는 것이다.

물론 사르트르의 참여문학론은 이도 저도 아니다. 참여문학이 그 의 미나 목적의 규정 작업을 떠나서 현존과 상황을 작가의 삶과 예술의 중심에 놓으려는 선택이라고 한다면 독학자의 현실 참여라는 목적론 과는 아예 궤도 자체가 다르다고 하겠다. 의미와 목적이라는 유용성 의 개념으로 삶과 현존의 진실에 가닿을 수는 없기 때문이다. 그렇지 만 이후 사르트르는 한 번도 독학자라는 주인공에 대해 언급한 적이 없다. 그리고 이념과 표현에 한정된 독학자의 삶은 로캉탱의 비웃음을 산다. 하지만 작가 사르트르가 포로 생활 당시 겪은 체험이 이미 자신 이 만들어 낸 다면적多面的인 주인공, 즉 독학자의 이력과 유사한 궤적 을 이루는 기이한 현상은 어떻게 해석할 수 있을까? 독학자는 로캉탱 에게 고백한다.

전쟁이 일어났고 저도 참여했죠. 하지만 그 이유를 몰랐어요. 2년을 체 류하였는데도 이해하지 못했습니다. 전선의 일과는 생각할 시간을 거의 주 지 않았고 군인들도 너무 거칠었기 때문입니다. 1917년 말 저는 포로가 되 었고, 사람들은 말하더군요. 많은 병사들이 포로 생활중에 어릴 적 신앙을 되찾았다고 말입니다. 저는 신을 믿지 않습니다. 신의 존재는 과학에 의해 부정되었잖아요. 수용소에서 그 대신 저는 인간을 믿는 법을 배웠습니다.

사르트르도 1946년 뉴욕 청중에게 첫 참여의 체험을 다음과 같이 소 개한다.

저의 첫 번 연극 체험은 각별한 행운이었죠. 1940년 독일에서 포로로 있었을 때, 저는 제 동료들을 위해 성탄절 희곡을 쓰고 연출하고 연기까지 했습니다. 물론 평론가들은 이 연극이 아마추어들의 작업이고 특별한 상황의 결과물이라고 말하겠지만 그 기회에 저는 조명 불빛 너머로 동료들에게 그들의 포로 신분에 관한 얘기를 건넸죠. 그때 갑자기 놀라우리만큼 조용하고 주의 깊은 그들을 보았고, 저는 깨달았습니다. 연극이 지향해야 할 것은 집단적이고 종교적인 대규모의 현상이라는 사실을 말이죠.

물론 독학자의 휴머니즘은 사르트르의 연극 체험과는 다르다고 할 수 있다. '거친 군인들'과의 진정한 만남을 피한 채 과학에 의해 부정된 신의 대리존재로서 인간이라는 관념을 믿게 된 독학자와, 동료들을 상대로 동료들과 함께 연극이라는 현장 체험을 나눈 사르트르는 같다고 할 수 없다. 하지만 독학자와 사르트르는 모두 똑같은 전쟁 체험을 통하여 각자의 표현에 따르면 하나의 전환기를 맞는다. 동일한 발화자의 동일한 담화구조뿐 아니라 일단 전쟁이 한 개인의 관점을 수정한다는 동일한 과정의 겹침과 재현, 혹은 독학자를 통해 만들어 낸 가공의 담론이 작가 본인의 삶에서 실현된 우연의 일치가 우선 놀랍다. 그다음으로 독학자를 통해 내뱉은 '우선 행동'이라는 '참여'의 정의가 어떤 족쇄가 되어 향후 사르트르의 참여에 관한 자세를 더욱 신중하게 하였을 수 있다. 사회당에 가입한 독학자의 선택은 당연히 사르트르의 것이 아니었으며, 파리 해방까지 작가로서의 현실 참여의 범위는 제한적이었기 때문에 다소 비정치적인 성향의 희곡이나 소설과 같은 문학 장르를 고수할 수 있었으나 해방 이후는 부르주아지와 직접 만날 수 있는 보다 나은 장르로 사르트르가 소설보다 연극, 그리고 철학보다는 정치평론을 선호하지 않았을까 추측해 본다. 하지만 그 자신 말하듯이 "참여문학을 한다는 건 현재 사회에 국한되어, 20년 후면 더 이상 의미가 없어질 문제들에 전념한다는 것"이기 때문에 문학에 관한 그의 생애의 관심은 크게 둘로 나뉘어 있다. 참여문학의 기치에도 '비참여문학'에 대한 애착을 지울 수는 없었다.

지금까지 우리가 로캉탱이라는 한 개인에게 어느 날 찾아온 '진실'의 노크를 해석하기 위해 그가 기거하는 도시의 부르주아적 전통과 현재에 남아 있는 '진실같은' 흔적을 그와 함께 하나씩 걷어 내며 조명하려고 했다면, 앞으로 남은 과제는 마치 산에서 내려온 어느 환속자의 새로운 참여 의지와 그 시도를 조명하는 작업일 것이다. 그러나 '진실같음'의 시각은 더 이상 유효하지 않아 보인다. 전후 부르주아지와의 투쟁이 거론되기는 하지만, 예컨대 알제리 전쟁에 관해서 1954년 말까지만 해도 사르트르는 자신의 목소리를 내지 않았기 때문이다. 또한 1955년 "더 이상 부르주아에게 할 말이 없다", 혹은 1960년 "『알토나의 유폐인들』이 제기하는 문제는 비단 부르주아 관객만이 아니고 모든 국민들에게 해당된다"고 말하고, 부르주아를 포함한 대중 전체를 상대하는 민중극의 필요성 등 전반적인 변화에 대한 요청에 그칠 뿐 이 역시 그가 구현하였다고 보기 힘들기 때문이다. 따라서 아마도 '진실같음'이라는 원론적인 개념은 '우선 행동'을 선택하게 된 작가에게 1954년을 전후하여 이미 하나의 지표로 분류되었고, 그 대신 등장한 참여와 투쟁이라는 실천적 이념에 가려져 더는 거론되지 않게 된 개념이라고 볼 수 있겠다.

6. 맺음말

결국 대면하기 벅찬 '역사적 사실'이라는 실제를 어쩔 수 없이 목도하면서도 인간은 일반적으로 '진실'의 시선을 취하지 않는다. 그것은 여전히 조물주의 몫이며, 수행자와 과학자에게 넘겨지는 과제일 뿐 일상인의 사고 범주를 벗어난다고 볼 수 있다. 하지만 과학의 성과에 따라 일상인도 부단히 자연을 가처분의 영역으로 포함시키려 한다는 관점에서 볼 때, '진실'보다 '진실같음'의 시선을 취하는 부르주아의 속성을 사르트르처럼 부르주아만의 것이라고 비난할 수는 없을 것이다. 즉 인간은 자연을 상대로 우선적으로 '진실같음'의 가능성 여부를 모색하기 때문이다.

이 글을 구상할 때 우리의 출발은 사르트르의 첫 소설에서 거론되는 '진실같음'이라는 개념이 과연 17세기의 '진실같음' 논쟁과 관련이 있는가 하는 단순한 물음이었다. 하지만 17세기 논쟁의 배경과 내막을 살펴보면서 그 당시 대립하던 두 입장이 이 소설의 구조에 반영되었고, 급기야는 17세기 예술론이 19세기 부르주아의 예술관을 이루게 되었다는 흔적을 찾아낼 수 있었다. 그래서 작가가 비록 다른 기회에 예술 일반이 일종의 자기기만의 욕구라는 가상을 기본으로 한다고 지적을 하지만 이 소설에서는 예술 자체보다는 첫째 '진실같음'과 관련된 사고범주, 둘째 삶과 예술에 관한 '유용성'의 시각, 즉 도덕에 종속된 예술관을 풍자하고 있다는 사실을 알게 되었다. 이런 점에서 생각해 보면 마치 코르네유가 로캉탱으로 부활하여 당대의 논쟁을 20세기의 '혼자 사는 인간'의 시각에 옮겨 놓았는가 하는 착각이 들 정도인데, 이 소설의 논점이 부르주아에 대한 신랄한 풍자보다는 '존재'라는 진실을 찾는 개인적인 모험에 있다고 본다면, 결국 '진실같음'의 주제는 보완적인 역할에 그친다고 볼 수 있다.

그래도 역시 이 글의 한계는 일단 사르트르가 본격적인 참여와 투쟁에 접어든 시기까지 다루기 어렵다는 점이다. 그것은 더 이상 그에게 '진실같음'이라는 관념적 시각이 유효하지 않기 때문이다. 살펴본 바로는 사르트르 자신도 『구토』 출간 이후 이 개념을 더 이상 거론하지 않는다. 하지만 예컨대 『상황』이나 『변증법적 이성 비판』을 포함하여 더 포괄적인 시각에서 다룬다면 우리의 글도 수정을 가해야 할 부분이 있을지 모른다.

한편 지구상의 재해나 불가항력적인 재난을 두고 인간은 점차 천재天災가 아니라 인재일 수 있다고 자책하는 경향을 보인다. 사실 생각해 보면 인간의 역사란 자연의 일부라는 인간 개념으로부터 출발한 인류가 인간과 자연의 대립 구도를 형성하는 데 근간이 되었던 '진실같음'이라는 근대적 이데올로기를 거쳐, 자연의 인간적 해석과 제어라는 현대 과학 이데올로기로 확장해 가는 과정과 다르지 않은 듯하다. 그리고 '진실'에서 차지하는 우연성의 몫을 '진실같음'이라는 인간의 의지 혹은 협약대로 가능한 한 필연성의 결론으로 대체하려는 과정이라고도 표현할 수 있다면, 이 점에서 우연과 필연이라는 철학적 주제도 이 논제에 연관되어 있다고 하겠다. 또한 사르트르가 주로 문학과 예술에 관련하여 '진실같음'을 형상화하였다면 우리는 이 개념을 더 나아가 인류의 역사를 바라보는 일반적인 시각으로 확장시키려는 모색을 하고 있다고 말할 수 있겠다.

『닫힌 방』의 서사극적 특징에 대한 연구

강 충 권

1. 머리말

사르트르의 희곡 『닫힌 방Huis clos』이 초연된 때는 1944년 5월로서 프랑스가 나치 독일 점령 치하로부터 해방될 희망이 싹트는 가운데 점령지 프랑스 인들의 생활 여건은 더욱 악화되던 시기였다. 이와 같이 절망과 희망이 교차되는 시기가 호기가 되어 『닫힌 방』은 대독 협력자 진영의 신랄한 비판들에도 불구하고 선풍적인 인기를 얻었고 프랑스 해방 후에도 인기가 지속되었다.[1] 이 작품은 독일 점령하에서는 '닫힌 방'이 독일 점령하의 프랑스를 상징하는 것으로 이해되고, 대독 협력자들의 비난이 거센 만큼이나 대독 항전적 성격의 작품으로 인식된 데 그

---

[1] 물론 전반적인 인기는 아니었다. 카톨릭 진영, 우파 진영, 좌파 진영에 걸쳐서 『존재와 무』에 개진된 그의 존재론을 폄하하며 이에 연결시켜 그의 희곡작품을 윤리적 혹은 이데올로기적으로 재단하는 비평가들이 허다했음은 주지의 사실이며, Ingrid Galster가 지적한 것처럼(*Le Théâtre de Jean-Paul Sartre devant ses premiers critiques*, Jean-Michel Place, 1994, p. 313 참조) 종전 후의 열광과 흥분이 가라앉자 이전에 『닫힌 방』에 열광했던 레지스탕스 출신들이나 좌파들이 비판으로 돌아선 바도 있다.

인기의 원인이 있었다. 프랑스 해방 이후 이 작품에 대한 분석과 연구는 이 작품이 발표되기 한 해 전에 출간된 사르트르의 철학서 『존재와 무』에 의거해서, 그중에서도 대타존재 être-pour-autrui와 시선 regard의 서술 부분에 주로 의거해서 이루어져 왔다.

이 연구는 이러한 철학적 관점에서 분석하는 것이 아니라 연극적 관점에서 분석하고자 한다. 갈스터가 지적한 바와 같이 『닫힌 방』은 연극의 패러다임을 바꾼 반反연극 antithéâtre적 작품으로 간주할 수 있는 만큼[2] 연극적 관점에서 접근하는 것도 의미 있는 일로 보이기 때문이다. 『닫힌 방』은 긴장감 있는 대사, 등장인물들의 시선 싸움 등으로 독자와 관객의 주의 집중을 유도하는 작품이면서도 관객이 일정한 거리를 유지하도록 유도하는 독특한 작품이라고 할 수 있다. 다름 아니라 이 작품은 브레히트가 반反아리스토텔레스극을 표방하며 전통극과 서사극을 비교한 대조표[3]에서 제시한 서사극의 특징들 중 많은 부분을 지니고 있는 점을 발견하게 된다. 연극이 이야기 narration라는 것, 관객을 관찰자 observateur로 만들면서 그의 지적 활동 activité intellectuelle을 일깨워 결정을 내리도록 만든다는 것, 세계관 vision du monde을 유도한다는 것, 입론 argumentation을 하는 것, 감정을 인식 connaissance의 차원까지 밀고 나아간다는 것, 관객은 극 앞에 있으면서 연구하는 사람이라는 것, 각 장면이 자체적, 독립적 chaque scène pour soi이라는 것, 이성 raison이 주가 된다는 점 등등은 우리가 『닫힌 방』에서 비교적 쉽게 확인할 수 있는 특징들이며, 인간은 변화하고 변화시키는 존재로서 인간은 과정이며 탐구의 대상이 된다는 점, 그리고 사회적 존재 l'être social가 사유 pensée를 결정한다는 것은 이 작품이 남기는 메

---

2 같은 곳.
3 Bertolt Brecht, *Ecrits sur le théâtre*, t. 1 (L'Arche, 1967), pp. 260-61.

시지라고 할 수 있는 것이다. 이와 같이 볼 때 『닫힌 방』은 몽타주, 곡선적 진행 déroulement sinueux, 도약 bonds을 제외하고는 비록 세부적인 면까지 모두 일치하지는 않더라도 서사극적 요소를 충분히 지니고 있다고 할 수 있다. 이와 같은 점에 착안하여 이 연구에서는 이 작품이 어떤 서사극적 특징을 지니고 있는지 플롯, 무대장치, 등장인물, 주제에 걸쳐 그 일치점 및 유사점들을 분석해 봄으로써 사르트르의 희곡이 보여 주는 소외효과적 연극성을 도출해 보고자 한다.

2. 플롯

(1) 극적 환상 배제의 공간

일반적으로 연극은 무대에서 공연되는 극중 사실을 관객이 현실 혹은 진실로 받아들이도록 극적 환상을 창조한다. 그러나 『닫힌 방』은 이러한 극적 환상을 배제하는 구성을 보이고 있는데 그것은 무엇보다도 극의 공간을, 죽은 자들이 그 어떤 형벌도 없는 이상한 지옥으로 그리고 탈시간적인 공간으로 설정한 데 있다. 이와 같은 비사실적 혹은 비관습적 공간 설정은 기본적으로 독자 혹은 관객이 감정이입이나 동일화 작용을 할 수 없게 만든다. 이것은 극적 전개를 통해 신화의 공간을 인간의 공간으로 변모시켜 독자와 관객의 감정이입을 유도하는 그의 이전 작품 『파리떼 Les Mouches』와는 다른 설정이다. 레셰르보니에는 고전적 비극과 달리 『닫힌 방』의 비극성은 이미 이루어진 상황에서의 자유의 무용성에 있다고 지적했다.

고전적 비극성은 만들어 가야 할 상황에서 자유가 무력하다는 데에서 비

롯했다. 사르트르적 비극성은 이미 만들어진 상황에서 전적인 자유가 무용하다는 데에서 비롯한다.[4]

그가 지적하는 것처럼 과거를 변경시킬 수 없고 부재하는 미래 또한 변경시킬 수 없는 것, 죽음이 도달점이 되는 고전극과 달리 죽음이 부재하므로 인물들이 기다리는 것 자체를 못 참는 것, 그리하여 경우에 따라서 가능한 행복한 결말도 있을 수 없는 것[5]은 다름 아닌 작가의 낯선 상황 설정에 기인한다. 기독교적 관점에 따라 천국과 연옥과 대비되는 공간으로 설정된 지옥도 아니고 고전극, 낭만극, 환상극 등에서처럼 현실과 상상의 경계에 있는 영혼, 유령, 심령들의 공간도 아니다. 고정된 과거를 지닌, 즉 더 이상 초월할 수 없는 과거를 지닌 과거적 인물들의 공간이다. 그것은 브레히트 식으로 말한다면 소외효과를 위해서 역사화[6]시킨 공간이라 할 수 있다. 이와 같이 기이한 지옥 설정은 비록 그 속에서 이루어지는 대화가 살아 있는 자들의 대화와 흡사하게 이루어진다 하더라도 극적 개연성이 결여되어 있기 때문에 독자와 관객이 처음부터 관찰하는 위치에 자리 잡게 한다.

(2) 사건 구성의 탈규칙성

『닫힌 방』은 가르생이 방에 입장하는 제1장(pp. 13-21),[7] 가르생이 부질없이 사동을 불러 보는 제2장(p. 22), 이네스가 방에 입장하는 제3

---

4 Bernard Lecherbonnier, *Huis clos Sartre* (Hatier, 1972), p. 48.

5 위의 책, pp. 48-49.

6 Brecht, 앞의 책, p. 295: "거리두기는 따라서 '역사화하기(historiciser)'이며 그것은 과정과 인물들을 역사적인, 다른 말로 하면 일시적인 과정과 인물들로 표현하는 것이다."

7 이하, 『닫힌 방』의 텍스트로는 Jean-Paul Sartre, *Huis clos/Les mouches* (Gallimard, folio, 1975)를 사용하며, 인용시 출처는 장면(sc.)과 쪽수(p.)만으로 표기하겠다.

장(pp. 22-27), 에스텔이 방에 입장하여 서로 자기소개하고 사동이 퇴장하는 제4장(pp. 27-29), 그리고 세 인물이 남아 끝까지 같이 있으면서 서로 억압적이고 기만적인 언어와 행동을 보이는 제5장(pp. 29-94)으로 구성되어 있으며 사실상 작품의 대부분을 차지하는 제5장이 주요 내용을 형성한다. 그런데 불균형하게 긴 이 제5장으로 말하자면 이네스, 가르생, 에스텔이 죽게 된 경위를 서로 간단히 설명하는 이야기(pp. 29-33), 에스텔과 이네스와 가르생이 번갈아 지상을 떠올리며 혹은 투시하며 하는 이야기(pp. 33-34), 죽어서 그곳에 오게 된 경위를 서로 묻고 답하는 이야기(pp. 34-40), 이네스가 자신들은 지옥에 와 있노라고 환기하면서 에스텔과 이야기를 하다가 조용히 하라고 강요하는 가르생과 충돌하는 이야기(pp. 41-50), 이네스가 침묵을 참지 못하고 가르생에 대한 공격적인 말을 꺼냄으로써 야기되는 상호 적대감 속에 각자의 과거와 지상의 현실에 대해서 하는 이야기(pp. 50-63) 등등 논리적 혹은 극적 전개의 과정 없이 극의 말미까지 인물들의 즉흥적 이야기들이 이루는 에피소드들의 나열을 볼 수 있다. 그에 따라 종반부에서 지옥(방)의 문이 열리는 장면(p. 85)도 극적 전개상의 절정을 이루지 않고 하나의 우연적 사건일 뿐이다. 이것은 비교적 고전적 구성 형식에 가까운 사르트르의 다른 희곡작품들[8]과 비교할 때 발단 단계로부터 결말 단계에 이르기까지 잘 짜여진 구성이 아니라 불균형하고 병렬적인 구성이다. 이와 같이 『닫힌 방』은 긴장미 있는 대사와 동작에도 불구하고 극적 사건의 전개로 플롯이 이루어진 것이 아니라 주로 등장인물들이 그때 그때 꺼내고 묻고 답하고 논쟁하는 이야기들이 삽화적이고 서술적인 플롯을 이루고 있다는 점에서 서사극적 특징을 볼 수 있다.

---

8 이러한 고전적 구성 양식의 작품들에서는 『톱니바퀴(L'Engrenage)』와 『모든 것이 끝났다 (Les Jeux sont faits)』도 제외되어야 할 것이다.

(3) 극중극의 구조

극의 구성은 이네스의 주도하에 세 등장인물이 암묵적으로 합의해서 하는 지옥의 연극놀이로 구성된다. 다음의 대화를 보자.

이네스   육체적인 고문은 없겠죠? 그런데도 우리는 지옥에 있어요. 게다가 아무도 올 리 없고요. 아무도. 우리는 끝까지 우리끼리만 남아 있겠죠. 안 그래요? 결국 여기엔 한 사람이 빠져 있어요. 바로 사형집행인이에요.

가르생   (작은 소리로) 잘 알고 있소.

이네스   그럼 그들은 인원을 절약한 거군요. 그게 전부예요. 협동조합 식당에서처럼 손님들이 셀프 서비스를 하는 거죠.

에스텔   무슨 뜻이죠?

이네스   바로 우리 각자가 나머지 두 사람의 사형집행인이라는 거예요.
          (sc. 5, p. 87)

이 지옥 놀이는 '사형집행인 – 희생자bourreau - victime'의 놀이이다. 상호간 적대적 관계 속에 등장인물들은 2 대 1로 사형집행인 – 희생자의 짝을 번갈아 이루면서 가해자 – 피해자, 새디즘 – 매저키즘의 양상을 보인다. 예컨대 에스텔을 궁지에 몰아서 그녀 자신의 영아살해죄를 실토하게 할 때(sc. 5, pp. 57-61)의 이네스/가르생과 에스텔, 이네스 앞에서 도발적이고 작위적인 사랑의 자세를 취할 때(sc. 5, pp. 72-75, 90-92)의 에스텔/가르생과 이네스, 닫힌 방의 문이 갑자기 열렸을 때 이네스를 같이 내던지자는 에스텔의 제안에 반대하며 이네스가 자기와 같은 부류라고 가르생이 말할 때(sc. 5, p. 87)의 이네스/가르생과 에스텔의 관계 등을 들 수 있다.

이러한 이합집산에서 우리가 발견하는 것은 자연스러운 감정과 판단에 의한 결합 관계가 아니라 진정한 우정이나 사랑이 결여된 채 작위적인 관계를 이룬다는 것이다. 그러므로 정작 방의 문이 열렸을 때 아무도 나가려 하지 않는 것은 '닫힌 방'이 지옥의 공간이 아니라 또 하나의 연극 공간이 되었음을 의미한다. 결국 세 인물이 아이러니한 웃음을 웃다가 정색을 하고, 가르생이 다시 계속하자는 말로 극이 끝나는 장면도 이러한 의미로 해석할 수 있다. 장 주네의 『발코니』와 유사한 구조를 보이는 이 극중극 양식은 독자와 관객으로 하여금 극을 재구성하게 하는 객관화 작업을 유도하고 있다.

3. 무대장치

무대 장식, 소도구를 포함하여 무대장치를 살펴볼 때 무대의 구성은 제2제정시대 풍의 거실, 닫혀 있는 문, 벽난로, 청동상, 전등, 초인종, 안락의자 3개, 페이퍼 나이프가 전부이다.

(1) 무대장치의 의미 상실

첫 장면이 시작되며 드러나는 제2제정시대 양식의 무대장치는 빈약함을 논외로 한다면 크게 이상할 것이 없다. 그러나 이윽고 가르생이 사동과 대화하던 중 지옥의 형구들이 어디 있느냐고 묻는 순간부터 무대장치는 의미 상실과 함께 독자와 관객으로 하여금 낯선 곳에 와 있다는 느낌을 갖도록 하여 급격한 소외효과를 가져온다.

가르생   (갑자기 다시 심각해지며) 쇠꼬챙이들은 어디 있지?

사동	뭐라고요?
가르생	쇠꼬챙이, 석쇠, 가죽 깔때기.
사동	농담 하세요? (sc. 1, p. 15)

제2제정시대 풍의 무대장치와 지옥 공간이라는 전혀 부합되지 않는 두 개념 사이에서 독자와 관객은 급격한 혼란과 함께 이성적 분석적 작업을 하게 된다. 이와 같은 극적 환상 배제로서의 무대장치는 바로 브레히트 식의 전략이라고 볼 수 있다. 그는 다음과 같이 무대장치가 관객의 몰입을 저지하도록 만들어져야 한다고 말한 바 있다.

많은 무대장치가들은 명예를 걸고 관객들이 무대를 보면서 실제 삶의 실제 장소에 있다고 생각하도록 만든다. 그러나 관객들이 얻어 내야 할 점은 자신들이 훌륭한 극장에 있다고 생각하는 것이다.[9]

그러므로 고전적 희곡에서 지옥을 묘사하여 독자와 관객의 몰입을 유도하는 것과 달리 작가는 엉뚱한 무대장치를 제시함으로써 독자와 관객으로 하여금 미처 파악되지 않은 낯선 지옥의 관찰자로 남게 한다.

(2) 시간적 공간적 제약의 소멸

변화 없는 최소한의 무대장치는 베케트 식으로 인간의 헐벗음을 드러내는 상징적인 의미도 있지만 시간, 공간의 의미를 퇴색하게 하는 기능도 수행한다. 브레히트 식으로 말하면 무대장치를 간소화해서 시간, 공간상의 제약을 없애려 하는 방식과도 통한다. 브레히트는 빈약한 무

---

9 Brecht, 앞의 책, p. 434.

대를 제시함으로써 관객의 이성적 구체적 작업과 함께 상상력의 발휘도 유도하려 했다.

　착각의 여지를 거부하고 특징만을 나타내며 추상으로 작업함으로써 관객들에게 구체화하는 수고를 남겨 놓는 무대 구성으로부터 또한 절제의 인상이 생겨날 수 있다. 이러한 무대 구성은 상상력의 마비나 위축에 대항하는 것이다.[10]

전원 스위치 없는 전등, 제2장부터 더 이상 작동되지 않는 문의 초인종, 사동의 퇴장과 함께 제5장부터 더 이상 열리지 않는 문 그리고 창문, 거울, 시계 등의 부재 등 시간 관념을 견지할 수 있게 하는 그 어떤 장치도 없고 외부와 소통할 수 있는 그 어떤 수단도 없는 것은 '닫힌 방'이 지니는 시간과 공간의 의미가 소멸되었음을 뜻한다. "나의 아내가 방금 죽었소. 두 달 전에"(sc. 5, p. 80)라고 말하는 가르생은 시간 관념의 붕괴를 극명하게 보여 주며, 루에트가 제시하는 등장인물들의 이야기에 의해서 형성되는 '무대 외 공간espace extra-scénique'[11]도 실상 무대공간의 확장을 이루거나 닫힌 방의 지옥 공간과 유기적 연결 관계를 갖지 못한다. 그러므로 이미 작품 초두의 제2제정시대 풍의 무대장치가 제2제정시대와 아무런 시간적 공간적 관계가 없음이 드러나는 것과 마찬가지로 등장인물들이 필경은 그곳에서 벗어나려 하지 않는 닫힌 방도 그 자체가 지옥의 공간이 아닌 것으로서 정말로 문제가 되는 것은 등장인물들이 만들어 내는 공간임이 드러난다.

10　위의 책, pp. 435-36.

11　Jean-François Louette, *Sartre contra Nietzsche* (PUG, 1996), p. 111: "『닫힌 방』은 두 공간을 연출한다. 하나는 그 위에서 배우들이 진화해 가는 무대의 공간이고 다른 하나는 대사에 의해 창조되는 무대 외의 공간 혹은 이야기의 시공간적 공간이다."

(3) 물체의 소외효과

작품에 드러나는 몇 안 되는 장식품, 소도구는 누델만이 지적하는 것처럼 '장식적 가치'와 '사용 가치'를 상실한 채 스스로의 헐벗음이 등장인물들의 의식의 상실을 드러낸다고 볼 수도 있다.

사물들의 궁핍은 의식의 헐벗음과 일치한다.[12]

또한 그의 지적처럼 청동상이 '즉자의 육중한 현전la présence massive de l'en-soi'이어서 가르생이 작품 말미에 이 조각상으로 돌아와 쓰다듬는 것은 '죽음', '육중한 무기력l'inertie massive'을 공통점으로 갖고 있는 것을 말하며 작품과 영원한 시간의 순환성circularité을 가리킨다[13]고 해석할 수도 있다.

그러나 우리는 주체로서의 의식이 사실상 부재하는 작품의 공간에서 물체가 지니는 의미를 다르게 해석할 수 있다. 등장인물들을 소외시키는 기능을 한다는 것이다. 가르생이 결국 익숙해져야겠다고 말하는[14] 닫힌 방의 가구들이 지니는 의미는 이네스가 가장 잘 보여 주고 있다. 에스텔이 사물의 우연성을 이야기하자 대뜸 이네스는 모든 것이 사전에 계획되었다고 확언한다.

(이네스) "우연이라. 그렇다면 이 가구들은 우연히 여기 있는 거네요. 오른쪽의 소파가 시금치 잎 색이고 왼쪽의 소파가 포도주색인 것도 우연이고

---

12 François Noudelmann, Huis clos *et* Les Mouches *de Jean-Paul Sartre* (Gallimard, folio, 1993), pp. 43-44.
13 위의 책, pp. 55-56.
14 (가르생) "난… 나는 결국 우리가 가구에 익숙해져야 한다고 생각해"(sc. 1, p. 13).

요. 우연, 안 그래요? 그럼 소파들의 자리를 바꿔 보고 내게 어떤지 말씀하세요. 그리고 저 청동상, 저것도 우연이겠죠? 또 이 더위는? 이 더위는요? (침묵) 당신들에게 말하건대 그들은 모든 것을 조정해 놓았어요. 아주 세세한 것까지, 정성을 들여서. 이 방은 우리를 기다리고 있었던 거에요." (sc. 5, p. 36)

이것은 우리가 무심코 지나치는 또는 당연한 것으로 여기는 사물들이 인간을 조종하고 억압하는 메커니즘을 숨기고 있음을 지적한다. 이를 파악하는 순간부터, 평범하고 낯익은 모습, 친숙한 모습으로 보이던 사물들은 낯설게 인식되는 것이다. 그런 까닭에 지옥의 방에 입장할 때부터 순응주의적 태도를 보이던 에스텔이 이러한 이네스의 말에 바로 응답하는 순간 닫힌 방의 가구들은 추하고 단단한(혹은 혹독한) 모습으로 인식되는 것이다.

(에스텔) "하지만 어떻게 그렇다고 생각해요? 모든 것이 너무나 추하고 단단하고 모가 나 있어요 나는 모가 나 있는 것들은 아주 싫어했어요." (sc. 5, p. 36)

청동상으로 말하자면, 극이 시작할 때 하나의 장식에 불과했지만 실내 장식과 지옥과의 괴리를 가르생이 인식하자마자 제2제정시대의 장식품으로부터 죽음 직전에 물에 뜬 젊은이가 보는 섬뜩한 모습으로 변모한다.

(가르생) "그 일이 어떻게 끝나는지 얘기해 줄까요? 그 작자는 숨이 막히며 빠져들어 가 익사하고 단지 눈만 물 밖에 나와 있어요. 그에게는 무엇이 보일까요? 바르브디엔의 청동상이죠. 얼마나 무서운 악몽입니까?" (sc. 1, p. 16)

이 청동상은 시간과 공간과 의식이 부재한 '닫힌 방'에서 단순한 물체로서의 객체가 아니라 쿠프리 식으로 말하면 극 언어[15]의 하나로서 가르생을 소외시키는 냉혹한 조직의 상징이다.

> (가르생) "청동상… (쓰다듬는다) 자, 때가 됐어. 청동상이 여기 있고 이걸 바라보며 이제 나는 내가 지옥 속에 있다는 것을 깨달아. 당신들에게 말하건대 모든 것은 예견되어 있었소. 그들은 내가 이 벽난로 앞에 서서 이 모든 시선을 내 몸에 받으며 이 청동상을 손으로 누르고 있으리라고 예견한 거요. 나를 잡아먹는 이 모든 시선…." (sc. 5, p. 92)

그 외에 앞에서 언급했던 전원 스위치 없는 전등과 제2장부터 더 이상 작동되지 않는 문의 초인종뿐만 아니라 자를 책 없는 페이퍼 나이프는 '닫힌 방'이 진정 실제적 행동이 불가능한 소외의 공간임을 독자와 관객에게 환기하는 장치들이다.

4. 등장인물

(1) '죽은 자 – 산 자'의 탈관습적 설정

무대장치만큼이나 소외효과를 야기하는 것은 다름 아닌 산 자와 같은 죽은 자의 설정이다. 지옥에 들어오는 순간에 공포심은 조금도 보이지 않는 세 등장인물은 마치 살아 있는 보통 사람처럼 자연스러운 대

---

15 알랭 쿠프리, 장혜영 옮김, 『연극의 이해』(동문선, 2000), p. 52: "장식도 극 언어에 있어 기본적인 하나의 요소이다. 텍스트에서 어느 정도 시사되는 장식은, 시사되는 만큼 의미를 지닌다."

화를 나누며, 에스텔의 짐짓 꾸민 말투, 그리고 이네스와 가르생의 비속어들이 뒤섞이는 가운데 서로 증오를 키워 가는 소집단의 구성원들처럼 보인다.

미래가 부재한 채 과거와도 단절되었으면서도, 등장인물들은 죽은 자들이 하기에는 실제로 불가능한 행위들을 가짜 현실로 보여 줌으로써 독특한 소외효과를 만들어 내고 있다. 이런 점에서 『닫힌 방』은 "사실주의와 반사실주의의 흥미로운 혼합un mélange intéressant de réalisme et d'anti-réalisme"[16]이라는 비숍의 지적은 일리가 있다. 극 진행의 특징을 보면 예컨대 가르생과 이네스의 대화에서 아직 죽음에 대한 실감을 못하는 가르생에게 "줄 그어졌어. 합계를 내야 돼. 너는 네가 살았던 삶일 뿐이야 le trait est tiré, il faut faire la somme. Tu n'es rien d'autre que ta vie" (sc. 5, p. 89)라고 이네스가 죽음을 환기하는 장면과 같은 유사 상황들이 반복되는 한편 극의 진행은 기만, 질투, 폭력이 개재되어서 등장인물들이 다른 결합들을 보이며 논쟁하는 유사현실을 보이고 있다. 일반적으로 고전극, 낭만극, 환상극 들에서 영혼, 유령, 심령들이 계시적, 전언적 혹은 몽환적 기능을 가진다고 볼 때, 『닫힌 방』에서 죽은 자가 야기하는 이러한 기이한 대조 효과는 이 작품이 보여 주는 가장 탁월한 소외효과일 것이다. 그러므로 위티에가 이 작품의 죽은 자–산 자의 설정 방식을 '환상적fantastique' 작품의 방식이라고 규정하면서[17] 이 환상성이 "경고적 가치valeur d'un avertissement"와 "자유에로의 부름appel à la liberté"의 가치를 지닌다고 지적할 때[18] 그는 그것이 가능하게 하는 소외 방식을 간과하고 있다. 극의 진행은 위와 같

---

16 Thomas Bishop, Huis clos *de Jean-Paul Sartre* (Hachette, 1975), p. 38.

17 Jean-Benoît Hutier, *Huis clos Sartre* (Hatier, 1997), p. 47: "『닫힌 방』은 탁월하게도 육신을 지닌 사후 존속이라는 환상적인 가정에 기초하고 있다."

18 위의 책, p. 48.

이 대조적 진행을 보이면서 제4장까지는 지옥의 수문장의 특징이라곤 조금도 없는 사동이, 이후에는 주로 이네스가 해설자의 역할을 맡아 때때로 극에로의 몰입을 막고 지옥 아닌 지옥이라는 공간을 만들어 냄으로써 거리두기를 유도하는 것이다.

(2) 등장인물의 다중성격

사르트르의 희곡의 일반적 특징은 등장인물들이 보이는 모순과 갈등을 지속시키고 미해결 상태로 남김으로써 의도적인 애매성을 보이는 것이라고 할 수 있는데, 『닫힌 방』에서는 특히 미래와 과거가 박탈되고 현실 아닌 현재의 행동을 하는데도 등장인물들은 그 제한된 가상 범주에서마저 성격의 다면성을 보인다. 이것은 브레히트가, 훌륭한 인물 설정이라면 등장인물들의 성격을 고정시키지 말 것을 강조하는 다음의 언급에 부합한다.

극중 인물들로 말하자면 그들은 결정적으로 고정되어 있는 것이 아니다.[19]

서사극에서 인물의 변화에 중점이 주어지듯이 『닫힌 방』의 등장인물들은 성격이 고정되어 있지 않다. 허위, 위선, 기만, 위장 들이 뒤섞여 진정성이 결여되고 순간 순간의 행동이 예측 불가능한 존재들이다. 왜 지옥에 왔는지 모르겠다면서 고상한 행세를 하는 에스텔은, 그녀와 정부 사이에서 난 딸아이를 호수에 내던지고 그 결과 정부가 자살하도록 만들었음에도 아무런 죄의식이 없는 죄인임이 결국 드러나며 (sc. 5,

---

19 Brecht, 앞의 책, p. 193.

pp. 60-61), 여인들을 사랑한 사람이고 상황을 직시하려는 사람이라고 거듭 강조하며 이성적으로 행세하는 듯한 가르생도 사실은 아내를 학대하고 평화주의적 신문 운영을 핑계로 전쟁이 발발하자 멕시코로 도망가다가 잡혀 총살당한 위인이다(sc. 3, p. 24; sc. 5, pp. 54, 76-77). 이네스로 말하자면, 동성애를 자처하며 그녀의 거울이 되어 주겠노라고 에스텔에게 은근히 구애하는(sc. 5, pp. 45-46, 71) 그녀이지만, 사촌남동생의 집에 기숙하면서 그의 여자를 동성애의 상대로 삼고 괴롭히는 가운데 사촌은 전차에 치여 죽고 그의 여자를 자살로 몰고 가 함께 죽은 인물이다(sc. 5, pp. 54-57).

다른 한편으로 등장인물들은 일의적으로 규정되는 성격을 지니고 있지 않다. 가장 약자로 보이는 에스텔도 타자에 대한 가학성이 숨어 있으며,[20] 자신은 타인으로부터 상처받는 법이 없다고 단언하는[21] 가르생이지만 악화되는 분위기 속에서 두 여인을 더 이상 견디어 내지 못한다.

(가르생) "나는 이제 당신들을 참아 낼 수 없어, 이제는." (sc. 5, p. 84)

또한 자신은 "존재하기 위해서 타인의 고통이 필요하다"(sc. 5, p. 57)고 가학적인 태도를 보이며 극에서 가장 강한 성격의 소유자로 부각되는 이네스도 예외는 아니다. 스스로 말하듯 그녀는 덫이자 덫에 걸린 희생자이다.[22]

그러므로 자기정체성 없이 주체적 자아 확립도 할 수 없는 등장인물들은 근원적인 소외의 모습을 보인다.

---

20 (에스텔) "나는 누가 나한테 무언가를 기대한다는 것을 참을 수 없어요. 그러면 바로 나는 그와 반대되는 것을 하고 싶어요"(sc. 5, p. 37).
21 (가르생) "나로 말하자면 상처 받기 쉬운 사람이 아니오"(sc. 5, p. 56).
22 (이네스) "나도 덫이에요"(sc. 5, p. 65); "당연히 나는 덫에 걸려들었죠"(p. 66).

5. 주제

사르트르 자신이 말한 바와 같이 『닫힌 방』은 두 가지 주제를 내포하고 있다. 그것을 우리가 서사극적 관점에서 해석하면 다음과 같이 들 수 있다.

(1) 역사사회적 인간관계

가르생이 극의 말미에 아이러니한 어조로 토로한 "타인은 지옥이다 l'enfer, c'est les autres"(sc. 5, p. 92)라는 말은 마치 이 작품의 중심 주제이고 사르트르의 인간관의 본질적인 명제처럼 곡해되었다. 이에 대해 사르트르는 왜곡되고 타락한 사회에서의 인간관계를 그렸다고 해명한 바 있다.

> 그러나 "지옥은 타인이다"는 항상 잘못 이해되었다. 사람들은 내가 이 말로써 우리가 타인과 지니는 관계는 항상 타락되었고 항상 지옥 같은 관계라고 말하려고 한다고 생각했다. 그런데 내가 말하고자 하는 바는 전혀 다른 것이다. 내가 말하고자 하는 것은 만약 타인과의 관계가 왜곡되고 오염되면 타인이 지옥일 수밖에 없다는 점이다.[23]

이러한 오해는 그의 『존재와 무』에 나타난 존재론에 대한 오해와 궤를 나란히 하고 있다. 이 저서의 부제 '현상학적 존재론 Essai d'ontologie phénoménologique'에도 명시되어 있듯이 그의 존재론은 인간존재에 대한 통시적이고 본질적인 기술의 시도라기보다는 시대 현실에 기반한

---

23 Sartre, *Un Théâtre de situations*, (Gallimard, idées, 1973), p. 238.

현상학적 기술의 시도라고 하는 것이 옳을 것이다. 콩타와 리발카도 지적했듯이 '심리적, 윤리적 관점하에서 개개인의 행동 분석에 기초한 의식의 현상학'[24]인 것이다.

브레히트 역시 서사극을 통해서 시대 상황 속에서의 인간관계를 살펴보고자 했다.

> 서사극은 무엇보다도 인간 상호간의 행동에 관심을 갖는데 그 행동이 역사적 사회적 의미를 나타내면서 전형적일 경우에 한해서 그러하다. 서사극은 관객들이 자신의 사회생활을 지배하는 법들이 나타나는 것을 볼 수 있도록 인물들이 행동하는 장면들을 부각시킨다.[25]

이와 같이 보편적인 인간관계가 아니라 당대의 역사적 사회현실 속에서 인간관계를 천착한 점에서 우리는 사르트르와 브레히트 사이에 공통된 주제의식을 보게 된다.

(2) 사회변혁적 자유

『닫힌 방』의 내용 자체가 타락한 현실의 반영이었다면 우리는 다음으로 그 내용에 직접적으로 담겨 있지 않지만 - 죽은 자들의 이야기이므로 - 죽은 자들의 한계를 통해서 방증하는 또 다른 주제를 볼 수 있다. 사르트르 자신이 말한 자유의 문제이다.

---

24 Michel Contat et Michel Rybalka, *Les Ecrits de Sartre* (Gallimard, 1970), p. 87: "심리학적 윤리적 관점에서 개개인이 자신의 근본적인 소외를 나타내는 행동들을 분석하는 작업에 사르트르는 자신의 의식의 현상학의 토대를 두고 있다."

25 Brecht, 앞의 책, p. 455.

우리는 살아 있기 때문에 나는 부조리를 통해서 행동들을 다른 행동들에 의해서 변화시켜야 한다는 중요성을 보여 주고자 했다. 우리가 살고 있는 지옥의 둘레가 어디일지라도 나는 우리가 자유롭게 그것을 부숴 버릴 수 있다고 생각한다. […] 타인과의 관계, 껍질로 덮이기와 자유, 겨우 암시되는 다른 면으로서의 자유, 이것이 작품의 세 가지 주제이다. 나는 "타인은 지옥이다"라는 말을 들을 때 여러분이 이 점을 상기해 주었으면 한다.[26]

『닫힌 방』의 등장인물들은 죽은 자로서, 왜곡된 상황에서의 자유의 행사 그리고 미래로 향한 '기투'로서의 행위가 불가능함을 보여 주는 만큼, 사르트르가 말한 바와 같이 살아 있는 자인 우리는 어떻게 살아야 할 것인가 하는 반성과 성찰을 독자와 관객에게 불러일으킨다. 그런 까닭에 아일랜드가 사르트르는 『존재와 무』에서와 마찬가지로 『닫힌 방』에서 서술되는 고립의 메카니즘에 매료되어 있다고 평한 것[27]은 잘못된 해석이라 하겠다. 또한 말라시가 『파리떼』에서 죽음이 긍정적인 악인 반면 『닫힌 방』에서는 "상황 속의 죽음이 부정적일 뿐la mort en situation se saurait être que négative"[28]이라고 해석한 것은 옳지 않다.

이어서 『닫힌 방』이 독자와 관객에게 요구하는 것은 브레히트가 극에서 중요시한 관객의 극에의 참여를 위한 '비판적 태도attitude critique'와 '생산적인 태도attitude productive'[29]이다. 사르트르는 브레히트가 고전비극 작가와 유사한 점으로 인간을 세계 속에 다시 위치시

---

26 Sartre, *Un Théâtre de situations*, p. 239.
27 John Ireland, *Sartre, un art déloyal: Théâtralité et engagement* (éditions Jean-Michel Place, 1994), p. 127: "사르트르가 이 인물들을 인정하지 않는 것이 사실이라면 분명 그는 고립의 메커니즘과 모든 실천을 망치는 행위들 그리고 각 개인의 의식을 둘러싸고 있는 울타리에 매료되어 있는 것이다."
28 Thérèse Malachy, *La Mort en situation dans le théâtre contemporain* (Nizet, 1982), p. 66.
29 Brecht, 앞의 책, p. 366.

키고[30] 인간과 집단을 연결해서 파악했다는 점을 들면서[31] 그의 서사극의 현대성 – 브레히트 식의 정화 – 을 다음과 같이 평했다.

> 그러나 브레히트는 영웅도 순교자도 무대에 올리지 않는다. 왜냐하면 개인적인 구원이 없기 때문이다. 사회가 전적으로 변화해야 한다. 그러므로 극작가의 기능은 아리스토텔레스가 말한 '정화purification'로 남아 있다. 극작가는 우리 자신의 모습, 즉 희생자이자 공범인 것을 우리에게 밝혀 준다. 오늘날 '정화'는 다른 이름으로 불린다. 바로 자각la prise de conscience이다.[32]

현대인들은 "희생자이자 가해자"라는 시대적 정의, 극작가의 기능이 관객의 "정화" 즉 "의식의 정립"이라는 주장은 다름 아니라 각각 『닫힌 방』과 극작가 사르트르 자신에게도 관련된다. 이와 같은 연관성에 비추어 우리는 사르트르가 이 작품을 통하여 모든 상황 속에서의 자유를 강조하려 했던 『닫힌 방』이 지니는 서사극적 특징을 보게 된다. 독자와 관객에게 스스로 사회적 존재임을 깨닫게 하며 자유가 소외된 극 내용 – 로리스가 말하는 우의적 상황[33] – 을 객관화하는 의식적 작업을 유도하는 점이다. 그리하여 연극이 정치·사회적 주제의 토론장이 되기를 바라던 브레히트 식으로 말하면 관극 자체가 사회를 변혁시키는 실천적 자유의 시작이 되도록 하는 것이다.

---

30 Contat et Rybalka, *Les Ecrits de Sartre*, p. 720.
31 위의 책, p. 721.
32 위의 책, p. 722.
33 Robert Lorris, *Sartre dramaturge* (A. G. Niet, 1975), pp. 69-70: "『닫힌 방』의 주제가 실제 상황으로서는 관객을 어리둥절하게 만들지만 우의적 상황으로서는 관객의 지지를 얻는다."

6. 맺음말

이상과 같이 우리는 사르트르의 희곡 『닫힌 방』을, 『존재와 무』에 나타난 그의 존재론을 단순하게 극화한 작품이거나 철학적 주제를 지닌 부조리극으로서가 아니라 하나의 서사극으로서 접근해 보았다. 이 작품이 지닌 서사극적 요소를 분석해 봄으로써 우리는 다음과 같은 특징을 발견할 수 있었다.

첫째로 플롯은 소외효과적 설정, 삽화적 병렬적 구조와 같은 서사극적 구조와 극중극 구조를 통해서 관객의 객관화 작업을 유도하는 구성을 보이고 있다.

둘째로 무대장치는 탈관습적, 탈시간적, 탈공간적 의미를 지니도록 설치되었고 궁극적으로 등장인물들을 소외시키는 기능을 지니고 있다.

셋째로 등장인물들은 서사극의 등장인물들의 특징과 유사하게, 고정된 성격의 소유자가 아니며 제한된 가짜 현실 속에서도 다중성격을 표출하고 있다.

넷째로 주제 면에서 브레히트가 중시하는 역사사회적 상황 속에서의 자유와 사회변혁적 자유의 실천을 제시하고 있다.

요컨대 서사극의 소외효과를 무대공간에 성공적으로 도입하고 특유의 긴장미 있는 대사를 통하여 자유로부터 소외되는 현대인의 모습을 극명하게 그려 냄으로써 독자와 관객을 실천적 자유로 유도하는 것이 『닫힌 방』에 나타난 사르트르 희곡의 연극성의 핵심이라고 하겠다.

『문학이란 무엇인가』를 위한 변명

심 정 섭

1. 실존철학의 현재성

뛰어난 작가들은 예외 없이 자기 시대를 위기의 시대라고 생각하여 문학으로 위기를 돌파하려 한다. 그들이 순진하게 문학의 힘을 믿어서가 아니라 가장 분명하게 가진 것이 말과 글이기 때문이었을 것이다. 사르트르도 그러하다. 언어는 누구에게나 평등하고 자유로운 사용이 보장된다. 문학의 질료인 언어는 특별한 것이 없지만 그 조합과 집적에서 비범한 생명력을 갖게 되는 것이다. 객관적으로는 보잘것없는 개인이 보편적 언어를 넘어서 특별한 존재가 되는 비밀, 즉 범상함의 비범함이라는 역설이, 정의롭고 자유로운 세계를 꿈꾸는 작가들을 문학의 본질에 대한 논의로 이끌어 들인다. 『문학이란 무엇인가 Qu'est-ce que la littérature?』(1948)는 언어에 대한 깊이 있는 존재론적 성찰을 시도한 메타언어로서의 문학의 초석을 놓은 것으로 오늘날까지 큰 울림을 잃지 않고 있다.

이 책은 문학 자체가 목적이 되기에는 매우 급박한 상황 속에서 역사·사회적 변화라는 명제에 문학을 묶어 두려 함으로써 독자를 당혹스럽게 한다. 문학에 절대적 가치를 부여하지도, 특별대우를 하지도 않는다. 사회 변화의 도구로서의 실용성이 부각되고 느린 호흡의 정신적 지향이나 형식미학은 폄하된다. 좀 과격하긴 하지만 일반적 문학이론서의 규범을 깨는 문제 접근방식이 충격적이고 신선하다고 할 수도 있다.

이 시점에서 사르트르에게 중요한 것은 예술이 아니었으므로 문학은, 특히 산문은 음악이나 미술이 추구하는 미의 본질이나 상징체계의 속성과 달리 현실을 직접적으로 드러내고 의식의 각성과 변화의 의지를 촉발해야 한다고 사르트르는 주장한다. 그러나 누구나 쓸 수 있는 언어를 통해 일상의 시선에는 감춰진 진실을 드러내어 삶을 변화시키는 행동까지를 가능하게 하는 문학의 특별한 힘은 예술의 힘과 별개의 것이 아니라는 점에서 『문학이란 무엇인가』의 논의는 출발점부터 순조롭지 못하다. 문학은 접근이 쉽다는 장점이 있지만 상투화된 언어의 경직성을 깨고 새로운 진실을 보여 주기 위해서는 높은 수준의 지적 훈련과 이성적 능력을 필요로 한다. 그렇지 못할 경우, 즉, 보이지 않는 것과 깊이 숨어 있는 것에 대한 예지를 지닌 사람voyant이나 소수의 예외적 작가들이 아니라면, 문학의 민주적 장점은 사람들이 흔히 쉽게 말하듯이 삶의 철학을 갖고 있다는 것과 같은 진부함에서 벗어나기 어렵다. 여기서 우리는 사르트르가 누구도 대신할 수 없는 그만의 부정과 모순의 방식으로 문학의 위엄을 세우기 위해 짐짓 단순함과 과격함을 내세우고 있다고 짐작하게 된다.

"쓸모없는 열정"이란 표현에서 알 수 있듯이 사르트르의 문학론은 무상성과 무용성을 일깨운 『존재와 무L'Etre et le Néant』(1943)의 철학과 맞닿아 있다. 그것은 『구토La Nausée』(1938), 『벽 Le Mur』(1939), 『자유의 길 Les Chemins de la liberté』(1945)을 언급하지 않으면서 스스로의 철학으로 문학의 특수성을 옹립하고 호위하는 희귀한 사례로서 유럽의 고전적 지식인의 전통에 합류한다. 역사를 대전제로 철학책과 문학작품이 순차적으로, 혹은 교차하며 출간되었듯이 『문학이란 무엇인가』는 책 자체에서 철학과 문학이 조밀하게 중첩되어 있다. 문학이삶에 우선하지 않는 것처럼 철학도 삶에 선행하는 것은 아니다. 우리는 삶의 철학이 있어야 좋은 삶이 가능하고, 훌륭한 철학의 바탕 위에서 훌륭한 문학이 탄생한다는 도식이 터무니없다는 것을 잘 알면서도, 막상 구체적인 논의의 장에서는 철학이 문학의 전제가 되어야 한다는 이상주의적 고정관념의 지배를 받는다. 철학이 없는 작가, 또는 문학을 모르는 작가라는 말도 같은 맥락에 속한다.

『문학이란 무엇인가』에서는 철학이 문학보다 앞서 있지 않고, 최소한 동시적이거나, 오히려 철학이 문학의 자발성을 따라가며 주해를 붙이고 있다는 느낌을 줄 정도다. 거창한 명제보다는 일상의 사소함에 이끌리는 사르트르식 글쓰기는 철학과 문학의 동시성, 혹은 등가성을 부각시킨다. 이것은 중용이나 가치중립적 태도와는 큰 차이가 있다. 『문학이란 무엇인가』 이후에도 『더러운 손Les Mains sales』(1948), 『악마와 선신Le Diable et le Bon Dieu』(1951) 등의 희곡과 『성 주네Saint Genet, comédien et martyr』(1952), 그리고 『변증법적 이성 비판Critique de la raison dialectique』(1970), 자서전 『말Les Mots』(1963), 플로베르론 『집안의 천치L'Idiot de la famille』(1971/2)의 출간 연대기는 문학 속의 철학, 철학 속의 문학이 극적으로 교차하고 펼쳐지는 과정을 잘 보여 주고 있다.

'상황'이란 단어로 압축된 현실과 문학, 철학의 이와 같은 등가 구조로 인해, 『문학이란 무엇인가』는 모순과 모호함의 항존, 이질적 요소들의 혼재라는 지적과 함께, 무엇보다도 나눌 수 없는 것을 나눔으로써 궁지에 빠지는 오류를 범했다는 그에 대한 비판의 정당성은 분명하다. 또한 시의 언어와 산문의 언어의 구분, 참여문학과 행동주의 문학 예찬, 초현실주의 문학 비판, 부정의 미학에 내포된 의지주의의 과잉도 이 책이 촉발한 주요 쟁점들이며 사르트르에게 불리한 쪽으로 대부분의 논의가 전개되어 왔음도 부인하기 어렵다. 그럼에도 불구하고, "지는 자가 이기는 자이다"라는 말과 함께 패배가 명백한 싸움에 뛰어드는 사르트르의 솔직한 글쓰기의 진정성 역시 부정할 수 없는 것이다. 이로 인해 문학과 철학의 등가적 공존에서 파생된 모순과 오류가 논란의 여지는 많지만, 결코 폐기되지 않을 갈등적 인식의 절실함으로써 사르트르의 문학론의 가치가 당대성에만 머물지 않고 미래로의 지속성을 보장받을 수 있는 근거가 마련된다.

문학은 아무것도 할 수 없다는 기본 전제 위에 구축된 사르트르의 실존적 문학이론은 패배를 자임함으로써 마르크시즘, 정신분석, 현상학 등 20세기의 거센 이념의 소용돌이 속에서도 역설적으로 살아남아 정체성을 지키고 있다. 그러나 주류 철학에 끌리면서도 그 중심에 서 본 적이 없고, 주변부에 소외되어 있으나 독자성이 훼손되지 않은 실존주의 철학과 문학을 우리가 애석해 할 필요도 없고 특별히 자랑스러워 할 이유도 없다. 다만, 항상 옳지만 않았던 무모한 선택과 논쟁적 함의의 불리함이, 치열한 문제의식과 반성적 성찰의 이성적 힘으로 극복되기도, 한계에 부딪치기도 하는 것을 목격하면서, 우리는 위대함과 비참함을 동시에 떠올린다.

사르트르가 제기하는 문학의 문제들은 분명한 해답을 찾지 못했어도 지금까지 유효하며, 반세기를 넘는 시간 동안 다양한 논의의 장을 통과하면서 의외의 장소에서, 예상치 못했던 양상으로 그 생명력의 가능성에 기대를 갖게 하고 있다. 만약 발전과 쇠퇴 모두를 진화라고 할 수 있다면, 오랫동안 『문학이란 무엇인가』의 결함으로 여겨져 왔던 참여문학 논쟁과 산문 정신의 옹호가 재평가되어야 할 것이다. 온전한 삶과 지식에 대한 욕구와 문학이 무엇을 해 줄 수 있으리라는 기대감의 상승, 독자의 위상 강화, 담론 권력을 향한 열망의 확산 등이 여러 층위에서 나타난 진화의 양상들이다.

『문학이란 무엇인가』를 번역한 후 작품 해설에서 정명환은 "도리어

귀찮지만 매우 중요한 물음을 재생시키는 데에 이 책의 가치가 있을 것이다"라며 그 현재적 의미에 비중을 둔다. "이 책이 '고전'은 아닐망정 여전히 '문제작'으로 남아" 있기를 "희망"한다고도 했다. 만약 고전을 너무 엄격한 기준에서 생각하지 않는다면, 그리고, 이 책이 다룬 문학의 본질 문제가 현재에도 중요한 의미를 갖는다면, 이 책을 '고전'이라 부르고 싶은 마음을 누가 나무랄 것인가.

2. 『문학이란 무엇인가』에 대한 편견과 재해석

사르트르의 『문학이란 무엇인가』는 평범한 문학이론서는 아니다. 제목이 의문문의 형태를 취하고는 있지만, 그것은 이미 단정적 태도와 당위의 역설을 강력하게 암시하고 있다. 자체 모순과 허점의 노정을 두려워하지 않는 격정적 어조의 이 책은 반세기도 더 전, 정확하게 말하자면 66년 전에 출판된 이래 끊임없이 논쟁의 표적이 되어 왔고, 비판과 부정, 극복의 대상으로 인식되었다. 문학과 철학, 정치, 혁명, 윤리를 구분하지 않고 예술의 자율성을 훼손하면서까지 문학을 혁명의 도구로 사용하려 한다는 것이 대체로 사르트르와 이 책에 대한 비판의 주된 근거이다. 물론 어떠한 희생이 있더라도 개인의 자유를 확보하려는 사르트르의 결연함이 앞선 나머지 객관적, 과학적 인식을 동반하고 있지 못한 결함은 결코 작은 것이라고 말할 수는 없다. 그리고 중세로부터 1947년, 즉 이 글이 씌어질 때까지 프랑스 문학사의 중요한 작가들을 극히 소수만 빼고[1]

---

1 사르트르는 사물과 세계를 기술하는 데 그치지 않고 역사를 만들어 가는 행동문학의 전범으로 헤밍웨이를 비롯한 20세기의 미국 작가들과 함께 프랑스 작가들 중에서는 생텍쥐페리를 높이 평가하고 있다. Jean-Paul Sartre, *Qu'est-ce que la littérature?* (Gallimard, coll. Idées, 1948), pp. 286-87 참조.

부르주아 체제에 안주하는 보수주의자들로 단죄하고 있는 것도 논거의 공정성을 약화시키는 왜곡과 과장에 따른 것이라는 혐의를 벗어나기 힘든 점이다. 그러나 또 다른 관점에서 보면 모든 것을 다 말하고 드러내려는 작가로서의 정직성과 관대함이 그의 글에 모순과 동어반복, 회피, 비약을 서슴지 않게 하는 요인이라는 공감적 독서의 해석도 가능하다.[2] 모순을 두려워하지 않고, 안전함 대신에 모험을 택하는 꾸밈없는 산문이 바로 사르트르의 글을 그의 글답게 하는 것이라고 볼 수 있다. 물론 이와 같은 논지를 받쳐 주고 있는 사르트르의 문학론에 대한 옹호와 변명까지는 아니더라도, 『문학이란 무엇인가』는 정확한 이해와 정당한 평가의 대상이 되어야 한다는 것이 바로 이 글을 쓰게 하는 동력이다.

『문학이란 무엇인가』는 사실상 문학에 대해 체계적 지식을 주는 책도 아니고, 문학 텍스트 분석의 실용적 지침서 역할을 하는 책도 아니다. 성급한 독자들은 실존주의 철학자와 참여적 지식인으로서의 사르트르에 대한 인상이 강한 선입견으로 작용한 나머지, 이 책을 실존주의와 참여론의 대중적 선언문의 범주에만 묶어 두고 그 안에 깊이 있는 문학적 통찰력과 철학적 인식이 긴밀하게 구조화되어 있으리라는 기대와 전망을 처음부터 포기하는 입장을 보이기도 한다. 『문학이란 무엇인가』라는 책 제목도 그렇지만 「쓴다는 것은 무엇인가」, 「왜 쓰는가」, 「누구를 위해서 쓰는가」, 「1947년 작가의 상황」이라는 각 장의 제목들만을 피상적으로 관찰하면, 그 안의 내용이 평이하고 단순하며 명백한 흑백논리의 전제 위에서 씌어졌으리라고 짐작하는 것도 무리는 아니

---

2 "자기를 낱낱이 해부해서 드러내려는 시도가 내포하는 위험을 어떻게 과소평가할 수 있겠는가? 사르트르는 결코 거짓말을 하지 않는다. 말하지 않음으로써 하는 거짓말조차 말이다. 그가 수없이 말했듯이 꾀를 부리지 않는 것이 가장 큰 꾀가 아니겠는가. 모순과 부주의, 자만심, 병적인 수다, 더러운 손, 또 다른 역겨움을 우리에게 드러내어 스스로를 조롱의 대상이 되게 하면서 위대한 작가-사상가의 가면을 벗어 보일 정도로 그는 명징함과 용기를 추구한 것이다"(Claude Burgelin, ed., *Lectures de Sartre*, Presses universitaire de Lyon, 1986, p. 14).

다. 그것은 즉, 문학은 마땅히 정치적 참여의 수단이 되어야 하고, 글을 쓴다는 것은 '예술을 위한 예술'의 순수성보다는 현실적이고 실용적인 목적에 봉사하는 도구적 행위이며[3] 작가는 프롤레타리아와 민중을 각성시키면서 그들과 더불어 새로운 역사를 만들어 가야 할 사명을 지닌다는 것 등이다. 그러나 이 책의 실상은 그렇게 단선적 논리로 이뤄져 있지도 않고, 대중에게 쉽게 이해될 수 있는 평이한 문장으로 씌어진 것도 아니다. 누구의 무슨 시인지 밝히지도 않은 채 보들레르와 발레리의 시를 인용하고 시적 언어의 특성과 시론을 전개한다거나, 베르그송, 마르크스, 헤겔, 키르케고르의 철학적 개념들을 거침없이 자의적으로 사용하기도 하는, 文문·史사·哲철에 통달한 디드로나 볼테르 같은 계몽기 철학자다운 이 '총체적인 지식인'의 현학적이고 난삽한 글은 문학에 대한 해답을 찾으려는 성급한 독자의 섣부른 접근을 허용하지 않는다. 이 책에 인용되는 수많은 작가와 철학자나 그들의 저작에 대한 최소한의 주석조차 생략되어 있기 때문에[4] 문학, 철학, 역사, 정치에 대해 폭넓은 지식을 갖지 못한 보통 독자에게 사르트르의 글은 의사소통과 의미 이해를 가능케 하는 어떤 공통의 기본적 기호로 작용하지 못하고 있는 것이다. 수공업자의 갖가지 도구와 재료로 가득 찬 작

---

3 이 책이 출판되기 이전 1944년 8월 〈현대〉지를 창간하던 때부터 사르트르와 공산당의 관계는 좋지 않았고 프랑스 공산당은 사르트르를 퇴폐적 부르주아의 전형으로 비난했기 때문에, 사회주의 리얼리즘의 저급한 프로파간다 문학 이론이라는 표지가 차마 그에게 붙여지지 않은 것을 오히려 다행으로 여겨야 할지 모르겠다. 그러나 참여문학의 논리를 극단적으로 따라가면 프로파간다 문학에 맞닿게 되지 않겠느냐는 암시가 여러 연구자들의 글에서 내비치고 있는 것은 사실이다.

4 각 장마다 주가 붙어 있기는 하지만 원전이나 출처를 밝혀 주려는 주가 아니라 저자의 논리의 큰 흐름에서 파생된 섬세한 지류의 다양한 인식을 놓치지 않고 담아 놓으려는 의도에서 붙여진 주이기 때문에, 이 책의 주는 사르트르의 문학을 이해하는 데는 귀중한 자료가 될 수 있겠으나 주를 위한 또 다른 주가 필요할 만큼 복합적 의미를 함축하고 있다. 예를 들자면 제1장 끝에 있는 주 4번은 실존적 정신분석의 토대가 되는 '원초적 선택'의 개념이 형성되는 과정과 함께 『집안의 천치』와 『성 주네』의 "지는 자가 이기는 것이다", "실패를 택한 사람들"이라는 글쓰기의 핵심적 명제의 기원을 보여 주는 중요한 단서가 되는 것이다.

업장의 어수선함을 연상시키는 이 책의 문면들은, 그러나 무엇인가 종래의 것과는 전혀 다른 새롭고 독창적인 사고의 공간, 즉 안과 밖, 자아와 타자, 사물과 의식의 경계가 소멸되고 뒤집어 보기와 역전의 논리가 실현되는 공간을 구축하려는 저자의 의도를 충분히 예감할 수 있게 하는 요소들로 가득 차 있다.

3. 참여문학론의 철학

『문학이란 무엇인가』가 무엇보다 유명하게 된 계기는 참여문학론 때문이지만, 참여의 의미를 올바로 규명하게 될 때 드러나는 문제는 적지 않다. 참여문학론에 대한 비판에 앞서서, '참여'의 의미가 의식의 외부 지향성, 대타적 존재 être-pour-autrui라는 인간의 본질적 존재 방식, 세계 속에서의 존재, 무엇엔가 연루되고 참여된 상태로만 존재하는 의식의 본질 들과 같은 사르트르의 실존철학의 중요 개념들과 함께 쓰인 것을 주목해야 한다. 이러한 이해가 전제되어야만 참여와 프로파간다의 암묵적 동일시에서 벗어날 수 있을 것이다. 사실, 『문학이란 무엇인가』라는 작업장에는 사르트르가 마음대로 골라 쓰는 실존철학, 그중에서도 『존재와 무』의 인식론적 개념들이 갖가지 형태의 연장이 되어 폭넓게 산재해 있다. 이 연장들의 성격과 사용법을 익히지 않은 상태에서는 작품에 대한 독자의 오해와 낯섦은 거의 필연적이다. 그런 점에서 문학의 참여뿐 아니라 사르트르의 언어관, 역사 인식, 사회와 물질적 조건에 대한 성찰, 개별 작품에 대한 해석, 실존적 정신분석의 이론에 이르기까지 『문학이란 무엇인가』에 담겨 있는 다양한 문제와 담론을 관류하는 실존철학의 개념은 무엇인지 알아볼 필요가 있다.

거칠고 단순하게나마 사르트르의 문학관을 받치고 있는 명제들은 다음과 같이 정리될 수 있을 것이다.

첫째, 의식의 초월성과 외부지향성이다. 후설의 인식론과 현상학의
영향을 받아 사르트르는 『존재와 무』의 대전제를 의식의 대타적 특성
에서 찾고 있다. 후설의 "모든 의식은 무엇에 대한 의식이다"[5]라는 화
두는 『존재와 무』에서 수없이 되풀이된다.

> 모든 의식은 하나의 대상에 도달하기 위해 스스로를 초월한다는 점에서
> 지향적이며 의식은 바로 이 지점에서 자신을 소진시킨다. 지금 내 의식 속
> 에 의도라고 할 만한 것은 밖을 향해, 책상을 향해 있다. 나의 모든 판단적
> 이거나 실천적 행위, 순간적 감정은 스스로를 초월하고 있으며, 책상을 겨
> 냥하며, 그 속에 흡수된다. 모든 의식이 지식은 아니지만(예를 들어, 감정
> 적 의식도 있을 수 있으므로) 모든 인지적인 의식은 대상에 관한 지식일 수
> 밖에 없다.[6]

의식은 의식 스스로를 대상으로 할 수 없으며 의식의 밖에 있는 사물
이나 세계를 인식의 목표와 대상으로 삼는다는 점에서 대자적pour-soi
이며 사물은 의식에 의해 수렴되지 않는 한 '거기에 있는' 즉자적en-soi
인 것이다. 사물은 의식 속에 내재해 있지도 않다. 가령 책상은 의식 속
에 들어 있는 것이 아니라 의식 밖의 공간에 위치해 있다. 의식의 대상
은 결국 의식 이외의 밖으로 향한, 무엇에 대한 것일 수밖에 없다는 사
르트르의 추론은 이 점에서 데카르트의 사유체계와 구분된다. 데카르
트가 인간존재의 시원으로 삼고 있는 이성의 힘에 상응할 만한 것이 사
르트르의 실존철학에서는 의식의 힘이라고 할 수 있다. 데카르트의 이

---

5 Jean-Paul Sartre, *L'Etre et le Néant* (Gallimard, 1943), p. 17.
6 *Ibid.*, p. 18.

성은 스스로 사유하고 있다는 것을 사유함으로써 사유하는 존재이다. 인간의 존재를 확인할 수 있게 해 주는 "나는 생각한다. 그러므로 나는 존재한다"[7]는 유명한 정언은 사르트르의 대자적 의식으로서의 존재와 사물의 관계에 직면했을 때 "나는 존재한다. 그러므로 나는 생각한다"로 역전되고 마는 것이다.

의식은 무엇에 대한 의식이다. 이것은 초월이 의식의 구성원리라는 것을 뜻한다. 의식은 그 자신이 아닌 어떤 존재에 관심을 가짐으로써 생겨난다는 말이다.[8]

자기 이외의 존재를 끌어들임으로써만 존재할 수 있는 의식은 감각과 인지의 더듬이를 밖으로 향하게 하는 것이며, 인간의 의식, 인간의 존재방식도 이와 다르지 않다. 외부의 모든 사물과 세계를 향해 열려 있는 지향성은 의식과 인간존재가 자기를 넘어서 타자와 더불어 존재하는 것을 의미한다. 이것은 사물과 물질을 초월할 때 영혼의 본질에 이를 수 있다는 정신주의적 태도나 신비주의와는 허상과 실상의 이분법적 대립을 배제한다는 점에서 분명하게 구분되는 점이며, 특히 초월의 주체와 대상이 의식 자체가 된다는 것을 강조함으로써 본질론의 추

---

7 데카르트의 『형이상학적 성찰』과 『방법서설』 참조. 사유의 대상이 밖에 있지 않고 사유의 주체를 사유할 수 있다는 근본주의적 이성의 체계에서는 외부 세계나 사물은 사유 자체에 비해 그리 큰 중요성을 갖지 못한다. 왜냐하면, 세계의 실재 여부와는 상관없이 사유만으로 세계의 존재는 명백히 입증되기 때문이다. "나는 여기 있고, 나는 존재한다는 것은 필연적인 진실이다. 내가 그 말을 입 밖에 내거나 머릿속에서 그 말을 생각할 때는 언제나 그렇다"라는 말에서 보여지듯이 사물의 세계는 자연현상까지 포함하여, 이성과 영혼보다 낮은 자리에 놓이게 된다. 형이상학적 사유와 사물의 상하 관계는 거대한 메커니즘 속에서 인간성이 위축된 현대사회에 이르러 완전히 뒤바뀌게 되고, 의식과 대상의 상호적 관계에 주목하는 사르트르의 관점은 양자의 등가적 가치를 내포한다는 점에서 중립적이며 과도기적이라고 할 수 있다. 여기에서 절충주의, 이상주의라는 비판이 따르게 된다.

8 Sartre, *L'Etre et le Néant*, p. 28.

상성을 극복하고 있다.

의식이 자기를 넘어서 자기 이외의 것이 되고자 열망한다는 사르트르의 관점은 인간의 존재방식, 사물의 세계와의 관계 설정, 철학과 문학의 타자지향성 등 그의 모든 추론과 사상, 그리고 지식인으로서의 정치 참여에 깊이 침윤되어 있다. "자기 눈으로 본 것만을 진실이라 여기고" 기록하는 『구토』의 로캉탱은 인간의 내면의식과 외부세계의 공존관계를 확인하는 사르트르적 인물의 전형이다. 외부세계가 마음에 들지 않더라도, 또 자신의 삶을 방해하고 부정하는 적대적인 힘으로 작용한다고 할지라도, 그는 그것을 회피하지 않고 자기 존재의 실존적 조건으로 수락한다. 더 나아가서 존재의 근거를 사물에 둔다. 인간의 내면에서 본질을 찾지 않는 "존재가 본질에 선행한다"는 사르트르의 인식론은 그의 문학이론의 독특한 전개로 이어진다. "문학은 문학 이외의 것을 지향하며, 문학 이외의 것이 되려고 하고, 세계에 관심을 갖고 그것을 변화시키려 한다"는 약간은 단순한 대입을 해 본다면 그의 참여문학론의 입지가 선명하게 드러난다. 문학의 참여는 잠정적이거나 도구론적인 데서 도출된 자의적 주장이 아니라 실존적 원칙에서 비롯된 것이다. 문학의 의도나 의지와는 상관없이 근원적으로 연루되어 있음을 인정하고 전폭적으로 역사 속에서, 역사와 더불어 실천에 자기의 모든 것을 걸어야 하는 것이 문학의 운명이며 몫이라는 그의 참여문학론은 논리적 요구와 비약, 구체성의 결여에도 불구하고 언어와 글쓰기의 본질, 의사소통의 상호성과 같은 텍스트 이론에도 적지 않은 제언을 할 수 있을 것이다. 그런 점에서 "전후의 한 시대를 풍미했던"이라는, 이제는 낡고 쓸모없이 되어 "폐기처분해야 마땅한"이라는 수식어에서 참여문학론을 풀어 주고, 그것의 전제와 입지의 정당성을 되돌려 주는 일이 필요하다. 어떤 의미에서 문학의 참여와 순수에 관한 해묵은 소모적 논쟁이 진부한 주변문제로 떨어지고 만 것도, 참여문학에 대한 동어반복적 고정관념을 버리지 않는 데서 비롯된 것이 아닐까?

언어의 기호적 투명성을 강조한 사르트르의 시적 언어와 산문적 언어의 구분도, 의식의 초월과 지향성과 같은 맥락에서 이해할 수 있는 것이다. 의식이 사물에 도달하려면 의미 전달의 명징성이 요구된다. 그런데 시적 언어는 대상을 명료하게 지시하지 못하고, 이미지를 통해서 대상을 끊임없이 연상하게 만들거나 다른 사물로 환원시키는 모호함과 불투명성을 내포한다는 것이 사르트르의 견해이다. 그것은 시적 언어를 폐기해야 한다는 것도 아니고, 독자를 계몽의 대상으로 여겨서 쉬운 글, 단선적인 명료한 글로만 이끌겠다거나 문학의 언어를 유용성과 도구적 차원에서만 파악하는 것과도 거리가 있다. 사르트르의 언어관에는, 의식처럼 언어도 대상에 이르는 순간 소멸되는 것이라는 단순하지만 단단한 지향적 인식론이 추론의 기본 틀로 자리 잡고 있는 것이다.

의식으로서의 존재와 사물의 관계가 즉자-대자-실존의 변증법적 관계라는 인식은 사르트르의 문학이론과 방법론에도 영향을 미친다. 그에 따르면, 의식과 사물의 상호작용을 배제한 실증주의나 객관적 역사주의는 '내면→외면→내면(외면의 내면화)→외면(내면화된 외면)'으로 전개되는 변증법적 생성이 갖는 역동성이 결여된 것이고, 심층 무의식으로부터 실존의 단서를 찾는 프로이트적 정신분석 역시 무게중심이 내면에 치우쳐 대타적이며 사회적 존재인 인간 의식의 초월적 의지를 반영하지 못하고 욕망의 이론에 따른 또 다른 결정론의 위험을 내포한다는 것이다. 훗날 『변증법적 이성 비판』과 『집안의 천치』, 『성 주네』에서 폭넓게 논의된 내면의 외면에 대한 실천적 반작용을 글쓰기와 작가의 실존적 선택의 기본 원리로 제시하면서 사르트르는 『존재와 무』의 모든 논의를 실존적 정신분석 이론의 구축으로 모아 가고 있다. 인간을 사회적 조건의 지배를 받는 집단의 한 분자로 파악하는 결정론적 마르크시즘이나 개별적인 원초적 체험과의 대결의 장으로 설정하는 정신분석 이론의 선험주의적 한계에 대한 대안으로 사르트르가 내놓은 실존적 정신분석은, 인간의 사물화와 사물의 지배 현상이 그 어느 때보다 두드러지는 현대사회에서 의식과 의지의 힘에 지나치게 의존함으로써 이상론에 치우친 낡은 모형이라는 비판 속에서도, 개인과 세계의 변증법적 역동성에 착목했다는 점에서 개인과 사회, 문학과 역사에 대한 다양한 질문과 탐색에 유효한 방법론의 자리를 지킬 수 있을 것이다. 그것은 해체와 파괴, 부정과 허울의 세계를 인식하고 난 다음의 공백과 폐허에 유효한 복원의 초석으로 쓰일 수도 있는 것이다.

사르트르의 문학관에 결정적 영향을 끼친 두 번째 중요한 철학적 논리는 하이데거에서 비롯되는 "세계내적 존재"[9]로서의 인간의 실존이다. 사르트르는 하이데거의 역사 인식의 개념과 만나게 된 계기를 "운명"이라는 격정적 표현으로 부각시킨다.

사람들이 흔히 "영향을 받는다"고 하는 말 속에서 자유와 운명의 몫을 헤아리고자 할 때 나는 하이데거가 내게 끼친 영향이 그런 것이라는 생각이든다. 최근에는 가끔씩 그의 영향이 하늘의 뜻인 듯이 여겨지기도 하는데, 전쟁이 내게 불가피한 것으로 생각하게끔 한 진정성과 역사성을 가르쳐 주었기 때문이다. 그가 마련해 준 도구 없이 사고를 했었더라면 어땠을까를 상상하면 두렵기까지 하다.[10]

1930년 사르트르가 베를린으로 유학을 떠나기 전에 후설의 현상학 이론과 함께 하이데거의 『형이상학이란 무엇인가』를 읽기는 했으나 당시에는 후설의 후광에 가려져서, 또 역사적 만남의 계기가 마련되지 않

---

9 "세계내적 존재(être-dans-le-monde)"는 세계와 역사의 진행에 인간은 운명적으로 연루되어 있으며 역사의 어두운 힘은 피할 수 없는 부조리한 상황이라는 인식은 사르트르에게 전쟁 중에 포로가 된 상태에서 더욱 계시적인 것으로 비친다.

아서, 하이데거의 철학은 "후설의 학자적이고 대학교수다운 노련한 종합적 추론에 비하면 야만적인 것이어서 동화되기 어려운 불쾌함"[11]을 촉발하는 데 머물렀다. 후설의 이상주의와 유아론solipsisme이 "내 주변 도처에 역사가 널려 있는"[12] 상황에서 무력하고 막다른 길에 이른 것처럼 여겨졌고, 이에 "거칠고", "격정적"이며 '죽음'과 '운명', '무'라는 낱말들이 "여기저기 널려 있는" 하이데거의 철학은 상황과 시대적 요청에 적합한 것으로 부각되었다. 비극적 시대와 절망을, 그리고 역사를 감당하는 하이데거의 역사 인식은 사르트르로 하여금 개별적 개인에서 집단적 역사의 주체로 변모할 기회를 제공한다. "결코 개별적으로 존재하게끔 만들어지지 않은 것을 고립시켜 생각하는 것이 추상적 사고"[13]라면, 이에 비해 구체적인 것은 "하이데거가 세계내적 존재라고 부른, 세계와 특별한 결합을 이룬 세계 속의 인간이다"[14]라는 증언을 도출해 내고 있다. 이와 같이 세계와 인간은 전체적 관계를 가지며 부정할 수 없는 인간적 현실이라는 명제는 인간의 행동을 해석하고 평가하는 기준이 된다. 그러나 세계내적 존재를 인정한다고 하더라도, '어떤 세계'의 '어떤 존재'인가를 규명해야 할 때, "적대적인 세계"에서 "타인의 시선에 사로잡힌 존재"의 문제가 사르트르의 열린 세계로의 전망을 가로

---

10 Sartre, *Les Carnets de la drôle de guerre* (Gallimard, 1983), p. 224. 비록 후방의 기상관측병이지만 "억울한 희생자는 아무도 없는"(p. 162) 전쟁의 체험은 인간의 현실에 책임감을 느끼게 하고 역사성을 감당할 것을 촉구한다. 전쟁에서는 공범자가 되든가, 순교자가 되든가의 두 가지 선택밖에 없다는 절박한 상황 인식에서 하이데거의 『존재와 시간』, 『형이상학이란 무엇인가』는 사르트르에게 중요한 영향을 끼친다. 1939년 11월부터 1940년 3월까지 전쟁중에 기록한 이 일기체 비망록에서 다른 어떤 책에서보다 솔직하게 철학자들의 영향과 자신의 철학적 계보가 밝혀져 있다. 전쟁 전에 출간된 『상상계(L'Imaginaire)』가 후설의 영향 아래 쓴 것이라면, 1943년에 출판된 『존재와 무』는 특히 하이데거의 영향권에 놓인 것이라는 점을 알 수 있게 한다.

11 *Ibid.*, p. 226.

12 *Ibid.*, p. 227.

13 Sartre, *L'Etre et le Néant*, p. 37.

14 *Ibid.*, p. 38.

막는다. "근본적으로 내게 무관심한 존재들 한가운데 내가 던져져 있
다는 사실은 놀라운 것이다"[15]라는 발견은 무심한 사물들 사이에서의
유폐 상태를 극복할 과제로 이어지고 여기에서도 하이데거는 사르트
르에게 대안을 제시한다. 서로 마주보고 있거나 대립적 관계에 있는 대
타적 존재 l'être-pour-autrui에 비해 하이데거의 더불어 있는 존재 l'être
avec, Mit-Sein는 공존과 화합, 연대의 가능성을 암시한다. "더불어 있는
존재는 전혀 다른 의미를 지닌다. 더불어라는 말은 세계 한가운데서 나
의 현실과는 다른 인간의 현실이 출현함으로 말미암은 대립과 인정의
상호적 관계를 의미하지 않는다. 그 말은 오히려 이 세계를 개척해 나
가는 데 필요한 일종의 존재론적 연대감을 표현한다."[16]

적대적이던 타자와 세계는 돌연 주술이 작용하기라도 한 듯이 나란
히 함께 존재하는 동지적 관계로 변모하고 있다. 그러한 변신에 대한
논증은 불가능하다. 사르트르는 『존재와 무』의 출발점을 "의미의 기원
에는 사물이 있다", "존재는 의식으로부터 비롯된다. 그러나 모든 의
식은 대상이 있어야 가능한데, 의식이 의식 자체를 의식하는 것은 마
치 존재하지 않는 것을 의식하는 것과 같으므로 존재는 무다"와 같은
부정적 인식에 두고 있었다. "없는 것을 있는 것처럼 착각하거나", "무
無인 존재의 본질을 회피하려는" 자기기만, 허위의식 mauvaise-foi을 철
저히 배제하고 강한 부정적 사유를 통해 실존의 가능성을 모색하는 작
업은 순탄한 것이 아니었고, 논리를 넘어서는 절대적 길잡이를 필요로
하는 것이었다. 집단과 역사의 맹목적 힘에 수렴당했던 사르트르의 전
쟁 체험은 하이데거의 '세계내적 존재'라든가 '더불어 있는 존재'라는
개념에서 역전의 전기와 논리 도약의 발판을 찾게 된다. 그러한 변신

---

15 *Ibid.*, p. 565.
16 *Ibid.*, p. 291.

이 의존하고 있는 논리는 매우 단순하고 자명한 것이어서 논리에 의한 분석과 비판을 불가능하게 하고 있다. 물론『존재와 무』의 여러 곳에서 사르트르는 하이데거에 대해서 비판적 성찰을 가하고 있기는 하지만, 그 두 가지 개념만은 지극히 간결하게 부조하여 "무심하고 적대적인 세계 속에 던져진 존재"의 문제를 해결하는 열쇠로 사용하고 있다. 헤겔과 후설에 대해서도 그러한 경향은 마찬가지다. 헤겔의 객관적 정신 l'esprit objectif은 정치권력의 요체인 명령과 복종의 관계를 설정한 제도와 구조의 존립 근거와 합의를 설명하기 위한 것인데,[17] 사르트르는 그것을 가족, 학교, 사회제도 등 인간을 억압하는 모든 관습과 제도를 총칭하는 개념으로 사용한다.[18] 후설의 현상학에서도 존재에 대한 의식의 초월적 지향성에 대한 관찰만이 사르트르에게 의미 있는 개념으로 활용되고 있는 것이다. 마르크스, 헤겔, 키르케고르, 후설, 하이데거, 프로이트에 정통한 해설자나 주석가가 되기보다는 자신이 부딪친 철학적 난관을 타개하는 하나의 명제를 그들로부터 빌려서 새로운 논리로 변형시키는 사르트르의 이러한 비약과 우회의 태도는 여러 가지 비판을 받을 수도 있다. 그러나 여기에는 사물의 세계와 무에 직면해서 "우주의 영원한 침묵 앞에서 전율한다"는 파스칼적인 불안을 해명하고 극복하려는 실존적 열망이 오히려 선명하게 드러나고 있음을 주목해야 한다. 즉자적 존재와 사물의 세계 앞에서의 불안, 세계 안에서 더불어 있는 존재, 사물을 무화시킬 수 있는 자유와 상상력의 힘의 돌연한 출현으로 이어지는 사르트르 철학의 노정은,『문학이란 무엇인가』에 동심원적인 궤적을 그리면서 아직 분명한 형태가 갖춰지지 않

---

17 Paul Ricœur, *Le Conflit des interprétations* (Seuil, 1969), p. 112.
18 『집안의 천치』에서 플로베르의 작가로서의 글쓰기의 모든 노력은 사르트르가 상정한 객관적 정신과의 투쟁으로 이해된다. 글쓰기와 상상력의 우회를 통해서 객관적 정신을 부정하고 극복한다는 것이다.

은 채, 참여문학론, 언어의 현상학적 고찰, 독서이론과 수용미학, 실존적 정신분석과 문학사회학을 아우르는 종합적 이론의 전망 등 현대의 비평이론이 제기할 수 있는 다양한 과제에 여전히 유효한, 깊은 통찰과 직관을 보여 준다. 무엇보다 그것은 "패배가 예견"된 "쓸모없는 열정"으로서의 문학적 행위의 갈등과 모순을 함축하는 내용일 수 있다.

4. 사물의 언어와 말의 힘

사물이 어떻게 보편적이고도 관습적인 언어로부터 새롭고 독창적인 세계를 구축할 수 있을까 하는 의문은 발레리의 다음과 같은 말에서 해답의 실마리를 찾을 수 있다.

> 출발점에서부터 시작하려는(즉, 내 방식대로 시작하는 것) 이상하고 위험한 습벽이 내게는 있다. 지금까지 아무도 그 길을 가지 않았다는 듯이 길을 다시 만들고 개척하려는 것과 마찬가지 일이다. 이 길은 언어가 우리에게 제공하고 부과하는 길이다.[19]

언어는 존재의 시작이다. "시작에서부터 시작하려는" 근본주의적 열정은 『문학이란 무엇인가』의 첫 장을 언어의 문제로 열게 한다. 이성적인 것과 이성적이지 않은 것, 집단적 문제와 개인적 욕구, 외적인 사용가치와 내적인 가치, 진정치 못한 외면과 진정한 내면, 사상과 시학과 같은 대립적 개념으로 산문과 시를 나누는 관념론적이고 이상주의적인 이분법적 사고의 흐름은, 비록 그것의 오류를 인정한다고 하더라

---

19 Paul Valéry, *Variété V* (Gallimard, 1945), p. 131.

도, 또 그러한 오류를 지적하기 위해서라도, 어느 시대에나 항상 있었던 범상한 논리일 것이다. 그러나 시와 시인과 시적 언어가 진실을 드러내야 할 참여문학의 사명에는 부적합한 것이라는 단죄와 함께 이들을 의미의 영역으로부터 사물의 영역으로 내몬 사르트르의 극단적인 선언은 사람들에게 큰 충격을 준다. 그 충격은 두 가지로 설명할 수 있다. 하나는 의미와 진실의 상징인 시의 위상을 무의미한 원초적 질료의 상태로 실추시킨 데서 오는 것이고, 다른 하나는 고도의 정신적 현상, 영혼의 교감인 시가 어떻게 사물일 수 있을까 하는 놀라움에서 비롯되는 것이다. 이에 곁들여서 참여문학에 문학성이 결여되었다고 비판하는 사람들은,[20] 사르트르가 고도의 문학성을 가진 시를 참여문학에 참여시킨다고 했더라도 달가워하지 않았을 테지만, 거기에서조차 배척당했다는 신성모독적 모욕감을 더욱 견디기 어려웠으리라는 상상도 가능하다. 한편, 언어이론 발달의 정점에서 사르트르의 문학관과 언어관을 비판하는 현대의 비평가들은 언어학에 대한 그의 무지와 단순한 도식의 오류를 지적한다. 또 다른 연구자들은 의미작용이라는 언어의 가장 일차적인 기능조차 상실된 상투적 시대에, 언어의 "제시하고, 보여 주고, 명령하고, 거부하고, 요구하고, 간청하고, 설득하고, 암시하는"[21] 명징성을 추구하는 본래적 기능을 복원시키기 위한 전략적 차원에서 시와 산문을 구분하고 오히려 시의 순수성을 지키려고 극단적 수단을 사용했다는 식으로 사르트르를 이해하는 관점에 서기도 한다.[22]

---

20 『문학이란 무엇인가』의 서문에서 사르트르는 "가장 열등한 예술가들이 가장 깊이 참여한다. 소련의 화가들을 보면 잘 알 것이다", "당신은 문학을 죽이려 한다. 무례하게도 문학에 대한 경멸이 당신의 잡지에 가득하다"는 비난에 대해 "문학의 이름으로" 글쓰기의 본질에 답하겠다고 다짐한다.

21 Sartre, *Qu'est-ce que la littérature?* p. 26.

22 Michael Berkvam, "Les Pouvoirs du mot," in *Revue des sciences humaines*, n° 148 (1972); Traugott König, "Pour une phénoménologie du discours poétique moderne dans l'œuvre de Sartre," in Burgelin, ed., *Lectures de Sartre*.

언제나 그렇듯이 사르트르에 대한 찬사와 비난, 그리고 포폄은 도저히 화합할 수 없는 것처럼 보인다. 『존재와 무』의 모순과 양극의 세계는 사르트르 자신과 작품에도 그대로 노정되어 있기 때문이다. 산문과 시를 사상과 미학, 실용성과 추상성, 보행과 춤, 기능의 수행과 함께 소멸하는 언어와 물질로 계속 남아 있는 언어로 구분하고 있음에도 불구하고, 최종적으로는 시적 언어에다 산문에 고유한 사유의 기능을 보강시켜 주고, 형식이 사상에 우선한다는 것을 설득력 있게 보여 준 발레리의 시론에 비하면, 사르트르의 언어이론은 단순하고 도식적이라는 결함을 보인다. 다음에 인용된 발레리의 시론은 사르트르의 이분법적 언어관의 한계를 넘어설 수 있는 가능성을 보여 준다.

언어를 실제적이고 추상적으로 사용할 때는 신체적인 것, 감각적인 것, 언술행위와 같은 형식은 보존되지 못한다. 언어의 형식은 말이 이해되는 순간 살아남지 못한다. 형식은 명료함 속에 해체된다. 그 형식은 작용했고 그 의무를 다한 것이다. 이해시켰고 살았던 것이다.[23]

실용적 언어[산문], 즉 나의 의도와 욕망, 명령, 견해를 밝히는 데 사용되었던 언어는 목표를 달성하자마자 사라진다. […] 내 말은 그것의 의미로 완전히 대체되었다. […] 반대로 시는 살았다고 해서 죽지 않는다. 시는 분명히, 잿더미 속에서 다시 살아나고 끝없이 재생되도록 만들어진 것이다.[24]

그러나 위의 두 인용문에 나타난 발레리의 언어관이 사르트르의 그것과 완전히 대립되는 것은 아니다. 산문의 언어는 명징한 의식의 언어

---

23 Valéry, *Variété V*, p. 144.
24 *Ibid.*, p. 155.

이며 자기를 넘어서서 사물에 도달하는 순간 소멸된다는 생각, 실용적 목적은 그것 자체로 수단이자 목적이 된다는 관점, 또 다른 사물의 재생산이라는 순환적 구조에 속하지 않는다는 인식은 사실 발레리의 것이기도 하고, 사르트르의 것이기도 하다. 그러나 발레리는 시와 산문을 구분하면서도 추상적 사고의 언어, 명징성의 언어, 유용성의 언어로서의 산문이, 무한하게 변용이 가능한 질료의 언어, 사물의 언어, 다원적 불투명성의 언어인 시보다 세계를 새롭게 인식하고 변화시키는 데 더 우월한 가치를 지니지는 않는다는 점, 더 나아가서 시의 언어는 소멸되지 않고 새로운 사물로 끊임없이 변신하고 지속적인 울림으로 남아 반추된다는 사물화의 특성을 지니므로 오히려 생명력이 있다는 점을 강조함으로써 언어의 형상화와 형식미학에서 벗어나지 않는다. 언어의 사물화에 대한 발레리와 사르트르의 견해 차이는 형식과 미학의 중요성을 어떻게 인식하느냐 하는 것보다, 보다 근원적인 철학과 세계관의 차이에서 빚어지는 것 같다.

사르트르에 의하면 사물의 세계는 의식하는 자아의 실존의 전제인 만큼 본질적이다. 산문가는 본질을, 다시 말해서 사물의 근원을 파악하고 드러내고 명명하기 위해서, 궁극적으로는 세계를 변화시키는 실천적 행위로서 말을 길들이고 사용하는 사람이다. 의미행위를 완수하였을 때, 산문의 언어는 어떠한 여운도 남기지 않고 투명성으로 환원된다. 산문의 언어는 소멸을 지향하는 것이다. 이에 비해 시적 언어는 이미지의 연상작용을 통해 언어 자체가 새로운 사물과 대상으로 변신하고 원초적인 자연 상태의 질료로서 떠돌며 사물의 재생을 꿈꾼다. 사르트르에게 사물은 '죽어 있는', '굳어진', '수동적'이란 관습적인 수식어를 붙여서 이해되는 것이 아니다. 『구토』에서 볼 수 있듯이 사물은, 어두운 길목에서, 전차에서, 공원에서, 바닷가에서, 음험하게 숨고 도사려 있다가 우리의 뒷덜미를 낚아채고 들러붙는 강인한 생명력을 지닌 존재다. 물질뿐 아니라 부르주아의 가치관, 제도, 인습과 같은 추상적 세계도 외부의 힘으로 개인에게 즉물적인 힘으로 작용한다는 점에서 살아 있는 사물이며, 보이지 않기 때문에 더 두려운 존재다. 사물은 인간의 자유로운 의식을 차단하고 "존재의 무"를 은폐한다. 『존재와 무』를 비롯해서 『성 주네』, 『집안의 천치』의 철학적 입지는 사물의 존재를 인정하고 극복하려는 투쟁적 의지에 놓여 있다. 『구토』, 『벽』, 『자유의 길』 같은 소설과 『파리떼 Les Mouches』, 『출구 없는 방 Huis clos』을 비롯한 그의 희곡작품도 같은 맥락에서 이해할 수 있다. 인간의 의식과 자유로 사물의 세계를 극복할 수 있다는 사르트르의 주장은 – 그가 그것을 주장한다고 여기는 것도 왜곡된 해석이지만 – 사물의 팽창으로 인간이 사물화된 현대사회에서는 유효성을 상실한 의지주의 volontarisme 라는 비판을 받게 된다.[25] 이 자리에서는 그러한 논의의 진위를 밝히기보다는 사르트르에 있어서 언어는 사물로부터의 자유와 인간 해방의 절박한 수단이었으며, 시의 언어는 사물을 – 그것도 실재하는 사물이 아닌, 사물처럼 보이는 이미지의 사물을 – 솟아오르게 하는 자기기만적 성격을 내포하는 것으로 인식되었다는 점을 주목해야 할 것이다.[26] 그런 점에서 사르트르는 시적 언어가 자족적인 소우주를 형성한다거나, 작가는 언어를 사용하는 주체가 아닌, 언어에 봉사하고 지배당하는 사물화된 존재로 전락되었다는 부정적 언어관을 펼친 혐의를 받고 있다.

---

25 인간 해방의 의지와 고전적 지식인의 현실 참여가 오히려 회피와 자기기만이며, 전체성, 투명성의 지향은 환상일 뿐이라는 비판은 68 이후의 사르트르를 스스로 "산 채로 매장당한" 존재로 느끼게 했다. Jean-Paul Sartre, "Autoportrait à soixante-dix ans," in *Situations X* (Gallimard, 1976) 참조.

26 미학과 형식에 자유라는 도덕적 기준을 도입하고 초월적 자아를 상정하고 있는 사르트르의 언어관은 『문학이란 무엇인가』에서 시학에 대한 진지한 성찰이 상당한 수준의 기호학적 분석방법의 적용을 통해서 이루어지고 있음에도 불구하고, 그의 입장을 허상과 실상을 나누는 플라톤적 이상주의 편에 서게 하는 것이다. Jean-Yves Debreuille, "De Baudelaire à Ponge: Sartre lecteur des poètes," in Burgelin, ed., *Lectures de Sartre*, pp. 273-80 참조.

작가는 더 이상 말을 사용할 수 없게 되며 베르그송의 잘 알려진 표현과 같이, 시인은 언어를 반쯤밖에 이해할 수 없게 된다. […] 결국은 언어는 사물들 자체, 아니 차라리 사물들의 어두운 핵심이 되었다고 말하는 것이 더 옳다."[27]

산문가의 감정 토로는 언어에 의해 분명해지지만, 시인의 경우에는 시 속에 감정을 털어놓더라도 시인 자신이 그 감정을 알아볼 수 없게 된다. 언어가 감정을 사로잡고 그 속에 침윤되어 그 감정을 변신케 하는 것이다. 시인의 눈앞에서조차 언어는 감정을 의미하지 않는다. 감동은 사물이 되었으며 그것은 이제 사물의 불투명성을 띠게 된 것이다. […] 언어는, 사물로서의 문장은, 마치 사물과 같이 무궁무진해서 언어를 촉발시킨 감정을 사방에서 압도하고 넘쳐난다.[28]

위의 인용문에서, 시의 언어는 마치 왕성한 번식력과 맹렬한 세포분열의 환상이 넘쳐나는 사물처럼 사르트르의 강박관념의 일부를 이룬다. 언어가 명징성을 잃고 의식의 범위를 벗어나 불투명한 사물의 군락 속으로 들어가는 통제 불능의 상태에서 의식은 설 자리를 찾지 못하고 언어의 주술적 힘에 사로잡힌다. 사물에서 벗어나기 위한 언어의 모든 도구적 노력은 언어가 다시 사물이 되고, 도구가 아닌 수단이자 목적이 되는 바람에 수포로 돌아가고 마는 것이다. 시의 언어는 결국 시인 자신에게나 독자에게 자유를 보장해 주지 않는, 즉 명명하고, 드러내고, 변혁시킬 힘을 보장해 주지 않는 무상성의 행위이다. 독자에게 의미를 선택할 수 있는 자유를 부여하지 않는 시의 언어는 허공에 떠도

---

27 Jean-Paul *Qu'est-ce que la littérature?* p. 22; 정명환 옮김, 『문학이란 무엇인가』(민음사, 1998), p. 23.
28 *Ibid.*, p. 25.

는 유예된 언어이다. 구체적 실존을 확인하고자 하는 의식의 외부지향적 욕구, 알고, 알리고, 이해되고자 하는 글쓰기의 욕망은 사물로 변한 말의 배반으로 좌절된다.

말의 주술과 신비의 매혹에서 벗어나고자 한 사르트르의 시도는 뿌리 깊은 것이다. 말과 생각, 말과 사물의 괴리, 명징한 인식의 도구로 순순히 기능하지 않는 말은 『구토』의 로캉탱을 끈질기게 괴롭힌다.

> 나는 손을 의자 위에 올려놓았다가 황급히 거둬들였다. 저것이 살아 있구나 하는 느낌 때문에 그랬다. 나는 주문이나 외듯이 저것은 의자다라고 중얼거렸다. 그러나 말은 내 입술 위에 머물러 있다. 말은 사물 위에 앉으려 하지 않는다. […] 사물들은 이름으로부터 자유로웠다. 사물들은 괴기하고 고집 세고 거대하게 거기 있었고 그것들에 대해 의자니 뭐니 부르는 것이 명청하게 여겨졌다. 나는 이름 붙일 수 없는 사물들 한가운데 있다. 혼자서 아무 말도 할 수 없이 무방비 상태로 있는 나를 그 사물들은 밑에서, 뒤에서, 위에서 에워싼다. 그것들은 아무것도 요구하지 않고 자기를 내세우지도 않는다. 거기 있을 뿐이다.[29]

그대로 거기 있으면서 저항하는 사물은 투명성을 허용치 않으면서 세계의 폐쇄성, 의사소통의 불가능성을 일깨운다. 로캉탱의 구토는 말의 좌절과 함께 촉발된다. 명명되기를 거부하는 사물을 포착하는 데 말은 도움이 되지 못하며, 이러한 상황은 개선되지 않고 있다. 『문학이란 무엇인가』에서 그가 그토록 언어의 일차적 기능과 투명성을 강조하고 사물이 되고자 하는 시의 언어를 인간 의식의 한편으로 끌어들이려고

---

29 Jean-Paul Sartre, *La Nausée*, in *Œuvres romanesques* (Gallimard, coll. Bibliothèque de la Pléiade, 1981), p. 148.

애쓰는 것은 문학과 언어가 정치사회적 혼란 속에서 위기에 처해 있다는 상황 인식 때문이기도 하다. 민중과 더불어 세계를 변화시켜야 할 과제 앞에서 의사소통의 명료함은 필수적이다. 말이 개인과 사물, 말과 사물, 개인과 개인 사이의 의미 전달에 실패하고 서로 결합하지 않는 완강한 말과 사물에 둘러싸여 있다는 사실의 확인과 더불어 영혼, 영원, 신비로움, 메시지와 같은 비역사적 몽롱함이 시의 본질로 오도되고 있다는 판단에서 사르트르는 "책 속의 삶, 묘지 관리인의 평정한 삶"에 안주하지 않고 말이 본래적인 힘을 회복하도록 하는 일에 협력자로서 독자의 중요성을 일깨운다.

5. 독서와 독자, 문학의 사회학

『문학이란 무엇인가』는 '독서란 무엇인가'로 바꿔 말해도 무방할 만큼 독서이론의 중요한 성과로 기록된다. 이러한 관점에서도『문학이란 무엇인가』를 읽기 위해 필요했던 선입견의 배제는 필수적이다. 가령, 이 책을 독서이론서로 이해할 때 그 이론은 결코 교과서적인 원론이나 개론서의 포괄적이고 보편적인 지식을 제공하는 것이 아니며, '내 인생에 영향을 준 한 권의 책'을 소개하는, 회상과 감동으로 떨리는 음성을 듣게 하는 것도 아니며, 나르시스적인 '독서의 즐거움'이나 '욕망의 대리만족'을 부추겨 주지도 않는다는 것이다. 글쓰기가 언어를 통해서 세계를 파악하고 끊임없는 변신과 혁명을 실천하려는 변증법적 실존의 방법이라면, 책읽기도 그와 같은 것이다. 순간마다 존재의 의미를 만들어 나가야 할 실존적 선택과 창조, 생성의 역동성은, 세계를 의미 있는 것으로 전환시키는 의사소통의 단계에서도 필요한 일이다. 실존의 방법으로서의 독서는, 인간의 모든 의식행위와 글쓰기가 내포하고 있는

'세계와 전 존재'가 문제가 되는 의미심장한 것이다. "세계를 기술하는 데 머물지 않고 변혁시켜야 한다"는 실존적 글쓰기의 대전제는 독서에서, "사진의 감광판처럼 빛을 받아들이기만 하는 기계적 수동성을 벗어나"[30] 주체와 객체의 종합을 실현시키는 창조의 "기도 entrepreise"와 "내기 pari"로 전환된다. 독서행위와 독자는 의미 창조의 주체로서 전폭적인 자유를 부여받게 되는 반면, 더 이상 안전지대에 머물러 있을 수는 없는 부담도 같이 짊어지는 것이다. 인간은 자기 의사와는 상관없이 세계와 역사에 연루되어 있다는 실존주의의 논리는 참여문학론에서 독서이론에 이르기까지 폭넓게 적용되고 있다. 독자는 자유와 책임을 동시에 가지며 작가와 작품의 존립 근거를 마련해 주는 것이다.

"오직 타자를 위해서만, 타자에 의해서만 예술은 존재한다"[31]고 주장한 사르트르에게 작품은 오직 읽혀질 때만 작품일 수 있다. 그렇지 않으면 그것은 "종이 위에 검은 흔적들"일 뿐이다. 작가와 독자의 공동 작업에서 상상력에 의한 구체적 작품이 생산되는 것이다. 그럴 때 독서는 창작의 다른 이름이다.

> 창작은 오직 독서에서만 완결되는 것이므로, 예술가는 자기가 시작한 것을 남이 완성하도록 맡기는 사람이므로, 그는 독자의 의식을 통해서만 작품에 대해 스스로를 본질적인 것으로 파악하는 사람이므로, 모든 문학작품은 호소이다. 쓴다는 것은, 언어를 수단으로 하여 내가 드러낸 것을 독자가 객관적 실존으로 공인할 수 있게 독자들에게 호소하는 것이다.[32]

독자를 끌어들이는 창작의 공간은 열려 있고 자유롭다. 독자는 책을

---

30 Sartre, *Qu'est-ce que la littérature?* p. 55.
31 *Ibid.*
32 *Ibid.*, p. 59.

읽으면서 예견하고 기대한다. 그리고 독자는 꿈꾸고, 깨어나고, 희망을 갖고, 또 실망한다. 기다림과 무지와 미래로부터 의미는 구축되고 객관적 실존이 이뤄진다는 사르트르의 관점은 야우스의 기대지평 이론을 연상시킨다. 독자의 기대가 작품을 재구성하는 원동력이 되고 있기 때문이다. 사물로 변한 언어가 소통 불능의 무력감을 야기할 때 작가 스스로에게도 낯설어진 작품의 의미를 알아내게 하는 것은 바로 작가의 부름에 자유와 책임으로 응답하는 독자의 힘이다. 책을 통해서 세계를 읽고, 말을 통해서 사물을 의식했던[33] 매혹당한 독자로서의 사르트르의 체험은 책읽기와 글쓰기를 서로 다른 별개의 행위로 인식하지 않게 한다. 그런 점에서 『우스꽝스러운 전쟁의 비망록 Les Carnets de la drôle de guerre』은 폐쇄적 상황을, 행복한 책읽기와 글쓰기가 자연스럽게 접목되는 목가적 합치의 시점으로 전환시킨 드문 예가 될 것이다.

사르트르가 이처럼 책읽기에 적극적 의미를 부여하고, 진정한 독자를 역사적 실존의 장으로 끌어들이려 한 까닭은, 그가 1947년의 시대적 상황을 진정한 의사소통이 차단된 시대, 소비와 겉모습이 지배하는 사물의 시대, 인간이 스스로 만든 기계문명으로부터 소외된 시대, 예술의 산업화가 급속히 이뤄지는 시대, 즉 총체적 위기의 상황으로 진단하였기 때문이다. 소비하지 않고 생산하는 문학, 복종과 소유로부터 인간을 자유롭게 만드는 문학, 완전한 문학을 독자와 더불어 이루려 하는 사르트르의 낭만적 꿈은 그러나 예술에 의한 구원이라든가 이상적 독자를 쉽게 만날 수 있다는 기대에서 출발한 것은 아니다. 사르트르가 인식한 현대는, 부르주아가 스스로에 대한 확신을 갖지 못한 상태에서의 그 이데올로기의 와해, 억압과 피억압의 관계의 애매함이 빠른 속도로

---

33 『말(Les Mots)』은 평범한 자서전은 아니다. 책과 말의 주술에 사로잡힌 영혼의, 회한도 자랑도 무용담도 아닌, 정직한 증언이다.

진행되어 자아의 정체성이 혼란을 겪는 자본주의 시대이자 비인간적인 소외의 시대였다. 이러한 시대에 예술의 가능성은 쾌락과 오락으로 격하되고, 대중이 작가에게 보내는 관심은 일시적인, 문학의 과대평가 현상을 반영하는 데 그칠 뿐이라는 비감한 통찰은 "책 읽는 사람은 있지만 독자는 없다"[34]라는 그의 증언에서 명료하게 드러난다. 더욱이 경제 위기 속에서 부르주아는 노동과 보상, 유용성과 진보에 대한 신념을 상실한 채 파산과 몰락, 실추와 해체의 과정에 있다는 사르트르의 전망의 상당 부분은 사르트르 자신의 부르주아에 대한 증오,[35] 부르주아 계급의 붕괴에 대한 맹목적 기대에서 비롯된 감정적 추론에 의지하고 있지만, 일차원적 기호의 피상성에 근거한 부르주아적 통제사회의 성격을 규명한 부분은 오늘날에도 여전히 설득력을 갖는 논리로 보인다.

단번에 그의 이데올로기는 무너진다. 지금까지 이데올로기는 소유된 물건의 덕성을 소유자의 영혼 속에 퍼뜨리는 완만한 삼투작용과 노동으로 사유재산을 정당화했다. 부르주아에게 재산의 소유는 가치이자 가장 아름다운 개인의 문화였다. 그런데 이제 재산은 상징적이고 집단적인 것이 되었으며 그들이 소유하는 것은 사물의 기호이거나 기호의 기호이지 더 이상 사물을 소유하는 것은 아니다.[36]

---

34 Sartre, *Qu'est-ce que la littérature?* p. 295. '책 읽는 사람(lecteur)'은 소비자일 뿐이지만, 이에 비해 진정한 '독자(public)'는 문학의 소비적 상품화를 저지하는 힘으로 부각된다.

35 부르주아인 사르트르의 삶과 철학 그리고 문학은 부르주아의 본질을 꿰뚫고 부정하는 데 바쳐졌다고 해도 지나친 말은 아니다. 부르주아로부터 받은 것을 무기로 부르주아를, 또한 자기 자신을 공격하는, 되돌려주기(retournement)를 통한 부정의 미학은 말 속에서 스스로의 소멸을 꿈꾸는 주네나 플로베르의 원초적 선택인 동시에, 사르트르의 실존적 선택이기도 하다. 자기 부정에서 부정은 완결된다. 사르트르는 플로베르의 말을 빌려 "부르주아는 속악하다"라고 말하는 대신 "모든 속악한 것은 부르주아적이다"라고 함으로써 뿌리 깊은 혐오를 드러낸다.

36 Sartre, *Qu'est-ce que la littérature?* p. 299.

위 문장에서와 같이 모든 소유의 근거는 무너지고, 말과 사물, 가치와 기호가 유리된 상태, 의사소통이 단절된 상황을 명료하게 인식하는 작가는 스스로도 독자와 유리되었음을 깨닫고 있다. 프롤레타리아도 부르주아도 그가 생각한 독자는 아닌 것 같다. 더구나 말은 병들어 있고, 현대문학은 암에 걸린 것처럼 죽어가고 있다고 사르트르는 진단한다. 이 상황에서 병든 소비적인 문학에 대항하는 길은 말을 파괴하는 데 있는 듯 보이기도 하지만, 그러한 "아방가르드적 행위보다 진지한 문학의 건설이 무엇보다 필요하고 중요한 작업으로 인식된다." 이러한 논리의 연장에서 작가는 노동자를 위해서 글을 쓰고 그들에게 호소해야 한다는 당위의 논리가 등장한다. 그러나 그것은 프로파간다라는 혐의에 휘말리게 되고, 너무 안일한 해결책이라는 의혹에서 사르트르는 벗어나지 못한다. 17세기의 고전주의자들처럼 절대주의적 가치를 공유하던 작가와 동질적인 귀족을 대상으로 쓰거나, 박해받는 민중을 위해 쓴다는 명분을 지니고 글을 썼던 19세기 후반의 사실주의 작가들처럼 분명한 독자층을 겨냥하고 있을 경우 갈등은 없다. 이에 비해 18세기의 작가들은 귀족과 부르주아 두 계급을 모두 겨냥해서 써야 했으므로 당혹해 한다. 또 다른 한편으로 부르주아와 노동자, 지배자와 피지배자, 어느 계급에도 분명한 독자를 가지고 있다는 확신이 서지 않는 현대의 작가는 누구를 위해서, 누구를 향해서, 누구에게 호소할지를 알지 못한다는 것이다. 이러한 갈등은 민족문학, 민중문학에서 미학과 도덕의 상충관계로 노정되기도 한다. 더욱이 문학의 언어는 지금까지 부르주아의 전유물이었지 않은가? 사르트르는 반드시 누구를 위해서 써야 된다고 주장하기보다는 부르주아 계급의 가치의 부재와 혼란과 모순을 드러내 보임으로써, 부르주아 독자에게는 반성을, 소외된 계층에게는 의식의 각성을 촉발하려는 유연하고 포괄적인 태도를 취한다. 물론 여기서 초점은 부르주아의 자체 모순의 노정에 맞춰져 있다. 부르주아의 언어로 부르주아를 공격하고 파괴하는 것은 되돌려주기와 부정의 미학으로 연결된다. 사르트르에게 있어서 민중을 위한 문학은, 부르주아의 허상을 폭로하기 위한 문학에 비하면 그의 일차적 관심은 되지 못하는 듯하다. 그러므로 스스로의 모순을 인식할 수 있는 부르주아 독자에 대한 기대를 사르트르는 결코 포기하지 않는다.

『문학이란 무엇인가』는 수용미학의 관점에서 프랑스 문학사를 기술하고 있는 드문 책이며 그런 측면에서도 주목할 만한 성과를 보이고 있다. 또한 사회경제적 맥락에서 파악한 작가의 지위와 글쓰기의 관계를 성찰한 것도 문학 생산의 환경과 조건이라는 문학사회학적 방법론의 제시로, 그러한 관점의 논리적 타당성이 모두 입증되지 않는다고 하더라도 그것이 독서와 독자이론에 중요한 시사가 되었다는 점만은 분명한 것이다. 사르트르의 책은 어차피 객관적 실증주의의 관점에서 씌어진 것이 아니기 때문이다. 이 책이 수용미학이나 문학사회학의 관점에서 중요한 인식을 보여 준다는 점에 동의할 때, 우리는 이것을 작가와 독자, 시대가 서로 참여하고 있는 독특한 실존적 문학사로 받아들일 수 있다. 자크 드기는 이러한 이유 때문에 사르트르의 독서이론을 이론théorie라고 부르는 대신 현상학phénoménologie으로 파악하고, '수용의 현상학'이란 이름을 붙인 듯하다.[37] 독서와 수용의 현상학의 관점에서 보면 한 시대의 표현 양식과 작가의 태도를 결정짓는 것은 무엇보다도 독자이다. 이 경우 독자의 개념은 책에 국한되지 않고 다른 전달과 표현의 매체로 광범위하게 확대될 수 있다. 그것은 만화, 음향, 영상매체를 통해 작품으로 수용되는 모든 방법을 포함할 수 있는 것이다. 동시대 문학의, 적어도 절반의 책임은 독자에게 있는 것이 아닐

---

37 Jacques Deguy, "Sartre: Une Phénoménologie de la réception. Critique, lecture, situation dans *Qu'est-ce que la littérature?*" *Revue des Sciences Humaines*, n° 189 (janvier-mars 1983), pp. 37-47.

까? 독자에 대한 애정과 배려는 독자야말로 작가의 동반자라는 책임으로 연결되는 논리이다. 그런 까닭에 어떤 독자를 위해 쓸 것인가는 더욱 심각한 문제가 아닐 수 없으며, 이미 사르트르는 어떤 계층의 독자도 배제하지 않고 가능한 한 모든 독자를 동반적 글쓰기 작업에 이끌어 들이려 한다.

18세기 백과전서파의 철학자들은 두 계급의 독자에게 봉사해야 했다. 인간의 정치적 해방을 위해 글을 써야 했던 그들은 한편으로는 부르주아 계급의 독자들이 원하든 원치 않든 그들을 저항하도록 부추겼고, 또 다른 한편으로는 지배계급을 향해 명징성을 지닐 것과 자신에 대한 비판적 검증, 특전의 포기를 종용했다. 작가는 분열된 두 종류의 독자를 계몽의 동반자로 감싸 안은 것이다. 사르트르는 18세기 철학자 작가들의 이러한 예에서 새로운 가능성을 찾고 있다. 결국 그의 일차적인 호소의 대상은 지식인이며 그의 참여문학은 부르주아, 지식인을 참여시키고 이끌어 들이는 의미에서의 참여문학이라고도 할 수 있을 것이다.

『문학이란 무엇인가』에서 여러 차례 논의된 것처럼 미국의 흑인 작가 리처드 라이트가 처한 상황도 18세기 계몽기 철학자들의 상황과 비슷하다. 그는 흑인이므로 당연히 밖으로부터 백인의 문화에 동화되었으며, 백인을 밖에서 보는 작가이다. 그의 책들은 미국 사회 한가운데서 흑인의 소외를 보여 준다. 그는 책을 펴 보지도 않을 백인 우월주의자들을 위해 쓸 수도, 글을 읽을 줄 모르는 흑인 농부를 위해 쓸 수도 없었다. 결국 그는 북부의 교양 있는 흑인들과 지식인, 좌파 민족주의자들, 급진주의자들, 그리고 조합원인 노동자들로 이뤄진 호의적인 미국 백인을 독자로 끌어들였다. 노동자와 부르주아의 경계가 희미해진 현대 소비사회의 작가도 마찬가지 갈등을 겪는다. 안에 있으면서 밖의 시각을 갖고, 밖에서도 안의 시점을 떨쳐 버리지 못하는 것이다. 지배와 피지배 양쪽 계층 모두에게 읽히는 대립적인 두 진영의 독자를 포용하는 제3의 방안은 무엇일까. 여기에서 우리는 사르트르 특유의 부정의 미학과, 패배를 자초하는 자유의 돌연한 출현을 목격하게 된다.[38] 이것은 부르주아의 자아성찰적 깨우침을 목표로 한 문학이 극단적인 자기파괴와 부정의 언어를 동반하더라도, 그러한 허무와 부정의 의도가 오히려 더 넓은 독자층을 포용하게 되리라는 전망을 가능케 하는 것이다. "지는 자가 이기는 것"이라는 명제는 단순히 사르트르가 "허무의 기사들"이라고 이름 붙인 플로베르, 주네, 말라르메의 언어적 실존의 선택에 그치지 않고, 사르트르 자신의 문학적 선택과 절박한 독자 확보의 전략으로 활용됨으로써 결국 참여문학의 논리가 참여적 독서와 독자이론으로 수렴될 여지를 충분히 보여 주는 것이기도 하다.

아마도 「누구를 위해서 쓰는가」는 『문학이란 무엇인가』에서 가장 빛나는 부분이라고 말할 수 있겠다. 우선, 이 부분은 사르트르 철학을 관통하는 글쓰기의 사회적 의미를 압축하는 것이다. 작가가 미지의 독자와 공유하는 것은 오직 말뿐인 상황에서, 세계를 변화시키는 지극히 어려운 작가의 과업에 독자를 끌어들인다는 발상은 작가의 오만함이나 오만함이 감춰진 관대함을 크게 넘어서는 것이다. 독자의 참여 없이 참여문학은 불가능하므로 그런 것도 아니다. 모든 글은 독자를 상정하고 쓰인다고 하지만, 글을 쓰는 작가 자신만을 위한 글도 있을 수 있고, 더 나아가 한 사람만을 위한 글이 세상을 간섭하고 바꿀 수도 있기 때문이다. 말을 할 수 있는 작가의 발언권만으로도, 이미 기득권층이 된 작가가 굳이 다수의 이름 없는 독자에게, 작가 자신의 수치스러운 모습

---

38 Sartre, *Qu'est-ce que la littérature?* pp. 45-48. 사물이 말이 되기를 꿈꾸는 모든 산문가는 가령, 플로베르나 주네처럼 언어를 통해서 사회와 세계가 그에게 내린 저주의 운명을 감당하고 오히려 격렬하게 선택함으로써 시인의 의미의 거부, 절대 부정, 절대 순수와 합치되는 것이다.

까지 다 드러내는 위험을 감수하며[39] 이렇게 공들여 동참을 호소할 필요가 있을까. 그것은 『존재와 무』에서 『도덕을 위한 노트Cahiers pour une morale』(미완의 유고집, 1986)까지 이어지는 사르트르의 실존철학의 핵심인 도덕적인 삶에 대한 지향에서 비롯된 것이다.

사르트르에게 글은 근본적으로 '누구를 위해서', '무엇을 위해서' 쓰는 것이며, 윤리적 결단과 실천적 선택에 의한 것이다. 또한 최종적으로는 "누구에게 주는 것"이다.[40] 이와 같이 철학적 증여don는 사회적 의미를 기반으로 하면서[41] 문학의 현실 참여와 실천 의지를 완성하는 행동이 된다. 다른 한편으로는, 사르트르의 자유가 개인의 자유를 뜻하므로 글쓰기가 작가 자신의 자유를 위한 것이라는 예단을 넘어선다는 점에서, 이 글의 의미가 더욱 커진다. 글쓰기를 통해 확보한 작가의 자유는 절반의 자유일 뿐이다. 아니, 읽혀지지 않는다면 절반은커녕 아무것도 아니라고 사르트르는 말한다. 가령 '작가-독자'가 읽고 쓰는 사람을 뜻한다면, '독자-작가'는 쓴 것을 읽는 사람이라고 풀이할 수 있을 것이다. 독자는 쓰지 않으면서 읽는 행위만으로도 글 쓰는 행위에 연루되며 읽기-쓰기의 공통점을 통해 작가의 자유까지 공유하는 일이 가능하다. 사심 없는 작가의 증여가 독자의 자유가 보태진 두 개의 자유를 만드는 데 그치지 않고 상호작용을 일으키며 많은 자유를 생산할 수 있다는 사르트르의 논리는 이상주의적 결함을 인정하더라도 현대 사회의 무한대적인 정보의 교류, 소통과 확장을 예견한 것이며, 증여의 철학이, 책이라는 범상한 방법으로 보통 사람의 자유의 형성에 기여할 수 있음을 보여 준다.

---

39 Burgelin, ed., *Lectures de Sartre*, p. 14 n2 참조.
40 변광배, 『나눔은 어떻게 인간을 행복하게 하는가: 모스에서 사르트르까지 기부에 대한 철학적 탐구』(웅진씽크빅 프로네시스, 2011) 참조.
41 디르크 크바트플리크, 「마르셀 에나프: 선물과 사회통합」, 『베스텐트』 한국판(2012) 참조.

작가가 글 쓰는 사람의 권리를 지키기 위해 독자의 무지를 탓하거나 배제시키지 않는다는 점에서도 「누구를 위해서 쓰는가」의 미덕은 크다. 역사적으로 "담론은 단순히 욕망을 드러내거나 감추는 것이 아니며, 욕망 대상이다. […] 담론은 투쟁이나 지배체제를 표현하는 것이 아니라 그것[담론]을 위해서, 혹은 그것 때문에 싸울 수 있는 대상이자 사람들이 쟁취하고자 하는 권력이다"[42]라는 푸코의 말은, 자유롭지 못하고 억압적인 사회에서 말이 권력 자체가 되는 현상을 압축적으로 표현하고 있다. 사르트르가 푸코의 『담론의 질서』(1971) 이전에 '말의 힘'이라고 불렀던 것이 실상은 '담론의 권력'이라는 사실이, 사르트르의 통찰력을 재인식하고 사르트르의 문학론에서 독자이론의 중요성이 얼마나 큰지 깨닫게 하는 계기를 제공해 준다. 더구나 정보와 지식과 책이 넘쳐 나는 오늘의 사회에서도 글쓰기에 내포된 "[담론권력의] 비대칭성 la dissymétrie"[43]은 여전하다는 데 주목하면서, 우리는 『문학이란 무엇인가』가 작가와 독자 사이의 수직적, 불균형적 차이에 근거한 작가의 담론권력이나 자유의지의 구현만을 위해 씌어진 것이 아니며, 현대사회의 가장 중요한 현상을 설명하는 데 여전히 유용하다는 것을 확인한다.

---

42 Michel Foucault, *L'Ordre du discours* (Gallimard, 1971), p. 16.
43 *Ibid.*, p. 43.

사르트르의 전쟁의 글쓰기와 미학

『자유의 길』과 『알토나의 유폐자』를 중심으로

조 영 훈

1. 서론

본 논문의 목적은 제2차 세계대전에 관한 사르트르의 대표적 소설작품 『자유의 길』 4부작과 대표적 희곡 작품 『알토나의 유폐자』를 중심으로 전쟁의 글쓰기와 미학을 분석하는 데 있다. 사르트르가 1939년 9월 징집되어 "야릇한 전쟁la drôle de guerre" 기간 동안 병영에서 본격적으로 집필하기 시작한 『자유의 길』은 제1부작 『철들 무렵』은 스페인 전쟁을, 제2부작 『유예』는 뮌헨 협정 무렵 전 유럽의 전쟁 위기 상황을, 제3부작 『영혼 속의 죽음』은 전쟁의 발발과 프랑스 군의 패주 그리고 포로들의 강제 이송을, 미완성으로 남게 된 제4부작 『마지막 기회』의 출간된 부분인 『야릇한 우정』[1]은 포로수용소에서의 레지스탕스의 시작을 기술하고 있다. 알제리 전쟁(1954~1962) 기간중인 1958년에 집

---

1 『야릇한 우정』은 1949년 11월과 12월 두 차례에 걸쳐 *Les Temps modernes*, n° 49-50 (1949)에 연재되었다.

필하기 시작하여 이듬해 9월 초연에 이어 출간된 『알토나의 유폐자』는 제2차 세계대전 때 소련 전선에 참전하였다 귀환한 독일 병사의 이야기이다. 소재가 유사할 뿐, 장르도 상이하고 규모도 큰 차이가 있어 단순 비교가 불가능해 보이는 이 두 작품은 사르트르의 전쟁의 글쓰기의 제반 문제를 비추어 볼 수 있는 핵심적인 '간텍스트성l'intertextualité'을 제공한다. 두 작품은 그 내용이 동일한 전쟁을 기술하고 있다는 점에서가 아니라, 전쟁의 글쓰기가 각 작품별로 독특한 시학의 문제를 제기하고 있다는 점에서 훨씬 더 흥미롭다.

전쟁의 글쓰기는 종합적 인식과 직접적 재현이라는 모순을 노정한다. 여기서 우리는 역사소설로서의 전쟁의 글쓰기와 '즉각적 허구la fiction immédiate'로서의 전쟁의 글쓰기를 구별할 필요가 있다. 다루는 사건과 글쓰기 간에 상당한 시간적 간격을 전제하는 역사소설에서는 작가가 원하든 원치 않든 이미 분석·종합된 한 시대에 대한 인식이 참조 체계로서 스며 있다. 그러나 작품이 거의 동시대의 사건을 다루는 경우 작가에게 그 시대에 대한 통일된 관념이나 일관된 인식이 허용될 수 없다. 더구나 기존 사회와 가치관을 전면적으로 붕괴시키는─동시에 새로운 사회와 가치관을 잉태하는─대규모의 전쟁을 기술하는 『자유의 길』의 경우, 글쓰기 이전에 미리 전제된 시대에 대한 객관적 인식이란 불가능하다. 따라서 즉각적 허구로서의 전쟁의 이야기체에서는 관찰되고 재현된 모든 사건, 행위, 담론은 의미화를 기다리는 가능태의 상태에 머문다.

『자유의 길』에서 전쟁의 글쓰기는 폭발하는 세계를 역설적으로 미학화하는 문제를 제기한다. 파열 현상이 글쓰기 자체를 위협하고 시대에 대한 인식 자체를 불가능하게 하는데 어떻게 한 시대를 재현할 수 있을 것인가? 『자유의 길』 4부작의 각 작품들이 보여 주는 서술 기법과 '시공간le chronotope'은 이러한 역설적 미학화의 결과이다. 또한 각 작품의 전개에 따른 서술 기법과 시공간의 변모는 전쟁의 진행에 따른 텍스트 내에서의 문제 제기 방식의 변화에 상응한다. 우리는 이러한 형식적 특성과 변화를 분석함으로써 사르트르의 전쟁관과 세계관이 『자유의 길』의 글쓰기를 통해 형성되는 과정을 살펴볼 것이다.

1949년에 『야릇한 우정』을 발표한 후,[2] 10년 만에 사르트르는 극작품 『알토나의 유폐자』를 통해 다시 제2차 세계대전이라는 주제로 돌아왔다. 그러나 이제 문제가 되는 것은 진행중인 전쟁의 발견이 아니라 이미 역사적 사건으로 정리 · 분석된 전쟁에 대한 논쟁이다. 형성되는 전쟁관이 아니라 이미 형성된 전쟁관의 시효소멸 내지는 위기의 봉착이 문제가 된다. 『알토나의 유폐자』는 현재의 알제리 전쟁이 과거의 제2차 세계대전을 문제 삼는 세기적 이념적 갈등의 무대이다.

2. 『자유의 길』: 서술 기법과 시공간

시대에 대한 어떠한 종합적 인식도 외적 참조 체계도 없이, 우연히 주관적으로 관찰된 사건들과 인물들을 직접적으로 재현하며 한 시대에 어떤 통일된 모습을 부여하는 전쟁의 글쓰기는 즉각적으로 서술 기법상에 있어 '영역의 제한les restrictions de champ'의 문제 즉 시점의 문제를 제기한다. 미셸 레몽Michel Raimond도 지적했듯이 "시점의 기법이 가장 활발하게 펼쳐지는 분야가 있다면 그것은 작중 인물이 아무것도 인식하지 못한 채 행동해야 하는 대규모 전투에서이다."[3] 『파름의

---

2 그 후 사르트르는 『자유의 길』을 미완의 상태로 포기하며 더 이상 허구로서의 소설은 집필하지 않았다.

3 Michel Raimond, *La Crise du roman, des lendemains du naturalisme aux années vingt* (José Corti, 1966), p. 307.

승원』의 파브리스가 참가하는 워털루 전투 장면에서처럼 스탕달과 같은 사실주의 정신에 충실한 작가는 어떤 일정한 주인공에게 전체적 상황을 조망할 수 있는 특권적 시점을 부여하지 않는다. 이때 화자는 작중 인물들이 관찰하고 인식하는 것 이상을 말하지 않으며 인물들의 시점 속에서만 이야기를 이끌어 간다.[4] 또한 전체적 상황을 재현하기 위해 넓은 공간에 – 『유예』의 경우 전 유럽과 북아프리카 – 산재해 있는 다수의 인물들을 시점으로 동원하여 끊임없는 시점의 윤회가 이루어진다. 전지전능 시점의 거부, '다수 내적 초점화la focalisation interne multiple',[5] '동시성le simultanéisme', 끊임없는 시점의 이동과 지그재그식 공간 이동 등이 『자유의 길』 4부작에 공통된 서술 기법이다. 그러나 이러한 공통성에도 불구하고, 네 작품은 서술의 '속도la vitesse'와 시공간의 특성에 있어 괄목할 만한 차이를 보이고 있다. 『자유의 길』 4부작은 서술 기법과 시공간의 단계별 변화 양상을 보인다.

작중 인물의 제한된 시점에 따라 개별적·직접적 체험을 재현해야 하는 사실주의적 태도와 마치 역사가처럼 전체적·통합적 관점에서 사건의 흐름을 재구성하는 방식 사이에서 모순된 전쟁의 글쓰기는 상호 보충적인 두 층위의 이야기 – 외적 참조 체계에 의해 조망되는 전쟁의 주요 맥락을 드러내는 이야기와, 시대의 전체 모습을 인식할 수 없으면서도 여러 인물들이 구체적 행동과 언술을 통해 엮어 내는 이야기 – 의 교차와 그에 따른 서술 놀이를 텍스트 내에 잉태한다. 제1부작 『철들 무렵』은 두 층위의 이야기가 빚어 내는 서술 놀이의 첫 번째 단계를 보

---

4 Pouillon의 용어를 빌리면 'la vision «avec»' 기법, Genette의 용어로는 'la focalisation interne' 기법.

5 Philippe Carrard는 말로의 『희망』에 대한 연구서에서 『자유의 길』을 『희망』, 제임스 조이스의 『율리시즈』, 윌리엄 포크너의 『소음과 분노』와 함께 다수 내적 초점화 기법이 사용된 대표적 작품으로 들고 있다(*Malraux ou le récit hybride: Essai sur les techniques narratives dans L'Espoir*, Minard, Lettres Modernes, 1976, pp. 13-14).

인다. 작품의 모두에서부터 작가는 마르셀을 보러 가는 마티외와 스페인 전쟁에 참여하려는 이루지 못한 꿈을 고백하는 주정뱅이 거지를 만나게 함으로써 전쟁의 세계와 일상의 세계를 교차시킨다.

> 마티외는 왠지 서운한 마음으로 그곳을 떠났다. (…) 조금 전에 만난 사나이는 별난 녀석이었다. 스페인에 가 싸우고 싶어 했었다. (…) 그 사나이는 엽서를 내게 넘겨주기 전에 여러 번 만져 보았는데 그 이유는 마드리드에서 온 것이기 때문이겠지. 마티외는 그 사나이의 얼굴과, 우표를 바라보던 그 표정을 다시 생각해 보았다. 이상하게 흥분된 표정 같았다.[6]

다음날, 우리는 사라의 집에서 이루어지는 또 하나의 역시 전략적인 만남을 본다. 마티외는 마르셀과의 문제를 의논하기 위해 찾아간 사라의 집에서 뜻밖에 공산당 전사인 옛 친구 브뤼네와 마주치게 된다. 그는 스페인과 프랑스의 협력을 모색하러 스페인 전쟁에 공화파 대령으로 참전중인 고메즈의 부인 사라를 만나러 왔던 것이다. 이 3중 만남은 – 정확히 말해 일상의 이야기 층위의 마티외와 사라의 만남과, 전쟁의 이야기 층위의 마티외와 브뤼네의 만남의 겹침 – 전쟁의 세계와 전쟁이 없는 세계의 격렬한 대립을 야기한다.

---

6 『철들 무렵』의 모두, Jean-Paul Sartre, *L'Age de la raison*, in *Œuvres romanesques* (Gallimard, Pléiade, 1981), p. 395; 최석기 옮김, 『자유의 길』 1(고려원, 1991), 13쪽. 이 만남은 3중으로 – 즉, 소설의 모두에 위치시킴으로써 서술적 차원에서, 마티외 들라뤼(Delarue)를 길거리의(de la rue)의 거지와 조우시켜 텍스트 내에 '출발의 신화(le mythe du départ)'를 촉발시킴으로써 테마적 차원에서, 무한한 간극의 전쟁의 세계와 일상의 세계의 소통을 가동시킴으로써 이념적 차원에서 – 전략적이다. 분석 텍스트로는 사르트르의 『자유의 길』 4부작의 경우 위의 플레야드 판을 사용하였으며, 번역 텍스트로는 최석기 옮김, 『자유의 길』 1~3(고려원, 1991)을 필요에 따라 수정하여 활용하였다. 이하, 인용 시 출처는 '작품의 한글 제목, Pléiade판 쪽수(한글판 권수, 쪽수)'로 표기한다(보기: 『철들 무렵』, 395(1,13)).

또 다른 세계도 있다. 고메즈. 그는 기회를 잡고 떠나 버렸다. 그것이 그의 운명이었다. 그리고 어제 만났던 그 주정뱅이. 그는 떠나질 못했다. 그는 나처럼 거리를 헤매고 있을 게 분명하다. (⋯) 그런데, 왜 나는 돈을 빌려야 하고, 수술 기구를 필요로 하고, 택시 안에서 엉큼한 포옹을 해야 하는 더러운 세계, 스페인이 없는 그런 세계에 살고 있는 것일까? (『철들 무렵』, 514-15(1, 161))

서술의 두 층위가 빚어 내는 놀이의 첫 번째 단계를 보이는 『철들 무렵』에서 전쟁의 세계와 일상의 세계는 아직 분리되어 있으며 평행적이다. 어떤 작중 인물도 두 세계를 넘나들지 않는다. 서술을 이끌어 가는 시점의 변화는 제1장에서 마지막 제18장까지 장별로

(1) 마티외 → (2) 보리스 → (3) 마티외 = (4) 마티외 → (5) 마르셀 → (6) 마티외 → (7) 다니엘 → (8) 마티외 → (9) 다니엘 → 보리스 → 다니엘 = (10) 다니엘 → (11) 마티외 = (12) 마티외 → (13) 보리스 → (14) 마티외 →마르셀 → (15) 마티외 = (16) 마티외 → 다니엘 → 마티외 → 다니엘 → (17) 마티외 = (18) 마티외

로 18차례에 걸쳐 이동이 이루어지고 있어, 다수 내적 초점화 기법을 사용하고 있으나 아직까지는 동시성의 효과를 불러일으킬 만큼 이동 속도가 빠르지는 않다. 전반적으로 마티외가 13차례에 걸쳐 중심 초점 화자로 등장하고 있으나, 다니엘 또한 6차례나 등장하여 무시할 수 없다.

시공간의 특징으로는, 1938년 6월 14일 화요일 저녁 10시 반에 시작된 이야기는 6월 17일 금요일 새벽 2시에 끝나며, 일상의 이야기의 주된 내용은 마르셀의 임신 사실을 알게 된 마티외가 유산에 필요한 돈을 마련하기 위해 동분서주하나, 작품의 결구에서 다니엘이 마르셀

과 결혼하겠다고 선언함으로써[7] 이틀 남짓 기간 동안 진행된 이야기는 "쓸데없는 소동Beaucoup de bruit pour rien"(『철들 무렵』, 마지막 쪽, 729(1, 426))에 불과했던 것으로 판명된다. 유산을 모색하는 일상의 이야기는 이야기의 유산으로 끝나며, 마르셀이란 대상을 욕구하는 주체의 치환 – 마티외에서 다니엘로 – 이 이루어짐으로써 마티외는 일상의 이야기의 층위에서는 '가짜 주인공 le faux-héros'로 판명되어, 이젠 마티외가 일상의 세계에서 스페인의 세계로 넘어갈 수 있느냐만 과제로 남게 된다. 이렇듯 『철들 무렵』의 일상의 이야기는 전쟁의 이야기를 촉발하기 위한 핑계에 불과한 듯하다. 작중 인물들은 파리라는 공간을 벗어나지 않으며, 공간의 폐쇄성은 마르셀이 부동의 자세로 머물러 있는 '조가비 방 la chambre-coquillage'에 의해 상징된다.

다수 내적 초점화 기법을 극대화하고 있는 제2부작 『유예』는 서술 놀이의 두 번째 단계를 보인다. 뮌헨 협정 무렵 전 유럽의 전쟁 위기 상황을 배경으로 두 층위의 이야기 간에 위계가 나타나며 전쟁의 이야기가 일상의 이야기를 압도한다. 예를 들어 작품의 제1장인 「9월 23일 금요일」에서부터 일상의 이야기 층위의 모든 설화단위들은 역사적 사건들 – 고데스베르크에서 개최된 체임벌린과 히틀러의 2차 회담과 체코슬로바키아의 전시 총동원령의 발표 – 에 종속되어 나타난다. 전쟁은 텍스트 내에 자신의 고유한 시공간 즉 우리가 '전쟁의 시공간 le chronotope guerrier'이라고 부를 만한 것을 창조한다. 전 유럽에 걸쳐 무수히 동원된 인물들의 모든 행동과 언술은 전쟁의 위기에 의해 지배되고 있으며 그 위기를 중심으로 시공간의 망이 규정되고 분절된다.

---

7 남색가 다니엘은 마르셀과 결혼함으로써 자신을 벌하고자 한다. 『유예』에서 마르셀과 부부로 등장하는 다니엘이 『영혼 속의 죽음』에서 파시스트가 된다는 점은 흥미롭다.

끊임없는 시점의 윤회와 그에 따른 전 유럽과 북아프리카에 이르는 지그재그식의 공간 이동은 대단히 역동적이다. 반면, 시간은 동일 표준 시간대의 단조롭고 반복적인 제시에 의해 표현된다. 공간의 현란한 윤회는 이야기를 분할하고 시간의 중성적 배분은 분할된 이야기를 다시 묶는다.[8]

> 베를린, 16시 30분. 런던, 15시 30분 (…) 베를린, 17시 30분. 파리, 16시
> 30분 (…) 고데스베르크, 18시 10분 (…) 쥐앙레팽, 1938년 9월 23일 17시
> 10분 (…) 쥐앙레팽, 20시 30분. 프라하, 21시 30분. (『유예』, 734, 739, 753,
> 787(2, 11, 19, 35-36, 76))[9]

『유예』의 서술 기법의 핵심적 특징은 동시성의 효과를 불러일으킬 만큼 시점의 이동 속도가 빠르다는 데 있다. 뮌헨 협정의 위기 기간에 해당하는 1938년 9월 23일부터 9월 30일에 이르는 8일간에 따라 분절된 8개의 장에 걸쳐 총 622개의 설화단위로 분할되어 있다. 제1장 「9월 23일 금요일」 95개, 제2장 「9월 24일 토요일」 229개, 제3장 「9월 25일 일요일」 153개, 제4장 「9월 26일 월요일」 66개, 제5장 「9월 27일 화요일」 17개, 제6장 「9월 28일 수요일」 32개, 제7장 「9월 29일 밤부터 9월 30일」 19개, 마지막으로 제8장 「9월 30일 금요일」 11개이다. 한 설화단위가 평균적으로 차지하는 텍스트의 공간은 플레야드 판을 기준으로 401쪽÷622단위≒0.645쪽에 이른다. 즉 평균적으로 0.645쪽마

---

8 이야기체에서의 시간의 공간에 대한 우월성을 주장한 Henri Mitterand의 다음과 같은 의견과는 반대로 『유예』에서는 공간이 창조적 역할을 하고 있다. "창조적 역할을 수행하는 것은 시간이다. 공간을 역동화시키고 변증법적으로 발전시키는 것은 시간이며, 이야기에서 서술뿐 아니라 묘사 또한 역동화시키는 것은 시간이다"("Chronotopies romanesques: *Germinal*," in *Poétique*, n° 81, 1990, p. 91).
9 『유예』의 제1장 「9월 23일 금요일」에 나타난 동일 표준시간대 표현만을 인용함.

다 한 차례의 설화단위의 이동이 ― 시점의 이동과 장소의 이동을 포함하여 ― 이루어진 셈이다. 따라서 한 설화단위의 평균 규모는 0.645쪽이며, 한 쪽마다 평균 1.551개의 설화단위가 전개되는 서술의 속도를 보인다. 분할된 설화단위의 최소 규모만을 예로 든다면, "히틀러는 자고 있었고, 이비크도 자고 있었고, 체임벌린도 자고 있었다"와 "마티외는 스페인을 생각하고 있었고, 모도 스페인을 생각하고 있었다. 모로코 인은 금이 간 스페인의 땅 위를 포복하며 탕제에서 있었던 일을 생각하고 있었다. 그리고 자신은 외롭다고 느끼고 있었다. 마티외 (…)" 등이 있다.[10] 『철들 무렵』과 『유예』의 분할된 설화단위의 규모와 서술의 속도를 비교해 보면, 『유예』의 경우가 설화단위의 규모도 훨씬 작고 미세하게 분할되어 있으며 서술의 속도도 약 21.7배 정도 빠름을 알 수 있다.[11] 결국 『자유의 길』의 서술 놀이에서 첫 단계의 『철들 무렵』에서 두 번째 단계의 『유예』에 이르기까지 서술의 속도는 가속화되고, 동시성의 효과와 지그재그식 장소 이동도 점점 더 현란해졌다는 사실을 알 수 있다. 『자유의 길』의 서술 놀이에서 두 번째 단계의 핵심적 특징은 무엇보다도 텍스트의 운동성에 있다.

『영혼 속의 죽음』은 전반부는 『유예』의 연장으로, 후반부는 『유예』와의 결별로 나타난다. 제1부는 『유예』의 서술 기법의 연장이나 서술 속도는 현저히 느려지고 있다. 제2부는 성격이 전혀 다른 서술의 시작

---

10 각각 『유예』 제2장 「9월 24일 토요일」의 223~225번째 설화단위(905(2, 217))와 제3장 「9월 25일 일요일」의 73~76번째 설화단위(962(2, 285))에 해당됨. 『유예』에 나타난 시점의 현란한 윤회는 제임스 조이스의 『율리시즈』의 제14장 "Oxen of the Sun"의 후반 부분 선술집 장면과 함께 그 유례를 찾기 힘들다.

11 『철들 무렵』이 24차례의 분절(시점 이동과 장의 분절을 모두 포함하여)을 보이므로, 한 설화단위가 평균적으로 차지하는 텍스트의 공간은 플레야드 판을 기준으로 336쪽÷24단위 = 14쪽에 이른다.

이다. 『영혼 속의 죽음』의 두 개의 부의 접합점은 『자유의 길』 4부작 전체의 결절을 형성한다. 제1부의 결구는 '마티외 세기 le cycle Mathieu'의 종언을, 제2부의 모두는 '브뤼네 세기 le cycle Brunet'의 서막을 알린다. 마티외 세기의 종결은 프랑스의 패전과 함께 한 시대가 끝났음을 확인하며, 브뤼네 세기의 개막은 수용소 내에서의 레지스탕스와 함께 새로운 시대의 준비를 예고한다. 마티외 세기가 진행중인 전쟁이라는 파열하는 세계의 사실주의적 재현에 그 서술의 중심이 있었다면, 브뤼네 세기는 준비하는 전후에 대한 비전과 맞물린 전쟁관의 이념적 논쟁이 중심이 될 것이다. 마티외 세기가 공간적 확장성을 보여 주었다면 브뤼네 세기는 공간적 응축성을 드러낼 것이다. 주느비에브 이드가 적절히 지적했듯이 『영혼 속의 죽음』은 '비정형적 소설 le roman hétéroclite'이다.[12]

서술 놀이에 있어, 『영혼 속의 죽음』 제1부는 『유예』의 단계와 『영혼 속의 죽음』의 제2부 이후의 단계의 과도기적 단계를 보여 주며, 『자유의 길』의 서술 놀이의 세 번째 단계를 형성한다. 프랑스 군대의 전면전 붕괴의 연대기인 『영혼 속의 죽음』 제1부는 1940년 6월 15일부터 18일 사이에 우리가 이미 『철들 무렵』과 『유예』에서부터 알고 있었던 작중 인물들과 여러 병영에서 일어났던 사건들을 보여 준다. 여전히 다수 내적 초점화의 서술 기법이 사용되어 설화단위들의 분할과 시점의 이동이 보이나, 그 서술 속도는 현저히 느려지고 있다. 『영혼 속의 죽음』 제1부는 플레야드 판을 기준으로 208쪽에 16개의 설화단위가 펼쳐져 있으므로 한 설화단위당 평균적으로 13쪽의 규모를 보인다. 따라서 그 서술의 속도가 『유예』에 비해 약 20배 정도 느려지게 되어, 『철들 무

---

12 Geneviève Idt, "*Les Chemins de la liberté*, les toboggans du romanesque," in Michel Sicard (dir.), *Sartre, Obliques*, n° 18-19 (Ed. Borderie, 1979), p. 85.

렵』과 거의 비슷한 속도를 보이고 있다는 것을 알 수 있다. 공간의 측면에서도, 첫 부분에 등장하는 고메즈-스페인 전쟁의 패전 후 미국으로 망명한-와 함께 뉴욕이 등장하지만 나머지의 설화단위들은 프랑스 내에 위치해 있어, 『유예』에서와 같은 현란한 역동적 공간 이동은 보이지 않는다. 『자유의 길』의 서술 놀이의 첫 3단계들에 있어, 『철들 무렵』에서 『유예』로는 상승 국면을, 『유예』에서 『영혼 속의 죽음』 제1부로는 하강 국면을 보여준다. 『철들 무렵』과 『영혼 속의 죽음』 제1부는 『유예』가 그 정점을 형성하는 삼각형 구조의 양 사면을 형성하고 있다. 따라서 마티외 세기 속에서 하나의 음악의 소나타와 같은 형식이 완결되었다 할 수 있다.

『영혼 속의 죽음』 제1부는 서술 속도의 완만해짐과 함께 담론들의 출현을 보여 준다. 예를 들어, 고메즈는 참여예술론을 장황하게 펼치면서 논쟁에 뛰어든다. 마티외는 역사성에 대한 긴 상념에 빠진다. 교훈적 충동 앞에서 서술적 미학이 뒷전으로 밀려나고 있으며, 이념적 동기가 사실적 재현을 대신하기 시작한다. 이처럼 마티외 세기의 마지막 단계인 『영혼 속의 죽음』 제1부는-앞서 우리가 과도기적 단계라고 규정하였듯이-브뤼네 세기를 준비하고 있다. 이와 함께 우리는 사르트르의 텍스트 속에서 전쟁의 글쓰기의 문제 제기 방식이 점차 변하고 있음을 느낀다.

서술의 속도를 잃어 가면서 『영혼 속의 죽음』 제2부는 마침내 『야릇한 우정』에 이르기까지 유일한 관찰 시점이 될 브뤼네에게 초점을 집중시킨다. 『자유의 길』의 서술 놀이의 네 번째이자 마지막 단계에 해당될 『영혼 속의 죽음』 제2부와 『야릇한 우정』의 시공간은 합류성과 폐쇄성의 모순을 노정한다. 포로수용소 le camp de 'concentration'는 각기 다른 부대에 속했으며 신분과 국적까지도 다양한 포로들이 강제 이송되어 만나는 합류처이다. 『영혼 속의 죽음』 제2부의 가장 중요한 사건은 포로 집단 속에서의 브뤼네와 슈네데르의 우연한 만남이며, 『야릇한 우정』의 드라마도 브뤼네가 샬레와 모리스를 우연히 만남으로써 시작된다.[13]

『자유의 길』의 서술 놀이의 네 번째 단계의 시공간의 또 다른 특성은 그 폐쇄성이다. 외부 세계와의 단절 속에서 정보의 위기가 시작되며, 활성화된 정보의 기능이 서술의 역동성의 실추를 상쇄한다. 공간의 합류성은 '신참le novice'의 유입과 함께 새로운 정보를 유통시키나, 공간의 폐쇄성은 외적 참조 체계의 부재로 인해 정보의 타당성의 검증을 불가능하게 한다. 『자유의 길』의 마티외 세기의 인식의 상대성이 서술의 상대성을 낳았다면, 브뤼네 세기의 정보의 상대성은 이념의 상대성을 촉발한다. 『유예』에서 『야릇한 우정』에 이르는 시공간의 변화는 사르트르의 전쟁의 글쓰기가 서술의 차원에서 이념의 차원으로 그 문제의 중심을 이동했음을 보여 준다.

3. 『야릇한 우정』과 『알토나의 유폐자』

『야릇한 우정』이 보여 주는 수용소는 사상들과 열정들이 격렬히 부딪치는 종합적 시련장이다. 소설적 공간이 축소되면서 이념적 논쟁은 연극적 성격을 띠게 된다. 일종의 줌 효과를 일으켜 사건의 단일성을 허용하면서 『야릇한 우정』은 열정들의 갈등을 극화한다. 『야릇한 우정』의 시공간은 고전극의 삼일치의 법칙을 생각나게 한다. 이것은 일

---

13 각각 『영혼 속의 죽음』 제2부, 1359(3, 290-91)과 『야릇한 우정』, 1472(3, 420) 해당. 포로수용소에 새로 도착한 공산당원 샬레는 슈네데르가 독·소 불가침조약을 계기로 당을 탈당했던 신문기자 비카리오임을 알아본다. 슈네데르는 사르트르의 오랜 친구 폴 니장을 생각나게 한다.

종의 '극화된 시공간le chronotope théâtralisé'이다. 『야릇한 우정』의 공간의 극적 특성은 본질적으로 그 고유 성격에 기인한다. 이 동질성의 공간은 역설적으로 조그만 틈새를 통해 언제라도 이질적 요소들이 스며들어와 그 내부에 치명적 위기와 혼란을 불러일으킬 위험에 노출되어 있다. 이리하여 이 단일한 공간에의 신참 샬레의 유입은 즉각적으로 레지스탕스 운동 노선의 위기를 야기하고 마침내 두 거물 공산주의자 브뤼네와 샬레의 극적 갈등을 초래한다.

브뤼네와 샬레의 이념 논쟁의 극적 격렬함은 이 논쟁의 연원이 꽤 오래 되었음을 그리고 이 논쟁의 범위가 결코 작지 않음을 방증한다. 수용소 차원의 레지스탕스 노선 갈등에서 출발한 이 갈등은 즉시 독·소 불가침조약에 관한 논쟁을 불러일으킨다. 투쟁중인 관점들은 서로 겹치고, 교차하고, 혼동되면서 연이어 더 근원적인 혁명 전략의 문제에 관한 대결 즉 자발적이고 직접적인 지역주의 운동에 대한 트로츠키주의적 가치와 당과 인터내셔널에의 중앙집권적 규율을 강조하는 스탈린주의적인 가치 간의 대결로 비화한다. 『유예』에서 일상의 이야기의 '미시微視설화단위les micro-récits'들이 전쟁의 이야기의 '거시설화단위les macro-récits'들에 종속되듯, 『야릇한 우정』의 하위 층위의 '미시이념소들les micro-idéologèmes' 간의 갈등은 상위 층위의 '거시이념소들les macro-idéologèmes' 간의 갈등과의 관계 속에서 재조정된다. 논쟁의 범위에 있어, 『야릇한 우정』은 제2차 세계대전 무렵의 좌파의 모든 분파들－인민전선으로부터 극단적 교조주의에 이르는－의 거대한 격전장을 제공한다.

그러나 『야릇한 우정』이 보이는 이념의 격전장 속에서 어떤 사상이 다른 사상들에 비해 우월하다고 결론짓기는 힘들 것 같다. 모든 담론은 모호성에서 벗어나지 못하고 있으며, 작품이 펼쳐 보이는 전체 이념장 속에서 다른 담론들과의 상대적 가치만을 가질 뿐이다. 『야릇한 우정』에서뿐만 아니라 『자유의 길』 전체에서 사르트르는 대립되는 이념들의 분배 속에 연속성의 체계를 도입한다. 따라서 우리는 빛의 스펙트럼과 유사한 다음과 같은 이념적 스펙트럼을 구성할 수 있다.

극좌 ←   → 극우
샬레 / 브뤼네 / 슈네데르 / 마티외 / 자크 / 다니엘

『자유의 길』의 사상적 '소시오그램le sociogramme'이라 부를 만한 이 이념적 스펙트럼 속에서 어떤 위치도 하나의 고유한 실체로서 존재하지 않으며, 불안정하고 유동적이며 인접 위치들과 갈등적이지만 동시에 유사한 특질들을 지니고 있는 흐릿한 전체로서 나타나고 있을 뿐이다.

『유예』가 서술적 차원에서 실현된 분할을 보여 주고 있다면 『야릇한 우정』은 이념적 차원에서 형성된 분할을 보여 준다. 『유예』의 설화단위의 분할에 의한 서술의 상대주의에 『야릇한 우정』은 사상의 분열에 의한 이념의 상대주의로 대응한다. 이 두 작품은 각각 서술적 차원과 이념적 차원에서 이질적 요소들의 경쟁과 공존을 허용한다. 『유예』와 『야릇한 우정』의 이러한 특징은 바흐친Mikhaïl Bakhtine의 '카니발적 형식la forme carnavalesque'을 생각나게 한다. 주느비에브 이드는 매우 적절하게 『유예』가 그 테마들과 글쓰기에 있어 "문학적 양식 위에 카니발의 여러 절차들—즉, 가치들과 위계들과 역할들의 전복, 대립들의 공존, 다성성과 불협화음—을 전치시키는 '카니발화된' 문학에 대해 미하일 바흐친이 부여하는 묘사"[14]에 일치한다고 보았다. 우리는 카니발적 형식이 『유예』뿐만 아니라 『야릇한 우정』에 있어서도 작품의 핵심적 미학적 특징이라고 생각한다. 『자유의 길』 4부작 전체에서 『유예』와 『야릇한 우정』은 상호 대조적이

---

14 Idt, *"Les Chemins de la liberté, …,"* p. 91.

면서 상호 보충적인 두 중심을 형성한다. 두 작품은 각각 서술의 차원과 이념의 차원에서 전쟁의 글쓰기가 강제하는 영역의 제한을 수행하며, 전쟁의 텍스트화의 사르트르적 원리인 상대주의를 역동적 방식으로 펼쳐 보인다. 즉각적 허구로서의 전쟁의 글쓰기가 미학적 원리로 작용한 『자유의 길』은 글쓰기 자체가 작가의 전쟁관과 세계관의 모색 과정 자체를 드러내고 있는 것이다.

그러나, 『유예』에서 『야릇한 우정』에 이르는 동안 이루어진 사르트르의 전쟁의 글쓰기의 부인할 수 없는 변화를 결코 소홀히 해서는 안된다. 『유예』에서 『야릇한 우정』에 이르면서, 텍스트는 서술적 운동에서 이념적 논쟁으로 그 중심을 이동하고 있다. 『유예』에서 우리는 서술적 차원으로 투사되고 재현된 개인적·직접적 체험들에 좀 더 가까이 있으며, 더 많이 보이고 덜 증명하는 소설가를 본다. 반대로, 『야릇한 우정』은 즉각적 재현에서 좀 더 멀어져 있으며, 어느 정도 정리된 텍스트 외적 참조 체계들의 등장과 함께, 덜 보이고 더 많이 증명하고자 하는 소설가-역사가를 보여 준다. 미완의 『야릇한 우정』은 사르트르의 소설 세계의 종언과 함께 즉각적 허구로서의 전쟁의 글쓰기의 시효 소멸을 보여 주며,[15] 다른 장르를 통한 다른 방식의 전쟁의 글쓰기의 출현을 예고한다. 이렇듯, 『야릇한 우정』은 『자유의 길』과 『알토나의 유폐

---

15 실은 1949년에 쓰여진 『야릇한 우정』은 기술하고자 했던 레지스탕스 시기와 6년여 가까운 시간의 간격을 보인다. 사르트르가 1959년 『알토나의 유폐자』의 초연을 앞두고 이루어진 대담에서 그가 연극으로 되돌아온 이유를 묻는 질문에 대해 답하면서 『마지막 기회』의 미완성에 대해 언급하고 있는 다음과 같은 대목은 매우 흥미롭다. "제4부작은 레지스탕스에 대해 말할 참이었다. 그 경우 선택은 너무 쉬웠다. (…) 사람들은 독일인들 편에 서거나 대항하거나 했다. 그것은 흑 또는 백이었다. 오늘날, 1945년 이후, 상황은 복잡해졌다. (…) 1943년에 위치해야 할 그 소설 속에 우리 시대의 갖가지 모호성들을 표현할 수 없다"("Deux heures avec Sartre," entretien avec Robert Kanters, *L'Express*, 17 septembre 1959; Michel Contat et Michel Rybalka, *Les Ecrits de Sartre*, *chronologie*, *bibliographie commentée*, Gallimard, 1970, p. 221에서 재인용).

자』를 잇는 가교 역할을 하고 있다.

  『야릇한 우정』과 『알토나의 유폐자』의 차이점은 무엇보다도, 전자가 『자유의 길』에 이어 현재의 제2차 세계대전을 다루고 있다면, 후자는 15년여의 시간 간격을 두고 과거의 제2차 세계대전을 다루고 있다는 점이다. 전자에게는 진행으로서의 전쟁, 후자에게는 회상으로서의 전쟁이 문제가 된다. 그러나 이러한 결정적 차이점이 두 작품 간의 유사성을 발견하는 것을 막지는 못한다. 소련 전선에서 포로로 잡은 유격대원들과 민간인 농부들에게 고문을 자행했던 독일 중위가 패전 후 귀환하여 가족들과의 관계도 끊은 채 스스로를 자발적으로 유폐시키고 자신의 방에 칩거하여 미래 30세기의 '게들의 법정 le Tribunal des Crabes'에서 말살된 인간들을 변론한다는 환상에 사로잡혀 있는 프란츠라는 광인을 보여 주는 5막극 희곡 『알토나의 유폐자』는 사르트르의 문학작품 중 가장 몽환적이고 가장 난해한 작품으로, 미셸 콩타는 그의 『장폴 사르트르의 '알토나의 유폐자'의 설명』에서 이 극작품이 "관객이나 독자 그리고 비평가에게까지 제기하는 첫 번째 문제는 이해의 문제이다"라고 말한 바 있다.[16] 우리는 극 장르의 형식을 빌려 『야릇한 우정』의 본질적 구조를 이해했듯이 이번에는 『알토나의 유폐자』의 기본적 구조들을 우선 『야릇한 우정』과의 형식적 관련 속에서 분석해 보고자 한다.
  『야릇한 우정』에서와 같이 『알토나의 유폐자』 또한 정보의 통제와 유통이 문제이다. 외부 세계와 단절되어 있는 게를라흐 집안의 본가와 또 본가 내부에서도 가족들이 위치한 1층과 단절되어 이중으로 폐쇄된

---

16 Michel Contat, *L'Explication des Séquestrés d'Altona de Jean-Paul Sartre* (Lettres Modernes, Archives des Lettres Modernes, 1968), p. 9.

공간인 2층의 프란츠의 방에의 접근은 그를 시중드는 누이동생 르니가 13년 동안 독점하여 왔으며, 르니는 정보를 통제하고 독일이 지금도 패전 직후의 상황 그대로인 것처럼 또는 더 악화된 것처럼 프란츠를 왜곡한다.[17] 프란츠가 칩거해 있는 방은 시간이 멈춰 버린 과거로서의 또는 영원으로서의 – 아니 시간이 존재하지 않는 공간이다.[18] 과거에 속한 세계와 현재에 속한 세계는 각각 다른 시공간과 다른 언어, 그리고 다른 진실을 지닌다.[19] 프란츠의 방에 들어가는 것은 과거와의 접촉을 의미한다. "네 번, 다섯 번, 그리고 세 번을 두 차례" 노크하는 암호가 방으로의 진입을 허용하는데, 처음에는 르니만이 독점했던 일종의 입장권인 이 암호가 차후 등장인물들이 프란츠와 맺는 심리적 관계의 변화에 따라 통과권을 재분배한다. 『야릇한 우정』에서 극적 갈등을 보이는 샬레와 브뤼네를 중심으로 작중 인물들이 이념적 성향에 따라 재배열되듯이, 『알토나의 유폐자』에서는 유폐의 핵으로 간주되는 2층 프란츠 방과 현재의 세계를 보여 주는 집 바깥과의 사이에 있는 1층에 위치한 등장인물들은 그들의 유폐의 정도에 따라 또는 그들의 이념적 성향에 따라 각자 특정 위치를 차지하거나 이동한다. 이처럼 극적 공간의 배분은 현재가 과거와 맺는 여러 관계 양상들을 표상한다.

영원히 과거 속에 묻혀 버린 정지된 폐쇄 공간을 역동화시키는 것 또

---

17 프란츠는 "독일의 말살(l'assassinat de l'Allemagne)"이 지금도 진행중인 것으로 착각하고 있으며, 제2막 제5장에서 독일인들에게 가해진 비열한 종말을 수동적으로 받아들일 수 없어 스스로를 자발적으로 유폐하고 있다고 조안나에게 고백한다(Jean-Paul Sartre, *Les Séquestré d'Altona*, Gallimard, folio, 1960, pp. 180-82. 이하, 인용시 『유폐자』로 표시하고 folio판 쪽수를 병기한다).

18 "[프란츠] 이 방으로부터 시간을 내쫓기 위해 5년이나 걸렸는데, 조안나 그대는 시간을 다시 들여오는 데 단 한순간밖에 필요치 않군요"(프란츠가 조안나가 선물한 손목시계를 보며, 『유폐자』, 255); "[조안나] 당신은 당신의 영원 속으로 되돌아 갈 것입니다"(『유폐자』, 266).

19 "저 위에서는 말들이 같은 뜻을 가지고 있지 않다"(『유폐자』, 220); "두 언어, 두 삶, 두 진실(…)" (『유폐자』, 225).

한 『야릇한 우정』과 비슷하게 고립된 공간 속으로의 신참―『알토나의 유폐자』에서는 게를라흐 집안의 새 며느리 조안나―의 유입에 의해서이다.[20] 3년 전 함부르크에서 변호사인 베르네르를 만나 그의 재능과 독립성에 반해 결혼한 은퇴한 여배우 조안나는 1년 반 전에 유럽 제일의 조선회사를 경영하는 시아버지의 요청으로 게를라흐 가문의 본가에 들어와 살게 되며, 남편의 형인 프란츠가 세상에 알려진 것처럼 죽은 게 아니라 2층에 칩거하고 있다는 사실을 어렴풋이 짐작하게 된다. 제1막 제2장의 가족회의에서 암으로 죽음을 앞둔 시아버지는 유일한 남성 상속자인 베르네르에게 가문과 회사를 유산으로 물려주는 조건으로 이 낡고 음침한 대저택을 팔지도 임대하지도 않을 뿐만 아니라 죽을 때까지 떠나지 않을 것임을 맹세케 한다. 시아버지가 가족 모두를 광인 프란츠를 위해 그의 보호자―감시자 또는 하인―간수로서 일생 동안 살도록 하려는 게 아닌가 하는 의구심에서 나온 "왜 프란츠는 스스로를 유폐했죠?"(『유폐자』, 60)라는 조안나의 격렬한 질문은 이 극작품을 운동 상태에 집어넣는다. 제1막 제2장[21]에 나오는 두 번의 플래시백에 의해 구성된 두 차례의 회상 장면은 시아버지가 프란츠의 과거를 조안나에게 보여 주기 위해 환기한 것이다.

사건의 연대기적 순서로는 두 번째 플래시백이 군 입대 이전의 프란츠를 보여 준다. 히틀러가 정권을 잡고 아버지는 나치와 군함 제조를 통해 협력하며, 강제수용소가 건립될 예정인 땅을 정부에 판다. 청교도 교육을 철저히 받은 청소년 프란츠는 수용인들을 보면서 인간의 존엄성을 잃어버린 모습에 충격을 받지만, 아버지를 대속하는 마음으로 수용소를 탈출한 폴란드 랍비를 자기의 방에 숨겨 주고 아버지에게 고백

---

20 "결혼에 의한 혈연, 이방인이 너희들에게 진실을 말할 것이다"(『유폐자』, 46). 추후 조안나는 또한 '중개자(l'intermédiaire)'로 나타나기도 한다(『유폐자』, 240).
21 5막극 29개의 장으로 이루어진 이 작품에서 가장 긴 장에 해당한다(『유폐자』, 24-98).

하며, 나치인 운전사가 밀고할 위험이 있는 가운데 아버지가 친분 있는 괴벨스에게 신고하고 아들의 구명을 부탁한다. 폴란드 랍비는 프란츠 앞에서 즉결 처형되며 프란츠는 아버지의 도움으로 군대에 입대한다는 조건하에 풀려난다. 프란츠는 처음으로 자신의 완전한 무기력을 깨닫게 되며, 아버지와 아들의 신뢰관계는 깨어진다.[22] 1941년 겨울 소련 전선에서 프란츠는 중위가 되어 있다. 첫 번째 플래시백은 독일의 패전 후 소속 부대가 전멸하고 혼자 살아남아 사람들 눈을 피하면서 폴란드와 점령 독일을 걸어서 통과하여 46년 가을에야 집으로 귀환한 프란츠가 무대에 첫 등장하는 장면이다. 오랫동안 술만 마시고 말이 없던 프란츠는 어느 날 뉘른베르크 전쟁 재판에서 괴링을 유죄 판결한다는 뉴스를 전하는 라디오를 들으면서 다음과 같은 "말의 홍수 un déluge de mots"(『유폐자』, 63)를 쏟아 낸다.

"아름다운 승리자들! 우리는 그들을 안다. 1918년에도 똑같은 위선적인 미덕을 지닌 똑같은 놈들이었다. (…) 역사를 맡는 것은 승리자들이다. (…) 재판관들? 그들은 전혀 약탈, 살육, 강간을 저지르지 않았단 말인가? 히로시마 위의 폭탄, 그걸 괴링이 던졌단 말인가? 그들이 우리를 재판한다면, 그들의 재판은 누가 할 것인가? 그들은 자신들이 은밀히 준비하고 있는 것ㅡ즉 독일 국민의 조직적 말살ㅡ을 정당화하기 위해 우리의 죄들을 떠들고 있는 것이다. 적 앞에서 모든 이들은 무죄이다."(『유폐자』, 67-68).

---

22 프란츠-고문자와 아버지-밀고자의 부성애를 통한 화해를 보여 주는 제5막 제1장에서 프란츠는 이 사건 때 너무나 뼈저리게 느꼈던 무기력의 경험에 대한 강박관념이 소련 전선에서 잔혹한 고문자로 변신한 원인이었음을 고백하고 있다. "[아버지] 인생에서 단 한 번, 너는 무기력을 알았다. (…) [프란츠] 그 사건 이후로 권력은 저의 소명이 되었어요. (…) 저는 최고의 권력을 가지고 있습니다. (…) 저는 히틀러입니다. 저는 저를 넘어설 것입니다. (…) 저는 악을 요청할 것이며 잊지 못할 특별한 행위ㅡ인간을 '살아 있는 채로' 벌레로 변화시키는ㅡ에 의해 나의 권력을 드러낼 것입니다"(『유폐자』, 344-45).

그 후 집에 주둔한 미군 장교가 르니를 겁탈하려는 것을 말리다 부상을 입히는 사건이 발생하여 형사 소추가 뒤따랐으나, 미국과 상선 건조로 협력하기 시작한 아버지가 홉킨스 장군에게 선처를 요망하여 아르헨티나로 떠난다는 조건으로 석방되며, 프란츠는 13년 동안의 유폐 생활을 시작한다.

그러나 제1막 제2장에서 복원된 프란츠의 과거에서 빠져 있는 부분이 있다. 그것은 두 차례의 회상−참전 전과 패전 후−기간의 중간에 해당되는 것으로 군 복무 기간 동안의 독일 중위 프란츠의 행적이다. 『알토나의 유폐자』는 바로 이 행적의 진실을 밝히는 드라마이다. 이 진실을 찾는 과정 또한 조안나에 의해 이루어진다. 아버지가 염탐하여 알려준 암호를 사용하여 프란츠의 방에 들어가게 된 신참 조안나는 그 폐쇄된 공간의 성격을 일거에 완전히 바꾸게 되며,[23] 이에 작품은 극적 운동을 시작하여 6차례에 걸친 프란츠와 조안나의 만남과 대화를 촉발한다. 콩타가 "도덕주의의 실패 l'échec du moralisme"[24]라고 정의한 프란츠와 조안나의 만남과 대화는 제5막에서 작품의 마지막이며 가장 의미 깊은 프란츠와 아버지의 만남과 대화를 가능케 한다.[25]

또한 여기에서 『야릇한 우정』에서의 브뤼네의 역할에 비견할 만한 『알토나의 유폐자』에서의 아버지의 역할에 주목할 필요가 있다. 아버

---

23 프란츠에게 있어 조안나는 그야말로 탁월한 신참이다. 프란츠는 그녀를 처음 보며, 평소 르니에게서 꼽추처럼 흉측한 모습을 지니고 있다고 전해 들은 조안나는 은퇴한 여배우로 출중한 미모의 여성이며, 문을 열어 주고, 말을 들어 주고, 대답까지 해 줄 "1,000분의 1의 확률(cette millième chance)"의 가능성을 높이기 위해 프란츠의 관심을 끌 수 있도록 정성스런 화장을 할 것을 아버지로부터 권유까지 받았다(『유폐자』, 132, 115 참조)

24 Contat, *L'Explication des* Séquestrés *d'Altona*..., pp. 44-54.

25 『유폐자』의 사건 전개 순서는 다음과 같다. 일요일 가족회의, 밤, 아버지−조안나의 만남; 월요일 오후 조안나−프란츠의 최초의 만남; 화, 수, 목, 금 4일간의 조안나−프란츠의 만남; 토요일, 아버지 라이프치히 여행에서 귀가, 베르네르의 귀가, 조안나−프란츠의 마지막 만남; 저녁, 아버지−프란츠의 만남.

지는 모든 등장인물들 – 프란츠, 베르네르, 르니, 조안나 등 – 의 성격을 꿰뚫고 있을 뿐 아니라 지극히 사랑하는 프란츠와 관련된 모든 사건의 전말을 알고 있고 또 해결해 왔으며, 극 전개에 개입하고 조정하는 역할을 담당함으로써 마치 소설 장르에서 전지적 시점을 지닌 인물과 비슷하게 나타난다.[26] 13년 동안 못 봤던 프란츠를 자신이 죽기 전에 마지막으로 한번 만나보고자 하는 아버지는 르니와 조안나를 부추기고 조정하여 정보의 왜곡과 유통, 진실의 전달과 확인, 그리고 등장인물 상호간의 관계의 조정 등을 통해 극 전체를 역동화시킨다.[27]

조안나와 프란츠의 광기 속의 동조를 통해 결국 '프란츠 – 조안나 – 베르네르'와 '조안나 – 프란츠 – 르니'라는 이중의 삼각관계가 형성된다. 다음과 같은 대화들에서 엿볼 수 있듯이, 『알토나의 유폐자』가 보이는 삼각관계는 사르트르가 이미 『닫힌 문』에서 형상화한 삼각관계와 유사한 듯하나, 이중 구조에 의해 좀 더 복잡해졌으며 전쟁의 글쓰기가 스며들어 와 있는 차이를 보인다.

> "우리들은 지옥의 고통을 겪게 될 것입니다." (…)
> "고문의 도구. 각자 나에게서 다른 사람의 애무를 찾습니다." (…)
> "출구가 있어야 합니다." (…)
> "지옥에서 행복했다고요?" (…)
> "우리가 함께 타락해 가는 것을 지켜봅시다. 아주 정성껏 그리고 서로 서로에 의해 전락합시다. 우리는 우리의 사랑으로 고문의 도구를 만들 것입

---

26 아버지는 사랑(Vouloir), 지혜(Savoir), 실천(Pouvoir) 등 거의 모든 '양태들(les modalités)'을 지닌 인물로 사르트르의 다른 극작품 『더러운 손』에 등장하는 외드레르를 상기시킨다.
27 아버지를 중심으로 "동맹관계의 역전(le renversement d'alliances)" 현상이 연속적으로 일어난다. "멋진 장기 한판이었어요! 아버님은 르니에 대항하여 조안나를 움직였고 조안나에 대항하여 르니를 움직였군요. 세 번의 공격을 한꺼번에 하여 외통 장군을 부르셨군요"(제5막 제1장, 아버지 – 프란츠의 대화에서, 『유폐자』, 338).

니다."[28]

그러나 이러한 삼각관계는 조안나에게 질투를 느낀 르니가 프란츠-조안나 결합을 와해시키기 위해 두 진실을-즉 독일의 번영과 회사의 번창, 그리고 소련 전선에서 프란츠 중위가 자행했던 고문-각각 프란츠와 조안나에게 알리게 되는 계기를 마련하는 데 그칠 뿐이며,[29] 이후 극적 수수께끼는 진실을 알고 난 후 자발적 유폐의 명분을 상실한 프란츠가 유폐 상태에서 빠져 나올 것인가, "스몰렌스크의 백정 le boucher de Smolensk"(『유폐자』, 355)으로 전락한 프란츠를 조안나가 계속 사랑할 수 있을 것인가에 집중하게 된다. 결국 유폐의 명분과 조안나를 함께 잃게 된 프란츠는 아버지와의 면담을 받아들이고, 13년 만에 처음으로 1층으로 내려와 아버지에게 소련 전선에서 자신의 주도하에 자행한 만행을 고백한다. 이리하여 제1막 제2장에서 두 차례의 플래시백에 의해 복원되기 시작한 프란츠의 과거는 완결된다. 실은 4년 전 프란츠의 예전 부하 둘이 소련군에서 석방되어 찾아와 프란츠의 만행에 대해 침묵하는 조건으로 돈을 요구했던 적이 있었기 때문에, 아버지는 프란츠를 아르헨티나에서 죽은 것으로 사망 신고하고, 일을 완벽하

---

28 특히 제4막 제2장을 중심으로, 각각 『유폐자』, 260; 265; 274; 275; 284-85. 1959년 『알토나의 유폐자』의 초연을 앞두고 이루어진 대담에서 사르트르는 『알토나의 유폐자』와 『닫힌 문』의 차이점에 대해 다음과 같은 의견을 밝히고 있다. "나는 『알토나의 유폐자』에 『닫힌 문』에서는 볼 수 없는 하나의 차원 즉 과거를 도입하려 했습니다. 『닫힌 문』에서도 과거에 대해 이야기하지요. 그러나 과거가 현재를 변화시키기 위해 개입하지는 않습니다. 여기에서는 등장인물들이 끊임없이 과거에 의해 명령당하고 붙잡힙니다. 마치 그들이 서로 서로에 의해 명령되고 붙잡히는 것처럼. 그들이 특정한 방식으로 행동하는 것은 과거, 그들의 그리고 모두의 과거 때문이지요. 마치 실제 삶에서처럼요."("Entretien avec Sartre," par Madeleine Chapsal, *L'Express*, 10 septembre 1959; Contat et Rybalka, *Les Ecrits de Sartre*, pp. 325-26에서 재인용).

29 르니가 통제했던 정보를 다시 유통시키는 장면은 제4막 제8장에서부터 시작되며, 이번 경우 역시 새로이 형성되는 조안나-프란츠 관계를 르니에게 귀띔한 것도 아버지이다.

게 하기 위해 베르네르를 후계자로 삼아 본가로 이주하게 했던 것이다. 아버지는 '지는 자가 이기기 qui perd gagne'(『유폐자』, 93, 346, 358)와 '실천적 타성태 le pratico-inerte'의 교훈을 설파하고 폴란드 랍비 사건 때 실추되었던 부자간의 신뢰는 회복되며, 서로의 형상을 따라 창조하고 창조되었던 이 부자는 포르셰를 타고 토이펠스브뤼케 Teufelsbrücke (악마의 다리)에 가서 동반 추락 자살을 한다.

> 프란츠   나는 아버지를 마치 내가 만든 것처럼 잘 압니다. 모든 것을 말하
> 자면, 나는 우리 둘 중 누가 나머지를 만들었나 이제는 잘 모르겠
> 어요. (…) 아버지는 나를 자신의 형상에 따라 창조했습니다. 그
> 분이 자신이 창조했던 것의 형상이 되지 않았다면 말이죠. (…)
>
> (『유폐자』, 169, 프란츠 – 조안나의 대화에서)

> 아버지   난 널 만들었으며, 난 널 없앨 것이다. 내 죽음이 너의 죽음을 덮
> 을 것이니 결국 나 혼자 죽는 셈이다.
>
> (『유폐자』, 367, 프란츠 – 아버지의 대화에서)

4. 『알토나의 유폐자』: 제2차 세계대전에서 알제리 전쟁으로

이상과 같은 공간 구성과 사건 전개의 기본 구조들을 바탕으로, 이제는 『알토나의 유폐자』의 상징적, 신화적, 이념적 의미의 핵심인 "고문자이면서 시인 tortionnaire et poète"[30]인 프란츠가 본다는 지난 전쟁에 대한 환상과 증인으로서 참여하고 있다는 '게들의 법정'의 문제에 집중하여 보자. 천장에서는 게들과 갑각류와 절지류의 온갖 세기의 재

판이 펼쳐지고 공중에는 세기의 전 인류의 삶의 역사를 기록하는 검정 유리판들이 떠다니고 있다는 이 '만화경 le kaléidoscope'과 같은 프란츠의 방은 게를라흐 본가의 어떤 장소와도 남다르다. 이 유폐의 방에는 안쪽에 부속 공간으로서 욕실과 별실 등이 있는데[31] 제2막 제3장에서는 헤르만 상사가 별실에서 튀어나오고 제4막 제5장에서는 욕실에서 클라제 중위와 연이어 하인리히 상사가 달려 나온다. 이처럼 프란츠의 방은 1층으로부터 르니와 조안나의 출입에 의해 현재와 소통하고 부속 공간으로부터 군인들의 출현에 의해 과거와 조우한다. 욕실과 별실 등은 가장 내밀한 장소이다. 또한 프란츠의 이 부속 공간에는 지난 전쟁에서 프란츠의 동료와 부하들만이 드나든다.[32] 따라서 부속 공간은 전쟁과 관련된 프란츠의 어떤 행위에 대한 기억 내지는 전쟁과 관련된 프란츠의 어떤 견해가 억압되거나 퇴행되어 감추어진 무의식과 비슷한 곳이다.

『알토나의 유폐자』에서 과거로서의 제2차 세계대전이 문제가 되는 것도 바로 이와 같은 방식으로다. 전쟁에 대한 왜곡된 기억들, 전쟁의 희생자-가해자로서의 이중인격, 청교도-나치협력자의 모순 교배, 고문자-시인이 펼치는 주술적 언어 등 이 모든 것은 제2차 세계대전의 도착 증상을 보여 준다. 전쟁에 대한 몽환적 해석은 프란츠에 의해 이루어진다. 1946년 소련 전선에서 귀환했을 때 그는 점령 독일이 폐허 속에서 죽어가는 것을 보았다. 그가 보기에 연합군은 독일 민족을 체계적으로 말살시키기로 결정했다. 그는 독일의 죽음에 수동적으로 임

---

30 Contat, *L'Explication des* Séquestrés *d'Altona...*, p. 57. 르니는 프란츠를 "음유시인(maître chanteur)"으로 부르기도 한다(『유폐자』, 127).

31 "침대 양옆에 두 개의 문이 있으며, 하나는 욕실로 다른 하나는 별실로 나 있다"(『유폐자』, 124).

32 르니가 프란츠의 방에 들어올 때 조안나가 몸을 숨기기 위해 두 차례 욕실에 들어간 것을 제외하고.

종하지 않기 위해 그리고 30세기의 후예들 – 게들 – 에게 할 긴 변론에서 독일인들의 무죄를 증언하기 위해 스스로를 유폐시켰다는 것이다.

전쟁에 대한 또 다른 해석은 아버지의 견해로서 전쟁을 자본주의/제국주의적 논리로 이해하는 것이다. 프란츠를 가업을 이어받을 '지도자 le chef'로 육성코자 했던 아버지는 유럽 제일의 조선회사 게를라흐가의 역사를 다음과 같이 요약한다. 나치 체제하에서 본질적으로 각자의 유지를 위해 서로를 이용할 수밖에 없는 자본과 국가 간에 결탁이 있었다. 자본은 확대재생산과 국외로의 팽창을 위해 전쟁을 필요로 했다.

> 프란츠   아버님은 나치에 협력하고 있어요.
> 아버지   그들이 나에게 협력하기 때문이다. (…) 그들은 우리에게 시장을
>   찾아 주기 위해 전쟁을 한다. (『유폐자』, 77)

나치 독일의 패배로 회사는 결국 별로 득 본 것이 없게 되었으나, 군함 대신에 상선을 건조할 수 있었다. 그것은 오히려 "신의 섭리의 패배Défaite providentielle"(『유폐자』, 357)였다. 덕분에 회사는 미국인들과 함께 최상의 조건들을 누리며 전후 재건에 참여할 수 있었다. "지는 자가 이기기 놀이를 즐길 줄 알아야 하는 법이란다"(『유폐자』, 358).

『알토나의 유폐자』는 제2차 세계대전에 『자유의 길』이 부여했던 의미를 역설적으로 전복시키고 있다. 『자유의 길』이 전쟁을 인간의 존엄성을 회복하기 위해 명백한 공동 적으로서의 파시즘에 대한/으로부터의 레지스탕스와 해방으로 묘사하고 있다면, 『알토나의 유폐자』는 매우 당혹스러운 방식과 여러 다양한 방식으로 재해석된 전혀 다른 전쟁을 제시한다. 프란츠의 해석은 비현실적이고 망상적인 것으로 보인다. 전쟁의 가해자-희생자이며 과거에 고문자였고 이제는 '시인'이 된 그

는 연민을 불러일으키지만,[33] 그가 자발적 유폐 생활을 하는 이유는 오히려 고문을 자행했던 '스몰렌스크의 백정'으로서의 과거의 자신을 무의식 속에 가두어 버리기 위함에 가깝다. 그러나 탁월한 명철성으로 전쟁이라는 일련의 사태의 본질을 포착하고 있는 인물은 아버지이다. 그는 작가가 『더러운 손』에서 외드레르에게 그랬던 것처럼 『알토나의 유폐자』에서 현실의 무게를 부여한 유일한 등장인물이다. 그의 자본주의/제국주의 전쟁론은 군 입대 이전의 젊은 프란츠와 조안나에 의해 지지되고 있는 전쟁에 대한 도덕주의적 관점 - 『자유의 길』에 나타난 사르트르의 관점과도 유사한 - 을 추상적인 것으로 만들어 버린다. 비록 아버지는 자본을 대표하고 있지만, 그의 전쟁론은 어떤 관점에서는 『자유의 길』과 『알토나의 유폐자』 사이의 10여 년 동안에 이루어진 사르트르의 전쟁관의 진전을 부분적으로 반영하고 있다.

따라서 우리는 『알토나의 유폐자』에서 제2차 세계대전에 대한 상반된 몇 가지 견해가 병존하고 있는 것을 본다. 이 견해들은 전혀 성격이 다를 뿐만 아니라 이상한 방식으로 병립하고 있어 비교하는 것조차 불가능해 보인다. 이 기묘한 병존을 이해하기 위해서는 『알토나의 유폐자』를 알제리 전쟁이라는 역사적 맥락 속에 위치시켜야 한다. 텍스트 내에서는 전혀 언급되고 있지 않지만, 15년의 간격을 두고 제2차 세계대전이 알제리 전쟁에 대해 - 동시에, 진행중인 알제리 전쟁이 15년 전의 제2차 세계대전을 - 말하고 있는 것이다. 『알토나의 유폐자』 속의 과거와 현재의 대화는 결국 『자유의 길』과 『알토나의 유폐자』 간의

---

33 역사적 과정에 적극적으로 관여한 바 없으면서도 전적으로 책임을 느낄 수밖에 없는 역사적 과정에 암묵적으로 동의한 희생자들, 역사적 과정이 그들을 돌이킬 수 없는 방식으로 실패와 고독, 즉 유폐에 처하도록 저주한 전적으로 무기력한 주인공들을 무대 위에 형상화하고 있는 『알토나의 유폐자』는 사르트르의 전 작품에서 가장 어둡고 비관적인 단계를 보여 준다.

'간텍스트적intertextuel' 대화의 상감象嵌박기를 구성하고 있다. 또한 이 두 작품 간의 간텍스트적 대화는 알제리 전쟁과 제2차 세계대전 간의 '콘텍스트적contextuel' 대화를 잉태한다.

사르트르는 1958년 2월에 있었던 연극과 정치 현안에 관한 한 토론회에서 고문과 "알제리에서 귀환한 병사가 고수하는 침묵에 의해 내부로부터 와해되는 한 가족에 관한"[34] 희곡 집필 구상을 밝히고 있는데, 『알토나의 유폐자』는 실제로는 독일을 배경으로 소련 전선에서 귀환한 독일 장교의 이야기로 바뀌어 그 이듬해 9월에 초연을 하게 된다.[35] 옛 독일 장교의 환각적 비전에 의해 다시 문제 되고 있는 제2차 세계대전은 현재 알제리에서 자행되고 있는 바와 같은 식민 전쟁을 문제 삼는다. 여기에서 우리는 '역할 바꾸기'라는 묘한 극적 놀이에 참여하고 있는 듯한데, 사르트르는 그 점에 대해 다음과 같이 말하고 있다.

우리가 독일인들은 아니지만 그리고 우리의 문제들이 나치 시대의 그들의 문제들과는 다르지만, 독일인들과 우리 사이에는 매우 특별한 관계들이 있다. 오늘날 알제리 인들이 우리 앞에 처해 있는 것과 똑같은 상황 속에 우리는 독일인들 앞에 있었다.[36]

---

34 "Le Théâtre peut-il aborder l'actualité politique? Une «table ronde» avec Sartre, Butor, Vailland, Adamov," *France-Observateur*, 13 février 1958; Contat et Rybalka, *Les Ecrits de Sartre*, pp. 320, 323에서 재인용.

35 극작품의 무대가 프랑스에서 독일로 바뀐 이유와 그에 따른 이점에 대해서는 장근상, 「알제리 전쟁과 고문」, 한국사르트르연구회 엮음, 『사르트르와 20세기』(현대의 지성 105, 문학과 지성사, 1999), 119쪽에 여러 관점에서 – 관객, 검열, 연극미학, 주제와의 관점 – 가장 포괄적으로 타당성 있게 제시되어 있다.

36 『알토나의 유폐자』 초연 무렵의 대담 중 가장 의미 있는 것으로 평가되고 있는 Bernard Dort와의 대담에서("*Les Séquestrés d'Altona* nous concernent tous," entretien avec Bernard Dort; Contat et Rybalka, *Les Ecrits de Sartre*, p. 330에서 재인용).

이 극적 역할 바꾸기 놀이가 보이는 모순은 옛 독일 장교의 비교祕敎의 주술과 같은 난해한 언어를 해독할 수 있게 해 준다. 제2차 세계대전에 대한 프란츠의 비전이 정당하지 못하다면 알제리 식민 전쟁도 정당치 못하다. 현재 진행중인 전쟁의 정당성을 주장하는 것은 결국 프란츠의 관점을 수용하는 것과 다름 아니다. 알제리에서 진행되고 있는 고문이 용납될 수 있다면, 고문을 자행했던 프란츠도 무죄이다. 그리고 1945년의 뉘른베르크 전쟁재판소의 판결들도 프란츠에 의해 요청되고 있는 '게들의 법정'에 의해 재심되어야 할 것이다. 우리가 만약 극적 역할 바꾸기 놀이의 모순을 거부한다면 프란츠와 프란츠가 점령 독일에 귀환하여 폐허 속에서 만났다는 하반신이 불구가 된 거지 여인이 주장하는 것처럼 승리자의 논리만이 남게 될 것이다.

프란츠   결단코 아니다! 아무도 [죄가 없다]. 승리자의 판결을 수용하는
          엎드린 개들 외에는. 아름다운 승리자들! (…) 역사를 맡는 것은
          승리자들이다. (『유폐자』, 67)

여인   그들은 선신에게 우리가 식인종이라 말한다. 선신은 그들의 말을
          듣는다. 왜냐하면 그들이 이겼기 때문이다. 그러나 어느 누구도
          나로부터 진정한 식인종은 승리자들이라는 생각을 없앨 수는 없
          을 것이다. (…) 그들이 너희를 이겼다면, 그들이 너희보다 더 많
          이 파괴했기 때문이다. (…) 죄인은 너다! 신은 너의 행동이 아니
          라, 네가 감히 하지 못한 것, 저질러야 했으나 저지르지 못한 것
          에 따라 너를 심판할 것이다." (『유폐자』, 291-93)

극적 역할 바꾸기 놀이의 모순이 극대화되는 것은 『알토나의 유폐자』가 작품 전체를 통해 보여 주는, 인간의 존엄성을 누구보다 존중했

던 청교도 프란츠가 전쟁을 통해 잔혹한 고문자로 변신하는 과정에 의해서이다. 스몰렌스크 근처에서 프란츠와 부하들은 소련 유격대원들에 의해 포위된다. 프란츠는 동료들과 부하들을 구하기 위해 유격대원들과 내통하고 있을 가능성이 있다는 이유만으로 마을의 농부들을 가두고 고문을 가한다. 그리고 이러한 인간 백정이 되는 데는 "처음만 힘들 뿐이다"(『유폐자』, 331). 『알토나의 유폐자』는 "억압 사회로 변화하고 있는 역사적 사회 속에서는 누구도 고문을 할 위험에서 벗어날 수 없다"[37]는 사실을 보여 준다. 게다가 『알토나의 유폐자』는 프란츠뿐만 아니라 아버지 그리고 드물게는 베르네르까지도 자신들의 상황이나 처지를 비유하기 위해 성경에 나오는 우화들을 활용하는 모습을 보인다.[38] 『알토나의 유폐자』는 프란츠와 아버지가 보이는 '결탁의 문제 le problème de la collusion'와도 결부된 서구의 부르주아지의 모순이 서구 문화의 무의식에 깊이 뿌리 내리고 있음을 보여 준다.

『알토나의 유폐자』에 나타난 상상적 '게들의 법정'은 사르트르의 일련의 전쟁의 글쓰기 과정에서 역행적일 뿐만 아니라 전진적인 방식으로도 기능한다. 그것은 역행적으로 1945년의 뉘른베르크 전쟁재판소에 관계하며, 전진적으로는 1966~67년의 러셀 재판소 Tribunal Russell에 연결될 것이기 때문이다. 사르트르에 의하면 러셀 재판소의 역사적 의미는 "베트남에서의 미국의 정책이 45년에 뉘른베르크에서 확립된 전쟁 범죄에 대한 국제법에 의해 처벌될 수 있는가?" 즉 "제국주의적 정책이 제국주의 자신에 의해 공포된 법률에 의해 처벌될 수 있는가?"[39]를 알아보는 데 있다. 사실 『알토나의 유폐자』에 나타난 뉘른베

---

37 *Ibid.*
38 그중 대표적인 것으로는 잃어버린 양, 삼손과 델릴라, 최후의 만찬, 돌아온 탕아 등이 있다(각각 『유폐자』, 158; 257-58; 316; 241, 339).
39 Jean-Paul Sartre, "Le Crime," in *Situations VIII, Autour de 68* (Gallimard, 1972), pp. 28, 32.

르크 전쟁재판소와 '게들의 법정'의 상상적 대립은 뉘른베르크 전쟁재판소와 러셀 재판소의 실제 대립을 예고한 셈이다.

이러한 관점에서 우리는 프란츠의 환상 속에 출현하는 30세기에 우리 세기의 범죄들을 심판하기 위해 개정할 '게들의 법정'이 사르트르의 전쟁의 글쓰기에서 갖는 중요성에 주목해야 한다. 우선 '게들의 법정'은 과거의 재평가를 수행할 뿐 아니라 현재에 대한 미래의 유사한 심판을 예상하게 한다.[40] 또한 '게들의 법정'의 모호하고 어두운 성격은 자본주의 부르주아 사회에서 러셀 재판소가 겪게 될 모순과 실패를 예고하고 있다. 왜냐하면 제국주의적 정책에 법률적 차원을 부여한다는 시도 자체가 부르주아적 법률주의와 이상주의적 도덕주의의 한계를 노정하고 있을 뿐만 아니라 심화되고 있는 제국주의 앞에서의 무능력을 반영하고 있기 때문이다. 이것은 법률적 정당성을 획득하기 위한 러셀 재판소의 활동중에 사르트르 자신도 인식했던 문제점이었다. "제3세계 국가들에 대한 미 제국주의의 도발을 법률적 방향에서 단죄한다는 것은 (…) 의미를 갖지 못할 것이다."[41] 러셀 재판소는 미래의 혁명적 재판소에 대한 막연한 희망과 함께 끝을 맺게 될 것이다.[42] 그러나 그러한 희망은 환상적으로 보인다. 왜냐하면 그러한 재판소는 프랑크푸르트 학파의 표현을 빌려 "신화로서나" 상상할 수 있기 때문이다. 그것은 『알토나의 유폐자』의 '게들의 법정'만큼이나 환상적이고 모순적이며 신화적이다.

---

40 『알토나의 유폐자』의 역행적-전진적 비전에 대해 매우 탁월한 분석을 보여 주고 있는 Douglas Collins의 저서 *Sartre as Biographer* (Cambridge: Harvard University Press, 1980)의 마지막 장은 "The Tribunal of Crabs"이다.

41 Sartre, "Le Crime," p. 28.

42 Jean-Paul Sartre, "De Nuremberg à Stockholm," in *Situations VIII*, p. 99 참조.

5. 결론

『알토나의 유폐자』에서 제2차 세계대전은 알제리 전쟁 그리고 베트남 전쟁과도 평행되어 나타난다. 패러디되고 패러디하면서, 제2차 세계대전은 사르트르의 전쟁의 글쓰기의 출발점과 귀결점을 동시에 형성한다. 이러한 관점에서 우리는 『알토나의 유폐자』를 『자유의 길』의 '뉘앙스를 띤' 결론이라고 생각할 수 있다. 『자유의 길』에서 시작하여 『알토나의 유폐자』에서 종결된 사르트르의 전쟁의 글쓰기는 매우 역동적인 변화의 모습을 보인다. 특히 『유예』에서 운동을 표상했던 글쓰기는 『알토나의 유폐자』에서는 극적 갈등에 집중한다. 『자유의 길』 4부작의 서술 기법과 시공간의 연구가 보여 주듯, 『영혼 속의 죽음』 제2부에서부터 텍스트는 애초의 속도를 잃고 『야릇한 우정』에서는 마침내 연극적 공간과 유사한 수용소란 무대에서 이념의 극적 대립이 펼쳐진다. 따라서 『야릇한 우정』은 『유예』와 『알토나의 유폐자』 간의 연결점을 형성하고 있는 셈이다. 『자유의 길』에서 『알토나의 유폐자』에 이르는 공간적 변화를 살펴보면, 『철들 무렵』의 파리의 '조가비 방'에서 시작하여 『유예』에서 전 유럽으로 확장되었던 공간은 『야릇한 우정』에서 수용소의 극적 공간을 통과하여 마침내 『알토나의 유폐자』에서 프란츠의 방으로 집중된다. 『유예』가 무수한 시점들의 윤회를 통해 다성적 교향악을 보여 줬다면, 『야릇한 우정』에 이어 『알토나의 유폐자』는 갈등하는 이념들의 불협화음을 보여 준다. 한편에 전쟁의 '행복한euphorique' 재현이 있다면, 다른 편에 전쟁에 대한 강박관념의 대립이 있다. 한편에선 전쟁이 미학적 대상이라면, 다른 편에선 전쟁이 이념적 무기가 된다.

전쟁의 글쓰기의 변모는 또한 전쟁의 문제 제기 방식의 변화를 의미한다. 소설 속에서 전쟁이 야기하는 문제는 무엇보다도 즉각적 허구화에 따른 시점의 제한의 문제였다. 다수 내적 초점화 기법의 극대화를 보이는 『유예』의 텍스트가 겪었던 고통은 외적 참조 체계의 소멸과 일반화 전망의 부재였다. 그러나 전지적 시점을 다시 부여받은 『야릇한 우정』과 희곡 『알토나의 유폐자』의 주인공들은 이미 반성되고 정리된 관념들의 충돌과 모순을 겪는다. 『자유의 길』에서 『알토나의 유폐자』에 이르기까지 전쟁의 문제 제기 방식은 서술적 차원에서 이념적 차원으로 그 중심을 이동한다. 『자유의 길』에서 『알토나의 유폐자』에 이르기까지 텍스트 내에서의 '발화la parole'의 출현에 기인한 의미 생산력은 점차 '담론le discours'의 재질서화로 퇴화한다. 양태의 변화에 있어서는, 그 중심이 '지식Savoir'의 영역에서 점차 '실천Pouvoir'의 영역으로 이동함을 알 수 있다.

또한 사르트르의 전쟁의 글쓰기의 변모가 문학 장르의 교체를 동반하고 있음을 주목해야 한다. 『유예』에서 정점에 도달한 전쟁의 소설적 글쓰기는 『야릇한 우정』과 함께 종결되며, 그 후로는 『악마와 선신』 또는 『알토나의 유폐자』와 같은 희곡작품들이 나름의 방식대로 전쟁을 다룰 것이다. 결국 사르트르의 전쟁의 글쓰기의 방식은 어김없이 선택된 장르의 성격에 일치한다. 제2차 세계대전의 서사시인 『자유의 길』은 대규모로 진행중인 전쟁의 다양한 면모와 연속적 단계들을 재현하고 묘사한다. 소설은 전쟁의 프레스코를 제시한다. 그러나 내재적으로 압축된 연극의 형식은 그러한 프레스코에는 어울리지 않을 것이다. 따라서 극작품들의 주제는 응고된 전쟁 즉, 『악마와 선신』에서와 같이 포위 공략 또는 『알토나의 유폐자』에서와 같이 회상된 전쟁이 된다. 집중되고 극적인 단일한 행위와 함께, 극작품들은 전쟁에 대하여 사고하게 만든다.

다른 한편, 전쟁의 글쓰기의 변화는 제2차 세계대전 후 냉전과 식민 전쟁 그리고 제국주의 전쟁을 거쳐 점차 현실주의자가 되어 가는 사르트르의 사상의 진전을 보여 준다. 연속된 전쟁들에 대한 사르트르의 저작들은 자본주의 부르주아 사회의 제반 모순들과 전쟁이 맺고 있는 관계들을 점진적으로 발견해 가는 과정을 보여 준다. 환멸을 느끼게 하는 이러한 발견은 전쟁의 낙관적 미학자를 전쟁에 대한 비관적 사상가로 변모시키고, 또한 문학·예술 작품의 생산과 수용의 체계에 대한 각성을 촉구한다. 『알토나의 유폐자』는 브레히트적인 '거리두기 la distanciation'를 참조하는 모습을 보인다. "브레히트적인 연극의 이상은 관객이 마치 원시 부족을 갑자기 마주쳤을 때의 민속학자들과 같을 때이다. 다가가다가 갑자기 당황하면서 이 미개인들은 바로 우리들이구나라는 생각이 들 때이다."[43] 그러나 사르트르는 또한 『알토나의 유폐자』를 그의 다른 희곡들과 비교하면서 "이제까지 나는 다양한 방식으로 모순들을 제거하는 등장인물들과 결론들을 가지고 극작품들을 만들었다. 『악마와 선신』의 경우가 그러하다. 그러나 오늘날 부르주아 사회 속에서 나 같은 작가는 비판적 리얼리즘 외엔 다른 것을 하기가 매우 힘들다. 만약 한 등장인물이 결국 자기 자신과 타협한다면, 그가 - 연극 속에서 - 그렇게 하는 것을 보는 관객은 그들의 해결되지 않은 의문들이나 문제들과 타협할 위험이 있다"[44]고 말하기도 한다. 『알토나의 유폐자』의 사르트르는 아마 러셀 재판소의 활동중에 느끼게 될 이중적 모순과 유사한 모순 앞에 이미 서 있는 셈이다.

---

43 "Deux heures avec Sartre"; Contat et Rybalka, *Les Ecrits de Sartre*, p. 327에서 재인용.
44 "Entretien avec Jean-Paul Sartre," par Charles Haroche (*France nouvelle*, 17 septembre 1959); *Ibid.*, p. 328에서 재인용.

사르트르, 플로베르를 읽다

『집안의 천치』와 플로베르 생애의 재구성

지 영 래

1. 사르트르 연구자와 플로베르 연구자

『집안의 천치』[1]는 두 작가가 관련된 작품이다. 『집안의 천치』의 부제가 '1821년에서 1857년까지의 플로베르'인 것에서도 알 수 있듯이 이 작품은 사르트르가 귀스타브 플로베르Gustave Flaubert(1821~1880)라는 19세기 프랑스 문학의 대표 작가를 다룬 전기비평이다. 20세기 최고의 사상가가 어마어마한 시간과 정열을 쏟아부어 만들어 낸 한 작가에 대한 연구서이기에 이 작품의 출간은 사르트르 연구자들에게만큼이나 플로베르 연구자들에게도 하나의 큰 사건이었을 것이다. 그런데 막상이 책이 출간되었을 때 사르트르 연구자들은 이 작품을 "경이로운 책"[2]

---

1 Jean-Paul Sartre, *L'Idiot de la famille: Gustave Flaubert de 1821 à 1857*, Nouvelle édition revue et complétée (Gallimard, coll. Bibliothèque de philosophie, 1988), t. 1 et 2 (1971), 2165 pp.; t. 3 (1972), 823 pp. (이하, 『집안의 천치』와 관련된 페이지 표기는 이 개정본에 의거하고, 인용 출처는 'IDF 권수, 쪽수'로 표기한다).

2 Serge Doubrovsky, "Une Etrange toupie," *Le Monde des livres*, 2 juillet 1971.

이라거나 "오늘날 유일하게 가능한 소설"[3]이라고 추켜세우며 열광했던 반면, 대부분의 플로베르 연구자들의 반응은 의외로 매우 냉담했다. 그들은 차라리 침묵을 지키거나, 혹시 자신들의 의견을 밝힐 기회가 있을 때에는 사르트르의 이 '플로베르론'을 가차 없이 공격하였다. 비록 작품 자체의 아름다움은 인정한다고 하더라도 그 속에 들어 있는 플로베르에 대한 연구는 전혀 진지하지 못하다는 것이었다.

『집안의 천치』 제3권이 출간된 다음 해인 1973년에 캐나다에서 열린 플로베르에 관련된 한 학술 세미나는 플로베르 연구자들이 이 작품에 대해 지니고 있는 생각을 확인해 볼 수 있었던 기회였다. 그 학술회의 장에 참석했던 저명한 사르트르 연구자 미셸 리발카는 『집안의 천치』와 관련하여 사르트르의 기획과 그 성과가 플로베르 연구에 기여한 바를 부각시키는 주제 발표를 하였는데, 본발표 이후에 이어진 토론에서 플로베르 연구자들의 거친 공격을 받는다. 사르트르가 참조하고 근거로 삼은 문헌들의 적절성과 학술적 연구로서의 치밀성에 문제를 제기하는 플로베르 연구자들에 맞서서, 리발카는 사르트르의 문헌 조사 작업량이 그가 젊은 시절 학위논문을 쓰던 당시의 노력에 버금가는 것으로서 비록 완전하지는 못해도 아주 충실한 작업이었고 엄청난 독서의 결과임을 역설해 보았지만 역부족이었다. 가장 뛰어난 플로베르 연구자들 중 한 명인 장 브뤼노는 리발카의 항변에 점잖게 다음과 같이 반박하여 좌중의 박수를 받기도 한다.

저는 사르트르를 좋아해서 그의 작품을 많이 읽었습니다. 저는 그를 존경하고 그가 살아가는 삶의 방식을 존경합니다. 하지만 분명 플로베르 전공자의 입장에서 볼 때, 그의 책은 오류투성이고 지어낸 환상적인 내용으

---

3 Michel Rybalka, "Comment peut-on être Flaubert?" *Le Nouvel Observateur*, 17 mai 1971, p. 55.

로 가득합니다. 예를 들자면, 플로베르의 부친은 선거권자였습니다. 제가
증명할 수 있습니다. 플로베르 모친은 신앙이 없었습니다. 그것도 제가 증
명할 수 있습니다. 그들은 금요일에도 기름지게 식사를 했었고 부활절을
지키지도 않았습니다. 사르트르가 형 아실에 대해서 한 이야기들도 그것
이 사실이라는 아무런 증거가 없습니다. 모두 지어낸 것입니다. (…) 저는
사르트르가 그 모든 것을 지어냈다고 비난하지 않습니다. 게다가 그는 너
무도 솔직하게 지어냈다고 밝히고 있습니다. 하지만 그는 플로베르 전공
자들을 아주 불편한 입장에 놓이게 합니다. 그리고 제가 지금 이야기하는
것을 글로 쓰기보다는 차라리 침묵하고 싶은데, 그 이유는 바로 그의 책이
너무나도 놀라운 책이기 때문에 그렇습니다. (…) 제가 보기에 그 책은 모
든 사람들에게 엄청나게 중요한 책이지만, 플로베르 전공자들에겐 그 정
도는 아닙니다.[4]

과연 사르트르의 『집안의 천치』에는 그렇게 오류가 많은 것일까? 사
르트르의 '플로베르'는 플로베르 전공자들을 거북하게 할 정도로 왜곡
된 것인가? 왜곡되었다면 과연 어느 부분이 얼마나 왜곡된 것일까? 플
로베르 전공자들이 구체적으로 그 내용들을 지적해 주지 않으므로 우
리가 직접 사실 확인을 할 수밖에 없다. 사르트르가 자신의 주장을 펼
치기 위해 논거로 삼고 있는 플로베르의 전기적 사실들은 과연 얼마
나 신뢰성이 있는 것인지, 그리고 그 전기적 요소들로부터 구축해 나
간 사르트르의 추론은 어디까지가 진실인지, 그리하여 플로베르 연구
자들이 보여 주는 냉소적 반응은 얼마나 정당한 것인지를 따져 볼 필
요가 있다.

---

4 "Interventions," *Langages de Flaubert. Actes du Colloque de London, Canada 1973* (Minard, 1976), p. 230.

2. 『집안의 천치』의 외형적인 결함

『집안의 천치』 초판은 1971년에 총 2,136페이지 분량으로 제1권(pp. 1-1104)과 제2권(pp. 1105-2136)이 출간되었고, 그 이듬해인 1972년에는 총 665페이지 분량의 제3권이 출간된다. 1953년경부터 구상되어 거의 20년 동안 집필한 2,800여 페이지[5]의 이 작품이, 그 규모나 집필 기간으로 볼 때, 사르트르의 저작들 중에서 가장 진지한 문헌 작업을 거친 작품임에는 틀림없다. 고등사범학교 시절, 상상력에 관한 졸업논문을 쓰기 위해 수많은 참고서적들을 읽고 조사했던 이십대 때의 작업 이후, 문헌 조사에 이 정도의 시간과 정열을 투자한 사르트르의 작품은 없었다. 플로베르에 관한 방대한 서지 목록을 작성했던 장 브뤼노도 사르트르가 조사한 문헌 목록이 "인상적"이며 "프랑스 비평계에서만 한정해 보자면 거의 완전"[6]하다고 평가하고 있다. 그러나 객관적으로 따져 보면 브뤼노의 찬사에도 불구하고 사르트르의 서지 작업이 그다지 완성도를 자랑할 만한 수준은 못 된다. 이미 1962년에 장 브뤼노 자신이 작성한 30여 페이지에 달하는 서지 목록[7]만 해도 600항목 이상이 언급되고 있는데, 『집안의 천치』에서 거론되고 인용된 참고서지는 기껏해야 50여 항목 정도이기 때문이다. 그 50여 항목 속에 언급될 가치가 있는 주요 참고서지는 다 언급되었다는 점에서 사르트르의 문헌 작업을 높이 평가한다 하더라도 여전히 플로베르에 대한 사르트르의 책은 전문가들의 눈에는 엄밀한 학술적 연구로 비치지 못한다. 그 이유는 두

---

5 앞의 주1에서 밝혔듯, 이 글에서 참조하는 1988년 개정본은 제1~2권 2,165페이지, 제3권은 미간행 원고를 추가하여 823페이지에 이른다

6 Jean Bruneau, "Jean-Paul Sartre, biographe de Flaubert," in Claude Burgelin, ed., *Lectures de Sartre* (Presses Universitaires de Lyon, 1986), pp. 164-65.

7 Jean Bruneau, *Les Débuts littéraires de Gustave Flaubert, 1831-1845* (Armand Colin, 1962), pp. 589-621.

가지로 나누어 생각해 볼 수 있다. 우선은 3,000페이지에 육박하는 방대한 이 작품의 구성 방식이나 서술 형식 등의 외형적인 결함을 들 수 있고, 이어서 플로베르가 작가로 성장하는 과정을 '가족 계획'과 '신경증 계획'으로 추론하는 작품 전개상의 논리적인 결함을 들 수 있겠다. 이를 차례차례 따져 보고자 한다.

우선 작품의 외형적인 결함부터 먼저 살펴보자. 우리는 그 결함을 다음의 세 가지 층위, 즉 (1) 각주 처리에 있어서 세심함의 결여, (2) 책의 형식적 구성의 무거움, (3) 추론 과정의 근거 부족 등으로 나누어 검토할 것이다.

(1) 각주 처리에 있어서 세심함의 결여

『집안의 천치』에서 보여 준 방대한 기획에도 불구하고 그 작품을 읽은 전문적인 독자들(특히 플로베르 연구자들)이 사르트르의 문헌 작업의 진지함을 느끼지 못하는 첫 번째 이유는 작품 속에 사용된 수많은 인용에 대한 서지사항의 결여 때문이다. 플로베르의 습작 시절을 다루면서 그의 청년기 작품들에서 인용된 대부분의 문장들이 출처 표기가 누락되어 있고, 그의 다른 작품들에 대해서도 편지를 제외하고는 그 출처 표기가 매우 변덕스럽다. 더구나 극히 드물게 페이지 하단에 각주가 달려 있는 경우에도, 사르트르의 서지 정보가 최소한의 정보만을 담고 있어서 우리는 그의 각주를 확인해 보기 위해 다른 참고서적을 뒤져야만 하고,[8] 가끔은 그 정보가 잘못된 것임을 확인하기도 한

---

8 예를 들어 제1권 884쪽의 각주 1번을 보면 "Éd. Charpentier, pp. 42-102"라고만 적혀 있는데, 학술서적이었다면 다음과 같은 좀 더 상세한 정보가 요구되었을 것이다. "Flaubert, *Premières œuvres*, tome 1, Éd. Eugène Fasquelle, coll. Bibliothèque-Charpentier, 1913, pp. 42-102."

다.[9] 게다가 인용된 문장이 부정확할 때도 많다. 사르트르는 자신의 논증을 뒷받침하기 위해 인용을 하였지만 그 정확성에 대해서는 별로 신경 쓰지 않고 자유로이 변형하기 때문에 인용된 구문이 원본 텍스트와 일치하지 않는 경우가 많다. 물론 원문의 사소한 변형이 심각한 해석의 오류를 야기하는 경우는 많지 않지만, 원작에 대한 존중 없이 지나치게 허물없이 대하는 사르트르의 태도는 사소한 구두점 하나에도 정확성을 기하려는 플로베르 전공자들에게는 좋은 인상을 줄 수 없었을 것이다.

예를 들어 『집안의 천치』 제1권의 617페이지의 경우를 보면, 사르트르가 어떤 식으로 원문을 자유로이 변형했는지 잘 알 수 있다. 그 페이지의 하단에는 "Théâtre. Éd. Conard, pp. 253-254"라는 단 하나의 각주만 붙어 있지만 실제로 그 페이지에서 인용부호로 표시된 문장은 세 문단이다. 즉 다른 페이지에서 인용된 두 개의 문단이 더 있는 것이다. 그 각각이 어떤 식으로 원문을 변형하고 있는지를 밑줄 친 부분을 중심으로 살펴보자.

그 첫 번째 인용문은 위에 언급된 코나르 출판사의 1927년판 플로베

---

9 이러한 경우에 해당하는 예를 제1권에서만 몇 가지 들어 보면 다음과 같다.

(*IDF I*, 444) 친구 에르네스트 슈발리에(Ernest Chevalier)에게 보낸 편지의 날짜는 "1837년 6월 24일"이 아니라 "1837년 3월 24일"이다.

(497) 페이지 중간의 각주가 엉뚱한 문장에 잘못 붙여졌다. 1837년 6월 24일자 에르네스트에게 보낸 편지에서 따온 구문은 "Depuis que vous n'êtes plus avec moi ..."로 시작하는 그 구문이 아니라 석 줄 아래 "Oh! Non, c'est une triste chose ..."로 시작하는 문장이다. 앞의 문장은 같은 사람에게 보낸 1838년 12월 26일자 편지에서 따온 것이다.

(525) 상트네르 출판본(Edition du Centenaire)의 『동방 여행』에서 인용한 문장의 페이지가 뒤바뀌었다. 각주 1번은 "p. 147"이 아니라 "p. 145"가 되어야 하고, 각주 4번은 "p. 145" 대신에 "p. 147"이 되어야 한다.

(624) 각주 1번에서 루이즈 콜레(Louise Colet)에게 보낸 편지의 두 번째 인용 구문은 1852년 4월 24일자 편지이고, 각주 2번에서 루이 부이예(Louis Bouilhet)에게 보낸 첫 번째 편지의 날짜는 "1850년 12월 9일"이 아니라 "1850년 12월 19일"이다.

(719) 『보바리 부인의 새로운 판본』의 페이지 표시에서 "p. 63: |B|"로 되어야 할 부분이 "p. 63: A)"로 표시되어 있다.

(1027) 사르트르는 자기 자신의 작품에 대한 페이지 표시에도 오류를 범한다. 『상상계』와 관련된 페이지는 "pp. 243-246"이 아니라 "pp. 240-246"이다, 등등.

르 전집 희곡작품 중 『심장의 성 Le Château des Cœurs』[10]의 "pp. 161-162"에서 따온 것인데, 사르트르의 인용문과 플로베르의 원문은 각각 다음과 같다(밑줄 친 부분을 비교해 보면 사르트르의 자의적 변조를 확인할 수 있다).

(사르트르의 첫째 인용문. 이하, 모두 "pp. 253-254"로 소개)

Les Gnomes dérobent (le cœur) des hommes pour s'en nourrir en mettant à la place je ne sais quel rouage mécanique de leur invention lequel imite parfaitement bien les mouvements de la nature... (...) Les hommes... s'abandonnent aux exigences de la nature. L'esprit des Gnomes (la matérialité) a passé dans la moelle de leurs os, il les enveloppe...

땅도깨비들이 인간(의 심장)을 훔쳐서 그것으로 먹고살고, 대신 그 자리에 그들이 발명한 기계의 어떤 톱니바퀴를 끼워 넣는데, 그 기계는 자연의 움직임을 완벽하게 흉내 낸다…. (…) 인간들은 … 자연의 요구에 몸을 맡긴다. 땅도깨비들의 정령(물질성)은 그들의 뼛속 깊숙이 흘러서 그들을 둘러싼다… 그리고 안개처럼 진실의 광채와 이상의 태양을 그들로부터 가려 버린다.

(플로베르의 원문, 실제는 pp. 161-62)

LA REINE   Qu'importe! Ignorez-vous donc que les Gnomes ne peuvent vivre sans les cœurs des hommes, car c'est pour s'en nourrir qu'ils les dérobent en leur mettant à la place, là (elle désigne sa poitrine), je ne sais quel rouage de leur invention, lequel imite parfaitement bien les mouvements de la nature. (…) Les hommes, tyrannisés par eux,

---

10 Flaubert, *Œuvres complètes, Théâtre: Le Candidat. Le Château des cœurs. Le Sexe faible* (Conard, 1927).

s'abandonnent aux exigences de la matière. L'esprit des Gnomes a passé dans la moelle de leurs os; il les enveloppe, les empêche de nous reconnaître et leur cache comme un brouillard la splendeur de la vérité, le soleil de l'idéal.

여왕   무슨 소용이냐! 당신은 땅도깨비들이 인간의 심장들 없이는 살 수 없다는 것을 잊었는가. 그들은 그것으로 먹고살려고 그것을 훔쳐 내고서 그 대신에 여기에다가(자기 가슴을 가리킨다), 그들이 발명한 기계의 어떤 톱니바퀴를 끼워 넣지, 그것은 자연의 움직임을 완벽하게 흉내 내고. (…) 인간들은 그들의 폭정에 시달리며 물질의 요구에 몸을 맡겨. 땅도깨비들의 정령이 그들의 뼛속 깊숙이로 흐르는 거지. 그 정령은 그들을 둘러싸고, 우리를 못 알아보게 하고, 안개처럼 진실의 광채와 이상의 태양을 그들로부터 가려 버려.

나머지 두 인용문의 경우도 사정은 비슷하다. 인용이라기보다 플로베르의 글을 편집하여 자신의 문장 속에 삽입했다고 보아야 할 것이다. 두 번째 인용문의 실제 해당 페이지는 "p. 250"이고 세 번째 인용문은 각주에서 밝힌 "pp. 253-254"에서 따온 것이다.

(사르트르의 둘째 인용문)

Poussant la métamorphose jusqu'au bout, la même pièce nous montre une jeune fille s'essayant à reproduire les gestes et les discours de deux robots pour pouvoir, "en quelque lieu qu(elle) se trouve, jacasser hardiment sur la nature, la littérature, les enfants aux têtes blondes, l'idéal, le turf et autres choses."

변신을 끝까지 밀고 가서 이 똑같은 작품이 우리에게 두 로봇의 몸짓과 말을 흉내 내려는 한 소녀를 보여 주는데, 그 소녀가 흉내 내려는 이유는 "그녀가 어디 있든지 간에 자연, 문학, 금발의 소년, 이상향, 그리고 경마와 다른 것들에 대해 대담하게 수다를 떨기" 위한 것이다.

(플로베르의 원문, p. 250)

LE ROI COUTURIN   Rappelle-toi leurs discours, et, en quelque lieu que tu
te trouves, à la campagne, en visite, en soirée, dans un dîner ou au
spectacle, tu pourras jacasser hardiment sur la nature, la littérature,
les enfants aux têtes blondes, l'idéal, le turf et autres choses.

쿠튀랭 왕   그들의 말을 기억해 둬, 그러면 네가 어디 있든지 간에, 들판에서
나, 친구가 방문했을 때나, 야회에서 혹은 저녁 만찬이나 연극 구
경을 할 때, 넌 자연, 문학, 금발의 소년, 이상향, 그리고 경마와
다른 것들에 대해 대담하게 수다를 떨 수 있을 거야.

세 번째 인용문은 두 로봇이 생기를 얻어 춤을 추는 장면이다.

(사르트르의 셋째 인용문)

"Lui, menton levé et coude en l'air, elle, droite comme un I et nez baissé:
tous deux piquent leurs angles durs dans l'espace, une vraie figure de géométrie
en belle humeur."

그는 턱을 쳐들고 팔꿈치를 벌린 채, 그녀는 I자처럼 꼿꼿이 서서 코를
내린 채, 둘 모두 그들의 단단한 각진 부분을, 기분 좋은 진정한 기하학적인
얼굴을 허공 속에 찌르고 있었다.

(플로베르의 원문, pp. 253-54)

COUTURIN   C'est cela! lui, menton levé et coude en l'air; − elle, droite
comme un I et nez baissé; tous deux piquant leurs angles dans
l'espace, une vraie figure de géométrie en belle humeur.

쿠튀랭   바로 그거야. 그는 턱을 쳐들고 팔꿈치를 벌린 채로─그녀는 Ⅰ자처럼 꼿꼿이 서서 코를 내린 채로, 둘 모두 <u>그들의 각진 부분을, 기분 좋은 진정한 기하학적인 얼굴을 허공 속에 찌르면서</u> 말이야.

이 한 페이지만 살펴보아도 사르트르가 『집안의 천치』 속에 플로베르의 글을 인용하면서 범한 온갖 종류의 변조의 수위를 알 수 있다. 인용구들의 출처를 밝히지 않은 것이나 구두점을 준수하지 않은 것들은 차치하더라도, 그가 인용한 문장들은 학술적인 시각에서는 문자 그대로 '오류투성이'이다. 사르트르가 원문을 훼손 없이 인용하는 데에 그다지 신경을 쓰지 않은 것은 확실하다. 그는 아무런 표시 없이 문장들을 생략하기도 하고 그 순서를 바꾸고 또 필요한 경우엔 없는 단어도 덧붙여 가며 플로베르의 글들을 인용했다.

또 다른 예를 하나만 더 들어 보자. 『집안의 천치』 제1권의 31페이지에서는 사르트르가 플로베르의 청년기 소설 『당신이 원하는 모든 것 Quidquid volueris』에서 한 부분을 아무런 서지사항 없이 이렇게 인용한다.

La nature le possède sous toutes ses forces, volupté de l'âme, passions violentes; appétits gloutons. (…) Son cœur… est vaste comme la mer, immense et vide comme sa solitude.

자연은 그 모든 힘 아래 그를 소유한다, 영혼의 탐욕과 난폭한 열정, 식충이 같은 식욕. (…) 그의 가슴은… 바다처럼 넓고, 그의 고독처럼 광대하고 허하다.

출처가 궁금한 독자는 열심히 플로베르의 작품을 뒤진 끝에 위의 인용문 중 한 부분을 결국 찾아낸다. 그러나 그가 찾은 문장은 우선 두 번째 문장에만 해당한다.

Oh! son cœur aussi était vaste et immense, mais vaste comme la mer, immense et vide comme sa solitude.[11]

오! 그의 가슴도 넓고 광대했지만, 허나 바다처럼 넓었고, 그의 고독처럼 광대하고 허했다.

이 문장을 기준으로 삼아서 우리는 나머지 문장을 찾아내기 위해 계속 플로베르의 작품을 뒤지게 되는데, 상식적으로 당연히 앞에 붙은 문장이므로 플로베르의 글에서도 찾아낸 문장의 앞부분을 검색하게 될 것이다. 그러나 우리의 기대와는 반대로 찾는 문장은 앞 문장의 바로 다음 페이지에 나온다.

Parfois il lui semblait entendre des voix qui lui parlaient derrière un buisson de roses et des mélodies qui tombaient des cieux, la nature le possédait sous toutes ses forces, volupté de l'âme, passions violentes, appétits gloutons.[12]

가끔은 장미 덤불 뒤에서 그에게 말하는 소리를 들은 것도 같았고 하늘에서 내려오는 멜로디를 들을 것도 같았다. 자연은 그 모든 힘 아래 그를 소유했다, 영혼의 탐욕과 난폭한 열정, 식충이 같은 식욕.

이와 같이 '학술적인' 인용 원칙에서 벗어난 원문의 변조는 일반 독자들이 사르트르의 작품을 읽는 데는 아무 문제 없는 사소한 것일 수 있지만, 그의 작품을 플로베르에 대한 진지한 연구로 생각하고 접근하는 몇몇 전공자들에게는 커다란 결점으로 보일 수밖에 없다. 이러한 종류의 오류는 사르트르에게는 흔히 있었던 일이다. 사르트르의 다른 전

---

11 Flaubert, Œuvres de jeunesse inédites, t. 1, 183..-1838: Œuvres diverses – Mémoires d'un fou (Ed. Conard, 1910), p. 212.
12 위의 책, p. 213.

기비평 작품인 『보들레르』나 『성자 주네』를 읽어 봐도 같은 인상을 받는다. 어쨌든 『집안의 천치』도 처음부터 끝까지 이와 같은 부정확한 인용들(그 목록을 간단히 작성해 본다)[13]로 넘쳐 나는데 이것이 플로베르 전공자들의 눈에 좋게 평가될 수 없었을 것이다.

---

13 본보기로 『집안의 천치』 제1권에서 부정확한 사소한 인용문들을 추출해 보면 다음과 같다. 플로베르의 원문은 주로 코나르 출판사의 1910년판을 참조하였고 밑줄 친 부분이 사르트르의 인용과 차이가 나는 부분이다.

▲"Souvent en me regardant moi-même, je me suis <u>demandé: pourquoi</u> existes-tu?" [*IDF I*, 177]의 원문은 "... je me suis <u>dit: 'Pourquoi</u> existes-tu?' ..." [Conard, II, p. 269] ▲"Et combien de minutes dans l'éternité peux-tu <u>compter que</u> cette âme t'ait donné le bonheur?" [*IDF I*, 249] 의 원문은 "... peux-tu <u>compter où</u> cette âme..." [Conard, I, p. 175] ▲"Giacomo le libraire... avait trente ans <u>mais</u> il passait déjà..." [*IDF I*, 283]의 원문은 "il avait trente ans <u>et</u> il passait déjà..." [Conard, I, p. 132] ▲"ce n'était <u>pas</u> la science qu'il aimait..." [*IDF I*, 284]의 원문은 "... ce n'était <u>point</u> la science qu'il aimait..." [Conard, I, p. 133] ▲"ce joli mot <u>*'Finis'*</u> entouré de deux Amours..." [*IDF I*, 284]의 원문은 "... ce joli mot <u>*finis*,</u> entouré de deux Amours..." [Conard, I, p. 134] ▲"mais il rêvait <u>des jours entiers</u> à son idée fixe" [*IDF I*, 285]의 원문은 "... mais il rêvait <u>des nuits et des jours entiers</u> à son idée fixe..." [Conard, I, p. 134] ▲"(Giacomo) avait l'air <u>traître et méchant</u>" [*IDF I*, 286]의 원문은 "... il avait l'air <u>méchant et traître</u>..." [Conard, I, p. 134] ▲"<u>Ainsi</u> il ne pardonna jamais à un homme qui lui avait déplu <u>le premier jour</u>" [*IDF I*, 303]의 원문은 "<u>Aussi</u> il ne pardonna jamais à un homme qui lui avait déplu <u>dès le premier abord</u>" [Conard, II, p. 244] ▲"ce qu'ils avaient <u>mangé</u> tout le jour, Marguerite..." [*IDF I*, 415]의 원문은 "ce qu'ils avaient <u>gagné</u> tout le jour..." [Conard, I, p. 90] ▲"Et, <u>me détournant</u>, je vis..." [*IDF I*, 527]의 원문은 "Et <u>en me détournant</u>, je vis..." [Conard, I, p. 411] ▲"... et qui fait <u>de tout cela des vertus</u> pour mieux s'y tenir..." [*IDF I*, 529]의 원문은 "... et qui fait <u>des vertus de tout cela</u> pour mieux s'y tenir..." [Conard, I, p. 488] ▲"<u>Pauvre corps</u>, comme tu souffrais..." [*IDF I*, 562]의 원문은 "<u>Pauvre cœur!</u> comme tu souffrais..." [Conard, I, p. 167] ▲"de suite il est garrotté par les gardes et tué à coups de poignard <u>hors du château</u>" [*IDF I*, 698] 의 원문은 "Paul de suite fut garrotté par les gardes et tué à coups de poignard <u>hors des murs du château</u>" [Bruneau, *Les Début littéraires de Gustave Flaubert*, p. 164] ▲"... <u>parfums et poisons, tigres, éléphants</u>... dieux mystérieux et difformes cachés dans le creux des cavernes..." [*IDF I*, 914]의 원문은 "[l'azur est rempli] <u>de parfums et de poisons, les tigres bondissent, les éléphants</u> marchent fièrement comme des pagodes vivantes, les dieux, mystérieux et difformes, sont cachés dans le creux des cavernes..." [Conard, II, p. 180] ▲"j'étais toujours <u>long</u> à m'endormir" [*IDF I*, 915]의 원문은 "j'étais toujours <u>longtemps</u> à m'endormir" [Conard, II, p. 166], 등등.

(2) 책의 형식적 구성의 무거움

『집안의 천치』의 결함으로 지적할 수 있는 다음 문제는 이 작품의 표면적 구성 형식이다. 『집안의 천치』 초판이 1971년과 1972년에 걸쳐 출판되었을 때 독자들이 받은 첫 번째 느낌은 마치 정복해야 할 거대한 히말라야 산을 눈앞에 둔 등산가의 망설임 같은 것이었다. 3,000페이지에 육박하는 책의 두께와 각 페이지마다 촘촘하게 채워져 있는 글자들, 그리고 그 책을 읽어 나가는 데 도움이 될 안내 지표의 부재가 아무런 등반 가이드도 없이 높고 험한 산을 올라야 하는 산악인의 심정과 비교될 수 있는 막막함을 독자들에게 안겨 주었던 것이다. 심지어 이 작품이 읽어 낼 수 있는 글인지 그 가독성 자체가 문제될 정도였다.

> 『집안의 천치』가 제기하는 즉각적인 문제는 바로 가독성인 것 같다. (…) 밀림 속에 길을 낼 수 있게 해 줄 외부적 지표가 하나도 없다. 사르트르는 무의식적으로 자기 책을 읽는 것이 불가능하도록 만들고 싶었던 것일까? 두 가지 증세가 이러한 가설을 뒷받침해 준다. 그 어떤 형식의 색인도 없다는 점과 목차가 극히 허술하다는 점이다. 어떠한 하나의 분석에 대한 자세한 서술을 다시 보려고 시도할 때마다 매번 익사할 위험에 처하게 된다. 왜 건물은 멀쩡히 잘 지어 놓고 복도에 불은 하나도 밝혀 놓지 않은 것인가?[14]

1971/1972년판에도 작품의 "목차"는 붙어 있었다. 그러나 그 목차의 구성이 합리적이지 못하고 작품의 개요를 파악하거나 작품을 보다 쉽게 읽어 나가는 데 거의 도움을 주지 못하는 방식으로 만들어져 있었다. 초판 출간 이후 작품의 가독성에 대한 문제가 제기되자 1988년

---

14 Claude Burgelin, "Lire *l'Idiot de la famille*?" *Littérature*, n° 6 (mai 1972), pp. 111-12.

에 나오는 수정판에는 매우 충실한 "색인"이 두 가지 첨부된다. 하나는 "고유명사 색인"(제1~2권은 10페이지, 제3권은 8페이지 분량)으로 작품 속에서 직접 언급된 작가들뿐 아니라 작품으로만 암시된 작가들의 이름까지 포괄하고 있고, 또 다른 하나는 "서지 색인"(제1~2권 5페이지, 제3권은 3페이지 분량)으로 작품 속에 언급되거나 환기된 플로베르의 작품 목록 색인이다.

그러나 "목차" 부분은 초판의 결함을 그대로 수정판에서 다시 찾아볼 수 있다. 우선 그 목차에는 항목 설정의 일관성이 부족하다. 예를 들어 1988년 수정판에서 제2권 제3서書의 제7장에 해당하는 목차는 다음과 같다.

제3서

전신경증LA PRENÉVROSE

　새로운 수정본의 편집자는 초판에서 빠져 있던 소제목들의 페이지 번호(pp. 1481-1606에 해당하는 "시인의 죽음"에서 "「스마르」의 실패"까지의 부분과, pp. 1685-1763에 해당하는 "41년 가을에서 42년 가을까지: 사실들"에서 "1842~1843: 회복"까지의 부분이다)를 새로 추가함으로써 나름대로 개선의 노력을 보이고 있으나, 이렇게 수정된 상태의 목차 역시 작품의 독서에 거의 도움이 되지 못한다. 도움은커녕 오히려 이 목차를 참조하여 책을 읽는 독자들을 혼란에 빠뜨리기 일쑤다.

　그 이유는 우선 각 소제목의 구분 기준이 매우 불규칙하여 작품의 의미단위를 파악하는 데 혼동을 준다. 위의 목차 내용을 잘 살펴보면, "A"장에서는 1474페이지부터 1479페이지까지 단 5페이지의 분량 속에 벌써 세 개의 소제목이 일련번호를 붙여 구분되어 있는 반면에, 그와 동일한 구조를 지닌 듯이 보이는 "B"장에서는 1648페이지부터 1684까지 역시 세 개의 소제목이 붙어 있지만 이번에는 일련번호 없이 구분되어 있다. 아마도 이 목차를 만드는 과정에서 착오가 있었던 것 같다. 차라리 "A"장에서의 일련번호(1~3)를 제거하고, "3. 체험"의 소제목 밑에 더 작은 글씨로 되어 있는 일곱 개의 하위제목을 같은 크기의 활자로 회복시켜 동일한 지위의 소제목으로 만들어야 할 것이다. 하지만 그렇게 되면 독자는 더 이상 "B"장과의 연관관계 속에서의 대응관계를 비교해 볼 수 없게 될 것이다.

어쨌든 이러한 종류의 일관성의 부족과 소홀한 마무리는 『집안의 천치』라는 거대한 언어의 밀림 속에서 제대로 된 길을 찾기 힘들게 한다. 또 다른 경우를 하나 더 살펴보자. 제2권의 첫 부분에 해당하는 제6장의 목차이다. "A"와 "B"의 큰 구분이 있고, 그 밑에 소제목, 그리고 한 단계 더 작은 글자체로 된 소제목 등의 세 단계 구분이 되어 있다.

제2서

학교LE COLLÈGE

　이 목차의 안내를 받아 내용별로 구분해 가며 좀 더 쉽게 작품에 접근하고자 했던 독자는 곧 당황하게 된다. "A. ─ 구조"와 "B. ─ 이야기"라는 두 개의 주제로 나누고 있는 목차를 보고 주제별로 균형 있게 잘 정돈된 배치를 기대하던 독자는, 막상 책을 읽다가 보면 60여 페이지나 뒤에 가서야 나오는 "방심상태"라는 소제목(p. 1183)에 이르기 전에 이미 평범하지 않은 두 번의 단락 구분과 마주치게 된다. 먼저 1125페이지에서는 1968년 5월 혁명 때에 벽의 낙서에서 따온 "시험지에 점수를 매기는 자는 좆이다"라는 인용문이, 그리고 1146페이지에서는 플로베르의 『광인의 회상록』에서 발췌한 "멍청한 놈들! 나를 비웃는 그놈들!"이라는 인용문이 각각 넓은 여백과 함께 마치 제사題辭 형식으로 앞뒤 단락을 나누고 있다. 이 두 부분도 분명히 작품의 흐름이 바뀌고 있는 단락 구분을 행하기 위한 장치로 보이는데 위의 목차에서는 그 흔적을 찾아볼 수가 없다.

　이럭저럭 1336페이지까지 "A"항의 독서를 마치고, 두 번째 "B"항의 독서를 시작하자마자 독자는 완전히 길을 잃고 만다. 분명히 십여 페이지를 채 못 넘겨서 "1. 역류"라는 소제목을 찾을 수 있지만, 불과 네 페이지 뒤에서 또 다시 "2. 불가능한 자각"이라는 소제목이 붙어 있음을 발견한다. 그러나 문제는 독자가 새로운 장이 시작하는 부분까지 가려면 아직도 120여 페이지가 더 남아 있다는 사실이다. 남아 있는 부분이 단일한 하나의 내용으로 되어 있는 것일까? 물론 그렇지 않다. 이 부분을 주의 깊게 살펴본 세심한 독자라면, 언뜻 보기엔 본문 속에 포함된 듯이 보이지만 실제로는 이탤릭체로 구분된 작은 소제목들을 일곱 군데에서 더 발견할 수 있을 것이다. 아마도 새로운 수정본의 편집자들이 미처 이를 발견하지 못했거나, 아니면 목차에서는 무시해도 좋다고 나름대로 판단했던 모양이다. 하지만 우리는 제6장 "B"항의 현재의 목차는 다음과 같이 수정되어야 마땅하다고 본다.

『집안의 천치』 제3권의 목차도 사정은 마찬가지이다. 여전히 소홀한 편집과 단락 간의 불균형을 보이고 있어서, 사르트르가 어떤 부분은 아주 상세하게 단락을 나누고 있는 반면, 어떤 부분은 한 통으로 뭉뚱그려 놓기도 하고, 또 어떤 부분은 단락의 내용을 소상히 알 수 있게 긴 소제목을 붙여 놓은 반면, 어떤 부분은 아무런 소제목 없이 영문 대문자만 붙여 놓기도 하는 것이다. 결국 우리는 『집안의 천치』의 목차가 세심하게 작성된 완성된 형태가 아니라, 거친 초고 수준의 메모를 그대로 출판한 것이 아닌가 하는 의심마저 하게 된다. 우리의 짐작으로는 이러한 상태의 목차의 결함은 출판사의 편집 단계에서 개입된 것이라기보다는 사르트르 자신이 미처 손질할 시간이 없어서 오류들을 제거하지 못해 빚어진 결과인 것 같다.

한편 제2권의 마지막 제3부의 소제목에 들어 있는 신비로운 이름 "엘벤옹 Elbenhon"에 대해서는 사르트르 자신이 한 인터뷰에서 직접 그 오류를 시인하고 있다.

– 당신 작업의 형태적인 측면은 만족스럽습니까?

"형식적인 면에서 보면, 책을 넘겨 보니까 몇 가지 오류들이 눈에 띄더군요. 플로베르 부친이 쓴 논문이 철학 논문이 아니라 생리학 논문이었다든가, 결말 부분에서 내가 말하고자 했던 말라르메의 『이지튀르』의 주인공은 엘베농 Elbehnon이라든가 하는 점들이지요."[15]

말라르메의 작품 제목 『이지튀르 혹은 엘베농의 광기 Igitur ou La Folie d'Elbehnon』에서 빌려온 이 이름은, 『집안의 천치』 속에서는 단 한 번 제3부의 제목(p. 1777), "엘벤옹 혹은 마지막 나선 Elbenhon ou la dernière spirale"에서만 볼 수 있다. 말라르메 작품의 플레야드 전집 편집자 주에 의하면 '엘베농'이라는 이름은 히브리어에서 "여호와에게서 발산되는 창조적 권능인 엘로힘 Elohim의 아들을 의미"[16]하는 '엘 베농 El behnon'에서 나온 것이다. 아마도 사르트르는 이 이름을, 나선형으로 이루어진 세계의 제일 꼭대기에 위치하면서 항상 불가능한 절대를 추구하고 있는 예술가의 상징으로 사용하였을 것이다. 매우 아름다운 비유임에는 틀림없지만 그 철자의 오류는 그만큼 눈에 띈다. 물론 대부분의 독자들에게는 이 정도의 실수는 전체 독서에 아무런 영향을 주지 않을 수도 있지만, 어떤 관점에서는 이 철자 하나의 오류가 매우

---

15 Jean-Paul Sartre, *Situations X* (Gallimard, 1976), p. 93(강조 인용자).

16 Stéphane Mallarmé, *Œuvres complètes*, texte établi et annoté par Henri Mondor et G. Jean-Aubry (Gallimard, Bibliothèque de la Pléiade, 1945), p. 1580.

심각한 것으로 간주될 수도 있는데, 바로 이 잘못된 철자의 제목 아래 400여 페이지의 글이 전개되고 있기 때문이다.

사르트르가 범한 형태적 측면의 오류에 대한 이러한 지적은 『집안의 천치』의 작품성에 의문을 제기하려는 것보다는, 오히려 사르트르가 플로베르의 생을 분석하고 해석한 것이 전문 연구자의 입장에서가 아니라 일반 작가로서의 입장이었음을 다시 한 번 상기시키고자 하는 것이다. 다시 말해서 사르트르가 쓴 이 플로베르론은 전공하는 연구자로서의 비평작품이 아니라 글 쓰는 작가의 순수 문학작품으로 접근하는 것이 올바른 방향임을 지적하고자 하는 것이다.

(3) 추론 과정의 근거 부족

플로베르 연구자들에게 더 문제시되는 또 다른 층위의 오류로, 사르트르가 자기 추론의 근거로 삼고 있는 플로베르의 전기적 사실들 자체의 진위 문제를 들 수 있다. 특히 플로베르의 가족사와 관련된 사르트르의 추론들에 대해서 플로베르 연구자들은 대부분 동의하지 않는다. 앞서 캐나다에서 개최되었던 학술토론장에서 장 브뤼노 교수의 반박을 소개했지만, 당시는 아직 사르트르가 살아 있었던 시기라서 말을 아끼던 그가 사르트르의 사후에 「플로베르의 전기 작가, 장폴 사르트르」라는 글[17]에서 자신의 반박에 대한 증거 자료를 제시한다.

먼저 플로베르의 부친인 아실클레오파스 Achille Cléophas 박사와 관련된 내용에 대해서는 다음과 같이 반박한다.

---

17 Jean Bruneau, "Jean-Paul Sartre, biographe de Flaubert," in Burgelin, ed., *Lectures de Sartre*, pp. 167-75.

(가) 사르트르가 말한 바[18]와는 반대로 그는 선거권자였다.

(나) 사르트르가 추론한 플로베르 박사의 성마르고 격정적인 인품[19]은 르네 뒤메닐[20]에 의해 전해지는 확인 안 된 전설적인 일화에 근거한 것이다.

(다) 플로베르 박사의 "가톨릭주의"[21]는 어디에서도 근거를 찾아볼 수 없으며 귀스타브가 첫 영성체를 받은 기록도 남아 있지 않다.

(라) 플로베르 박사의 서재에 소장되었던 도서 목록을 검토해 보면 그는 사르트르가 생각한 것[22]보다 훨씬 교양 있는 인물이다.

(마) 사르트르가 추론한 귀스타브와 플로베르 박사 사이의 부자관계[23]는 사적인 진실과 거리가 멀다.

또한 귀스타브의 모친인 카롤린 플로베르 여사Mme Caroline Flaubert에 대해서는, (가) 그녀의 남편과의 관계가 사르트르의 주장처럼 주종관계[24]가 아니라 매우 애정 깊은 부부사이였으며, (나) 플로베르 여사가

---

18 *IDF I*, 63: "이 뛰어난 자는 선거권자가 아니었고 확실히 피선거 자격도 없었다."

19 *IDF I*, 70 참조: "그 증거로 자기 부인과 아이들 앞에서 고래고래 소리 지르며 되풀이했던 뒤퓌트랑(Dupuytren)[플로베르 박사의 스승으로 제자의 재능을 시기하여 그를 파리에서 지방으로 좌천시켰다고 전해짐]의 못된 짓은 가족의 신화가 되었다. 그는 그 유명한 불 같은 노여움을 터뜨리고는 혼자가 되면 눈물을 흘렸다. 그의 신경성 불안정과 정신적 긴장은 그의 부적응의 결과였다."

20 René Dumesnil, 1879~1967, 루앙 출신의 문학비평가로, 1905년 플로베르의 유전병에 관한 의학박사 논문을 제출하였고 『귀스타브 플로베르: 인간과 작품』(1932)이라는 저서가 있다.

21 *IDF I*, 506 참조: "종교에 관해서 그는 사적으로 교리를 거부했으나 (…) 공공연히 그 의식은 따랐다. 아이들은 그들의 첫 영성체를 받았다"; 515: "첫 영성체를 한 귀스타브는 (…)."

22 *IDF I*, 65 참조: "자기 아들에게 보낸 편지 속에 몽테뉴를 언급한 플로베르 박사가 교양 없는 인물이었다고 생각해서는 안 될 것이다. 그렇지만 그러한 인용 문구는 그 당시 너무나 진부한 것이어서 그가 거의 독서를 하지 않았을 것이고 평생 동안 그가 학창 시절에 배운 얄팍한 문학 지식만으로 우려먹었을 것이라고 상상할 수 있다."

23 *IDF II*, 1893 참조: "(…) 자기 아들을 전혀 이해 못 한 아실클레오파스는 그를 이해하는 문제에 대해 신경 쓰지 않았다" 등.

24 *IDF I*, 84 참조: "(…) 남편이 유일하게 눈에 보이는 주인이다. 미래의 아내에게 그는 자기를 진심으로 요구하기만을 강요했다. 복종, 상대적인 존재. 여자는 영원한 미성년자이며 그 남편의 딸이었다."

신도였다[25]는 어떠한 증거도 남아 있지 않다고 반박한다.

형 아실Achille과 동생 카롤린Caroline과 관련된 부분의 반론은 이렇다.

(가) 아실의 결혼이 그의 아버지의 결혼보다 더 빛나지는 않았으며 아실은 부친 아실클레오파스의 자리를 절반밖에 물려받지 못한다.[26] 오텔디외[27]의 병원장 자리 승계 문제를 놓고 벌어진 다툼은 결국 아실 플로베르와 오텔디외 제2분과 부원장이었던 다른 외과의사 사이의 분할 승계로 결론이 났기 때문이다.

(나) 동생 카롤린과의 깊은 애정이 그녀의 결혼으로 끊어졌다는 어떠한 증거도 없으며, 모든 텍스트들이 플로베르 박사 부부가 보여 준 차남에 대한 사랑에 대하여 사르트르가 추론한 내용[28]과는 정반대의 것을 증명하고 있다.

끝으로 귀스타브와 관련하여서는, 『집안의 천치』에서의 모든 사르트르의 주장이 플로베르의 "신경 질병"에 관한 르네 뒤메닐 박사의 의심스런 진단에 근거를 두고 있다고 반박한다. 대부분의 의사들은 플로베르의 병이 뒤메닐이 말한 것처럼 신경증이 아니라 간질[뇌전증]이라고 진단하기 때문이다. 따라서 귀스타브 플로베르의 어린 시절과 그의 초기 작품들에 관한 사르트르의 모든 주장은 받아들이기 어렵다고 주장한다.

---

25 *IDF I*, 85-86 참조: "자연신을 믿은 플로베르 부인은 비록 신앙심 없는 한 의사에게 몸을 맡겼지만 자신의 신앙을 유지했다. 자기가 죽인 자신의 어머니를 위해서 하늘이 필요했던 것이다."

26 *IDF I*, 105 참조: "자기 아버지보다 좀더 세련된 신임 병원장은 '자신을 가꿀' 시간을 낼 줄 알았고 (…) 직업상의 일에 있어서도 아들은 아버지를 능가한다."

27 플로베르의 부친 아실클레오파스는 루앙의 오텔디외(Hôtel-Dieu)의 병원장이었고, 그 음울한 사택에서 플로베르는 어린 시절을 보낸다.

28 *IDF I*, 724 참조: "플로베르 집안에는 세 아이가 있었다. 부친은 장남을 좋아하고 모친은 막내를 좋아했으며 귀스타브는 누구의 사랑도 받지 못한다."

이상이 장 브뤼노 박사가 밝힌, 사르트르가 사실과 다르게 지어냈다는 부분들의 목록이다. 브뤼노의 반박의 핵심은 사르트르의 주장들이 역사적으로 분명한 사실적 증거들을 확보하고 있지 못하다는 것이다. 그러나 그의 반박을 읽고 나면 이렇게 다시 반박하고 싶은 생각도 든다. 어차피 플로베르의 어린 시절에 대한 기록들이 완전하지 않아서 실제로 어떤 일들이 있었는지를 지금은 아무도 알 수 없는 이상 사르트르의 추론들이 완전히 틀렸다는 증거도 없지 않은가? 사르트르의 가설들이 전부 진실은 아닐지라도, 적어도 루앙으로 오기 전까지의 시기에는 여전히 부친 플로베르 박사가 권위적이었고 화를 잘 내고 교양이 모자랐을 가능성은 있지 않은가? 그의 모친 카롤린 플로베르도 권위적인 남편처럼 신앙을 지니고 있었을 가능성이 있지 않은가? 등등의 재반박이 가능해 보인다.

이런 식의 의구심은 아마도 장 브뤼노의 논증 역시 반박할 수 없는 명백한 영역에서 이루어진 것이 아니었기 때문에 생겼을 것이다. 우리는 그의 반론에도 사르트르의 추론에서 만큼이나 애매한 부분이 많다는 사실을 부인할 수 없다. 그렇다고 사르트르의 주장이 사실이라고 말하려는 것은 아니다. 오히려 우리도 사르트르의 추론들이 허구적이라는 플로베르 연구자들의 주장에 전적으로 동의하고, 그가 그려 놓은 플로베르의 어린 시절이 플로베르의 어린 시절보다는 사르트르 자신의 어린 시절에 더 가깝다고 보는 데도 동의한다. 다만 우리는 사르트르가 그린 플로베르 모습의 허구성을 좀 더 명백한 사실에 의거하여 증명해 보이고자 하는데, 그것은 텍스트의 외부적 사실에서 그 반론의 근거를 찾는 것이 아니라 『집안의 천치』 내부의 논리적 모순에서 그 근거를 찾는 것이다. 거기에는 플로베르 연구자들이 미처 발견하지 못한 더 중대한 결함들이 존재한다.

3. 『집안의 천치』의 논리적인 결함

(1) 『집안의 천치』에서의 사르트르 논증의 구도

『집안의 천치』에서 사르트르가 전개해 나가는 논증은 기본적으로 두 축(사르트르의 표현법에 의하면 두 "계획*planning*")을 중심으로 이루어진다. 첫 번째 축은 차남으로 태어난 귀스타브의 성격을 돌이킬 수 없을 정도로 수동적으로 만들면서 그의 어린 시절을 결정해 버린 플로베르 부모의 "가족 계획*planning familial*"(*IDF I*, 129 외 다수)이고, 다른 한 축은 귀스타브가 자기 삶의 아픔에 대항한 방어의 기제로서 몸속에 내재화하여 1844년 어느 날 밤 마차 안에서 발작을 일으켜 쓰러짐으로써 완성되는 "신경증 계획*planning névrotique*"(187 외 다수)이다. 플로베르에 대한 사르트르의 모든 분석은 이 두 가설 위에서 이루어진다.

『집안의 천치』에서 전개한 사르트르의 추론은 이 작품의 제목, 즉 "귀스타브는 플로베르 집안의 바보였다"라는 한마디 속에 잘 요약되어 있다. 귀스타브가 19세기 후반기의 가장 위대한 프랑스 소설가인 귀스타브 플로베르가 되었던 것은 그의 어린 시절에 플로베르 "집안"에서 "천치" 취급을 받았기 때문이라는 것이다. 플로베르 집안은 그 구성원들이 당시의 부르주아의 이데올로기와 반#봉건적인 실생활 사이의 모순을 그대로 드러내고 있었고, 가족 구성원들의 모든 행위는 오직 이윤을 창출하기 위한 것이었기 때문에, 경쟁에서의 어떠한 뒤처짐도 용납이 안 되는 집안이었다. 그 결과, 이러한 집안 분위기 속에서 차남으로 태어나 차별받으면서, 집안에서 요구하는 대로 경쟁 사회에서 뒤처지지 않게 보조를 맞추는 것이 지극히 어려웠던 귀스타브가 오늘날 우리가 아는 플로베르가 된 것이었다.

사르트르에 의하면 귀스타브의 성격 형성에 결정적인 사건이 된 것은 바로 그가 '일곱 살에 글을 읽을 줄 몰랐다'는 사실이다. 이 사건이 있기 전에는 그에게 "황금시대"가 있고, 이 사건이 있은 후에는 "추락"이었다. 모든 것은 일곱 살에 시작된다.[29] 그때부터 사회적으로 탁월한 지위를 누리며 성격적으로 까다롭던 부친의 눈에는 귀스타브가 형 아실과 비교되면서 제 나이에 비해 뒤처진 아이로 비친다. 그것이 바로 귀스타브를 이 집안의 적이자 죄인인 "집안의 천치"로 일생을 지내게 만들어 버린 것이다. 그는 이러한 가족의 선고에서 빠져나갈 수도 없었고 복수를 할 수도 없었다. "일곱 살 무렵 은총을 잃은 것이 지워지지 않는 진짜 상처가 되었다. 이 나이에 그의 내부에서는 '균열'이 생겼고, 그 균열이 그를 유배의 상태로, '혼수상태의 우울' 속에 빠뜨린다"(*IDF I*, 410).

사르트르의 논리에 따르면, 적어도 『집안의 천치』의 제1권과 2권에서, 일곱 살에 글을 읽지 못했다는 사실이 귀스타브의 생애를 둘로 갈라 놓은 결정적인 사건이다. 둘로 갈라진 인생의 전반기는 "가족 계획"에 의해 결정이 되고, 그 후반기는 "신경증 계획"의 영향 아래 놓이게 된다. 그 제일 앞부분에는 차남을 문자 습득의 위기 속으로 몰고 가는 "가족 계획"이 있고, 그 마지막 부분에는 "신경증 계획"에 의해 프로그램화된 퐁레베크Pont-l'Evêque[30]에서의 발작이 있다. 이 두 계획을 차례

---

29 이와 관련된 구문이 여러 번 등장한다. "어느 날 그는 자신의 불행이 일곱 살에 시작했음을 넌지시 알린다"(*IDF I*, 187); "황금시대는 끝났다. 그가 일곱 살 때 '야유'가 시작되었다"(336); "지금은 귀스타브가 일곱 살에 비정상적인 부분, 그를 언제나 타인들과 갈라 놓는 '차이'를 발견한다고 말해 두자"(337); "귀스타브는 일곱 살 무렵 부친의 콧대 높은 목표에 상대적으로 부족했다"(370); "귀스타브가 일곱 살이 되었을 때 돛대가 찢어진다"(460); "모든 것이 시작된 것은 일곱 살 때이다"(543) 등등.

30 노르망디의 작은 마을로 도빌(Deauville)에서 약 6킬로미터 거리에 있다. 1844년 1월, 플로베르는 형 아실과 함께 가족의 여름 별장지로 마련된 도빌 근방의 땅을 둘러보고 루앙으로 돌아오는 길에 퐁레베크 근처에서 발작을 일으킨다.

로 살펴보면 사르트르가 이 작품 속에서 구성한 플로베르의 모습 속에 많은 허구적 요소들이 들어 있음을 분명히 알 수 있을 것이다.

(2) 가족 계획 Le *planning* familial

귀스타브가 일곱 살에 글을 읽을 줄 몰랐기 때문에 그는 집안의 천치로 간주되었다는 이 명제에서부터 출발해 보자.

우선 첫 번째로 제기되는 의문은 무슨 이유로 귀스타브는 글을 깨우치는 데 어려움을 겪게 되었는가이다. 사르트르에 의하면 그것은 바로 귀스타브의 "수동적인 기질형성 la constitution passive"(*IDF I*, 667) 때문이고, 그것이 그가 언어의 세계 속으로 정상적으로 편입되는 것을 방해하게 된다. 귀스타브가 아직 말을 배우기 전부터 갇혀 버리게 되는 그 수동성 때문에 언어라는 것이 그에게는 능동적으로 사용할 수 있는 수단이 아니라 자신의 바깥에 존재하는 낯선 현실로 남게 된다. 그 수동성 때문에 귀스타브는 언어를 우리가 어떤 의미를 만들어 내기 위해서 모으거나 해체하는 도구들의 구조화된 총체로서 받아들이는 것이 아니라, "보이고자 하는 의도나 지칭하고자 하는 사물에 근거하지 않고, 자기 고유의 견고성을 지닌 채 아이의 내부에 자리 잡고서 스스로 말하며, 아이가 사용하지도 않았는데 그를 지칭하기까지 하는 끝없는 상투어 lieu commun로서"(621) 받아들인다. 다시 말해서 확언의 행동을 하는 것이 불가능한 수동적인 아이 귀스타브에게는, 말들이 언제나 두터운 물질성을 지니고 있으면서 마치 "소리 나는 작은 돌멩이들"(621)처럼 남아 있게 된다. 그 결과 "문장은 아이의 내부에서 용해되지 않게 되고, 말해진 사물이나 그것을 말한 사람 앞에서 사라져 주지 않는다. 그리하여 아이는 그 문장을 소화시키지 못한 채로 이해하는 것이다"(22).

그렇다면 이제 두 번째 의문이 제기된다. 왜 귀스타브는 수동적인 아이가 되었던 것인가? 사르트르의 뛰어난 독창성을 보여 주었다고 평가되기도 하는 플로베르의 수동성에 대한 이 분석은 그만큼 허구적인 요소도 많다. 두 번째 의문에 대한 사르트르의 대답은 단호하다. 그의 모친인 카롤린 플로베르의 애정 없는 과보호가 귀스타브를 수동적인 기질의 아이로 만들었던 것이다.

"사랑이 결핍되어서거나 혹은 아마도 그 사랑을 밖으로 표현하지 못해서 (…) [그를] 모래 위에 올라온 물고기처럼 살아갈 이유도 없이 살아가도록"(333) 내버려 둠으로써, "그의 모친의 경건하고 차가운 열정은 귀스타브를 수동적 인물로 만들어 버린 것"(179)이다. 귀스타브가 아직 젖먹이일 때부터 진행된 모친의 차가운 과보호는 그의 본능적인 욕구가 타인에 대해 공격적인 기질로 형성되는 것을 방해하였는데, "훌륭하지만 다정하지 못한, 능숙하고 재빠르고 시간을 엄수한 모친"(135)에 의해 조심스럽게 다루어지고 길러진 아이 귀스타브는 "배고프다고 성질을 부리며 울어 대거나 그것을 명령조로 표현할 기회를 전혀 가지지 못했다. 그는 모정을 느끼지 못했고, 순수한 보호 대상으로서 서로 정이 오가는 이 첫 번째 교감을 알지 못했다"(668). 간단히 말해서 애정이 없는 한 어머니의 기계적인 보살핌이, "모정이라는 근원적인 긍정을 통해 스스로가 먼저 포착되지 못했었기 때문에 끊임없이 자기를 찾아 헤매고 자기를 빠져나가는 이러한 주관성"(534)을 만들어 낸 것이다.

이제 사르트르의 모든 분석의 시발점에 위치한 세 번째 질문을 던질 차례이다. 귀스타브와 언어와의 불편한 관계를 만든 그의 수동성이 모친의 차가운 과보호에서 기인했다면, 그의 모친 카롤린은 왜 그녀의 둘째 아들에 대해서 그토록 차가웠던 것인가? 여기서 사르트르는 카롤린 플로베르의 개인적 인생사를 파헤친다. 그리고 그와 관련된 공식적인 자료가 거의 남아 있지 않으므로 사르트르는 르네 뒤메닐의 『귀스타브 플로베르, 인간과 작품 Gustave Flaubert, l'homme et l'œuvre』[31]에서 얻은 의심스러운 몇몇 정보들로부터 플로베르 부인의 인격을 재구성 혹은 "상상해"[32] 낸다.

사르트르가 재구성한 귀스타브의 모친의 생애는 다음과 같다(*IDF I*, 81-101, 129-35 참조).

퐁레베크에 정착한 한 의사의 딸로 태어난 카롤린 플뢰리오 Caroline Fleuriot는 태어날 때 어머니를 잃고, 그 결과 아버지의 사랑도 잃은 채 "가장 불행한 어린 시절"을 보냈다. 그녀의 부친 플뢰리오 박사가 열 살 때 사망하게 되자 아이는 친척집에 맡겨졌다가 그들마저 죽고 나자 루앙의 의사인 로모니에 Laumonier 박사에게 보내진다. 이때부터 카롤린은 "나는 아버지하고만 결혼할" 것이라는 미래의 결심을 가슴 속에 새긴다. 이 꿈은 그녀가 열여덟 살이 되었을 때 한 젊은 해부학 의사 아실클레오파스 플로베르와 결혼함으로써 이루어지는데, 그녀는 그를 "환생한 자신의 아버지"로 여기면서 그를 통하여 "과거로 되돌아가서 열 살 때의 자신의 인생을 다시 시작"한다. 그녀는 아실클레오파스만을 사랑했고, 그를 남편으로서보다는 아버지로서 더 사랑했다. 만일 그녀가 자식들을 사랑했다면 그것은 그 자식들을 통해서 "씨를 뿌린 그 아비의 다산성"을 존경스럽게 바라볼 수 있었기 때문이다. 따라서 카롤린에게 아이들이란, 특히 사내자식들의 경우에는 "그녀가 엄마 역할을 유지하도록" 해 주는 역할밖에 없었다. 그렇지만 그녀는 딸을 하나 낳고 싶었다. 자기와 같은 성性을 지닌 자식을 하나 길러서 상실감이 컸던

---

31 20세기 초엽의 대표적인 플로베르 연구자 중 한사람인 르네 뒤메닐 박사가 1932년에 집필한 작품으로, 오랫동안 플로베르 연구에서 상당한 권위를 누려 왔던 책이지만 장 브뤼노 교수의 견해에 의하면 너무나 단정적이라서 따져볼 점이 많은 작품이기도 하다. 사르트르는 이 책의 세 번째 판본인 1947년 판을 참조했다고 알려져 있다.
32 "상상해 낸다"라는 표현은 여러 번 등장한다. *IDF I*, 135를 비롯하여 116, 119, 125 등 참조.

자기 자신의 어린 시절을 "개선된 버전으로 다시 실현"시켜 보고자 했고, "아직도 가슴 찢는 추억들의 회한들을 무뎌지게" 하고 싶었다. 하지만 불행하게도 남편 플로베르 박사는 결혼 후 13년 동안 사내아이만 다섯을 그녀에게 잉태시켰고 그중에서 첫째아이만 기쁜 마음으로 받아들였다. 두 번째 임신부터는 그녀는 줄곧 딸아이를 기다렸고, "네 번의 실망"을 겪게 된다. 바로 이러한 이유 때문에 그녀는 두 아이의 이른 죽음에 대해서 이상하리만큼 무덤덤했고, 바로 그 때문에 오텔디외로 이사한 후에 4년 동안 딸아이 카롤린[33]을 낳을 때까지 무려 세 명의 자식을 연달아 출산하게 되는 것이다. 간단히 말해서 귀스타브는 "기다리던 자식"이 아니었고, 오히려 모친 카롤린에게는 "불청객"이었으며 "한 마리의 이상한 짐승"이었다. 그 결과 그녀는 둘째 아들에게는 "의무감에 의한 어머니"가 되었고 "방기"를 위장한 "과보호"를 자식에게 행하게 된다. 그로부터 귀스타브의 수동성이 형성되는 것이고 그 수동성이 그를 언어의 세계에 끼어들기 어렵게 만들었던 것이다.

이 주장에 대해서 사르트르 자신도 "아무것도 일이 이러했었다는 것을 증명하는 것은 없다"(*IDF I*, 138)고 고백하고는 있지만, 그 스스로는 자기가 이렇게 이야기를 만들어 내어도 정당할 만큼 충분히 객관적인 사실들을 근거로 추론했다고 확신하고 있는 것 같다.[34] 사실상 사르트르는 플로베르의 언어 습득 이전 단계에 있었던 일에 대한 이 모든

---

33 '카롤린'이라는 이름을 가진 플로베르 집안 사람은 서너 명에 이른다. (1) 귀스타브의 모친 카롤린 플뢰리오, (2) 귀스타브의 세 살 밑 여동생 카롤린 플로베르, (3) 이 여동생의 딸이자 귀스타브의 조카가 되는 카롤린 코망빌(Commanville), 그리고 (4) 플로베르가의 출생 기록에 따르면 귀스타브보다 먼저 태어났다가 사망한 자식들 중에 여아가 한 명 있고 그 이름을 '(첫째) 카롤린'으로 붙인 정황이 있다.

34 "이 세포 단위의 객관적인 성격"(*IDF I*, 60); "근원은 객관적이다"(177) 등의 표현을 많이 볼 수 있다.

주장들을 귀스타브 부모의 "가족 계획"의 분석에서 끌어내고 있다. 다시 말해서 플로베르 집안에서 아이들이 태어난 날짜와 장소들을 근거로 한 추론이었다. 따라서 뒤메닐에 의해 제공된 플로베르 가족사의 몇몇 주요 정보들이 결정적인 역할을 하면서, 이 정보들이 사르트르의 모든 가설들을 정당화시켜 주는 근거가 되고 결과적으로 『집안의 천치』라는 건축물 전체를 떠받치는 주춧돌이 된다.

이제 사르트르가 그토록 신뢰를 보내고 있는 이 객관적 정보들이 과연 실제 사실들과 얼마나 일치하고 있는지를 따져보아야 한다. 결론부터 말하자면 사르트르가 알고 있던 정보는 연구자들이 일반적으로 인정하고 있는 사실들과 많이 다르다. 플로베르 모친에 대한 사르트르의 추론은 플로베르의 조카 카롤린 코망빌이 자기 할머니와 함께했던 추억을 전하고 있는 한 증언에서부터 발전시킨 것인데, 그 내용은 플로베르 부인이 오텔디외로 이사 오기 전에 첫 신혼생활을 보냈던 옛날 집에 대해서 강한 애착을 드러냈던 일화이다.

살림은 프티살뤼Petit-Salut 가에 차려졌습니다. (…) 제가 어릴 때 할머니는 자주 나를 데리고 그 앞을 지나다니셨고 창문들을 바라보면서 거의 종교적인 심각한 목소리로 이렇게 말씀하시곤 했지요. "보이니? 저기가 내 생애에 가장 최고의 시절을 보냈던 곳이란다."[35]

플로베르 전기 작가들에 의하면 귀스타브의 부모는 1812년 2월 10일에 결혼해서 프티살뤼 가 8번지 작은 주택에 거주했다. 거기서 장남 아실 플로베르가 1813년 2월 9일에 태어났다. 그들은 6년을 그 집에

---

35 Caroline Commanville, "Souvenirs intimes," in *Œuvres complètes de Gustave Flaubert. Correspondances*, 1ère série (Conard, 1926), p. XVI.

살다가 1818년 초에 전 병원장이던 로모니에Laumonier 박사가 사망한 후 루앙의 오텔디외의 부속 저택으로 옮기게 된다. 바로 이 지점에서부터 사르트르가 『집안의 천치』에 이용한 자료들이 플로베르 연구자들의 자료들과 어긋나기 시작한다. 사르트르의 주된 정보는 그 자체로 몇 가지 오류를 포함하고 있는 르네 뒤메닐의 글에서 얻은 내용들인데 문제의 부분은 다음과 같다.

결혼은 1812년 2월 10일에 치러졌다. (…) 살림은 프티살뤼 가에 차려졌다. (…) 번지수는 8번이었다. 거기에서 플로베르 가족의 첫 아이가 1813년 2월 9일 태어났다. 그는 대성당에서 세례를 받았고, (…) 아실이라는 이름을 얻는다. 바로 그가 자기 부친의 뒤를 이었다. 그들이 결혼한 지 7년 뒤에 로모니에가 죽자, 플로베르 가족은 병원장의 거처로 사용되던 오텔디외의 부속 건물로 옮겨온다. 두 명의 다른 자식들이 있었는데 어린 나이에 죽었다. 귀스타브가 태어난 것은 1821년 12월 12일이다. (…) 귀스타브 밑으로 한 명의 사내아이가 더 태어나지만 육 개월 만에 죽고 1824년 딸아이가 태어나서 카롤린이라는 이름을 얻는다. 귀스타브와 그 여동생은 거의 같은 나이로 함께 커서 서로를 거의 떠나지 않았다.[36]

[플로베르 부인은] 아이가 여섯이었다. 장남 아실은 관절이 안 좋기는 했지만 튼튼한 체질이었고, 두 사내아이는 어렸을 때 죽고, 이어서 귀스타브, 그리고 젖먹이 때 죽은 또 한 명의 사내아이, 끝으로 카롤린이 있었다.[37]

다소 애매하고 몇몇 부분은 잘못되기도 한 이 정보들을 임의로 해석한 사르트르는 플로베르 가족사에 대한 자기만의 버전을 만들어 냈

---

36 René Dumesnil, *Gustave Flaubert, l'homme et l'œuvre* (Paris: Desclée de Brouwer et Cie, 3e édition, 1947), pp. 34-36.
37 위의 책, p. 478.

다. 즉, 귀스타브의 부모는 프티살뤼 가에서 "1812년에서 1819년 사이의"(*IDF I*, 84) 7년 동안 살았고, 거기에서 세 명의 아이를 낳았는데 그 중의 둘은 "어린 나이에 죽었다"(85). 그 뒤에 그들은 오텔디외로 이사하였고 거기에서도 세 명의 아이를 낳았는데 단 한 명만 죽었다. 이 도식을 머릿속에 지니고 있던 사르트르는 프티살뤼 가에서 살았던 집을 향수에 젖어 회상하는 플로베르 부인의 태도를 공격한다. "바로 이 점이 나를 놀라게 한다. 때이른 단 하나의 죽음으로도 보통은 부모들을 불행으로 빠뜨리기에 충분한 법이다. 그런데 플로베르 집안에서는 두 번이나 연달아 그런 일이 있었다. 그것으로 처음 살았던 그 집은 오랫동안 그들을 황폐하게 만들고 끔찍함에 치를 떨게 할 만하다. 그런데 노인이 된 플로베르 부인은 삼십 년이나 지난 후에도 우수에 차서 프티살뤼 가로 와 보는 것을 즐기고 그 옛날 집 앞에 멈춰 서서, 거기서가 행복했었다고 끊임없이 되새겼던 것이다"(85). 여기에서 사르트르는 카롤린 플로베르의 행복과 불행이 그녀의 아이들에게 달려 있는 것이 아니라 남편이자 아버지인 아실클레오파스라는 단 한 사람에게 달려 있었다고 결론짓고, 귀스타브는 어머니로부터 아무런 애정 없이 기계적으로 보살핌을 받는 사랑받지 못한 한 어린아이였을 뿐임을 단정짓는다.

그러나 보다 세심하게 조사한 연구자들이 밝힌 역사적 사실들은 이와는 조금 다르다. 뤼시앙 앙드리외 Lucien Andrieu는 다음과 같은 버전을 소개하고 있다.

일 년 혹은 이 년 후에 새로 온 해부학 과장은 프티살뤼 가 8번지의 작은 집을 하나 찾았다. 그곳으로 1812년 2월 10일 그는 젊은 신부, 안 쥐스틴 카롤린 플뢰리오 Anne Justine Caroline Fleuriot를 데리고 왔다. (…) 그곳에서 1813년 2월 9일, 장남 아실 플로베르가 태어나 후에 자기의 아버지의 뒤를 잇게 될 것이다. (…) 아실클레오파스 플로베르는 할 수 없이 프티살 뤼 가 8번지에 남아 있어야만 했다. 거기서 또 한 명의 자식, 카롤린이 1816 년 2월 8일에 태어나는데 21개월 후에 사망한다. 그 무렵 이른 아침과 늦은 밤마다 도시를 가로질러 출근하기에 지친 귀스타브의 부친은 직장에 좀 더 가까이 거처를 잡기 위해 애를 쓴 것 같고, 1817년 말 즈음에 크론오르라빌 Crosne-hors-la-Ville 가에 거주하게 된다. 우리는 정확한 주소는 알 수가 없고, 그 집에서는 아주 잠깐 머물렀던 것은 사실이다. 왜냐하면 어린 딸 카롤린을 잃게 되는 것이 르카Lecat 가의 13번지로 되어 있기 때문이다. 그 점에 관해서도 아직 의문점이 남는다. 그곳이 새로 이사한 집 주소인지 아니면 단지 오텔디외의 주소(우리가 알기로는 르카 가 33, 51, 55번지이다)[38]인지 불확실하다. (…) 한편, 1818년 11월 8일 세 번째 아이 에밀 클레오파스 Emile Cléophas(1819년 7월 13일 사망)와 1819년 11월 30일 네 번째 아이 쥘 알프레드Jules Alfred(1822년 6월 29일 사망)가 태어났을 때에는 모든 주민등록상의 기록이 병원 주소로 되어 있는데, 이것은 당연하다. 1818년 1월에 로모니에의 사망으로 인해 아실클레오파스가 그해 2월 자기 앞으로 배정된 병원 부속관을 소유했기 때문이다. (…) 귀스타브 플로베르는 1821년 12월 12일에 태어났고, 그의 누이동생 카롤린 조제핀 Caroline Joséphine은 1824년 7월 15일에 태어났다.[39]

플로베르 형제들의 출생일과 관련된 뒤메닐과 앙드리외의 이 두 버전을 도표로 비교해 보면 그 차이점을 분명하게 알 수 있다.

---

38 현재 플로베르 박물관(Musée Gustave Flaubert et d'Histoire de la Médecine)이 위치한 플로베르의 생가의 주소는 "51, Rue de Lecat, 76000 Rouen, France"이다.

39 Lucien Andrieu, "Les Maisons de la Famille Flaubert dans la région rouennaise," *Les Amis de Flaubert*, n° 30 (mai 1967), pp. 9-10.

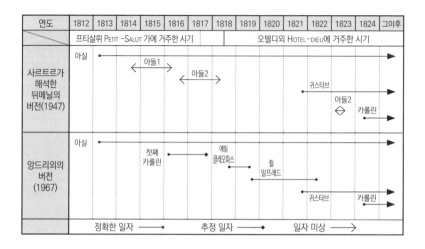

  뤼시앵 앙드리외의 조사에 의하면, 1817년 말 플로베르 가족이 프티
살뤼 가의 집을 떠날 때의 가족 구성원은, 플로베르 박사 부부와 장남
아실, 그리고 장녀로 태어난 여아, 이렇게 네 명이었다. 사르트르의 추
론과는 반대로 그들이 신혼 살림을 차렸던 첫 집에서 살았던 5년 혹은
6년 동안 그들은 어떤 초상도 치르지 않았었고, 그들의 여섯 아이 중에
서 세 명의 자식을 잃게 된 것은 오텔디외 혹은 오텔디외로 오기 직전
머물렀던 근처의 다른 집에서였던 것이다. 따라서 귀스타브의 모친과
관련된 모든 사르트르의 주장은 흔들리기 시작한다. "모친의 사랑 결
핍 때문에 형성된 귀스타브의 수동성"이라는 주장을 정당화하기 위해
내세운 사르트르의 추론들은 그 기반에서부터 붕괴되어 간다. 특히 귀
스타브 부모의 "가족 계획"과 관련된 주장들이 모두 근거가 없는 것으
로 드러나는 것이다.

  사르트르가 주장한 내용을, 사실과 일치하지 않는 부분들을 부각시
켜서 따라가 보자. 다음 문단에서 밑줄 친 문장들은 사르트르가 자신
의 추론을 뒷받침하는 데 이용하였지만 위에서 밝혀진 사실과 일치하
지 않는 부분들이다.

카롤린 플뢰리오와 아실클레오파스 플로베르는 "1812년 2월 결혼하여 프티살뤼 가 8번지에 정착했다. 그들은 거기서 7년 동안 머무르게 될 것이다. 코망빌 여사는 이렇게 기록한다. '(…) 보이니? 저기가 내 생애에 가장 최고의 시절을 보냈던 곳이란다.' 우리에겐 이 증언은 매우 중요하다. 7년간의 행복"(IDF I, 84). 그녀가 시사하고 있듯이 플로베르 부인의 결혼 생활을 둘로 나눈다면, "그녀가 오텔디외에 거주하기 전에는 세 명의 아들이 있었는데 그중에서 단 한 명만 생존할 것이고, 정착 후에는 그 비율이 뒤집어져서 그녀가 낳은 세 명의 아이들 중에서 단 한 명만 죽는다는 사실을 알게 된다"(85). 그녀가 그 옛 거주지에 대해서 행복한 추억을 떠올릴 수 있을 만큼 자기 자식들의 첫 두 번의 죽음에 그토록 무관심할 수 있었던 것은 그녀가 자기 남편만을, 마치 잃어버린 자신의 어린 시절을 보상해 줄 환생한 아버지처럼 바라보고 살았기 때문이다. 오텔디외로 이사한 후에 불행의 시절이 시작된다. 플로베르 가족이 "1819년에 정착한"(129) 오텔디외는 플로베르 부인에겐 고약한 곳으로, "너무 바빠서 자신에게 거의 신경을 못 써 주는 남편을 발견하게 된다. 인생에 있어서 두 번째로 카롤린은 아버지를 빼앗긴 것이다. 이러한 억류 상황을 통해서 그녀는 어느덧 고독했던 자신의 어린 시절 불행을 다시 찾게 된다. (…) 처음으로 그녀는 보상을 바라게 된다. 그것은 단 한 가지 방법밖에는 없었다. 그녀의 불행에 의해서 엄격하게 규정되어 있는 단 하나의 보상, 그것은 한 명의 딸아이였다"(131). "그녀는 이러한 행운을 13년 동안 기다렸으나 행운은 너무나 늦게 찾아왔다. 13년 동안 아실클레오파스는 그녀에게 다섯 아들을 만들어 주었다. 첫째는 그녀가 기꺼이 받아들였다. (…) 하지만 두 번째 임신부터 그녀는 기다리기 시작했다. 네 번의 실망이 있었는데 플로베르가 세 번째였다"(90). 이제 이 부부는 가족 계획을 세운다. "뱃속을 잘못 찾아오는 이 무례한 작은 수컷들에 대항해서, 살에서 살로 전달되는 허약함에 대항해서 단 하나의 전술밖에는 없다. 모든 것을 지우고 필요한 만큼 몇 번이고 다시 시작해서 살아남을 수 있는 딸자식을 낳는 것이다"(131). 그러나 이 부부는 서둘러야 했다. 서두르지 않으면 "끝에 낳는 자식들은 노인의 아이들"이 될 처지였다. 귀스타브는 1821년 봄 무렵 잉태되어 "12월 12일에 태어났다. 또 다른 아이가 곧 그를 따르고, 이어서 1824년에 카롤린이 태어난다. 젖을 늦게까지 먹이던 당시 풍습을 고려한다면 이러한 리듬은 귀스타브의 모친이 아직 그에게 젖을 먹이고 있을 때 다시 새로운 임신을 했다는 것이고, 그 동생이 사라졌을 때 그는 한 살 반이 안 되었다. 그는 누이동생보다 세 살이 많았으므로, 플로베르 부인은 그가 두 살이 조금 넘었을 때 새로운 임신을 또 하게 된 것이다. 이리하여 미래의 작가가 태어나서 세 살이 될 때까지, 플로베르 부인은 거의 중간 과정 없이 임신에서 출산으로, 수유에서 초상으로, 초상에서 임신과 새로운 출산으로 넘어간다. 앞서는 9년 동안 세 명의 아이였는데, 이젠 4년도 못되어 세 명의 아이를 낳은 것이다. 무사태평에서 광란으로 넘어간 것이다. (…) 4년 동안 세 명, 그 부모는 서두른다. 그들은 아이를 갖기 위해 함께 잠자리에 든다"(129). 그러다가 그들은 카롤린이 태어나자 딱 멈춘다. 왜일까? "음, 이유는 분명하다. 이미 말했듯이 플로베르 부인은 딸아이를 원했고, 그녀가 원한 것을 얻자 선을 그어 버렸던 것이다. 플로베르 부인은 남편이 자기에게 귀스타브를 낳게 했을 때 벌써 이 생각이 머리에 있었다고 생각해야 할까? 나는 그렇다고 본다"(130). 이리하여 귀스타브는 태어나기도 전에 부모의 가족 계획에 의해 이미 운명이 정해져 버렸다. 그는 가족의 차남이 될 것이고, 견줄 수도 없는 장남인 형에 대하여 평생 동안 열등감을 지닌 채 살아갈 것이다. 그는 또한 여동생도 생기는데, 그녀는 그에게서 어머니의 모든 사랑을 빼앗아가 버릴 것이고 그리하여 그는 사랑받지 못하는 사내아이가 될 수밖에 없을 것이다. 이 모든 것이 그를 수동적인 주체로 형성하게 될 것이고 그를 집안의 천치로 만들어 버릴 것이다.

여기까지가 바로 사르트르가 『집안의 천치』 속에서 전개한 추론의 절반에 해당한다. 그러나 우리에겐 아직 나머지 절반이 더 남아 있다. 전반부가 플로베르 부모의 "가족 계획"이라는 가설 위에 세워진 건물이라면, 후반부는 귀스타브 자신의 "신경증 계획"에서부터 모든 추론이 시작된다. 차남이라는 족쇄를 찬 채, 따라서 태어나기도 전에 열등한 조건으로 운명지어진 귀스타브는 자신을 둘러싼 모든 악에 대하여 "가능한 한 가장 덜 고통받기 위해 스스로를 내부 깊숙이 조직화"(*IDF I*, 186)하기로 결심한다. 그것이 바로 그의 "신경증 계획"이다.

(3) 신경증 계획Le *planning* névrotique

1) 사르트르 버전

자신의 가족에 의해서 조건지워진 수동성으로 인하여, 애초부터 언어 속에 "잘못 끼워진"(*IDF I*, 24) 귀스타브는 인생을 매우 불리한 조건에서 시작하게 될 것이다. 하지만 귀스타브는 타인에 의해서 형성된 자신의 기질(제1부, "기질 형성Constitution")을 개인적 성품의 형성(제2부, "인격 형성Personnalisation")이라는 느린 움직임 속에서 극복하려고 시도한다.

사르트르에 따르면 "표현되지 못한 채 복종된 것"(138)은 단지 "추상적인 조건일 뿐이며, 그 어느 것도 스스로 만들어 나가지 않고서는, 즉 외부조건에 의해 만들어진 자신의 상태를 구체적인 것을 향하여 극복하지 않고서는 살아질 수 없는 것이다"(647). 플로베르 가문의 능동적이고 실용적인 세계에서 추방된 귀스타브는 자신을 무기력한 타성에 빠지게 한 가족의 선고를 자신의 것으로 받아들이고 타인에 의한 그 판결을 자신의 신경증 전략의 구실로 변환시켜서, 결국 "직업을 가져야prendre un état" 할 필요성에서 벗어나고 조용히 문학에만 종사할 수 있는 권리를 스스로에게 부여하게 될 것이다. 귀스타브의 이 "인격 형성" 과정과 그의 "신경증 계획"을 시간순으로 살펴보면, 우리는 그의 "신경증 기획"이 그의 "문학적 기획 projet littéraire"과 밀접히 연관되어 있어서 서로가 서로를 조건지우고 있음을 보게 될 것이다.

다음은 사르트르가 구성한 귀스타브의 인격 형성 과정이다.

① 어린 시절(출생~7세): 사르트르에 의하면 "한 인생이란 모든 양념이 가미된 어린 시절"(IDF I, 55)인데, 한 사람의 인생이 결정되는 것이 바로 젖먹이 시절이라고 주장한다. "18개월이 되면 한 인간이 만들어진다. 그 이후엔 그 본질을 발전시키는 것, 즉 그것을 펼쳐 나가는 것뿐이다"(1043). 특히 우리의 귀스타브의 경우는 결코 그의 어린 시절에서 벗어나지 못할 것이다. 차가운 어머니와 태어날 때부터 장남을 더 편애했던 독재적인 아버지에 의해 사랑받지 못한 아이 귀스타브는 수동적인 존재가 되어 언어와 불행한 관계를 맺게 된다. 자애로운 모친의 보살핌으로 형성되어야 할 "최초의 긍정이 결핍"되어 그의 생애 첫 "황홀했던 이삼 년"(337) 동안에 그는 수동적 주체로 기질이 형성되고, "그의 수동적인 기질은 적절하게 기획하고 조정하는 실천적인 가능성들을 그에게서 앗아가 버린다"(406). 하지만 그런 상황에서도 귀스타브는 자신의 "황금시대"를 맞보게 되는데, 이 어린 시절의 낙원은 "세 살부터 일곱 살까지 지속될 것이다"(338). 이 짧은 몇 년 동안 귀스타브는 모친의 애정 결핍에 의한 욕구불만을 보상해 준 부친의 애정을 느낄 수 있었고, 그로 인해 "당장은 어린 시절의 편리함을 만끽하였다"(343). 그러나 곧 "추락"의 시간이 뒤를 잇는다.

② 추락 Chute(7세): 추락, 그것은 "타인들의 판단을 통한 '차이'의 발견"(*IDF I*, 188)이다. 7살 때, 그의 부친이 그에게 글을 가르치려고 생각하면서 귀스타브는 다른 아이들과 비교가 되었을 것이다. 어린 귀스타브에게는 절대군주와 같은 심판관이었던 아실클레오파스는 곧 자신의 둘째 아들의 특이성을 발견하고는 지워질 수 없는 판결을 내려 버린다. 너는 "괴물"이야! 너는 "집안의 천치"야!(30, 380, 382, 391, 844; *IDF II*, 1258, 1513 등 참조) 그리하여 "아버지의 저주"(*IDF I*, 338)가 내려지고, 귀스타브는 자기 어린 시절 낙원에서 추방되었다. 그때부터 그의 "황금시대는 철의 시대로 대체"(727)된다.

③ 연극의 꿈과 좌절(8~12세): 이 난처한 상황들로부터 빠져나오기 위해 플로베르는, 행동할 수 있는 영역으로서, 동시에 자신의 개성을 만들어 나갈 수단으로서 비현실의 세계를 선택한다. 이러한 상상계의 선택은 여러 우회적 단계들을 거쳐 진행된다. 먼저 거울 앞에서의 매혹 단계가 있고, 이어서 관대함의 코미디, 희극배우가 되려는 욕망, 그리고 그것이 가족의 반대에 부딪치자 글 쓰는 작가가 되려는 시도로 바뀌어 간다. 열한 살이던 1832년 부활절 방학 동안에는 연극작품들을 써서, 사택 일층에 있던 당구실에서 친구 에르네스트 슈발리에, 누이동생 카롤린과 함께 연기를 하여 부모와 지인들을 초대하기도 한다. 그러나 귀스타브는 갑자기 연극을 포기하고 문학을 선택한다. 사르트르는 이것이 플로베르 가문에 "어릿광대"가 생기는 것을 불허하는 부친의 개입으로 인한 결과이며, 여기에서 불쌍한 차남의 두 번째 "거세"가 발생했다고 본다. 사르트르는 이 사건을 "막혀 버린 천직 vocation contrariée"(*IDF I*, 876)이라고 부른다.

④ 문학으로의 개종(13~14세): "열세 살에서 열네 살 사이"인 1834 ~35년경에 "귀스타브는 문학으로 개종"(*IDF I*, 967)하였다. 그러나 1832년의 갑작스러운 실망은 귀스타브의 언어활동에서 구어적 양

상phase orale의 고착을 불러온다. 그 결과 그의 첫 작품들은 연설을 모델로 구상되었다. "열세 살 때, 자신의 목소리로 글을 쓰는 아이는 자기 자신이 작가인지 통역자인지 아직 알지 못한다"(886). 그러나 "열네 살 때부터", 글로 쓰인 단어들에 대해서 불만을 표현하는 귀스타브는, 적어도 1844년의 발작이 일어나기 전까지는, "구어적인 유혹에 상응하는 문어文語를 찾아내기" 위해서 엄청난 노력을 한다 (888-89).

⑤ 작가에서 시인으로(15~16세): 1836년, "열다섯 살이 된" 귀스타브는 "모든 자신의 가치관을 정립한다"(IDF I, 638). 가족의 모순을 내면화한 그는 "태생적인 절충주의에 고착된 채로 머물러 있어서 (…) 학자들이 분산시켜 놓은 우주를 절충적인 전체성으로 복원시키는 것이 작가의 임무"(491)라고 생각할 정도였다. 바로 이 해부터 귀스타브는 "상상력을 잃었고", 그의 몰락이 시작된다. 귀스타브는 차츰 염세주의자가 되어 인간혐오 쪽으로 돌아서고, "열다섯 살에서 스물한 살 사이에" 끊임없이 반복적으로 "절망에 대한 연설문 쓰기"를 시도한다(572).

⑥ 학창시절(17~19세): "열일곱 살에 이미 타인들에 의해 강요된 대체신분에 적응된"(IDF I, 892) 귀스타브는, 열여덟 살과 열아홉 살 사이에 하나의 위기를 가로지르면서 사람이 변하게 된다. 그는 가족의 친구인 알프레드 르푸아트뱅Alfred Le Poittevin의 영향을 받아서 낭만주의적 무상성에 대해서 알게 되고,[40] 또 그것 때문에 학교에서는 힘겨운 학창시절을 보낸다. 급우들에 의해 놀림 받기도 하면서, 스스로를 가르송Garçon이라는 가상 인물 속에서 우스꽝스럽고 절망에 싸인 모습으로 드러내었던 귀스타브는 아픔을 겪으며 성숙해 갔고, 시인에서 예술가로 변모해 간다. "황홀함이, 그것을 표현하는 말보다 더 중요하다고

---

40 IDF I, 1019 참조: "무감동은 그것이 외부 사물을 탈현실화시킴에 따라서 외부 대상의 미적 측면을 전달해 준다. 이 원칙에서부터 출발하여, 알프레드는 예술의 성질, 즉 작품은 이러한 관조적 무상성을 지녀야 한다는 것을 더 잘 이해한다고 생각했다."

생각했던"(980) "시인 귀스타브"[41]가 차츰 "경험에서 가져온 것들을 통일하고 고립시켜서 근본화시키는 삼중의 정련 과정에 의해"(1000) 일상 경험에서 정수를 추출해 내는 '예술가 귀스타브'로 변신하게 된다. 문학을 "영감의 산물"이라고 생각했던 플로베르가, 열여섯에서 열일곱 살 사이에, "문학에 대한 반성적이고 비평적인 사상"(*IDF II*, 1476)을 형성하게 되는 것이다. 그리고 시인의 꿈은 예술가의 악몽이 되어, 귀스타브는 절망적으로 성스럽고 불가능한 아름다움을 추구한다. "예술가의 불가능성"이 "그의 존재론적 명령"(*IDF I*, 980)이 되어 버린 것이다. 그 뒤를 이어 "직업을 가져야 prendre un état" 한다는 위협적인, 그러나 거부된 필요성이 개입을 한다. 사르트르에 의하면, 귀스타브는 직업을 선택해야 하는 재촉을 받게 되었을 때 그의 "부르주아적 존재"(*IDF II*, 1485 외 여러 곳)를 발견하게 되었다고 말한다. 귀스타브는 그것을 거절하지만 그의 수동적 기질이 그것에 대한 항거를 금하게 된다. 그리하여 그는 겉으로는 복종하되 속으로는 신경증을 키우게 되며, 그것이 1844년 1월 어느 날의 떠들썩한 발작으로 이어질 것이다. 플로베르가 열일곱 살에서 스물두 살(즉 1838년에서 퐁레베크에서의 발작까지) 사이에 거치게 되었던 이 위기를 사르트르는 "심리신체적 psychosomatique"(1473) 위기라고 규정하게 될 것이다.

⑦ 전신경증 단계(17~22세): 사르트르가 "전前신경증 La Prénévrose"(*IDF II*, 1471)이라는 소제목 아래 300페이지 이상을 할애하고 있는 이 심리신체적 위기의 기간 동안, 귀스타브는 "목적론적 의도"(1827)를 지닌 채 자신의 신경증을 준비하여, 1844년 퐁레베크에서 "긴급 상황에 대한 즉각적이고, 부정적이면서 전술적인 대응으로서의"(1779) 의

---

41 *IDF II*, 1487 참조: "간단히 말해서, 1838년 이전의 그는, 오늘날 시를 언어와의 근원적 관계에 근거한 말로 하는 활동으로 간주하는 자들과는 최대한 멀리 거리를 유지하고 있었다. 그에게 있어서 시란 신비로운 상승에 가까운 정신적 태도의 문제였다."

미를 지닌 발작을 일으킨다. 이 시기에 귀스타브에게 위급했던 것은 바로 임박한 자신의 미래였는데, 그것은 그의 가족들에 의해서 미리 정해진 길로서, 그에게 상상의 삶을 포기하고 법관이 되기를 강요하는 것이었다. 1838년에서 1844년 사이에 플로베르가 미래와 맺고 있던 관계는 "끔찍함"(1648)이라는 용어로 규정될 수 있었다. 그가 두려워하는 이 미래로부터 도피하기 위해서는 단 하나의 해결책밖에 없었는데, 그것은 "시간을 잡아당겨서 은퇴를 하는 것"(1649)이었다. 그리하여 귀스타브는 가족들의 이러한 강요에서 벗어나기 위해 스스로를 "영원히 그 요구를 수행하는 것이 불가능하도록"(1763) 만들기로 결심한다. 이때부터, 어린 시절부터 기질로 형성되어 시간을 지내며 겪었던 귀스타브의 수동적 행위가 의도를 담기 시작한다. "의도화된 그 수동적 행위는 삶의 방식이 되고, 능동적인 수동성으로 바뀐다. 그것은 자기 앞에 어떠한 목적도 세우지 않고, 그 목적들을 흡수하여 자신의 내재적 의미로 만들어 버린다. 그 의미가 우리 눈에 두드러져 보인다. 즉 수동성을 타자적인 힘의 결과로서 그냥 굴러가게 내버려 두는 것, 그것은 지금 여기에서 아무것도 아니기 위해서 아무것도 하지 않는 것이다"(1662). 이러한 의도가 귀스타브에게서 "물리적 힘"을 지니게 되는데, "믿기지 않는 유순성을 지닌 육체"가 "부정적 생각을 접수하여서, 그것을 하나의 물질적인 타성적 부정으로 만들어"(1757-58) 버리는 것이다. 그의 생각이 자기도 모르는 사이에 몸으로 내려와 "유기적 삶의 법칙"(1758)이 되어 버린다. 몸은 자발적으로 권태나 무기력을 양산하는데, 이것이 슬며시 몸속에 정착했다가는 이유도 없이 사라지다가, 어느 날 갑자기 팔이나 다리, 혹은 머리가 저절로 고장 나 버리는 것이다. 바로 이것이 퐁레베크의 발작 당시 귀스타브의 몸이 선택했던 진행방식이다. "체질화sommatisation는 신념을 지탱하고 넘어선다"(1830).

⑧ 퐁레베크 사건(22세): 사르트르에 의해서 묘사된 발작 당일날의

정황은 마치 한 편의 탐정소설을 읽은 듯한 박진감을 준다.[42] 사르트르에 의하면 퐁레베크에서의 추락은 "자기방어적인 메커니즘들"(*IDF II*, 1809)에 의해 조준점이 맞춰진 엄격한 작전의 "수학적 결과"이고 "오랜 총체화의 결과"(1810)이다. 그것은 친부살해이자 동시에 예술가적 "패자승 Qui perd gagne"의 선택으로 해석될 수 있는 사물 같은 무기력(귀스타브 삶의 나선구조에서 마지막 단계)을 목표로 한 히스테리성 발작이었다. 그것은 "가짜 죽음"(1856)이었고, 그로 인해 "그의 청춘은 '막을 내리고' (…) 다른 사람이 태어났다"(1787). 스물두 살까지의 플로베르의 삶은 그에게 "자신이 그 희생자이자 동작 주체인, 그리하여 결국 자기를 비극적 파멸로 이끄는 방향 잡힌 과정으로"(1810) 보인다. 귀스타브는 이 세상에서 죽어서 "예술가로 다시 태어날"(2009) 것이다. 이 "원형적 사건"(1795)이 있은 다음에 이어지는 다른 발작들은 원천적인 선택을 다시 재탕하려는 의도뿐인 참조적 성격의 "빈약한 반복들"(1821)이다. 1844년 1월의 문제의 밤 이후의 시간은 "동의한 신경증의 시간"(1753)으로, 그동안 플로베르는 자신의 발작의 진정한 의미를 보다 분명하게 파악하게 될 것이다. 그에게 있어서 퐁레베크 사건은 "종교적인 의미에서의 개종 conversion"(2088)이자, "신경증에 의한 개종"(1984)이고 "예술로의 개종"(1944)이었다.

⑨ 예술과 순교자: 예술이 그의 종교가 되었고 "흑색 제의처럼"(*IDF II*, 2098) 간주되었다. 신에게로의 이러한 부름은 동시에 부친의 사랑에 대한 요구를 담고 있다. 사르트르에 의하면, 귀스타브의 최초 발작의 근본적인 의미들 중 하나는 "영원히 황금시대 품으로 다시 떨어지는 것인데, 그 축복받은 시대에는 세상이 선했고, 전지전능한 아버지와 증여자인 신이 서로서로를 의지하고 받쳐 주어 결국 하나였다. 이 황금시

---

42 *IDF II*, 1781-95 부분이나 1830-44의 묘사를 읽어 보라.

대에는 아버지의 봉건제도가 종교적 봉건제도의 상징이었고 그 반대의 경우도 마찬가지였다. 간단히 말해서 "퐁레베크의 개종자가 되찾고자 하는 것은 자신의 개인적 정체성을 보장해 주었던 아버지와 신의 이러한 동일화이다." 그러나 이제 플로베르의 신은 그의 부정적인 신학에 의해 창조해 낸 것이다. 그의 신이란 "당신의 참을 수 없는 부재에 의해 그 존재가 증명되는 사랑의 신, 당신을 결코 찾을 수 없어서 내가 그토록 고통받았기 때문에 내가 소유해야만 하는 신"(2118)이었다. 그리고 플로베르가 이 신에게 요구한 것은 그가 이 지상에 살면서 겪게 될 바로 그 고통들 때문에 자신을 구원해 줄 "효율적인 은총"이다. 귀스타브 플로베르는 글쓰기의 힘겨운 임무 때문에 고통받고, 절대적인 미에 대한 절망스러운 추구 때문에 고통받는 한 명의 순교자가 될 것이다. 퐁레베크의 발작 이후에 그는 조용히 크루아세 Croisset에 칩거할 수 있게 되고, 절대적 이상향에 닿을 수 있게 해 줄 자신의 문체 style를 찾기 위해 "종교적 긴장"(2094)을 늦추지 않고 기꺼이 유배 생활을 이어 간다.

이것이 귀스타브의 "신경증 계획"에 근거를 두고 추론한 사르트르 버전의 플로베르 생애이다. 사르트르는 여기에서 "예술가의 기획과 신경증적 기획이 상호 영향을 미쳐서, 글쓰기가 신경증이 되고 신경증이 문학이 될 지경에까지 이르는 변증법적 운동"(*IDF II*, 1930)을 보여 주고자 했다. 이제 이 모든 추론들의 시발점으로 되짚어 올라가서 그 문제점을 살펴보도록 하자.

2) 논쟁의 지점

우리가 앞에서 살펴본 사르트르의 주장은 무엇보다 플로베르가 앓고 있던 병에 대한 그의 진단에 근거를 두고 있다. 즉 플로베르가 앓았던 병은 간질 *épilepsie*이 아니라 신경증 *névrose*이라는 것이다. 플로베르가 앓았다는 이 병의 성격에 관해서 수많은 논란이 있어 왔다. 간질인가 아니면 신경증인가? 과연 이 두 병명 사이에는 무슨 차이가 있는 것인가? 이미 한 세기 전에 사망한 한 작가의 병에 대한 규정이 그렇게 중요한 주제가 될 수 있는 것인가? 대답은 '중요하다'이다. 최소한 사르트르에게는 매우 중요한 문제였다. 왜냐하면 바로 이 논쟁에서 핵심이 되는 문제가 바로 사르트르 철학의 중심 주제인 한 개인의 자유에 관한 문제이기 때문이다. 사르트르가 볼 때 "귀스타브의 병은 당연히 그의 자유라고 이름 붙여야 하는 바를 전적으로 표현"(*IDF II*, 2150)하는 것이었기 때문이다.

신경증이란 무엇인가? 신경증의 개념에 대한 정의부터가 그리 간단하지 않다. 예를 들어 살펴보면, 장 라플랑슈Jean Laplanche와 퐁탈리스J.-B. Pontalis가 그들의 『정신분석 용어집』에서 시도한 정의는 다음과 같다.

신경증들의 임상적 외관은 다음 두 방식으로 특징 지워진다. a) **신경증적 증상들에 의해서.** 그 증상들이란 걱정거리에 대한 방어를 드러내 보이고, 이 내적인 갈등에 대하여 주체가 자신의 신경증적 입장 속에서 일정한 이익(신경증의 부차적인 이득)을 획득하는 타협으로 구성된 행동, 감정 혹은 생각의 장애들이다. b) **자아의 신경증적 특성에 의하여.** 이 자아는 자신의 인물됨과의 동일성 속에서 타자와의 좋은 관계와 만족스러운 내적 균형을 찾을 수 없다.[43]

"우리가 신경 시스템의 **어떤 외상**外傷**의 존재**를 충분히 의심해 볼 수

---

43 J. Laplanche et J.-B. Pontalis, *Vocabulaire de la psychanalyse* (PUF, 1967[2002]), p. 270.

있는"[44] 여러 증상들 중의 하나인 '간질'과는 반대로, '신경증'은 병리학상 "신경 시스템 **조직의 외상 없이**, 신체기관의 물리적 장애의 형태로 표출되는 신경 시스템의 기능적 장애"[45]로서 정의된다. 만일 플로베르가 '간질', 즉 신체조직의 결함으로 야기된 질병을 앓았다면, 이 질병에 의한 모든 결과들, 즉 그의 생애와 작품들은 오직 우연의 산물일 뿐이고, 그렇게 되면 사르트르적 시각에서 보자면 인간의 자유가 들어설 수 있는 자리가 거의 없어지는 것이다. 간질이라는 진단은 더 이상 인간이 자신의 운명의 주인이 될 수 없는 유기체적 결정주의라는 결론에 다다를 수밖에 없는 것이다. 따라서 만일 1844년 1월의 사건이 간질에 의한 결과였다면, 플로베르 어린 시절과 그의 초기 작품들에 대한 사르트르의 모든 분석들은 와해되고, 객관적 정신과 개인 사이의 변증법적 운동이라는 주장도 근거를 잃는다.

사르트르에게는 퐁레베크에서의 발작이 주체의 의도가 결실을 맺은 것이어야 하고 주체가 선택한 삶의 결과여야 한다. 따라서 사르트르에 따르면, 플로베르는 스스로 자기 존재를 결정하는 그러한 작가가 되기 위해서 신경증이라는 그 병을 선택한 것인데, 왜냐하면 이 "히스테리적인 참여"(*IDF II*, 1864)가 자신의 신경증 기획을 완수하고, 그리하여 자신의 의도적인 침거를 정당화시켜 줄 수 있기 때문이다. 마침 르네 뒤메닐 박사의 진단은 "매우 설득력 있는 논증"(1796)과 함께 사르트르의 주장을 뒷받침해 주는 훌륭한 증거를 제공했다. 하지만 사르트르가 『집안의 천치』를 집필할 당시에는 대부분의 플로베르 연구자들이 '간질'이라는 진단을 받아들이고 있었다.

플로베르가 앓았던 신경계 질병의 성격에 대해서는 1860년부터 이

---

44 위의 책, p. 268 (강조 인용자).
45 프랑스어 사전 *Trésor de la langue française* (Gallimard, 1986)(강조 인용자).

미 많은 사람들 사이에서 논쟁이 있어 왔다. 플로베르와 동시대 인물들이던 막심 뒤캉, 공쿠르 형제, 앙리 모니에 Henry Monnier, 조르주 푸세 Georges Pouchet 박사 등은 이미 '간질'이라는 진단[46]을 그 당시부터 내리고 있었다. 그러나 1905년경 플로베르의 질환에 대한 의학박사 논문을 제출했던 르네 뒤메닐은, 1926년부터 상당 부분 완성된 형태로 출간되는 플로베르의 서한집과 그 측근들의 증언을 재검토하여 그가 앓았던 병이 '신경증'이었음을 증명하고자 했다. 뒤메닐 박사의 분석의 주된 토대는 무엇보다 친구 뒤캉이 『문학의 추억』(전2권, 1882-83)에서 묘사한 귀스타브의 발작 장면[47]과 플로베르 자신이 편지 속에서 간략히 밝힌 자기 병세에 관련된 언급 부분[48]이었다. 「플로베르의 병과 죽음」이라는 제목의 논문[49]에서 뒤메닐 박사는 『문학의 추억』의 출간 이후 일반적으로 받아들여진 간질 진단을 파기하고, 신경증이라는 진단을 내놓는다.

　　뒤캉이 간질이라고 말했는데, 그것은 무지에서이거나 아니면 창조적 재능을 "옮아맨"(그의 표현이다) 신체적 오점을 지니고 있다고 보여 줌으로써 자기 친구의 명성을 깎아내리기 위해서였다. 하지만 위에서 읽은 내용은 결코 본질적인 간질, 그 신성한 질환 mal sacré에 적용되지 않는다. 그 진단을 공식적으로 배격하는 몇 가지 이유를 들면 다음과 같다. (…) 플로베르의 서한집과 친구들의 증언에 의거하여 비네상글레 Binet-Sanglé가 작성한 그의 의학적 관찰 기록은 우리에게 그가 신경증에 걸렸음을 보여 준다. (…) 그

46　Bruneau, *Les Débuts littéraires de Gustave Flaubert*, p. 360 주 10을 참조할 것.

47　Maxime Du Camp, *Souvenirs littéraires* (Aubier, 1994), pp. 199-203.

48　주로 1844년 2월 1일자 에르네스트 슈발리에에게 보낸 편지와 1853년 9월 2일자 루이즈 콜레에게 보낸 편지.

49　르네 뒤메닐은 앞서 언급했던 작품(Dumesnil, *Gustave Flaubert, l'homme et l'œuvre*, 1947) 속에서 플로베르의 질병에 관련된 논쟁 부분만 정리한 글을 부록으로 첨부하고 있다.

는 갑작스런 공포심을 느낀다. 그것들 중 하나가 첫 번째 발작의 기회를 제공하게 되는데, 어느 칠흑같이 어두운 밤에 마차를 몰고 가다가 화물마차와 마주쳤을 때였다. 그는 쓰러졌다. 신경증, 특히 남성 신경증의 메커니즘에서는 정신적 충격이 극단적으로 중요한 역할을 한다. (…) 그러나 계속 조사해 보자. 발작들이 다시 나타날 때마다 그것들은 마차 장면을 재생한다. 간질성 전조前兆는 감각반응이다. 환자는 첫 번째 발작을 재구성하여, 똑같은 배경을 다시 보게 되고 요란한 마차 바퀴 소리를 듣는다. 오른쪽 눈에서 섬광을 보다가는 이어서 왼쪽 눈에서 섬광을 본다. 그는 이번에도 무서움만 당하고 무사하기를 바란다. 그리고는 끔찍한 고통의 감각이 그를 엄습한다. "그는 마치 산 채로 자기 관 속에 들어가는 것처럼 그의 침대 위로 가서 눕는다. 점점 숨이 막혀 오고 시야가 어두워진다. 그는 현기증에 사로잡혀 의식을 잃은 채 쓰러지고 발작이 시작된다." 발작? 있기는 있었겠지만 분명 간질 발작은 아니다. 발작을 하는 동안 괄약근의 풀림도 없었고, 혀를 깨물지도 않았다. 만일 이런 증상이 조금이라도 있었다면 뒤캉은 신이 나서 그 사실을 알렸을 것이다. (…) 거기다가 또 첫 번째 발작을 겪은 스물두 살이라는 나이도 본질적 간질이라는 진단을 원천적으로 배격하게 만든다. 그 병은 언제나 어린아이 때부터 나타나는 병이기 때문이다. 끝으로 간질 환자는 결코 자기가 쓰러질 장소를 선택할 시간이 없다. 하물며 "마치 산 채로 자기 관 속에 들어가는 것처럼" 침대 위에 누우러 갈 시간이 있겠는가? 그리고 나중에 플로베르가 자신의 발작들에 대해 이야기할 때 그는 아주 분명하다. "나는 언제나 의식이 있었소, 말을 못할 때조차도"라고 루이즈 콜레에게 쓰고 있다. "정신이 있는 상태로 끝까지 갔었소, 그렇지 않으면 고통이란 아무것도 아닐 테니까." 발작이 있는 동안 의식을 지니고 있고, 그 진행 양상을 설명할 수 있는 간질 환자가 어디에 있는가? [50]

이러한 견해를 사르트르가 그대로 받아들이고 있다. 플로베르 병의 성격에 대해 길게 분석한 후에 사르트르도 신경증이라는 결론을 내린다. 아니면 처음 시작부터 신경증이라는 가설에서 출발하여 이 결론에 이르렀는지도 모른다. 그러나 현대의 의사들은 이 진단에 동의하지 않는다. 이미 1962년에 갈레랑 Galérant 박사는, 뒤메닐의 위의 주장들을 조목조목 반박하면서 플로베르의 병을 간질로 진단하는 갈레 Gallet 박사의 논문을 요약해서 소개하고 있다.

갈레 박사의 결론은 단호하다. 분명히 '간질'이라는 것이다. (…) 더 나아가 발작에 앞서 나타나는 화려한 색깔의 환상과 실어증을 근거로, 간질 증세의 진원지가 좌측 후두엽에 위치한다는 사실을 알려주고 있다. 이러한 상황에서 플로베르가 간질에 걸렸다는 사실을 부정하는 성급한 사람들이 어떻게 있을 수 있는 것인가? 저자는 그들의 주장을 검토하여 다음과 같이 반박한다.

–뒤메닐 박사는 다음의 구실 아래 간질을 부정하고 있다.
1° "간질성 전조가 너무 오래 지속이 되고 간질 환자는 자기가 쓰러질 장소를 선택하지 않는다. 그런데 플로베르는 경련의 단계에 들어갈 순간에 소파 위에 누우러 갔다." 이 말은 틀렸다고 젊은 의학자는 자신의 선배를 반박한다. 조짐 prodromes과 간질성 전조 aura라는 명백히 구분되는 두 사실을 혼동하면 안 되는 것이다. 그런데 우리는 가끔 발작이 임박했음을 며칠 전에 이미 그 조짐을 느끼는 환자들을 많이 본다. 플로베르는 몇 분 간격으로 자유로울 수 있었고, 그 시간이면 충분히 소파에 누우러 갈 수 있다.
2° "그는 발작을 일으킨 동안의 기억을 지니고 있다." 이 또한 잘못된 해

---

50 Dumesnil, "Appendice (A), La maladie et la mort de Flaubert," *Gustave Flaubert, l'homme et l'œuvre*, pp. 487-89 (밑줄 인용자).

석이다. 그가 간직하고 있는 것은 간질성 전조에 대한 기억(이것은 정상적
인 것이다)이지 발작에 대한 기억이 아니다("그때 나의 의식은 살아 있다는
감정과 더불어 사라지곤 했다." (…) "나는 몇 번씩 죽은 느낌이다").

3° "간질은 22세에 시작하지 않는다." 그렇지 않다. 이 질환은 그 결정 요
인에 따라서 아무 연령에서나 발생한다.

4° "발작이 진행되는 동안 오줌을 지리지 않았다. 만일 그랬다면 뒤캉이
신나서 그 사실을 알렸을 것이다." 이 부분은 우리가 살펴본 바처럼 조사해
보면 다 밝혀지게 될 아무런 쓸데없는 단정이다.[51]

갈레 박사와 갈레랑 박사는 뒤캉의 증언의 진정성에 대한 의심을 모
두 해소시키면서 그들의 주장을 정당화하고 있다. 비록 뒤캉이 "시작
부터 날짜와 장소도 틀리고 미덥지 못한 증인"(*IDF II*, 1784)[52]인 것이
사실이지만, 그들의 견해에서 볼 때 뒤캉의 증언 자체는 기술적으로
"의심할 여지가 없는"[53] 것이었다.

우리가 보유하고 있는 유일한 자료는 플로베르에 대한 의학적 관찰 기록
을 전해 주는 뒤캉의 자료뿐인데, 우리는 이것을 과학적 문학적으로 모범적
인 글로 간주한다. 빈정대기 좋아하는 사람이 이 주제에 대해서 어떤 험담
으로 뒤캉을 힐난하고 있는지 잘 안다. 그가 의학 서적들을 이용해서 이 자

51　Docteur Galerant, "Quel diagnostic aurions-nous fait si nous avions soigné Gustave Flaubert?
　　—Notes pour l'analyse de l'ouvrage du Docteur Gallet," *Les Amis de Flaubert*, n° 20 (1962),
　　pp. 7-8.

52　뒤캉은 『문학의 추억』에서 플로베르의 첫 번째 발작을 묘사하면서, 사건이 발생한 시간과
　　장소를 "1844년 1월의 퐁레베크"가 아닌 "1843년 10월 퐁오드메르(Pont-Audemer)"로 잘
　　못 전달하고 있다. 사르트르는 이와 같은 시간과 장소의 표기 오류가 뒤캉의 증언의 "미심
　　쩍은" 성격을 드러내는 증거라고 본다.

53　Docteur Galérant, "Flaubert vu par les médicins d'aujourd'hui," *Europe*, sep.-nov. 1969, p.
　　108.

료를 온통 지어냈다고들 사람들은 주장한다. 이러한 가설은 말이 안 된다. 사실 『문학의 추억』의 저자가 살았던 시대에는, 간질에 대해서 사람들은 그 다양한 임상적인 형태들 사이의 구분 없이 그것의 일반적인 양상밖에는 알지 못했다. 그런데 뒤캉은 그 임상적인 형태들 중 하나를 정확하게 기술하고 있다. 바로 다른 곳도 아닌 왼쪽 측후두엽에 그 진원지가 있는 임상형태를 말이다. 그가 만일 의학 서적을 이용했었더라면 그는 그 속에 없는 내용을 베꼈을 수는 없었을 것이고, 그 속에 존재하는 여러 오류들을 다시 반복하지 않을 수 없었을 텐데, 전혀 그렇지 않다.[54]

따라서 플로베르가 안고 있던 병은 '간질'이다. 영미권 의사들의 결론도 역시 마찬가지다. 시러큐스 의과대학 신경외과 교수인 아서 에커Arthur Ecker 박사는 플로베르의 경우를 놓고 독자적으로 분석을 진행한 후에도 비슷한 결론에 도달했었다.[55] 오늘날 의사들이 이렇게 속속 확인해 줌에 따라, 간질이라는 진단이 플로베르 연구자들 사이에서는 전반적으로 받아들여지고 있는 실정이다.[56] 그렇다면 과연 사르트르는 『집안의 천치』를 집필할 당시 이러한 사실들을 몰랐던 것인가?

아마도 모르고 있지는 않았을 것이다. 하지만 사르트르에게는 플로베르의 병을 하나의 우연으로 간주하는 간질이라는 진단은 아무런 의미가 없는 것이다. 일종의 신체조직적 결정론은 플로베르에 의해 창조된 그만의 독창적인 세계를 그가 지닌 신체적 결함에 의해 유발된 단순한 우연의 결과로 축소시켜 버릴 수밖에 없다. "플로베르를 밝혀 주었고 그를 영롱한 색채 속에 취하게 만들었던 간질은 신성한 병이었고,

---

54 위의 글, pp. 107-08.

55 Benjamin F. Bart, *Flaubert* (New York: Syracuse University Press, 1967), pp. 752-53.

56 참조, Jean Bruneau, "Notes et variantes," in Gustave Flaubert, *Correspondance I* (1830-1851) (Gallimard, Bibliothèque de la Pléiade, 1973), pp. 943-44; Marthe Robert, *En haine du roman* (Balland, 1982), pp. 57-68.

축성이며 봉헌이었다"[57]고 쓰고 있는 필리프 본피스Philippe Bonnefis의 글과 같은 것이 그 좋은 예가 될 수 있을 텐데, 그는 플로베르의 모든 작품들을 간질 때문에 작가의 의도와 상관없이 도달하게 된 결과물로밖에 보지 않는 것이다.

사르트르에게는, 그것이 신체기관에서 유래한 것이든 아니든 간에, 플로베르의 병은 "원천적 의도에 따라서 조직된 것이다. 퐁레베크에서의 그 벼락 같은 구조화는 하나의 우연적 사실이 아니라 의미를 지니고 있는 필연성이다"(IDF II, 1796). 사르트르는 거기에서 하나의 목적성, 즉 플로베르가 자신의 어려운 실존 속에서 스스로 다시 설 수 있게 해준 하나의 "긍정적인 전략"(1933)을 본다. 시작할 때는 세상에 던져지고 주변 환경의 "실천타성태"에 둘러싸인 한 인간이 있었다. 존재 깊숙이 자유존재로서의 이 인간은 자신의 병에 의해 세상에서 결정적으로 수동적이 되기를 선택했고, 그것이 바로 귀스타브를 작가 플로베르로 만들어 줄 자발적인 선택이 된다. 한마디로 1844년 플로베르의 발작은 "그의 젊은 시절 불행의 수학적 귀결"이며 "그의 천재성은 퐁레베크에서의 가짜 죽음, 즉 극단으로까지 내몰린 절망의 수학적 결과일 뿐이다"(2024).

이러한 수준에서 우리는 사르트르의 플로베르에 대한 전기비평이 차라리 소설에 가깝다고 충분히 말할 수 있을 것이다. 사실 『집안의 천치』는 우리에게 역사적 사실에 대한 조사보다는 소설적인 상상력을 더 요구한다. 물론 사르트르에게 있어서도 신경증이라는 이러한 가설 역시 하나의 선택이었다. 사르트르의 주장과 반대로 플로베르의 병이 아마도 간질일 수도 있고, 또 그 간질이라는 것이 히스테리로부터 출발하는 것이 아닐 수도 있다. 하지만 그래도 상관없다. 사르트르에게 중요

---

57 P. Bonnefis, "Aura epileptica," *Magazine littéraire*, n° 250 (février 1988), p. 41.

한 것은 플로베르 생애의 역사적 정확성이 아니라, 하나의 진리에 다다르기 위한, 하나의 "개체적 보편"의 총체적인 이해에 도달하기 위한, 그리고 귀스타브 플로베르라고 불린 한 개인의 삶의 일관성에 도달하기 위한 방법적 탐구였다.

4. 사르트르의 플로베르

사르트르는 『집안의 천치』의 첫 두 권을 출간한 다음날 인터뷰에서, 그가 작품 속에서 그리고자 했던 것은 "있었던 그대로의 플로베르"가 아니라 그가 "상상한 대로의 플로베르"[58]였다고 밝힌 바 있다. 그리고 한걸음 더 나아가 독자들에게 자신의 "플로베르"를 한 권의 "진짜 소설 roman vrai"[59]로 읽어 달라고 주문하기까지 한다. 이후에도 사르트르는 기회가 될 때마다 『집안의 천치』에서 추구한 진리가, 존재했던 그대로의 플로베르의 실제 삶에 대한 역사적 진실일 수 없음을 밝혔다. 이미 『구토』를 쓸 때부터, 사르트르는 역사가의 작업을 통해서는 진리에 도달할 수 없다는 사실을 충분히 인식하고 있었다. 『구토』에서 로캉탱은, 자신이 과거의 역사에 대한 진실성을 보장할 수 없음을 깨닫고 롤르봉 후작 Marquis de Rollebon의 전기 집필을 포기하지 않았던가.

---

58 Sartre, *Situations X*, p. 94.
59 "플로베르에 대한 작업은 소설로 간주될 수도 있어요. 저는 사람들이 그건 **진짜** 소설이야라고 말해 주길 바라기까지 합니다"(*Situations IX*, Gallimard, 1972, p. 123); "나는 내 연구가 하나의 소설로 읽히기를 원합니다. 사실 그것은 한 인생 전체의 실패로 이어지는 한 성장 과정에 관한 이야기이기 때문입니다. 동시에 나는 그것이 진리라고 생각하면서 사람들이 읽어 주었으면, 그것이 **진짜** 소설이라고 생각하면서 읽어 주었으면 합니다"(p. 94, 이상 강조 인용자) 등등.

하긴 그렇다. [롤르봉이] 이 모든 일을 할 수 있었을 것이다. 그러나 증명되지는 않았다. 나는 아무것도 증명될 수 없다는 생각이 들기 시작한다. 그것들은 온당한 가설일 따름이고 사실들을 설명해 줄 뿐이다. 그러나 나는 이 가설들이 나에게서 나온 것이며 단지 나의 지식을 종합하기 위한 하나의 방법에 불과하다는 사실을 잘 알고 있다. 롤르봉 쪽에서는 한 줄기 빛도 나오지 않는다. (…) 나는 순전히 상상적인 일을 하고 있는 것 같다. 또 한 번 나는 차라리 소설의 인물들이 더 진실해 보일 것이라고, 어쨌든 더 재미있을 것이라고 확신하게 된다.[60]

그러나 사르트르가 플로베르 전기를 쓰면서 다시 역사가의 작업으로 되돌아왔을 때, 전기 작가로서의 그의 입장은 더 이상 고전적인 역사가의 위치가 아니라 소설가의 위치가 된다. "있었던 그대로의 플로베르"가 아니라 그가 "상상한 대로의 플로베르"를 그리고자 했으니 말이다. 1961년 절친했던 친구 메를로퐁티가 사망하자 그에 대한 추모의 글을 쓸 때에도 사르트르는 이와 비슷한 생각을 지닌 채 작업을 한다. 메를로퐁티에 대한 전기적 추모의 글 속에서 사르트르는 이렇게 말하고 있다. "내가 그려 보이고 싶은 것은 그라는 사람이며, 그가 자기 자신에게 어떤 사람이었는지가 아니라, 그가 나의 삶 속에서 체험된 모습, 내가 그의 삶에서 그를 체험한 그대로의 모습을 재구성하려는 것이다. 내가 얼마나 진실할지는 알지 못한다. 사람들은 나에게 이론의 여지가 있다고 볼 수도 있을 것이고, 그를 그려 낸 내 방식으로 인해 나를 부정적으로 볼 수도 있을 것이다. 그 점은 동의한다. 하지만 어쨌든 나는 성실하다. 나는 내가 이해했다고 생각한 것을 말하고 있기 때문

---

60 Jean-Paul Sartre, *La Nausée*, in *Œuvres romanesques* (Gallimard, Pléiade, 1981), p. 19.

이다."[61] 이것은 바로 사르트르가 소설가로서 쓰고자 했던, 혹은 소설가가 쓸 수 있다고 생각하던 것에 대한 주제의식과 일맥상통하고 있다. 사르트르는 소설 『자유의 길』을 중도에서 포기한 이유를 설명하는 한 인터뷰에서, 소설이라는 형식의 한계와 작가로서 쓸 수 있는 글의 범위를 이렇게 제안한다.

> [사르트르] 한계가 있지요, 그리고 저는 그 한계를 지켜야 한다고 생각합니다. 절대로 정직하게, 엄격하게 경험에 의해 포용되는 것에 대해서만 글을 써야 합니다. 제가 쓸 권리가 없는 것들이 있는 것입니다.[62]

"절대로 정직하게, 엄격하게 경험에 의해 포용되는 것에 대해서만 글을 써야 한다"는 이 말 속에 바로 작가 사르트르를 이해할 수 있는 열쇠가 들어 있다고 생각된다. 이것이 바로 사르트르가 순수소설을 포기하게 되는 원인이고, 또 타인의 전기작품을 통해서 다시 소설적 욕구를 충족하는 방식이다. 다시 말해서, 순수한 의미에서의 소설을 포기하고 『집안의 천치』와 같은 전기비평을 통해 현실과 허구의 경계선상에서 글을 쓰고자 하는 사르트르에게 '진리'의 문제는 바로 작가의 경험으로 포용된 것만을 쓰려는 '정직성', 혹은 작가가 이해한 것만을 쓰려는 '성실성'이 그 판단의 척도가 될 수 있다는 것이다. 그렇다면 우리는 사르트르가 말하는 "진짜 소설"이라는 표현에서, '진짜vrai'라는 형용사가 의미하는 그 진실성을 이렇게 생각해 볼 수 있다. 즉 만일 사르트르의 말대로, 그 진실성이 자체 내에서 보장되는 절대적 사태라는 것이 존재할 수 없다면, 그리고 언제나 나의 주관성이라는 거울에 비춰

---

61 Jean-Paul Sartre, *Situations IV* (Gallimard, 1964), p. 264.

62 "Le Silence de ceux qui reviennent...," entretien avec Maria Craipeau, *France Observateur*, 10 septembre 1959, pp. 12-13.

진 사태들만 존재할 뿐이라면, 진리라는 것은 사실 자체에 있는 것이 아니라 그것을 반영하는 거울 위에, 다시 말해서 그 사실들을 이해하고 그 이해한 바를 기술하는 나의 주관성에 있다고 말할 수 있는 것이다. 따라서 사르트르가 플로베르를 그가 상상한 모습대로 그렸다면, 그가 『집안의 천치』에서 보여 주고자 한 진리란 귀스타브 플로베르와 관련된 객관적 사실들에 있는 것이 아니라 바로 그 사실들을 비춰 보이고 있는 사르트르의 주관성 내부에 있는 것이다. 이러한 관점에서 본다면 플로베르의 전기비평인 『집안의 천치』는 '소설'에서 다시 사르트르의 '자서전'으로 넘어가게 된다.

사실 플로베르 연구자들과 사르트르 연구자들이 『집안의 천치』에 대해서 의견 일치를 보는 점이 하나 있다면, 바로 이 플로베르의 전기비평 작품 속에서 정작 플로베르는 사르트르가 자기 자신을 찾아 나가는 과정에 있어서의 하나의 매개 역할을 담당하고 있다고 보는, 다시 말해서 『집안의 천치』를 사르트르의 자서전적 기도의 연장선에서 해석하는 것이다. 사르트르가 『집안의 천치』에서 '귀스타브'를 이야기하고 있는 것은 사실이지만, 그것은 이 귀스타브가 사르트르 자신의 억압된 내밀한 자아를 그 어디에서보다 더 잘 드러내 보여 주기 위해서라고 본다. 그래서 이렇게 추측해 보는 것이다. 만일 사르트르의 본격적인 자서전 『말』(1964)이 "자기 내부에 지니고 있을 수 있는 모든 주입된 것에 대하여 스스로 이의를 제기하기"[63] 위하여 의식적으로 쓴 것이라면, 보완적으로 『집안의 천치』는 자기 내부에 "천성적으로 타고난" 모든 것을 털어 내기 위해 쓴 것이 아니었을까? 즉 사르트르가 자서전에서 신랄하게 스스로를 비판하며 의식적으로 행한 청산 작업에도 불구하고 여전히 ─ 그리고 가끔은 자신도 모르는 상태로 ─ 남아 있는 모든 잔재들을

---

63 "Jean-Paul Sartre s'explique sur *Les Mots*," *Le Monde*, 18 avril 1964.

완전히 씻어 내리려고 애썼다는 의미에서, 그리고 자서전에서는 밝힐 수 없었던 자신의 인생의 후미진 구석까지 밝혀 보려고 애썼다는 의미에서 『집안의 천치』는 일종의 『말』의 후속편이 아니었을까? 그래서 마치 우리가 자기 얼굴이 드러나지 않는 가면무도회에 가게 되면 평소보다 훨씬 더 자유분방하고 솔직하게 행동할 수 있는 것과 같은 논리로, 사르트르는 타인의 가면, 여기서는 플로베르라는 가면 뒤에서 스스로를 더 적나라하게 다 드러내 보여 줄 수 있지 않았을까? 자신이 쓴 '플로베르'를 한 권의 소설로 읽어 달라고 권유하면서, 사르트르는 자기 자서전에서보다 이 전기비평 속에서 그에 대한 더 많은 진실과 내밀한 모습들을 알아차릴 수 있게 해 준 것이 아닐까? 사르트르의 전기비평 작품들에 대한 클로드 뷔르줄랭의 해석도 우리의 추론을 뒷받침해 준다.

보들레르와 주네, 플로베르 등의 인물에 대한 비평적 탐구는 자서전적 글쓰기에 새로운 지위를 부여하는데, 그 이유는 사르트르가 랭보적인 공식[64]을 뒤집어서 어떻게 타자가 나인가를 보여 주고 있기 때문이다. 요컨대 사르트르의 요지는 타자는 바로 남이라는 이유로 나를 훨씬 더 자유롭게 말할 수 있게 해 준다는 것이다. 나의 상상계는 전혀 불편함 없이 스스로를 표현할 수 있는데, 그러한 것은 상상이 마음껏 내달리지 못하게 검열로 통제하는 고전적인 자서전의 방식에서는 허용되지 않는다.[65]

아마도 이런 의미에서 우리는 『집안의 천치』에 대해서 자서전보다 '더 진짜 같은' 소설이라는 말을 할 수 있을 것이다. 다시 말해서 작가가 저자와 주인공의 동일성을 거부함으로써 자기의 상상력을 마음껏

---

64 랭보가 자신의 유명한 한 편지에서 쓴 "나는 타자다(Je est un autre)"라는 표현을 말한다.
65 Claude Burgelin, "De Sartre à Flaubert ou la genèse d'un roman vrai," *Revue d'Histoire Littéraire de la France*, juillet-octobre 1981, p. 692.

펼칠 수 있는 소설적 형태 속에서, 우리 독자들은 작가 자신에 대해 공공연한 자서전에서보다 더 진실하고 깊은 내용들을 건질 수 있는 것이다. 사르트르의 "진짜 소설"은 바로 이러한 의미로 받아들여야 할 것이다.

두브롭스키가 말한 것처럼,[66] 사르트르에게 귀스타브 플로베르는, 마치 플로베르에게 에마 보바리가 그런 것처럼, 한 명의 작중 주인공이다. 상상의 플로베르에게 이것을 '말하게' 하고 저것을 '생각하게' 만들면서 사르트르는 자신의 존재를 고스란히 그에게 투사하여, 우리에게는 플로베르에 대한 진실 못지않게 자기 자신에 대한 진실을 전달한다. 더 나아가 '나'와 '타자'의 이 숨바꼭질 속에서, 자기 혼자만의 이야기가 아니라 모든 작가들에게 보편적으로 다 적용될 수 있는, 글쓰기를 평생의 업으로 선택한 사람의 한 진실을 보여 주는 데 성공하고 있다. 사르트르가 플로베르에 대한 그의 연구를 "한 인간에 대해서 무엇을 알 수 있고 어떻게 그 인간의 전체를 설명할 수 있을까"라는 인간학적인 차원의 질문에서 시작하기는 했지만, 이 시도는 뒤로 갈수록 하나의 자서전적인, 그러나 객관화된 자서전적 문제로 변모하여, 결국엔 "어떻게 한 인간이 글을 쓰는 사람이 되고, 상상적인 세계 속에서 말하고 싶어 하는 사람이 되는지"[67]라는 한 작가의 자아를 탐구하는 질문이 되어 버린다.

결국 『집안의 천치』는 사르트르 문학의 본질인 자서전적 탐구의 종착역이라고 말할 수 있다. 젊은 시절부터 일상의 생활에서 새로운 위대한 사상을 추출하면서 세상을 설명하는 '철학자'이자 동시에 자신의 진리를 추구하면서 자신의 사상들을 가장 아름다운 형태로 담아 내는

---

66 Doubrovski, "Une Etrange toupie," p. 16.
67 Sartre, *Situations IX*, p. 134.

'소설가'가 되고자 했던 사르트르는, 이 야망을 위해 끊임없이 현실과 허구를, 개체적인 것과 보편적인 것을, 그리고 나와 타자를 융합하려고 시도했다. 그리고 그의 '플로베르론'은 이러한 기획의 제일 꼭대기에 위치한다. 소설과 전기비평과 자서전의 경계를 허물면서 한 자아가 타인의 이야기 그물 속에서 가려졌다가 나타나기를 반복하는 과정에서 '진실'이라는 특수한 효과가 솟아난다. '사르트르화된' 플로베르는 분명 '진짜' 플로베르도 아니고 '정확한' 플로베르도 아니지만, 바로 이 플로베르를 통해서 모든 객관적인 해석의 틀이 무너지고 사르트르와 플로베르가 결합한 하나의 진리가 나타나는 것이다. 『집안의 천치』를 한 편의 "진짜 소설"로 읽는 우리 독자들은 "보바리가 바로 나야!"라고 외치는 플로베르처럼, "귀스타브 플로베르는 바로 나야!"라고 외치는 사르트르를 상상한다. 그리고 뒤돌아 서면서 "또한 당신이기도 하고!"라고 나직이 덧붙이고 있는 사르트르의 모습을 눈앞에 떠올리게 된다.

사르트르의 베네치아

『알브마를 여왕 혹은 마지막 여행자』

장 근 상

> 베네치아에는 분명 어떤 **실재의 결핍**이 있다.
> 그게 베네치아를 어둡게 한다.
> 창백한 하늘의 번쩍임들이 물위에 만든 신기루인가.
> 나 또한 신기루라 느낀다. 아주 자주.
> 사라질 것이다. 모든 게. 그리고 오로지 물만 남을 것이다.[1]

1. 머리말

1951년 10월 17일 사르트르는 이탈리아로 기차 여행을 떠난다. 얼마 전 런던에서 이번 여행의 동행자 미셸 비양에게 미리 편지를 보냈는데, 이때 그가 시도하는 새로운 글쓰기를 암시한다. "17일 기차를 타

---

1 Jean-Paul Sartre, *La Reine Albemarle ou le dernier touriste* (Gallimard, 1991), pp. 105, 107. 이하 『알브마를』로 약칭하고, 인용은 쪽수만으로 표기함.

면서 나는 주머니에는 두 손을, 가방에는 백지를 넣어 두겠소. 무엇을 쓴다지? 수많은 생각은 있지만 모르겠소. 그런데 모른다는 게 더 즐겁소." 참여문학에 대한 기치를 드높인 지 벌써 3년여, 그리고 『더러운 손』(1948)의 '속편'이라며 내놓은 『악마와 선신』이 약 넉 달 전부터 공연되어 이미 100회를 넘겼다. 이 연극에서 그는 신을 벗어난 인간의 '도덕' 문제와 수단으로서 폭력의 정당성을 제기한다. 그런데 소재의 일부가 되었을 법한 한국 전쟁이 한창이던 그즈음에도 참여적 글쓰기와 동떨어진 형태의 글을 생각해 낸 것이다. 아마도 이탈리아를 사랑하던 많은 선배 작가들처럼 그도 자유로움과 새로움을 찾는 문학적 객기를 보인 듯하다. 로마, 나폴리, 카프리를 거쳐 10월 21일부터 베네치아에 머물게 되는데, 1938년 『구토』를 출간한 후 처음으로 물과 돌과 하늘, 등등의 사물과 그 이미지, 보이는 것과 보이지 않는 것, 그리고 그 너머와 시간에 대해 성찰한다. 물론 이 글들이 사르트르의 유일한 '비참여문학'은 아니다. 『구토』를 전후로 발표된 작품들, 예컨대 단편소설 「벽」과 희곡 『닫힌 방』 등 거의 모두 사회로부터 격리된 상황에 머물고 있다. 물론 스페인 내란 등과 같은 정치적 상황이 암시되기는 하지만 대부분 배경에 그치고 주로 '죽음'과 '자기기만'과 같은 형이상학적 주제들이 다루어지기 때문이다. 그리고 자코메티론과 같은 예술에 대한 제반 평문들이 그렇다. 하지만 이 기행문학은 특히 시기적으로 참여문학 한가운데에 위치하며 4년여에 걸친 프랑스 공산당과의 밀월 관계를 바로 앞에 둔, 말하자면 1952년 사상적 전향의 바로 이전이기 때문에 더더욱 우리의 관심을 이끈다.

그런데 이 계획도 자코메티에 대한 평문처럼 중단되고 만다. 자코메티론은 나중에는 지겨워져서 포기하였다고 하지만 베네치아 기행문은 그 경우가 다르다. 포기가 아닌 중단이었다. 결국 영원한 중단이 되고 만다. 여기저기 산재해 발표된 글 몇 편처럼 미완성 상태이며 원고도 제대로 남아 있지 않다. 다만 작가가 교정이나 첨삭 대신 꾸준히 새로 작성하였기 때문에 때때로 중복되더라도 다행히 남아 있는 조각들이 있다. 애초의 포부는 대단했다. 이탈리아는 여행 이상의 중요한 대상이었다. 역사 전반과 주관적인 것의 종합을 시도하였다. 작가의 기억으로는 1950년과 1959년 사이에 수행되었으며 전체 100여 장 중에서 20장은 '곤돌라의 찰랑거림'에 대한 것이었다고 한다. 중도 포기의 이유는 역사와 주관의 종합이라는 이 시도에 걸맞은 시각을 조율해 내지 못한 데 있었다 하더라도 이탈리아에 대한 집필 자체는 기쁨이었다. 최종본이 아닌 이 글들은 그럼에도 그의 양녀 아를레트 엘카임의 선택적 편집으로 1991년 출간된다. 이 책은 여행의 순서대로 기행문을 정리하였는데, 이미 1952년과 1953년 잡지에 실린 「한련 화단旱蓮花壇」과 「내 창가에서 보는 베네치아」를 제외하면 나머지는 작가가 그다지 집착하지 않은 글일 수 있다. 그렇지만 그중 베네치아에 대한 글들은 정리되지 않은 형태로도 우리의 눈길을 사로잡는다. 베네치아에 들이대는 감성이 그가 학생 시절 좋아하던 프루스트와 지로두를 연상시키고, 베네치아에 대한 사전의 독서량도 충분히 짐작할 수 있기 때문이다. 삼사일에 걸친 체류 기간의 기행문은 도착 시점부터 시작해서 총독 궁전 방문 후 곤돌라와 도보 산책으로 이어지고, 빗속 풍경 그리고 베네치아의 '물'이 가지는 의미로 마감한다. 하지만 어떤 묘사도 완성되지 않았다. 예상치 못한 어려움 때문에 이본異本들은 늘어만 가고 아마도 이미지의 포화 상태에서 글이 길을 잃었을 수 있다. 그것도 묘사의 이미지보다는 환상의 이미지들이었기 때문에 더 어려웠을 것이다.

하지만 환상적 이미지가 이 글의 매력이다. 스탕달 혹은 뮈세Alfled de Musset를 연상시키며 이탈리아에 대한 사르트르적 애착이 돋보인다. 군데군데 열거된 '죽음과 환각'의 표현들과 그 밖에 '물과 돌의 반복성'을 통해 『구토』 이후 수정한 시간관을 개진하는 부분들이 또한 그렇다. 이전의 『보들레르』(1944~1947), 『말라르메』(1948~1986), 『성 주네』(1950~1952)와 이후의 플로베르론 『집안의 천치』(1971~1972)처럼 한 특정 개인과 사회의 동질성을 찾으려는 참여적 시도와는 다르게, 익명의 여행자인지 창문에서 바라보는 작가인지 구분되지 않게 설정된 화자의 비참여적 탐문과 사색이라는 차이에 이 기행문학의 특수성이 있다고 본다. 우리는 이러한 작가의 시도가 구현하고자 하였던 이미지와 실재 간의 긴장을, 그리고 베네치아라는 실재에서 발견하는 '부재 이미지의 실재성'을 가까이 살펴보면서, 작가가 10년 전 『전쟁 수첩』[2]에서 드문드문 소개하였던 문학관과 비교하기로 한다.

2. 바닷가재

사르트르는 보부아르와 1933년 베네치아를 처음 여행하였다. 그에게는 이탈리아가 그다지 매력적이지 못했다. 금세 이탈리아에 반해 버린 보부아르와는 다르게 사르트르는 피사의 사탑을 오르며 "이 나라는 너무 메마르다"고 불평을 하였고, 베네치아 리알토 다리 옆에서도 갈색 군복의 게슈타포를 처음으로 보고 놀랐다고 한다. 다시 보부아르와 함께 1936년 베네치아를 찾는다. 그 당시 사르트르는 행복하지 않았다. 그들과 함께 '트리오'를 이루던 올가Olga로부터 그는 자신이 원하는 독점적인 '우정' 관계를 이끌어 내지 못하고 있었다.[3] 1935년 사르트르는 메스칼린이라는 환각제를 복용하며 자신을 상대로 상상력 실험을 하

---

2 Sartre, *Carnets de la drôle de guerre* (Gallimard, 1995). 이하 『전쟁 수첩』으로 약칭하고, 인용은 'CDG, 쪽수'로 표기함.
3 이 '트리오'와 관련해서는 이 책 제3부의 강초롱, 「윤리적 실존주의의 관점에서 본 타인 살해의 의미」 도입부 참조.

였고 그때 그에게 철학 개인 교습을 받던 올가가 그를 간호하였다. 보부아르의 회고담에 따르면 그는 서서히 올가에게 마음이 집중되었다. 마치 지드의 『전원 교향곡』에서 제르트뤼드를 향한 목사의 무위적이고 배타적인 사랑으로 그것도 올가에게 어떠한 행위로도 표현되어서는 안 되고 오로지 "음화陰畵적으로만 표현되어야 하는" 특권적이고 독점적인 관계를 요구하기에 이른다. 갈리마르 출판사로부터도 『구토』의 출판이 거절당했으며, 귀양에 가까운 르아브르 생활에서 벗어나지 못하던 시기였다. 게다가 베네치아 여행중 하루의 숙박비를 아끼기 위해서, 그들은 어느 하루 밤늦게까지 카페를 전전하고 운하를 따라 골목을 쏘다니며 밤을 지새운 적이 있었는데, 새벽 여명과 함께 호텔에 투숙하고 밀린 잠을 자기 시작하였다. 나중에 보부아르에 따르면 사르트르는 바로 그 밤도 내내 그를 따라다니던 '바닷가재'에 시달렸다고 한다.

바로 이 기억을 15년 후인 1951년 베네치아를 찾자마자 떠올린다. 그때까지 자살이란 생각은 해 본 적이 없는데 그 밤에는 그 생각에 두려웠다고 회상한다. 그런데 1939년 11월 『전쟁 수첩』에서 사르트르 스스로 고백한다. 1935년 3월부터 1937년 3월까지 2년간 메스칼린 투여로 초래된 자신의 광기와 또한 같은 시기 올가에게 쏟은 정열로 최악의 불행을 경험하였다. 올가에 대한 사랑은 모든 그의 '인습적 불순물'을 소진시켜 그는 "뻐꾸기처럼 여위었다". 처음으로 누군가 앞에서 초라하였고 무장 해제된 느낌까지 받았으며 계속된 오해로 자신이 늙고 끝났다고 생각하였다. 그래서 "여러 번 죽음도 생각하였지만 별로 무섭지 않았다"고 술회한다 (CDG, 275-76). 베네치아의 제방과 그의 발끝을 찰랑대는 물결이 건네준 자살의 단상은 눈앞을 가리는 달콤한 유혹이었겠다.

여하튼 그때 개인적인 불행이 지금 베네치아의 이미지를 채색하는 것이다. 게다가 바레스와 토마스 만에게서 베네치아와 죽음을 연결시키는 코드를 확인하게 되자, 베네치아는 죽음과 소멸의 상징으로 바뀐다. 거리의 걸인에게서 몇 세기 전 총독의 모습을 엿보며, 지금까지 이 베네치아의 역사를 반복적인 파장으로 찰랑대는 물의 실재와 그 위에 반영된 이미지를 닮은 돌 문양들에서 중첩과 동시에 반복의 이미지를 찾아내기에 이른다. 작가는 자살의 두려움이라 표현하지만, 베네치아의 실제 주인공인 물과 돌의 이미지를 대하며 아마도 15년 전 그순간에는 그중 유일하게 사라질 인간의 유약함에 전율하였고, 그에 따라 올가 앞에서 한없이 왜소하고 비참하였던 그 가벼움이 더욱 깊은 회한으로 살아났는지 모른다. 그런데 이 젊고 '광기와 불행'에 숨 가쁘던 시절, 특히 바닷가재에 시달린 밤의 어느 순간, 작은 뱃길 가에 이르렀을 때 어디선가 헐떡거림 같은 기이한 소리가 들렸다. 하지만 이윽고 그게 골목 건너 어느 창문에서 들리는 남자의 코골이 소리임을 확인하게 되자 그순간부터 베네치아는 그에게 "집처럼 편한 곳", "언젠가 살아 본 적이 있는 느낌을 주는 몇 안 되는 도시들 중의 하나"가 된다.[4] 그래서 개인적 걱정거리를 여행에 가져가는 것도 그 도시를 조금이지만 소유하게 하는 흔치 않은 방법임을 알게 되었다고 한다 (66).

이 중단된 기행문을 통틀어 이 부분만큼 작가가 자신과 자신의 기억을 선명하게 드러낸 경우는 없다. 이런 예외를 제외하면, 나머지는 말 그대로 '문학'이고, 화자를 앞세운 '이야기'이다. 하지만 그의 화자는 『구토』에서 누누이 해설한, 이른바 '전기傳記적 환상'에 대한 실망[5]과 극복 체험을 의식하며 자유를 도덕 너머로 위치시키는 직관의 시각을 취한다. '전기적 환상'이란 사실 이야기 그 자체이다. 이미 행위의 끝을 알고 구술하는 이야기와 자서전식 방식으로 사건들이 오히려 내게 도

---

4 하지만 과학자들은 이러한 문학적 상상과는 전혀 다른 접근을 한다. 이른바 이 '기시감' 현상은 "인간의 두뇌가 흡사한 두 상황 사이에서 차이를 구별하려고 애쓸 때 일어나는 기억상의 문제"라며 기억을 담당하는 두뇌의 해마, 그중에서 '해마치아이랑(DGH)'이라는 작은 부위가 이를 관장한다고 한다.
5 로캉탱은 결국 깨닫는다. "모험은 없다."

래하기를 원하는 희망과 착각이다(*CDG*, 279). 자서전처럼 물론 이야기의 결말도 이미 시작 첫 줄부터 암시되어 있는데, 그래서 구조상 이른바 '예고'와 '필연성'의 착각을 주는 '모험의 느낌'은 이야기의 속성이다. 그런데 그 느낌이 책 속에서뿐 아니라 삶 속에서도, 그리고 한낱 순간의 느낌으로만이 아니라 나의 일상을 온통 지배하는 전반적인 삶의 형태가 되기를, 다시 말해 '이야기된 삶', 혹은 '느낀 사건', 혹은 '모험'이 내가 겪는 삶 자체와 동일하기를 Anny와 로캉탱, 그리고 나도 희망한다. 또한 로캉탱과 아니가 결국 체념하고 받아들이는 '우연성'이라는 진실이 아니라 '필연성'이라는 허구를 생명으로 하는 예술은 '아름다운 삶'을 최종 목표로 하는 상상이고 일종의 자기기만이기도 하다.

그래서 사르트르 자신의 표현대로 "원숙한 나이에 쓴 『구토』"라는 『알브마를』에서는 사물은 비로소 이야기에서 해방되었고, '여행자'는 직관의 자유를 한껏 누린다. 작가 스스로 화자와 동일시하는 이 부분은 여행에서 시도한 새로운 글쓰기 형태의 일환이고, 이야기의 구조를 벗어난 직관과 자유를 한껏 펼쳐 보려는 시도이다. 『구토』가 소설의 서술성을 '일기체 소설' 형식으로 위장하였다면, 『알브마를』은 이야기 자체를 부정하고 '기행문학'의 형식을 빌리며 전통적 화자의 규정을 허문다. 사르트르의 '여행자'는 그 자신도 시선의 대상이 되고, 조롱의 대상이 될 수 있는 '타자'로서의 '나의 동류'이다. 그러므로 역사와 개인적 기억의 거리가 문제가 되지 않는다. 예컨대 총독과 부르주아, 그리고 베네치아 전체의 역사적 선택에 대해 설명하는 화자와 이 글 초두에 인용한 제사題辭의 화자는 전혀 다른 화자이지만 작가의 새로운 시도에 전혀 문제 될 것이 없어 보인다. 이 글을 정리할 수 있는 정연한 순번이나 시간적 지표 그리고 논리적 전개가 없다. 그래서 잠정적인 답변이나 정의로 일관하는 이 형태는 단숨에 정해진 그 제목처럼 그야말로 새로운 형태의 자유분방한 기행문학을 이룬다.

3. 켈트 인의 신앙

1938년 『멜랑콜리아Melancholia』는 『구토La Nausée』로, 1961년 『토지 없는 장Jean sans terre』은 『말Les Mots』로 제목이 바뀌어 출간되는데, 이 글모음은 작가가 원한 제목 그대로 『알브마를 여왕 혹은 마지막 여행자』로 출간된다. 무명 작가 신분이었다면 역시 상업적인 이유로 변경되었을 가능성이 있는 제목이다. 그럼에도 제목이 그대로 고수된 것은 아마도 작가에 대한 추모의 뜻이 더 반영되었기 때문일 거라고 생각해 본다. 그런데 이 제목에는 『멜랑콜리아』의 부제로 사르트르가 희망했지만 출판사 사장 갈리마르 씨의 반대로 뜻을 이루지 못한 『앙투완 로캉탱의 비일상적 모험들: 모험은 없다Les Aventures extraordinaires d'Antoine Roquentin: il n'y a pas d'aventures』의 흔적이 보인다. '모험aventures'은 '여행자touriste'로, '비일상적extraordinaires'은 '마지막dernier'으로 바뀌었을 뿐, 이국 취향과 상징적 글쓰기가 혼합되어 그려진 환상의 세계가 『구토』와 흡사하다. 중요한 건 한 도시와 여행자와의 관련이 여행자가 행여 그 도시에 씌워진 마법을 풀게 되는지 여부 혹은 우연에 달렸다는 메시지이다. 『스왕네 집 쪽으로』에서 프루스트가 '켈트 인의 신앙'을 소개하는 이유도 그렇다. 보들레르에게 있어 자연은 인간에게 '때때로' '알 듯 모를 듯한' 말들을 들려주고 인간이 상징의 숲을 지나가면 친근한 미소를 지어 주기도 한다. 그처럼 인간은 문학을 통해 우주와 사물의 정수에 가까이 가려 한다. 그런데 어떤 죽은 이의 영혼이 어느 하등동물 같은 사물에 사로잡혀 우리로부터 버려진 채로 있다가 우연히 우리가 그 곁을 지나거나 그것을 손에 넣거나 하는 경우 비로소 그 영혼은 마술에서 풀려나 우리와 함께 다시 살게 된다고 켈트 인들은 믿는다고 한다. 그들처럼 프루스트도 이런 일은 순전히 우연에 달려 있고 과거는 우리의 이성적인 노력이나 의지로 되살릴 수 있는 게 아니라고 믿는다. 설령 인류가 지상에서 사라져도 우리의 감각 그중에서도 미각과 후각은 가장 마지막까지 남아서 우리의 과거라는 '건축물'을 굳건히 지킬 것이다. 과거의 기억을 다시 찾아오는 것도 "순전한 우연", "의식의 간헐적인 용출", "감각적 기억"에 의해서만 가능하다. 가장 대표적으로 알려진 예가 보리수차에 담근 마들렌 과자 한 조각에 대한 화자 마르셀의 미각적 기억일 것이다. 그다음 마르셀이 마르탱빌 종탑과 비외비크 종탑의 어떤 인상에 사로잡혀 있다가 아주 우연하게 그 마법을 풀게 되자 종탑의 "닭은 드디어 알을 낳고", 숨겨졌던 비밀은 글로 술술 풀려나오게 되고, 또한 로캉탱이 의지와는 무관하게 마로니에의 서로 엉킨 뿌리에서 '관념'의 족쇄를 풀어주게 되자 그 덕분에 '존재'가 비로소 제 모습을 드러내는 것처럼, 여행도 마찬가지이다. 오래전 여행 당시 우연히 어느 남자의 코골이 소리 덕분에 이상하리만큼 금세 친숙해진 베네치아에서 돌과 물과 빛에 대한 어떤 소속감에까지 이르자, 베네치아는 '여행자'에게 그만큼 더 가까이 그 비밀을 풀어 놓기 시작하는 것이다. 그래서 엘카임의 표현대로 베네치아는 사르트르를 받아들이며 "그 현전이 진동하게" 된다 (11).

이와 같이 화자 '나'는 한 여행자의 '나'인 동시에 50년대 식 여행자의 시선을 깨트리는 마지막 여행자, '나'이기 또한 바란다. 그럼에도 나는 도시의 죽은 망령들이나 그들의 부재를 현상하려고 "한 줌 여행 살충제를 뿌리며 지금의 주민들을 죽이는" 여행자,[6] 그리고 "주민을 느끼지도 보지도 않으며 도시와 관련짓지도 않는 여행자"(64-65), 마치 "원한"이라도 가진 듯한 "가장 신비감이 결여된" 그런 여행자들과 동류

---

6 이 글을 작성하던 당시 한국 전쟁이 한창 진행중이었고 북한군과 중공군은 국제사회에 미국의 세균전 내막을 고발한다. 여행자들이 마구 사진을 찍어 대는 행위가 정작 베네치아를 수호하는 정령을 '전멸'시킬 것이라 상상하며 작가는 매일 정치면을 장식하던 세균전 진실 공방에 대한 관심을 이렇게 멀리서 우회적으로 표명하는 것이다.

의 여행자이기도 하다. 그래서 곤돌라의 안내인뿐 아니라 도시 전체로부터 여행자이기를 강요받는다(71). 하지만 '나'는 냅다 사진이나 찍어대는 '여행 살충제'를 휴대하지 않은 여행자이기도 하다. 그리하여 베네치아의 물과 돌에게 그들을 알아보는 시선을 건네자 그들도 친숙하게 '나'에게 자신들을 드러낸다. 베네치아의 고딕은 선민들의 정교함이고 아라베스크 식의 여흥이다. 브루넬레스키가 피렌체의 두오모를 설계할 때처럼 프랑스의 고딕보다 더욱 깊게 패인 홍예虹霓ogive의 정밀 취향préciosité으로 물의 운동의 반영을 보여 주기도 하고, 그 반영(홍예와 원)의 반복과 변형과 교차에서 물과 돌의 관계를 귀띔해 주기도 한다(73, 179). 이 모두를 설명하는 것은 아무래도 베네치아의 죽은 자들이 아니라 '베네치아의 죽음'이 가진 '얼굴'에 대한 매료이다. 이 죽음은 무엇이고, 어디서 오는가. 여행자는 바로 베네치아의 물에서 해답을 찾는다. 아니다. 오히려 물이 직접 자기가 바로 베네치아의 과거(78)라고 주장한다. 롬바르디아 인들의 침공으로 로마 제국이 겪은 두려움과 도주의 기억까지 아직 자기가 간직하고 있으며, 수백만 개의 유릿조각 같은 빛으로 지금은 돌무덤으로 뒤덮인 아주 오래된 죽음들마저 흔들어 일깨우길 계속 반복하고 있다는 내밀한 속내까지 전해 준다(79). '베네치아의 죽음'이 베네치아를 이해하는 데 탁월한 '열쇠'라면, 살충제를 휴대하는 여행자들이 보지 못하는 '죽음의 얼굴'은 베네치아의 물인 것이다.

4. 닮음과 뒤바뀜

이와 같이 물이 '범인'이다. 석호의 물은 "틈새로 흐르는 수액처럼" 모두를 흔들고 해체시키고 부패시키며 물러지게 한다. 돌 또한 피해자다. 베네치아의 돌들은 두드러짐이나 뚜렷함이 없고, 희미한 색조를 가진다. 그건 '액체 궤양', 즉 물이 그들을 갉아먹고 죽음으로 몰아 대기 때문이다. 또한 석호에 비친 이미지에 의해서도 죽음은 암시된다. 궁궐들의 불안정한 반영 역시 외양이고, 외양은 실재에 대한 항변이며 비존재로 통하는 길이기 때문이다. "물 위의 베네치아는 무無이다." 대부분 궁궐들은 수면을 통해 보이기 때문에 불안한 신기루가 된다. 그래서 그중에 유일하게 '금옥金屋Ca d'Oro'은 "초록빛 그리고 장밋빛, 벌써 오백 년 전부터[실은 1420년경 완성] 금옥은 아무렇게나 소용도 없이 만들어지고 부서졌다가 나타나고 사라졌다가 약간 왼쪽에 약간 오른쪽에 그러다가 배[공용버스에 해당하는 바포레토]라도 살짝 지나가면 단번에 날아가 버린다. 조심스레 잠시 쉬었다가 초록빛과 장밋빛, 끊임없이 만들지만 여전히 미완성"이라고 묘사된다(111).

돌도 물을 닮았다. 물은 죽음을 간직하고 되살린다. 그래서 죽음은 도시 전반에서 발견되고, 그만큼 베네치아의 주인공은 결국 물이다. 물이 결국 자신의 이미지를 도시의 것으로 만들게 된 것은 모든 게 물을 닮도록 존재로서 강요하였기 때문이다. 대운하 주위로 석호를 따라 세워진 돌 건축들도 마찬가지이다. 곤돌라 안내인의 손끝을 따라 보게 된 '금옥'은 갑자기 대면하게 된 '나', 여행자에게 "모든 기억들 속에 보석상자의 번득이는 맹수의 눈빛"을 내보이면서, 베네치아의 과거로 거스르는 일탈의 순간을 제공한다. 총독 관저를 본떠 서로들 경쟁하며 지은 건물들 중 가장 돋보이지만 아무도 모른다. 왜 이렇게 강한 이름을 가지게 되었는지를(71).

대운하에 전면을 드러낸 세습 귀족들의 모방 궁궐들에서 공통적으로 발견하는 건 홍예 장식이다. 홍예는 무지개 같은 반원을 말한다. 홍예와 원으로 갖가지 장식을 조합한다. 원을 궁륭 모양으로 변형시켜 '네 잎 무늬 장식'을 만들기도 하고(74), 홍예 안에 더 작은 홍예를 넣는 일종의 '홍예의 중복'을 만들어 내기도 한다(179). 홍예 못지않게

'여행자'의 시선을 끄는 것은 역시 '회랑'이다. 더욱 대담한 것은 역시 '금옥'의 회랑이다(72). 우선 '금옥'은 전면은 좌우로 2 대 3의 서로소素 비율을 가진 두 개의 네모 앞면으로 나뉘고, 우선 좌측면은 각 층마다 작은 사각 창문을 하나씩 갖기는 해도 '가득 참'을 나타내고, 우측면의 세 회랑은 마치 "체조 가족 피라미드"를 연상하게 하는, 각기 다른 너비와 굵기를 가진 기둥들로 "빔[梁]"을 형상화하였다. '화자'는 그래서 1층 회랑은 아버지가, 2층은 아들이, 3층은 딸이 '빔을 버티고 있는 빔'을 구성한다고 묘사한다(사진 참조).

역시 화자의 위상은 마찬가지로 모호하다. 이러한 롬바르디아 양식과 베네치아의 고딕 양식의 교묘한 종합은 '나'의 프랑스 취향에 맞지 않는다고 솔직히 불평한다(72). 그도 그럴 것이 최초의 고딕 양식 건축은 파리 노트르담 성당이며 이후 이탈리아와 유럽 전역으로 퍼져 나갔

금옥(Ca' d'Oro)의 좌측면(왼쪽)과, 우측면 세 회랑

기 때문이다. 화자는 궁궐의 마치 보석 상자 같은 이 우측면의 레이스 세공처럼 오려 낸 '빔'의 상감과 홍예 문양은 건축물의 수용 능력과 같은 현실적인 면을 고려하였다기보다는 베네치아 식 '정밀 취향'의 유행을 짐작케 한다고 해석한다. 잠시 쉬어 가자면 '정밀 취향' 또한 프랑스 17세기 전반 이래 살롱문학의 중요한 특징으로 예술 일반에서 흔히 볼 수 있는 프랑스 식 세밀한 인공미, 유기적인 작업성, 따라서 자연과 진실에 대한 일정한 유보라고 우리 나름대로 주석을 붙일 수 있겠다.

그러니까 '정밀 취향'의 베네치아 식 이본異本을 목격하는 화자의 불만은 베네치아의 홍예 장식이 발상지보다 더욱 정밀해졌기 때문일 것이다. 더 작은 홍예와 더 깊은 홍예를 파내고, 원에서 홍예로, 홍예에서 원으로, 이와 같은 끊임없는 변형의 거듭됨과 반복의 이미지는 마침내 화자의 직관에 의해 포착된다. 바로 베네치아의 물이다. 물의 움직임 [動]이 건축의 부동不動 속에서 재현되는 것이다. 물이 자기 반영을 벽에 투사한다. 돌이 물의 이미지가 된다. 돌이 물의 중복을, 물의 반복을, 물의 주저를, 그리고 물의 완곡을 닮으려 한다. 회랑, 즉 아케이드의 반복이 그렇고, 문양의 중복이 그렇다. 베네치아는 계속 거듭되는 이러한 '교차'에 길들여져 있다(74). 물이 이 혼란의 주범이다. 물속에 잠긴 듯 사물들은 '부질없이' 복잡해진다. 이와 같이 베네치아의 사물들은 물의 구석구석을, 물의 반복성을 그들의 무늬로 베껴 낸다. 제방 위에서, 운하 위에서 그 석회석 원圓들은 만들어지고, 해체되고 다시 만들어진다. 돌의 안정성은 물결의 파동에 의해 위협받고, 견고함은 무름으로 변형되고, 색채는 안개에 섞여진다. 우리는 화자의 다음 표현에서 화자의 상상력의 경쾌함과 동시에 한계를 본다. "궁궐들이 물에서 솟은 것인가 아니면 돌이 극한까지 유동성을 떠밀어 물을 만들어 낸 것일까?"

5. 베네치아의 공모자들

하지만 이 무용한 반복에서 '여행자'는 드디어 발견한다. 이성과 환상의 대비를, 그 대비의 무용함을 본다. 아니 적어도 이 순간만은, 그리고 베네치아에서만큼은 환상과 광기의 진실이 이성의 진실을 압도함에 안도한다. "내 발끝에서 일고 있는 거의 인간의 사고", "자신의 상대에게 끊임없이 사로잡힌 물의 생각"임을 본다. 그건 "우리의 생각이 아니라 자신 안에서 뒤얽힌, 우리의 환상의 생각"이다. 이 순간 이 물결의 생각은, 앞서 언급한 1936년 여행 당시의 작가 자신의 생각으로 또다시 환원된다. "자폐증의 악몽이, 가늘고 가는 광기가 내 발끝에서 찰랑거린다. 20년 전 나는 이 물결에서 내 자신의 광기의 모습을 보았지. 그러다가 얼굴을 들어 그렇게 정교하고 아라베스크 문양으로 태를 부린 궁궐들을 보았을 때, 갑자기 그 궁궐들이 그렇게 **멍청이 같고 짧아 보일 수가 없었지**"(112, 강조 원문). 하지만 그러한 자신도, 정신이상이 된 동료를 면회하고 오던 길인, 우울한 보부아르에 의해 견고하고, 확실한 이성의 대변자라고 힐난 받았던 억울한 기억이 있다(112). 그것의 진실을 오늘 한 번 더 확인한다. 그때 보부아르의 시선으로 오늘 작가는 궁궐들을 본다. 그들은 두 점 사이의 최단거리를 주장하는 똑바른 "합리적인 직선"으로 서 있고, "합리적인 가벼움"으로 중력을 극복하였음을 자랑한다. 모두가 합리적이고 모두가 기하학적이다.

그렇지만 건축물의 합리적 비율과는 대립적으로 베네치아의 물은 반대로 그 자체가 "음화적 개념"이다 (113). 베네치아의 물은 또한 "진짜 바다"를 감추고 있다. 그것은 베네치아의 공모다. 베네치아와 그 석호, 베네치아의 하늘과 물의 공모다. 궁궐의 밑 부분 돌들을 계속 부패시키는 베네치아의 석호는 "위장용 얇은 초록 셀로판지 밑을 잠행하는 진짜 바다를 바다 밑에 깔아" 놓고 있는 것이다 (104). (그들 앞에선)

"모든 게 분산되며, 허물어진다. 그러자 거대하게 팽창된 공허가 놓인다. 그야말로 위아래도 따로 없고, 가야 할 어느 곳도 없는데, 거의 투명한, 매끈한 점들이 있다. 이 맑은 꽃잎[같은 궁궐]들은 고독에 저항하지 않으며, 그래서 사람들은 베네치아에서 더 버려진 느낌을 가진다"(105). 이와 같이 베네치아는 그 공모 속에 베네치아의 비밀들을 간직한다. 베네치아는 모든 합리적인 생각을 무너뜨린다. 그 공모자들의 주범은 물이다.

베네치아의 '부드러움'도 역시 대비적인 것이다. 베네치아 자체에 대한 수식어가 아니라 물이 가진 네거티브, 즉 음화적인 그것이다. 물은 진짜를 숨기고, 또한 숨어서 모의하는 그 속성 그대로 물은 건축물이 아닌, 자연으로서 '성벽'을 이룬다. 베네치아의 부드러움은 마치 '바닷가재'의 살처럼 안쪽의 부드러움이다(179). 운하의 폭이 늘어난 만큼 베네치아가 더 열리고, 그만큼 더 부드러워 보이지만, 실은 잘못 해석된 부드러움이다. 폭이 늘어난 만큼 '성벽'의 단절은 더 심해지고, 부드러운 이미지는 더 기만적이 되는 것이다. 급기야는 오늘날 베네치아에는 이 "바닷가재의 살"만이 남게 되었다(180).

베네치아의 물은 또한 과거 그 자체이다(78). 이 과거를 궁궐들에서도 보지만 그건 기껏해야 100년 정도의 과거일 뿐이다. 하지만 물은 원시시대의 혼란과 로마 제국의 멸망의 역사를 아직 반사하고 있다. 지금은 돌에 덮여 있는 오랜 주검들을 물은 여전히 흔들며 그때의 두려움과 도주와 이별을 일깨우고 있다. 이처럼 베네치아는 여행자에게 15년간에 걸쳐 이루어진 시간관의 변화를 한눈에, 동시에 보여 준다. 이 변화도 물론 작가가 이 기행문에 그가 '완숙한 나이에 쓴『구토』'라는 별칭을 주고 싶은 이유 중 하나이겠다. 결국 베네치아에서 그는 심지어 시간 그 위에 "걸터앉을" 수 있게도 되었다. 석호의 물결이 끊임없이 찰랑대며 돌의 단호한 긍정을 부정하듯이, 부동의 돌보다 오히려 "역마

살 낀" 물결이 영원하다. 그것은 실현되는 미래이고 시간이다. 이런 시간을 베네치아에서는 생생한 기억 속의 영상처럼 "볼 수 있기"도 하다 (113). 이러한 시간에 대한 환상이 베네치아의 '독해법'으로 가능한 것은 베네치아에서는 부재하는 것이 오히려 더욱 실재적인 존재를 가진다는 작가의 통찰이 이미 물과 돌의 기억, 즉 "익명의 기억"에 가닿았기 때문이다(196). 그래서 베네치아는 '베네치아의 부재'에 실재하고, 보이지 않는 곳에서 비로소 보이기 시작한다는 내포가 베네치아에 대한 글 전반에 스며 있는 문체가 된다. 오히려 눈을 감으면 보다 풍성해지고, 보다 손에 잡힐 듯한 베네치아의 이미지가 마치 바닷가재의 많은 발들의 움직임처럼 화자의 발끝에서 찰랑대고 있다.

이렇게 하나의 눈이고 시각인 베네치아의 물과는 다른 또 하나의 시각이 있다. 틴토레토, 티치아노, 조토와 같은 베네치아 화가들의 시각이다. 내 눈앞의 베네치아는 나의 현재가 아니다. 이 또한 작가가 이름 붙인 그대로 '익명의 기억'이다. '여기 지금'을 벗어난 바깥에서 인간을 보게 한다. 그리고 화가의 이 기억 덕분에 화자는 현재를 "감촉으로 느낄" 수 있으며, "조종할" 수 있으며, "변화시킬" 수도, 그로부터 "작용을 받을" 수도 있게 된다. 화가들은 그에게 "이런 귀여운 몽상들"을 보여 준다. 이에 "한 줌 햇살"을 더하면 그 현재의 색조가 살아나는데, 그건 "햇살 자체가 모두 붓"이기 때문이다(113). 이 몽상들은 마치 『구토』의 이야기의 세계가 준비한 "모험의 느낌"과 같이 "미래로부터 오는 약속"으로 변하기도 하고 "내일의 내 모습 같은 예고"가 되기도 한다. 베네치아의 빛은 이같이 쉽게 시선이 되고 생각이 된다. 그래서 화자는 오히려 베네치아를 "읽는다". 타인의 눈이라는 반투명의 시선을 작은 숲에 고정시키자, 장미들이 "사탕"으로, 백합이 "우유에 적신 빵의 속살"로 시들며 보존된다(196).

이와 같이 베네치아는 화가의 그림 속의 베네치아이다. 화자가 산책

하는 현재가 아니라 기억 속에 있는 베네치아다. 베네치아는 하늘과 물의 기억에 속한다. 베네치아의 모든 양식, 그 차이와 혼합이 이제는 한 "수채화가의 붓질"에 불과하다(197). 화자는 자신의 시선을 옛날의 어떤 시선 깊숙한 곳에 드리워 망각으로 매몰된 궁전들을 떠올려 보지만 별로 신통한 게 없다. '익명의 기억'은 모두를 다 일반성으로 혼합하고 망각 목전에 들이댄다. 궁전들은 이미 "현전이라는 소박한 돌연성"과 "사물의 어리석고 단호한 자기만족"을 잃고, 질료는 투명성에 이르도록 닳았고, 존재의 거칢은 부재에 이르도록 얇아졌다(197). 그래서 "죽은 자들의 흐린 시선" 아래에서 베네치아의 "이런 귀여운 몽상들"은 얼어붙고 움직이지 못하게 마비되었다. 이렇게 폐기된 하늘과 물의 신기루 속에서 베네치아는 여전히 자신 속에 잠겨 있고 '나', 여행자는 낯선 대지에 끌려온 심해의 물고기처럼 방황한다.

베네치아의 정수는 이렇게 구성적인 이타성異他性으로 형성된다. 겉보기엔 물, 대기, 돌과 같은 원소들을 혼합하는 어떤 몽상적 힘, 둘째, 합치는 듯 보이지만 실은 분리를 강요하는 운하와 110개의 섬으로 이루어진 베네치아 열도의 기이한 모양새는 여행자에게 "항상 해체되고 있는" 베네치아를 보인다(195). 그래서 화자는 말한다. "진짜 베네치아는, 여러분이 어디에 있건, 항상 다른 곳에 있습니다." 베네치아는 이렇게 실재가 결핍된 상징의 도시가 된다. 여행자는 이곳에서 인간의 공허와 잉여, 그리고 우연성을 여전히 확인하며, 실제의 대상과 관련 없는 실존 의식은 불가능함을 다시 경험한다.

6. 맺음말

『알브마를』은 작가의 사후에 출간이 되긴 하였지만, 그의 구상대로

『구토』의 속편이 되지는 못한다. 물론 문학이라는 대분류에 같이 포함되기는 하지만, 『구토』의 '이야기'는 베네치아에 대한 글쓰기에서 표백되었고, 사물의 '의미'는 인간의 '의미작용'으로부터 최대한 보호되었다. 또 다른 로캉탱도 나타나지 않는다. 따라서 베네치아를 이야기로부터 구출하고, 그 대신 작가의 직관과 상상력이 베네치아와 공명하여 베네치아의 실체가 부르르 몸을 털며 외관을 벗어 내고 자신을 드러내는 순간을 포착하려 한다. 사물과 직관이, 또한 베네치아와 여행자가 동일한 주파수를 맞추는 이 과정은 자서전 같은 '필연적인' 이야기의 구조를 따라 이루어지지 않는다. 그 대신 아주 우연적인 행운이 찾아온 덕분이다. 『구토』의 출판 거부 소식에는 오히려 자신이 마치 프루스트처럼 '천재'의 운명을 겪고 있다는 확신을 가진다. 그러면서도 "눈물 두어 방울"까지 흘리며 슬퍼하기도 하고 더군다나 올가에 대한 예외적인 '우정'과 '소유욕'으로 힘들어 하던 시기에 다시 찾은 베네치아는 성큼 가까이서 그를 마주하는 것이다. 불행과 자살의 유혹, 꼬박 지샌 '하얀' 밤과 바닷가재의 환영, 그리고 석호의 물결과 물을 닮은 건축 문양들이 뇌리에 각인된다. 이런 불행한 경험과 어둡고 정적인 이미지들이 그로 하여금 베네치아에 소속감을 가지게 한 일종의 행운이었다고 할 수 있다. 그로부터 15년, 그 기억에 대해 객관적인 시각을 가질 수 있는 충분한 거리가 자리한다. 베네치아에 대한 그동안의 밀린 숙제를 하듯이 그는 이미 결정화된 베네치아를 서술한다. 그래서 간혹 소개되는 '기시감'의 상상들은 그런 베네치아의 회상이 아닌 결정체의 몽상적인 '부연'이고 간헐적인 '소환'이다. 따라서 화자와 '나'는 하나의 위장이고 베네치아가 스스로 발현하도록 마치 베네치아의 상대자이듯 가상공간에 설정된 하나의 시점이자 촉매이다. 그 화자가 이 글의 제사에서처럼 '나'를 스스로 '신기루'라고 고백하게 한다.

그러나 알브마를 여왕이 있다. 베네치아와 당당하게 대면할 수 있는

"최후의 여행자"이다. 그녀는 베네치아의 물의 요정이기도 하다. 여행자의 눈앞에 펼쳐지는 "신기루의 은유"일 수도 있고, "마법의 나라, 이탈리아의 배경 이미지"일 수도 있다. 그러므로 그녀는 제목으로만 등장하며 베네치아에서건 베네치아에 대한 글에서건 나타나지 않는다. 그 대신 행인의 어깨 너머로, 석호의 물결 위에서, 그리고 여행자의 손짓과 눈빛에서 반짝인다. 그래서 화자는 "베네치아에서 사람들은 인간의 운명을 바깥에서, 천사나 원숭이의 눈으로 바라볼 시간이 있다"고 했다 (195). 그러나 이같이 베네치아와 알브마를 여왕이 자신을 드러내는 순간과 방식은 예외적이기 때문에 그에 대한 접근도 예외적일 수밖에 없다. 그래서 작가는 '기다림'을 선택하는 수밖에 없다. 이성이나 의지에 의해서 부를 수 없는 대상이므로 화자가 있고 '나'가 있고 그 뒤에 알브마를 여왕이 있다. 그리고 '진짜 베네치아'는 베네치아 너머에 있고, 물은 그 신비함을 그 물 깊은 곳에서 보인다. 그래서 그 우연한 공명의 행운이 아니라면, 어쩔 수 없이 알브마를 여왕에게 의존해야 한다. 그래서 베네치아는 그 안 어느 곳에서도 항상 멀리 존재하고, 그에 대한 많은 글들로도 아직 베네치아의 '의미'는 친숙하지 않고 고정되지 않는다. 아직 "외양의 외양"인 듯하다(107). 이 글을 중단하면서 작가는 아마도 적지 않게 실망하였을 테지만, 일단 이런 비실재 문학이 지적받을 수 있는 일종의 "횃대의 시점"을 포기하기로 한다. 베네치아에 국한하여 많은 글을 썼어도 들뜬 기분의 자유로운 글쓰기 자체가 마련한 한계도 있었을 것이고, '여기와 지금'에 대한 일종의 일탈감이 끝내는 그를 구속하였을지도 모른다. "왠지 모르겠지만 난 죄책감을 느낀다. 지나치게 베네치아를 포식하였는지, 이 피로는 내 발에서 오는 게 아니다. 매번 같은 것을 보아서인가? 아니다. 난 항상 이런 위장된 새로움을 좋아하지. 하지만 이 즐거움에는 미래가 없다. 기이한 목적성이다"(90).

그 대신 투쟁적 글에 전념한다. 「공산주의자들과 평화」를 빨리 탈고

해야 했다. 1952년 5월 주한 미군을 총지휘하던 미 8군 사령관 리지웨이가 나토 총사령관으로 전보되자, 그보다 앞선 자크 뒤클로 체포 사건으로 항거중이던 프랑스 공산당이 대규모의 시위와 파업을 준비하고 있었기 때문이었다. 공산당 지지 약속에는 이미 작가 자신의 지성을 마르크시즘의 경화를 저지하는 데 기여하여야 한다는 그 스스로의 의무가 수반되었을 것이다. 그렇지만 1952년 8월 25일과 9월 9일, 일 년 전 여행의 동반자, 미셸 비양에게 보낸 편지에서 탄식한다.

어서vivement 비참여 문학이여, 돌아오면 난 달콤한 이탈리아에 관한 작업을 다시 시작하겠소.
나는 '이탈리아 여행' 이후 끙끙 신음하고 있다오.

또한 그다음 해 『변증법적 이성 비판』의 집필을 시작한다. 그게 그의 힘을 고갈시키게 되고 그 때문에 다시는 그가 문학으로 되돌아오지 못하게 하였을 것이다. 또한 자서전 집필에 눈을 돌린다. 그가 생각한 자서전은 그 자신으로부터는 물론 문학과도 거리를 두는 역사적이고 총체적인 시각이어야 하였다. 그래서 약간 수수께끼 같은 제목, 『토지 없는 장』을 염두에 둔다. 대지 즉 물려받은 유산이 없는 자신을 이렇게 표현하려고 생각한 듯하다. 하지만 베네치아에 대한 그의 사랑은 여전하다. 그가 서거하기 3년 전인 1977년까지 거의 매년 베네치아를 찾는다. 그중에서도 1974년에는 보부아르에게 말한다. "자, 보시오, 내 진짜 휴가 말이오!"

Café Sartre

제3부

사회카페

café social

사르트르의 시선과 관계의 윤리

『구토』에서 『자유의 길』로

오 은 하

1. 서론

『존재와 무』에 묘사된 '시선'과 시선의 관계는 의미심장하다. 판단하느냐 판단당하느냐, (의식을) 소유하느냐 소유당하느냐 사이의 무한투쟁으로 그려지는 시선 사이의 경쟁과 갈등이 사르트르 대타존재론의 핵심을 이룬다. 문학작품 안에서도 이 원리는 크게 달라지지 않는다. 그의 소설과 희곡에 등장하는 인물들은 타인의 시선에 의해 자신이 육체의 사실성facticité 속으로 떨어져 객체가 되지 않을까 하는 강박과, 그로 인해 자기편에서 주체가 되어 상대를 객체화하려는 욕망, 그 사이를 오간다. 『구토』에서 로캉탱과 부빌 시 부르주아들 사이에 일어나는 시선의 투쟁은 대표적인 예이다. 이런 토대 위에서 상호주관적 관계를 생각하기는 쉽지 않다. 사실 사르트르의 픽션 작품 속에서나 철학적 체계 속에서나 진정한 사랑이나 조화로운 관계는 찾아볼 수 없다는 것이 일반적인 평가이다. 『유폐된 방Huis clos』에서 선언되는 "타인은 지옥이다"라는 언명은 항구적인 위협인 대타관계를 한마디로 요약한다.

사르트르 자신은 『존재와 무』에서 대타관계의 모든 궁지(사랑, 언어, 마조히즘, 무관심, 욕망, 증오, 사디즘)를 일일이 열거한 끝에 각주로 이렇게 해명한다. "이 고찰들이 해방과 구원의 도덕의 가능성을 배제하는 것은 아니다. 그러나 이는 여기서는 아직 말할 수 없는 철저한 회심 conversion을 한 후에야 이루어질 수 있는 것이다."[1] 이 '회심'과 그로부터 가능해지는 사랑의 모습을 그리는 일은 실현되지 않았고, 이 사실은 종종 사르트르가 대타관계의 궁지를 해결하지 못했다는 증거로 쓰인다. 그런데 사후에 출간된 미완성 원고 『도덕을 위한 노트 Cahiers pour une morale』는 대타관계 문제에 대한 '윤리학'을 정초하려는 사르트르의 이론적인 노력이 완결은 되지 못했지만 중단된 것은 아니었다는 사실을 알려준다. 그의 사회적 영향력이 절정에 달했다고 할 수 있는 시기인 1947~48년 사이에 집필된 이 원고는 『존재와 무』이후 이 문제에 대한 사르트르의 생각의 진화를 담고 있다.[2]

같은 시기, 사르트르는 문학 창작 분야에서도 활동을 멈추지 않았다. 『구토』의 성공 이후 그는 전쟁이라는 빠져나올 수 없는 궁지에 몰린 유럽 전역 사람들의 모습을 총체적으로 다루려는 거대한 기획 『자유의 길』을 집필중이었다. 이 소설에는 수백에 달하는 인물들이 등장하고 교차하는데, 그들 사이의 만남에서 우리는 사르트르 타자론의 비관적 색채를 거스르는 몇몇 독특한 장면을 발견한다. 모르는 이들끼리 우연히 만나 상대방의 얼굴을 바라보는 순간을 그리는 장면들이다. 『구토』

---

1 Jean-Paul Sartre, *L'Etre et le Néant: essai d'ontologie phénoménologique* (Gallimard, coll. Tel, 1998), p. 453 주1. 이하, '*EN*, 453'처럼 약함.

2 말년에 사르트르는 이 미완성 원고가 사후 출간될 가능성을 염두에 두고 모호한 부분을 독자가 해석하고 진척시켜 줄 것이라 말한 바 있다: "내 사후에 출간되면, 이 텍스트는 미완성인 채 남을 것이다. 내가 생각들을 완전히 발전되지 않은 상태로 진술해 놓았기 때문에 모호한 상태 그대로. 그 생각들이 나를 어디로 끌고 갈 수 있는지를 해석하는 것은 독자의 몫이 될 것이다"(Sartre, "Autoportrait à soixante-dix ans," in *Situations X*, Gallimard, 1976, p. 208).

의 응시 장면과는 대척적인 상황을 제시하는 이 장면들을 스쳐 지나가는 예외적인 순간으로 볼 수도 있을 것이다. 그러나 이 순간들이 다양한 상황 속에서 서로 다른 인물들에 의해 구현됨에도 불구하고 그 성격에 놀라운 일관성을 보이며 여러 차례 반복되는 것은 문제의 장면들에 주목하기를 요구한다. 우리는 이 장면들을 대타관계의 궁지를 벗어나기 위한 사르트르의 해결책과 연결해 살펴보고자 한다.

먼저 『구토』의 몇몇 장면으로 사르트르의 세계에서 다른 사람의 얼굴을 응시한다는 일의 의미를 추출하고 타인의 얼굴을 볼 때 이와 다른 색채를 띠는 『자유의 길』의 장면들을 검토하려 한다. 이것이 사르트르가 『도덕을 위한 노트』에서 구상했던 대타관계의 윤리학과 관련해 밝혀 주는 바가 있는지가 본 논문의 목적이 될 것이다. 『도덕을 위한 노트』는 "시선을 통한 자유들 사이의 근원적 갈등을 넘어설 수 없다고 간주하는 데 대한 거부"[3]에서 시작한다. 존재론에서 윤리학으로 옮겨 가는 이 과정에서 대타관계의 구도가 변할 수 있도록 사르트르가 제시하고 있는 것을 들뢰즈와 레비나스의 논의를 참고하여 살필 것이다. 현재 '얼굴과 타자'의 문제를 이야기할 때 가장 빈번하게 이야기되고 사르트르와도 적지 않은 연관관계가 있을 두 사람과의 비교는 사르트르적 해결책의 특징을 더 잘 드러나게 해 줄 것이라 생각한다.

2. 『구토』의 응시

(1) 얼굴 해체

타자를 대할 때 인간성의 보루로서 '얼굴'이 차지하는 특권적인 위

---

3 Sartre, *Cahiers pour une morale* (Gallimard, coll. Bibliothèque de Philosophie, 1983), p. 293. 이하, 'CM, 293'처럼 약함.

치는 자명하다. 사르트르는 젊은 시절 「얼굴들Visages」이라는 짧은 글을 통해 다른 사람의 얼굴을 본다는 것이 무엇인지를 규명하려 첫 시도를 한 바 있다. 여기서 '얼굴'은 다른 무엇보다 시선을 통해 드러나는 "가시적 초월transcendance visible"로 규정된다.[4] 이는 이후 『존재와 무』의 "시선Le Regard" 장에서 발전된다. 신체라는 외면을 경유해 나에게 대상으로 파악되던 타자는, 그의 시선을 통해 스스로 출현함으로써 대상화할 수 없는 타자성을 획득한다.

'시선론'으로 나타나는 사르트르 타자론의 독특한 점은 주체가 사전에 존재하는 것이 아니라 타자의 시선을 통해 발생한다는 점이다. 내 의식은 타자의 시선을 통해, '쳐다보여지고 있다'는 의식을 가짐으로써 비로소 나 자신을 지향할 수 있게 된다. '시선'은 다른 의식에 의해 자신이 '노려지고 있다'는 의식을 발생시키는 모든 것을 포괄하는 말에 가깝다. 이렇게 타인의 시선은 나의 객관화를 위한 필요조건이며, 시선을 통해 직접 출현하는 타자는 인식의 대상이나 객체로 환원할 수 없는 존재가 된다.[5] 동시에 타인의 시선은 나를 위해 존재하던 세계의 객관성을 파괴하고 변형시키며 나의 얼굴을 포획된 대상으로 만든다.

『구토』의 박물관 장면에서 그린 시선 간의 투쟁은 시선의 치명적인 힘, 이 힘으로 서로 상대방을 대상으로 만들기 위한 필사적인 대결을

---

4 "그러나 이제 눈이 떠지고 시선이 나타난다. 사물들은 뒤쪽으로 튀어 나간다. 시선 뒤의 은신처에서, 귀, 콧구멍, 얼굴의 모든 흉한 입구들이 계속해서 냄새와 소리를 은밀하게 음미하고 있지만, 아무도 거기에 관심을 갖지 않는다. 시선은 얼굴의 고귀함이다. 왜냐하면 그것은 세상과 거리를 만들고 사물들을 그것이 있는 곳에서 감지하기 때문이다. [⋯] 얼굴의 의미, 그것은 가시적인 초월성(la transcendance visible)이다"(Sartre, "Visages," in Michel Contat et Michel Rybalka, *Les Ecrits de Sartre*, Gallimard, 1980[1970], pp. 563-64).

5 인식과 세계의 지반으로서 주체가 미리 전제되어 있는 것이 아니라 타자의 개입을 통해 비로소 발생하며 이때 타자가 '시각'의 상관자로서 출현한다는 사르트르의 타자 이론을 서동욱은 1960년대 프랑스 철학자들(레비나스, 메를로퐁티, 라캉, 들뢰즈 등)의 주체와 타자에 대한 여러 사유를 선취한 것으로 높이 평가한다(서동욱, 『차이와 타자: 현대철학과 비표상적 사유의 모험』, 문학과 지성사, 2000, pp. 213-14).

형상화한다. 부르주아 신사들의 근엄한 시선은 로캉탱을 향해 그의 무용함을 선언하고 그의 존재 의미를 문제 삼는다. 그것을 느낀 로캉탱은 이번에는 자기 쪽에서 시선을 되돌려준다.

내가 경탄해 마지않으며 뚫어지게 바라보던 그의 두 눈이 내게 떠나라는 눈짓을 보냈다. 나는 떠나지 않았다. 마음껏 불손해졌다. 에스퀴리알 도서관에서 필리프 2세의 어떤 초상화를 오랫동안 들여다본 후, 나는 권세로 빛나는 얼굴을 정면으로 쳐다보면 어느 순간 그 광채가 사라지고 재투성이 찌꺼기만이 남는다는 사실을 알고 있었다. 그 찌꺼기에 나는 흥미를 느끼고 있었던 것이다.
파로탱은 훌륭하게 저항했다. 그러나 갑자기 그의 시선이 꺼지고 그림은 생기를 잃었다. 남은 것은 무엇인가? 멀건 눈과 죽은 뱀 같은 가느다란 입과 뺨뿐이다.[6]

로캉탱처럼 정면으로 상대방의 얼굴을 쳐다보면서 그들의 얼굴 위에 덧씌운 사회적 의미망을 해체하면 "그 광채는 사라지고 창백한 찌꺼기만 남는" 것이다. 사회적 권력과 그 뒤에 있는 모든 인간적 고정관념 아래 숨은 것은 무력하고 연약한, 다른 모든 사람과 다를 것 없는 살이다.
로캉탱이 이런 발견을 할 수 있었던 것은 이미 얼굴을 가리고 있는 모든 것을 꿰뚫어 뒤에 있는 살을 본 경험이 있기 때문이다. 로캉탱은 위 장면에 앞서 거울을 통해 자기 얼굴이 해체되는 경험을 했다.

나는 그보다 더 오래 들여다보았나 보다. 내 눈에 보이는 것은 원숭이보

---

6 Sartre, *La Nausée*, in *Œuvres romanesques* (Gallimard, coll. Bibliothèque de la Pléiade, 1995), p. 106). 이하, 이 책의 인용은 'OR, 106'처럼 약함.

다도 아래 단계, 식물계의 끄트머리, 폴립의 수준에 있다. […] 가벼운 경련이 보인다. 핏기 잃은 살이 무기력하게 늘어져 팔딱거린다. 특히 눈은 가까이서 보면 징그럽다. 붉은 테두리 안에 허여멀건하고, 무르고, 앞이 보이지 않는 게 있다. 마치 생선 비늘 같다.

나는 온몸을 세면대 가장자리에 기대고 얼굴을 거울에 닿을 만큼 갖다 댔다. 두 눈, 코, 입이 사라진다. 인간적인 것이라곤 아무것도 안 남았다. 열기를 띠고 부풀어 있는 입술 양쪽에 있는 갈색 주름들, 균열들, 두더지 집들. 부드러운 하얀 솜털이 뺨의 거대한 비탈 위를 달리고 있고, 콧구멍에 털이 두 가닥 나와 있다. 그것은 부조된 지도다. […] 나는 눈을 뜬 채로 잠든다. 벌써 얼굴이 거울 속에서 커지고, 커져서, 빛 속으로 미끄러지는 거대하고 창백한 빛무리가 된다….[7]

고정관념을 잠시 잊은 시선은 한순간 '인간됨'이라는 가면을 꿰뚫어 뒤에 있는 '살'을 발견하게 되기도 한다. 자신의 얼굴이 인간에서 동물로, 식물로, 생물의 원시적 형태인 폴립으로, 마침내는 울퉁불퉁한 흙 덩어리의 형태와 다를 바 없어지다가 희미한 빛무리로 뭉개지는 듯 보이는 로캉탱의 경험은 이 순간을 묘사한다.

여기서 그려지는 비인간적 얼굴의 발견은 '인간적인 것'의 확고한 경계 뒤에 숨은 고정관념을 해체하고자 한 들뢰즈와 가타리의 '얼굴성visagéité'에 대한 설명을 예정한 것 같다.[8] 들뢰즈와 가타리에 따르면 얼굴은 원래 비인간적이다.[9] 그러나 얼굴은 의미화와 주체화를 수

---

7 Sartre, *La Nausée*, *OR*, 23.
8 질 들뢰즈, 펠릭스 가타리, 김재인 옮김, 『천 개의 고원』(새물결, 2001), pp. 321-63("얼굴성").
9 "얼굴이 어떤 문턱, 즉 클로즈업, 과장된 확대, 엉뚱한 표현 등에서부터 시작할 때에만 비인간적이 된다고 보는 것은 오류이다. 인간 안의 비인간적인 것, 얼굴은 처음부터 그렇다. 그것은 본래부터 생명 없는 백색 표면들, 빛나는 검은 구멍들, 공허와 권태를 지닌 클로즈업 화면(gros plan)이다"(*Ibid.*, p. 327).

행하는 추상적 기계로 작동한다. 선행하는 기표나 주체가 얼굴을 생산하는 것이 아니다. 권력의 구체적 배치물이 얼굴 기계에 시동을 걸고, 얼굴 표면 위에 의미 생성의 새로운 기호계를 설치한다. 사회문화적 생산의 영역 같은 '전쟁터', 하나의 정치인 얼굴의 성격을 드러내려는 이들의 기획은 『구토』의 박물관 장면의 통찰과 거울 장면의 직관에서 시작된 인상이다.

그러나 두 경우의 얼굴 해체는 서로 반대쪽을 향한다. 들뢰즈와 가타리의 얼굴론은 탈주체화 프로그램에 집중하고 얼굴의 새로운 용법을 지향한다.[10] 반면 로캉탱이 시도한 상대방 얼굴의 해체는 시선 사이의 투쟁에서 상대방의 사회적 권력을 해체하기 위한 도구일 뿐이다. 『구토』에는 들뢰즈의 '살' 묘사에 앞선 사물들의 반란과 주체의 분열에 대한 예견의 흔적이 넘쳐나지만, 이는 긍정적 체험이라기보다 거부하고 벗어나야 하는 체험이다. 모든 것이 흔들리는 '구토'의 순간까지는 정확히 그려지지만 그것은 어디까지나 비진정한 것을 믿고 있는 타인들의 세계를 공격하기 위한 것일 뿐이다. 소설은 금세 진정한 세계를 찾는 주체의 노력으로 귀결된다. 이때 구토를 진정시켜 주는 것은 음악, 곧 예술이라는 비현실이며 소설의 결말은 창조 행위가 주는 '치유' 또는 도피로 귀결됨을 미리 지적해 두자.

사르트르에 대한 들뢰즈의 짧지만 유명한 언급은 이런 맥락에서 이해된다. 들뢰즈는 사르트르의 타자 이론이 타자를 처음으로 주체와 동

---

10 "얼굴 해체하기, 그것은 기표의 벽을 관통하기, 주체화의 검은 구멍에서 빠져나오기와 같은 것이다. […] 왜냐하면 기표의 하얀 벽, 주체성의 검은 구멍, 얼굴 기계는 막다른 골목이며, 우리의 굴복과 예속의 척도이기 때문이다. 그러나 우리는 그 안에서 태어났고, 우리가 몸부림쳐야 할 곳은 그 위이다. 그것이 필연적인 계기라는 의미에서가 아니라 새로운 용법을 발명해야 할 도구라는 의미에서. 우리는 기표의 벽을 가로질러서만 모든 기억, 모든 지시작용, 가능한 모든 기표작용과 주어질 수 있는 모든 해석을 무화시키는 탈의미생성의 선들을 그을 수 있다"(*Ibid.*, pp. 357-60).

일선상에 놓은 이론이라며 그를 "최초의 위대한 타자 이론"을 탄생시킨 선구자로 인정한 바 있다. 그러나 그는 사르트르가 대타관계를 시선으로 정의함으로써 다시 대상과 주체라는 전통적 범주로 떨어져 버리고 말았다고 비판한다.[11] 타자의 타자성을 올바르게 밝히려면 주체로서의 타자나 대상으로서의 타자라는 정의에서 떠나야 한다. 들뢰즈가 '비인칭적'인 데 그치지 않고 '비인격적'인 데 이르는 익명의 얼굴을 내세운 것도 탈주체화, 탈영토화로 가는 길을 열기 위해서였다. 반면 사르트르는 인격적 주체가 비인격적 주체에 이르려는 찰나 멈추고 다른 길을 찾는다. 얼굴의 정치적 성격에 대한 직관은 공유하고 있지만 그것을 발전시키는 방향은 다른 것이다. 사르트르에서 얼굴 해체는 얼굴 위의 '권력 배치물' 기표를 걷어 내는 영명한 시선을 갖추기 위한 단계이며, 살의 발견은 일시적으로 균형이 깨져 새로운 균형을 찾기까지의 과정일 뿐이다. 타자의 시선을 통해 나의 주체가 성립되며 영원한 주체도 객체도 존재하지 않는 상황 속에서, 타자를 객체로 머물러 있도록 하려는 시선의 투쟁이 무한히 반복될 것이다.[12] 앞서 로캉탱이 상대방의 얼굴을 해체할 수 있었던 것은, 상대방의 방심으로 치명적인 시선을 거둘 수 있었기 때문이다(초상화의 얼굴과, 졸고 있는 로제 의사). 상대가 눈

---

11 "『존재와 무』에서 전개된 사르트르의 이론은 타인에 관한 최초의 위대한 이론이다. 그것은 다른 이론들을 넘어선다. 타인은 하나의 대상, 지각장 속의 특수한 대상인가? 아니면 하나의 주체, 다른 지각장을 위한 다른 주체인가? 여기에서 사르트르는 구조주의의 선구자로 나타난다. 왜냐하면 그는 타인을 고유한 구조 즉 대상과 주체로 환원할 수 없는 특수성으로 이해한 최초의 인물이기 때문이다. 그러나 그는 이 구조를 '응시'를 통해 정의하며, 그 결과 타인을 응시하는 주체와 응시되는 대상으로 규정한다. 결국 대상과 주체의 범주에 다시 떨어지는 것이다. 타인 구조는 응시를 앞선다. 그리고 응시는 누군가가 그 구조를 채우게 되는 그 순간에 상응할 뿐이다. 응시는 단지 그[응시]에 독립적이라고 해야 할 구조를 현실화할 뿐이다"(질 들뢰즈, 이정우 옮김, 『의미의 논리』, 한길사, 1999, p. 485 주3).
12 "나를 이루는 이 두 시도는 대립된다. 각각은 다른 쪽의 죽음이다. 다시 말하면 한쪽의 실패는 다른 쪽을 채택하도록 만든다. 이렇게 타자에 대한 나의 관계에는 변증법이 존재하는 것이 아니라 순환이 존재한다. 한쪽의 시도가 다른 편의 실패로서 힘을 얻기는 하지만"(*EN*, 403).

을 번쩍 뜨고 반격할 경우 시선의 대결이 다시 시작될 것이다. 이처럼 상호주관성이란 생각할 수 없는 사르트르의 대타관계관으로 보면, 상대의 얼굴이 나에게 결투를 청하는 대신 공감이나 애정을 나타내는 것은 예외적인 '순간'에 지나지 않는다. '바로 그다음 순간' 이 관계는 전환될 것이 뻔하며 이 위태로운 균형은 일시적이리란 것은 예견되어 있다. 사르트르가 '사랑'과 관련해 묘사한 것처럼.[13]

또한 이 예외적인 순간조차 모든 종류의 상투성과 신비화를 거부하려는 그의 작품에서 흔한 것이 아니다. 섣부른 낙관주의, 곧 인간성에 대한 믿음으로 모든 이에 대한 선의에 불타는 인물들은 다른 등장인물들의 조소를 받으며 가혹하게 다루어진다. 『구토』에서 '독학자'라는 표적에게 가한 조롱과 비판에서 이는 두드러진다. 그 휴머니즘은 끝없는 대타관계의 투쟁에서 도피하려는 자기기만으로 평가되는 것이다.

(2) 비대칭 관계

사르트르가 얼굴의 정치적 성격에 대한 통찰을 들뢰즈와 공유한다면, 인격적 주체라는 전제 아래 '비대칭적 관계'를 설정하는 점에서는 레비나스와 매우 유사해 보인다.[14] 사르트르에게서 대타관계가 무한 투쟁이 될 수밖에 없는 이유는 타자를 통해 주체가 성립하는 내적 관계를

---

13 "나는 타자가 나를 사랑하기를 요구하며 내 기도를 실현하기 위해 모든 노력을 다한다. 그러나 만약 타자가 나를 사랑하면, 그는 그의 사랑 자체로 인해 나를 근본적으로 실망시킨다. 나는 그가 내 존재를 특권화된 대상으로 기초짓기를 그에게 요구했다. 이를 위해 그는 내 면전에서 순수한 주체성으로서 자신을 유지해야 한다. 그런데 그는 나를 사랑하자마자 나를 주체로서 경험하면서 나의 주체성의 면전에서 자신의 대상성 속으로 깊이 빠져든다. […] 두 번째로, 타자의 각성(réveil)이 언제든 가능하다. 타자의 각성은 어떤 순간에도 나를 대상으로 출현시킨다. 여기서 사랑하는 자의 끝없는 불안이 온다"(*EN*, 416-17).
14 레비나스와 사르트르 타자 이론의 유사성, 특히 사르트르의 타자론이 레비나스에게 미친 영향에 관해서는 서동욱, 「사르트르의 타자 이론」, 『차이와 타자』, pp. 139-212 참조.

통해 대타관계를 파악하는 구조이기 때문이다. 레비나스는 이 구조를 사르트르와 공유한다. 레비나스의 '얼굴'은 사르트르의 '시선'처럼 인간의 인식, 지각, 이해할 수 있는 사유와 지식의 영역을 초월한다. 얼굴은 내 의식의 지향작용에 부합하는 이미지로 환원되지 않는다. "얼굴로서의 얼굴의 현현épiphanie du visage comme visage"인 타인은 자아의 인식의 대상으로 떨어지기를 거부한다.[15]

타인의 얼굴이라는 테마를 중심으로 윤리적 성찰을 전개한 레비나스의 얼굴론은 사르트르 대타관계론에 내재한 비관적 전망과는 대척점에 놓인 것으로 자주 언급된다.[16] 레비나스의 헐벗은 타자의 얼굴론과 사르트르의 시선을 중심으로 한 대타관계론(『존재와 무』에 나타난)은 대비된다. 양자 모두 타인의 얼굴/시선은 내 주관적 인식 속에 통합시킬 수 없는 존재를 드러내 세계에 대한 나의 지배란 실패할 운명임을 고지한다. 나와 전적으로 다른 존재인 타인과의 사이에 유추되는 상호주관성을 생각할 수 없다는 것도 공통점이다. 그런데 레비나스의 경우 타인의 얼굴이란 나처럼 세계를 향유하고 지배하는 얼굴이 아니다. 낮고 비천하고 헐벗은, 나에게 간청하고 호소하는 자의 얼굴로 나타난다. 그래서 타인의 예시는 "약한 사람, 가난한 사람, '과부와 고아'이다."[17] 그리고 그 얼굴에서 드러나는 상처받을 가능성과 무저항성은 그 자체로 우리에게 윤리적으로 행위할 것을 요구하는 요청이자 명령

---

15 "얼굴은 소유를, 내 권력을 용납하지 않는다. 얼굴의 현현 안에서, 그 표현 안에서, 여전히 감지할 수 있는 감각적인 것은 정복에 완전하게 저항하도록 변한다. 이 변화는 새로운 차원의 열림에 의해서밖에는 일어날 수 없는 것이다"(Emmanuel Lévinas, *Totalité et infini: Essai sur l'extériorité*, Le Livre de poche, 2008, p. 215).

16 Cf. 서동욱, 『사르트르의 타자 이론』, p. 212: "사르트르의 지나치게 어두운 관점과 레비나스의 지나치게 성스러운 관점 사이의 거리[…]."

17 Emmanuel Lévinas, *Le Temps et l'autre* (PUF, coll. Quadrige, 2004), p. 75.

과 같다.[18] 반면 사르트르의 타자의 시선은 '누군가 저기 있다'는 사실을 알고 동시에 자신의 연약함을 느끼고, 내가 곧 언제든 상처받을 수 있는 몸을 갖고 있다는 것을 자각하는 일이다. 똑같이 '고통받는 타인'의 얼굴을 상정할 때라도, 『존재와 무』의 장면은 레비나스가 주목하는 연약함으로 호소하는 얼굴과는 정반대이다. 고문하는 자에게 희생자의 시선이 드러나는 순간은 다음과 같이 설명된다.

> 사디스트는 그의 희생자가 그를 '쳐다볼' 때, 다시 말해 타인의 자유 속에서 자기 존재의 절대적 소외를 체험할 때, 자신의 과오를 발견한다. […] 이렇게 사디스트의 세계에서 타인의 시선의 폭발은 사디즘의 의미와 목표를 붕괴시킨다. 사디즘은 그것이 굴복시키려고 원하던 것이 바로 이 자유였음을 발견함과 동시에 모든 노력이 헛된 것이었음을 깨닫는다. 우리는 다시 한 번 쳐다보는-존재로부터 쳐다보여지는-존재로 돌아가게 되고, 이 순환에서 벗어나지 않는다. (*EN*, 445-46)

고문하는 자는 상대가 자신을 쳐다보는 순간 상대를 지배하려는 시도의 좌절을 알게 된다. 그는 다시 '보여지는' 존재가 되어 있다. 상대의 얼굴/시선의 드러남이 타인을 지배하려는 주체를 무력화시키는 구조는 같지만, 사르트르는 타인을 사물화하려는 기도의 '근원적 실패'라는 결말인 반면 레비나스는 초월로서의 타자의 출현에 근원적인 존경을 보낸다. 타인의 얼굴이 열어 보여 주는 이 '무한' 체험으로 레비나스는 타자의 얼굴에서 비폭력적인 호소를 읽고 이로써 책임이라는 '제일철학의 윤리학'을 구성한다. 이런 맥락에서 레비나스는 사르트르의 타자론을

---

18 "무한은 헐벗음과 비참함 속에 무방비상태인 눈 속에서 엄격하고 단호하게 일어나 내 권력을 마비시키는 윤리적 저항을 하는 얼굴로서 나타난다. 이 비참함과 배고픔에 대한 이해가 타자의 인접성 자체를 새로 만들어 낸다"(Lévinas, *Totalité et infini*, p. 218).

비판하기도 했다. 힘없는 타자의 얼굴을 가정하는 레비나스의 타자성은 '여성적인 것을 통해 자신을 실현'한다. 레비나스는 "존재자가 '주체적으로', '의식' 안에서 자신을 실현"시키려는 시도와 자신의 방식을 대비시켜 은연중에 사르트르를 겨냥한다. '여성적인 것'은 의식을 가지고 초월을 꿈꾸는 것이 아니라 '신비'이다. 따라서 타인의 타자성을 신비로 정의할 때 나의 자유와 타인의 자유는 대립하지 않는다.[19] 인식 대상이 아닌 타자와 맺는 상호주관성의 결여, 곧 비대칭 구도에서 타자와의 관계는 사르트르에서처럼 시선의 주체와 대상 자리의 무한 순환으로 귀결되는 편이 논리적일 것이다. 이와 달리 레비나스의 해결책은 나-타자(들) 양자 사이에 제삼자(무한 또는 신)가 절대자, 초월자로 개입하여 나를 타자에 '책임'으로 동여매는 명령을 하는 것처럼 보인다.[20]

사르트르의 대타존재론은 그 논리상 신비이자 초월인 타자와의 대면이 무한 체험으로 이어지는 레비나스적 초월성을 받아들일 수 없다. 그러나 대타관계의 윤리학을 정초하려면 악순환을 끊을 다른 방도가 필요한 것도 사실이다. 사르트르가 이 방도를 모색하려 노력한 과정을 탐구하기 위해, 『존재와 무』의 유예 없는 갈등에서 비껴난 듯 보이는 『자유의 길』의 몇 장면을 살펴보고자 한다. 시선이 나를 위협하지 않는

---

19 Lévinas, *Le Temps et l'autre*, pp. 80-84. 레비나스는 특히 '타자성과의 관계이자 신비와의 관계'인 에로스를 타자와의 관계의 한 전형으로 본다. 에로스를 '실패'로 보는 것은 이를 소유, 인식, 장악의 관계로 보기 때문이라는 언급에서도 『존재와 무』에 대한 비판이 읽힌다.

20 주체가 갖게 되는 타인에 대한 책임을 절대자로의 초월 욕망과 연결시키는 레비나스의 철학은 신학적, 이데올로기적 성격이 짙다는 비판을 자주 받는다. 대표적으로 알랭 바디우는 "레비나스의 기획에서 동일자의 이론적 존재론에 대한 타자의 윤리학의 우위는 전적으로 종교적 공리에 접맥되어 있다"며, 사유 가능성을 포기함으로써 윤리학을 종교로 만든다고 비판한다(알랭 바디우, 이종영 옮김, 『윤리학』, 동문선, 2001, p. 32). 또 한 가지 빈번한 것은 실천 가능성을 문제 삼는 비판이다. 이윤성은 타자에 의해 구성되는 주체가 감당하기에는 버거운 실천적 타성태(인간의 외연에서 실천을 강요하는 제도, 관습, 전통, 언어 등)를 레비나스의 주체가 감당할 반성적 추진력이 있는가 하는 점을 의문시한다(이윤성, 「평행선 위의 두 담론: 불온한 문학과 윤리적 비평」, 『비교문화연구』 제8권, 2004, p. 59).

상대의 몇몇 예외적 얼굴들은 힘을 갖지 않은 얼굴이고 레비나스가 말하는 '보편적인 인간성'을 열어 보여 주는 것 같은 얼굴이다. 이 얼굴들이 다른 차원에서 온 '신비'로 받아들여지지 않으면서도 악순환을 넘어설 가능성을 그릴 수 있을까.

3. 『자유의 길』의 상황과 장면들

전쟁의 발발이 다가오면서 점점 더 막다른 상황으로 몰리는 인물들을 그린 『자유의 길』에는 타인을 사물화하는 힘있는 시선 대신 위안과 용서, 또는 사랑의 가능성을 그리는 시선을 주고받는 장면이 등장한다. 이 장면들은 특히 전쟁 직전 며칠간의 상황을 수백 명의 시점을 동시다발적으로 교차시키며 '몽타주' 기법을 통해 촘촘하게 모자이크한 제2권 『유예』에서 두드러진다. 징집 명령을 받은 마티외가 오데트에게 작별을 고하는 장면("9월 24일 토요일"), 입영 전날 우연히 만난 이렌과의 장면("9월 27일 화요일"), 역시 전쟁터로 떠나는 안캥 씨가 기차역에서 목격한 어느 연인들의 이별 장면("9월 24일"), 피난길에서 우연히 만난 그로루이와 사라, 샤를과 자닌이 마주보는 장면("9월 25일") 등이 그것이다. 이 장면들은 공통적으로 전쟁터로 가야 하는 남자들(또는 징집조차 당하지 못하고 화물칸에 실려 후방으로 옮겨지는 병자 샤를 등)의 입장에서, 그들이 보는 상대방 여성의 얼굴이 이 인물들의 입장에서 초점화되어 전달된다. 이 장면은 우연히 만난 모르는 사람들 사이에서(마티외–오데트만 예외지만, 그들은 유난히 전쟁 앞의 'n'importe qui'로서 자신들의 존재를 강조한다), 또 그대로 헤어질 것이 예정된 이들 사이에서 일어난다. 각기 다른 초점화자가[21] 서술함에도 불구하고 이 순간을 묘사하는 어휘와 분위기는 유사하다. 상대 여성의 얼굴에서 받는 위로의 느낌은 타자와의 관계를 통해 위안을 얻으려는 자기기만으로 공격당하지 않은 채 온전히 남아 있다.

이 장면들의 효과가 발생되도록 하는 공통의 조건은 만남의 배경(무명씨들끼리의 만남)과 성격(침묵과 미소, 곧 비언어적 소통이 제공하는 위안)으로 나누어진다.

(1) 투명한 시선

우선 마주한 두 사람 사이에서 시선의 성격이 변하는 장면이다. 마티외가 우연히 마주친 이렌과 밤을 보낼 때, 이렌의 얼굴은 개인적 특성이 지워진 순수 타인의 얼굴처럼 보인다.

불빛. 사방에 벽이 마티외와 이 밤 사이에 갑자기 세워졌다. 마티외는 손을 짚고 몸을 일으켜 이렌의 고요한 얼굴을 쳐다보았다. 여체의 헐벗음이 얼굴에까지 올라와, 버려진 정원을 자연이 다시 차지하듯이 몸이 이 얼굴을 다시 차지했다. 마티외는 둥근 어깨와 뾰족한 작은 젖가슴을 더 이상 이 얼굴과 따로 떼어 생각할 수가 없었다. 이 얼굴은 평화롭고 어렴풋한 살 표면일 뿐이었다. […] 그는 양손으로 이렌의 얼굴을 잡고 그녀의 눈 위로 몸을 굽혔다. 그녀의 눈은 투명하고 깊이를 알 수 없는 두 개의 얼음 호수였다. 그녀가 나를 바라본다. 이 시선 뒤로, 몸도 얼굴도 사라졌다. 이 눈 깊숙한 곳에는 밤이 있다. 순결한 밤. 그녀는 나를 자기 눈 속으로 들어오게 했다. 나는 이 밤 속에 존재한다. 벌거벗은 한 남자로. 몇 시간 후면 나는 그녀를 떠나겠지만 그러나 나는 영원히 그녀 안에 머물 것이다. 그녀 안에, 이

---

21 인물이 작가의 대변인이 되는 것이 아니라 제각기 자유로운 인물들의 '다의식의 교향악'이 되어야 한다는 것은 사르트르 소설론의 핵심을 이룬다. 『자유의 길』은 내적, 가변적 초점화를 극단적으로 사용해 이를 실현시키려는 소설적 시도이기도 했다.

이름 없는 밤 안에. […]

　그는 이렌의 얼굴도 잊었다. 손을 뻗어, 눈먼 살결 위로 손가락을 쓸어 보았다. 누구여도 상관없는 사람.[22]

　이렌의 얼굴을 보는 마티외의 시선을 따라가면 먼저 옷과 장식들이 사라진 벗은 몸이 얼굴에까지 이른다. 인공적으로 구획되고 관리되는 정원이 어느 순간 자연으로 돌아가듯, 얼굴에 새겨졌던 사회적 흔적은 어느 순간 살의 표면으로, 몸의 한 부분으로 되돌아간다. 의식이 비워진 이 얼굴에서 '시선'은 어찌 되었을까? 시선은 마주 선 타인에게 자신의 의식을 부과하고 상대를 평가하고 공격하지 않는다. 호수처럼 상대를 비추고 자신의 눈 속으로 들어오도록 하는, 초대하고 수용하는 시선이 된다. 이렌의 투명한 시선은 일반적인 시선의 원리를 벗어나 있는 것 같다. 시선은 투명하게 비추는 평면처럼 느껴지다가, 거꾸로 시선의 뒤에 놓인 깊이를 향하는 듯하다. 이 시선이 시선 주체(이렌)의 몸과 얼굴을 빨아들여 마지막에는 '눈먼 살chair aveugle'로 만든다.

　시선이 사라진 얼굴은 벌거벗은 얼굴이다. 어떤 규정이나 전략으로 가려지지 않고 전적으로 노출되어 있는 얼굴은 보는 이의 손아귀에 들어가게 된다. 로캉탱이 로제 의사의 얼굴을 꿰뚫어 보는 장면에서 눈을 감은 의사는 인간의 생물학적 운명이라는 일반성 속에 녹아 버려 시체처럼 나타났다. 이렌의 얼굴도 특수성을 잃고 익명성 속에 녹아 버린 얼굴이다. 그러나 똑같이 일반성으로 환원된 이 살을 쳐다보는 시선은 큰 차이가 난다. 로제 의사의 눈 감은 얼굴은 로캉탱의 인식의 틀에 편입되어 죽음 냄새를 풍기는 반면, 시선이 사라진 이렌의 '눈먼 살'은 마티외에게 투명한 순수 타인의 얼굴로 나타나, 그 시간은 '익명의 밤',

---

22 Sartre, *Le Sursis*, *OR*, 1075, 1080-81.

마티외는 '헐벗은 한 남자'가 된다.

무엇이 이런 전환을 가능하게 하는가? 우선 이렌은 마티외에게 'n'importe qui'로 생각되는 사람이다. 마티외는 징집병 기차를 타고 떠나기 전날 거리에서 우연히 이렌을 만났고, 서로에 대해 잘 알지 못하는 상태로 다음날이면 헤어져야 한다. 전쟁 상황 속으로 빨려 들어가야 하는 순간에 놓인 '무명씨n'importe qui'는 『자유의 길』, 특히 『유예』의 중요한 주제이다. 『유예』를 특징지우는 것은 전쟁을 앞두고 거대한 물결에 휩쓸린 '군중'으로서의 사람들이다. 히틀러의 연설과 손짓에 복종하는 베를린의 거대한 군중, 끝없는 행렬의 포로들과 피난민들, 기차역 징집병들의 '모자의 물결'. 전쟁이라는 집단 재난 속에서 모든 이들은 같은 모습, 같은 반응으로 나타난다.

'n'importe qui'라는 익명성이 중요해지는 것은 우선 그들의 주변성 marginalité 때문이다. 자기 의사와 상관없이 전쟁이라는 물결에 떠밀려 들어가 다같이 무력감의 절정에 처한 이들은 '주요 인사quelqu'un'가 아니다. '장삼이사張三李四'들이다. 피난길은 이들이 우연히 마주보게 되는 순간들을 만든다. 자신의 징집을 알리는 공고문조차 읽지도 이해하지도 못하고 방황하는 목동 그로루이는 아이 손을 잡고 피난길에 나선 사라를 만나고, 성한 자들이 일으킨 전쟁 때문에 짐짝처럼 다른 지역으로 옮겨지는 불구자 샤를은 옆 침대에 누워 있는 자닌을 만난다. 어찌할 도리 없이 집단적 재난 속에 용해된 절망적인 순간, 그들은 잠시의 위로를 맛본다. 전쟁이라는 거대 상황 앞에서 가장 소외되고 배제당한 사람들이 시선과 미소로 이 장면에서 주인공들이 되는 것은, 그들의 주변성이 자신의 무력함을 자각하도록 또 이 자각은 무력감의 교류를 가능하도록 해 주기 때문이다. 그리고 주변적 인물들의 언술을 풍부히 유입시킨 『유예』의 형식 실험은 이 장면들을 부각시키도록 돕는다.[23]

그런데 사르트르의 세계에서 전쟁이나 자본과 같은 거대한 체제 아래 놓인 모든 이들은 사실 무능한 존재들이다. 스스로 명령한다고 생각하는 이들도 사실은 자기 안에 기생하는 다른 힘에 의해 조종당할 뿐이라는 것은 사르트르의 일관된 '지도자' 비판, 곧 '부르주아지' 또는 '속물들salauds' 비판의 핵심을 이룬다. 역사적 인물이며 이 전쟁을 주도한 인물 중 하나인 히틀러 역시 소설 속에서 '꼭두각시pantin'로 지칭되며 다른 인물들과 하나 다를 것 없이 취급된다. 전쟁 앞에서 'n'importe qui'로 환원되는 것은 사회적 약자들만이 아니라 모든 사람이다. 이 보편성 또는 일반성이 'n'importe qui'의 두 번째 의미를 이룬다. 실제로 모든 사람들은 '아무나'인 것이다.

'n'importe qui'라는 주제의 중요성은 『유예』의 첫 부분에 마티외가 오데트와 함께 바닷가에 앉아 있는 장면("9월 23일")에서부터 이미 강조되었다. 오데트가 자신을 전혀 흥미로울 게 없는 "보잘것없는 사람"("Je suis [...] rien de bien intéressant [...] n'importe qui")이라고 하자 마티외는 "우리는 누구나 n'importe qui"라 대답한다.

> 우리는 누구나 별것 아닌 이들이다. 남들과 하등 다르지 않은. 우리는 모두 다가오는 전쟁의 위협에 신경이 곤두서 있다. [...] 아무것도 아닌 사람들, 한 남자와 한 여자가 해변에서 마주보고 있었다. 그리고 전쟁은 거기에, 그들 주위에 있었다. 전쟁은 그들에게로 내려왔고 그들을 다른 이들, 다른

---

23 '다의식의 교향악(l'orchestration des consciences)'을 추구하는 『자유의 길』에서도 특히 『유예』는 선적이고 연속적인 이야기를 포기하고 쉴 새 없이 한 인물에서 다른 인물로, 한 관점에서 다른 관점으로 넘나드는 극단적인 기법 실험을 펼친다. 공간적으로는 현실의 편재성(l'ubiquité du réel), 시간적으로는 동시성(la simultanéité)을 노린 이 시도는 인물들의 개별적 특성을 줄이고 '반복'이 중요해지는 효과를 낳는다. 『유예』의 기술적 특징, 특히 몽타주 기법에 관해서는 Jean-Pierre Morel, "'Carrefour multiple': Roman et montage dans Le Sursis," in Jean-François Louette et al., Sartre écrivain (Eurédit, 2005), pp. 101-23 참고. 관점의 이동에 대하여는 이 책 제2부에 실린 조영훈, 「사르트르의 전쟁의 글쓰기와 미학」 참고.

모든 사람들과 비슷하게 만들었다.[24]

오데트가 자신의 평범함을 내세우는 인물이듯, 이렌도 자기에 대한 어떤 과대평가도 없는 소박하고 솔직한 인물로 그려진다. 다시 말해 위 장면들은 자신이 n'importe qui임을 가장 잘 자각한 인물들 사이에서, 군중 속의 자기를 담담하게 인정하게 하는 전쟁이라는 계기에 일어나는 것이다. 그리고 마티외가 '아무나'인 이렌의 호수 같고 밤과 같은 눈 속으로 들어갈 수 있었던 것은 단순히 상황의 전환 때문만도 아니다. 마티외 자신도 스스로를 "헐벗은 한 남자un homme nu"라고 생각했기 때문이었다. 끈질기게 매달리던 자의식을 비우고 자신의 익명성을 받아들이기, 자기도 다른 이들과 하나 다를 것 없는 n'importe qui임을 받아들이기라는 전제가 있었기에 그는 이렌이 초대하는 태초와 같은 '순결한 밤' 안으로 들어갈 수 있었던 것이다.

타자와의 대면에 새로운 차원을 연 것은 이처럼 주변성과 일반성이라는 두 전제조건 위에서, 그것을 인정하고 수용한 이들 사이의 만남이었다. 전쟁이 가져다 주는 '해체'의 효과, 즉 사람들을 구분짓고 위계화하는 사회적 표식들(지위, 권력, 교육수준, …)이 지워지는 것은 『구토』에서 로캉탱의 시선이 해냈던 개별적 해체가 집단적 차원에서 일어나도록 하는 장치이다. 사르트르 스스로 제1권에서 제2권으로 넘어가며 일어난 인물들의 변화를 (여전히 단자單子로서 존재하면서도) 계속해서 일반화, 용해되는 과정으로 설명했다.[25] 일반성 속으로 환원되어 가는

---

24 *Le Sursis*, *OR*, 755-56.

25 "그러나 1938년 9월의 나날과 함께 칸막이들은 무너졌다. 개인은, 단자(une monade)이기를 멈추지 않으면서도, 그것을 뛰어넘는 한 부분 안에 연루되었음을 느낀다. 그는 세계에 대한 하나의 관점으로 머물러 있지만, 자신이 일반화와 용해의 도정에 있음을 깨닫는다. 이 단자는 가라앉는데, 완전히 침몰하지도 않으면서 가라앉기를 멈추지도 않을 것이다"(Sartre, "*Prière d'insérer*," 1945, *OR*, 1911).

이들의 모습, 거대한 전쟁 앞에서 무력해진 모든 이들의 최소화된 차별적 상황이 독특한 서술 방식으로 그려진다.

앞서 언급한 들뢰즈와 가타리의 '얼굴성'에 관한 논의에서는 얼굴의 새로운 용법을 발견하기 위한 해결책은 '사랑'에 있었다. "연결접속"이라는 이 사랑 역시 탈개인화이며 우발적인 마주침을 긍정하는 관계이다.[26] 이 프로그램에 해당하는 요소들이 사르트르에서는 바깥에서 전쟁을 통해 부과한 전제조건인 듯하다. 역사라는 거대한 타자 앞에서 모든 이들은 '아무나'가 되어 투명한 시선으로 만난다.

(2) 모르는 이의 미소

사회적 가면이 벗겨지고 '살'의 상태인 얼굴이라는 전제조건이 이미 준비되었다면 이제 이 순수 얼굴 위에 '미소'가 얹힌다. 대표적으로 세 대목을 들 수 있다.

1) 오데트는 그에게 미소 지었다. 그가 예상하던 형식적인 미소가 아니라, 오직 그만을 위한 미소였다. 한순간 바다가 다시 거기 나타났고, 바다의 가벼운 움직임과 물결 위를 달리던 일렁이는 그림자와 바닷물 속에서 꿈틀거리던 햇살과, 그리고 초록색 용설란들과 땅을 덮고 있던 초록색 바늘잎들과 짙은 소나무 숲 속의 점점이 뿌려진 그늘과 둥글고 새하얀 더위와 송진 냄새가, 쥐앙레팽에서 보낸 9월 어느 아침의 깊이가 모두 되살아났다. 소중한 오데트. 불행한 결혼을 한, 사랑받지 못하는. 하지만 한번 미소를 짓기만 해도

---

26 "오직 주체적 의식과 주체적 열정의 검은 구멍 안에서만 우리는 포획되고 뜨거워지고 변형된 입자들을, 주체적이지 않은, 살아 있는 사랑을 위해 다시 활력을 주어야만 하는 입자들을 발견할 수 있다. 이 사랑 안에서 각자는 타인의 미지의 공간들로 들어가거나 그것들을 정복하지 않고서도 거기에 연결접속되며, 이 사랑 안에서 선들은 파선(破線)들처럼 구성된다"(김재인 옮김, 『천 개의 고원』, p. 360).

물가의 공원과 바닷가의 여름 열기를 되살아나게 할 수 있는데, 그녀가 삶을 망쳤다고 말할 권리가 있겠는가?[27]

　　2) 그녀는 연인 쪽으로 돌아섰고, 햇빛이 얼굴을 하얗게 비추고, 눈을 깜빡이고, 미소 짓는다. 너그럽고 따뜻한, 너무나 믿음직스럽고, 너무나 고요하고, 너무나 부드러운 미소였다. 한 남자가, 아무리 잘생기고 강한 남자라 하더라도, 자기 혼자 이런 미소를 가져간다는 것은 있을 수 없는 일이다. […] 지금, 아마 그녀는 여전히 미소 짓고 있겠지만, 이제는 그 미소를 보지 않는다. 그녀를 본다. 그녀는 거기 있다. 그 남자를 위해, 떠나는 모든 이를 위해, 나를 위해.[28]

　　3) 슈나이더는 지갑을 열었다. 우편엽서 크기의 사진 한 장이 있을 뿐이었다. 슈나이더는 사진을 쳐다보지 않고 브뤼네에게 내밀었다. 차분한 눈매의 젊은 여자가 있었다. 눈 아래에는 미소가 어려 있었다. 브뤼네는 이런 미소를 본 적이 없었다. 그녀는 이 세상 어딘가에 수용소와 전쟁과 병영에 수용된 포로들이 있다는 것을 아주 잘 알고 있는 듯 보였다. 그녀는 그 사실을 알고 그래도 미소 짓는다. 패배자들에게, 붙잡힌 자들에게, 역사의 찌꺼기들에게 그녀는 미소를 보낸다. 그래도 브뤼네는 이 눈 속에서 자선의 의미를 담은 가학적인 비천한 빛을 찾아보려 했지만 허사였다. 그녀는 그들을 향해 고요하게 신뢰의 미소를 짓는다. 그녀는 마치 그들을 굴복시킨 정복자들에게 자비를 베풀라고 요구하는 것처럼 그들의 힘에 미소를 보낸다. 이즈음 브뤼네는 수많은 사진을 보았고, 수많은 미소를 보았다. 전쟁이 그 모든 미소를 다 사라지게 했고, 더 이상은 볼 수가 없다. 이 미소만은, 볼

27　*Le Sursis, OR*, p. 828.
28　*Le Sursis, OR*, 857.

수 있다. 이 미소는 조금 전에 태어났고, 브뤼네에게 지어진 것, 브뤼네 한 사람만을 위한 것이다. 포로인 브뤼네에게, 쓰레기인 브뤼네에게, 승리자인 브뤼네에게.[29]

사르트르 자신의 존재론에 비추어 볼 때 화자들의 평화로운 안도감이 긍정적 색채를 띠는 것이 이질적인 느낌을 주는 위 세 장면은 내용상 매우 유사하다. 전쟁터로 떠나는 이들, 또는 이미 포로수용소에 있는 이들이 기대하지 않던 어떤 미소를 마주한 장면이다. 상대 여성들의 얼굴은 그것을 보는 이, 곧 얼굴을 제공받거나 얼굴에 연루되는 이의 해석으로 나타난다. 이들은 상대의 얼굴에서 평화, 따스함, 관대함 등을 느낀다. 갈등이 멈춘 자리를 채우는 '얼굴'은 생김이 문제되는 개인적 특성의 공간이 아닌 추상화된 공간이 되고 보편적인 의미를 띤다.

타인의 얼굴을 대면하는 장면을 그리는 레비나스의 기술과 분위기상 유사해 보이는 장면들이다. 대면을 직접적으로 다룬다는 점, 앞에 보이는 얼굴이 인식 대상의 현상성을 벗어나 의미를 표현하고 전달한다는 것이 레비나스와의 공통점이다. 그런데 이 얼굴들이 나타내는 의미는 다르다. 위 예문들에서 나타나는 타자의 얼굴은 레비나스처럼 그 연약함과 헐벗음으로 윤리적 요청-명령을 하는 존재, 내게 죄책감을 불러일으키고 희생을 요구하는 존재가 아니다. 반대로 수용하고 용서하고 이해하면서 '위로'를 먼저 증정하는 얼굴이다. 레비나스에게 타자의 얼굴이 자신의 헐벗음을 통해 윤리적 '요구'를 한다면, 『자유의 길』에서 그리는 타자의 얼굴은 그 자신이 어느 정도의 윤리적 '태도'를 담보했다고 간주된다. 그리고 그 얼굴을 보는 이가 상대방의 시혜를 열린 마음으로 받아들이고 적극적으로 재해석해야 하는 것으로 그려진다.

---

29 Sartre, "Drôle d'amitié", *OR*, 1430-31.

다시 말해, 레비나스에서 둘 사이의 대면이 주체가 타자를 향해 나아가는 관계라면 사르트르에서는 타자가 나에게 선제공한 어떤 가치에 내가 응답하는 것처럼 보인다. "윤리적 비대칭"과 "투쟁적 비대칭"[30]의 전도는 사라졌지만, 이 장면에서도 방향은 엇갈린다.

그러나 레비나스의 "얼굴로서 현현하는 타자"가 자아를 문제시하는 데 비해 위 장면 속 주체들은 너무 확고하고 안전한 자리를 차지한 것 아닌가? 타자의 타자성에 대한 감각은 사라지고, 타인의 얼굴은 보는 이를 위해 존재하는 듯 그려진다. 타인의 시선은 이미 시선을 보내는 쪽에서 공격성 의식을 먼저 제거하여 투명하게 만든 후 나를 보아 주고 있다.

여기서 이 장면들의 긍정적 정서에 대해 몇 가지 의문이 생긴다. 먼저, 제공되는 시선의 성격에 관한 것이다. 이 위로와 이해가 김 빠진 휴머니즘이나 브뤼네가 경계하는 '자선'에 의한 것이 아님은 어떻게 보장할 수 있는가?

더 근본적으로, 이 미소가 제공하는 것은 모두 미소를 바라보는 주체의 착각, 아전인수격 해석에 지나지 않는 것은 아닌가? 이때 상대 여성은 타자라기보다 보는 이의 자기만족적 해석의 대상으로, 상상 속에서 만들어진 것은 아닌가? 위 세 장면에서 인물들은 마주본 자세로 있지만 미소의 발신자들은 얼굴 또는 미소를 제공하는 동시에 자신의 주체성을 내세우지 않은 채 일반성 속으로 사라진다. 이때의 얼굴은 주체의 지위를 가진 타자가 아니라 수용자 측의 욕구를 채워 주도록 예정된 존재, 이상화되는 동시에 수동적으로 규정되는 대상에 가까운 듯 보인다.

위 장면들이 드러내는 정서가 레비나스의 서술이 보여 주는 정서에

---

30 서동욱의 표현. 사르트르와 레비나스의 타자 이론에는 서로 대칭적 관계를 지닌 동등한 주관들의 공동체에 기반을 둔 상호주관성은 없다며 두 사람 사이의 차이를 이같이 정리했다(『차이와 타자』, p. 209).

가깝게 보인다고 했지만, 더 자세히 들여다보면 이 얼굴들은 초월적 타자보다는 차라리 레비나스가 『전체성과 무한』 등에서 자세히 서술하고 있는 "따뜻하고 친밀한 타인"에 가까운 듯 보인다. 미소라는 형태로 보내는 이 얼굴의 메시지로 받아들이는 '용서', '위안', '자애' 등에서 우리는 자연스럽게 레비나스가 말하는 익명의 타자가 제공하는 환대, 고요한 안식, 사려 깊은 존재와의 관계 등을 떠올리게 된다. 레비나스는 윤리적 관계 속에서 나에게 명령을 내리는 타자 이전에 주체의 내면성을 성립시키는 '거주'를 중요시한다. 레비나스에 따르면 '내면으로의 전향le recueillement'은 언제나 누군가의 '영접 un accueil'과 관계하는데, 환대와 영접이 있는 공간은 '여성적인 얼굴의 부드러움'을 통해 창조된다.[31] 가정 안에서 나를 맞아 주는 이 여성적인 타인과의 관계를 통해 주체는 세상으로 나가 노동하고 소유할 수 있게 된다. 타자와의 윤리적 관계를 맺는 것도 그 후에 가능해진다. 나를 환영하는 타자, 여성적인 사려 깊은 존재를 레비나스는 이렇게 설명한다.

> 친밀함 안에서 나를 맞아 주는 타인은 높은 곳에 있는 차원에서 드러나는 얼굴에 속하는 당신vous이 아니라, 익숙함에 속하는 너tu라는 편이 정확하다. 가르치지 않는 언어, 침묵의 언어, 말 없는 이해, 비밀스러운 표현을 뜻하는.[32]

얼굴로서 현현하는 타자인 'vous'가 아닌 친밀한 'tu'와 주체는 "가르치지 않는 언어, 침묵의 언어, 말 없는 이해, 비밀스러운 표현" 안에서 관계 맺는다. 말이 없이도 나를 이해하며 부드럽게 수용하는 '친밀

---

31 Lévinas, *Totalité et infini*, pp. 164-67.
32 *Ibid.*, p. 166.

한 타인'의 모습은 위 인용문들과 어휘상으로도, 표현상으로도, 이미지상으로도 겹친다. 이때 상대방은 능동적 주체가 아니라 비대칭의 관계를 맺도록 해 주는 요인에 지나지 않게 된다. 『자유의 길』의 미소 짓는 얼굴들은 여성에 대한 대상화와 도구화라는, 레비나스의 '여성' 은유에 대한 비판 가능성에 함께 들어간다. 윤리적 주체도 절대적 타자도 될 수 없는 '친밀한 타인인 여성'은 윤리적 태도를 위한 조건으로만 보이기 때문이다.[33]

그렇다면 위 장면들은 타자와의 진정한 관계의 원형이라기보다 신비화된 여성성이라는 일탈에 지나지 않는 것이 아닌가. 여성적 타인의 얼굴은 나를 전혀 위협하지 않는다. 그 얼굴은 언제나 남성의 시선으로, 초점화된 남성 화자에 의해 드러난다. 비인격화된 얼굴에 대한 이상화와 대상화는 동시에 일어난다. 상대와 마주해서도 자기를 상실할 우려가 없는 안전한 타자, 사르트르의 내적 논리상 본질적으로는 불가능한 이 장면을 설득하기 위해 그가 기댄 것이 이상화된 '여성성'이라는 정서는 아닐까? 물론 이 여성이 실제 인격체로서의 여성은 아님에도, 여성 은유의 문제점 지적은 타당한 듯 보인다. 사실 '여성적인 것'이라는 은유를 사용하고 '미소 짓는 여성의 얼굴'을 등장시킬 때 이미 우리는 레비나스와 사르트르가 여성성에 대해 문화적으로 합의된 정의를 이용하고 있음을 알 수 있다. 뿐만 아니라 이 여성 인물들은 사르트르 자신이 주장한 소설관의 핵심인 '인물의 자유'론에 어긋난다. 오히

---

33 "거주 공간의 성적 타인의 존재는 윤리적 주체를 준비시키는 변증법적 단계의 불가결한 요인일 뿐이다. [⋯] 조력하는 타인은 그러나 얼굴도 없고, 목소리도 없다"; "레비나스의 '친밀한 타인'인 여성은 전(前)윤리학의 단계에 머물러 있다. [⋯] 여성은 주체적 자아일 수 없는 만큼이나, 윤리적 관계의 타자일 수도 없다. 여성이 절대적 타자성의 은유로 대입되는 순간에조차, 여성은 에로틱한 관계의 놀이가 찾는, 끝없이 뒤로 물러나는 욕망의 대상일 뿐, 대면하는 존재는 아니다"(김애령, 「'여성', 타자의 은유: 레비나스의 경우」, 『한국 여성철학』 제9권, 2008, pp. 87, 96).

려 사르트르가 격렬하게 비판했던 모리아크의 소설에서처럼 인물의 자유를 박탈하고 변하지 않는 속성으로 고정시키고 있는 듯하다.

이러한 문제는 위에서 묘사된 관계가 간접적이고 추상적일 뿐 직접적이고 구체적인 관계가 아니라는 데 기인한다. 오히려 지속될 수 없음, 직접적 관계를 맺지 않는다는 사실이 이 장면들의 전제조건처럼 보인다. 여기서 세 번째 문제가 제기된다. 투쟁적인 두 시선 사이의 갈등은 멈추지만, 이는 『존재와 무』의 '사랑'의 시선이 이미 묘사한 것이 아닌가? 사르트르적 논리(순환적 관계인 대타관계) 속에서라면 이 장면들은 갈등의 일시적 유예에 지나지 않는다. 소설 속에서 마주본 이 두 사람의 관계는 이 장면으로 끝인데 이는 존재론이 묘사하는 악순환을 회피하기 위한 장치가 아닌지, 곧 갈등을 벗어난 대타관계를 이룰 수 있게 해 준 'n'importe qui'라는 설정이 이 관계의 비현실성을 떠받치는 조건이었는지 하는 의문들이다. 이와 같은 문제들은 『도덕을 위한 노트』의 조화로운 대타관계의 이론화 노력으로 우리를 이끈다.

4. 매개를 통한 상호 인정

첫 번째 문제부터 살펴보자. 위 미소들의 성격은 관습적이고 자기만족적인 선의라든가 자선을 벗어날 수 없는 것이 아닌가? 용서나 자애라는 관습적인 듯 들리는 덕목들이 앞의 인용문 3)처럼 가학성을 담고 있기까지 한 '자선charité'과 다르다는 것은 어떻게 알 수 있는가?

『자유의 길』 제1권 『철들 나이』에는 모든 사람들에 대한 선의로 넘치는 사라라는 인물이 등장한다. 도움을 청하는 사람 앞에서 그녀가 보이는 태도를 묘사하는 어휘는 거의 관능적인 욕망의 묘사이다. 얼굴은 돕고 싶은 욕망으로 발그레해지고, 태도는 탐욕스러워지며, "자선사업을 하는 수녀처럼 맹렬하고 분주해진다."[34] 도움을 받는 마티외는 오히려 그녀에게 해를 가하고 싶은 충동을 갖는다. 도움을 청하는 자신이 그녀의 '소유물propriété'이 된 것이 느껴지기 때문이다.[35] 사라의 선의는 전적으로 순수한 동기에서 나왔지만, 상대방이 자신에게 의지한다는 사실에 대한 기쁨은 지울 수 없다. 선의를 받는 쪽에서도 자신이 상대에 종속된다는 사실을 잊을 수 없다. 이런 태도는 『존재와 무』에서 설명한 '증여don'와 '시혜générosité'의 성격, 파괴에 의한 소유 욕구에서 비롯하며 결국 타인을 예속시키는 행위가 된다는 단언을 형상화한다.[36]

반면 『도덕을 위한 노트』의 증여와 시혜는 '진정한 대타관계'를 이론화하는 데 핵심적이다. 대타관계 전환의 동인은 조건 없이 내가 타인에 의해 실현되도록 나를 내어놓는 행위, 상대방의 자유를 제한하지 않는 증여 또는 시혜라는 것이다.[37] 이 변화를 위해 부연 설명이 따른다. 증여물 또는 증여 행위를 받는 사람이 선택의 여지 없이 그것을 받아들여야 하면 그것은 받는 사람의 비자유non-liberté를 의미하니 증여는 예속을 강요하는 행위, '자선charité'이 된다(CM, 384). 사라가 베풀고

---

34 Sartre, *L'Age de raison*, *OR*, 432, 458.

35 "그녀는 마티외를 향해 다정하고 볼품없는 얼굴을 들었다. 이 얼굴에는 해를 끼치고 부끄러움에 짓눌리도록 만들고 싶은 음흉한 욕망을 불러일으키는, 유혹적이고 거의 관능적이기까지 한 겸허함이 있었다. '사라를 보면 사디즘이 뭔지 이해하게 되지.' 다니엘이 그랬다"(*L'Age de raison*, *OR*, 441); "그녀는 마티외에게 도움을 줄 것이다. 그 기회가 온 걸 알고 있었다. 이제 그는 그녀의 소유물이다"(432).

36 "예를 들어, 시혜(générosité)가 있다. 사실, 증여(don)는 파괴의 원초적인 형태이다. […] 이렇게 시혜는 우선 파괴적 기능이다 […] 증여는 격렬하고 짧은, 거의 성적인 향유이다. 준다는 것은 자신이 주는 사물을 소유하는 방식으로 즐기는 것이고, 이는 파괴-전유적(destructif-appropriatif)인 접촉이다. […] 준다는 것은, 노예로 만드는 일이다"(*EN*, 640).

37 『도덕에 관한 노트』에서는 증여가 자유이자 해방이며, 그에 더해 존재 확립이 증여에 의해 이루어진다고 말한다. "이처럼 증여는 자유이자 해방이다. 그것은 세계, 그리고 세계 속 우리의 이미지 곁에 있는 것이 아니라 우리 자신(에 대한) 비정립적(non thétique) 의식 쪽에 있다"(*CM*, 383); "존재 확립은 증여이다. 나는 존재를 그것을 주면서 근거 지운다"(167). 사르트르의 증여론과 관련해서는 뒤의 변광배, 「사르트르의 증여론」 참고.

싶어 안달하는 것, 브뤼네의 시선이 미소의 시혜적 성격과 대조한 것이 바로 이 '자선'이다. 부당한 것을 미덕에 의해 보상해 주는 행위가 자선이라면 시혜는 그러한 것이 배제된 '순수한 무상성 pure gratuité'이다.

따라서 증여의 성격 변화는 서로의 자유의 인정 위에서, 양쪽의 자유에 의해 성립되는 '상호 인정 réciprocité de reconnaissance'(*CM*, 383)으로 가능해질 것이다. 그러면 상호 인정은 어떻게 시작되는가? 대타관계의 궁지에서 타인을 인정하는 데로 나아가는 첫걸음으로 『도덕을 위한 노트』가 제시하는 것은 '호소 appel'라는 개념이다. 호소는 우선 타인을 그의 자유 안에서, 그의 고유하고 '극단적인' 이타성 안에서 인정하는 것이며, 나의 시도를 타인에게 바치는 일이다.[38] 이런 점에서 호소는 '시혜 générosité'와 같으며 증여를 포괄하는 개념이라 이야기된다.

> 모든 호소 안에는 증여가 있다. 먼저 시선에 의한 자유들 간의 근원적 갈등은 벗어나기 불가능한 것이라 보는 데 대한 거부가 있다. 타자의 자유를 향한 나의 목적에 대한 믿음 안에 증여가 있다. 내 활동이 나 혼자에 의해 실현되지 않는다는 사실에 대한 수용이 있다. (*CM*, 293)

단독자의 행위였던 『존재와 무』의 투기 projet는 타자를 향한 호소 appel로 변했다. 이때 호소는 자유로운 상태로 나의 자유를 인정하며 호소를 받아들여 주는 '응답'을 기대한다. 이 순간 『존재와 무』의 갈등 상황은 완벽한 상호성으로 변모할 수 있다. 그런데 『도덕을 위한 노트』가 발간되기 전에 우리는 이미 『문학이란 무엇인가』에서 작가와 독자

---

38 "호소는 상황 속 개인의 자유를 상황 속 개인의 자유에 의해 인정하는 것이다"(CM, 285); "그러나 호소는 단번에 투기에 외부가 있는, 다시 말해 타인들을 위해 존재하는 인정이 되고, 호소는 용어의 근원적 의미 그대로의 헌신(dévouement), 다시 말해 내 기획을 타인에게 바치는 것이 된다. 나는 내 기획을 자유롭게 그의 자유 앞에서 표명한다"(293).

사이에 일어나는 서로의 자유에 대한 '호소 appel'의 과정을 본 바 있다.

쓴다는 것은 내가 언어라는 수단으로 기도한 드러냄을 객관적 존재로 만들어 주도록 독자에게 호소하는 것이다. [...] 이렇듯 작가는 독자의 자유에 호소하여 그의 작품의 산출에 협력하기를 바라는 것이다.[39]

그래서 읽기란 시혜의 실천이다. 그리고 작가가 독자에게 요구하는 것은 추상적인 자유의 적용이 아니라, 정념, 반감, 동감, 성적 기질, 가치 체계를 포함한 그의 인격 전체의 증여이다. 다만 이 인격의 증여는 고매한 마음에서 비롯되는 것이기 때문에, 자유가 그 인격에 속속들이 스며들어, 그의 감성의 가장 후미진 응어리조차 변형시키게 된다. [...] 이렇듯 작가는 독자들의 자유에 호소하기 위해서 쓰고, 제 작품을 존립시켜 주기를 독자의 자유에 대해서 요청한다.[40]

작가는 독자의 자유에 호소하고 독자는 작가의 자유에 응답하는 것은 『문학이란 무엇인가』에서 문학적 의사소통의 과정을 묘사하면서 '목적의 왕국 la cité des fins'을 상상해 볼 수 있게 해 주는 회로로 제시된 내용이다. 쓴다는 것은 자신의 증여 행위를 받아들여 주고 완성시켜 달라는 호소이다. '작품' 안에는 이미 증여가 있고, 동시에 상대방 역시 작품의 존립을 위해 자기 인격 전체를 증여할 것을 호소한다.

주지하다시피 『도덕을 위한 노트』는 미완성작이다. 두 번째 노트는 '존재론적 도덕 une morale ontologique'을 설명하기 위한 개요를 싣고 있는데, 소외의 문제를 다각도로 다루는 1)에서 6)까지의 항목 이후 7)은 "전환"이라는 제목으로 소외의 거부, 창조를 통해 자신과의 관계

---

39 Sartre, "Qu'est-ce que la littérature?" *Situations II* (Gallimard, 1999), pp. 91-92. 번역은 정명환 옮김, 『문학이란 무엇인가?』(민음사, 1998)를 따르되 맥락에 따라 부분적으로 수정하였다.
40 *Ibid.*, pp. 95-56.

를 변화시킨다는 내용이 나오고, 그런 다음 8)에서 '타인에 대한 호소 Appel à autrui'가 등장한다. 그런데 호소는 타인과의 직접적 관계를 거부하는 데서 시작한다.

> 타인과 직접 관계 맺기를 그만두기.
> 타인과의 진정한 관계는 절대 직접적일 수 없고 작품의 매개를 통해 맺어진다. 나의 자유는 상호적 인정을 내포한다.
> 그러나 우리는 스스로를 주면서 사라진다. 시혜. 사랑.
> 작품에 의해 이루어지는 나의 대자존재와 대타존재 사이의 새로운 관계. 나는 타인이 내게 이 객관성을 돌려주도록 하기 위해 내가 창조한 대상으로서 나를 타인에게 제공함으로써 스스로를 정의한다. (*CM*, 487)

이 개요는 이후 충분히 발전되지 않은 채 남아 있지만, 분산된 언급들을 모아 중심 내용을 추측해 볼 수는 있다. 우선 매개물을 통한 우회가 필요하다. 나를 사물처럼 고정시키는 타인의 시선, 마찬가지로 타인을 노리는 나의 시선이라는 대타관계의 궁지는 벗어나기 힘들다는 판단 아래 매개물이 상정된다. 그 매개물은 '작품 œuvre'으로 지칭된다. 여기서 '작품'은 물론 예술작품이 아니라, 인간의 노작勞作, 행위 자체, 더 나아가 인간 자체를 모두 의미하는 넓은 개념이다. 모든 '창조' 안에는 이미 증여가 포함되어 있어 타인의 대자존재에 새로운 차원을 제공한다.[41] 이 증여는 내가 스스로를 줌으로써 타인이 내게 객관성을 돌려주는 방식으로 완결될 것이므로 서로의 자유에 대한 상호 인정이라는 토대 위에서 행해진다. 그리고 증여와 동시에 증여자는 사라져야 한다.

이처럼 『문학이란 무엇인가』가 창작자와 수용자의 행복한 만남을 위해 '호소'라는 개념을 끌어들였다면, 『도덕을 위한 노트』는 '호소'를 설명하기 위해 창조와 작품을 불러왔다. 『도덕을 위한 노트』는 작가와 독자 사이의 상호 증여 가능성을 대타관계 일반으로 확대해 모든 관계에 적용할 수 있는 구도로 만든다. 예술작품의 창조와 수용이라는 예가 대타관계에 대한 사르트르의 생각에 중요한 모델을 제공하는 이유는 양자관계 사이에 언제나 작품이라는 매개물이 놓이기 때문인 것 같다. 위에서 보았듯 증여 행위 안에는 받는 이의 주체성을 굴복시킬지도 모를 증여자의 주체성이 있다. 이를 극복할 가능성은 매개물이 있어야만 생각될 수 있다.

앞서 우리는 상대 여성들이 주체에 이르지 못한 상태가 아닌가 하는 문제를 제기했다. 증여자가 주체성과 멀다면 애초 이 증여는 받는 이의 자의적 환상에 지나지 않을 것이다. 위 장면들에서 미소를 보내는 여성의 얼굴은 시선의 대상이며, 이때 여성 인물들은 말하는 존재가 아니다. 심지어 2), 3)의 경우 여성 인물들은 오직 얼굴만으로 등장한다. 오데트와 이렌의 장면들은 침묵 속에서 그려진다. 특히 오데트는 말을 하는 데 어려움을 겪는 인물이다. 그녀는 언제나 하고 싶던 말을 중도에 포기하고, 말은 그녀의 의도를 배반한다. 마티외도 그녀가 "침묵하며 익명으로 있어 주기를" 바란다.[42] 그러나 그녀는 침묵을 통해 어떤 말보다 더 큰 울림을 주고 "한번 미소 짓는 것만으로도" 위와 같은 체

<hr />

41 "모든 창조는 증여이며 증여하지 않고서는 존재할 수 없다. 보도록 준다는 말은 진정 옳은 말이다"(*CM*, 137). 『도덕을 위한 노트』에서는 더 나아가 인간을 '시혜' 자체로 보기도 한다. 나의 출현이 타인의 대자 존재에 새로운 차원을 제공하기 때문이다("주는 것 말고 존재하는 데 다른 이유는 없다. 그리고 단순히 작품(l'œuvre)만이 증여는 아니다. 성품도 증여이다. 자아는 우리의 시혜를 통합하는 항목이다", *Ibid.*; "이처럼 근본적으로 인간은 시혜이며, 인간의 출현은 세계의 창조이다. […] 하지만 내가 여기서 강조하고자 하는 것은 이 지옥에도 이미 시혜와 창조가 있다는 사실이다. 왜냐하면 세계 속에 출현하면서, 나는 다른 대자들에게 존재의 새로운 차원을 제공하기 때문이다", 514-15). 강충권은 이 대목을 인용하며 창조 개념의 확장(개인의 자아 생성에서 타인의 존재와의 관계 창조로)이 사르트르의 대타관계론을 긴장과 공격-방어의 대결 관계로부터 창조적 관계 이론으로 전환한다고 말한다(강충권, 「사르트르의 '도덕에 관한 노트': '도덕적 전환'의 존재론」, 『프랑스학 연구』 제22권, 2002, pp. 49-50).

42 *Sursis*, *OR*, 750, 756.

험을 가능하게 한다. 이들의 관계에는 구체적 관계(신체 접촉), 직접적 의사 전달(말) 둘 다 부재한 채 말없이 미소 띤 얼굴과 그 얼굴을 지켜보는 시선만이 존재한다. 이 침묵을 통해 얼굴을 지켜보는 인물들은 서로를 가장 깊이 이해하는 듯 느끼지만 이는 사실 지켜보는 측의 해석이다. 미소의 발신자에게도 의도는 존재하겠지만 결과물은 그에 종속되어 있지 않아서 수용자가 의미를 구성해 읽어 내게 된다. 이 장면들이 공통적으로 보이는 특징인 '접촉 없는 시선'과 '말 없는 소통'은 미적 대상화의 필수불가결한 조건이며, 이렇게 대상화된 여성 인물들에 대한 감탄은 언어와 비언어, 현실과 상상의 대립쌍 가운데 상대방에게는 후자만을 인정한 것일 수 있다. 그렇다면 위 장면들의 긍정성이란 자유로운 두 주체들 사이의 관계가 아니라고 전제된다. 시선의 소유자인 초점화자들이 상대에게 요구한 바를 충족시키는, 레비나스 주체들이 여성적인 '너'의 환대를 타자와 마주하기 위한 예비단계 또는 휴식의 단계로 필요로 하는 것과 같은 충족감이라고 비판할 수도 있다.

그런데 이런 비판이 전적으로 타당하다고 말할 수 없는 이유는, 위의 남성 인물들의 입장에서 이 미소가 미리 요구된 것이 아니기 때문이다. 사르트르는 보는 이의 욕구를 인정하지 않는다. 미소가 주는 위안과 용서는 내가 구하는 것이 아니라 상대가 선제공하는 것을 예기치 않게 받아들이는 것으로 그려진다. 또한 보는 이들이 이 체험을 서술하는 방식이 특이한 데가 있다.

인용문 1)에서 오데트의 얼굴을 보며 마티외가 평화롭고 고요한 다른 시간을 떠올리는 장면이 있다. 과거의 기억도 미래의 기약도 없는 'n'importe qui'들의 만남이 연속적 시간선상에 있는 일상적 삶과는 단절된 예외의 순간을 이루는 것처럼, 이 장면 역시 일상적 시간과의 단절 순간을 보여 준다. 현실과 유리된, 시간의 흐름이 멈춘 것 같은 이 순간은, 마치 회화작품이나 아름다운 선율이 보는 이에게 일순간 다른 세계를 열어 보여 주듯, 프루스트적인 응축된 시간의 펼쳐짐을 체험하게 한다. 2)와 3)의 장면 역시 같은 패턴으로 전개된다. 징집 열차를 기다리는 안캥 씨는 떠나는 연인에게 보내는 한 여성의 미소를, 포로수용소에 갇힌 브뤼네는 사진 속 여인의 미소를 본다. 전쟁 상황 안에서 스스로의 무력함만을 느끼며 보내는 시간 안에 이 미소들이 끼어들어 잠시 다른 시간을 창조해 내고, 자신이 '역사의 찌꺼기'에 지나지 않는다는 느낌에 이해와 위안을 주는 듯하다.

이 순간들은 『구토』에서 로캉탱이 재즈를 들으며 느끼는 것처럼 한편에서는 '창조', 다른 한편에서는 '수용'으로 시간을 붙잡아 두는, 예술적 순간과 비슷해 보인다. 그렇다면 우리는 '미소'를 일종의 "(예술)작품œuvre (d'art)"처럼, 발신자가 보내는 메시지와 수신자가 읽어 내는 메시지 사이에서 공명을 일으키는 매개물로 볼 수 있지 않을까? 위의 인용 대목들에서 화자의 시선은 발신자와 수신자 사이의 이심전심이라기보다 수용자가 상대방의 얼굴을 회화나 사진 감상하듯 자유롭게 파악하는 것에 가까웠다. 예술작품의 아우라 앞에 선 듯 자신이 곧 수신자가 아님을 알면서도 수용자는 그 표정이 자기를 위한 것, 자기만을 위한 것이라 믿을 수 있었다.

이런 해석은 여성의 대상화 대신 매개에 초점을 맞추어, 여성 인물들을 증여라는 적극적 행동의 주체로 볼 수 있게 해 준다. 그러면 문제가 된 장면들을 '미소→매개→소통'으로 해석할 여지가 생긴다. 상대여성과 대면한 이의 구도가 아니라 가운데 놓인 매개=‘얼굴'을 둘러싼 두 인물 구도로 보면, 미소 제공자인 여성의 대상화와 도구화라는 일차적 비난은 힘을 잃는다. 이때 얼굴을 바라보는 시선은 상대방보다 상대방이 제공한 '작품'을 향한 것이고, 지각하는 시선이 아니며 미적인 체험 의식을 담은 것이다. 이로써 여성 인물들은 '미소'라는 증여 작품을 내놓은 창조자, 예술가의 자리에 놓이게 된다.

그런데 예술작품과의 유비에 한 가지 문제가 있다. 증여물에는 받는 이의 주체성을 위협하는 증여자의 주체성이라는 독성이 스미기 마련이다. 증여가 상대를 예속시키는 행위가 되지 않기 위해 이 독성을 제거하는 방법을 찾는 것이 『도덕을 위한 노트』의 중심 과제였다. 예술작품의 예를 생각해 보면, '작품'에는 창작자가 보는 이를 매혹하고 종속시키려는 의도가 깔려 있을 수 있다. 보는 이를 유혹하고자 하는 것은 예술적 행위의 주요 속성 중 하나이므로 이를 피하기란 난망할 것이다. 특히 여성 인물들의 미소라는 모티브는 쉽게 유혹의 의도로 연결되기 마련이다. 위 장면들이 이런 혐의를 피하는 방식은, 한편 제공자와 수혜자 사이의 직접적인 관계를 끊고 다른 한편 제공자가 금세 사라지는 것이다. 위 예문들 가운데서도 특히 예문 2), 3)의 경우 발신자와 수신자는 전혀 관련이 없다. 미소는 원 수신자와 관계없이 수용자 측에서 자신을 위한 것처럼 받아들인다. 사실 무수히 많은 사람이 수용자가 될 수 있는 것이다. 3)의 사진 속 얼굴 같은 경우는 이런 경향을 극대화한다. 우연에 기대, 발신자의 순수 자발성에 의한 어떤 행위가 일어나고 수신자는 어떤 대상을 자의적으로 전유하는 구도가 된다. 물론 미적 의사소통의 가능성은 창조자와 수용자 사이의 열린 교감에 있다. 하지만 타자를 감동시키려는 예술가의 유혹조차 배제되어야 진정한 증여가 될 수 있다.

따라서 작가의 의도에 유래하지만 마침내 독자적 자기근거를 갖는 '작품'만이 남아 있어야 한다. 작가가 증여 행위와 동시에 자기 상실의 길을 걷는 것처럼, 증여와 시혜를 제공하는 주체는 제공과 동시에 사라져야만 한다. 제공자는 시선의 소유자이기를 그친다. 그러나 이 일시적인 정지상태 바로 다음 순간 시선의 치명적 힘은 되살아날 것이므로, 주체가 증여하면서 동시에 사라지도록 할 수 있는 '방법 méthode'이 필요하다. 상대방 여성들이 일회적이고 순간적인 만남에서 오직 얼굴과 미소만으로 존재하여 상대방을 위안하고 사라지는 반복되는 형식은 정확하게 이 과정과 일치한다. 미소의 주인들은 '작품'으로서의 얼굴을 증여물로 제공하고 그 뒤로 사라진다. 이들의 대면이 일회적/간접적인 만남이어야, 이 순간은 현실을 잠시 멈춘 비현실irréel의 순간이어야 할 필요는 이렇게 설명된다.

일단 작품을 제공한 후 주체가 곧바로 사라져야 한다는 조건에 관해 사르트르가 자주 사용하는 '모계사회의 어머니' 예는 흥미롭다.

> 그렇게 해서 나는 자연의 풍경 속에 나타나 보이는 목적 없는 합목적성과 남들의 시선 사이에 나 자신을 끼워 넣고 그들에게 이 합목적성을 전달한다. 그러자 이것은 바로 전달되었다는 이유 때문에 인간적인 것이 된다. 이런 점에서 예술은 증여의 의식이며 오직 증여만이 변모를 빚어낼 수 있다. 모계 가족제도 하에서는 어머니가 이름을 갖지 않으면서도 외삼촌과 조카 사이의 불가결한 중개자가 되어 있는데, 칭호 및 권력의 이양 같은 일이 일어나는 것이다.[43]

'모계사회에서 이름을 소유하지 않고 전해줄 뿐인 어머니'라는 메타포는 가운데서 이름을 전달할 뿐 자신은 사라져 'n'importe qui'로 가는 증여의 시혜자를 예시하기 위해 사용된다.[44] 진정한 증여를 위해 사르트르의 시혜자 이미지는 은연중에 모성과 연결되거나, 아니면 적어도 모성이라는 비유의 옷을 입는다. 윤리적 대타관계를 위해서는 우선 이 '어머니'가 존재해야 한다. 그런데 이와 같은 모성 은유가 적절한지에는 의문의 여지가 있다. 모계사회의 어머니는 자발성 없는 매개물이다. 우연히 그 위치에 놓인 수동적 주체가 자발적인 증여와 시혜를 선

---

43 "Qu'est-ce que la littérature?" pp. 97-98.

제공하는 윤리적 주체의 전범이 될 수 있을까. '모성' 이미지의 부각은 이 논리적 모순을 눈에 잘 띄지 않게 해 준다. 희생을 감내하며 적극적인 자기 상실의 길을 걷는 어머니의 태도를 자발적이며 그래서 숭고한 것으로 보는 보편적인 시각이 사전에 작용해 '모계사회의 어머니' 비유를 부드럽게 넘기게 하는 것이다. 결국 어떻게 해서 사람이 '소유하지 않고 전해 주는' 결단을 하게 되는 것인지, 증여자의 자발성을 어떻게 확보할 것인지는 존재론의 논리로는 해결 불가능한 '모럴'의 영역으로 넘어가는 듯 보인다.

'모계사회의 어머니'와 같은 위치를 보여 주는 또 하나의 모델이 앞서 보았듯 예술작품을 창조하는 예술가라는 증여자이다.

> 창조는 필연적으로 객관화를 함축하며 이 객관화는 타인에 의해서밖에는 이루어질 수 없다. 그렇지 않으면 당신들 창조자들에게 의미는 극히 낯선 세계의 피상적 색조를 띨 것이다. 우리는 타인에게 자신을 내주면서 스스로를 창조한다. 모든 창조는 따라서 필연적으로 수난受難이 된다. […] 나는 이 세계를 보도록 제공하고, 그것이 보이도록 존재시키면서 그 활동 안에서 수난처럼 스스로를 잃는다. (*CM*, 136-37)

---

44 한 연구자는 증여와 시혜의 태도를 설명하기 위해 사르트르가 사용한 '모계사회의 어머니' 메타포를 여러 저작에서 찾아 열거한다(P. Kirchmayr, "Don et générosité, ou les deux chances de l'éthique," *Ecrits posthumes de Sartre*, II, J. Vrin, 2001, pp. 130-32). 문제의 대목들은 다음과 같다: "사실상, 자유의 출현이 하나의 세계를 존재하게 하는 한, 나는 이 출현의 한계-조건으로서, 세계의 출현의 조건 자체가 되어야 한다. 나는 나무들과 물, 마을과 밭과 다른 사람들을 존립하게 하는 기능을 가진 자여야 한다. 그럼으로써 나는 그것들을, 그것들을 세계 속에 배치하는 타자에게 줄 수 있는 자여야 한다. 이는 마치 모계사회의 어머니가 지위와 이름을 받지만, 그것들을 가지기 위해서가 아니라 곧바로 자식들에게 넘겨주기 위해서 받는 것과 마찬가지이다"(*EN*, 409); "진리는 독자적인 절대-주체의 소유물로 머물 수 없다. 그것은 주어지기 위해서 있다. 절대-주체는 (모계사회에서) 이름과 권력을 전달하듯이 그가 본 것을 전달한다. 진리는 증여이다"(Sartre, *Vérité et existence*, texte établi et annoté par Arlette Elkaïm-Sartre, Gallimard, 1989, p. 27).

여기 '수난passion'이라는 단어는 증여를 받아들이는 독자의 입장을 설명할 때도 사용된다. "결연히 수동적 입장에 서려는 자유이며, 그런 희생으로 어떤 초월적 효과를 획득하려는" 것이다.[45] 주체가 완벽한 수동성에 놓인 채 타자와 관련해 이 수난을 겪게 된다는 구조는 레비나스의 대타관계 구도와 일맥상통하는 듯 보이기도 하지만, 사르트르에서는 이 수동성조차 무한의 부름에 대한 응답이 아니라 자유 속에서 결연히 수난을 행하는 주체의 자세이다. 결론적으로 대타관계 전환의 가능성은 주체의 회심conversion에 기대를 걸 수밖에 없고, 이 회심은 사르트르 자신이 가진 것과 같은 창작 욕구, 혹은 그와 유사한 자발적 욕망에서 동기를 찾아야 한다. 자기 안의 동기, 외부에 의한 수동적, 순응적 행위 아닌 능동적이고 자유롭고 창조적인 행위 중 대표적인 것이 예술적 행위이다. 그리고 이 욕망은 창작 행위 뒤에 숨은 '모성적인 것'의 이미지로 표현된다. 이 자발적 욕망은 창작자만큼이나 수용자 쪽에서도 일어나는 것이다.

한참 후에 쓰인 자서전 『말』은 위 장면들의 메아리이다. 논리-언어가 잠시 잠든 세계 속, 주로 '무성영화'와 '음악' 안에서 타인과의 감정적 일치가 일어나는 순간들이다.

무엇보다도 주인공들이 불치의 벙어리라서 좋았다. 아니다, 그들은 제 의사를 전할 수 있었으니 벙어리라고는 할 수 없었다. 우리는 음악으로 의사소통을 했고, 그것은 바로 그들의 내면의 소리였다. 학대받는 무고한 사람은 제 고통을 말하거나 보이는 것 이상으로 절실한 느낌을 주며, 그에게서 울려

---

45 "다만, 이런 감정들은 특별한 종류의 것이어서, 그 기원을 이루는 것은 자유이다. 자유가 그것을 자아낸 것이다. 심지어 내가 책의 이야기를 믿는 것도 자유로운 동의에 의한 것이다. 그것은 기독교적 의미의 수난이다. 다시 말해서 결연히 수동적 입장에 서려는 자유이며, 그런 희생을 통해서 어떤 초월적 효과를 획득하려는 것이다"("Qu'est-ce que la littérature?" pp. 94-95).

나오는 멜로디로써 그 고통을 내 속에 스며들게 했다. 나는 그들의 대화를 읽었지만 그들의 희망과 실망의 소리는 귀로 들려왔고, 그들이 입 밖에 내지 않는 의연한 괴로움을 내 귀로 포착할 수 있었다. 나는 그 속에 끌려들어 갔다. 스크린에서 울고 있는 젊은 과부는 내가 아니었지만, 그 여자와 나는 단 하나의 영혼을 함께 나누어 가지고 있었다. 그것은 쇼팽의 〈장송 행진곡〉이었다. 그녀의 눈물이 내 눈을 적시기에는 그 이상이 필요하지 않았다.[46]

여기서도 핵심은 분리된 채 침묵 속의 바라봄만으로 맺는 관계이다. 다른 이의 희망과 고통에 내밀히 접근하기 위해서는 음악(예술) 속에서 함께해야 한다. 일차적으로 이 관계는 '나'와 그 '나'가 바라보는 영화 속 여인 사이의 관계이다. 그런데 영화관이 화자에게 중요한 공간이었던 것은 할아버지의 영향력에서 벗어나 어머니 안마리와의 내밀한 관계를 회복할 수 있는 계기였기 때문임은 『말』에 대한 많은 연구가 이미 합의하는 지점이다. 그가 함께 눈물을 흘리며 '하나의 영혼'이 되었다고 하는 '젊은 과부'는 궁극적으로 그의 어머니를 의미할 것이다. 여기서는 다른 접근보다는 어머니와 일체를 이루기 위해 함께 바라보는 영화관의 화면이라는 '매개'가 필요했다는 사실에 주목하자. 바로 옆에 있는 어머니와 합일을 위해서는 마주보는 것이 아니라 같은 방향을 향해 있어야 하고, 이때 이들이 보는 것은 보되 손댈 수 없는 스크린 속의 재현물이며, 일상의 시간이 아니라 쇼팽의 음악과 함께 재창조된 작품이다.

다른 한편, 이를 확대해 영화관을 채운 다른 관객들과의 관계를 생각해 보자. 나란히 앉아 같은 영화를 보는 관객들의 모습이 사르트르가 상정하는 관계의 최고 형태임은 여러 군데서 드러난다("어두컴컴한

46 Sartre, *Les Mots* (Gallimard, coll. folio, 2003), pp. 102-03.

방 안에 스크린을 향해 모여 앉아 똑같은 고뇌와 똑같은 기쁨에 하나로 결합된" 사람들 사이에는 "인간들 사이의 참된 관계가" 생긴다).[47] 그렇다면 수많은 사람들이 함께 읽을 작품을 쓰면서 작가가 염두에 둔 것은 작가와 독자 사이의 관계만이 아니라 같은 장면을 읽는 독자들 사이의 관계이기도 할 것이다. 마티외, 브뤼네, 안캥 씨, … 등이 비슷한 패턴으로 그려지고 유사한 반응을 반복적으로 드러내는 것은, 'n'importe qui' 독자들이 제각기 호소에 응답하는 가운데 그들 사이의 새로운 관계가 형성되는 과정이 아니었을까? 이때 작가의 위치는 매개물인 미소 짓는 얼굴, 또는 한 발 물러나 그 매개물을 만들어 제시하고 사라진 매개자의 자리가 된다. "작가란 무엇보다도 매개자médiateur이며, 그의 참여는 매개 행위la médiation인 것이다."[48]

5. 결론

'얼굴의 벌거벗음'에 주목해 타자와의 관계를 탐구한 세 사람의 논의를 다시 간추리면, 들뢰즈가 얼굴의 의미를 지우다가 '얼굴 없기'로 나아갈 것을 주장한 데 반해, 사르트르의 얼굴 해체는 각 개체들의 유사함과 일반성을 드러냄으로써 주체를 보편성 속으로 용해되도록 하는 기능을 수행했다. 타자와의 윤리를 존재론적인 것에 앞세우고 모조리 노출되어 초월로 드러나는 타인의 얼굴에 응답(책임)하고 그 얼굴을 환대하려는 레비나스가 현실적인 갈등을 비켜 간 방식은 타자의 치명적인 위험성을 소거하는 것이었다. 사르트르의 경우 타자가 내포하

---

47 Sartre, "Apologie pour le cinéma," *Ecrits de Jeunesse* (Gallimard, 1990), p. 404; *Les Mots*, p. 99.
48 "Qu'est-ce la littérature?" p. 117.

는 주체에 대한 근원적 위협을 가상적으로 삭제하기보다 호소, 곧 창조 행위를 앞세워 작품을 통한 적극적 증여가 두 자유를 매개할 가능성을 상상했다.

존재론과 윤리 사이의 모순을 메우기 위한 노력이 '상상적인 것' 안에서의 윤리로 돌아온 것은 결국 철학적 궁지를 해결하지 못하고 '미끄러진 것'[49]이 아닌가 하는 평가를 받을 수 있을 것이다. 사르트르의 주인공들은 언제나 'n'importe qui'와 'quelqu'un' 사이에서 갈등하며, 전자를 갈망한다. 하지만 끝내 그리 되지는 못한다. 『자유의 길』의 세 번째 권 『상심』에서 낙오자 부대에 들게 된 마티외가 동료들과 동질화되려 하지만 결국 실패하는 것은 한 연구자의 독해처럼 'n'importe qui'로서의 인간 존재를 그리려 분투했던 사르트르의 실패로 읽을 수도 있을 것이다.[50] 그러나 수많은 주변 인물들의 의식을 유입시키는 동시에 'n'importe qui'로 환원된 그들을 보여 줌으로써 사르트르 인물들의 타자에 대한 벗어날 수 없던 의식을 누그러뜨리고 열린 자세를 갖게 만든 『자유의 길』은, 결과적으로 대타관계의 다른 모습을 탐구하는 실험실이 되었다. 사르트르가 대타관계 윤리의 문제에 대해 이론화하려 했던 시도들이 문학적으로 형상화된 색다른 예로서, 『자유의 길』의 '미소 띤 여인의 얼굴'들은 대타관계의 특수한 모습이 어떻게 '창조'의 개념에 대한 작가의 깊은 정서적 뿌리를 드러내는가 하는 문제에 영감을 준다.

여자의 얼굴, 또는 모성적인 것과 유비된 매개물로서의 이 소설은, 적어도 '유리와 같이 투명한' 언어를 통한 의사소통의 믿음, 현실을 변화시키기 위한 무기로서의 글쓰기와는 또 다른 글쓰기의 욕구를 드러

---

49 존재론에서 윤리학으로 어떤 '미끄러짐'이 일어났다는 표현은 P. Kirchmayr, "Don et générosité," p. 129.

50 Jacques Lecarme, "L'Inachèvement des *Chemins de la liberté* ou l'adieu au roman des armes," *Etudes sartriennes VII, Sartre: Trois lectures. Philosophie, linguistique, littérature* (Centre de Recherches Interdisciplinaires sur les Textes Modernes, 1998), pp. 193-203.

내고 있는 것 같다. 그가 말년에 말한 '가득 찬 침묵'으로서의 글쓰기 같은.[51] 오데트나 이렌의 얼굴 같은. 자의식을 비우려는, 주체성이라는 독을 떨쳐 버리려는 희구. 이 다른 차원에 있는 글쓰기 욕구는 흔히 참여문학의 시기 사르트르가 주창한 독트린과는 반대편에 있는, 자기 구원을 위한 비현실 미학으로의 회귀 욕망을 의미한다고 이야기된다. 『구토』에서 예술작품 창조를 통해 자기 존재를 정당화하려는 로캉탱의 바람이 순수 예술에 대한 욕망의 대표적인 예가 된다. 비현실 미학을 추구한 예술가 사르트르와 참여 지식인 사르트르를 구분하고 양자를 대비시킬 때, 전자는 창조자 입장에, 후자는 수용자 입장('독자를 위한 글쓰기')에 논의의 초점이 맞어진다. 그러나 우리가 본 위 장면들에서 저자의 자리는 조금 다른 차원에 있는 것 같다. 자신을 초과하는, 자신을 관통하는 요소들이 결정結晶된 '작품'에 대해 작가는 영매처럼 자신의 몸을 빌려주는, 모계사회의 어머니 같은 위치를 차지하는 것이다. 『말』의 마지막을 장식하는 'n'importe qui'의 자리에 대한 의지, 창조를 통한 자기 구원의 불가능성을 이야기하면서도 끝내 문학(플로베르론)에 매달린 말년의 모습은 자신이 끝내 완성하지 못한 도덕에 관한 이론을 실천하려는 노력이었을 것이다.

---

51 "왜냐하면 나는, 어떤 작가가 말한 것처럼, 쓰인 것은 침묵에서 번역된 것이라 생각합니다. 그래서, 그들이 쓴 것 뒤에서 침묵을 감지할 수 있는 작가들을 나는 찾아 왔지요. 글쓰기란 침묵에 형태를 부여한 것입니다. 대단히 충만한 침묵에 말입니다"(Michel Sicard, "Sartre parle de Flaubert (entretien)," *Magazine Littéraire*, n° 118, novembre 1976, p. 99).

윤리적 실존주의의 관점에서 본
타인 살해의 의미
시몬 드 보부아르의 『초대받은 여자』를 중심으로

강 초 롱

1. 서론

시몬 드 보부아르 Simone de Beauvoir(1908~1986)는 1943년에 자신의 첫 번째 작품인 소설 『초대받은 여자 L'Invitée』를 발표한다. 이 작품은 보부아르가 사르트르와 올가 코사키에비치 Olga Kosakievicz라는 젊은 여인과의 삼각관계 속에서 실제로 겪은 경험을 소재로 하고 있다는 점에서 많은 독자들의 관심을 끌었다. 올가는 보부아르가 고등학교 철학 교사로 재직하던 시절인 1932년경에 첫 부임지였던 루앙 Rouen에서 만난 그녀의 제자이다. 서로에게 매력을 느낀 이들은 급속도로 가까워졌고, 1934년을 기점으로 이들의 관계는 사제지간을 넘어서 절친한 친구 관계로 발전한다. 보부아르의 소개로 올가를 알게 된 사르트르 역시 얼마 지나지 않아 그녀에게 깊은 애정을 품게 된다. 올가가 의대예비시험에 떨어진 1935년에 보부아르는 사르트르의 제안으로 올가를 돌보기로 마음먹고 올가의 부모에게 동의를 얻어 그녀를 파리로 데리고 온다. 같은 해 10월에 올가가 파리에 정착하면서 보부아르, 사르트르 그리고 올가는 당시로서는 파격적이었던 트리오 형태의 연인 관계에 본격적으로 뛰어들게 된다. 그러나 보부아르가 처음에 지니고 있던 낙관적인 전망과 달리,[1] 시간이 지남에 따라 그녀는 이 관계로 인해 질식당할 듯한 고통을 맛보게 된다. 특히 올가에 대한 사르트르의 애정이 광적인 집착으로 변해 가는 것을 지켜보면서 보부아르는 예전처럼 사르트르를 온전히 자신의 것으로 소유할 수 없게 되었다는 박탈감은 물론, 트리오 관계로부터 자신이 배제되었다는 위기감을 맛보게 된다. 그리고 이로 인해 결국에는 사르트르와 올가에 대한 원망과 증오의 감정을 품기에 이른다(*FA*, 262-64 참고).

『초대받은 여자』는 보부아르가 트리오 관계 속에서 겪은 이러한 감정적 갈등의 경험을 소재로 하고 있다.[2] 파리의 극장계를 주름잡는 극작가 프랑수아즈와 연출가 겸 배우인 피에르는 오랜 기간 동안 연인 관계를 안정적으로 유지해 온 사이이다. 그런데 어느 날 프랑수아즈는 피에르의 제안으로 친구로 지내던 크자비에르를 파리에 정착시키고 자신이 돌보기로 결심한다. 그리고 이들은 곧 트리오 관계를 형성한다. 그러나 '초대받은 여자' 크자비에르의 출현은 프랑수아즈가 피에르와 누리던 안정적인 연인 관계에 균열을 가져오고, 이로 인해 프랑수아즈는 심각한 존재적 위기감에 휩싸인다. 이야기는 프랑수아즈가 겪는 이러한 심리적 갈등을 중심으로 진행된다. 소설의 내용과 작가의 실제 경험이 지니는 이러한 유사성 때문에 상당수의 독자들은 크자비에르에 대

---

1 두 번째 자서전 『전성기(La Force de l'âge)』에서 보부아르는, 트리오 관계가 자신과 사르트르, 그리고 올가의 미래를 발전적으로 구상하는 데 지대한 도움을 줄 것이라는 낙관적인 전망 때문에 이러한 실험적인 관계에 참여하기로 결심하게 되었다고 회상하고 있다. Simone de Beauvoir, *La Force de l'âge* (Gallimard, 1960), p. 250 참고. 이하, '*FA* 250'처럼 약함.

2 보부아르 본인 역시 자신이 『초대받은 여자』를 구상할 당시, 올가에게 영감을 얻어 크자비에르라는 인물을 창조했으며 주인공 프랑수아즈에게는 자신의 경험을 대폭 반영시켰다고 고백하면서 이 작품과 현실과의 유사성에 대해 어느 정도 인정하고 있다. *FA*, 249, 346 참고.

해 프랑수아즈가 느끼는 애정, 질투, 그리고 증오의 감정들이 올가에 대한 보부아르의 복잡한 감정을 그대로 반영하고 있다고 간주해 왔다.

그러나 만일 우리가 현실과의 유사성에만 초점을 맞추어 이 작품을 읽고자 한다면, 우리는 보부아르가 이 작품을 통해 다루고자 했던 실존의 문제와 관련된 한 가지 중요한 주제를 놓치게 될 것이다. '대타적 의식 la conscience pour autrui'으로 존재하는 인간이 타인과 맺게 되는 관계의 양상에 대한 탐구가 바로 그것이다. 이와 관련하여 크자비에르의 출현으로 인해 프랑수아즈가 경험하게 되는 위기에 대한 작가의 다음과 같은 설명은 주목할 만하다.

> 모든 것을 포용하는 절대적인 주체 sujet absolu에서 순식간에 우주의 미세한 한 조각 une infime parcelle de l'univers으로 축소되는 것이 바로 프랑수아즈가 겪는 첫 번째 변화이다. [⋯] 타인은 그녀에게서 세계를 훔쳐 갈 수 있을 뿐만 아니라 그녀의 존재마저 장악하여 그녀를 꼼짝할 수 없게 만들 수 있다. 악의와 분노를 통해 크자비에르는 프랑수아즈를 훼손한다. 발버둥을 치면 칠수록 그녀는 함정에 더욱더 깊이 빠져든다. 프랑수아즈의 모습이 너무나도 추악해지게 되며, 그 결과 그녀는 영원히 자신을 혐오하거나, 마법을 거는 크자비에르를 제거함으로써 이 마법을 무력화해야만 한다. (*FA*, 347)

프랑수아즈와 크자비에르 사이에서 벌어지는 갈등은 유일한 주체로서 세상에 존재하고자 하는 인간이 실존의 필수불가결한 조건인 동시에 자신의 유아론唯我論적인 욕망에 위협을 가하는 타인을 상대로 벌이는 존재론적 투쟁을 형상화한다. 따라서 크자비에르에 대해 프랑수아즈가 느끼는 갈등의 감정들은 존재론적 투쟁의 과정에서 인간이 경험하게 되는 실존적 불안에 다름 아닌 것이다.

그러나 보부아르가 궁극적으로 관심을 기울이고 있는 주제는 인간이 타인과의 관계 속에서 경험하게 되는 갈등, 그 자체가 아니다. 우리가 보기에 그녀의 관심은, 이러한 갈등적인 상황에 직면하였을 때 인간이 택할 수 있는 올바른 선택이란 무엇인가라는 '윤리적' 문제에 보다 집중되어 있다. 프랑수아즈가 크자비에르를 살해하는 것으로 끝나는 이 작품의 결말과 관련하여 제기된 비판들[3]에 대한 보부아르의 반박에서 우리는 이 점을 확인할 수 있다.

나는 이 비판에 승복할 수 없다. 프랑수아즈는 공존의 문제에 대한 윤리적 해결책을 찾기를 단념한다. 그녀는 타인의 존재를 극복할 수 없는 충격으로 경험하고 있으며, 이러한 충격에 버금가는 폭력적이고 비합리적인 행위라 할 수 있는 살인 행위를 이 세계에 끌어들여 자신을 지키려고 하는 것이다. […] 문학적 관점에서 보았을 때 일상적인 것을 비극으로 전환시키는 데 실패했다는 점에서 나의 잘못은 명백하다. 하지만 문학이 살아 있는 행위인 한, 나는 이 결말을 선택해야만 했다. 왜냐하면 이 결말은 나에게 있어 정화의 가치를 지니고 있었기 때문이다. 우선 지상紙上에서 올가를 살해하면서 나는 그녀에 대해서 느끼고 있었을 분노나 원망의 감정들을 해소했다. 그리고 좋은 추억에 섞여 있던 모든 나쁜 기억들을 우리의 우정에서 씻어 내 버렸다. 특히 피에르를 향한 사랑으로 인해 프랑수아즈가 갇혀 있던 종

---

3 보부아르는 이 작품의 결말이 비판을 받은 이유를 크게 세 가지로 요약하고 있다. 우선 존재론적 관점에서 볼 때 인간은 필연적으로 타인과 관계를 맺게 되며 그 안에서 대립과 갈등을 겪게 마련이다. 따라서 프랑수아즈가 크자비에르와의 관계 속에서 겪는 갈등은 존재론적 차원에 속한 것으로서, 현실적 차원에 속하는 살인을 유발할 만한 실질적인 동기가 되기에는 부족하다는 것이다. 두 번째로 작품 전반에서 프랑수아즈는 살인이라는 극단적인 폭력을 저지를 만한 인물로 묘사되고 있지 않으며, 크자비에르 역시 프랑수아즈가 살인을 저지르도록 몰고 갈 만큼 사악한 인물로 그려지고 있지 않다는 것이다. 마지막으로 극단적인 폭력 행위를 저지르고도 끝내 프랑수아즈가 구원받지 못하고 있다는 점에서 살인은 그리 좋은 해결책이 아니라는 비판이 제기되었다. *FA*, 347-48.

속 상태로부터 그녀가 범죄를 통해 해방되도록 함으로써 나 자신의 자주성을 되찾았다. [⋯] 크자비에르의 살해는 내가 어떻게 끝을 내야 할지 몰랐던 드라마의 성급하고 서투른 해결책으로 보일 수도 있다. 그러나 반대로 크자비에르의 살해는 작품 전체의 원동력이자 존재 이유le moteur et la raison d'être du roman tout entier였다. (*FA*, 348-49)

작가는 프랑수아즈의 살인 행위가 지닌 의미를 두 가지 차원에서 설명하면서 이러한 결말의 정당성을 옹호하고 있다. 우선 살인 행위의 첫 번째 의미는 보부아르의 개인적인 경험과 관련되어 있다. 보부아르는 프랑수아즈라는 가상의 인물로 하여금 자신을 대신하여 올가를 상징하는 크자비에르를 살해하도록 만듦으로써 올가에게 자신이 실제로 지니고 있던 원한을 해소하고자 한 것이다. 즉 이 결말은 현실의 인간관계를 평화롭게 유지하기 위해 그녀가 치러야 했던 일종의 '희생제의'[4]에 다름 아닌 것이다. 그러나 『초대받은 여자』를 윤리적 문제와의 관련성 속에서 읽고자 하는 우리가 반드시 주목해야 하는 것은, 작품의 주제적 의미에 해당한다고 볼 수 있는 두 번째 의미이다. 즉 보부아르는 프랑수아즈의 살인 행위를 통해 타인의 존재가 자신의 실존을 구성하는 한 부분이라는 사실을 끝내 받아들이지 못한 인간이 도달할 수 있는 비윤리적인 선택의 한 유형을 보여 주고자 했으며 이를 통해 타인과 조화롭게 공존해야 할 필요성에 대해 역설하고자 한 것이다.

---

4 이 개념과 관련하여 우리는 르네 지라르의 정의를 참고할 수 있다. 지라르에 따르면 "욕구 불만의 폭력은 항상 대체용 희생물을 찾으며 결국은 찾아낸다." 그런 의미에서 '희생제의'는 사회가 "무슨 대가를 치루고서라도[sic.] 보호하려고 애쓰는 자신의 구성원을 해칠지도 모르는 폭력의 방향을 돌려서, 비교적 그 사회와 무관한, 즉 〈희생할 만한〉 희생물에게로 향하게" 하는 대체된 폭력의 양상이라 할 수 있다. 즉 한 사회 내의 구성원들 사이에 갈등이 고조되었을 때 폭력의 대상을 내부에서 외부로 전환시킴으로써 내부의 갈등을 잠재우는 행위, 그것이 지라르가 말하고 있는 희생제의의 의미인 것이다. 르네 지라르, 김진식 · 박무호 옮김, 『폭력과 성스러움』(민음사, 2000[1997]), pp. 11-14.

오늘날까지 적지 않은 연구자들이 이 작품에 관심을 기울여 왔지만, 아쉽게도 대다수가 타인과의 관계에서 인간이 경험하는 심리적 갈등에만 초점을 맞추어 이 작품을 읽고자 해 왔다. 그에 따라 작가 본인이 강조하고 있는 윤리적 문제와의 관련성 속에서 이 작품을 이해하려는 흐름을 거의 찾아볼 수 없었다. 우리는 이러한 기존의 연구 경향에서 벗어나, 실존의 윤리적 방식에 대한 보부아르의 성찰의 본격적인 시작을 알리는 신호탄을 쏘아 올린 작품으로 『초대받은 여자』를 읽고자 한다. 이 과정에서 특히 우리의 관심을 끄는 인물은 바로 크자비에르이다. 기존의 연구들에서 크자비에르는 주로 주인공 프랑수아즈의 주체성에 균열을 일으키는 위협적인 타인의 역할을 수행하는 인물로만 부각되어 왔다. 그러나 우리는 이 인물이 프랑수아즈의 유아론적인 환상을 파괴하고 그녀가 타인의 존재를 부인할 수 없는 실존의 한 조건으로 받아들이도록 만드는 기폭제의 역할을 수행하고 있다는 점에 주목하고자 한다.

지금부터 우리는 크자비에르가 수행하는 이러한 역할에 주목하면서 이 인물의 출현으로 인해 주인공 프랑수아즈가 경험하는 존재적 위기감과 이로 인해 그녀가 도달하게 되는 크자비에르의 살해라는 비극적인 결말이 지닌 윤리적 의미에 대해 고찰해 보고자 한다. 이를 통해 우리는 보부아르가 피력하고자 한 윤리적으로 올바른 인간관계의 모습을 구체적으로 이해할 수 있는 계기를 마련할 수 있을 것이다.

2. '가짜 의식'이 영위하는 비윤리적 실존

주인공 프랑수아즈는 기본적으로 자기기만적인 욕망에 사로잡혀 실존의 진실과 대면하길 거부하는 인간 유형을 대변하는 인물로 등장한다. 그녀의 자기기만적인 욕망은 절대적이면서도 유일한 주체로 세상에 존재하고자 하는 유아론적 욕망과, 자신보다 우월한 타인에게 기대어 인간이 혼자서 감내해야 하는 실존적 불안에서 손쉽게 벗어나고자 하는 욕망, 이렇게 두 가지로 구체화된다.

작품의 첫 장면에서부터 우리는 프랑수아즈가 유아론적인 주체성을 구축하고자 하는 강한 욕망을 지닌 인물이라는 점을 명확하게 확인할 수 있다. 모두가 잠든 새벽, 아무도 없는 작업실의 복도를 응시하면서 이 세상을 혼자 소유하고 있다는 승리감에 도취되어 있는 프랑수아즈의 모습은 그녀의 이러한 욕망을 압축적으로 잘 드러내고 있다.

> 그녀가 거기 있지 않을 때, 이 먼지 냄새도, 이 어두움도, 이 쓸쓸한 고독 모두가 누구를 위해서도 존재하지 않으며, 전혀 존재하지 않았다. […] 그녀의 현존은 사물들을 무의식의 상태로부터 끌어내고 그들에게 색과 냄새를 부여할 수 있는 힘을 지니고 있었다. […] 이 버려진 장소와 잠들어 있는 이 사물들로부터 의미를 이끌어 낼 수 있는 유일한 사람이 바로 그녀였다. 그녀는 여기 존재하며, 그렇기에 그것들은 그녀에게 속해 있었다. 세계가 그녀에게 속해 있는 것이었다Le monde lui appartenait.[5]

이러한 욕망은 자신을 위해서만 존재하는 세상, 자신이 세운 질서만을 따르는 세상을 구축하고자 하는 그녀의 야심에서도 잘 드러난다. 그런 의미에서 우리는 프랑수아즈의 직업이 극작가라는 점에 주목해야 한다. 오직 자신의 말과 의도에 의해서만 존재하고 의미를 지니는 가상의 세계를 만들어 낼 수 있는 창조자라는 점에서 극작가라는 직업은 프

---

5 Simone de Beauvoir, *L'Invitée* (Gallimard, coll. folio, 1972[1943]), p. 12. 이하, '*Inv.*, 12' 처럼 약함.

랑수아즈의 유아론적 욕망을 완벽하게 충족시킨다. 오직 그녀에 의해서만, 그리고 그녀만을 위해 존재하는 이 세계와 자신 사이에서 프랑수아즈는 어떠한 불협화음이나 간극도 발견하지 못한다. 장피에르 쇼팽의 분석처럼, 프랑수아즈는 연극이라는 무대를 통해서 자신의 "전적인 지배la pleine maîtrise"하에 놓인, "충만함, 투명함, 명료함du plein, du claire, du visible"으로 특징지어진 세계를 창조해 냄으로써 유아론적 환상이 충족되는 기쁨을 한껏 맛보고 있는 것이다.[6]

따라서 "세계는 너무나 큰 데 반해, [자신은] 자기만의 세계에 갇혀 있다D'habiter seulement dans ma peau, alors que la terre est si vaste"는 사실을 인식하는 순간, 프랑수아즈는 좌절감을 맛보곤 한다(*Inv.*, 17). 왜냐하면 그것은 내가 세상을 지배하는 유일한 주인이 아니라는, 잔인한 실존의 현실과 대면하는 순간에 다름 아니기 때문이다. 여기서 주목해야 할 것은 프랑수아즈가 이러한 순간이 도래할 때마다 유아론적 환상으로 자신을 더욱 단단히 무장시키는 길을 택하고 있다는 점이다. "나를 위해 존재하지 않는 것들les choses qui n'existent pas pour moi"을 아예 존재하지 않는 것으로 무시해 버리거나 "달세계의 경치les paysages lunaires"와 같이 "현실성de réalité"을 지니지 않은 것으로 치부해 버리면서(17), 그녀는 자신이 세상에 존재하는 유일한 주체라고 확신하는 "가짜 의식une conscience-Kitsch"[7]으로 살아가고자 한다.

가짜 의식으로 존재하는 프랑수아즈는 타인의 주체성을 절대로 인

---

6 Jean-Pierre Chopin, "*L'Invitée* ou le vertige congédié," dans *Roman 20-50: Revue d'étude du roman du XXe siècle*, n° 13 (juin 1992), p. 12.

7 장피에르 쇼팽은 프랑수아즈가 "자신과 상관없이 존재하고 있기에 좌절감을 안겨 주는 이 다른 세계(cet Ailleurs)를 부정하기 위해," "사르트르가 『구토』에서 말한 것처럼, '보상에 대한 광적인 집착(une délire de compensation)', '가짜 의식', 그리고 파스칼이 언급했던 무한한 존재들로부터 자신을 보호해 주는 악마와도 같은 유아론(un solipsisme démoniaque)을 만들어 냈다"고 지적한다(*Ibid.*, p. 11).

정하려 하지 않는다. 그녀는 타인을 "나에게 속한 세계 속에 존재하는 사물들des objets qui sont dans mon monde à moi"에 불과한 존재로 간주하고자 한다(18). 따라서 프랑수아즈에게 타인은 소유하고 지배해야 할 '대상'으로서만 인식될 뿐이다. 이야기 초반에 프랑수아즈는 크자비에르를 통해 타인을 전적으로 소유하는 즐거움을 맛볼 수 있는 가능성을 발견하고 있다.

> 무엇보다도 프랑수아즈를 기쁘게 한 것은 이 우울한 존재를 자신의 삶 속에 끌어들였다는 사실이었다. 제르베르와 이네스, 그리고 칸제티처럼 크자비에르도 이제 그녀의 것이 되었다. 프랑수아즈에게 이러한 소유만큼 강력한 기쁨을 주는 것이 없었다. [⋯] 크자비에르의 동작, 얼굴, 심지어 그녀의 삶마저도 그것들이 존재하기 위해서는 프랑수아즈가 필요한 것이다. (*Inv.*, 23)

프랑수아즈는 자신의 소유하에 놓인 크자비에르가 자신이 지배하는 왕국에 어떠한 위협도 가하지 못할 것이라 확신한다. 그녀에게 크자비에르는 오직 자신의 명령에 따라서만 움직이는 객체에 불과하기 때문이다. 바로 이러한 이유에서 프랑수아즈는 크자비에르가 자신의 세계속에 들어오는 것을 기꺼이 허락한다. 나아가 프랑수아즈는 크자비에르가 그녀의 삶을 자신에게 완전히 내맡기는 한, 그럼으로써 자신이 계속해서 크자비에르를 소유할 수 있는 한, 자기 자신은 물론 크자비에르 역시 행복하게 만들 수 있을 것이라는 오만한 확신에 빠져든다. 그러나 프랑수아즈가 크자비에르를 통해 도달하고자 하는 이러한 행복은 영원히 닿을 수 없는 신기루에 불과하다. 소유의 대상에 불과하던 크자비에르가 스스로의 의지에 따라 판단하고 행동할 수 있는 주체의 모습으로 자신을 드러내기 시작하는 순간, 프랑수아즈는 타인의 의식의 대상으로 전락하는 고통을 맛보게 될 것이기 때문이다. 게다가 이러한 순간이 도래하는 것을 막을 수 있는 가능성 역시 전혀 없기 때문이다.

프랑수아즈가 크자비에르와의 관계를 통해 타인을 소유하는 기쁨을 누리며 유아론적인 욕망을 충족시키고 있다면, 피에르와의 관계를 통해서는 또 다른 기만적인 욕망인, 타인의 존재에 기대어 인간이 혼자서 감내해야 하는 실존적 불안에서 손쉽게 벗어나고자 하는 욕망을 충족시키고자 한다. 프랑수아즈에게 피에르는 또 다른 자신을 의미한다. 따라서 피에르와의 관계 속에서 그녀는 항상 "우리 nous"의 모습으로만 자신을 드러낸다. 이러한 맥락에서 우리는 다시금 작품의 배경으로 제시되고 있는 연극이라는 무대가 상징하는 바에 주목할 수 있다. 극작가 프랑수아즈가 글을 통해 전적으로 자신의 지배하에 놓인 가상의 세계를 창조해 내는 존재라면, 연출가이자 배우인 피에르는 이 가상의 세계에 실체를 불어넣는 존재이다. 즉 연극은 프랑수아즈와 피에르가 '우리'로서 함께 만들어 낸 세계이자, '우리'로서 존재할 수 있는 가장 이상적인 세계를 상징하고 있는 것이다. 따라서 "대사를 외는 것도 피에르이고 움직이는 손도 피에르의 것이지만 C'était Pierre qui parlait, c'était sa main qui se levait"(*Inv.*, 61), 프랑수아즈는 연극 무대 위에서 피에르가 내뱉는 모든 대사와 그가 취하는 모든 몸짓 속에서 피에르와 자신이 '우리'로서 세상을 함께 소유하고 있다고 확신할 수 있는 가장 명확한 징표를 발견하곤 한다.

문제는 프랑수아즈가 피에르와 맺고 있는 관계가 주체와 주체 간의 만남이 아니라 프랑수아즈의 개별적인 주체성의 소멸과 피에르에 대한 그녀의 종속을 전제로 하고 있다는 점이다. 이와 관련하여 '우리'라는 울타리 속에서 그녀가 맛보고 있는 존재적 안정감이 궁극적으로 의미하는 바에 주목하자.

'우리는 하나야On ne fait qu'un' 하고 그녀는 자꾸만 되뇌었다. 피에르에게 이야기하지 않는 한 어떠한 일도 완전한 진실이 되지 못하고, 모호한 영역 속에서 굳어 버리고 불확실한 상태로 떠다닐 뿐이다. 피에르와 가까워지기 전에는, 석연치 않은 생각이나 혹은 경솔한 행동들과 같이 이러한 영역에 내버려 둔 것들이 상당히 많았다. 입 밖에 내지 않으면 존재하지 않는 것과 거의 마찬가지였다. 그것들이 현실의 생활 아래서 땅속의 더러운 식물을 자라게 만들었고 그 안에서 홀로 질식할 것 같은 느낌에 사로잡혀 있었다. 그러다가 프랑수아즈는 차츰 모든 것을 털어놓게 되었고, 마침내 더 이상 고독함을 느끼지 않게 되었으며 그러한 혼란스러운 기류에서 벗어나게 된 것이다. 피에르는 프랑수아즈가 그에게 내맡긴 삶의 모든 순간을 명료하고 세련된, 그리고 완성된 상태로 그녀에게 돌려주었으며, 그것들은 그들이 함께 꾸려 나가는 삶의 순간들이 되어 주었다. (*Inv.*, 30)

피에르와의 결합을 통해 프랑수아즈는 불확실하고 불투명한 현실 앞에서 그녀가 느끼던 모든 불안과 고독에서 벗어나 존재적 안정감을 맛보게 된다. 그러나 프랑수아즈가 지금 누리고 있는 이 안정감은 허상에 불과하다. 왜냐하면 그것은 그녀가 스스로의 선택과 투기를 통해 쟁취한 결과물이 아니라, 피에르에게 "삶의 모든 순간을" 내맡긴 결과 얻게 된, 피에르의 작품에 불과하기 때문이다.[8] 그러나 이러한 허상이 제공하는 안락함에 이미 길들여진 프랑수아즈는 인간이 마땅히 감수해야 할 어떠한 "위험도, 희망도, 두려움도 더 이상 알지 못하는Elle ne

---

8 같은 맥락에서 프랑수아즈 레티프 역시 프랑수아즈와 피에르가 맺고 있는 관계는 프랑수아즈의 피에르에 대한 "종속(la dépendance)"과 그녀의 "정체성의 결여(la manque d'identité)"를 전제로 하고 있으며, 그 결과 피에르와의 결합 이후 프랑수아즈는 피에르의 시선 속에서 자신을 찾기 시작하며, 심지어 스스로를 "부재의 연속(une suite d'absences)"으로서만 인식하기에 이른다고 지적하고 있다(Françoise Rétif, *Simone de Beauvoir: l'autre en miroir*, l'Harmattan, coll. Bibliothèque du féminisme, 1998, pp. 43-44).

connaissait plus de risque, ni d'espoir, ni de crainte" 사물에 다름 없는 즉 자적 존재로 살아갈 뿐이다(*Inv.*, 37). 그리고 미래를 향해 스스로 나아 가고자 하는 초월적 의지를 상실한 채, 오직 지금의 행복이 계속되기를, "이 행복 속에 갇혀 있기를 Enfermée dans le bonheur" 바라고 있을 뿐 이다(*Ibid.*). 그러나 피에르가 '우리' 이전에 독립적인 개별적 주체로 존 재한다는 사실을 프랑수아즈가 인식하는 순간, 이 행복은 붕괴될 위기 에 처하고 만다. 그리고 이러한 위기의 순간은 바로 크자비에르의 출현 으로부터 비롯되고 있다.

우선 크자비에르의 출현은 프랑수아즈로 하여금 타인의 주체성을 인식하도록 만듦으로써 그녀의 오만한 유아론적 세계관에 균열을 일 으킨다. 동시에 그녀의 출현은 프랑수아즈와 피에르 사이에 간극을 발 생시켜 프랑수아즈가 누리던 존재적 안정감을 뿌리채 뒤흔들어 놓는 다. 우리가 보기에 크자비에르의 출현으로 인해 프랑수아즈가 겪게 되 는 이러한 위기들은 기만적인 욕망에 빠져 현실을 직시하길 거부해 온 한 인간이 실존의 진실과 대면하는 과정에서 필연적으로 겪게 되는 불 안과 고통을 상징한다. 지금부터 우리는 크자비에르의 출현을 계기로 프랑수아즈가 실존의 진실을 고통스럽게 인식해 가는 과정을 구체적 으로 살펴보고자 한다.

3. 타인의 주체성에 대한 인식과 '가짜 의식'의 붕괴

크자비에르의 출현은 무엇보다도 프랑수아즈가 유일한 주체로 군림 하면서 창조해 낸 투명하고 안정적이면서 그 자체로 충만했던 그녀의 세계를 불투명하고 모호한 세계로 변질시킨다. 최초의 위기는 프랑수 아즈의 소유물에 불과하던 크자비에르가 고유한 의지를 지닌 주체의 모습으로 그녀 앞에 등장하는 순간에 찾아온다. 어느 날 프랑수아즈는 크자비에르에게 자신의 도움을 받아 파리에 완전히 정착하는 것이 어떻겠냐는 제안을 한다. 자신의 제안을 선뜻 받아들일 것이라는 프랑수아즈의 기대와 달리 주저하는 크자비에르를 보면서 프랑수아즈는 타인의 완고한 의지에 부딪혀 자신의 의지가 좌절되는 경험을 처음으로 맛본다. 이로 인해 프랑수아즈는 자신이 절대적 주체로 존재한다는 확신에 손상을 입게 되고, 그 결과 수치심에 사로잡히고 만다. 일단 프랑수아즈는 크자비에르의 저항을 "어린애 같은 우울함les morosités puériles"이 빚어 낸 치기 어린 반항의 일종으로 치부해 버림으로써 일시적으로나마 수치심에서 벗어나는 데 성공한다(*Inv.*, 60).

그러나 크자비에르의 공격은 여기서 그치지 않는다. 그녀는 피에르와의 관계 속에서 프랑수아즈가 지녀 왔던 '우리'에 대한 확신을 가차 없이 무너뜨리면서 프랑수아즈를 극도로 불안정한 상태로 몰아넣는다. 피에르와의 관계에 대한 프랑수아즈의 위기감은 피에르가 자신과 다른 관점에서 크자비에르를 평가하고 있음을 인식하는 순간부터 시작된다.

> 분명히 프랑수아즈는 안일함에 빠져 크자비에르를 단순하게만 생각하고 있었다. 어떻게 지난 몇 주 동안 크자비에르를 하찮은 계집애같이 취급할 수 있었는지에 대해 프랑수아즈는 약간은 불편한 기분 속에서 스스로에게 되물었다. 그러나 피에르는 제멋대로 크자비에르를 까다롭게 평가하고 있지 않은가? 아무튼 그들은 같은 관점에서 크자비에르를 보고 있지 않다. 너무나도 사소하다고 할 수 있는 이러한 의견의 불일치가 프랑수아즈에게는 민감하게 다가왔다. (*Inv.*, 77)

프랑수아즈가 피에르와의 사이에서 발생한 이 "너무나도 사소한si

léger" "불일치ce désaccord"에 민감하게 반응하는 까닭은 단지 피에르가 크자비에르에게 애정을 느끼기 시작했다는 예감으로 인한 질투심 때문만은 아니다. 보다 근본적으로는 피에르와 함께 구축해 온 '우리'의 세계가 무너질지도 모른다는 위기감 때문이다. 이어지는 구문에서 우리는 이 점을 확인할 수 있다.

> "앞으로 함께 자주 만나다 보면 우리 두 사람을 별개의 두 인간으로 간주해도 된다는 걸 알게 될 거야. 내가 당신[크자비에르]에게 프랑수아즈가 우정을 느끼는 것을 가로막지 못하는 만큼 프랑수아즈 역시 내가 당신에게 우정을 느끼고 있지 않은데 그것을 드러내라고 강요할 수 없는 거지." 그는 프랑수아즈 쪽을 보고, "그렇지 않소?"하고 물었다.
> "물론이죠." 프랑수아즈는 거짓으로 들리지 않을 만큼 강하게 긍정했다. 하지만 그녀는 가슴 한구석이 아팠다. 우리가 하나라는 것, 참으로 멋진 사실이다. 그러나 피에르는 독립을 요구하고 있는 것이다. (*Inv.*, 78)

이 사소한 불일치를 계기로 프랑수아즈는 피에르와 자신이 서로 분리된 개별적 주체로 존재하고 있다는, 실존의 부인할 수 없는 현실과 맞닥뜨리고 있는 것이다. 그 결과 프랑수아즈는 피에르를 더 이상 투명한 존재로 인식할 수 없게 된다. 그는 여전히 "친숙한familier" 얼굴을 하고 있지만 프랑수아즈에게 그는 더 이상 아무 말도 들려주지 않는, 자신과 상관없는 자유로 존재하는 "알 수 없는inconnaissable" 타인의 모습으로 비춰질 뿐이다 (*Inv.*, 81).

'우리'의 세계로부터 추방되어 홀로 크자비에르와 대면하게 된 프랑수아즈는 마침내 그녀를 부정할 수 없는 실존의 조건으로 받아들이게 된다.

프랑수아즈는 완강히 저항했지만 단순히 눈을 감고 크자비에르의 존재를 지워 버릴 수 없었다. […] 피에르가 가치를 부여하고자 하는 이상 크자비에르의 까다로움도, 질투도, 멸시도 더 이상 무시할 수 없었다. 방금 정체를 드러낸 이 잰 체하는 거북스러운 크자비에르를 프랑수아즈는 힘껏 밀어냈다. 크자비에르가 그녀에 대해 느끼는 감정은 적의에 가까운 것이었다. 그렇지만 할 수 있는 일이 없었고, 전으로 되돌아갈 어떤 방도도 없었다. 크자비에르는 실존하고 있다. (*Inv.*, 83)

이 장면은 프랑수아즈가 크자비에르의 존재를 인정함으로써 자신이 대타적 의식으로 존재한다는 사실을 끝내 받아들이게 되는 순간을 묘사하고 있다. 그리고 이제 프랑수아즈는 자신이 창조해 낸 세계의 질서와 가치를 끊임없이 부정하고 조롱하는 앙팡 테리블 enfant terrible이자 누구에게도, 어디에도, 어느 순간에도 얽매이는 것을 거부하는 거만한 자유로 존재하는 이 여인의 부정할 수 없는 존재감 앞에서, 자신의 절대적 주체성에 대한 모든 확신이 무력화되는 것을 경험할 뿐이다.

이 무자비한 타인은 여기서 만족하지 않고 '타자'로 전락하는 뼈아픈 고통을 프랑수아즈로 하여금 맛보게 한다. 장레몽 오데트의 지적처럼, "메두사의 시선 un regard de méduse"과도 같은 크자비에르의 공포스로운 시선은[9] 프랑수아즈에게 타인을 소유하고 지배하는 것이 불가능하다는 사실을 일깨워 주는 것을 넘어서, 타인의 의식 앞에서 한낱 무기력한 사물로 전락하게 되는 고통스러운 경험을 안겨 주고 있다. 폐렴에 걸린 프랑수아즈가 병원에 입원하게 되는 과정을 그리고 있는 장면은 주체의 자리에서 밀려나 객체로 전락해 버린 자신을 바라보며 그녀가 맛보고 있는 극심한 패배감을 잘 형상화하고 있다.

---

9 Jean-Raymond Audet, *Simone de Beauvoir face à la mort* (L'Age d'Homme, 1979), p. 17.

'우리'의 세계로부터 추방당한 자신을 대신하여 크자비에르가 피에르와 "연인un couple"의 모습으로 등장하던 날(*Inv.*, 213), 프랑수아즈는 "흡사 다리가 잘려나간 듯한 극심한 고뇌un ennui si mortel qu'elle eut les jambes coupées"와 "현기증 나는 공허ce vide vertigineux" 속으로 추락하고 있다는 절망감에 사로잡힌 채 밤거리를 방황한다(215). 그리고 그날 밤 그녀는 지독한 폐렴에 걸리고 만다. 피에르와 크자비에르는 프랑수아즈의 저항에도 불구하고 그녀를 구급차에 태워 병원으로 이송한다. 자신의 의지와는 상관없이 사람들에게 들려 내려가는 무기력한 환자가 되어 버린 자신을 바라보며, 프랑수아즈는 자신이 "유기체도 아닌, 생명 없는 물질 덩어리une masse inerte, pas même un corps organisé"로, 그리고 자기 자신의 문제가 될 수는 없다고 여태껏 생각해 왔던 "별 볼일 없고 흔해 빠진 불행ces malheurs impersonnels, anonymes"으로 인해 무너지고 마는 "아무나n'importe qui"로 전락해 버렸다는 충격에 휩싸이고 만다(222). 크자비에르에게 매달려 자비를 구해 보기도 하지만, 프랑수아즈에게 돌아온 것은 온몸의 무게로 그녀를 내리누르는 타인의 거부할 수 없는 존재감이 안겨 주는 지독한 패배감뿐이다. 이어지는 장면에서 우리는 자유로운 주체로 존재하는 크자비에르의 객체로 전락해 버린 자신을 바라보는 프랑수아즈의 고통스러운 자기인식과 마주하게 된다.

지금 이 순간, 검은색 수트를 차려입은 크자비에르가 싱그럽고 자유로운 상태로 여기 존재하고 있다. 단정한 옷깃의 체크무늬 블라우스가 그녀의 얼굴에 광채가 나게 하고 있었고, 머리칼 역시 윤기가 흐르고 있었다. 프랑수아즈는 간호사와 의사의 지시에 따라 손발이 묶인 채로 누워 있다. 비쩍 말라 보기 흉하고, 힘이 없어 말도 제대로 할 수가 없다. (*Inv.*, 231)

그러나 프랑수아즈가 맛보는 이러한 패배감은 그동안 기만적인 욕망에 빠져 현실을 직시하길 거부해 온 한 인간이 실존의 진실과 대면하는 과정에서 불가피하게 겪을 수밖에 없는, 일종의 성장통과도 같은 고통이다. 그런 의미에서 우리는 프랑수아즈가 절망감이나 패배감이라는 비관적인 감정에만 빠져 있는 대신, 지금까지 자신이 영위해 온 삶의 모습에 대한 반성을 시도하고 있다는 점에 주목할 수 있다. 자신과 마찬가지로 타인 역시 주체로 존재하는 현실을 부인할 수 없게 된이상, 타인이 야기하는 "모든 위험을 감수해야 한다il fallait assumer tous les risques"는 인식이 프랑수아즈의 머릿속에 자리 잡기 시작한다(*Inv.*, 207). 그리고 그녀는 우리의 과거, 우리의 미래, 우리의 생각, 우리의 사랑이라는 허상이 제공하는 안락함에 빠져 한 번도 '나'라고 말한 적이 없었던 자신의 삶을 비판적으로 돌아본다(216). 그 결과, 프랑수아즈는 이전과는 다른 방식으로 삶을 영위해야 한다는 각성에 도달하게 된다.

> "난 뭘 원하는 거지?" 프랑수아즈는 불안함에 사로잡힌 채 되뇌었다.
> 지금까지는 필사적으로 과거에 매달리는 것밖에 몰랐으며, 피에르가 혼자서 앞으로 나아가도록 내버려 두었다. […] 비어 있는 양팔을 늘어뜨린 채 제자리에 머무르는 대신, 있는 힘을 다해 앞으로 돌진할 결심이 선다면? 프랑수아즈는 베개 위에서 몸을 조금 일으켰다. 지체 없이 스스로를 내던지는 것, 그것이 그녀에게 주어진 유일한 기회였다. (*Inv.*, 261-62)

실존이 야기하는 모든 위험을 기꺼이 감수하면서 미래를 향해 스스로를 용감하게 내던지는 삶, 그것이 바로 프랑수아즈가 꿈꾸게 된 새로운 삶의 모습인 것이다. 우리는 프랑수아즈가 이러한 결심을 하게 되면서 크자비에르를 적대적인 눈으로만 바라보지 않게 되었다는 점에 주목할 수 있다. 이제 프랑수아즈는 크자비에르에게서 위협적인 타인의 모습이 아니라, 기만적인 욕망이 지배하는 세계로부터 자신을 구원해 준 "천사"의 모습을 발견한다. 그리고 크자비에르가 야기한 모든 위기를 "기적"으로 받아들이기에 이른다.

> 열 때문에 골치가 지끈거리고 목은 바싹 말라 있었지만, 드디어 그녀는 어떤 기적이 자신의 삶에 들어왔는지 이해하게 됐다. 끈질기게 쌓아 올린 구축물과 납처럼 굳어진 관념의 그늘 밑에서 그녀가 서서히 메말라 가고 있을 때, 터져 나온 순수와 자유 속에서, 지나치게 인간적이었던 그 세계가 갑자기 산산조각이 나 버렸다. 이 감옥을 부수기 위해서는 크자비에르의 천진스러운 눈길 하나로 충분했고, 지금, 해방된 땅 위에서, 이 젊고 고집 센 천사 ce jeune ange exigeante 덕분에 수많은 기적이 일어나려 하고 있었다. […] "소중한 크자비에르." 프랑수아즈는 중얼거렸다. (*Inv.*, 264-65)

이러한 변화된 인식은 프랑수아즈에게 행복으로 가득 찬 미래를 만들 수 있다는 희망을 안겨 준다. 그리고 피에르, 크자비에르, 그리고 자신이 형성한 트리오 관계를 "조화롭고 멋진 트리오 un beau trio, tout bien équilibré"의 모습으로 재탄생시키는 것을 그 출발점으로 삼고자 한다 (*Inv.*, 264). 그렇다면 이러한 결심에도 불구하고 프랑수아즈가 타인과 조화로운 관계를 맺길 포기하고 끝내 크자비에르를 살해하게 된 이유는 무엇인가?

4. 타인의 살해: 비윤리적 실존 방식의 선택

이 질문에 답하기 위해서는 무엇보다도 프랑수아즈가 새로운 각오와 함께 뛰어들고 있는 트리오 관계가 어떠한 양상 속에서 유지되고 있는지를 살펴보아야 한다. 위기의 순간들이 지나간 후 프랑수아즈와 피에르, 그리고 크자비에르가 평화로운 분위기 속에서 삼각관계를 정착시키게 되면서 이 관계를 "조화롭고 멋진" 모습으로 재탄생시키고자 하는 프랑수아즈의 바람은 일단 이루어진 듯 보인다. 그러나 얼마 지나지 않아 평화로워 보이는 관계의 이면에 숨어 있던 어두운 현실이 모습을 드러낸다. 삼각관계의 평화는 세 사람 사이에 이루어진 상호적 교감의 결과물이 아니라, 처절한 패배의식에 사로잡힌 프랑수아즈의 크자비에르에 대한 일방적인 순응을 전제로 하고 있었던 것이다. 즉 프랑수아즈는 유아론적 욕망을 포기한 대신, 타인에 대한 복종과 헌신이라는 그릇된 방식을 통해 타인과의 공존을 도모하고자 한 것이다.

이러한 관계 속에서 프랑수아즈는 크자비에르가 표방하는 강력한 주체성에 완전히 도취되어 버린 수동적인 타자의 모습으로 존재한다. 그리고 타자화된 프랑수아즈는 세상을 존재하게 하고 의미 있게 만드는 절대적인 존재로 크자비에르를 신격화한다.

> 크자비에르와 함께 그런 것들을 구경하고 다니면 무척 재미있을 것이다. 그녀의 시선은 가장 보잘것없는 사물들도 빛이 나게 만들었다. 조금 전 중앙시장의 싸구려 식당과 당근 더미, 부랑자들을 크자비에르에게 보여 주면서, 프랑수아즈는 그것들을 생전 처음 발견한 듯한 기분이 들었다. […] 피레의 북적거리는 부둣가나, 푸른빛의 작은 배, 더러운 아이들, 그리고 기름과 구운 고기 냄새가 진동하는 선술집도 이 아이의 눈에 들어오면 아직 경험해 보지 못한 화려함을 드러낼 것이다. (*Inv.*, 288-89)

크자비에르가 왕으로 군림하고 있는 "트리오"라는 이름의 왕국에서는 프랑수아즈가 군주로 떠받들던 피에르마저도 크자비에르의 신하로 전락한 채 살아간다. 프랑수아즈와 마찬가지로 피에르 역시 오직 크자비에르의 눈을 통해서만 세상을 바라보고 그녀의 기분에 따라 천국과 지옥 사이를 오고가는, 그녀의 꼭두각시에 불과한 존재일 뿐이다. 따라서 프랑수아즈가 바라보고 있는 "얼굴의 근육이 풀어지고 몽롱한 눈빛을 한 ses muscles s'étaient affaissés, ses yeux étaient troubles" "시적인 바보 un idiot poétique"로 전락해 버린 피에르는 타자화된 프랑수아즈, 바로 그녀 자신의 모습에 다름 아니다 (Inv., 285, 287).

그런데 프랑수아즈는 그녀가 누리고 있는 달콤한 평화 이면에 존재하는 이러한 어두운 현실을 막연하게나마 인식하고 있다. 그녀가 가끔 주체적 자유를 박탈당한 타자의 쓸쓸함에 사로잡히곤 하는 것도 모두 그 때문이다. "모든 것을 포기한 뒤 마음이 홀가분해졌을 텐데 elle aurait dû se sentir libre après tous ces renoncements"도 불구하고 트리오 관계가 본격적인 안정기에 접어든 "최근 몇 주일 동안만큼 자유의 기쁨을 맛보지 못한 적은 없다 elle n'avait moins que depuis ces dernières semaines connu le goût de la liberté"는 프랑수아즈의 고백에서 우리는 그녀가 현 상황을 약간이나마 회의적인 시선으로 바라보고 있다는 점을 확인할 수 있다 (290). 하지만 한번 패배를 맛본 노예가 주인에게 느끼는 두려움으로 인해 굴욕적인 상황에 저항하기보다 복종하길 택하는 것과 마찬가지로 프랑수아즈는 "자신의 이미지를 움켜쥐고 자신에게 가장 끔찍한 저주를 내키는 대로 퍼붓는 마녀 cette sorcière s'était emparé de son image et lui faisait subir à son gré les pires envoûtement"와도 같은 크자비에르에 대한 공포에 사로잡혀 그녀에게 자비를 구하는 것 이외에 다른 방도를 찾지 못한다 (298-99).[10]

하지만 이 탐욕스러운 여인은 프랑수아즈의 내면에 자유를 향한 갈망이 희미한 흔적으로 남아 있는 것조차 절대 용납하지 않는다. 크자비에르는 프랑수아즈에게 자신이 현재 "앙상한 뼈만 남아 속이 훤히 들여다 보이는 헐벗은 희멀건 덩어리 ce bloc de blancheur translucide et nue, aux arêtes râpeuses"로 전락해 버렸다는 사실을, 그리고 이것이 돌이킬 수 없는 현재 자신의 모습임을 순순히 받아들일 것을 계속해서 요구한다(312). 그러나 크자비에르의 잔인한 요구는 프랑수아즈를 무력화시키는 대신, 오히려 그녀의 반항심을 부추기는 결과를 초래하고 있다. 다음 장면은 마침내 프랑수아즈가 지금 누리고 있는 평화가 타인에 대한 비굴하기 그지없는 복종과 맞바꾼 거짓 평화에 불과하다는 사실을 명확하게 인식하기에 이르는 순간을 묘사하고 있다.

자기가 늘 부정해 온 질투나 증오의 감정들을 이제는 이 두 사람이 마치 조심스럽게 다루어야 하는 거추장스럽지만 소중한 귀중품이나 되는 것처럼 얘기하고 있었다. 그녀 역시 자기 마음속에서 이러한 위험한 보물들과 마주칠 수 있었을 것이다. 그런데 어째서 그것들 대신에 크자비에르가 과감하게 걷어차 버린 낡아 빠진 공허한 명령에 따르는 것을 더 좋아했을까? 여러 번 질투에 사로잡혀 피에르를 미워하고 크자비에르를 저주하고 싶어 했지만 자기 자신을 더럽히고 싶지 않다는 허망한 구실을 내세워, 내면에 공허함을 안겨 주고 말았다. [⋯] 프랑수아즈는 그녀 자신으로 존재할 용기가 없었음을, 그리고 이 위선적인 비겁함으로 인해 아무것도 아닌 인간이 되어 버렸음을 북받쳐 오는 고통 속에서 깨닫고 있었다. (*Inv.*, 359)

---

10 자신의 팔을 담뱃불로 지지면서 온몸으로 쾌락을 느끼고 있는 크자비에르를 보면서 커다란 충격에 사로잡히는 프랑수아즈의 모습은 주체가 뿜어 내는 강력한 존재감의 위력에 압도된 타자가 느끼는 공포를 잘 형상화하고 있다: "프랑수아즈는 몸서리를 쳤다. 떨고 있는 건 몸만이 아니었다. 그녀는 자신의 존재 깊숙한 곳에서까지 더욱 격렬한, 하지만 어찌해 볼 도리가 없는 불안감을 느끼고 있었다. 이 광적이어 보이는 일그러진 웃음 뒤에는 그녀가 지금껏 상상해 왔던 그 모든 것보다도 결정적으로 불길한 위험이 도사리고 있었다"(*Inv.*, 354).

그런데 이 장면에서 우리는 프랑수아즈의 이러한 각성이 윤리적으로 올바른 선택으로 이어지지 않고 있다는 점에 주목해야 한다. 타인에게 복종한 대가로 평화를 보장받고자 했던 시도가 실패로 끝나게 되었음을 확인한 프랑수아즈는 타인과의 조화로운 공존을 꿈꾸는 것 자체를 낡아 빠지고 공허한 미덕으로 치부해 버리고 만다. 동시에 타인에 대한 질투와 증오의 감정을 숨기지 않던 예전의 모습으로 돌아가기로 결심한다. 끝내 프랑수아즈는 자신이 절대적이면서 유일한 주체로 군림하던 과거로 돌아가는 것을 택하고 만 것이다. 그리고 바로 이 순간, 과거로 돌아가기 위해서는 자신의 우월성을 포기하려 하지 않는 "크자비에르를 제거해야만 한다Il faudrait tuer Xavière"는 생각이 처음으로 프랑수아즈의 머릿속에 떠오르게 된다(*Inv.*, 376).

프랑수아즈가 이러한 생각을 행동으로 옮기기까지 가장 결정적인 계기를 제공하는 인물은 제르베르이다. 프랑수아즈는 자신의 문하생으로 일해 온 20대의 청년 제르베르에게 오래전부터 애정을 품어 왔다. 그러나 피에르와의 연인 관계를 안정적으로 유지해야 한다는 강박 관념으로 인해 프랑수아즈는 이 청년에게 감히 애정을 드러내지 못한다. 피에르 역시 제르베르에게 호감을 지니고 있으며, 크자비에르마저도 그에게 매료되어 그와 동침하기에 이르지만,[11] 작품 전반에서 제르베르는 어느 편에도 속하지 않은 중립적인 인물로 등장하고 있다. 제르베르의 중립적인 이미지가 지닌 중요성은 이야기 후반에 가서야 빛을 발한다. 트리오 관계 속에서 프랑수아즈가 느끼는 스트레스가 절정에 다다랐을 무렵, 제르베르가 표방하는 이 중립성 속에서 프랑수아즈가 구원 가능성을 발견하고 있기 때문이다.

제르베르가 들어왔다. 프랑수아즈는 중국 여인의 머리칼처럼 윤기가 흐르는 검은 머리카락에 싸인 그 신선한 얼굴을 놀라워하며 바라보았다. 이 빛나는 미소 앞에서 마음속의 짙은 그늘이 걷히는 듯했다. 프랑수아즈는 갑자기 크자비에르와 피에르 이외에도 사랑할 만한 것이 이 세상에 존재한다는 생각을 하게 되었다. (*Inv.*, 437)

아직 그 누구도 정복하지 못했기에 온전히 나의 소유물로 만들 수 있다는 희망을 품게 하는 미지의 존재, 프랑수아즈는 제르베르를 바로 그러한 존재로 인식하고 있다. 그녀는 제르베르를 정복함으로써 자신이 유일한 왕으로 군림하던 왕국을 다시 일으켜 세우길 원하고 있는 것이다. 따라서 프랑수아즈가 제르베르에게서 발견하고 있는 구원 가능성은 자신만이 절대적 주체로 존재하던 과거로 돌아갈 수 있는 가능성에 다름 아니라 할 수 있다.

이 가능성을 발견한 직후 제르베르와 떠난 여행에서 프랑수아즈는 마침내 제르베르를 품에 안게 된다. 그리고 그녀 이외에 다른 여인을 사랑해 본 적이 없다는 제르베르의 충성 어린 고백을 들으면서, 프랑수아즈는 한동안 잊고 살았던, 타인을 완전히 소유하는 기쁨을 다시금 맛본다. 이 고백은 크자비에르의 존재가 지닌 가치를 평가 절하하

---

11 제르베르에게 매력을 느낀 크자비에르는 어느 날 밤 그를 유혹하여 잠자리로 끌어들인다. 그리고 그날 밤, 이를 눈치 챈 피에르는 끓어오르는 질투심을 참지 못하고 프랑수아즈의 도움을 받아 크자비에르의 방을 염탐한다. 그리고 심지어 프랑수아즈에게 제르베르와 동침하였다는 고백을 크자비에르에게서 직접 받아 올 것을 종용한다. 피에르의 강권에 못 이긴 프랑수아즈는 아무것도 모르는 척 크자비에르에게 접근해 그녀가 제르베르와 동침했다고 스스로 털어놓도록 만든다. 프랑수아즈로부터 이 사실을 전해 들은 피에르는 크자비에르를 만나 모질게 비난하지만 크자비에르는 끝까지 자신의 잘못을 인정하지 않는다. 크자비에르가 잘못을 시인하도록 만들기 위해 피에르는 자신이 그녀의 방을 염탐했으며 그 결과 그녀와 제르베르가 동침한 사실을 이미 알고 있었다고 고백하고 만다. 이렇게 피에르와 옥신각신하는 과정에서 크자비에르는 프랑수아즈가 이미 모든 사실을 알고 있었으면서도 모른 척하며 자신에게 접근하여 의도적으로 정보를 캐냈다는 사실을 깨닫고는 프랑수아즈에 대한 환멸에 사로잡히고 만다. 이 사건은 프랑수아즈와 크자비에르가 돌이킬 수 없을 만큼 서로를 불신하고 증오하기에 이르는 데 결정적인 계기로 작용한다(*Inv.*, 377-417 참고).

는 의미를 내포하고 있기에 프랑수아즈를 더더욱 만족시킨다. 그리고 때마침 피에르마저 크자비에르와의 연인 관계를 청산하기로 결심했다는 소식을 들려준다. 연이어 발생한 이 두 가지 사건을 계기로 프랑수아즈는 크자비에르와의 싸움에서 주도권을 되찾았다는 자신감을 회복하게 된다.

> 프랑수아즈는 거울 속의 자신을 바라보았다. 변덕과 고집스러움과 철저한 이기주의, 이 모든 부정한 가치가 마침내 약점을 드러내고 말았고, 승리를 차지한 것은 바로 멸시당하던 낡은 미덕 les vieilles vertus이었다.
> '내가 이겼어.' 승리에 도취된 프랑수아즈는 생각했다.
> 다시 그녀는 자신의 삶 한가운데서 아무 방해도 없이 혼자 존재하고 있었다. 허황되고 공허한 세계에 틀어박힌 크자비에르는 살아 있으나 무의미한 움직임에 불과할 뿐이었다. (*Inv.*, 467)

이 장면은 프랑수아즈가 유아론적 세계관으로 대변되는 "낡은 미덕"의 승리를 선포하고 이 미덕을 앞세워 관념적 차원에서 크자비에르를 생명이 없는 객체로 무화시키는 순간을 묘사하고 있다. 그러나 프랑수아즈가 자신의 승리를 확신한 순간은 잠시뿐, 패배를 인정할 줄 모르는 크자비에르는 다시 자기 존재의 우월성을 내세우면서 승리에 대한 프랑수아즈의 확신에 위협을 가한다.

제2차 세계대전의 발발로 피에르와 제르베르가 군대에 징집되고 난 직후, 프랑수아즈와 크자비에르, 이렇게 둘만이 남겨진 상황에서 마침내 결정적인 순간이 도래한다. 프랑수아즈의 실수로 그만 크자비에르에 대한 애정이 식어 버렸다는 사실을 고백하고 있는 피에르의 편지와 프랑수아즈를 향한 열렬한 구애의 말들로 가득 차 있는 제르베르의 편지가 크자비에르의 손에 들어가고 만다. 만약 크자비에르가 실연의 상처를 입은 애처로운 여인의 모습을 하고 프랑수아즈 앞에 나타났더라면 프랑수아즈는 관념적 차원에서 크자비에르를 제거한 것만으로도 만족했을 것이며, 자신의 승리에 대한 확신 속에서 한때 자신의 연적이었던 그녀에게 연민의 감정을 느꼈을 것이다. 그러나 크자비에르는 프랑수아즈에게 조롱과 멸시의 말들을 퍼부으며 그녀의 승리는 물론이거니와 그녀의 존재마저도 부정하면서 그 어느 때보다도 더욱더 강렬하게 자신의 존재 가치를 내세우고자 한다. 크자비에르의 말들로 인해 프랑수아즈는 힘들게 되찾은 존재적 우월감을 다시 상실하게 됨은 물론, "질투에 사로잡힌 배신자이자 죄인 Jalouse, traîtresse, criminelle"으로 전락해 버린 자신과 마주하고 만다(*Inv.*, 500). 그리고 크자비에르가 살아 있는 한 자신의 주체성은 끊임없이 위협당할 것이며, 나아가 평생을 패배의식에 사로잡힌 채 죄인으로 살아갈 수밖에 없을 것이라는 무서운 예감에 사로잡힌다. 자신을 기다리고 있는 이 어두운 미래로부터 스스로를 구원하기 위해, 마침내 프랑수아즈는 이 위험한 존재를 현실 세계로부터 완전히 제거하기로 결심하고 이를 행동으로 옮긴다.

그녀는 크자비에르의 방문을 응시하며 우두커니 서 있었다. 혼자다. 아무도 옆에 없다. 의지할 수 있는 건 자기 자신뿐. 오랫동안 기다린 후에 부엌으로 들어가서 가스 밸브의 손잡이에 손을 얹었다. 손이 떨렸다. 불가능해 보였다. 공간과 시간을 초월한 이 고독 앞에, 오래전부터 시커먼 그림자를 통해 그녀를 짓눌러 왔던 이 혐오스러운 현존이 있었다. [⋯] 그런데 이 존재를 무화시키기 위해서는 이 손잡이를 내리는 것으로 충분하다. [⋯] 아무도 그녀를 비난하거나 용서하지 못할 것이다. 그녀의 행위는 그녀만의 것이니까. '내가 원한 일이야.' 그녀의 의지가 이루어지고 있는 중이며, 그 무엇도 그녀를 그녀 자신으로부터 떼놓을 수 없다. 그녀는 마침내 선택했다. 바로 자기 자신을 택한 것이다 Elle s'était choisie. (*Inv.*, 502-03)

가스 밸브를 열고 크자비에르를 죽음으로 몰아넣으면서 프랑수아즈는 크자비에르를 대신해 자신이 오만하고 유일한 주체의 자리를 차지하길 택하고 있다. 그리고 프랑수아즈가 선택한 "자기 자신"은 스스로를 유아론적 세계에 가둔 채 타인과 관계를 맺는 것 자체를 포기해 버린 사물과도 같은 존재에 지나지 않는 것이다. 나아가 이러한 선택을 한 프랑수아즈가 맞이할 수 있는 미래는 더 이상 '삶'이 아닌 '죽음'에 불과하다. 타인의 존재를 부정하고 타인과 관계 맺기를 포기한 인간은 화석화된 즉자적 존재에 불과하며, 이 상태에서 그는 "죽을 때와 마찬가지의 고독Aussi seule que dans la mort"만을 평생 맛보게 될 것이기 때문이다(*Inv.*, 503).

따라서 프랑수아즈의 살인으로 끝나는 『초대받은 여자』의 비극적인 결말은 타인과 갈등 관계를 형성할 수밖에 없는 존재론적 숙명을 지닌 인간이 맞이하게 되는 필연적인 결말을 의미하지 않는다. 그것은 유아론적 욕망에서 끝내 벗어나지 못한 인간이 '선택'할 수 있는 비윤리적인 실존 방식을 상징한다. 그리고 보부아르는 이러한 비극적 결말을 통해, 갈등 관계를 넘어서 타인과 조화롭게 공존하기 위해서는 끊임없는 자기 반성과 부단한 자기 쇄신의 노력이 동반되어야 할 필요가 있음을 궁극적으로 역설하고 있는 것이다.

5. 결론

그렇다면 『초대받은 여자』를 통해 보부아르가 제시하고자 한 윤리적으로 올바른 인간관계의 모습은 무엇인가? 프랑수아즈, 피에르 그리고 크자비에르의 트리오 관계에서 보았듯이, 윤리적으로 올바른 인간관계는 무엇보다도 '상호성la réciprocité'을 전제로 해야 한다. 『초대받은 여자」를 출간한 이듬해인 1944년 발표한 첫 번째 철학 작품인 『피뤼스와 시네아스 Pyrrhus et Cinéas』에서 보부아르는 '상호성'을 "자기통찰력 있는 포용력 générosité lucide"으로 규정하고 있다. '자기통찰력 있는 포용력'이란 타인의 자유를 인정하면서 자신의 자유를 추구하는 정신을 의미한다.[12] 보부아르에 따르면 인간은 결코 홀로 존재할 수 없다. 내가 세상 속에 존재하는 한 나의 자유는 타인의 자유와 얽혀 있으며 서로에게 영향을 끼치게 마련인 것이다.[13] 따라서 우리가 취하는 행동 하나하나는 타인에게 새로운 상황을 제공하게 되며, 타인이 처하게 될 새로운 상황은 다시 나의 상황에 영향을 끼치게 된다. 그렇기 때문에 어떠한 행동을 선택할 때 우리는 그것이 타인의 상황에 어떠한 영향을 끼치게 될지에 대해 반드시 고려해야 한다고 보부아르는 주장한다. 이렇게 서로의 자유가 충돌하는 상황 속에서 각자의 자유가 지닌 한계를 인정하고 타인과 더불어 살아갈 수 있는 길을 모색하고자 하는 정신, 그것이 바로 보부아르가 말하는 "자기통찰력 있는 포용력" 즉 '상호성'인 것이다. 나아가 보부아르는 타인과 내가 상호적인 관계를 맺고 있다는 사실을 받아들이지 않는다면 우리는 실존을 영위하는 것 자체가 불가능한 상황에 직면하게 될 것이라고 주장한다.

모든 사람은 자유로우며, 우리가 타자와 관계하는 한 우리는 그들의 자유를 경험한다. 만일 이러한 위험한 자유들을 무시하고자 한다면, 인류에게

---

12 Simone de Beauvoir, "Pyrrhus et Cinéas," in *Pour une morale de l'ambiguïté suivi de Pyrrhus et Cinéas* (Gallimard, coll. folio essais, 2003[1944]), p. 278 참고. 더불어, 이 책 제1부에 실린 필자의 글, 「시몬 드 보부아르의 『피뤼스와 시네아스』: 윤리적 실존주의의 밑그림」 참고.
13 그런 의미에서 보부아르는 타인이 내가 처한 상황의 "사실성(la facticité)"의 한 요소인 것과 마찬가지로 나 역시 타인이 처한 상황의 '사실성'을 구성한다고 말한다("Pyrrhus et Cinéas," p. 283 참고). 여기서 '사실성'이란 시간과 공간, 죽음 등과 같이 내가 선택하지 않은 상황의 '사실적' 측면들을 지칭한다.

서 등을 돌려야 한다. 그러나 그 순간, 우리의 존재는 위축되고 사라지게 된다. 우리의 존재는 세상 속에서, 그리고 우리의 존재를 붙들려고 하는 낯설고 분리된 자유들 앞에서 위험을 감수하고자 할 때에만 실현될 수 있다.[14]

이러한 맥락에서 보부아르는 인간이 올바른 방식으로 존재하기 위해서는 타인과 "상호주체적l'intersubjectivité"으로 자유로운 관계를 맺을 필요가 있으며, 나아가 이러한 관계를 맺는 것이 가능하다고 주장한다. 보부아르가 말하는 상호주체적 관계란 나와 타인이 서로를 동등한 자유로운 주체로서 인정할 때 맺을 수 있는 윤리적으로 올바른 모습의 인간관계를 지칭한다. 보부아르는 나와 타인이 상호주체적 관계 속에서 서로의 자유를 존중하고 상호적으로 소통하면서 모두의 자유를 실현하고자 할 때에만 비로소 나의 존재는 세계 속에서 의미를 지니게 되고 나의 자유 역시 진정한 가치를 획득하게 된다고 강조한다. 이렇게 보부아르가 인간존재가 타인과 더불어 살아갈 수 있는 윤리적인 방법을 탐구하는 데에 중점을 두고 있다는 점에서 우리는 그녀의 실존주의를 '윤리적 실존주의l'existentialisme moral'라고 부를 수 있는 것이다.

윤리적 실존주의의 관점에서 보았을 때, 프랑수아즈의 삶은 타인과의 상호성을 거부한 인간이 영위하게 되는 비윤리적인 실존의 한 유형을 잘 보여 준다. 프랑수아즈는 타인의 자유를 부정하고 타인의 존재를 무화시키고자 하는 욕망에서 끝까지 벗어나지 못한다. 나아가 타인의 존재가 야기하는 위협으로부터 벗어나는 것이 불가능하다는 것을 깨닫는 순간, 타인에게 복종하길 선택함으로써 자유로운 존재인 인간이 마땅히 감수해야 할 실존의 위험과 불안을 대면하길 거부하고 있다. 그리고 끝내 타인을 죽음으로 몰아넣기로 결심하면서 타인과 관계를 맺는

---

14 *Ibid.*, p. 298.

것 자체를 포기하고 절대적인 고독만이 지배하는 유아론적 세계 속에 스스로를 가두어 버리고 만다. 그러나 역설적으로 프랑수아즈의 이러한 기만적인 선택은 타인과의 조화로운 공존을 실현하기 위해 요구되는 전제조건들에 대해 성찰해 볼 수 있는 기회를 독자들에게 제공하고 있다. 타인과 상호적으로 공존하기 위해서는 무엇보다도 나와 타인 모두가 개별적인 자유로 존재해야 하며, 이러한 조건에 상대방의 자유를 존중하고자 하는 윤리적 자세가 더해질 때 비로소 실현될 수 있는 것이다. 나의 세계 속에 상대방을 일방적으로 편입시키는 것이 아니라, 서로가 서로의 '초대'에 기꺼이 응하며 모두의 세계를 함께 확장시키고자 노력하는 자세, 이것이 바로 보부아르가 이 작품을 통해 피력하고자 한 윤리적인 실존의 모습일 것이다.

「한 지도자의 어린 시절」과 파시즘 비판

오 은 하

1. 들어가며

1938년, 『구토』에서 로캉탱은 "안녕, 아름다운 백합들아, 우리의 자부심이자 존재 이유들이여, 잘 있어라, 더러운 놈들아"[1] 하고 부빌 시의 부르주아들에게 고별을 선언했다. 『구토』가 출간된 직후, 사르트르는 뤼시앵 플뢰리에라는 인물의 유년 시절을 그린 「한 지도자의 어린 시절 L'Enfance d'un chef」을 쓰고 이듬해 단편집 『벽』을 통해 발표한다. 자기정체성을 찾아 나가는 뤼시앵의 성장담을 그린 이 이야기는, 제목이 보여 주는 대로 형식적인 면에서 성장소설('récit d'apprentissage' 또는 'Bildungsroman')의 단계를 충실히 따른다. 소설의 첫 문장인 "천사 옷을 입은 난 참 귀여워 Je suis adorable dans mon costume d'ange"와 마지막 문장 "수염을 길러야겠다 Je vais laisser pousser ma moustache"

---

1 "[...] adieu beaux lys, notre orgueil et notre raison d'être, adieu, Salauds" (Jean-Paul Sartre, *La Nausée*, *Œuvres romanesques*, Gallimard, coll. Bibliothèque de la Pléiade, 1995, p. 113). 이하, 이 책의 인용은 'OR, 113'처럼 약함.

는 대구를 이루며 아이에서 어른으로, 무성 또는 여성적 존재에서 남성으로, 불안하게 흔들리며 자기를 찾으려 애쓰던 주인공이 마침내 확신을 갖게 되는 이행 과정을 그리고 있다는 인상을 준다. 그러나 조금만 더 가까이에서 들여다보면, '성장'은 주인공의 잘못된 믿음에 불과하다는 것을 알 수 있다.[2] 뤼시앵이 자기 자리라 믿고 있는 '지도자 chef', 공장의 사장이자 사회의 지배계급 일원으로서의 자리, "그걸 위해 너를 낳았다"라는 아버지의 말처럼 미리 예비되어 있는 이 지도자의 자리는 주인공의 변화 가능성이 크지 않음을 시사하고, 과연 뤼시앵은 자기 자리에 도달했다는 믿음과 함께 자신의 '경화硬化'를 완성한다. 사르트르 스스로도 이 소설의 주인공은 독자들이 '그에게 어떤 일이 일어날까' 하고 궁금해 하지 않는 인물이라 정의한 바 있다.[3] 게다가 이 소설이 창작되고 수용된 배경, 특히 사르트르의 작품 세계에 대해 조금이라도 알고 있는 독자라면, 반유대주의와 극우 집단 속에 안착하게 되는 주인공의 여정을 전통적 의미의 성장소설 속 주인공의 여정으로 받아들일 수는 없을 것이다.

---

2 이 소설의 외양 때문에, 출간 당시 프랑스 사회에 대한 배경 지식이 없는 독자들은 이 소설을 전통적 성장소설로, 뤼시앵을 교양소설의 주인공으로 여길 수도 있었다고 수잔 루빈 슐레이만은 이야기한다("모든 것이 오직 주인공의 관점으로만 표현되므로(서술자는 엄밀하게 준수된 내적 초점화에 따라 명백히 자신의 관점을 인물에 일치시킴으로써 인물 뒤로 완전히 사라졌기 때문에) 사전 지식이 없는 독자는 뤼시앵의 이야기를 긍정적인 성장담으로 읽을 수도 있을 것이다. 미국에서 이 소설을 가르칠 때, 학생들이 처음 이 소설을 읽고서 뤼시앵을 바람직한 인물로 생각한 적이 있었다", Suzanne Rubin Suleiman, *Le Roman à thèse ou l'Autorité fictive*, PUF, coll. Ecriture, 1983, pp. 287-88). 슐레이만은 이런 측면에서 이 소설을 성장소설 또는 교양소설의 패러디로 읽는다(*Ibid*, pp. 286-300). 더 구체적으로 이 소설이 교양소설의 효시로 여겨지는 괴테의 『빌헬름 마이스터의 수업시대』에 대한 패러디를 담고 있다는 사실도 여러 연구자들이 지적하고 있다(Geneviève idt, *Le Mur de Jean-Paul Sartre: technique et contexte d'une provocation*, Larousse, 1972, p. 156; Jean-François Louette, "«L'Enfance d'un chef»: la fleur et le coin d'acier," *Traces de Sartre*, Grenoble: Ellug, 2009, pp. 65-66).

3 Francis Jeanson, *Sartre par lui-même* (Seuil, 1955), p. 7.

사르트르는 왜 이런 인물을 구축했을까? 많은 시간이 흐른 후 그의 자서전 『말』에서 발견되는 "나는 지도자가 아니며, 그렇게 되기를 원하지도 않는다"[4]는 선언은 뤼시앵을 『말』의 풀루 Poulou 또는 작가의 '부정적 분신'으로 읽도록 만든다. 비슷한 요소들을 다른 방식으로 다루고 있는 이 두 어린 시절 이야기를 대비하며 읽는다면, 현실적 지배 계급의 자리에 안착한 인물과 '차표 없는 승객'처럼 자기 자리를 갖지 못하여 상상적인 차원에서 보상받기를 꿈꾼 작가이자 지식인 사이의 분화 지점을 생각해 볼 수 있을 것이다. 또한 섹슈얼리티의 문제 등 『말』에서 조심스럽게 숨겨져 있는 요소가 여기서는 노골적이고 오히려 과장된 방식으로 다루어지고 있는 것도, 이 소설에서 작가 자신의 자전적 요소를 찾아내는 식의 독서를 유도한다. 실제로 이 소설에 대한 많은 연구가 이런 측면에 초점을 맞추고 있다.[5] 그러나 작가가 자전적 요소를 도입하고 비트는 과정에서 보여 준 화려한 유희를 따라가거나 이 소설 속에서 사르트르의 심리적 구조를 찾아내는 것은 『말』의 출간으로 가능해진 사후적 해석일 것이다. 우리는 「한 지도자의 어린 시절」의 창작 시점으로 다시 돌아가, 전작 『구토』의 중심축 가운데 하나를 이루는 지배계급에 대한 공격의 연장이라는 측면에서 이 소설을 다시 읽어 보고자 한다. 『구토』에서 '살로 salaud'들의 경화된 모습에 대한 비판이 그들의 현재, 곧 완성된 모습에 관한 것이었다면, 그런 모습이 구축된 과정, 기원과 생성의 문제를 그들의 어린 시절로 거슬러 올라가 탐색하고 고발하기 위해 그려진 것이 이 '지도자'의 어린 시절이 아닌가 하는 것이다. 따라서 우리는 『구토』와 「한 지도자의 어린 시절」

---

4 Sartre, *Les Mots* (Gallimard, coll. folio, 2003), p. 20.
5 Cf. Geneviève Idt, "Des Mots à «L'Enfance d'un chef»: autobiographie et psychanalyse," M. Issacharoff et J.-Cl. Vilquin (dir.), *Sartre et la mise en signe* (Klincksieck, 1982), pp. 11-30; Idt, "*Les Mots*. Une autocritique 'en bel écrit'" (Lettres Belin Sup, 2001), pp. 69-72; Josette Pacaly, *Sartre au miroir* (Klincksieck, 1980), pp. 95-122.

사이의 연속성과 분화 지점을 검토하는 데서 시작하려 한다. 이를 통해 뤼시앵의 성장 과정에서 작가가 비판하고자 하는 대상의 성격과 비판을 위해 동원한 수사들을 살펴보고, 그것이 발생시키는 효과를 밝히는 것이 본 논문의 목표가 될 것이다.[6]

2. '살로salaud'의 탄생: "나는 콧수염이다 Je suis une moustache"

우선 소설을 맺는 마지막 문단, 뤼시앵이 자신의 '지도자'로의 변모가 완성되었다고 주장하는 결말에서부터 시작하여 거슬러 올라가면서, 명백히 드러나는 『구토』의 부르주아지 비판과의 친연성을 살펴보겠다.

변모가 완성되었다. 한 시간 전에 카페에 들어온 이는 우아하고 불안정한 소년이었는데, 이제 나가는 이는 한 남자, 프랑스 인의 지도자였다. 뤼시앵은 프랑스 아침의 영광스런 햇빛 속에서 몇 걸음을 옮겼다. 에콜 가와 생미셸 대로의 모퉁이에 이르자 그는 어느 문구점으로 다가가 유리에 자신의

---

6 이 소설에 대한 국내의 거의 유일한 논문에서 유호식 교수는 『어느 지도자의 유년시절』(sic.)의 가족 드라마적 성격과 뤼시앵이 겪는 성정체성의 혼란에 초점을 맞춘다. 이 논문은 여성화되고 사물화된 존재에서 벗어나기 위한 '지도자 되기'의 시도와 그 이면에 있는 '여성 역할 하기'의 쾌락이라는 뤼시앵의 모순된 욕망을 밝히며, 결국 뤼시앵은 아버지의 욕망을 욕망하는 상태에 머물러 있다고 결론내린다. (「'어느 지도자의 유년시절'에 나타난 이중의 욕망: 여성으로 존재하기 또는 아버지의 욕망에 복종하기」, 『프랑스학 연구』 제48집, 2009, pp. 233-56). 우리는 「지도자」를 반(反)성장소설로 읽는 이 논문의 방향성에 동의하면서, 반성장의 양상과 원인을 밝히는 내재적인 독서보다는 당시의 수용 상황을 고려하여 작가가 취한 전략과 그것이 발생시키는 효과를 사르트르의 전반적 작품세계 속에서 살펴보는 데 초점을 맞출 것이다.

모습을 비춰 보았다. 뤼시앵은 자신의 얼굴에서 자기가 찬미하던 르모르당의 침투 불가능한 분위기를 찾아내고 싶었다. 그러나 유리창은, 아직은 그다지 위협적이지 않은 귀엽고 고집스런 얼굴만을 비출 뿐이었다. '콧수염을 길러야겠다' 하고 뤼시앵은 결심했다.[7]

소설은 '콧수염을 길러야겠다'는 뤼시앵의 결심으로 끝난다. 보여지는 자신의 모습에 언제나 강박관념을 가지고 있던 뤼시앵이 모습부터 바꾸려는 건 자연스러운 결말로 보인다. 그리고 뤼시앵이 도달해야 할 이상으로 생각하는 모습은 이 '콧수염 moustache' 상징에 집약되어 있다. 콧수염은 명백히 성숙의 표지이자 남성성의 표지이고, 이는 뤼시앵을 정치세계와 공동체에 입문시킨 르모르당의 모습, "검은 콧수염과 함께, 이미 남자의 모습을 avec sa moustache noire, [il] avait déjà l'allure d'un homme" 한 얼굴을 모방하는 것이다. 뤼시앵은 뚫고 들어갈 수 없을 듯한 인상을 주는 그의 '바위 roc'와 같은 모습에 감탄하며, 이는 '확신'에서 나온다고 생각한다(EC, OR, 366).

무엇에 대한 확신인가? 르모르당이 뤼시앵에게 추천한 모리스 바레스의 『뿌리 뽑힌 자들 Les Déracinés』의 인물들이 가지고 있는 것과 같은, 이미 정의된 그들의 자리, 그들의 가족과 환경과 교육이 마련해 준 자리에 대한 확신이다. 사실 르모르당의 모습 역시 『뿌리 뽑힌 자들』의 주인공을 모방한 것이다. 이 소설은 여러 모로 바레스 Maurice Barrés 소설의 구조를 패러디하고 있다.[8] 뿌리, 곧 자신의 혈통과 가족에 대한 자부심에 찬 뤼시앵의 생각은 '일, 고향, 가족'이라는 불변하는 가

---

7 Sartre, "L'Enfance d'un chef" (이하, 'EC'), OR, 388.
8 Geneviève Idt, Le Mur *de Jean-Paul Sartre. Techniques et contextes d'une provocation* (Larousse, 1972), pp. 157-58.

치를 내세우는 바레스의 사상의 되풀이에 지나지 않는다.[9] 이런 믿음을 뤼시앵이 곱씹고 있는 장소는 의미심장하게도 카페 'La Source'이며, '플뢰리에Fleurier'라는 그의 성 또한 그냥 붙여진 것이 아닌 듯 보인다. 땅에 뿌리 내리고 계속 증식하는 식물의 이미지는 혈통과 가족이라는 운명에 순응하는 바레스의 '유기체적 세계관une vision du monde organiciste'[10]의 표현이다. 이 '유기체적 세계관'을 이들이 기꺼이 받아들이는 것은 그것이 자신들에게 권리를 확보해 주리라 믿기 때문이다. 이 권리를 통해 뤼시앵은 자신의 불안한 존재 근거를 가리고, "나는 존재할 권리를 가지고 있으므로 존재한다J'existe, pensa-t-il, parce que j'ai le droit d'exister"(EC, OR, 387)고 단언할 수 있게 된다. 다시, 이 권리는 무엇에 대한 권리인가? 바레스 소설의 문체까지 본뜬 아래의 장면, 뤼시앵이 자신의 권리에 대한 확신을 곱씹는 장면에서, 이는 소유와 권력의 권리임이 명백해진다.

그는 페롤에 가서 살 것이다. 프랑스 어느 곳엔가 피에레트와 같은 해맑은 처녀, 그를 위해 순결을 지키고 있는 꽃 같은 눈을 지닌 시골 아가씨가 있으리라. 이따금 그녀는 자신의 미래의 주인, 무섭고도 자상한 남자를 상상해 볼 것이다. 하지만 그 모습을 떠올리는 데 성공하지 못하리라. 그녀는 처녀고, 그녀 몸의 가장 은밀한 곳으로부터 뤼시앵만이 자기를 소유할 권리가 있다는 것을 인정하리라. 뤼시앵은 그녀와 결혼을 할 것이고, 그녀는 그

---

9 "'하마터면 타락할 뻔했다. 하지만 내 정신이 건강해서 날 지킬 수 있었던 거야!' 그는 생각했다. 그날 저녁, 저녁식사 때 그는 다정한 마음으로 아버지를 바라보았다. 플뢰리에 씨는 떡 벌어진 어깨에, 느릿하고 무게 있어서 어떤 기품이 깃든 농민처럼 움직였고, 회색 눈은 차갑고 투명한 지도자의 눈이었다. '나는 아버지를 닮았다' 하고 뤼시앵은 생각했다. 그는 플뢰리에 가문이 아버지에서 아들로 4대째 공장의 사장직을 이어 왔음을 상기했다. '누가 뭐라든, 가문이란 존재한다!' 그리고 그는 자부심에 차서 플뢰리에 가문의 건강한 정신을 생각했다"(EC, OR, 359).

10 Louette, "<L'Enfance d'un chef>: la fleur et le coin d'acier," p. 64.

의 아내, 그의 권리 중에서 가장 달콤한 것이 되리라. 그녀가 밤에 신성하고 도 수줍은 몸짓으로 옷을 벗을 때, 그녀는 마치 희생제의의 제물과도 같을 것이다. 뤼시앵은 모든 사람의 동의 아래 그녀를 품에 안고 그녀에게 "넌 내 거다!" 하고 말하리라. 그녀가 뤼시앵에게 보여 주는 것은 오직 뤼시앵에게 만 보여 주어야 할 것이며, 사랑의 행위는 그에게 자신의 재산에 대한 관능 적인 증거가 될 것이다. 그의 가장 달콤한 권리, 가장 내밀한 권리, 육체 속 까지 존경 받을 권리, 침대에서까지도 복종을 받을 권리. '일찍 결혼해야지' 하고 그는 생각했다. 또한 자식을 많이 가지리라 생각했다. 그런 다음 그는 아버지의 사업에 대해 생각했다. 빨리 계승하고 싶어 마음이 초조했고 플뢰 리에 씨가 곧 죽지는 않을까 생각도 해 보았다. (EC, *OR*, 387-88)

빨리 결혼을 하고 아이를 많이 낳겠다는 계획, 봉건적인 여성상과 목 가적 사랑에 대한 뤼시앵의 꿈은 그 적나라한 진부함으로 헛웃음을 짓 게 만들지만, 앞으로 만들 가족에 대한 이 꿈은 사실 뤼시앵과 그가 속 한 집단의 성격을 압축적으로 보여 주는 것이다. 여러 번 반복되며 이 대목 전체를 특징짓는 두 단어는, '소유하다 posséder'와 '권리 droit'이 다. 먼저 미래의 아내에 대한 그의 상상은 소유권 개념을 통해서만 가 능해진다. 결혼은 한 여자에 대한 전적인 소유권을 주장하기 위해서 필 요하며, 그녀의 순결은 뤼시앵만이 그녀의 몸을 가지도록 하기 위해 지 켜져야 한다. 가장 내밀한 관계마저 소유의 개념 밖에서는 상상할 수 없는 뤼시앵의 태도는, 『문학이란 무엇인가』에서 사르트르가 바레스를 평가하며 했던 "부르주아는 그의 소유물과 하나인 자"라는 정의를 희화 적으로 드러내는 듯 보인다.[11] 또 자신을 아내에게 존경과 복종을 받아 야 할 '주인'으로 여기는 부부관계에 대한 뤼시앵의 관념은 인간관계를 지배-종속 관계의 틀로 바라보며 그 속에서 자신은 권력을 지닌 자로 여기는 태도를 증거한다. 『상황 3 Situations Ⅲ』에서, 우리는 뤼시앵 플뢰리에에게 완벽하게 적용될 수 있는 정의를 발견한다. "지배계급의 모든 구성원은 천부적인 권리를 가진 이들이다. 지도자들 가운데 태어나, 어린 시절부터 그는 자신이 지배하기 위해 태어났다고 설득당한다."[11] 결국 전통이나 민족을 이상화하는 바레스적 보수주의는, 자신이 현재 가진 특권을 정당화하고 온전히 대물림하기 위한 도구일 뿐인 것이다. 인용문의 끝 부분, 자식을 많이 낳겠다는 데 이어 아버지를 어서 계승하고 싶어 초조해지는 뢰시앵의 생각 속에서 이는 적나라하게 확인된다.

이에 따른 예시는 '더러운 놈들salauds'이라 불린 『구토』의 부빌 시 부르주아들의 초상에서 충분히 드러난다. 그리고 여기서 우리는 '콧수염'에 대한 잊을 수 없는 정의를 다시 만난다.

> 그 신사분은 레지옹도뇌르로 존재하고, 콧수염으로 존재한다. 그게 전부다. [⋯] 나는 생각하지 않는다, 고로 나는 콧수염이다. [⋯] 나는 존재할 권리가 있다, 고로 나는 생각하지 않을 권리가 있다.[13]

앞서 언급한 "나는 존재할 권리를 가지고 있으므로 존재한다"라는 뢰시앵의 생각의 꼬리를 무는 "나는 존재할 권리를 가지고 있다, 고로 나는 생각하지 않을 권리가 있다"라는 단언은, 결국 "나는 생각하지 않는다, 고로 나는 콧수염이다"라는 정식화로 귀결된다. 이를 통해 그들은 자신을 육중한 돌로 만든 석상과 같은 모습으로 생각하게 되는 데

---

11 Sartre, "Matérialisme et révolution," *Situations III* (Gallimard, 1992), pp. 184-85.
12 "바레스가 보여 준 것처럼, 부르주아는 그의 재산과 한 몸이 되어 있는 사람이다. 제 고향에만, 제 땅에만 머물러 있으면, 부드럽게 굽이치는 들판과 하늘거리는 은빛의 포플러 나뭇잎과 신비하게 천천히 살쪄 가는 대지와 빠르고 변덕스럽게 변하는 예민한 하늘의 기운이 그의 심신으로 스며들 것이다. 부르주아는 세계를 차지하면서 그 깊은 곳까지도 차지한다. 이제 그의 영혼은 지하를, 갱도를, 광맥을, 금광을, 석유층을 지니게 된다"(Sartre, *Qu'est-ce que la littérature?* Gallimard, coll. folio essais, 1999, p. 177).
13 *La Nausée, OR*, 121.

이른다.[14] 먼저, 왜 바위 roc인가? 뤼시앵의 눈에 비친 르모르당의 모습처럼, 파고들어 갈 '틈'이 없기 때문이다. 파고들어 갈 틈이 없다는 것은 새로운 의견, 다른 이들의 견해 따위는 받아들이지 않는다는 뜻이며, 소통이나 변화의 가능성이 없다는 것, 곧 이성의 활동도 없다는 것이다.[15] 뤼시앵은 이 비이성을 우월성으로 본다.

　스스로를 바위로 보이려 하는 것은 한편 다른 이들의 시선이 자기 존재의 우연성에 와 닿지 않게 하기 위해, 곁에서 멈추도록 하는 경화된 가면을 만들기 위해서이다. 그러나 이것으로 충분하지 않기에 살로들은 스스로를 조상statut으로 만들려 한다. 자기를 꿰뚫어 볼 수 있는 평등한 시선 교환을 차단하기 위해, 사람들이 자기를 올려다 보도록 위계적 질서라는 단 위에 올라서 있으려는 것이다. 소유와 권력에 대한 집착, 보다 근본적으로 소유와 권력의 힘에 대한 그들의 굳건한 확신은 이를 위한 것이다.

　우리는 사르트르의 작품 속에 빈번하게 등장하는 시선의 테마, 특히 보여지는 자리에 스스로를 위치시키려는 의도와 관련해 이런 시도의

---

14 "의사는 말할 권리가 있다. 자기 인생을 망치지 않았고, 유용한 인물이 될 줄을 알았기 때문이다. 그는 침착하고 강력하게 이 표류물 위에 우뚝 솟아 있다. 바위처럼"(*La Nausée*, OR, 84).

15 'l'imperméabilité'라는 단어를, 사르트르는 다른 곳에서 반유대주의자들의 비이성적 태도를 설명하기 위해 사용한다: "하지만 어떻게 해서 잘못된 추론을 선택할 수가 있는가? 이는 그 사람이 침투 불가능성에 대한 향수를 갖고 있기 때문이다. 양식 있는 사람은 끙끙대며 길을 찾는다. 이런 이는 자신의 추론은 개연적일 뿐 다른 의견들이 그것을 다시 의심하게 만들 것이란 사실을 안다. 그는 결코 자신이 가는 길을 잘 알지 못한다. 그는 '열려 있다'. 그는 자신 없어 보일 수 있을 것이다. 하지만 돌멩이의 확고부동함에 끌리는 사람들이 있다. 그들은 육중하고 침투 불가능하기를 원하며, 변하기를 바라지 않는다. 변화가 그들을 어디로 이끌지 모르기에. 이는 근원적 자아에 대한 두려움과 진실에 대한 두려움과 관련이 있다. […] 그들은 생각하는 데 두려움을 느끼기 때문에, 이성적 추론과 추구가 종속적인 역할밖에는 하지 못하는 삶의 방식, 이미 발견한 것밖에는 다른 것을 찾지 않고 이미 형성된 자신의 모습 이외에는 결코 다른 것이 되지 않는 삶의 방식을 채택하고자 하는 것이다"(Sartre, *Réflexions sur la question juive*, Gallimard, coll. folio, 2002, pp. 20-21).

의미를 생각해 볼 수 있다. 자기 모습을 다른 사람들의 눈에 이런저런 모습으로 보이도록 하기 위해 도구 등을 사용해 치장하는 행위는 타인들의 눈앞에 자기를 전시하고, 그 시선들 아래 특정 역할을 연기하려는 이중의 목적을 가지고 있다. 이를 의식적으로 하는 이를 사람들은 배우라 부르며, 사르트르의 희곡 『킨 Kean』 등 여러 곳에서 우리는 타인의 시선에 의지해 살아야 하는 배우로서의 운명에 대한 토로를 자주 발견한다. 그러나 살로들, 그리고 뤼시앵의 콧수염이 배우의 의식적 분장과는 다르다면, 이는 이 가면이 스스로에게도 자신의 진짜 모습을 생각하지 않게 하는 장치이기 때문이다. 처음에 자신이 '연기하고 있음'을 느끼던 뤼시앵은("그는 항상 자기가 연기하고 있는 듯 느꼈다", EC, OR, 318) 결국 자신을 타인들이 자신에 대해 가지는 견해 이외의 것이 아니라 선언하며 스스로를 가상의 '역할'에 일치시킨다.[16] 이렇게 뤼시앵 플뢰리에는 살로들이 완벽한 살로가 되기 전인 유년 시절, 그들이 모방과 순응을 통해 자기 권리에 대한 믿음을 형성해 가는 자기기만의 과정을 보여 주는 인물이다.

그런데 뤼시앵에게 '프랑스인의 지도자'다운 얼굴을 만들어 줄 '콧수염'이라는 상징에는, 또 다른 강력한 이미지가 결부되어 있는 듯 보인다. 당시의 독자들에게, '콧수염'이라면 떠오르는 이미지는 히틀러의 콧수염이었으며, 이는 "파시즘의 기호 자체"였다.[17] 한 '살로 salaud'의 생성 과정을 그리기 위해 시작한 이 어린 시절 이야기의 마지막이 콧수염을 통해 한 '파시스트'의 탄생을 암시하는 것으로 장식되는 것. 이 과정에는 지나친 비약이 있는 것은 아닐까?

---

16 "'첫번째 원칙, 자신을 들여다보려고 하지 말 것. 그 이상 위험한 오류는 없다.' 뤼시앵은 생각했다. 진짜 뤼시앵은 다른 사람들의 눈 속에서 찾아야 한다는 것을, 그는 이제 알았다"(EC, OR, 386)

17 Sartre, "Notes et variantes [de L'Enfance d'un chef]," OR, 1859.

1930년대 프랑스 극우파의 힘이 실제로 어느 정도였는지, 그들을 파시스트로 분류할 수 있는지에 대해서는 오랜 논쟁이 지속되고 있다.[18] 보수주의자들을 무차별적으로 파시스트라 몰아붙인 30년대 좌파의 공격 전략은 오늘날 파시즘에 대해 내리는 정의에 비추어 보면 오류로 보인다. 실제로 '국가사회주의'라는 용어를 모리스 바레스가 처음 만들어내기는 했지만,[19] 바레스 식의 민족주의적 보수 사상을 본격적인 파시스트 행동과 연결시키는 것은 무리일 것이다. 다만 우리는 앞서 살펴본 '살로'들의 모습에 대한 묘사, 전통적 질서의 가치와 사회의 유기체와 같은 성격에 대한 강조, 반합리주의, 인간존재는 근본적으로 평등할 수 없다는 전제 등에서 파시즘의 기본 원리와 동일한 성격을 찾아볼 수 있다. 먼저 그들의 비지성주의, 또는 비판적 이성에 적대적인 반지성주의는 파시즘과의 친연성을 드러낸다.[20] 다음으로 지도자와 피지배자에 대한 이들의 관념은 파시스트들의 일반적 관념 중 하나인 '위계적 질서'에 대한 믿음과 동일한 구조로 이루어져 있다. 공장의 사장으로서 노동자들 앞에서 나폴레옹의 태도를 흉내 내는 듯한 뤼시앵의 아버지 모습은, 레몽 아롱의 "보나파르트주의는 파시즘의 전조이자

---

18 "일부 학자들은 프랑스에는 자생적인 파시즘이 존재하지 않았으며, 기껏해야 외국의 사례를 모방해서 프랑스 내의 보나파르트주의 전통에 덧칠한, 겉만 파시즘적인 수준에 불과하다고 주장한다. 그러나 그 대척점에는 프랑스가 '파시즘의 진정한 요람'이라고 주장하는 학자들이 있다"(로버트 O. 팩스턴, 손명희·최희영 옮김, 『파시즘』, 교양인, 2005, p. 168). 이 논쟁에 대해서는 김용우가 "프랑스 파시즘 논쟁"에서 정리하고 있다(김용우, 『호모 파시스투스: 프랑스 파시즘과 반혁명의 문화혁명』, 책세상, 2005, pp. 103-19).

19 그는 귀족주의적 모험가인 드 모레 후작을 '최초의 국가사회주의자'라고 말했다(팩스턴, *Ibid.*, pp. 122-23).

20 파시즘은 정교한 철학 체계에 바탕을 두고 있는 것과는 거리가 멀었다. "세밀하게 연출된 의식과 감정이 가득 실린 수사를 적절히 사용하여 사람들의 정서에 주로 호소"했으며, 이런 측면에서 "파시즘은 대중 정치 시대에 급조된 새로운 고안물이었다"(*Ibid.*, p. 53).

파시즘의 프랑스 식 번안"[21]이라는 언급을 떠올리게 한다. 또 '수염'으로 대변되는 지배계급의 이데올로기가 자기정체성에 대한 약한 믿음으로 괴로워하던 뤼시앵에게 확고한 자아상을 제공해 준 점은, 정체성을 찾고자 하는 요구에 상상적 정체성을 제공하는 식으로 정치 영역을 구성할 줄 알았기에 파시즘의 광범위한 영향력이 가능했다는 분석과 합치한다.[22] 말하자면 사르트르가 그린 살로들의 초상 안에서 역사가들이 흔히 부르는 '원파시즘proto-fascism' 또는 '전파시즘pre-fascism'의 형태를 찾아볼 수 있는 듯하다.

그런데 뤼시앵의 성장 과정은 부빌 시 박물관에 내걸린 보수적 부르주아들이 형성된 과정과는 또 다른 면이 있다. 뤼시앵의 아버지는 그들의 모습을 답습하기만 하면 자기 공장 노동자들 앞에서 관습적 권위를 행사하는 데 무리가 없었지만(cf. EC, OR, 324-25), 뤼시앵에게 '지

---

21 "보나파르트주의는 [⋯] 파시즘의 전조이자 파시즘의 프랑스 식 번안이었다. [⋯] 프랑스적 전조인 이유는, 정치적 불안정과 애국주의적 굴욕감, 혁명이 사회를 장악하는 데 대한 걱정(정치적 장악에 대한 어떤 무관심과 뒤섞인) 들이, 자본주의가 상승하던 바로 그 시기에 이 나라에서 국민투표 상황을 여러 차례 되풀이해 만들어 냈기 때문이다. 프랑스 식 번안인 이유는, 수백만의 프랑스 인이 통치자들에 대한 평소의 적의를 사건들이 부각시킨 한 사람 주위로 결집된 정열적인 충동으로 상쇄했기 때문이다. 또한 프랑스에서 대혁명에 의해 불가피하게 내세워진 권위주의 체제가, 국민의 의지에 아첨하고, 좌파의 어휘를 채택하고, 당파를 넘어 전 인민에게 호소한다고 공언했기 때문이다"(Michel Winock, *Nationalisme, antisémitisme et fascisme en France*, Seuil, coll. Points. Histoire, 1990, p. 227에서 재인용("L'Ombre des Bonaparte," 1943).
　"프랑스 파시즘 논쟁"에서 김용우는 프랑스 우파를 세 갈래로 분류하고(정통 왕조파 혹은 반혁명 우파, 오를레앙파 또는 자유주의 우파, 그리고 보나파르트파 혹은 권위주의 우파), 보나파르트파의 경우 권위주의와 대중주의를 특징으로 한다는 점에서 두 가지 '고전적 우파'에 비해 파시즘과의 유사성이 부각될 수 있다고 지적한다(『호모 파시스투스』, pp. 103-19). 『한 지도자의 유년시절』에서도, 뤼시앵 아버지의 태도에서 풍기는 암시 외에도 뤼시앵이 위기에서 벗어나기 위해 「세인트 헬레나의 회상록」을 읽는 등(EC, OR, 336) 보나파르트는 여러 차례 환기된다.
22 "파시즘의 영향력은 파시즘이 정체화 요구에 대한 답변이 되도록 정치 영역을 조직할 줄 알았던 데 기인한다"(Matthias Waltz, "Le Fascisme et Sartre: l'ennemi intime," Ingrid Galster, dir., *La Naissance du 'phénomène Sartre': Raisons d'un succès 1938-1945*, Seuil, 2004, p. 299).

도자'의 자리는 그렇게 자연스럽게 주어지지 않는다. 뤼시앵의 아버지에게 깍듯이 경의를 표하던 노동자 '불리고 영감'과 달리, 젊은 세대인 그의 아들은 뤼시앵을 무시하고 지나가 그에게 실망을 안긴다.[23] 이것이 부분적으로는 자기정체성에 대한 질문과 잘못된 대답이라는 끝없는 순환을 낳는 뤼시앵의 고민의 원천이었다. 그리하여 그에게는 '빈자리'를 자기 존재의 토대로 만들기 위한 이행 과정이 필요했다. 우리가 보기에는 뤼시앵 여정의 마지막 단계를 구성하는 이 이행 과정이, 자기 권리에 만족하는 보수주의자에서 타인에게 공격적 감정을 분출하는 파시스트로 작가가 비판의 대상을 옮겨 가는 과정으로도 보인다.

3. 바레스에서 히틀러로

뤼시앵이 바라는 자기 모습을 만들어 가기 위해서는 입문 의식이 필요했다. 우익 반공화주의 단체였던 '악시옹 프랑세즈Action française'의 청년 모임인 '왕당파Camelots du roi' 활동을 통해 그는 정치와 집단행동에 입문한다. '왕당파' 모임에 참석한 뤼시앵의 눈을 통해 그려지는 동료들의 모습은, 앞서 본 '살로'들에 대한 묘사와 별반 다르지 않다. "많은 수가 턱수염을 기른, 어른들"인 그들은 "더 이상 배울 것이 없"는, 이미 완성된 모습이며, 회의하지 않는 이들의 확신은 토론

---

23 "어느 날 뤼시앵은 불리고 영감의 아들과 마주쳤는데 그는 뤼시앵을 알아보지 못하는 것 같았다. 뤼시앵은 이에 조금 동요되었다. 자신이 지도자임을 스스로에게 증명할 기회였던 것이다. 뤼시앵은 쥘 불리고에게 독수리 같은 시선을 던지며 뒷짐을 지고서 그에게 다가갔다. 하지만 불리고는 겁먹은 기색이 없었다. 그는 뤼시앵 쪽으로 공허한 눈길을 돌리더니 휘파람을 불며 지나쳐 갔다. '날 알아보지 못했나 보다.' 뤼시앵은 생각했다. 하지만 그는 깊이 실망했고, 그 후 며칠간 그 어느 때보다도 강하게 이 세계가 존재하지 않는다고 생각했다"(EC, OR, 335).

을 거부하는 반지성주의에서 나온다(EC, OR, 374, 375). 그러나 그들의 모습은 거의 철 모르는 어린아이들의 모습처럼 묘사된다. 신문에 서명 싣기, 회의장에서 소란 피우기 등, 그들의 활동은 당시 악시옹 프랑세즈 운동이 실제로 자주 벌이던 광경이었으며 당시 독자들에게는 논쟁적인 것이었지만,[24] 작품 속에서는 거의 소극farce에 가깝게 그려진다. 그리고 이 소극의 정점에는 한 유대인 학생에 대한 집단 폭행의 체험이 놓인다.

이런 모임들에서 나올 때면, 뤼시앵과 친구들은 몹시 흥분해서 곧잘 어린애 같은 짓을 했다. 한번은 일행이 열 명쯤 되었는데, 생탕드레데자르 거리를 〈뤼마니테〉지를 읽으며 가로지르고 있는 올리브색 피부를 한 키 작은 남자와 마주쳤다. 그들은 그를 벽으로 몰아붙였고 레미가 명령했다. "그 신문을 버려." 작은 녀석은 거만하게 있으려 했지만 데스페로가 그의 뒤로 다가가 허리를 껴안았고, 르모르당이 힘센 손아귀로 신문을 빼앗았다. 아주 재미있었다. 그 녀석은 화가 나서 공중에 발길질을 하며 "이거 놔, 이거 놔" 하고 이상한 악센트로 고함을 질렀고, 르모르당은 아주 침착하게 신문을 찢어 버렸다. 하지만 데스페로가 그놈을 놓으려 할 때 사태가 심각해지기 시작했다. 녀석이 르모르당에게 달려들었는데 레미가 뒤통수에 일격을 가하지 않았더라면 르모르당이 맞을 뻔했다. 녀석은 비틀거리다 벽에 붙

---

24 "20년대 중반이 되면 샤를르(sic.) 모라스의 단체는 명실공히 라틴가의 주인으로 군림한다. […] 모라스파 대학생들은 뤽상부르공원의 나무 아래나 근처 식당에서 벌인 이론적 토론에 갇히지 않았다. 20년대의 팡테옹-뤽상부르-오데옹 삼각지대가 펼쳐내는 연대기는 의미심장하다. 종종 몽둥이가 휘둘렸고, 모임은 방해받았으며, […] 대학은 마비되었다" (파스칼 오리, 장-프랑수아 시리넬리, 한택수 옮김, 『지식인의 탄생: 드레퓌스부터 현대까지』, 당대, 2005, pp. 123-25). 악시옹 프랑세즈 운동은 연구자에 따라 프랑스에서 진정한 파시즘의 시작으로 여겨지기도 하고, 후에 몇몇 참가자가 파시즘으로 일탈하기는 했지만 파시즘과 무관한 프랑스 우파의 변형으로 여겨지기도 한다(팩스턴, 『파시즘』, pp. 120-21; 오리, 시리넬리, Ibid. 참조).

어서 험악한 기세로 그들을 노려보며, "더러운 프랑스 놈들!" 하고 말했다. "다시 한 번 말해 봐." […] "더러운 프랑스 놈들, 더러운 부르주아, 너희를 증오해. 전부 죽어 버려라, 모두, 다, 다!" 그리고 뤼시앵이 상상도 할 수 없었던 더러운 다른 욕설과 난폭한 말들이 쏟아졌다. […] 그는 휘청거렸고, 오른쪽 눈을 얻어맞아 잘 뜨지 못했다. 모두들 때리는 데 지쳐 그 주위에서 녀석이 쓰러지기만을 기다렸다. […] 그는 왼쪽 눈으로 그들을 도전적으로 쏘아보면서 되풀이 말했다. […] 그들은 뛰었고 생미셸 광장에 가서야 멈췄다. 아무도 쫓아오지 않았다. 그들은 넥타이를 바로 하고 손바닥으로 서로 먼지를 털어 주었다. (EC, *OR*, 377-78)

이들의 모험을 그리는 반어적 어조에는 변화가 없다. 폭력에는 이유가 없고, 유대인 혐오는 "체질적인 physique" 것으로 이야기될 뿐이며,[25] 자신들의 행동의 의미에 대해 그들은 완전히 무지하고 맹목적이다. 화자는 이 일이 재미있는 장난에 지나지 않음을 계속 강조한다("어린애 같은 짓을 했다", "아주 재미있었다"). 그러나 겉으로 가볍게 다루어진 이 사건이 뤼시앵에게는 '결정적 순간'임을, 우리는 이 일이 뤼시앵에게 가져오는 결과에서 확인할 수 있다. 다음날 그는 처음으로 여자와의 성행위를 경험하고, 이어서 악시옹 프랑세즈에 들어가기로 결심한다. 말하자면 폭력의 가해는 성적 성숙과 정치적 성숙 두 가지를 동시에 성취하게 한다. 그리고 이것이 뤼시앵이 생각하는 남성성의 획득이다. 극히 유치한 장난처럼 시작되며 끝나고 나서는 서로 "넥타이를 바로 하고 먼지를 털어 주는" 반유대주의 도련님들의 집단적 행동 장면은, 실은 가족, 소유, 사회적 위계에 뿌리를 둔 부르주아적 정서와 파

---

25 "하지만 어떡해, 나도 어쩔 수가 없는걸. 유대인들을 만질 수가 없는 건, 체질적인 문제야. 그놈들 손에 비늘이 뒤덮인 것처럼 느껴지는걸"(EC, *OR*, 383).

시스트들의 공격적 감정, 남성적 판타즘이 관계 맺는 순간을 그리는 의미심장한 장면인 것이다.

　권력관계를 가장 직접적, 원시적인 형태로 폭발시키는 폭력의 순간, 폭력에 참가한 모든 행위자들은 가해자와 피해자로 뚜렷하게 이분된다. 그리고 위 장면에서 뤼시앵이 '가해자' 입장에 설 수 있었던 것은 십여 명의 무리가 한 사람을 폭행하는 구도였기 때문이다. 집단 폭행의 배경에는 이들의 행동 또는 반유대주의를 옹호하거나 용인하는 사회적 분위기가 있음도 작품에서 여러 차례 보인다. 뤼시앵의 아버지는 뤼시앵의 '왕당파' 활동을 거쳐 가야 할 과정이라고 옹호하며, 모드나 기가르 같은 자칭 공화주의자들도 뤼시앵의 반유대주의적 행동을 정치적 신념에 따른 행위라고 인정한다. 뤼시앵과 친구들이 자신들의 행동을 가볍게 여길 수 있는 것은 이처럼 이를 묵인하는 수많은 사람들이 뒤에 있기 때문이다. 자기가 향하는 방향에 대해 성찰하지 않는 집단과, 그에 어이없이 희생되는 개인의 모습을 이 폭행의 장면은 또한 나타낸다.

(1) 등나무 지팡이

　'정치적' 활동을 거쳐 도달한 성숙한 남성성을 과시하고 싶지만 아직 콧수염이 없는 뤼시앵은, 자신의 변모를 알리기 위해 다른 대용물을 지닌다. 다음날 뤼시앵이 애인 모드를 만나러 갈 때 들고 간 "굵은 등나무 지팡이une grosse canne de jonc"는 직접적이고 전형적인 상징이다.

　이틀 후에, 뤼시앵은 생미셸 대로의 상점에서 산 굵은 등나무 지팡이를 들고 모드를 만나러 갔다. 모드는 금세 알아차렸다. 그녀는 지팡이를 보면서 말했다. "그럼, 잘된 거예요?" "잘됐어." 뤼시앵이 웃으며 말했다. 모드는 기쁜 듯했다. [⋯] 그날 저녁 그녀는 그를 왕당파 도련님이라 부르며 목

덜미를 여러 번 간지럽혔다. (EC, *OR*, 379)

일차적으로 이 '등나무 지팡이'는 공격의 도구를 의미한다. '바위'로 머물러 상대에게 일차적인 위압감을 주는 것으로는 충분치 않을 때, 곧 권력관계의 직접적 갈등이 일어나는 폭력의 순간에 필요해지는 보다 적극적인 공격 도구인 것이다.

그러나 이 장면에서 지팡이는 실제 공격을 하기 위한 도구가 아니라 자신이 남성성을 획득했음을 알리는 기호의 역할을 한다. 그리고 지팡이의 명백한 남근적 형상은 폭력과 권력의 문제를 여성에 대한 성적 정복이라는 문제와 희화적으로 연결시킨다. 실제 폭력 가해와 성적 정복은 이야기의 구조 자체를 통해 연동되어 있다. 폭력 가해 뒤에 모드와의 첫 성행위 장면이 이어지는 것처럼, 또 파티에서 유대인과 악수를 거부한 후 주위 사람들에게 그 행동을 인정받은 작은 승리를 거둔 뒤에 자신의 미래 아내를 꿈꾸는 장면이 연이어 나오는 것처럼. 거기서 성관계는 아내의 몸을 제물로 바치는 '희생제의un holocauste'로 표현되었던 것을 우리는 기억한다. 성관계 속 남성과 여성의 구도는 이렇게 가해와 피해, 지배와 종속의 관계를 표현하는 효과적인 은유가 된다.

그러나 우리는 이 이전까지 뤼시앵은 자신이 종속적인 위치에 있는 성관계만을 체험했음을 알고 있다. 동성애자 베르제르에게 처음으로 정복당할 때, 그는 다른 사람들에게 인형처럼 자기 몸을 내맡기던 어린 시절 기억을 떠올린다. 소설의 첫 장면부터 뤼시앵은 천사 옷을 입고 사람들에게 꽃을 나누어 주는 여성화된 이미지로 등장해 자기가 여자아이로 변하는 건 아닌지 의문을 품는데, 뤼시앵이 사람들에게 나누어 주는 꽃은 스스로를 내어주는 행위로도 연결시킬 수 있다.[26] 뤼시앵이라는 이름은 사르트르의 다른 작품, 「한 지도자의 어린 시절」 직전에 쓰여진 『구토』와 「정분」에 등장하는 여성형 '뤼시엔Lucienne'을 통해서도 '강간 당하는' 위치와 연결된다.[27] 특히 '구토'에서 뤼시엔이라는 이름의 소녀가 강간 당하는 장면에 대한 로캉탱의 환각적 환상 장면에서, 로캉탱은 강간하는 자이기도 하고 강간 당하는 뤼시엔의 입장이기도 한 ("그는 뒤에서par derrière 나를 덮쳤다") 환상을 전개시킨다.[28] 'par derrière'라는 표현에서 엿보이는, 가해자–피해자를 넘나드는 남성들의 강간 공포 또는 판타즘은 사르트르의 작품 속에서 빈번하게 나타난다.[29] 이를 볼 때 사실 뤼시앵의 고뇌의 핵심을 이루던 성정체성의 문제는 남자와 여자의 문제가 아니라 남자 역할과 여자 역할, 곧 가해자와 피해자의 관계로 보인다. 여자가 되는 게 문제가 아니라, 여자의 자리에 놓이게 되는 게 문제인 것이다.

폭력과 권력의 문제를 다루는 데 섹슈얼리티의 문제를 끌어들이는 것, 가해–피해의 짝에 남성성–여성성의 이미지를 각각 부여하는 것, 사르트르는 이미 이런 수사를 정치적 글에서 직접적으로 사용한 바 있다.

힘을 권력의 원천이자 주인의 속성으로 놓으면서, 대독 협력자는 스스로를 위해서는 책략을 예비해 놓는다. 그는 자신의 나약함을 인정하고, 수컷의 힘과 남성적 덕목의 전도사가 약자의 무기들을 받아들인다. 샤토브리앙,

---

26 우리는 이 장면에서 드러나는 뤼시앵의 여성화 양상을 사르트르의 작품 속 성정체성의 혼란(위반) 양상과 그 속에서 '여성성'에 결부되는 이미지를 밝히기 위한 예시로서 분석한 바 있다(Oh, Eun-Ha, *Les Figures féminines dans l'œuvre fictionnelle de Jean-Paul Sartre*, thèse de doctorat présentée à l'Université Paris III en décembre 2010, pp. 174-82).

27 『정분』의 주인공 뤼뤼의 이름은 Lucienne Crispin이었다(Sartre, "Intimité," *OR*, 297).

28 "로캉탱은 여성적 위치에, 강간 당하는 뤼시엔의 위치에 자신을 투사한다('그는 뒤에서 나를 덮쳤다'). 하지만 이 투사는 서술자가 차례로 모든 자리를 점유하는 주체의 완전한 해체 양상 가운데 하나일 뿐이다. 나(je)에서 그(il)로, 그녀(elle)로 넘어가면서, 로캉탱은 차례로 자기 자신이다가, 뤼시엔이다가, 강간하는 사람이다. 그는 강간하고('부드러운 핏빛 강간 욕구'), 강간 당한다. 동시에 범죄자이자 희생자인 것이다"(François Migeot, "*La Nausée*: Le Mal de père," Pierre Bayard, dir., *Lire avec Freud: pour Jean Bellemin-Noël*, PUF, 1998, p. 97).

29 Cf. "Erostrate," *OR*, 263; "Intimité," *OR*, 281-82; *La Nausée*, *OR*, 72, 120-22.

드리외, 브라지야크가 쓴 글들 도처에서 우리는 프랑스와 독일과의 관계를 프랑스가 여자 역할을 하는 성관계로 보는 신기한 은유를 끄집어낼 수 있을 것이다. 그리고 분명하게도 협력자와 그의 주인과의 봉건적 관계는 성적 양상을 보인다. 협력의 정신상태를 알아볼 수 있는 한, 우리는 거기서 여성성의 분위기 같은 것을 발견하게 된다. 협력자는 힘의 이름으로 말하지만, 그는 그 힘이 아니다. 그는 힘에 의존하는 술책, 책략이며, 심지어 매력이자 유혹인데, 왜냐하면 그는 프랑스 문화가 독일인들에게 행사한다고 주장하는 매력을 스스로 행사하는 척하기 때문이다. 내가 보기에 여기에 마조히즘과 동성애의 신기한 혼합이 있는 것 같다.[30]

파시즘, 특히 당시 프랑스 파시즘 속의 성적 토대에 대한 통찰력 있는 분석으로 평가받는 이 글 안에서,[31] 사르트르는 먼저 파시스트들의 전형적인 수사였던 성적 관계와 권력관계의 유비를 끌어들인다. 우리는 앞서 살펴본 뤼시앵의 미래 아내에 대한 상상 속에서 이런 생각에 대한 탁월한 패러디를 보았다. 그러나 동시에 그는 이 성별 은유를 그 토대는 건드리지 않는 방식으로 전유해, 권력관계 속 피지배자, 즉 여성의 위치에 자신의 공격 대상을 놓고, 그들에게 '여성화된 남자, 남성적 남자로 변장한 여성성'의 이미지를 부여함으로써 공격한다. 파시즘의 근원에는 마조히즘과 동성애 성향이 있으며, 스스로의 나약함에 대한 혐오가 여성성에 대한 그들의 증오심의 요체를 이룬다는 것이다.
   이런 수사는 사르트르만의 것은 아니다. 가깝게는 그와 긴밀한 관계

---

30 Sartre, "Qu'est-ce qu'un collaborateur?" *Situations III*, p. 58.
   '대독 협력자(collaborateur)'와 파시스트를 혼동해서는 안 된다고 말하면서도, 사르트르의 논의는 협력자의 두 부류인 비시 정부의 보수적 엘리트와 그들의 나약함을 거부한 파리의 강성 파시스트들 가운데 후자에 집중되어 있으며, 그 가운데서도 정치인들보다는 문인들(몽테를랑, 드리외 라로셸, 브라지야크)에 치중한다.
31 Cf. Bernard-Henri Lévy, *Le Siècle de Sartre* (Grasset, 2000), p. 393.

에 있었으며 관심사와 정치적 성향이 여러모로 비슷했던 폴 니장, 시몬 드 보부아르의 글에서 자주 발견되는 경향이기도 하다. 드리외에 대한 니장의 비판은 매번 그의 치유할 수 없고 혐오스러운 여성성에 대한 비난으로 귀결되며,[32] 시몬 드 보부아르는 몽테를랑이 여성에 대해 했던 경멸할 만한 언사를 열거하면서, 몽테를랑의 여성 혐오에 대한 분석을 넘어 이 작가의 나치 신화에 대한 '약함'을 공격한다.[33] 우리는 다른 공간에서 1944년 씌어진 아도르노의 단장에서도 '남성적인 남자들'을 마조히스트들, "자신들이 연약한 사람과 같다는 점을 인정하지 않기 위해서 자신의 희생물인 연약한 사람을 필요로 하는 본래부터 여성화된 자들"로 보고, 지배의 남성적 원칙은 모든 것을 객체로 삼으면서 "총체적 수동성이나 여성적인 것으로 전환"된다는 언급을 발견한다.[34] 이처럼 사르트르는 파시즘에 대항하는 지식인들이 즐겨 쓰던 수사, 곧 파시스트들의 담론을 그들에게 돌려주는 식의 수사를 공유하고 있다. 뤼시앵의 성정체성이 끊임없이 문제되는 것 역시 로베르 브라지야크가 생각하듯 작가의 외설적 취미에서가 아니라[35] 이와 같은 맥락에서 이해될 수 있을 것이다. 브라지야크가 이 작품을 읽으며 자신이 관여하는 집단인 악시옹 프랑세즈에 대한 비판을 의식하지 못한 것[36]도 이런 이유에서가 아닐까? 성적 관계 속에 내재된 폭력과 권력관계의 원리, 또 다른

---

32 "그는 파시스트 돌격부대의 영웅적인 분위기에 여자처럼 매혹되었다"; "자신이 여자들과 맺은 개인적 관계와 사랑을 생각하려는 그의 마지막 노력에 대해 말해 보고자 한다. […] 그가 말하고 있는 이 여자들은 대체 누구인가? 낙오자들, 정복 당한 여자들, 바로 그 자신과 같은 이들"("Deux livres de Drieu La Rochelle: *Socialisme fasciste, Journal d'un homme trompé* [1935]," in Paul Nizan, *Pour une nouvelle culture*, textes réunis et présentés par Susan Suleiman, Grasset, 1971, pp. 74, 75); "그의 일생은 자신의 패배와 나약함을 가면 아래 숨기고자 하는 노력으로 점철되었는데, 이 가면은 자기 자신의 오만함에 의해 금세 벗겨지는 가면이다. 그는 은폐 취향과 노출 욕망 사이에서 분열되어 있었다"(p. 184).

33 Simone de Beauvoir, "Montherlant ou le pain du dégoût," in *Le Deuxième sexe*, I (Gallimard, coll. folio, 2003), pp. 321–42.

34 T. W. 아도르노, 최문규 옮김, 『한줌의 도덕: 상처입은 삶에서 나온 성찰』(솔, 1995), pp. 68–69.

한편으로 폭력과 권력관계 속의 성적 토대를 드러내려는 작가의 의도를 보지 않으면, 사르트르의 성관계와 관련된 집요한 묘사는 개인적인 판타즘의 결과로 보일 뿐 그 정치성은 알아차리지 못하게 될 것이다.[37]

그렇다면 사르트르가 등나무 지팡이와 같은 상징을 통해 강조하려는 것은 애써 남성성의 상징을 지녀야 하는 뤼시앵의 결핍감이었을 것이라는 점은 명백해진다. 그리하여, 남성성의 기호에 기대어 뤼시앵은 모드를 성적으로 '정복'하고 의기양양한 승리자로서의 남성의 위치를 굳힐 수 있을 것인가? 성행위에 이어지는 장면은 반대로 뤼시앵의 환멸과 고뇌만을 보여 준다(EC, OR, 379-80). 정복하려 했는데 자신이 정복당했고, 소유하려 했는데 자신이 소유당한 느낌. 이와 관련해, 우리는 뤼시앵의 어린 시절 이미 등나무 지팡이가 등장한 의미심장한 장면을 떠올리게 된다.

---

35 "「정분」, 「한 지도자의 어린 시절」, 「방」의 인물들은 악취가 풍기는 불결한 세계에서 살아간다. 작가는 용어의 실제 뜻 그대로 깨끗한 사람과는 한 번도 만나본 적이 없는 것 같다. […] 왜냐하면 결국, 불쌍한 사르트르 씨가 나쁜 냄새, 구역질 나는 습관, 더러운 빨랫감, 비위생적인 방, 샤워와 치약이 뭔지 모르는 피조물들 사이에서 하루 온종일 살아가는 것이 즐겁지는 않을 것이기 때문이다"("Compte rendu" par Robert Brasillach dans *L'Action française*, 13 avril, 1939. *OR*, 1816에서 재인용).

36 "놀라운 일은, 그들이 사르트르가 사용한 반어법의 표적이 어디였는지를 항상 이해하지 (또는 이해하고자 하지)는 못했다는 사실이다. 브라지야크의 사례는 이 점에서 대단히 시사적이다. […] 하지만 브라지야크가 보지 못한 것(또는 그가 보지 않은 척하고자 했던 것)은 이야기의 시각에 따르면 뤼시앵의 가장 큰 오류는 브라지야크 자신이 가장 열렬한 수호자 중 하나였던 독트린을 충실하게(그리고 물론 순진하게) 신봉했다는 사실이라는 점이다. 〈악시옹 프랑세즈〉에 글을 쓰면서, 브라지야크는 '대중 선동가'라는 개념은 물론이고 왕당파와 … 그리고 악시옹 프랑세즈에 가해진 가장 맹렬한 풍자를 알아채지 못한 듯 보인다"(Suleiman, *Le Roman à thèse ou l'Autorité fictive*, pp. 291-92).

37 사르트르의 작품 안에서 빈번하게 사용되는 장치인 성행위의 대체물로서의 폭력, 또는 폭력 장면과 성행위 사이의 유비에 대한 분석은 Oh, Eun-Ha, *Les Figures féminines dans l'œuvre fictionnelle de Jean-Paul Sartre*, pp. 183-202 참고. 이는 한편으로 성행위를 정치화하고, 다른 한편으로 폭력의 구조를 드러내기 위해 남성성/여성성의 대립을 활용하려는 목적으로 사용된다.

어른들은 마치 그가 존재하지 않는다는 듯이 대화를 다시 이어갔다. 그는 작은 등나무 지팡이를 가지고 정원으로 뛰어가 뒷문을 통해 슬그머니 밖으로 나갔다. 물론 뤼시앵은 정원 밖으로 나가서는 안 되었다. 그것은 금지된 일이다. […] 그는 커다란 쐐기풀 덤불을 미심쩍게 바라보았다. 그곳이 금지된 장소라는 걸 알 수 있었다. […] 뤼시앵은 지팡이로 쐐기풀을 후려치며 "난 엄마를 사랑해, 엄마를 사랑해"라고 소리쳤다. 그는 쐐기풀이 꺾여 하얀 진을 흘리면서 처량하게 늘어지는 것을 보았다. 솜털이 난 허여멀건한 목들이 꺾어지면서 흩어졌다. (EC, *OR*, 319-20)

"하얀 진을 흘리면서 처량하게 늘어지는" 쐐기풀의 묘사에서, 우리는 뤼시앵의 어린 시절을 그리며 자주 암시된 자위행위를 떠올리게 된다(EC, *OR*, 318, 323, 328). 그의 플뢰리에라는 이름부터가 앞서 살펴본 유기체로서의 식물 이미지를 뤼시앵에게 부과하고 있는 것을 다시 한 번 상기해 보자. 지도자가 된 자신의 모습을 그리면서 스스로 아이러니하게도 꽃다발의 이미지를 사용하듯("뤼시앵은, 분명 이것이다. 책임과 권리들의 거대한 꽃다발", EC, *OR*, 387), Fleurier 속 'fleur(꽃)'는 뤼시앵이라는 인물 자체를 상징적으로 형상화한다. 식물적이고 수동적인 이미지에 연결되는 '꽃'은, 사르트르의 세계에서는 '여성성'으로 이어지기보다 '거세당한 남성성'을 표현하는 데 주로 쓰인다. 남성의 성기가 수그러들 때, 수치스러운 감정과 연루될 때, 예를 들어 『자유의 길』에서 마티외가 마르셀의 임신 소식을 알았을 때나 다니엘이 스스로를 거세시키려 할 때, 그들의 성기는 '꽃'으로 묘사된다.[38] 이런 점을 생각해 보면, 금기의 위반 → 식물적인 것에 대한 공격 → 자기 혐오

---

38 "죄지은 꽃이, 뻔뻔하게도 순진한 기색으로 그의 허벅지 위에 평온하게 놓여 있었다" (Sartre, *L'Age de raison*, *OR*, 406); "그의 다리 사이에 있는 이 붉은 꽃"(692).

로 귀결되는 위 대목에서, '등나무 지팡이'가 공격하여 결국 꺾어 버리는 것은 뤼시앵 '플뢰리에' 자신의 성기이며, 그렇다면 등나무 지팡이는 타인들에 대한 공격 도구 이상으로 스스로를 무력화시키는 자기 파괴의 도구를 의미한다고 볼 수 있지 않을까?

어린 시절, 공격적 도구, 금기를 깨뜨리기 위해 필요한 소도구로서 사용된 '등나무 지팡이'는 어머니에 대한 반감-탈신비화에 따른 환멸을 표현하는 것으로 그려졌다. 그리고 굵은 등나무 지팡이라는 상징을 동원해 모드와의 성행위가 가능해진 다음에는, 모드에 대한 반감-탈신비화가 더욱 문제적인 형태로 나타난다. 뤼시앵의 작은 등나무 지팡이가 "쐐기풀이 꺾여 하얀 진을 흘리면서 처량하게 늘어지"게 만든 것처럼, 모드와의 성행위는 정복할 먹잇감 proie이라 여겼던 상대방에게 자신이 거꾸로 먹혀 버린 듯한 상실감과 낭패감을 낳는다. 자신의 살이 타인의 살과 섞이며 경계가 무너지는 느낌이 주는 격렬한 두려움이 드러내듯, 등나무 지팡이라는 남성성의 보완물은 실제 타인과 직접적으로 만나는 순간 효력을 상실하는 것이다. 그 가장 강렬한 체험이자 대표적인 예시인 성행위의 순간은 이를 단적으로 보여 준다.

(2) 강철 칼날

뤼시앵과 모드의 성행위 장면은 사르트르 작품에 빈번하게 가해지는 비판인 "언제나 더럽고, 슬프고, 흉한"[39] 섹슈얼리티의 예로 자주 거론되는 장면이다. 그러나 우리가 보기에 이는 섹슈얼리티에 대한 일반적 반감만을 표현하기 위해서가 아니라, 뤼시앵의 '구분 불가능성'에 대한 고뇌를 드러내기 위해 필요한 장면이다. 이 '구분 불가능성'은 자주 뤼시앵을

---

39 Michel Contat, "Préface," *OR*, xiv.

괴롭히는 것이었다. 그는 '지도자'와 '장삼이사n'importe qui' 사이를 계속
해서 구분하려고 애쓰며 평등이 "상스러운 거짓말ignoble mensonge"이
라고 강변하지만, 사실 그렇게 믿는 데는 어려움을 겪고 있는 것처럼 보
인다. 그가 다른 이들과 스스로를 차별화하려고 애쓰는 것은 그들 사이
에 있는 "끈적한 친밀성une intimité de muqueuse"을 느끼기 때문이다.[40]

남성성과 성숙을 드러내기 위해 사용한 기호의 역작용은, 스스로를 강자
로 위치시키는 일 안에 더 깊이 파여 있는 역설적인 함정을 증거한다. 이는
뤼시앵에게 성찰의 순간을 제공하는 마지막 기회일 수도 있을 것이다. 그
러나 뤼시앵은 다른 방식으로, 스스로의 존재를 '강철 칼날lame d'acier'과
같은 것으로 생각하여 이 난관을 극복하려 한다. '등나무 지팡이'에서 다른
이의 존재를 찌르고 자르는 '강철 칼날'로 무기의 공격성은 한층 높아졌으
며, 지팡이 같은 도구나 대용물을 넘어 이번에는 스스로의 존재 자체를 변
화시켰다고 생각하는 것이다. 그에 더해, 유기물과의 섞임을 피할 수 있는
무기물, 광물의 이미지를 스스로에게 부여하는 것은 타인들과 섞이고 대면
해야 할 가능성을 애초에 차단하기 위함임이 느껴진다. 결국 스스로를 '강
철'로 만드는 것은, 바위 이후 '경화'의 가장 완전한 버전이라 할 수 있다.
그리고 자신에게 부여하는 "가차 없고 순수한impitoyable et pur" 것으로서
의 단단하고 날카로운 광물성의 이미지는, 상대방을 "무겁고lourdes", "관
능적 쾌감으로 끈적한gluants de volupté", "몸을 떠는 해파리un frisson de
méduse"와 같은 어휘를 사용하여 묘사함으로써 더 날카로워진다.

그러나 그 점에 속아서는 안 된다. 춤을 좋아하는 것은 아마 저 키 작은

---

40 "플뢰리에 씨는 3월에 돌아왔다. 그는 사장이니까, 그냥 아무나처럼 참호 속에 있는 것보
다는 공장의 우두머리로 있는 편이 더 유익하겠다고 장군이 말했기 때문이다"(EC, OR,
321); "끈적끈적한 친밀성 속을 아무리 뒤져 봐야 육체의 비애와 평등이라는 상스러운 거
짓말, 무질서 외에 다른 무엇을 발견할 수 있단 말인가?"(386)

504 제3부 사회 카페

유대인에게도 있을 수 있는 일로, 해파리가 몸을 떠는 것만큼이나 대수로운 일이 아니었다. 저 빌어먹을 유대인 놈을 쳐다보기만 해도 녀석이 좋아하는 거나 싫어하는 것이 녀석의 냄새나 피부 색깔처럼 그 몸에 달라붙었다는 것을 알 수 있었다. 그것은 마치 눈꺼풀의 무거운 깜박거림이나 관능적 쾌감이 섞인 끈적끈적한 미소처럼 그와 함께 사라져 버리는 것이다. 그러나 뤼시앵의 반유대주의는 가차 없고 순수한 다른 종류의 것이었다. 그것은, 칼날처럼 자기 밖으로 튀어나와서 다른 사람의 가슴을 위협했다. (EC, OR, 385)

날씨는 덥고 포근했고 사람들은 봄이 온 것에 놀란 듯한 미소를 띠고 거닐고 있었다. 이 나른한 군중 속으로 뤼시앵은 강철 쐐기처럼 파고들었다. '이것은 이미 내가 아니다.' 그는 생각했다. 어제까지만 하더라도 나는, 페롤의 귀뚜라미를 닮은, 배가 툭 튀어나온 커다란 곤충에 불과했다. 그러나 지금은 마치 자신이 시간 측정기처럼 깔끔하고 정확하게 느껴졌다. [···] 바람 부는 귀리밭처럼 가볍게 살랑거리고 있는 이 흑갈색 피부의 무리들 한가운데서 그는 자신이 기괴하고 위협적이라고 느껴졌다. 마치 의자에 기대어 놓은 거대한, 번쩍거리는 시계라고나 할까. [···] 그 모든 외지인들은 어둡고 무거운 물 위에 떠 있었고, 그 소용돌이가 그들의 물렁물렁한 살을 뒤흔들고 있었다. 그들은 팔을 치켜올리고, 손가락을 움직이고, 입술과 장난했다. (384)

이 상상 속에 드러난 대조에 주목해 보자. 뤼시앵 자신의 모습은 자신과 대척점에 있는 존재들의 모습에 대한 묘사와 번갈아 가며 그려진다. "나른한 군중"과 "강철 쐐기 un coin d'acier" 같은 자신의 모습, "배가 툭 튀어나온 커다란 곤충"이었던 과거의 자신과 "시간 측정기 un chronomètre처럼 깔끔하고 정확한" 현재의 자신의 모습, "바람 부는 귀리밭처럼 가볍게 살랑거리고 있는 이 흑갈색 피부의 무리들" 한가운데

서 "기괴하고 위협적"인, "거대한, 번쩍거리는 시계"가 대비된다. 강철
쐐기, 시간 측정기, 시계로 변주되는 광물성의 이미지는, 다른 이들에
게 부과된 식물, 곤충, 물위를 떠다니는 바다 생물의 형태들을 배경으
로 부각되며, 이 나른하고, 물렁물렁하고, 무거운 군중 속을 뤼시앵은
자신의 몸으로 파고드는 s'enfoncer 상상을 한다.

　앞서 등나무 지팡이와 관련해서 확인했듯 가장 상투적인 형태의 프
로이트적 상징인 무기와 페니스의 등치는 여기서 다시 한 번 노골적
으로 드러난다. 우리는 동일한 구조로 이루어진, 예전에 뤼시앵이 '권
총'을 응시하며 자살을 생각하던 장면도 떠올리게 된다(EC, OR, 335).
어머니의 속옷을 걷어 올리고, "장밋빛 실크의 움푹 팬 곳에" 놓여 있
는 권총, "차디차고 단단한 작은 괴물"에 매혹되는 뤼시앵의 모습은,
"외관을 사라지게 하고 세계의 무를 백일하에 드러내는 진실로 절망적
인 행동"이 필요하다며 '순교자martyr'를 꿈꾸는 뤼시앵의 자기기만에
대한 조롱인 동시에, 사르트르가 즐겨 사용하는 정신분석(의 희화화된
형태)의 패러디를 통한 프로이트적 해석의 조롱이다. 그러나 남근을
대체하는 도구로서의 권총이 스스로 폭발하는 자기 파괴의 이미지로
이행한 것과는 달리, 광물성의 단검에 대한 상상은 다른 존재를 꿰뚫
고 나와도 자신은 끈적이지도 수그러들지도 않고 완벽한 형태로 남아
있는 남근의 이상적인 형태에 스스로를 동일시하는 것으로 귀결된다.

　그런데 나른하고 흐물흐물한 것들과 대비되며 그것들을 꿰뚫는 광
물성의 이미지에서, 우리는 『구토』의 마지막, 동일한 대비를 이용하
여, 나른한 일상을 꿰뚫는 "강철 리본la bande d'acier"과 같은 예술작
품을 통해 스스로를 정화하고 다른 이들에게 부끄러움을 주겠다는 로
캉탱의 꿈을 떠올리게 된다. 로캉탱에게도, 뤼시앵에게도 결국 성취하
고 싶은 것은 자기는 뚫리지 않는 자로 남아 있으면서 남들을 꿰뚫는
것이다. 물론 로캉탱에게는 예술작품의 창작이 하나의 매개였으며 또

다른 매개인 '철도chemin de fer'를 통해 부빌을 떠나 새로운 곳으로 향한 반면, 뤼시앵은 자신의 기원, 운명, 성격들로부터 벗어나지 못하고 오히려 더 깊숙이 사로잡혀 스스로의 사물화를 이룬다는 차이점이 있다. 로캉탱에게 강철이 탈인간화의 도구라면, 뤼시앵에게 강철은 비인간화의 구현인 것이다. 그가 스스로의 완성이라 주장하는 콧수염 난 얼굴은 경화와 기계화의 완료를 의미하며, 그 정점에 히틀러로 대변되는 파시스트의 모습이 놓인다.

그러나 위에 언급한 상상들 속에서도 우리는 뤼시앵의 목소리에 여전히 부과되는 반어법을 쉽게 알아차릴 수 있다. 첫머리에 인용한 마지막 문단에서 뤼시앵의 모습은 "귀엽고 어린 고집스런 얼굴"에 불과할 뿐이며, 그의 결심을 나타내는 마지막 문장에서 수염이 "자라도록 내버려 두다laisser pousser"라는 표현은 "결심하다décider"라는 동사와 반어적인 대비를 이루며 들판에 풀이 자라듯 식물적 증식을 내버려 두겠다는 뤼시앵의 수동성과 순응적 태도, 식물적 성격을 더욱 강조한다.[41] 그 결과물일 콧수염은 앞서 그가 자신과 대척점에 있는 것으로 그린 이들에게 부여한 이미지, "바람에 약하게 흔들리는" 식물의 모습을 떠오르게 한다. 결국 '강철 쐐기'를 꿈꾸는 것은 실제 자신의 모습에 대한 강박관념에서 나온 것이다. 한 인간이 '살로'가 되는 것은 자기의 '자리'를 받아들임으로써 완성되며, 이는 나약함에 기인한다. 그리고 가장 약한 자가 지도자가 될 것인데, 사람들이 그가 집단적 가치에 복종할 거라 기대하기 때문이다.[42] 그러므로, 역설적으로, 가장 약한 자가 파시스트가 된다.

---

41 장프랑수아 루에트는 'pousser'라는 동사의 반어적 언어 유희를 검토하면서, 여기에는 서로 대립되는 두 모델이 합쳐져 있다고 주장한다: "단절(스스로에게 한 서약, 새로운 시기의 기호인 콧수염)과 연속성(자라도록 내버려 둔다, 여전한 식물성 계열체)"(Louette, *Traces de Sartre*, pp. 81-82).

42 Idt, Le Mur *de Jean-Paul Sartre*, p. 30.

4. 파시스트 비판의 수사: 여성화된-어린아이로 만들기

뤼시앵이 그리는 자기 이미지는 점점 더 강력해지지만, 자기 방어의 형태인 바위에서 도구를 사용해 결핍을 보충하는 등나무 지팡이, 결국 자기 자신이 강철로 만든 무기가 되는 매 단계는 그의 역설적 허약함을 더 두드러져 보이게 할 뿐이다. 로캉탱이 로제 의사의 가면을 벗기는 유명한 장면에서 보듯, 그럴듯해 보이는 인물들이 사실은 속 빈 껍데기에 지나지 않음을 지적하는 데 사르트르는 공격력을 집중한다. 이런 맥락에서, 이후 2차 대전을 배경으로 한 소설 『자유의 길』에서 히틀러는 "꼭두각시 pantin"로 지칭된다("쉿, 꼭두각시의 담화를 듣고 있어요").[43] 히틀러 또는 파시즘의 지도자들을 집단적 투사가 만들어 낸 허상에 지나지 않는다고 보는 것은 익숙한 수사법이다.[44] 그런데 이 주제를 구현하는 데 있어서 사르트르는 자주 노골적이고 외설스럽다고 비난받을 정도로 공격적인 조롱의 방식을 택한다.

그는 이 근엄한 지도자들에게 주로 어린아이들이 잠옷으로 입는 치마 robe를 입힌다. 역시 『자유의 길』에 등장하는 히틀러에 대한 묘사 장면에서, 사르트르는 느닷없이 긴 잠옷을 입은 어린 히틀러의 모습

---

43 Sartre, *La Mort dans l'âme*, *OR*, 1022.
44 1947년 처음 출간된 『계몽의 변증법』의 한 부분을 보자: "대중심리학에서 총통은 가부장적인 모습이라기보다는 개개의 인간들이 지닌 무력한 자아가 만들어낸 과장된 '집합적 투사'로서 실제로 많은 지도자상들은 이러한 투사에 의해 만들어진 것이다. […] 그들이 갖고 있는 도덕적 영향력의 일부는, 그들 자신도 사실은 다른 사람처럼 무기력한 인간이지만 무력한 인간들의 대표로서 우연히 완전한 권력을 가지게 되었다는 것, 이런 힘없는 사람들이 없다면 그 자신도 아무것도 아닌 '빈자리'에 불과하다는 사실로부터 생겨난다. […] 지도자들은 지도자의 역할을 연기하는 배우들이다"(T. W. 아도르노, M. 호르크하이머, 김유동 옮김, 『계몽의 변증법』, 문학과 지성사, 2008, pp. 351-52). 이 대목에서 우리는 지도자와 배우의 유비, 잘못된 투사 등 대단히 사르트르적인 여러 주제를 발견한다.

을 등장시킨다.

> 히틀러는 자고 있다, 히틀러는 어린아이다, 네 살이다, 예쁜 원피스 잠 옷이 입혀져 있다, 검은 개가 지나간다, 히틀러는 나비채로 개를 잡으려 한 다.[45]

이 대목은 마치 「한 지도자의 어린 시절」 첫머리 몇 페이지에 대한 요약처럼 읽힌다.[46] 어린 뤼시앵의 상상처럼 치마를 입는다는 것은 여 자아이가 된다는 것이다(EC, OR, 314). 바지를 입히면 어머니에게도 검은 수염이 날 것이라 생각하는 뤼시앵의 세계에서, 성정체성이라는 내용을 결정하는 것은 형식이다. 결국 검은 수염이 난 근엄한 척하는 지도자들의 겉모습인 가면 속에 있는 것은, 타인의 욕망을 불러일으키 려는 여자아이같이 연약하고 유치한, 뤼시앵이 처음 등장할 때와 같은 모습이라는 것이다.

어릿광대의 가면을 벗기는 것으로 만족하지 않고 치마를 덧입혀 '귀여운 아가씨'로 만드는 것은 상대를 종속적인 위치에, 자신은 지배 하는 위치에 놓기 위한 상상이다. 로캉탱의 의미심장한 꿈 장면은 이 를 단적으로 보여 준다. 꿈속에서 로캉탱은 우선 바레스에게 치마를 입히고 나서, 바레스의 치마를 젖히고 볼기를 때리고, 엉덩이에 제비 꽃잎으로 그림을 그린 후 항문에 "제비꽃 한 다발un petit bouquet de violettes"을 꽂는다.[47] 로캉탱이 바레스를 여성의 위치, 즉 강간 당하는

---

45 *Le Sursis, OR,* 797.
46 뤼시앵의 악몽("이 어둡고 푸른 밤의 한가운데 무언가 지나갔다. 뭔가 흰색이다")을 조제 트 파칼리는 프로이트의 『늑대 인간』과 연관시킨다(Pacaly, *Sartre au miroir,* p. 96). 이렇게 보면 어린아이가 꿈속에서 움직이는 늑대(지나가는 검은 개)를 보는 히틀러의 꿈과 뤼시 앵의 꿈의 연관성은 더 뚜렷해진다.
47 *La Nausée, OR,* 72

자로 놓고 지배하고자 하는 의도는, 강간, 특히 남색sodomie을 의미하는 '제비꽃violettes'이 더욱 강조한다. 베르제르와 관계를 맺을 때 뤼시앵이 바라보고 있는 것이 호텔방 벽의 "보라색 사각 무늬un petit carré violet"였던 것도 상기해 보자.[48] 앞서 보았듯 폭력과 권력의 문제는 자주 (특히 남자들끼리의) '강간'으로 표현되며, 사르트르는 지배하고자 (강간하고자) 하는 욕망을 파시스트들의 욕망이라 정의했다. 그리고 나서 그는 파시스트들의 수사를 거꾸로 그들에게 돌려주는 방식으로, 그들을 강간 당하는 자의 위치에 놓아 반어와 역설의 효과를 극대화한다.

이처럼 비판 대상을 '여성화된 어린아이로 만들기'라는 전략은 숨기려고 하는 상대의 나약함을 부각시키는 것이고, 상대방을 약자의 위치에 놓음으로써 그들이 믿는 지배–종속의 구조 속 상황을 반전시키는 것이다. 그러나 이 반전은 언제나 지배–종속의 이분법적 세계관 안에서 이루어지며, 그 안의 정면 대립 구조를 더 강화하는 방식으로 움직인다. 앞서 나치 협력자들에 대한 글에서 확인할 수 있듯, 파시스트들의 정체에 대한 직관은 그들에게 그들이 타기하려는 대상의 속성을 돌려주지만, 그 과정에서 파시즘적 사고의 구조는 답습되고 재확인된다. 우리는 이후 사르트르의 정치적 글들에서도, 예를 들면 탈식민주의 대항 폭력을 적극적으로 옹호하는 글들에서, 가해–피해 관계는 끊임없이 역전될 뿐 해체되지는 않는다는 것을 볼 수 있다. 마티아스 왈츠는 참여에 대한 사르트르의 거대 테마에서 표명되는 정치와 오이디푸스적 동일시 사이의 내밀한 관계를 들어 "사르트르와 파시즘은 같은 문제의식에 응답하지만, 그에 대해 반대되는 답변을 내놓는다"고 결론내

---

48 루에트는 이 두 장면에서 사르트르가 『꿈의 해석』에서 프로이트가 'violet'와 'violé'를 접근시킨 것을 활용하고 있다고 설명한다(Louette, "La Dialetique dans <L'Enfance d'un chef>," *Silences de Sartre*, Presses Universitaires du Mirail, 1995, p. 181; "<L'Enfance d'un chef>: la fleur et le coin d'acier," *Traces de Sartre*, p. 69).

리고 사르트르와 파시즘을 "친밀한 적l'ennemi intime"의 관계로 이름 붙였다.[49] 우리가 보기에 사르트르와 파시즘적 사고와의 친연성은 오이디푸스적 동일시에 앞서 사르트르에게 특유한 이분법적 세계관 속에서도 찾아볼 수 있는 것 같다. 스스로를 남성적이라 믿는 인물들에게 응답하는 방식은 그들을 강간해 여성의 위치로 끌어내리는 것이다.

그러나 그들을 내려다보는 우월한 시선은, 위 로캉탱의 예에서 보듯, 꿈속에서 일어난 일이다. 꿈속에서, 로캉탱이 앞으로 쓸 소설 속에서, 『구토』와 「한 지도자의 어린 시절」이라는 상상적인 세계 속에서, 현실 세계의 지도자들은 조롱당하고 희화화된다. 비판의 말이 아무리 신랄하더라도 말은 말일 뿐이다. 이런 측면에서 앞서 본 뤼시앵의 폭행 가해 장면에서 피해자로 등장하는 인물에 사르트르가 자신의 초상을 삽입했다는 한 연구자의 주장은 대단히 흥미롭다.[50] 공산당 기관지인 〈뤼마니테〉지를 읽으며 길을 걷고, "더러운 프랑스 놈들, 더러운 부르주아들!"을 계속해서 외치며 마침내 '왼쪽 눈'이 망가져 나머지 한쪽 눈을 부릅뜨고 말로 반항하기를 멈추지 않는 이 폭력의 피해자 속에 투영된 작가의 모습을 찾는 것은, 주인공 뤼시앵의 모습 속에서 찾아볼 수 있는 『말』의 풀루의 모습 이상으로 이 작품을 읽는 데 긴요할 것이라 생각된다. 끝없이 "더러운 프랑스 놈들, 더러운 부르주아들!"을 외치는 이 키 작은 남자의 모습은, 앞으로 작가 자신의 운명을 예견 또는 선언하고 있는 것이 아닐까? '지도자'와 '지식인'의 대비, 집단과 개인의 대비, 가해자와 피해자의 대비를 전면에 내세우며, 지식인-개인-피해자의 입장에 서서 소크라테스가 말한 '성가신 등에'처럼 상대방을 끊임없이 공격하고 조롱하지만, 공격의 언어가 신랄할수록 스스로의 무

---

49 Matthias Waltz, "Le Fascisme et Sartre" pp. 294-304.

50 Benedict O'Donohoe, "L'Autodérision chez Sartre et Camus, ‹L'Enfance d'un chef› et ‹Jonas ou l'artiste au travail›," *Revue des lettres modernes, Camus-19* (2001), p. 258.

력함 또한 자각하게 되는.

5. 나가며

마지막으로, 우리는 사르트르가 이후 '실존적 정신분석'이라는 이름으로 『존재와 무』와 『방법의 문제』에서 이론화한 '전진-후행의 방법'과 동일한 문제의식이 살로들의 어린 시절을 탐구하려는 시도 속에 내재해 있다고 본다. 그러나 그가 노년까지 손에서 놓지 않았던 작가들의 전기와 달리, '지도자'들의 이후 행보는 계속 왕복 운동을 해 가며 재구성할 가치가 없으며, 일단 스스로 완성되었다고 생각하는 순간 그들의 모든 것은 멈춘다고 생각하는 것 같다. 「한 지도자의 어린 시절」은 살로들을 청산하는 『구토』에서 시작한 작업에 종지부를 찍는 것이다.

그렇다면 여기서 작가가 파시즘에 대한 비판을 성장소설 형식에 담은 이유를 생각해 볼 수 있겠다. 성장소설은 일반적으로 독자들이 주인공에 동일시하기에 유리한 형식이지만 「한 지도자의 어린 시절」은 주인공의 관점을 취하면서도 반어를 통해 주인공을 구경하고 조롱하게 만든다. 구체적인 형태가 완성되기 이전의 어린 시절을 다룸으로써 한 파시스트의 발달 과정을 보여 주지만, 사실은 그 과정에서 나열되는 반지성주의, 유희성, 맹목성 등을 통해 결국 파시즘의 본질이 어린아이와 같은 유치함에 있다는 조롱이기도 하다. 결국 이 소설은 꼭두각시 같은 인물을 내세운 성장소설 형식을 취하면서, 제목에 내건 '어린 시절', '지도자', 그리고 제목이 암시하는 '성장소설'에 대한 삼중의 아이러니의 효과를 내고 있다.

1930년대 번성했던 극우파 그룹의 활동상, 엘리트들의 파시즘에 대한 경도 등 작가는 소설 속에 격렬한 논쟁의 대상이 될 수 있는 여러 정치적 요소들을 삽입해 놓았다. 그러나 모든 것은 타인의 견해들을 따라 하는 앵무새와 같은 젊은 예비 '지도자'의 관점을 거쳐 극히 단순하고 희화화된 형태로 제시된다. 그렇다면, 실제 사회적 파장을 끼치는 파시스트들의 사상, 활동, 영향에 대한 것이 아니라 그들의 가장 유치하고 가벼운 행태만을 도마에 올려 놓은 듯한 이런 비판의 전략을 어떻게 평가해야 할까?

파시즘 이외에 사르트르가 이 소설에서 차례로 다룬 당시의 많은 지적 유행들 가운데 정신분석과 초현실주의에 대한 희화화가 대표적으로 보여 주듯이, 그는 정신분석이나 초현실주의 자체를 비판하는 것이 아니라 정신분석가 또는 초현실주의자로 자처하지만 그것들을 신뢰가 가지 않는 방식으로 활용하는 개인들을 내세워 조롱할 뿐이다.[51] 마찬가지로 이 소설은 '파시즘'에 대한 비판이 아니라 히틀러의 환영이 어른거리는 한 '파시스트'에 대한 비판이었다. 한 집단에 속해 있다고 믿으며 그 안에서 자기 힘의 근거를 찾는 인물을 그 집단에서 떼내어 개인적인 차원에서 공격하는 것, 단체나 집합적 사상은 흔적만 남긴 채 사장시키고 개인적인 성향과 결단의 허약함을 분석하는 데 집중하는 것, 이는 사르트르에 대한 뤼시앵 골드만 등 마르크스주의자들의 비판처럼,[52] 사회적 현상이나 구조의 문제를 개인적인 욕망과 결단의 문제로 축소하는 것이 아닌가?

이에 대해 많은 연구자들은, 그리고 사르트르 자신도, 2차 대전 참전으로 인한 정치적 전향conversion을 앞세운다. 『구토』와 『벽』을 쓸 당시 사르트르의 정치적 입장은 무정부주의에 가까운 것이었음은 잘 알

---

51 Idt, Le Mur *de Jean-Paul Sartre*, pp. 176-80 참조.
52 뤼시앵 골드만은 개인적인 주체 개념을 넘어서 사회 계급과 집단적 주체의 개념으로 이행하지 못한 사르트르의 태도를 비판한다("Problèmes philosophiques et politiques dans le théâtre de Jean-Paul Sartre," *Structures mentales et création culturelle*, Paris: Union générale d'éditions, coll. 10-18, 1974, pp. 211-15).

려져 있다.[53] 「한 지도자의 어린 시절」에서 우리는 '정치', '집단', '참여' 등 이후 사르트르의 이미지를 결정하는 모든 단어들이 모두 부정적으로 사용된 것을 보았다. 정치와 집단은 시끄러운 난동꾼들의 모임을 통해서만 그려지며, 정치적 활동은 본질적으로 폭력과 범죄로 나타난다. '참여하다 engager'라는 단어 역시 완벽하게 부정적인 의미로 쓰인다.[54] 사르트르 스스로도 자신의 정치적 입장의 변화를 여러 번 확인한 바 있다. 특히 그의 마지막 문학적 글쓰기, 문학에 대한 작별 인사라 불렀던 『말』에서 그는 "나는 변했다"고 단언했다.[55]

그러나 현실정치에 대한 태도 변화 아래, 신화화되는 '어린 시절'을 비롯해 가장 사적인 요소(가족, 연애, 성관계, 교우관계, 자기 몸과 맺는 관계, …)의 정치화라는 측면에서 사르트르 작품들 속 정치성의 본질은 달라지지 않는 것 같다. 정치적 요소들이나 정치이론을 작품 속에 도입하는 것, 구체적 현실 상황 속에서 입장을 내놓는 것보다, 개인의 사적인 삶을 꿰뚫어 보는 '정치적 직관'에 사르트르 작품들의 의의가 있으며, 작가로서 사르트르의 강점도 여기 있는 것 같다. 이런 측면에

---

53 『구토』의 제사로 셀린의 작품 속 한 구절이 쓰였던 것처럼 당시 사르트르는 셀린에 가까운 입장을 갖고 있었다는 것을 우리는 보부아르의 증언을 통해서도 알고 있다(Simone de Beauvoir, *La Force de l'âge*, Gallimard, 1960, p. 142). 자크 르카름은 이 시기까지 사르트르의 작품을 특징짓는 것은 "제도 정치에 대한 대단히 무정부주의적인 거부"라 말한다(Jacques Lecarme, "De «La Valise vide» (Drieu) aux nouvelles du *Mur* (Sartre)," *Sartre écrivain*, Eurédit, 2005, p. 87).

54 "'이제 검토는 모두 끝났어. 난 참여해야겠어(il faut que je m'engage)!' 르모르당에게 이 좋은 소식을 전할 때 그는 엄숙하고 거의 종교적인 기분이 들었다"(EC, OR, 378). 'engager'가 소설 속에 처음 등장한 것은 동성애에 연루되었다는 뜻으로 쓰일 때이며, '추잡하게(salement)'라는 부사와 연결된다("베를리아크, 그자는 추잡하게 얽혀어", 361).

55 "나는 변했다. 어떠한 산성 물질들이 나를 감싸고 왜곡해 오던 투명체를 침식했는지를, 그리고 언제 어떻게 폭력을 처음으로 체험했으며 내가 못생겼다는 것을 발견하게 되었는지를 나는 후일 이야기할 작정이다. [⋯] 또한 내가 한사코 나 자신에 반항하여 생각하게 된 이유와, 그 결과 어떤 관념이 일으키는 불쾌감을 도리어 그 관념의 명징성의 척도로 삼게 된 곡절도 후일 이야기할 것이다"(*Les Mots*, p. 204).

서 「한 지도자의 어린 시절」은 사르트르 정치의식의 맹아를 보여 주며, 이후 사르트르의 모든 '비판'을 위한 수사에서 중심적인 위치에 있는 '사회적 개인' 탐구의 한 예로서 그의 한계와 강점을 동시에 드러낸다.

사르트르와 메를로퐁티

〈현대 Les Temps Modernes〉지를 중심으로

윤 정 임

1. 글을 시작하며

〈현대 Les Temps Modernes〉는 사르트르와 메를로퐁티가 주축이 되어 1945년에 창간한 월간 잡지이다. 2차 대전 당시 '사회주의와 자유 Socialisme et Liberté'라는 비밀 단체를 결성하여 레지스탕스 운동을 함께 했던 사르트르와 보부아르 그리고 메를로퐁티 등은 전후의 지식인을 결집하고 변화된 세계에 새로운 이데올로기를 부여해야 한다는 생각에 일치했고, 그것을 실현할 구체적인 사업으로 〈현대〉지 창간을 계획한다.

철학과 문학을 바탕으로 동시대의 문제들을 직시하고 날카로운 분석과 뚜렷한 입장을 견지해 온 〈현대〉지는 초창기의 영향력만큼은 아니지만 오늘날에도 여전히 프랑스 지성계의 일익을 담당하고 있는 '장수 잡지'로 자리하고 있다. 그리고 그 표지에는 창간자인 사르트르와 보부아르의 이름이 나란히 새겨져 있다.

본 논문에서는 〈현대〉의 창간 배경과 그 의의를 살펴보고, 잡지의 입지를 다져 가던 1950년대를 중심으로 사르트르와 메를로퐁티의 관계를 조명해 보고자 한다. 잡지의 공동편집인으로 활약하던 두 사람은 한국 전쟁에 대한 견해 차이로 갈등하게 되고, 이 일을 계기로 메를로퐁티는 결국 〈현대〉지를 떠나게 된다. 이들의 관계는 잡지를 둘러싸고 벌어진 이데올로기 논쟁의 한 단면을 보여 줄 것이고, 매체가 개인의 사유에 미치는 영향력을 이해하는 한 사례가 될 것이다.

2. 〈현대〉지 창간과 그 의의

(1) 〈현대〉지 창간 배경과 역사

보부아르의 회고에 따르면 〈현대〉지 창간에 대한 결심은 2차 대전 중인 1943년에 이루어졌다. 사르트르와 보부아르 그리고 일군의 지식인들은 전후에 이데올로기를 제공할 의무를 느끼게 되고, 그것을 구체화할 어떤 행동을 결의하게 된다.

우리가 단죄하는 체제들이나 사상들, 사람들에 대항하여 우리는 영원히 동지로 남기로 약속했다. 이제 새롭게 시작하는 미래를 건설하는 일이 우리에게 남겨졌으며, 우리는 아마도 정치적으로, 특히 지적인 측면에서 미래의 건설에 참여할 것이다. 즉 우리는 전후에 적합한 이데올로기를 제공해야 한다는 입장에 있었다. 이에 대해 우리는 구체적인 계획들을 가지고 있었다. (…) 카뮈, 메를로퐁티, 사르트르 그리고 나[보부아르], 우리는 한 팀을 이루어 무엇인가를 하기로 했다. 사르트르는 우리가 함께 이끌어 갈 잡지를 창간할 결심을 했다.[1]

---

1 Simone de Beauvoir, *La Force de l'âge* (Gallimard, 1960), pp. 613-14.

사르트르는 "지드가 '신'에 대해 그렇게 말했듯이, 만일 '진리'가 하나라면 그것은 세상 어디에도 없는 것이 아니라 어디서나 찾아내야 하는 것"이라고 생각했다. "각각의 사회적 산물과 각각의 태도는 – 가장 내밀하고 가장 공적인 것이라도 – 그 진리에 대한 암시적 구현"이 될 수 있다는 것이다.[2] 잡지란 사회적 산물이자 하나의 태도로서 진리의 구현이 될 수 있으리라 생각했던 사르트르에게 잡지 창간의 의미는 분명하고 충분해 보였다.

이 계획은 파리의 해방과 더불어 실행에 옮겨진다. 갈리마르 사가 출판을 맡아 주기로 했고 초창기 편집위원으로 레몽 아롱Raymond Aron, 미셸 레리스Michel Leiris, 알베르 올리비에Albert Olivier, 장 폴랑Jean Paulhan, 메를로퐁티, 사르트르, 보부아르가 구성되었다. 잡지 창간을 함께 논의했던 카뮈는 이전부터 몸담고 있던 〈전투Combat〉지에 묶여 편집위에 참여할 수 없었고, 앙드레 말로는 제안을 거절했다.

잡지의 이름인 〈현대〉는 당대의 문제를 파고들고자 했던 취지에 맞춘 것인데, 모두가 짐작하듯이 당시 사르트르가 좋아하던 찰리 채플린의 영화 〈모던 타임즈Modern Times〉를 염두에 둔 것이다. 잡지명으로는 조금 밋밋한 면이 없지 않으나, 그들이 살고 있던 시대의 일에 가담하고자 했던 애초의 의도에 부합한다는 생각에 그대로 결정되었다.[3]

사실 종이가 부족했던 전후의 상황을 고려할 때, 기존 잡지에 편입되는 방식 대신에 새로운 잡지를 창간한다는 게 쉬운 일은 아니었다. 그럼에도 불구하고 새 잡지를 창간하기로 한 것은 '현실을 담아 내고자 하는' 그들의 목표가 기존 잡지의 틀에 맞지 않았기 때문이었다. 그리

---

2 Jean-Paul Sartre, "Merleau-Ponty vivant," in *Situations IV* (Gallimard, 1964); 윤정임 옮김, 『시대의 초상』(생각의 나무, 2010), p. 241. 앞으로 이 글의 인용은 번역본을 따를 것이며 'MPV, 241'처럼 약기하기로 한다.

3 Beauvoir, *La Force des choses* (Gallimard, 1963), p. 25.

하여 전후의 새로운 이데올로기 창출이라는 포부를 갖고 갈리마르의 전폭적인 지원, 그리고 〈NRF Nouvelle Revue Française〉에서 이미 풍부한 경험을 쌓은 장 폴랑의 도움에 기대어 새 잡지 출간을 결정한다.

창간사[4]에서 사르트르는 〈현대〉지를 통해 '종합적 인간학'의 구축에 소박하게나마 기여하고자 하는 야심찬 기획을 드러낸다. 우선 그는 잡지의 의도와 목표를 분명하게 밝히면서 기존 잡지와의 뚜렷한 차별화를 선언한다. 그는 순수문학과 참여문학, 분석 정신과 종합 정신, 자본주의와 사회주의, 자유와 결정론 등, 당시의 세계를 지배하며 나누고 있는 대립항들을 제시하고, 〈현대〉는 이러한 모순을 극복하려는 의지를 가지고 출발한다는 점을 표명한다. 그리고 지식인 잡지와 대중 저널리즘의 중간적 입장을 견지하기 위한 광범위한 프로그램을 제시한다. 또한 철학과 문학으로 양분되어 왔던 기존 잡지의 틀을 깨고 두 진영을 함께 다루어 나갈 것을 제안한다. 철학과 문학을 하나의 잡지 안에 포섭하고, 분석을 통해 종합을 지향하려는 의지, 그리고 그들이 살고 있는 현실의 구체적인 문제들까지 수용하려는 열린 태도, 이것이 〈현대〉가 내세운 목표였다.[5]

우리의 의도는 우리를 둘러싸고 있는 사회 안에 어떤 변화를 만들어 내는 일에 일조하고자 하는 것이다. 이를 위해 사회적이고 정치적인 사건들

---

4 이 창간사는 곧이어 문단의 격렬한 비판에 직면한다. 사르트르가 플로베르와 프루스트 같은 전시대의 작가들을 시대를 등진 '비참여적 작가들'로 몰아세우고 작가의 참여를 하나의 당위로 요청하고 있기 때문이다. 이 글에 대한 각계의 반론에 대한 재반론 형식으로 쓰인 글이 바로 참여문학론의 성명서로 일컬어지는 『문학이란 무엇인가』(1947)이다.

5 철학과 문학, 정치와 사회, 이론과 실제를 아우르고자 했던 광범위한 잡지의 프로그램은 거기에 실린 글들의 성격만으로도 단박에 눈에 들어온다. 초창기의 글들을 종류별로 살펴보면 1) 삶(Vies), 2) 서사 텍스트 혹은 극작품, 3) 정치 텍스트, 4) 이론과 비평 등을 포함하고 있다. 특히 유대인, 매춘부, 이재민 등 사회 사각지대에 놓인 사람들의 삶을 르포 형식으로 담은 '삶'은 '현실의 구체적인 문제'를 다루고자 했던 잡지의 의도에 부응하는 시도였다.

에 대해 잡지는 매번 입장 표명을 할 것임을 약속하지만 그것이 정치적이지는 않을 것이다. 다시 말해 특정 정당의 입장에 서지는 않을 것이며 잡지의 입장 표명은 잡지를 만드는 사람들이 지지하고 있는 개념에 부합하는 것이 될 것이다.[6]

이러한 목표를 가지고 출범한 〈현대〉는 창간 이후 편집위원들의 이탈과 교체, 출판사의 변동을 겪으면서도 아직까지 건재하고 있다. 무엇보다 시대와 상황이 창간 당시와 비교할 수 없을 정도로 바뀌었고, 창간 핵심 멤버인 메를로퐁티, 사르트르, 보부아르가 모두 세상을 등진 오늘날에도 프랑스 지식인 잡지의 하나로 살아남았다는 것은 그 자체로 의미 있는 일이다. 물론 초창기의 위력에는 못 미치지만, 문학과 철학을 동시에 다루고 시대의 문제에 개입하며 변화하는 세상에 응전하고자 했던 잡지의 기조는 여전히 유지되고 있다. 〈현대〉가 겪어 온 시대적 변화를 기준으로 잡지의 역사를 대략 세 개의 시기로 나누어 살펴볼 수 있다.[7]

그 첫 시기는 창간 해인 1945년부터 메를로퐁티가 잡지를 떠난 1953년까지이다. 2차 대전을 겪었다는 것, 레지스탕스 경험이 있다는 것, 지식인이라는 것 외에는 공통점보다는 차이가 두드러졌던 초기의 편집진은 오래지 않아 변화를 겪게 된다. 이탈은 곧 일어났다. 우선 아롱, 폴랑, 올리비에가 창간 이듬해인 1946년에 잡지를 떠났다. 초기의 이탈은 예상된 것이었기에 큰 파장이 없었던 반면, 메를로퐁티의 사임은

---

6 Sartre, *Situations II* (Gallimard, 1948), p. 16. 사실 이 부분은 애매모호하며, 이것이 훗날 잡지를 둘러싼 편집진들의 갈등, 특히 메를로퐁티와 사르트르 사이의 갈등을 불러일으킬 소지를 마련하게 된다. 각자가 가지고 있는 '개념'(인간에 대한, 인간의 행복에 대한, 즉 세계의 정치에 대한 개념)이 서로 다른 정치 지향으로 나타나기 때문이다.

7 F. Noudelmann et G. Philippe (dir.), *Dictionnaire Sartre* (Honoré Champion Editeur, 2004), p. 486.

큰 타격이었고, 이와 동시에 잡지는 이데올로기적인 변모를 겪게 된다.

두 번째 시기는 정치적 이견과 대립이 좀 더 다양해지는 1953년부터 1962년까지로 볼 수 있다. 새로 영입된 편집위원은 란츠만Claude Lanzmann, 코Jean Cau, 페쥐Marcel Péju, 고르André Gorz 등, 신문기자들이 대세를 이루었다. 사르트르가 '공산당의 동반자'를 공표한 1953년부터 잡지는 공산주의와 당시 소련의 사회주의에 대해 거침없는 지지를 선언하게 되고, 분명해진 정치적 입장은 숱한 내파를 겪으며 외부의 공격에 맞서게 된다.

세 번째 시기는 1962년부터 1970년까지이다. 소련의 헝가리 침공을 계기로 소련의 사회주의와 프랑스 공산당과의 밀월 관계가 깨지게 되고, 잡지는 대오를 새롭게 정비하게 된다. 편집진은 사르트르를 추종하던 젊은 세대와 그의 제자들(보스트Jacques-Laurent Bost, 푸이용Jean Pouillon, 퐁탈리스Jean-Bertrand Pontalis)로 꾸려진다. 더 이상 참여의 시대가 아니었던 탓에 내적 분열이 잡지를 약화시켰고, 새로운 사유로 부상한 구조주의의 승리를 목도하게 된다. 퐁탈리스와 레비스트로스 같은 필진을 받아들인 것은 〈현대〉지가 정신분석학과 구조주의 등에도 열린 자세로 대응하고 있음을 보여 주는 한 사례이다.

〈현대〉지는 젊은 편집진과 새로운 인문학의 수용을 통해 변화에 대응하면서도 반식민 투쟁과 혁명적 연대라는 창간 초기의 기조는 그대로 유지하고 있다. 일례로 정치사회적 현안에 대한 관심은 초창기에 비해 오히려 증가하고 있다. 창간 이후부터 최근까지 〈현대〉지에 실린 기사들의 분야별 비중을 살펴본 아래의 표는 이 점을 뒷받침해 줄 것이다.[8]

---

8 Howard Davies, *Sartre and* Les Temps Modernes (Cambridge University Press, 1987), pp. 219-21.

발표 연도　　글의 종류 (%)	문학	정치	인문과학	예술	기타
1945~1951	35	26	19	12	7
1951~1956	31	37	15	12	6
1956~1963	29	36	16	16	4
1963~1971	22	49	19	8	3
1971~1985	10	61	24	4	3

〈현대〉가 초창기 창단 멤버들이 모두 사라진 이후 오늘날까지도 명맥을 유지하고 있는 것도 이처럼 문학과 현실 사이의 균형 회복을 위한 작업을 꾸준하게 이어 나간 덕분일 것이다.[9]

(2) 〈현대〉지의 성공 요인

〈현대〉지는 창간 초기부터 대단한 성공을 거두며 빠르게 성장해 갔다. 이 성공의 요인들을 추적해 보면 각각의 요인들이 한데 맞물려 상승 효과를 내고 있었다는 사실을 확인할 수 있다.

1) 우선 시대 상황을 꼽을 수 있다. 2차 대전 이후 긴박하게 돌아간 세계 정세는 소련과 미국이라는 양대 블록으로 재편되고 있었다. 사회주의와 자본주의를 내세운 동서 냉전 시대가 시작되었고 각기 자기편의 세를 불리려는 크고 작은 사건들이 지구촌 곳곳에서 터져 나왔다. 이런 변화를 목도한 프랑스 지식인들은 정치적 이슈들을 분석해 주고 각각의 사태에 대한 입장 정립을 도와줄 언론을 기대하게 되었다. 때마

---

9 현재 편집장은 클로드 란츠만이 맡고 있으며 편집위원인 M. Kail, J.-F. Louette, J. Simont, G. Wormser 등은 모두 사르트르의 철학과 문학을 전공한 학자들이다.

침 저항 운동으로 다져진 각계의 지식인들이 한데 모여 만들어 낸 〈현대〉지는 현 사태에 대한 분석과 전망을 내놓음으로써 단연 독자 대중을 사로잡을 수 있었다.

2) 두 번째 성공 요인은 사르트르의 명성에 있다. 두 차례의 세계 대전 후 공황 상태에 빠진 유럽인들에게 실존주의는 삶의 철학으로 부상하면서 일상 구석구석에 침투해 들어왔다. 난해한 그의 철학서인 『존재와 무』를 읽을 수는 없었지만 그가 행한 대중 강연인 「실존주의는 휴머니즘이다」는 실존철학을 대중화시키면서 사르트르의 이름을 널리 알리게 했다. 게다가 잇달아 출간된 그의 저서들은 그를 '실존주의의 대부'로 명명하며 프랑스뿐 아니라 전 세계로 그 명성을 확장시키는 데 일조했다. 그런 사르트르가 핵심 편집자로 있다는 사실은 신생 잡지로서는 더없이 좋은 발판을 마련한 셈이었다.

게다가 사르트르에게는 나날의 사건을 해석해 내는 능력이 있었고, 〈전투〉지의 경험[10] 덕분에 기자로서의 감각 또한 어느 정도 갖추고 있었다. 그의 기사는 저널리즘을 철학적 시각의 수준으로 끌어올렸다는 평가를 받고 있었기에 그가 잡지를 운영한다고 했을 때 대중은 이미 일정한 신뢰를 가질 수 있었다. 그는 사회에서 일어나는 모든 차원의 일들에 개입할 역량이 있었고, 지식인으로서 정치와 도덕의 안내자 역할이 가능했으며, 모든 형태의 권위와 불의에 대한 반항의 상징이었다. 또한 아카데미즘으로 축소되었던 철학에 새로운 생명을 부여하여 권위 대신 실제적 힘을 가함으로써 저널리즘과 아카데미즘을 결합할 수 있었다.[11]

---

10 사르트르는 1944년 〈전투〉지에 몇 편의 기사를 발표했고 카뮈의 주선으로 미국에 특파원으로 파견되어 일련의 르포를 작성했다.

11 A. Boschetti, *Sartre et les Temps Modernes* (Minuit, 1985), p. 176.

3) 또 하나 지적할 것은 당시 프랑스 잡지계의 판도이다. 전후에 잔존한 주요 잡지로는 〈에스프리 Esprit〉, 〈레트르 프랑세즈 Les Lettres françaises〉, 〈NRF〉, 〈되칼리옹 Deucalion〉이 있었다. 그런데 〈에스프리〉는 가톨릭 계열의 참여 지식인들이 주도한 사회과학 계열의 잡지로 종교적 색채를 무시할 수 없었다. 또한 전쟁 전까지 문학계를 주도하던 〈NRF〉는 대독 협력 전력이 문제 되어 신뢰를 잃은 상태였다.[12] 〈레트르 프랑세즈〉는 레지스탕스 시절의 지하 잡지로 공산당의 지원을 받고 있었기에 당의 기관지라는 인상이 강했다. 장 발 Jean Wahl이 창간한 〈되칼리옹〉은 철학 영역으로 특화된 잡지였으나[13] 곧 폐간되고 만다. 이런 상황에서 문학과 철학을 함께 표방한 〈현대〉는 잠정적 중단 사태를 맞이한 문학 분야의 〈NRF〉와 폐간된 철학 잡지 〈되칼리옹〉을 하나로 흡수한 셈이 되었다.

물론 〈현대〉처럼 전후에 새로 등장한 잡지들 또한 있었다. 그중 중요한 잡지로는 1948년에 프랑스 공산당 PCF이 창간한 〈누벨 크리티크 La Nouvelle Critique〉, 1946년에 조르주 바타유 George Bataille가 창간한 〈크리티크 Critique〉를 꼽을 수 있다.

결국 〈현대〉와 함께 경쟁하게 될 동시대의 잡지는 〈에스프리〉, 〈누벨 크리티크〉, 〈크리티크〉로 좁혀지게 된다. 이 가운데 가톨릭과 공산당이라는 분명한 입장을 전면에 내세운 〈에스프리〉와 〈누벨 크리티크〉를 제외하면 〈현대〉의 실질적 경쟁 상대는 〈크리티크〉밖에 없었다. 그런데 〈크리티크〉는 주로 신간 서적에 대한 깊이 있는 비평으로 좀 더 제한된 지식층을 겨냥했기 때문에 대중적 인지도는 〈현대〉가 월등한

---

12 〈NRF〉는 대독 협력 혐의로 잠시 중단되었다가 1953년 장 폴랑에 의해 복간된다.
13 〈되칼리옹〉은 사르트르의 초기 철학 형성에 중요한 역할을 했던 잡지였다.

상황이었다.[14]

전후의 잡지들에 관여한 인물과 필자들 대부분은 레지스탕스 활동에 참가했던 전력이 있었다. 그것은 당시의 독자 대중으로부터 공신력을 얻을 수 있던 하나의 분명한 지표였다. 게다가 마르크시즘과 소련의 사회주의에 대한 희망으로 프랑스의 좌익 세력이 가장 활발하게 움직이던 시절이었다. 훗날 사르트르가 회고하듯이 당시 지식인의 척도는 '마르크시즘과 얼마만큼의 거리에 위치하고 있는가'로 가늠되었던 것이다. 레지스탕스 활동을 계기로 연대한 좌파 지식인들이 집결한 〈현대〉가 전후 잡지계의 헤게모니를 쥘 수 있는 여건은 충분했다.

(3) 〈현대〉지의 의의

동서 냉전, 인도차이나 전쟁, 알제리 전쟁 등 세계 각지에서 벌어진 전후의 상황은 지식인의 참여 의식을 고취했고, 이것은 언론을 통한 대중 선도의 형태로 드러났다. 모든 형태의 권위와 억압에 반대하고 종합적 인간학을 지향하고자 했던 〈현대〉지의 의도는 이러한 시대적 흐름에 부합했다.

〈현대〉의 독자들은 신문이나 방송을 통해 접한 사건들의 배후를 알고 싶어 했고, 이러한 욕구는 정세 분석과 입장 표명에 대한 기대로 이어졌다. 〈현대〉지의 분석 기사와 상황 예측이 늘 옳았던 것도 아니고 숱한 반박과 오류에 직면하기도 했지만, 독자들로서는 상황을 읽어 내

---

14 프랑스에서 다양하고 전문화된 잡지들이 나타나는 것은 1950년 이후의 일이었고 그 이전에는 〈현대〉, 〈에스프리〉, 〈크리티크〉 주변으로 모든 필자들이 몰려들었다. 지식인들은 프랑스 공산당보다는 〈현대〉의 관점에 더 신뢰를 가질 수 있었다(Boschetti, *Sartre et les Temps Modernes*, p. 189).

는 하나의 '관점'을 가질 수 있었고, 그것을 수단으로 세계를 판독할 능력을 키워 갈 수 있었다. 특히 초창기의〈현대〉는 하나의 정파 안에 갇히지 않으면서도 전후라는 시공간에 새로운 이데올로기를 제공하려는 노력으로 지식인과 대중에게 다가갈 수 있었다.

사르트르는 〈현대〉의 입장이 좌편향적이긴 했지만, "성찰과 증언"으로 이루어진 잡지라는 점을 강조했다. 잡지의 동질성은 결국 거기에 실리는 글들 전체로부터 얻어질 것이며, 언뜻 보면 양립하기 힘든 서로 다른 시각의 글들도 "공통된 바탕과 차이에 근거한 조합"이 잡지의 동질성을 확보해 준다고 믿었다.[15] 잡지는 꾸준하게 발간되었고 일정 수의 독자를 확보하고 있다는 사실만으로도 그러한 믿음은 입증된 셈이었다. 독자는 〈현대〉를 통해 세상을 보는 안목을 키웠고, 이후 출몰하는 수많은 잡지들은 〈현대〉에서 그들의 모델을 발견하기도 했다.[16]

그러나 무엇보다도〈현대〉는 사르트르 개인에게 가장 큰 의의가 있을 것이다. 사르트르는〈현대〉를 통해 이른바 '사르트르적 사유pensée sartrienne'를 분명하게 각인시키고 하나의 유파를 형성했다는 평가를 받는다. '공동편집 체제' 아래 운영되었고 편집진 모두가 자율적으로 움직이긴 했지만, 시간이 지남에 따라, 특히 메를로퐁티의 사임 이후 잡지는 점점 '사르트르의 잡지'라는 인식이 굳어졌다.[18] 물론 사르트르는 이런 인식에 결코 동의하지 않았고, 그렇게 되지 않으려고 최선을 다했을 것이다. 그로서는 잡지를 통해 공동의 사유, 집단 지성 같은 것을 만들어 내는 일에 더 큰 의미를 부여했기 때문이다.

그럼에도 불구하고 〈현대〉지와 사르트르는 불가분의 관계라는 사

---

15 Sartre, *Situations X* (Gallimard, 1976), p. 214.
16 Boschetti, *Sartre et les Temps Modernes*, p. 181
17 *Ibid.*, p. 180.
18 카뮈와 사르트르의 논쟁은 카뮈가 이 예민한 부분을 건드렸기 때문에 더 크게 번졌을 것이다. "〈현대〉는 사르트르의 잡지"라는 사실을 카뮈가 공개적으로 지적했기 때문이다.

실에는 이론의 여지가 없으며 그것이 사르트르의 사유에 끼친 영향 또한 무시할 수 없을 것이다. 잡지를 운용할 수 있다는 것은 "지적 자산이라는 특별한 자산"[19]을 보유한다는 의미이고, 그것은 사르트르 개인의 사유를 '집합적 사건'으로 변모시킬 수 있는 가능성으로 작용하기 시작한 것이다.

3. 〈현대〉지를 중심으로 본 사르트르와 메를로퐁티의 관계[20]

(1) 연대에서 협력으로

〈현대〉지의 초창기 편집위원들은 보부아르의 표현대로 "한데 어울리지 않는" 이름들이었다.[21] 고등사범 동기이며 철학 교수 자격을 가졌다는 공통점이 있었던 아롱, 메를로퐁티, 사르트르, 보부아르만 해도, 실제 활동 영역과 이념적 지향에서 분명한 차이를 드러냈다. 우파적 성향이 다분하던 아롱은 이듬해에 잡지를 떠나 버린다. 창간 당시에 대학에

---

19 Boschetti, *Sartre et les Temps Modernes*, p. 180.

20 메를로퐁티는 개인사에 관련된 글을 거의 남기지 않았다. 게다가 사후 꽤 많은 시간이 지났음에도 메를로퐁티의 전기는 아직 출간되고 있지 않다. 그의 삶은 조금은 신비에 가려져 있고, 보부아르의 증언(*Mémoire d'une jeune fille rangée*)에서 젊은 시절을 짐작할 수 있을 뿐이다. 1960년에 나온 『기호들(Signes)』의 서문에서 메를로퐁티는 니장(Paul Nizan)을 이야기하면서 자신의 유년과 우정에 대해 짧게 언급하고 있다. 여기에서 메를로퐁티가 그려 낸 니장의 모습에 사르트르가 겹쳐 보인다는 평가가 있긴 하지만, 간접적이고 애매한 데다 우리의 주제인 〈현대〉에 대한 언급은 나타나지 않는다. 그리하여 〈현대〉를 둘러싼 이 둘의 관계를 살펴보기 위해 우리는 주로 사르트르가 메를로퐁티를 추모하며 쓴 「살아 있는 메를로퐁티(Merleau-Ponty vivant)」를 참조할 텐데, 가급적 사르트르의 글을 객관적으로 해석하려 하겠지만 우리의 글이 한쪽의 증언에 기대고 있다는 한계는 분명할 것이다.

21 Beauvoir, *La Force de l'âge*, p. 24.

재직하고 있던 메를로퐁티는 사르트르보다 더 좌파적 성향을 드러냈고 공산당과도 친분이 두터운 편이었다. 레리스는 인류학에 대한 풍부한 지식을 갖고 있었지만 실존주의가 대세이던 당시에는 그만이 가진 역량을 제대로 발휘하지 못했다. 그의 자산은 좀 더 후인 1960년대에 빛을 발하게 된다. 정치 기자인 올리비에는, 〈전투〉지에 몰두하느라 참여할 수 없었던 카뮈가 추천한 인물이었다. 그는 유일하게 사르트르와 개인적인 친분으로 얽혀 있지 않았으며 〈전투〉와 〈현대〉를 이어 주는 상징적 인물이었다. 오랜 동안 〈NRF〉에 몸담았던 장 폴랑은 사르트르, 보부아르와 친분이 두터웠고 편집위원 중 가장 연장자였다. 〈NRF〉에서의 그의 전력은 잡지 출간의 실무(잡지의 레이아웃 같은 문제들)와 현실적인 조언으로 도움을 주긴 했지만 그 이상의 역할은 기대할 수 없었다.

결국 잡지를 이끌어 갈 실제적인 편집위원은 사르트르, 메를로퐁티, 보부아르로 좁혀지고 이 삼두 체제는 메를로퐁티의 사임까지 이어지게 된다. 하지만 사르트르와 보부아르의 오랜 친밀도와 상호 인정 관계를 고려할 때 잡지 운영 문제를 놓고 둘 사이에 마찰이 일어날 리는 없었다. 보부아르는 오히려 사르트르와 메를로퐁티 사이의 갈등이나 문제를 조정하는 역할에 더 몰두한 편이었다. 요컨대 잡지의 실제적인 방향을 결정할 사람은 사르트르와 메를로퐁티였다.

두 사람의 관계는 많은 공통점에도 불구하고 분명히 다른 색깔을 가진 두 경쟁자의 모습으로 비춰진다. 사르트르가 회고하듯이, 그들은 "동등했고 친구였지만 동류는 아니었다"(MPV, 224). 둘 다 고등사범학교 출신으로 교수자격시험에 합격했고, 비슷한 시기에 군복무를 마치고 고등학교 교사로 첫 사회생활을 시작한 것까지 둘의 여정은 많이 닮아 있다. 그리고 독일 철학(후설과 하이데거)을 받아들이며 각자 독서와 연구를 통해 세상을 벼릴 도구들을 마련하고 있었다. 사르트르 말대로 그들은 "같은 리듬으로 그러나 서로 떨어져서"(MPV, 228) 만날 준비를 하고 있었던 것이다.

마침내 1941년, 점령 상태인 파리에서 재회했을 때 그들은 '사회주의와 자유'라는 비밀단체를 조직하고 저항운동을 통해 적극적 '연대'를 실천한다. 사르트르가 전쟁을 겪으며 이전의 무정부주의적인 개인주의로부터 결정적인 '전향conversion'을 했던 것처럼, 정치에 무관심했던 메를로퐁티 역시 전쟁을 통해 역사를 배웠음을 고백한다.[22] 그들을 묶어 주었던 '사회주의와 자유'는 경험과 전문성의 부족으로 일 년도 안 되어 해산된다. 그러나 이때의 경험은 둘 사이를 돈독하게 하고 함께 일할 수 있다는 믿음의 발판을 마련한다.

처음부터 〈현대〉지의 창간을 주도했던 메를로퐁티는 사르트르와 더불어 공동편집인의 임무를 나누어 맡게 되었고, 특히 정치 분야는 메를로퐁티의 책임하에 있었다. 그런데 메를로퐁티는 잡지의 표지에 자신의 이름이 사르트르의 이름과 함께 인쇄되는 것을 단호히 거절하였다. 사르트르에 따르면 잡지의 실제적인 방향키를 쥐고 있던 사람은 메를로퐁티였고, 특히나 정치 담당자로서 그의 이름이 오르는 것은 당연한 일이었음에도 메를로퐁티는 거듭해서 그 일을 거절했다고 한다. 사르트르로서는 더 이상의 논쟁을 피하기 위해 ― 그리고 그것이 그다지 중요한 사안도 아니라고 판단했기에 ― 그의 요구를 받아들이기로 한다. 이 대수롭지 않은 사건은 나중에 잡지에 대한 메를로퐁티의 입장을 이해하는 하나의 징후적 일화로 해석된다. 메를로퐁티는 언제든 잡지로부터 물러날 준비를 하고 있었다는 것이다. 그렇기에 실제로 일은 하되 잡지 표지에 자신의 이름을 박음으로써 자신을 구속하거나 독립을 저해하는 일을 애초부터 막았을 거라는 것이다 (MPV, 245-47).

---

22 Maurice Merleau-Ponty, *Sens et non-sens* (Nagel, 1966), pp. 255-56: "전쟁을 통해 우리는 역사를 배웠으며, 그것을 잊지 말아야 한다."

〈현대〉지 창간 당시만 해도 메를로퐁티는 공산주의에 더 적극적이었고 정치 감각도 훨씬 앞서 있었다. 반면에 그 무렵 사르트르는 공산주의 지식인들의 표적이었다. 공산주의자들로서는 실존주의의 염세적 성격도 달갑지 않았거니와 변증법적 유물론에 대한 사르트르의 거센 비판(「유물론과 혁명」, 1946)으로 인해 결코 호의적인 관계가 아니었던 것이다. 프랑스 공산당과 좀 더 가까웠던 메를로퐁티가 사르트르를 옹호하며 실존주의와 마르크시즘 사이의 매개를 시도할 정도였다.

사르트르는 잡지를 내면서 정치에 본격적으로 관심을 가졌던 반면 메를로퐁티는 이미 상당한 정치적 안목을 갖고 있었다. 실제로 사르트르는 메를로퐁티의 『휴머니즘과 폭력』[23]을 통해 결단을 내릴 수 있었고, 방법과 대상을 발견했으며, 수구주의immobilisme에서 벗어나는 전기가 되었음을 고백하고 있다(MPV, 250). "메를로는 정치라는 애매한 세계에서 나보다도 더 방향을 잘 찾아갔으며", "나를 개종시킨 인물", "나를 각성시킨" "나의 정치철학자"였으며 나의 "안내자"였다고까지 말한다(MPV, 249-53). 공산주의, 마르크시즘, 소련의 사회주의에 더 적극적인 옹호자는 메를로퐁티였고, 사르트르는 마르크시즘에는 동의하지만 실존주의의 '수혈'을 통해 관료적 마르크스주의자들을 교정할 것을 요구하는 입장이었다.

어쨌거나 둘의 협력 관계는 〈현대〉의 발간을 통해 더욱 돈독해지고, 연대를 요구하는 모든 외부의 사건들 – 전쟁 부역자 숙청 문제 및 소련의 정치범 재판 문제 등 – 에서 별다른 이의 없이 일치된 견해를 보이게 된다.

---

23 이 책에서 메를로퐁티는 '진보적 폭력'이라는 개념을 사용하며, 마르크시즘과 소련의 정치를 옹호한다. 그는 미래의 시각으로 현재를 보면서 마르크시즘이 내세우는 혁명의 현실적 가능성을 드높이는 소련의 공산주의에 대해 가장 정교한 옹호를 한 셈이다. 정명환 외, 『프랑스 지식인들과 한국전쟁』(민음사, 2004), 113쪽.

(2) 갈등의 전조

그러는 중에 카뮈와 메를로퐁티가 격렬하게 대립하는 사건이 벌어진다. 소련의 정치 숙청 문제를 소설화한 쾨스틀러Koestler[24]의 『정오의 어둠』에 대해 비난조의 서평[25]을 쓴 메를로퐁티에 카뮈가 거세게 반항한 것이다. 둘은 거의 치고 받고 싸울 지경에 이르렀고 그자리에 함께 있던 사르트르와 보스트가 뜯어말리며 사태를 무마시키려 했다. 카뮈는 자리를 박차고 나가 버렸고, 그를 뒤쫓아 나가 어떻게든 화해를 종용하려던 사르트르는 자신의 중재가 무력함을 절감하며 "메를로퐁티의 오른쪽에, 카뮈의 왼쪽에" 어정쩡하게 위치했던 당시의 자기 모습을 회고한다(MPV, 251).[26]

그런데 이들 사이의 미묘한 이념적 차이는 마셜 플랜의 착수로 고착되어 가는 동서 냉전 시대가 열리면서 조금씩 드러나기 시작한다. 자유 진영이나 공산 진영, 즉 미국과 소련 어디에도 속하지 않는 중립적이면서도 독립적인 제3의 노선을 마련하고자 했던 사르트르의 의지는 1948년 RDR Rassemblement Démocratique Révolutionnaire라는 정당에 가입하는 일로 구체화된다. 비공산주의 좌파 저널리스트와 레지스탕스의 투사들(다비드 루세, 로젠탈)이 만든 이 정당에서 사르트르는 조직위에 가담하여 중요한 역할을 맡는다. 그러나 이 단체가 미국으로부

---

24 쾨스틀러는 열혈 공산주의자였다가 소련의 정치 현실에 환멸을 느끼고 전향한 작가이다. 그는 카뮈의 이념적 동조자가 되면서 깊은 친분을 쌓게 된다. 메를로퐁티는 소련의 사회주의에 찬물을 끼얹는 쾨스틀러의 소설을 비난하며 일종의 관망주의를 표방했다.

25 1946년에 〈현대〉에 발표한 「요가 수행자와 프롤레타리아(Le Yogi et prolétariat)」를 말한다. 이 글은 후에 『휴머니즘과 폭력』에 수록된다.

26 이때만 해도 메를로퐁티는 공산주의에 가장 가까웠던 반면 카뮈는 공산주의에 대해 비판적 거리를 두기 시작했으며, 사르트르는 중도좌파 정도의 지형에 있었다. 메를로퐁티와 카뮈의 논쟁은 바로 이런 대척점에서 벌어진 것이었는데, 나중에는 카뮈와 메를로퐁티가 같은 지형에 서고 오히려 사르트르가 친공산주의를 표방하는 아이러니한 상황이 된다.

터 자금 지원을 받으면서 반공주의 입장을 표명하고 미국의 대의명분을 공공연히 지지하기 시작하자 사르트르는 조직과 거리를 두게 되고 이듬해 11월에 탈퇴해 버린다.

RDR에 대한 사르트르와 메를로퐁티의 태도는 서로 달랐다. 적극적으로 참여한 사르트르와 달리 메를로퐁티는 가입도 하고 지도부의 일원이긴 했지만 모임에는 거의 참석하지 않았고 〈현대〉지의 지휘에 더 몰두했다. 사르트르는 이러한 메를로퐁티의 태도를 잡지가 RDR의 기관지가 되는 것을 막기 위한 배려로 해석했다. 우선은 메를로퐁티가 RDR의 노선에 완전히 동의하지 않았고, 공산주의에 대한 호감은 그대로 지닌 채 〈현대〉지 또한 그러한 방향으로 운영해 나가기 위해 잡지에만 몰두했다고 생각한 것이다.

실패로 돌아간 RDR의 정치 경험은 소련과 미국이라는 두 진영으로부터 독립된 제3의 독자적인 노선 설정이 어려운 작업임을 단적으로 보여 주었다. 당시 지식인들로서는 이념적 입장을 선택하는 일이 날로 힘들어졌고, 보부아르의 표현대로 그것은 "불가능한 일"로 비치기도 했다.[27] 그리하여 사르트르와 메를로퐁티는 이제 "적극적인 정치는 더 이상 하지 않기로, 오로지 잡지만 내기로"(MPV, 260) 합의한다.

1949년, 소련에 강제 포로수용소가 존재한다는 정보가 들어온다. 〈현대〉지는 1950년 1월호에 소련 특집을 기획하고 「소련과 수용소」[28]라는 메를로퐁티의 사설을 내보낸다. 이 글에서 메를로퐁티는 소련의 수용소를 질타하면서도 이 사실이 적대자를 이롭게 해서는 안 되며 그들과 공모해서도 안 된다는 점을 분명히 한다. "오로지 소련만을 공격한다는 것은 자본주의 진영을 옹호하는 일이 될 것"이며 강제수용소

---

27 Beauvoir, *La Force des choses*, p. 275.
28 이 글은 메를로퐁티의 『기호들』에 재수록된다.

의 존재는 소련이 추구하는 '계급 없는 사회 건설'의 과정에서 파생되는 일시적인 탄압과 억압일 것이며 그것이 소련에서의 휴머니즘 구현을 위태롭게 하기는 하지만 그렇다고 소련을 적으로 삼을 수는 없다는 점을 피력한다.[29]

그러나 사르트르는 메를로퐁티의 글에서 "목소리가 어두워지고 냉담해졌으며, 생기가 사라지고 있음"을 주목한다. 1945년도의 글과 달리 여기에서는 메를로퐁티의 실망과 마모된 희망이 감지되었던 것이다(MPV, 265). 동서 냉전 상태에서 어느 한쪽을 선택한다 해도, 과연 어디까지 그 한쪽을 추종할 수 있을 것인가, 하는 질문은 정치와 도덕의 어렵고도 복잡한 문제에 직면하게 했던 것이다.

> 잡지의 다소 비밀스런 성격이 얼마간의 유예를 보장해 주었지만 우선 우리의 정치적 입장이 차츰 도덕주의로 변형될 위험이 있었다. 우리는 결코 아름다운 영혼의 수준으로 내려가지는 않았지만 선한 감정들이 우리 주변에 무르익었고 그러는 동안 원고는 차츰 희귀해졌다. 우리는 빠르게 패망하고 있었고 사람들은 더 이상 우리 잡지에 글을 내고 싶어 하지 않았다." (MPV, 266)

메를로퐁티는 〈현대〉의 직무를 유지했고 자신의 활동에서 아무것도 변화하지 않도록 자제했다. 하지만 삶을 되돌아보는 그의 태도는 서서히 그를 자신의 기원과 가깝게 했고, 일상의 정치로부터 돌아서게 했다. 사르트르가 보기에 메를로퐁티는 자신의 깊숙한 삶으로 도피하는 듯했다. 〈현대〉지를 출범시킬 당시 메를로퐁티는 이미 대학의 교수였고 학계에서 인정받는 철학자였다. 그의 글은 신중했고 사려 깊었으며

---

29 Merleau-Ponty, *Signes* (Gallimard, 1960), p. 338.

이러한 글쓰기는 학계의 비판을 우려한 조심성으로 비춰졌다. 반면에 사르트르는 제도권으로부터 벗어나 있는 소위 '전업 작가'였기에 메를로퐁티보다는 한결 대담한 글쓰기 태도를 보일 수 있었다.

(3) 한국 전쟁과 메를로퐁티의 사임

그러던 중에 1950년 한국 전쟁이 발발했다. 당시 프랑스 지식인들은 이 전쟁에 대한 정확한 정보를 어디에서도 얻을 수 없었다. 확인된 사실은 북한이 먼저 군사분계선을 넘어와 총을 쏘았다는 것, 즉 북한이 선제공격을 했다는 사실뿐이었다. 공산주의 언론 역시 아무런 정보가 없었기에, 게다가 북한의 선공이라는 명백한 사실 앞에서 공산당의 입장을 곤혹스럽게 할지 모른다는 생각에 섣부른 논평을 자제하고 침묵으로 일관했다.

이런 불확실한 상황에서, 게다가 서로가 다른 해석으로 애매하게 허우적대는 상황에서 잡지가 어떤 입장을 취해야 하는가가 두 책임편집인의 급선무로 떠올랐다. 메를로퐁티는 아무 말도 하지 않을 것을 주장했다. 그로서는 무엇이 사실이건 간에 한국 전쟁이라는 사건은 정치에 대한 환멸과 동시에 자기들이 하고 있는 일의 무력감을 느끼게 했던 것이다. 그리고 "모든 것이 난폭한 세력에 의해 결정될 텐데, 그 귀머거리 같은 세력에게 무슨 말을 하든 쓸데없는 일"이 될 것이라며 잡지가 입을 다물 것을 요구했다(MPV, 271).

메를로퐁티의 이런 제안에 따라 〈현대〉지는 실제로 정치 문제, 특히 한국 전쟁에 관해 아무 의견도 표명하지 않았고 이로 인해 잡지의 독자들은 적잖이 당황했던 것으로 보인다. 그러나 이런 침묵 속에서도 메를로퐁티와 사르트르가 이 전쟁을 보는 시각 차이는 분명했던 듯하다. 메를로퐁티는 그것을 경찰국가, 약탈국가, 제국주의 국가의 모습을 가진, 가면이 벗겨진 소련의 실체를 백일하에 드러내는 결정적인 사건으로 보았다. 반면에 사르트르는 남한의 봉건 지주들과 미국의 제국주의가 도발한 전쟁으로 몰아가면서 이들을 전쟁의 범법자들로 지목했다.[30]

요컨대 사르트르는 미국의 사주를 받은 남한이 북한을 도발해서 벌어진 전쟁으로 해석했고, 메를로퐁티는 전략적 입지를 확보함으로써 군사적 열세를 보강하려는 소련의 '작전'으로 읽어 냈다. 당시에 공존했던 이 두 가지 해석은 화해할 수 없는 시각 차이를 벌려 놓기에 충분했다. 사르트르의 말을 빌리면, 한국 전쟁에서 "메를로퐁티는 한국인을 너무 가볍게 생각하여 너무 빠르게 세계 책략으로 넘어갔고" 자신은 이 전쟁에서 "오로지 한국 사람들만을 보았고, 피에 사로잡혀 있었다"는 것이다(MPV, 273).

메를로퐁티는 회의주의로 돌아섰고 이제 그의 눈에 소련은 혁명의 나라라는 마지막 특권을 잃어버린 것처럼 보였다. 메를로퐁티는 길을 잘못 들어섰다고 생각한 순간 정치를 포기했고, 사르트르는 메를로퐁티의 침묵이 자신과 잡지에까지도 침묵을 강요한다며 은근한 원망을 내비쳤다. 결국 정치 지도부를 잃은 〈현대〉는 어쩔 수 없이 변화를 받아들일 수밖에 없었다. 새로운 젊은 지도부가 편집위에 들어서고 친공산주의를 공개적으로 밝힌 사르트르와 더불어 잡지의 노선이 강경한 입장으로 선회한 것이다.

그러나 메를로퐁티가 분명하게 사의를 표명하고 〈현대〉를 떠나기까지는 그 후 몇 개의 사건들이 더 필요했다. 하나하나 따져 보면 자신의 의지와 무관한 외부의 사건들이 던진 여파였지만, 그것은 정치에 대한 메를로퐁티의 회의를 심화시키고 결국에는 그의 기나긴 침묵에 결정적 쐐기를 박는 빌미가 되었다. 사르트르 역시 이 일련의 사건들을 프

---

30 정명환 외, 『프랑스 지식인들과 한국전쟁』, 129쪽.

로이트의 "애도 작업에 견줄 만한 메를로퐁티의 결별 작업"(MPV, 293)이라고 생각했다.

1951년 앙리 마르탱Henri Martain 사건이 터진다. 인도차이나 전쟁에 대한 항명으로 군법회의에 회부된 이 프랑스 군인의 석방 운동을 위해 사르트르는 『앙리 마르탱 사건』이라는 책까지 쓰면서 프랑스 공산당과 적극적인 공조에 들어간다. 또한 미국의 리지웨이Ridgway 장군이 연합군 파견 총사령관으로 임명되어 나토NATO의 본부지인 파리에 입국하자 프랑스 공산당은 대대적인 반대 시위를 벌이게 된다. 이 군중시위에서 소규모 난투극이 벌어지고 프랑스 정부는 공산당 기관지인 〈뤼마니테 L'Humanité〉의 편집국장을 체포한다. 격앙된 공산당은 노동자에게 총파업을 호소하고 레퓌블리크 광장에서 대규모 군중 집회와 시위를 조직한다. 이 시위 과정에서 정부의 강경 진압에 맞서던 공산당 서기장 자크 뒤클로와 700여 명의 군중이 체포된다.

당시 로마에 있던 사르트르는 이 소식을 듣고 급하게 파리로 돌아와 격앙된 어조로 「공산주의자들과 평화」를 집필하고 공산당에 대한 지지를 호소한다. 〈현대〉지에 세 번에 나눠 실린 이 글에서 사르트르는 '공산주의의 동반자'임을 공식적으로 선언한다. 메를로퐁티와 상의 없이 실린 이 기사에 대해 메를로퐁티의 제자인 클로드 르포르Claude Lefort 가 강력한 반대의견을 표시하고 반박 기사를 제의하자, 사르트르는 그것을 실어 준 후 뒤이어 다음 호에 르포르를 격렬히 비난하는 기사를 내보낸다. 메를로퐁티는 이 일련의 사건에 침묵으로 응수한다. 본격적인 불화는 다른 사건에서 터져 나왔다.

1953년 어느 공산주의자(사르트르는 모르지만 메를로퐁티는 알고 있던)가 자본주의의 모순에 관한 글을 잡지에 싣고 싶어 했고, 사르트르는 그 제안을 받아들인다. 마침 사르트르의 부재중에 메를로퐁티 앞에 도달한 그 글은 너무 형편이 없어 보였다. 메를로퐁티는 그 글 앞에

〈현대〉지의 견해를 밝히는 전문前文을 포함시키기로 한다. 그렇게 편집자의 승인을 완료한 후 메를로퐁티는 파리를 떠난다. 그런데 파리로 돌아와 교정쇄를 받아 본 사르트르는 메를로퐁티의 '전문'이 오히려 원글을 해친다고 판단하고는 메를로퐁티와 상의도 없이 전문을 삭제한 채 기사를 인쇄로 넘겨 버린다. 이 일로 메를로퐁티는 당장 사임을 표명했고 사르트르는 두 시간에 걸친 전화 통화로 그를 설득했지만 결심을 되돌리지 못했다. 메를로퐁티의 사임은 돌이킬 수 없는 일이 되었고, 십 년에 걸친 우정, 8년간 함께했던 공동편집인의 연대는 한순간에 끝나 버렸다.

이 일에 대해 사르트르는 길고 장황한 해명을 덧붙인다. 그 해명의 이면에서 발견되는 것은 1950년 이래 침묵해 온 메를로퐁티에 대한 원망이다. 그는 〈현대〉지의 정치 담당인 메를로퐁티가 정치 문제에 대해 일체 함구하고 추이를 관망하고 있는 것이 견딜 수가 없었다. 게다가 새로 영입된 젊은 편집진—클로드 란츠만, 마르셀 페쥐, 베르나르 도르—은 강경한 입장을 요구해 왔다. 독자의 기대, 편집진의 요구, 여기에 점차 가중된 사르트르의 원망은 급기야 메를로퐁티의 화를 돋울 게 분명한 사태로까지 일을 악화시킨 것이다. 메를로퐁티나 반反사르트르적인 입장에서 볼 때 잡지는 점차 사르트르의 독선적인 주도로 이어지는 듯했고, 그러잖아도 정치에 혐오를 느끼던 메를로퐁티로서는 사퇴의 빌미를 잡은 셈이었다.

사르트르는 잡지가 표류 상태에 있던 2년 동안 메를로퐁티의 침묵이 부담스러웠다. 그리고 훗날 이것을 "새로운 환경과 낡은 제도 사이의 마찰"로 해석해 낸다. 새로운 상황이란 말할 것도 없이 한국 전쟁을 비롯한 일련의 정치적 사건들(앙리 마르탱 사건, 리지웨이의 부임, 공산당의 반대 시위와 뒤클로 체포 사건)이었다. 낡은 제도란 잡지 내부에서 용인되고 있던 사르트르와 메를로퐁티 사이의 '묵언의 계약'이었다. 즉 정치 문제에 관한 한, 메를로퐁티가 책임을 지고 사르트르는 거의 침묵하기로 한 애초의 방침이었다. 사르트르에 따르면 한국 전쟁 발발 이후 메를로퐁티의 권한 남용으로 〈현대〉지는 여러 사건들에 대해 당연히 발언해야 할 때 발언하지 못해 창간 당시 독자들에게 했던 약속을 제대로 이행하지 못했다는 것이다.[31]

(4) 사임에서 결별로

사르트르는 메를로퐁티의 사임을 애써 정치적 이견 대립으로 해석하고 있지만, 여기에는 잡지 내부의 압력 또한 크게 작용했다. 즉 정세 못지않게 잡지 관계자들의 압력이 그들의 결별을 부추겼던 듯하다.[32] 새로 영입된 젊은 편집진들이 입장 표명을 재촉해 왔기에 사르트르로서는 무한정 메를로퐁티의 침묵을 기다릴 수 없었던 것이다.

메를로퐁티의 사임 직후인 1953년 7월에 그들은 세 통의 편지를 주고받는다.[33] 1994년에야 공개된 이 편지들은 당시 상황에 대한 서로 다른 생각과 오해, 입장 차이와 그것을 해명하려는 제스처, 그럼에도 불구하고 봉합할 수 없게 갈라선 둘 사이의 거리를 드러내고 있다. 이 서신들이 겉으로는 메를로퐁티의 사임에 관련된 것으로 보이지만, 본질적으로는 철학과 정치의 관계를 문제 삼고 있으며, 그것이 결정적으로 〈현대〉에 대한 두 사람의 태도를 달라지게 했다는 점을 보여 준다.

편지에서 사르트르는 메를로퐁티가 얼마 전 콜레주 드 프랑스에서

---

31 정명환 외, 『프랑스 지식인들과 한국전쟁』, 142쪽.

32 Boschetti, *Sartre et les Temps Modernes*, p. 262.

33 *Magazine Littéraire*에 공개된 「사르트르와 메를로퐁티의 결별의 편지(Lettres d'une rupture)」는 메를로퐁티의 *Parcours deux: 1951-1961* (Verdier, 2000)에 수록된다. 이 편지는 국내에 번역되어 있다(고종석 옮김, 「우리는 왜 헤어질 수밖에 없는가: 1953년 사르트르와 메를로퐁티의 결별의 편지들」, 『문학과 사회』, 1994년 여름호, 895-953쪽).

의 강의[34]를 통해 자신을 비판했다고 서운함을 표한 뒤, 메를로퐁티가 쓰겠다고 제안한 정치 기사[35]를 〈현대〉지에 실을 수 없다고 못박는다. 그때까지 잡지의 편집을 책임져 오던 사람에게 글 쓸 권리까지 박탈하며 사르트르는 "일단 공식적으로 사임을 하고 정치를 떠난 이상 자기 입장에 대한 공식적 해명은 자제할 것"을 요청한다. 그는 메를로퐁티의 사임을 개인적 혹은 주관적 행위로 받아들였고 "철학을 위해 정치에서 물러난 행위"로 해석했다. 그리고 일단 자리를 떠난 후에는 다른 사람들의 입장, 즉 정치라는 객관적 영역에 아직 남아 있는 사람들의 입장에 대해 왈가왈부해서는 안 된다고 주장했다.

자네가 아무 일도 하지 않고 있다면, 자네에겐 정치적 비판의 권리가 없네. 자네의 책을 쓸 권리는 있지, 그게 다야. (…) 내 말은, 엄밀해지고 싶다는 자네의 선택이 역사와 사회에 대한 순수한 성찰에만 한정돼야 한다는 것일세. 그러나 양다리를 걸칠 권리는 자네에게 없다네.[36]

메를로퐁티는 답장을 통해 사르트르가 말한 철학과 정치의 대립, 한국 전쟁 이후 메를로퐁티가 겪었다고 사르트르가 표현한 메를로퐁티 자신의 '갑작스러운 변화'를 부인하며, 사르트르의 입장이 평화와 공존을 위한 것이 아니라 오직 소련과 공산주의의 전 세계적 승리를 위한 것으로 귀결될 수 있다는 위험을 지적한다. 메를로퐁티는 사르트르

---

34 메를로퐁티는 〈현대〉지를 떠난 후 콜레주 드 프랑스의 교수로 취임한다. 편지에서 사르트르가 언급한 강의는 메를로퐁티의 취임 연설인 「철학의 찬사(Eloge de la philosophie)」를 일컫는데, 여기서 메를로퐁티는 자신의 결정적 전환을 엄숙하게 선언하고 있다. Boschetti, *Sartre et* les Temps Modernes, p. 283.
35 사르트르의 「공산주의자들과 평화」에 응답하는 반박문인 「사르트르와 과격 볼셰비즘」을 말한다. 이것은 결국 메를로퐁티의 『변증법의 모험』에 실려 출간된다.
36 고종석 옮김, 「사르트르와 메를로퐁티의 결별의 편지」, 903쪽.

가 비난하고 있는 자신의 콜레주 드 프랑스 강의가 사르트르에게 서운한 내용이 아니었음을 극구 해명하며, 자세한 내용과 강의 요약을 덧붙이기까지 한다.

또한 자신은 사실들에 대한 이론화 작업을 위해 〈현대〉에 뛰어들었으며, 잡지 표지에 이름을 명기하지 않은 것은 정식으로 시사평론가가 되고 싶지 않았기 때문이라는 점을 해명한다. 이러한 그의 설명은 사르트르가 말한 '기질적 차이'와 대학 교수였던 메를로퐁티의 '환경'이 빚어 낸 결과임을 부인할 수 없을 것이다. 그리고 이것은 곧 잡지에 대한 그의 기본적인 태도로 이어진다.

> 나는 잡지에서 성급한 입장 선택을 하기보다 총체적 연구를 하자고 여러 차례 제안했고 요컨대 독자들의 가슴을 겨냥하기보다는 머리를 겨냥하자고 제안했던 것이네.[37]

그것이 한국 전쟁 이후 더 이상 정치적 사건에 대해 즉각적으로 글을 쓰지 않기로 한 이유이기도 하다면서, 그렇다고 이러한 결정이 정치에 대한 글을 쓰는 일을 포기하는 것과는 다르다며, "철학자로 남기 위해서 철학을 세계로부터 분리시킬 필요는 없다"는 점을 강변한다.

> 한국 전쟁 이래로 좌파의 대의는 점점 공산주의 안에 갇혀버렸네. (…) 군사 행위에 대한 책임이 좌우 정치 모두에 공동으로 있는 것처럼 보였으므로 나는 이 전장에서의 선택을 거부하고 전쟁을 통한 어떤 상황 변경 기도에도 맞서 투쟁해야 한다고, 또 데탕트의 가능성을 최대한 넓혀야 한다

---

37 *Ibid.*, 912쪽.

고 생각했네.[38]

이 기나긴 편지를 통해 메를로퐁티는 결국 사르트르와 사실상의 절교를 선언한다. 메를로퐁티의 답장에 대한 사르트르의 세 번째 편지에서 그는 둘 사이에 오해가 있었고, 자신은 우정을 구해 내고 싶다면서 겉으로 보면 화해하는 듯한 어조를 담고 있다. 그러나 정작 중요한 사안이었던 메를로퐁티의 정치 기사 게재에 대해서는 대답을 회피함으로써 친구의 절교 선언을 사실상 추인하고 있다.[39]

이 편지들을, 시간이 지난 지금 읽어 보면 메를로퐁티의 '긴 안목'이 옳았으며, 나날의 정치에 개입하여 긴박한 사태에 개입하려던, 그리하여 숱한 오류에 직면했던 사르트르의 선택이 틀린 것으로 보인다. 하지만 철학이 정치로부터 회피할 수 없다는 것, 역사적 해석 못지않게 일상의 선택 또한 중요한 일이라는 점을 두 사람 모두 인정하고 있기에, 잡지만 아니었다면 두 사람의 불화는 쉽게 일어나지 않았을 것 같다. 오히려 메를로퐁티의 표현대로 "적대관계가 아닌 이런 불일치의 솔직한 고백을 마음에 들어"[40] 했을 지도 모른다. 그러나 사르트르로서는 "〈현대〉의 독자들을 혼란에 빠트릴 수 있는" 메를로퐁티의 "관망주의"를 경계할 수밖에 없었다.

나는 하나의 사업[잡지]에 뛰어들었네. 옳건 그르건 간에, 나는 내 힘이 닿는 한 지식인들을 격려해 공산주의와 연대하는 좌익을 만들어 내고 싶네. 그러나 자네의 태도를 우익이 악용하면, 그것은 자네를 하나의 걸림돌로 생

---

38 *Ibid.*, 910쪽.
39 *Ibid.*, 898쪽.
40 *Ibid.*, 923쪽.

각하는 그 우익의 지식인들에게 반드시 영향을 끼치게 되네.[41]

　이후로 메를로퐁티는 더 이상 〈현대〉와 관계하지 않았다. 개인적 친
분까지 없애지는 않았지만 공식적인 자리가 아닌 곳에서 두 사람이 따
로 만난 일도 없었다. 사르트르의 회고에 따르면 1961년 메를로퐁티의
갑작스런 죽음이 닥치기 전, 두세 번 정도 공식 석상에서 만났고 어색
하나마 화해의 제스처를 취했으며, 조만간 다시 만나 예전 같지는 않더
라도 소원해진 관계를 개선할 수 있으리라는 희망을 품고 있었다. 그러
나 그런 기회가 마련되기도 전에 메를로퐁티는 세상을 떠났고, "완성
되지도 와해되지도 않은 기나긴 우정, 태어날 무렵에 혹은 부서질 무렵
에 사라져 버린 그 우정은 한없는 염증을 일으키는 상처"(MPV, 322-23)
로 사르트르 안에 남게 된다.

　이들의 결별은 "정치와 철학의 결별, 우정의 결별로 해석되었고, 두
철학자 각자의 사유에 중요한 변곡점을 그려 내게 된다."[42] 학계로 돌
아간 메를로퐁티는 『변증법의 모험』과 『보이는 것과 보이지 않는 것』
을 발표하면서 자기 철학의 깊이로, 원래의 지점으로 되돌아 간 모습
을 보인다. 비록 〈현대〉는 떠났지만 그렇다고 메를로퐁티가 우파의 관
점으로 돌아선 것은 결코 아니었다. 그는 정치에 직접 개입하지는 않
았지만 반공산주의와 반드골주의를 내세우며 제3의 독자적인 좌익 노
선을 추구해 나갔다.
　〈현대〉지는 메를로퐁티 사임 이후 사르트르의 적극적 정치 행보에

41　*Ibid.*, 932쪽.

42　F. Caeymaex, "1953: Merleau-Ponty quitte *Les Temps Modernes*. Sartre et Merleau-Ponty, De
　　la philosophie à l'évenement," communication présenté au colloque annuel du GES, Paris, 17
　　juin 2005.

발맞추며 친공산주의 입장을 따르게 된다. 그리고 그것은 1956년 소련의 헝가리 침공 이후 회의적 태도로 변하게 되고 곧이어 소련 및 공산당과 결별하게 된다. 〈현대〉와 사르트르가 정치로부터 멀어진 것은 아니지만, 어느 정파에도 속하지 않은 채 독자적인 시각으로 시대의 문제를 고찰하고 해석하는 일을 계속해 나간다. 그의『변증법적 이성 비판』은 바로 이 시절, 즉 〈현대〉와 정치 경험을 통해 체득한 사회와 개인의 관계를 자신의 철학 언어로 벼려 낸 사르트르 후기 사상의 요체로 꼽히게 된다.

4. 글을 마치며

〈현대〉는 2차 대전 직후, 긴박하게 돌아가던 국제 정세와 그에 따른 프랑스 국내 정치의 소용돌이 속에서 두터운 독자층을 형성하며 지식인을 대변하는 잡지로 성장해 나갔다. 그러나 급변하던 상황 '덕분에' 성장했던 잡지는 바로 그 상황 '때문에' 두 핵심 편집인 사이의 괴리를 만들어 냈고, 결국은 그들의 관계까지 단절시키게 된다.

더 이상 그의 것도 아니고 나의 것도 아닌 일련의 기사들은 '비인칭의 상태'로 독자에게 전달되었다. 그리하여 6년의 세월 동안 잡지는 일종의 독립성을 얻었으며, 우리가 잡지를 이끌어 가듯이 잡지 또한 우리를 이끌어 갔던 것이다. (MPV, 279-81)

잡지는 이제 그가 『변증법적 이성 비판』에서 말한 '실천적 타성태 pratico-inerte'가 되어, 인간이 만든 '산물'이 도리어 인간을 만들어 가는 지경에 이르렀던 것이다. 사르트르가 어느 순간부터 잡지로부터 멀어져 새로운 편집진에게 일을 맡겨 버린 것도 바로 이런 사실을 깨달았기 때문이다. 그는 68 운동 이후부터는 잡지 일에서 뒤로 물러나며 보부아르의 핀잔을 들을 정도로 편집회의에도 참석하지 않았다고 한다.[43]

요컨대 내가 얼마 전부터 잡지에 관심을 덜 가진 것은 잡지가 제 스스로의 생명을 이어 가기 때문이고, 잡지를 폐간하는 일이 아니라면 중대한 결정을 내릴 게 없기 때문이다. 하지만 나로서는 잡지를 폐간해야 할 어떤 타당한 이유도 찾아낼 수 없다. 다른 사람들이 잘 이끌어 가고 있고, 나는 그것이 괜찮은 잡지라고 생각한다. 읽혀지고 있으며, 오직 우리만이 내고 싶어 하는 좋은 글들이 자주 실리고 있으니 말이다.[44]

〈현대〉를 둘러싸고 벌어진 사르트르와 메를로퐁티의 결별은 무엇보다 당시의 어지럽던 국제 정세와 프랑스 내의 격렬한 공산주의 및 좌익 운동이 반영된 시대의 산물임이 틀림없다. 사르트르와 카뮈의 결별에서처럼 여기에서도 '시대의 상황'은 더없이 중요한 변수로 작용하여 두 친구의 사이를 붙여 놓았다가 영원한 결별에 이르게 하고 있다.

1952년 우리의 분쟁은 감출 수도 해소할 수도 없었다. 그것은 기질의 차이가 아니라 상황으로부터 기인한 것이었다. (MPV, 248)

나는 우리 둘 중에 누가 더 잘못했는지 모르며 그것은 중요하지도 않다. (…) 잡지만 아니었다면 1950년대의 사건들이 우리의 우정에 그렇게 큰 영

---

43 사르트르는 〈현대〉가 자신에게 중요했던 시기를 "2차 대전 직후, 알제리 전쟁 동안, 68 학생운동 시절"로 꼽고 있다. 이는 시대적 산물인 잡지가 가장 중요한 역할을 할 수 있는 것은 바로 '상황'에 달려 있음을 지적하는 것이다. *Situations X*, p. 213.
44 *Ibid.*, p. 215.

향을 미치지는 않았을 것이다. (295)

　잡지라는 매체를 사이에 두고 벌어진 이들의 논쟁에서 누가 옳고 그른지의 문제는 역사의 관점에 따라 판단이 엇갈릴 수도 있지만, 정세를 읽어 내는 관점의 차이가 관계의 단절에까지 이르게 했던 과정에 '매체'가 끼쳤던 영향력은 부인할 수 없다. 설령 그것이 정세보다는 잡지 내부의 압력에 의한 것이었다고 해도, 혹은 사르트르와 메를로퐁티의 근본적인 기질 차이에 의한 것이었다 해도, 그러한 압력과 기질의 차이를 부추긴 것은 분명 '시대'와 '상황'이었고, 잡지는 그러한 요인들이 적나라한 모습으로 드러나게 한 '매체'였다.

사르트르의 증여론

모스의 증여론과 관련하여

변 광 배

1. 서론

우리는 사르트르를 '3H'로 지칭되는 헤겔, 후설, 하이데거, 그리고 데카르트, 칸트, 흄, 키르케고르, 니체, 프로이트, 메를로퐁티, 아롱, 레비스트로스, 라캉, 리쾨르, 데리다, 지라르, 레비나스, 들뢰즈 등과 같은 철학자, 파스칼, 바타유, 프루스트, 카뮈, 지드, 보부아르, 카프카, 주네 등과 같은 작가와 관련지우는 데 익숙해져 있다. 하지만 사르트르와 마르셀 모스 Marcel Mauss(1872~1950)는 쉽게 연결이 잘 안 되는 두이름이다. 이들의 활동 분야가 달라서일까, 아니면 활동했던 시기가 달라서일까? 어쨌든 이들 두 사람을 한데 묶어 논의한다는 생각이 생소한 것만은 분명하다. 그럼에도 불구하고 이들 두 사람은 상당히 밀접하게 연결되어 있는 것으로 보인다. 바로 '증여 don' 개념을 통해서이다.

모스가 「증여론 Essai sur le don」[1]을 썼다는 사실과 그가 뒤르켐 E. Durkheim의 조카라는 사실은 비교적 잘 알려져 있다. 그러면 사르트르와 증여 개념은? 증여 개념은 사르트르의 전체 체계에서 중요한 위치를 차지하고 있다. 예컨대 『존재와 무』에서 이 증여와 이와 관련된 관용 génrosité[2]에 대한 설명을 볼 수 있다. 사르트르는 『말』에서도 "나는 증여자이자 증여였다 je suis le donateur et la donation"[3]라고 쓰고 있다. 또한 그의 여러 문학작품에서도 증여에 대해 많은 지면이 할애되고 있다. 그중의 하나가 『악마와 선신 Le Diable et le Bon Dieu』이다. 이 극작품의 중심 인물인 괴츠 Goetz는 자신의 목표를 달성하기 위해 최후 수단으로 폭력에 의존하나, 이 최종 단계에 이르기 전에 그는 선행을 베푸는 일, 곧 증여에 내기를 걸었다. 『자유의 길』 제1권 『철들 무렵』에서 낙태 avortement 문제로 곤경에 빠진 마티외 Mathieu를 돕는 사라 Sarah 라는 인물 역시 선행을 베푸는 일, 증여와 밀접하게 관련되어 있는 것으로 보인다. 이 밖에도 사르트르의 여러 문학작품에서 증여와 관용의 행위가 빈번하게 나타나는 것을 볼 수 있다. 그리고 『문학이란 무엇인가』에서 사르트르는 "글쓰기는 주는 것이다 Ecrire, c'est donner"[4]라고 말하고 있다. 그리고 이 증여 개념은 사르트르의 사후 1983년에 유고집으로 간행된 『도덕을 위한 노트』에서 도덕의 정립을 위한 아주 중요한 개념으로 등장하고 있다. 이처럼 사르트르에서 증여 개념은 철학, 문학, 문학이론을 가리지 않고 도처에서 등장하고 있다. 사르트르는 증여 개념을 논의하면서 모스의 「증여론」에 많은 빚을 지고 있는 것으로 보인다. 하지만 이 과정에서 사르트르는 모스의 이름과 이 논문에 대해 거의 침묵으로 일관하고 있다.

---

1 Marcel Mauss, *Sociologie et Anthropologie* (PUF, coll. Quadrige, 1983[1950]), 제2부. 이 책은 모스의 저서에 대한 레비스트로스의 서문을 포함하고 있다. 제2부 「증여론」은 『사회학 연보(L'Année Sociologique)』(1923-24, t. 1)에 처음으로 발표되었다. 이하, 이 논문은 'ES, 쪽수'로 약기.

2 '후한 인심', '시혜' 등으로 번역되기도 한다. 사르트르는 이 개념을 거의 증여와 같은 개념으로 여기고 있다.

3 Jean-Paul Sartre, *Les Mots* (Gallimartd, 1964), p. 22.

4 Sartre, *Situations II* (Gallimard, 1948), p. 153(이하, 'SII, 153'처럼 약기).

한편, 이 증여 개념은 일상생활에서도 상당한 중요성을 띠고 있는 개념이기도 하다. 자본주의 사회에서 경제적 교환은 사회생활을 이루는 인간관계의 기초를 형성한다. 그런데 증여 행위 역시 인간관계의 형성에서 결코 무시할 수 없는 역할을 하고 있다. 물론 증여는 경제적 교환에 비하면 극히 일부분에 불과하다. 그럼에도 불구하고 일상생활에서 증여 행위가 갖는 중요성은 아무리 강조를 해도 지나치지 않을 것이다. 게다가 증여나 관용은 사회적으로 그 가치가 높이 평가되는 행위, 곧 도덕적 행위들이기도 하다. 가령 선물을 주고받는 행위, 기부 행위, 모금 운동, 자선 행사, 헌혈, 자원봉사 등이 그것이다. 또한 한 가지 흥미로운 것은 국내외에서도 이 증여 개념에 대한 관심이 부쩍 커지고 있다는 점이다. 예를 들어 데리다가 『시간을 주기 Donner le temps』에서, 그리고 부르디외가 『실천의 의미 Le Sens de la prtaique』에서 각각 이 증여 개념에 대해 깊이 있게 다루고 있다. 또한 바타유는 『저주의 몫 La Part maudite』에서 이 증여 개념에 토대를 둔 소비를 중시하는 '일반경제 économie générale' 이론을 펼치고 있다. 또한 『소비의 사회 La Société de la consommation』를 쓴 보드리야르 역시 모스의 영향을 받은 것으로 알려져 있다. 국내에서는 『비평과 이론』(2000)에 증여를 주제로 한 논문이 한 편 실렸고,[5] 『현대비평과 이론』(2004)에서는 증여에 대한 특집을 마련하고 있다.[6] 하지만 우리가 여기에서 표명하는 관심은 일단 사르트르에서 이 증여 개념이 어떤 의미를 담고 있는가를 살

---

5 박일형, 「선물(膳物)의 경제: 모스, 바타이유, 데리다, 베케트」, 『비평과 이론』 제7권 1호(통권 제10호, 2002 봄/여름, 한국비평이론학회), 5-25쪽.

6 『현대비평과 이론』, 특집 2 '문학의 경제, 선물의 윤리: 모스에서 데리다까지', 제11권 1호(통권 21호, 2004 봄/여름[복간호]). 이 특집에는 김성례, 「증여론과 증여의 윤리」(77-100쪽); 김상환, 「해체론의 선물: 데리다와 교환의 영점(零點)」(101-18쪽); 박일형, 「문학의 경제: 허구의 증여」(119-34쪽) 등 세 편의 논문이 들어 있다. 이 가운데 김상환의 논문은 『철학과 현실』 제63호(2004 겨울, 철학문화연구소), 208-24쪽에 그대로 재수록되었다.

펴보는 것, 특히 모스의 증여 개념과 관련지어 살펴보는 것이다. 또 하나의 관심은 방금 나열한 다른 학자들의 견해와의 비교를 통한 종합적인 탐구 가능성에 대한 모색이 될 것이다.[7]

2. 『존재와 무』에서의 증여: 증여의 부정적 측면

사르트르가 증여와 관용에 대해 처음으로 관심을 표명한 것은 『존재와 무』에서이다. '나'와 '타자'와의 구체적 관계에서 '사랑'의 관계를 논의하는 곳에서와, "함, 가짐, 있음Faire, Avoir, Etre"이라는 제목이 붙어 있는 이 책의 제4부에서이다. 함, 가짐, 있음이란 사르트르가 설정하고 있는 인간 실존의 '세 범주trois catégories'이다.[8] 인간의 모든 행동conduites이 이 세 가지 범주로 축약될 수 있다는 것이다. 이 세 범주와 관련하여 한 가지 특이한 것은 사르트르가 이 세 범주 사이에 이중二重의 환원réduction이 이루어진다고 보고 있는 점이다. '함'의 범주는 '가짐'의 범주로, '가짐'의 범주는 '있음'의 범주로 환원된다. 이 이중의 환원이 갖는 의미는 이렇다. 인간이 어떤 대상을 창조하는 것은 일차적으로 이 대상을 소유하기 위함이다. 그리고 이 대상을 소유하는 것은 이 대상을 만든 인간이 이 대상을 소유함으로써 자신의 존재를 강화하기 위함이라는 것이다. 이 두 번째 환원에 적용되는 명제는 바로 "사람은 그가 가진 것으로 존재한다On est ce qu'on a"이다. 또 이 명제로부터 "사람은 많이 가지면 가질수록 그만큼 더 존재한다Plus on a,

---

7 필자는 이 가능성을 『나눔은 어떻게 인간을 행복하게 하는가: 모스에서 사르트르까지 기부에 대한 철학적 탐구』(프로네시스, 2011)에서 구체적으로 다룬 바 있다.

8 Sartre, *L'Etre et le Néant: Essai d'ontologie phénoménologique* (Gallimard, coll. Bibliothèque des Idées, 1943), p. 506(이하, '*EN*, 506'처럼 약기).

plus on est"라는 명제가 도출된다.[9]

　사르트르는 이와 같은 인간 실존의 세 범주 사이에 이루어지는 이중의 환원을 설명하는 중에 증여와 관용의 개념을 다루고 있다. 특히 가짐의 범주의 한 예로서 이 개념들을 설명하고 있다. 사르트르는 증여와 관용을 '파괴destruction'와 같은 의미를 가진 것으로 본다. 사르트르는 이것을 북아메리카에 살았던 인디언 부족들 사이에서 행해졌던 '포틀래치potlatch'[10] 의식을 통해 설명하고 있다.

　이상의 고찰은 보통 환원 불가능한 것으로 여겨지는 어떤 종류의 감정 또는 태도, 예를 들면 관용 등이 지니는 의미를 더 잘 이해할 수 있게 해 준다. 사실 증여는 하나의 원초적인 파괴 형식이다. 주지의 사실이지만, 예를 들면 포틀래치는 막대한 양의 물품의 파괴를 수반한다. 이와 같은 파괴는 타자에 대한 도전이며, 타자를 속박한다. (…) 포틀래치는 파괴이며 또 타인에 대한 속박이다. 나는 대상물을 소멸시키는 경우와 마찬가지로 그 대상물을 증여함으로써 파괴한다. (*EN*, 684)

　치누크Chinook 어[11]로 '식사를 제공하다', '소비하다' 등의 뜻을 가지고 있는 이 포틀래치[12]를 이처럼 파괴 행위와 같은 것으로 보는 사르트

9　이 두 번째 환원의 의미를 우리는 천민자본주의 사회에서 잘 관찰할 수 있다. 꽤 오래 전에 유행했던 우스갯소리, 즉 고속도로를 달리던 중 티코가 소나타를 추월했더니 이 소나타를 몰던 사람이 티코를 다시 추월하여 막아 세우고 이 티코를 운전하던 사람을 두들겨 팼다는 얘기에 담긴 뜻이 바로 이 두 번째 환원이라고 할 수 있다. 그러니까 큰 차를 소유한 자기가 작은 차를 소유한 사람보다 더 존재한다는 생각, 따라서 자신이 더 우월하고 잘났다는 생각이 바로 소나타를 몰던 사람의 생각이었던 것이다.

10　다른 부족에게 있어서는 이와 비슷한 '쿨라(kula)'라는 의식이 행해지기도 한다(ES, 168). '쿨라'는 '원(cercle)'을 의미한다.

11　치누크 족은 미국 북서부 콜럼비아 강 유역에 사는 아메리카 인디언 부족이다.

12　모스에 의하면 포틀래치는 "투기(鬪技)형의 전체적인 급부(prestation totale de type agonistique)"로 지칭되기도 하며(ES, 153) 이 단어 자체가 '증여'의 의미로 사용되기도 한다(214).

르의 견해는 그대로 모스의 것이다. 모스는 「증여론」에서 이렇게 말하고 있다. "아메리카 북서부와 아시아 북동부 포틀래치의 모든 형태에는 이 파괴라는 주제가 들어 있다"(ES, 167). 모스에 따르면 포틀래치가 파괴적인 힘을 갖는 것은 다름 아닌 이 포틀래치 의식을 통해 상대방에게 주어지는 물건들에 포함되었다고 생각되는 '영靈hau'[13] 때문이라는 것이다(ES, 57-61). 그러니까 이 포틀래치를 통해 증여되는 물건들에는 그것들을 증여하는 사람이나 부족의 영이 '붙어 있다possédé'[14]는 것이다. 따라서 가령 A라는 사람이나 A'라는 부족이 자신과 자기 부족의 영이 붙어 있는 물건들을 B라는 사람이나 B' 부족에게 주었을 때[15] 이 B나 B' 부족은 고민을 하게 되는 것이다. 만약 A나 A' 부족의 영이 붙은 물건을 받고서도 B나 B' 부족이 이 물건들에 상응하는 자기 부족의 영이 붙은 물건들을 A나 A' 부족에게 되돌려주지 못하거나[16] 또는 더

---

13 '하우'는 정령주의(애니미즘)의 소산으로 어떤 사람 또는 어떤 집단이 만들어서 소유하는 물건에는 이 사람 또는 이 집단의 영(esprit)이 들어 있다는 것이다. 그리고 이 하우는 이 물건 또는 이 물건의 재료가 만들어지거나 산출되는 숲이나 땅에 들어 있다고 여겨지는 정령이다. 따라서 이 물건을 증여하는 사람이나 집단은 자신의 또는 자기 집단의 영을 주는 것, 곧 자신의 일부 또는 자기 부족의 일부를 증여하는 것으로 이해된다(ES, 161).

14 불어에서 'possession'은 '소유'라는 의미와 '귀신 붙음'라는 의미를 동시에 갖고 있다는 사실을 염두에 두자. 사르트르는 고대 이집트나 중국 등의 장례 풍습을 통해 이 사실을 설명하고 있다. 가령 이들 국가에서는 사람이 죽게 되면 이 사람이 살아 있는 동안 사용했거나 소유했던 물건들과 노예들을 같이 매장하는 풍습이 있었다. 사르트르가 보기에 이때 물건들과 노예들을 죽은 사람과 같이 매장하는 것은 바로 이 물건들과 노예들이 이 사람의 '소유'였고, 따라서 이것들에 이 사람의 '영'이 붙어 있기 때문이라는 것이다. 사르트르는 이와 관련하여 "만약 이것들을 죽은 사람과 같이 매장하지 않는 것은 마치 이 죽은 자의 다리 하나를 빼놓고 매장하는 것과 같다"라고 말하고 있다(EN, 677).

15 모스에 의하면 고대사회에서 증여는 의무(obligation)이다. 만약 증여를 하지 않는다면 이것은 다른 사람이나 다른 부족에게 단교를 선언하거나 전쟁을 선언하는 것과 같다(ES, 162, 205).

16 그 누구도, 그 어떤 부족도 자기에게 행해지는 증여를 거부할 권리가 없다. 즉 증여를 받는 것은 의무이다. 증여를 거절한다면 그 자체로 이미 거절한 사람이나 부족의 "코가 납작해지는 것"이며, "권위를 잃는 것"이기도 하다(ES, 210).

적은 양의 물건들을 되돌려준다면,[17] 이 때 B나 B' 부족은 자기 부족의 영이 A나 A' 부족의 영보다 더 열등하다는, 그래서 B 자신의 힘이나 B' 부족의 힘이 A나 A' 부족의 그것보다 열등하다는 것을 인정하게 되는 것이다. 그러니까 B와 B' 부족의 체면과 위신이 여지없이 땅에 떨어지고 마는 것이다.[18] 이처럼 모스는 포틀래치, 곧 증여는 파괴 행위의 의미를 가지고 있다는 사실을 인정하고 있다. 사르트르는 『존재와 무』에서 포틀래치에 대한 이와 같은 모스의 해석을 그대로 받아들이고 있다. 하지만 모스의 이름은 전혀 거론하지 않고 있다.

모스에 이어 사르트르도 포틀래치, 곧 증여 행위를 통해 파괴되는 것은 바로 이 증여를 받는 자의 주체성, 자유, 초월이라고 보고 있다. 사르트르에 의하면 파괴 행위는 우선 창조에 속한다. 하지만 파괴는 '역방향'으로 이루어지는 '창조'로 여겨진다. 보통의 경우 창조는 이 세계에 무엇인가를 존재하게끔 하나, 파괴는 이 세계에 이미 존재하는 것을 없애는 창조로 여겨지는 것이다. 따라서 모든 함의 범주가 그렇듯이 이 파괴 행위 역시 가짐의 범주로 환원된다는 것이 사르트르의 견해이다.

파괴한다는 일, 이것은 나에게 흡수하는 일이며, 파괴된 객체의 즉자존재에 대해서, 창조에 있어서와 마찬가지로, 하나의 깊은 관계를 맺는 일이다. 내가 농장에 불을 질렀다고 하자. 농장을 태우는 불은 이 농장과 나 자신과의 융합을 점차 실현해 나가고 있다. 이 농장은 소멸해 감으로써 나에게로 변화한다. 갑자기 나는 창조의 경우에 볼 수 있는 존재관계를, 그리고

---

17 물론 이 의무를 시행하는 데 시간적인 여유가 있다는 사실에 주목하자. 이것이 바로 증여─가령, 선물─와 경제적 교환을 구분하는 중요한 기준이 된다. 경제적 교환에서의 반대급부는 시간적으로 보아 직접적이고 즉각적인 반면, 증여에서는 어느 정도 여유가 있다.

18 예컨대 이와 같은 포틀래치 의식의 변형된 형태를 우리나라의 사치스러운 결혼식 과정에서 볼 수 있다. A라는 집안과 B라는 집안 사이에 혼수 준비를 하면서 '체면(face)'(cf. ES, 206)을 지키기 위해 벌어지는 과다한 경쟁이 여기에 해당한다고 할 수 있다.

또 역으로의 존재관계를 발견한다. 나는 불붙고 있는 존재를 파괴하기 때문에 나는 이 곡식 창고로 있다. 파괴는 – 아마도 창조보다도 더 미묘하게 – 아유화我有化를 실현한다. (*EN*, 683)

사르트르는 파괴의 의미를 담고 있는 증여나 관용 역시 소유하고자 하는 열망 이외의 다른 것이 아니라고 보고 있다. 그러니까 증여와 관용의 행위는 소유의 범주로 환원되는 것이다.

이리하여 관용이란 무엇보다도 파괴적인 작용이다. 어떤 시기에 어떤 사람들을 사로잡는 증여열贈與熱은 무엇보다도 파괴열이다. 그것은 광란적인 태도라든지, 대상물들의 파쇄를 수반하는 어떤 사랑과도 맞먹는다. 그러나 관용의 밑바닥에 깔린 이와 같은 파괴열은 하나의 소유열 이외의 다른 것이 아니다. (*EN*, 684)

또한 앞에서 살펴본 대로, 가짐의 범주는 있음의 범주로 환원되므로, 파괴 행위의 주체는 단순히 그가 소유했던 물건들만을 파괴하는 것이 아니다. 어떤 사람이 소유하고 있는 물건들은 이 사람의 존재를 표현한다는 것을 떠올리자. 즉, 사람은 그가 가진 것으로 존재한다. 따라서 어떤 사람의 파괴 행위에 의해 타격을 입는 것은 그가 소유했던 물건들에만 국한되는 것이 아니다. 오히려 이 파괴 행위에 의해 타격을 입는 것은 결국 파괴된 대상을 소유했던 자 – 또는 이 대상을 창조해 낸 자 – 의 대자적 측면이다. 그 까닭은 이 대상을 만들어 낸 자, 곧 이것을 소유한 자는 거기에 자신의 모든 것, 즉 자신의 주체성, 자유, 초월, 곧 그의 혼을 쏟아 부었기 때문이다. 따라서 파괴 행위와 같은 것으로 여겨지는 어떤 사람의 증여나 관용을 어떤 사람이 받았다가 이를 돌려주지 못하는 경우 – 포틀래치에서 '반대급부contre-don'의 의무를 생각하자 — 결국 이 증여나 관용에 의해 실제로 파괴되는 것은 결국 이것을 받는 사람의 주체성, 곧 그의 자유와 초월이다. 사르트르는 증여의 메커니즘을 이 증여의 주체인 내가 타자를, 더 정확하게는 타자의 자유를 '홀려envoûter' 그를 나에게 '굴복시키는 것asservir'으로 보고 있다.

준다donner는 것은 자기가 주는 대상물을 소유적으로 향수하는 일이며, 그것은 아유화적-파괴적인 하나의 접촉이다. 그러나 그와 동시에 증여는 증여를 받는 상대방을 홀려 놓고 만다. (⋯) 준다는 일은 굴종시키는 것이다. (⋯) 그러므로 준다는 일은 그와 같은 파괴를 이용해서 타인을 자기에게 굴복시키는 일이며 그 파괴에 의해서 자기 것을 만드는 일이다. (*EN*, 684-85)

따라서 만일 내가 주는 것을 타자가 받는다면 — 그리고 타자가 나에게 이것에 상응하는 것을 되돌려주지 못한다면 — 이때 이 타자는 나에 의해 객체화될 수밖에 없다는 것이 사르트르의 견해이다. 다시 말해 나는 타자의 자유를 홀려 나에게 굴종시키는 것이다.[19] 이처럼 사르트르의 『존재와 무』에서 볼 수 있는 증여와 관용은 부정적 개념이다. 한 연구자는 포틀래치를 통한 증여와 관용에 대한 사르트르의 이런 해석이 모스의 해석에다 헤겔의 '주인과 노예의 변증법'을 가미한 해석이라고 보고 있다.[20] 그리고 포틀래치에 대한 모스의 해석이 사르트르에게 그러한 해석의 여지를 제공하고 있는 것도 사실이다. 왜냐하면, 앞에서 보았듯이, 모스 역시 포틀래치가 파괴의 의미를 가진 것으로 보고 있기 때문이다.

---

19 예를 들어 일상생활에서 우리는 누군가로부터 무엇인가를 거저 받는 경우 항상 "감사하다", "고맙다"는 표현과 제스처를 하게 된다. 사르트르에 의하면 이와 같은 표현과 제스처는 증여를 받은 사람의 주체성이 이미 객체화되었다는 것의 징표라는 것이다.

20 Raoul Kirchmayr, "Don et générosité, ou les deux chances de l'éthique," in *Ecrits posthumes de Sartre*, *II*, Annales de l'Institut de Philosophie de l'Université de Bruxelles (Vrin, 2001), p. 106.

그러나 문제는 모스가 증여에 대해 부여한 이와 같은 부정적 의미는 거의 예외적인 것이라는 점이다. 모스는 증여에 대해 많은 다른 의미를 부여하고 있다. 즉, 이 개념 자체가 가변적 variable이라는 것이다.[21] 그러나 사르트르는 '증여＝포틀래치＝파괴'라는 모스의 해석만을 받아들이고 있으며, 여기에 헤겔의 주인과 노예의 변증법을 윤색해 나와 타자 사이에 벌어지는 투쟁으로 이 증여 개념을 과장되게 해석하고 있는 것이다. 또한 모스는「증여론」의 결론 부분에서 증여 행위를 통한 도덕의 정립 가능성을 내다보고 있다.[22] 그리고 이 가능성이 사르트르의『존재와 무』에서 볼 수 있는 증여와 관용에 대한 논의에서는 빠져 있는 것이다. 바로 이 빈틈이『도덕을 위한 노트』에서 메워지게 된다.

3.『도덕을 위한 노트』에서의 증여: 증여의 긍정적 측면

사르트르는『존재와 무』의 결론 마지막 페이지에서 이 책에 이어지게 될 책은 바로 도덕에 대한 책이 될 것이라는 점을 밝히고 있다(EN, 722). 그런데 사르트르의 존재론에서 특히 '나'와 '타자' 사이에 이루어지는 관계라는 측면에서 볼 때 이 도덕의 정립 가능성은 거의 없다고 해도 과언이 아니다. 왜냐하면 나와 타자는 이 세계에 출현하면서부터 서로 찢기어져 '시선 regard'을 통해 서로가 서로를 객체로 사로잡으려는 '갈등 conflit'의 관계에 있기 때문이다. 그렇기 때문에 모스의「증여

---

21 이것이 증여 행위를 모스가 하나의 '총체적 사회적 사실'로 여기고 있다는 방증이다. 그에 의하면 이 증여 행위는 경제적 의미, 법률적 의미, 사회학적 의미, 정치적 의미, 종교적 의미, 샤머니즘적 의미, 미적 의미, 신화적 의미, 형이상학적 의미 등을 가지고 있는 것으로 여겨진다(cf. ES, 204-05).

22 Cf. ES, 258-65. 모스가 내다보고 있는 도덕의 정립 가능성에 대한 지적에서 중요한 것은 "고귀한 지출(dépense noble)"(262)의 개념과 '공동의 부' 또는 '공동의 자산'의 개념이다.

론」에서 제시되고 있는 증여 개념을 통한 도덕의 정립 가능성이 사르트르의 『존재와 무』에서 전혀 다루어지지 않고 있다고도 볼 수 있다. 아니, 사르트르는 나와 타자 사이의 투쟁의 극복이라는 긍정적인 측면에서의 인간관계의 정립 가능성을 전혀 고려해 볼 수가 없었던 것이다.[23] 왜냐하면 이 가능성과 자신의 존재론은 양립할 수가 없기 때문이다.[24] 사르트르는 『존재와 무』의 말미에서 도덕의 정립을 위해서는 일종의 인간들의 "급진적 전환conversion radicale"[25]이 있어야 한다고 말하고 있다. 이 전환의 과정이 자세하게 논의되고 있는 것이 바로 『도덕을 위한 노트』이고 또 그 시발점이 바로 증여 개념이다. 실제로 『도덕을 위한 노트』는 1983년에 유고집으로 출간되었으나 이 저서가 집필된 것은 1947~48년이다. 이 사실은 중요하다. 왜냐하면 이 책이 『존재와 무』에 뒤이어 쓰였다는 사실, 그리고, 곧 살펴보겠지만, 1947년을 전후해 쓰인 『문학이란 무엇인가』에 실려 있는 세 개의 논문에서 볼 수 있는 '미학esthétique' – 또는 창조création – 과 '도덕'의 연결이 모색되고 있다는 사실 때문이다.

『도덕을 위한 노트』에서 사르트르는 『존재와 무』에서 증여에 대해 부여했던 부정적 의미를 그 출발점으로 하고 있다. "포틀래치는 소외시키는 관용이다La Potlatch c'est la générosité aliénante"(*CPM*, 382)라는

---

23 실제로 사르트르는 『도덕을 위한 노트』에서 『존재와 무』에는 '긍정성(affirmation)'의 차원이 결여되었음을 직접 지적하고 있다. Sartre, *Cahiers pour une morale* (Gallimard, coll. Bibliothèque de philosophie, 1983), p. 155(이하, '*CPM*, 155'처럼 약기).

24 사르트르는 세상을 떠나기 한 달 전에 "주체성의 '내적' 구조에 '타자'"를 통합시키기 위해서는 "자신의 존재론 전부를 공중에 날려 버려야 한다"고 말하고 있다. 이것은 『존재와 무』에서는 나와 타자 사이의 갈등과 투쟁을 해결할 수 있는 메커니즘이 존재하지 않는다는 것을 의미한다고 할 수 있다. Jeannette Colombel, "Condamnés à la liberté," *Les Temps modernes* (50 ans), n° 587 (mars-avril-mai 1996), p. 132.

25 *EN*, 484 주1. 'conversion'은 '종교를 바꾸다'라는 의미로 '개종'으로 번역된다. 하지만 급격한 변화의 의미로 '전환'으로 번역되기도 한다.

주장이 그 증거이다. 그러나 사르트르는 단번에 이 주장으로부터 이와는 정반대 되는 주장으로 옮겨 가고 있다. 그 증거는 "존재론적으로 증여는 무상이며, 동기 부여가 안 된 것이며, 이해득실이 가미되지 않는 것이다Ontologiquement le don est gratuit, non motivé, désintéressé"라는 주장이다(Ibid.). 사르트르가 『존재와 무』에서 '증여＝포틀래치＝관용'의 개념을 파괴와 같은 것으로 보고 여기에 부정적 의미를 부여했던 것은 바로 이 행위의 주체인 '나'의 의도intention가 불순했던 impure 것이기 때문이다. 그러니까 나는 이 행위를 통해 나의 주체성, 자유 또는 초월이 가미된 대상을 타자에게 주면서 타자의 주체성, 자유 또는 초월을 홀려 이것을 파괴하려고 하는 의도를 가지고 있었던 것이다. 그러니까 나의 증여 행위에는 '독성毒性'이 배어 있었던 것이다. 그렇기 때문에 이 독성에 감염된 타자는 파괴될 수밖에 없었다. 그러나 증여 — 가령 우리가 선물을 주는 행위 등에서 볼 수 있듯이 — 는 그 자체로 아무런 동기가 없는 무상의 행위인 것이다.[26] 그러니까 증여는 그냥 주는 것이지 이에 대해 뭔가를 기대하면 이미 그것은 순수한 의미에서 증여가 아니라는 것이다.[27] 그리고 사르트르는 증여를 '나'와 '타자' 사이에 이루어지는 "인정의 상호성"을 전제하고 있다고 보고 있다. "증여는 인정의 상호성을 전제로 하고 있다. (…) 이 인정은 증여의 순수한 수락 속에서 그리고 이 수락에 의해 이루어진다Le don suppose une réciprocité de reconnaissance (...) Cette reconnaissance se fait dans et par la pure acceptation du don"(CPM, 383).

　사르트르는 이처럼 『도덕을 위한 노트』에서 증여의 개념에 긍정적

26　'증여＝선물'이 갖는 이와 같은 이중적 의미는 종종 '독'과 '약'의 의미를 가지고 있는 'pharmakon'과 비교되기도 한다.

27　데리다가 『시간을 주기』에서 모스의 증여론을 해체하려고 할 때 내세우고 있는 논지가 바로 이것이다. 즉 선물은 선물로서 인식될 때 이미 선물이 아니라는 것이다.

의미를 부여하고 있다. 그러니까 이 개념이 존재론적 차원에서 이루어지는 나와 타자와의 '투쟁'에서 일종의 '미덕 vertu'으로 옮겨가고 있는 것이다. 물론 그렇다고 해서 사르트르가 이 증여가 가지고 있는 파괴, 곧 부정적 의미를 완전히 폐기처분하는 것은 아니다. 오히려 이 두 가지 의미를 모두 수용한다고 하는 편이 정확하겠다. 그 결과 이 증여의 개념은 이제 '애매한' 개념이 되고 만다. 이것은 파괴이기도 하고 또 긍정적 인간관계의 정립이기도 하다. 사르트르는 『도덕을 위한 노트』에서 여러 차례 이 개념이 갖는 애매성을 강조하고 있다. 또한 이 애매성은 긍정적, 부정적 의미 사이에서의 결정 불가능성 indécidabilité으로 표현되기도 한다(389).

한마디로 증여는 나와 타자 사이의 '도전 défi'이자 '축제 fête'인 것이다(388). 그런데 이와 같은 증여의 모호하며 가변적인 특징, 한 가지 의미만을 부여할 수 없는 특징 등은 이미 모스가 「증여론」에서 거론하고 있는 것이다. 왜냐하면, 앞에서 지적한 대로, 모스는 고대사회에서 이 증여 개념을 분석하면서 이 개념을 하나의 "사회총체적 사실"로 고려하고 있기 때문이다. 어쨌든 사르트르 역시 『도덕을 위한 노트』에서 이 증여 개념에 대해 부정적, 긍정적인 의미를 모두 부여함으로써 자신의 도덕을 정립하기 위해 한 발자국을 앞으로 내딛었다고 할 수 있다. 다만 여기서도 사르트르는 자신이 모스에게 진 빚에 대해서는 여전히 침묵을 지키고 있다.

4. 관용의 도덕[28]을 위하여

『도덕을 위한 노트』에서 사르트르는 증여의 개념이 갖는 긍정적 측면을 부각시켜 이 개념의 애매모호한 특징을 드러내는 것에 그치지 않고 있다. 이와는 달리 이 개념을 토대로 하는 자신의 도덕을 정립시키기 위해 노력하고 있다. 즉, 그가 말했던 도덕적 전환을 완수해 나가고 있는 것이다. "타인은 나의 지옥이다 L'Enfert, c'est les Autres", 이것은 극작품 『닫힌 방』에서 가르생 Garcin의 입을 통해 나오는 대사 가운데 하나이다. 이 대사가 갖는 의미가 사르트르의 『존재와 무』에서 나와 사이에 맺어지는 투쟁, 갈등의 관계, 즉 비극적 관계를 여과 없이 보여 준다는 사실은 잘 알려져 있다. 그런데 『도덕을 위한 노트』에서 사르트르는 이렇게 단언하고 있다.

> 왜냐하면 '함께-있음 Mit-sein'의 구조 중 하나는 세계에서 타인을 드러내는 것이다. 정열들의 지옥에서 이와 같은 타인의 드러남은 순수한 초월로 여겨진다. (…) 하지만 내가 여기서 지적하고자 하는 것은 정확히 이 지옥 속에 이미 관용과 창조가 있다는 사실이다. 그도 그럴 것이 이 세계에 출현하면서 나는 다른 대자들에게 새로운 차원을 준다. (*CPM*, 515)

여기서 다음과 같은 질문을 던져 보자. "세계에 출현하면서 나는 다른 대자들에게 새로운 차원을 준다"는 구절에서 내가 다른 대자들, 곧 타자들에게 주는 이 "새로운 차원"은 어떤 차원을 말하는 것일까? 답을

---

28 관용과 증여가 같은 의미로 사용되기 때문에 이 용어는 '증여의 도덕'이라고 표현할 수도 있겠다. 실제로 모스도 「증여론」에서 이 '증여의 도덕'이라는 용어를 사용하고 있다 (cf. ES, 170). 사르트르에게 이 도덕은 "폭력의 도덕(morale de la violence)"이나 "힘의 도덕(morale de la force)"(cf. *CPM*, 194-224)과 대립되는 것이다.

미리 하자면, 내가 타자에게 주는 새로운 차원이란 곧 자유로운 상태, 주체성의 상태, 초월의 상태로 있는 타자의 모습이다. 물론 이러한 모습을 부여할 때 나 역시 당연히 자유, 주체성, 초월의 상태로 있어야 할 것이다. 그래야만 인간들 사이의 도덕을 말할 수 있을 것이다. 그런데 이러한 상태는 『존재와 무』 차원에서는 실현불가능하다. 가령 『존재와 무』에서 '사랑'이 이러한 상태를 추구하는 관계로 여겨진다. 그러나 이 사랑은 궁극적으로 실패로 끝나고 만다는 것이 사르트르의 생각이다. 왜냐하면 나와 타자 둘 중 하나는 반드시 객체성의 상태로 있어야 하기 때문이다. 그럼에도 불구하고 여기서 사르트르는 이러한 상태의 실현 가능성, 곧 도덕적 전환의 가능성을 내비치고 있다. 그렇다면 이 도덕적 전환의 가능성은 어디에서 오는 것일까? 이 질문에 답을 하기 위해 위의 인용문에서 다음과 같은 구절에 주목해 보자. 즉, "이 지옥 속에 벌써 관용과 창조가 있다"는 구절이 그것이다. 이것은 무엇을 의미할까? 이 질문에 답을 하고 나서 바로 위에서 제기한 질문, 곧 도덕적 전환의 가능성에 관계된 질문에 대해 답을 하도록 하자.

우선 두 번째 질문에서 '관용', 곧 증여가 있다는 것은 무엇을 의미하는가? 사르트르는 내가 대자pour-soi의 자격으로 이 세계와 관계를 맺으면서 실존하는 가운데 이중의 관용이 드러난다고 보고 있다. 하나는 "스스로 모습을 나타내는 [이 세계에 있는] 존재가 내보이는 관용celle [= générosité] de l'être qui se donne"이다.[29] 이것은 『존재와 무』 차원에서 우연성contingence의 개념으로 설명된다. 그러니까 이 세계에 존재하는 것은 아무런 이유 없이 그냥 거기에서 자기 자신을 주고 있다는 것이다. 실제로 이 우연성의 개념은 증여라는 개념으로 볼 때 달리 해

---

29 Kirchmayr, "Don et générosité," p. 126.

석될 수 있는 여지가 있는 것으로 보인다.[30] 아무튼 한 가지 분명한 것은 사르트르가 그의 존재론적 차원에서 우연성으로 일컫던 존재의 출현을 관용으로 보고 있다는 점이다. 또 다른 하나의 관용은 "무無의 자격으로 대자가 스스로를 주는 관용celle [＝générosité] du pour-soi qui se donne en tant que rien"[31]이다. 대자존재가 이 관용을 베풀지 않는다면 이 세계는 암흑 속에 머물게 될 것이다. 왜냐하면 사르트르의 존재론에서 '무'는 인간을 통해서 이 세계에 오며, 바로 이 무에 의해 이 세계가 조직되고 또 어떤 의미를 갖기 때문이다.

그다음으로 '창조'가 있다는 것은 무엇을 의미하는가? 사르트르에 의하면 타자가 있는 이 세계에서 대자의 자격으로 내가 이 세계와 어떤 관계를 맺는다는 것은 이미 하나의 창조이다. 여기에는 다음의 두 가지 의미가 포함되어 있다. 하나는 인간은 미래를 향해 자기 스스로를 만들어 가는 존재 이외의 다른 존재가 아니라는 사르트르의 주장 속에 포함된 의미가 그것이다. "실존이 본질에 선행한다"라는 주장에 내포되어 있는 의미가 바로 이것이다. '나'는 살아가면서 '나'를 창조해 나간다. 따라서 나는 나의 '행동의 합'과 같고, 그 결과 나는 나 자신의 창조의 결과물에 다름 아니다. 다른 하나는 살아가면서 나는 나의 의식을 통해 이 세계를 거기에 존재하게끔 한다는 의미이다. 즉 나만의 세

---

30 이 문제와 관련하여 한 가지 중요한 물음이 제기될 수 있다. 이 물음은 우연성의 본질에 관계된 물음이다. 자기 스스로를 주는 이 존재는 과연 이 주는 힘을 어디에서 얻는 것일까? 하이데거의 말대로 "존재는 주어져 있다(es gibt Sein)." 그렇다면 이 존재는 누가 준 것이 아닐까? 이에 대해 사르트르는 분명하게 대답을 하지 않고 있다. 아니, 분명한 대답을 하고 있기는 하다. 그가 "신의 부재"를 가정했으므로 이 세계에 존재하는 것들은 그냥, 그러니까 무상으로 거기에 주어진 것이다. 다시 말해 사르트르는 이 존재들을 누가 주었는가 하는 문제에 대해서는 분명하게 그 주체가 존재하지 않는다고 말하고 있다. 그럼에도 불구하고 존재가 자기 스스로를 준다는 것에는 "신학적 함의(connotations théologiques)"가 완전히 배제되어 있는 것 같지는 않다(Ibid.).

31 Ibid. 여기서는 '아무것도 없다'는 의미의 'rien'이라는 단어보다는 '무(無)'를 지칭하는 'néant'이 더 적합할 것으로 보인다.

계를 있게끔 하는 것이다.

> 진정한 의식은 (…) 그 가장 심오한 구조에서 스스로를 창조적인 것으로
> 포착한다. 이 의식은 그 자체의 출현을 통해 세계가 존재하게끔 하며, 그것
> 은 항상 드러내면서 이해한다. 드러낸다는 것은 (…) 있는 것을 창조하는 것
> 이다. (*CPM*, 530)

그런데 사르트르 위의 주장, 즉 "이 지옥 속에 이미 관용과 창조가 있
었다"라는 주장에서 관용에는 위의 두 종류의 관용 말고도 또 다른 종
류의 관용이 포함되어 있다는 것이 우리의 생각이다. 그것도 하나가 아
니고 두 종류의 관용이 말이다. 바로 내가 타자에게 베푸는 관용과 타
자가 나에게 베푸는 관용이 그것이다. 먼저 내가 타자에게 베푸는 관
용을 살펴보자. 사르트르는 이에 대해 『도덕을 위한 노트』에서 이렇게
말하고 있다.[32]

> 이처럼 결국 모든 창조는 증여이며, 증여 행위 없이는 존재할 수가 없
> 다.[33] '보게끔 주는 것 Donner à voir', 이것은 너무 자명하다. 나는 이 세계를
> 보게끔 준다. 나는 이 세계를 바라보게끔 하기 위해 존재하게 한다. 그리고
> 이러한 행위 속에서 나는 수난passion으로서 나를 상실한다. (*CPM*, 137)

이처럼 사르트르에게 있어서 모든 창조 – 함의 범주에 속하는 모든
행위 – 는 증여 행위이고, 또 이 증여 행위는 타자의 존재를 전제로 하

---

32 그리고 이 관용의 행위는 이미 『존재와 무』에서도 나타나고 있다(*EN*, 437).

33 모스에 의하면 고대사회에서 '주는 것(donner)', '받는 것(recevoir)', '갚는 것(rendre)'은 모두
　　다 의무에 속한다. 특히 내가 타자에게 뭔가를 주는 것, 베푸는 것은 의무에 속한다. 사르
　　트르도 여기서 '창조＝증여'의 논리를 내세우며 이 사실을 주장하고 있는 것으로 보인다.

고 있다는 것이다. 이와 관련하여 한 가지 흥미로운 사실은 사르트르에게 있어서 창조의 개념, 증여의 개념, 관용의 개념은 '호소appel'라는 개념과 같은 것으로 여겨진다는 점이 그것이다.

> 그러나 곧장 호소라는 것은 하나의 기도企圖가 하나의 외부를 가지고 있다는 사실, 다시 말해 그 기도는 타자들을 위해 존재한다는 사실에 대한 인정이다. 그리고 호소는 본래 의미에서 '헌신'이다. 다시 말해 나는 나의 기도를 타자에게 바친다. 나는 나의 기도를 타자의 자유에 자유롭게 드러낸다. 다만 호소는 목적을 거기에 닿기만 하여도 화석화시켜 버리는 순수한 시선에다 제시하지 않는다. 호소는 이 목적을 자유로운 행위에 의해 자유롭게 제시된 목적으로 증여한다. 이러한 의미에서 호소는 '관용'이며, 모든 호소에는 증여가 포함되어 있다. (*CPM*, 293)

그러면 '호소'는 어떤 개념인가? 사르트르에 의하면 호소는 "상호성의 약속promesse de réciprocité"(295)[34]으로, "누군가가 누군가에게 무엇인가의 이름으로 하는 요청"(285)으로 정의된다. 우리는 이 정의에서 호소가 이미 '타자'를 전제로 하고 있음을 알 수 있다. 그렇다면 가령 '나'는 '타자'에게 호소를 하면서 무엇을 요청하는가? 사르트르에 의하면 호소는 호소하는 자가 호소를 받는 자에게 함께 이루어 나갈 하나의 '과업tâche'에 대한 호소, 곧 이의 실행에 참여하고 협력해 달라는 호소라는 것이다.

---

34 이와 관련하여 사르트르는 막 출발한 버스에 오르려고 뛰어오고 있는 한 사람을 돕기 위해 이미 이 버스에 탑승해 있는 어떤 사람이 그 사람에게 내미는 손의 예를 들고 있다. 사르트르에 의하면 이 두 사람 사이에 이루어지는 "협력이라는 인간적 관계(relation humaine d'aide)"를 가장 이상적인 인간관계로 여기고 있다. 그리고 이 관계에서 중요한 것은 이 두 사람 모두 서로에게 호소하면서 서로 증여 행위를 하고 있다는 것이다(*CPM*, 297-99).

호소는 제시된 하나의 과업, 다시 말해 호소하는 자가 호소를 받는 자에게 제시하는 과업으로부터 출발해서, 그리고 바라고 이루고자 하는 목적들, 즉 수단들을 상정하고 이 수단들을 이용하는 조건적인 목적들의 이름으로 이루어진다. 호소는 따라서 하나의 공동으로 할 과업에 대한 호소이며, 그것은 주어진 협력이 아니라 공동의 과업을 통해 앞으로 이루어야 할 협력에 관계된다. (*CPM*, 285)

그렇다면 호소하는 자가 호소를 받는 자에게 요청하는 과업이란 무엇일까? 이 문제를 해결하기 위해 우리는 호소, 증여, 관용의 개념과 같은 것으로 여겨지는 창조의 개념을 조금 자세하게 살펴볼 필요가 있다. 앞에서 창조는 두 가지 의미를 갖는다고 했다. 하나는 내가 내 스스로를 만들어 가면서 하는 창조이고, 다른 하나는 내가 이 세계와 관계를 맺으면서 나만의 세계를 존재하게끔 한다는 의미에서의 창조가 그것이다. 첫 번째 창조인 경우 이 창조의 결과물은 다름 아닌 '나' 자신이다. 그리고 두 번째 창조에서 내가 창조해 낸 나만의 세계는 가령 어떤 경우에는 과학적 언어로, 또 어떤 경우에는 예술적 언어로 표현되기도 한다. 전자의 것을 우리는 '학문'으로, 후자의 것을 '예술'로 규정할 수 있겠다. 따라서 내가 내 자신을 창조하는 경우 내가 타자에게 증여하는 것은 내 자신이 될 것이고, 학문의 경우에서는 진리가, 예술에서는 예술작품이 될 것이다. 그러니까 나는 타자에게 내 자신이나 내가 창조한 진리나 예술작품 등을 증여하면서 내가 계획하는 어떤 과업에 참여해 달라고 호소, 요청한다고 할 수 있다. 여기서는 논의의 편의상 예술작품 ─ 문학작품 ─ 을 만들어 타자에게 주는 경우를 살펴보기로 하자. 실제로 사르트르가 『문학이란 무엇인가』에서 하고 있는 미학과 도덕을 연결시키려고 하는 시도가 바로 이것이다.

사르트르는 『문학이란 무엇인가』에서 '글쓰기 행위'와 '예술작품'

-문학작품-을 '호소'로 규정하고 있다.[35] 그런데 중요한 것은 호소의 개념에서 호소를 하는 자와 호소를 받는 자는 둘 다 '자유'의 상태에 있어야 한다는 점이다. 사르트르는 "자연미가 우리의 자유에 '호소한다'는 것은 결코 있을 수가 없다"라고 하면서 호소가 인간의 고유한 일임을 강조하고 있다. 또한 호소를 하는 자는 자유의 상태에 있어야 한다. 왜냐하면 인간은 인간이 아닌 존재, 그것도 자유로운 상태에 있는 인간이 아닌 존재-가령, 노예-에게 호소할 수는 없다는 것이 사르트르의 견해이기 때문이다. 이에 걸맞게도 사르트르는 호소를 "상황 속에 있는 개인의 자유에 의한 상황 속에 있는 개인의 자유의 인정"(*CPM*, 285)이라고 정의하고 있다. 예를 들어 글쓰기의 경우 이 행위의 주체인 작가는 자유의 상태에 있어야 한다. 그렇지 않으면 창작 자체가 이루어지지 않을뿐더러 증여의 행위 자체가 성립되지 않을 것이다. 또한 작가의 호소를 받는 독자 역시 자유의 상태로 있어야 한다고 보고 있다.

> 내가 독자에게 호소하여 내가 시작한 일을 완성시켜 주기를 요청한다면, 내가 독자를 순수한 자유로서, 순수한 창조력으로서, 무조건적인 행위로서 생각한다는 것은 당연한 이야기이다. 따라서 나는 어떠한 경우에도 그의 수동성에 호소할 수는 없다. 다시 말해서 그에게 **작용하여**, 공포, 욕망, 분노와 같은 강한 감정을 단번에 전달하려고 시도할 수는 없다. (*SII*, 98-99)

그런데 작가의 경우 자신의 글쓰기를 통해서 독자에게 호소하는 경우 실제로 이 호소가 행해지는 것은 그가 쓴 '작품'을 통해서이다. 보다 더 정확하게 말하자면 자신이 작품을 독자의 자유에 증여함으로써 이

---

35 창조는 오직 읽기를 통해서만 완성될 수 있기 때문에, 예술가는 자기가 시작한 것을 완결시키는 수고를 남에게 맡기기 때문에, 그리고 그는 오직 독자의 의식을 통해서만 자기가 제 작품에 대해 본질적이라고 생각할 수 있기 때문에, 모든 문학작품은 호소이다(*SII*, 96).

루어진다. 사르트르는 작가가 독자에게 작품을 주는 행위, 곧 관용의 행위를 "순수한 제시 présentation pure"이며, "작가의 독자에 대한 예의 politesse de l'auteur vers le lecteur" 등으로 규정하고 있다.

작가는 충격을 주려고 해서는 안 된다. 만약 그런 짓을 하면 자기모순에 빠지고 만다. 작가가 무엇을 강력하게 요구한다 해도 그는 다만 독자가 수행하여야 할 과업을 제시하는 데 그쳐야 한다. 그렇기 때문에 순수한 제시라는 성질이 예술작품에 있어서 본질적인 것으로 생각되는 것이다. (⋯) 여기에서 중요한 것은 오직 일종의 신중성이며, 주네의 더욱 적절한 표현을 빌리자면 독자에 대한 작가의 예의이다. (*SII*, 99)

그러면서 작가는 독자에게 무엇인가를 요청한다. 작가가 구체적으로 작가에게 요청하는 것은 무엇일까? 앞에서 지적한 것처럼, 그것은 작가가 계획하는 '과업'에 참여해 달라고 요청하는 일이다. 그렇다면 작가가 계획하고 있는 이 과업은 도대체 무엇인가? 이것은 작가가 창조한 작품에 '객체성 objectivité'을 부여해 달라는 일에 다름 아니다. 이것은 무엇을 말하는가? 이 물음에 답을 하기 위해서는 작가의 글쓰기의 동기에 주목해 보아야 한다. 작가가 글쓰기를 선택한 것은 자신의 구원 salut을 실현하기 위함이다. 이 구원이 실현되었다는 징표는 작가가 자신이 창작한 작품을 통해 '즉자-대자 l'en-soi-pour-soi'의 결합 fusion 상태에 도달했다는 것으로 나타난다. 곧 '신神'의 상태에 이르는 것이다. 그런데 작가가 자신이 창작한 작품을 소유할 때 – 함의 범주의 가짐의 범주에로의 환원을 상기하자 – 그는 "즉자-대자"의 결합 대신 "대자-대자"의 결합을 실현할 따름이다(cf. *CPM*, 131, 136, 457). 왜냐하면 작가는 자신의 작품에 자기의 모든 것, 그의 자유, 주체성, 초월, 곧 그의 혼을 거기에 쏟아부었기 때문이다. 한마디로 작품이 그의 분신 alter ego이기 때문이다. 하지만 이 작품의 즉자적 측면, 곧 이 작품의 객체적 측면의 출현은 작가의 구원의 달성에 있어서 필수 불가결한 요소이다.

작가는 자신의 작품의 객체적인 면을 어떤 방법으로 확보하는가? 사르트르에 의하면 작가는 이를 위해 단 하나의 방법만을 가지고 있다. 그것이 바로 독자의 자유에 호소하는 것이다. 작가는 자신의 작품을 독자에게 주면서 – 증여의 행위이다 – 이 작품의 객체적인 면을 달라고 요청하는 것이다. 이것이 바로 작가가 독자에게 호소를 하면서 그에게 요청하는 과업의 내용이다. 물론 이를 위해 작가가 독자의 자유를 인정한다는 사실을 잊지 말자.[36] 사르트르는 이러한 사실을 고려하여 글쓰기를 이렇게 정의하고 있다. "글쓰기, 그것은 따라서 세계를 드러내는 것이고, 또 이것을 독자의 관용에 하나의 과업으로서 제시하는 것이다"(*SII*, 109). 이것이 앞에서 지적했던 내가 타자에게 베푸는 관용이다.

독자는 이처럼 작가의 요청에 응해 작가가 자기에게 준 작품을 읽고 이 작품에 객체인 면을 부여해 준다. 사르트르는 읽기 행위를 "타자의 주관성을 흘려 넣는 것"(*CPM*, 135)으로 정의하고 있으며, 문학이란 "독자의 주관성 이외의 다른 것이 아니다"(*SII*, 95)라고 보고 있다.

> 그러나 또한 작품은 타자에 의해 인정되고 가치평가되어야만 한다. 작품은 실제로 타자에 의해 그리고 타자를 위해 이루어진다. 타자의 협력은, 비록 그것이 그 작품의 완전한 외면성을 부여하는 것일지라도, 필수 불가결한 것이다. 그런데 타자는 예측 불가능한 자유이다. (*CPM*, 128)

---

36 "그 반면에 책은 나의 자유에 봉사하는 것이 아니라 그것을 요구한다. 사실, 우리는 강요나 매혹된 탄원을 통해서 남의 자유에 호소할 수는 없다. 그 자유에 도달하는 방법은 하나뿐이다. 그것은 우선 자유를 인정하고 다음으로 자유를 신뢰하고 마지막으로 자유의 이름으로, 다시 말해서 그것에 대한 신뢰의 이름으로 그 자유로부터 행위를 요구하는(exiger) 것이다. 따라서 책은 도구처럼 어떤 목적을 위한 수단이 아니라, 독자의 자유에 대해서 자신을 목적으로 제시하는 것이다"(*SII*, 97).

따라서 작가의 호소에 응해, 그러니까 그가 증여한 작품을 독자가 읽을 때, 즉 이 작품 속에 자신의 주관성을 흘려 넣어 이 작품의 객체적인 면을 나타나게끔 할 때, 독자는 작가와의 공동 과업의 실현에 동참하게 되는 것이다. 사르트르는 독자가 이처럼 작가의 창조, 증여, 관용, 호소를 거절하지 않고 이에 응할 때 작가는 이때 나타나는 자기 작품의 객체적인 면을 통해 '즉자-대자'의 결합, 곧 자신의 구원을 실현할 수 있다는 것이다. 최소한 이론적으로는 그렇다는 것이다.[37] 사르트르는 이처럼 독자가 작가의 호소에 응하면서 작가가 쓴 작품의 객체적인 면을 마련해 주는 작업을 "독자의 관용의 실천"[38]이라고 명명하고 있다. 바로 이것이 타자–독자–가 작가–나–에게 베풀어 주는 관용이다.

이렇듯 작가는 독자들의 자유에 호소하기 위해 쓰고, 제 작품을 존립시켜 주기를 독자의 자유에 대해서 요청한다. 그러나 작가의 요청은 그것으로 그치는 것이 아니다. 작가는 또한 그가 독자들에게 주었던 신뢰를 자신에게 되돌려주기를 요청한다. 다시 말해서 독자들이 그의 창조적 자유를 인식하고, 동일한 성질의 호소를 통해서 이번에는 거꾸로 그의 자유를 환기해 주기를 요청하는 것이다. 사실 바로 이 점에서 읽기의 또 다른 변증법적 역설이 나타난다. 즉 우리들 독자는 우리의 자유를 느끼면 느낄수록 더욱, 타인인 작가의 자유를 인식하게 된다. 마찬가지로 작가가 우리에게 요구하면 할수록 우리도 더 그에게 요구하는 것이다. (*SII*, 75)

---

[37] 다만 독자는 항상 작가의 호소를 거절할 수 있는 가능성을 항상 가지고 있다는 사실을 잊어서는 안 될 것이다. 이것은 작가는 독자를 붙들기 위해 끊임없는 노력을 계속해야 한다는 것을 보여 주는 것이다.

[38] 사르트르에게 증여와 관용은 창조와 같은 것으로 여겨지기 때문에, 읽기 행위가 관용의 실천이라면 이 행위 역시 창조여야 한다. 이에 걸맞게도 사르트르는 읽기 행위를 창조 행위로 여기고 있다(*SII*, 95).

이렇듯 독자의 감정은 결코 대상에 의해서 지배되는 것이 아니며, 또한 어떠한 외적 현실도 그 감정을 제약할 수 없기 때문에 그 근원은 언제나 자유에 있다. 말을 바꾸면 그것은 관용이다. 나는 자유에서 우러나는 동시에 자유를 목적으로 삼는 감정을 '관용적이다'라고 부르려는 것이다. 그래서 읽기란 관용의 실천이다. 그리고 작가가 독자에게 요구하는 것은 추상적인 자유의 적용이 아니라 정념, 반감, 동감, 성적 기질, 가치 체계를 포함한 그의 인격 전체의 증여이다. (*SII*, 100)

상황이 이렇다면, 결국 작가와 독자 사이에 맺어지는 관계는 "관용의 실천"을 위한 서로의 약속, 곧 협정으로 발전할 수밖에 없는 것이다. 그리고 이 협정이 제대로 기능할 때 이른바 작가와 독자에게 공히 쾌락이 나타난다는 것이다. 이것이 바로 "존재론적 안정감 sentiment de sécurité"과 "미적 희열 joie esthétique"(*SII*, 108)이다. 사르트르는 이처럼 도덕과 미학, 곧 창조의 이론이 긴밀하게 연결되어 있음을 보여 주고 있다(111).

이와 관련하여 한 가지 흥미로운 것은 바로 사르트르가『도덕을 위한 노트』에서 계획하고 있는 '관용의 도덕'을 위한 플랜이다. 물론 이 플랜은『도덕을 위한 노트』에서는 완벽한 형태로 발전, 전개되어 있지는 않다. 그럼에도 불구하고 이 플랜은 지금까지 우리가『문학이란 무엇인가』를 통해서 살펴본 도덕과 미학의 연계 가능성과 관련하여 많은 것을 시사해 준다.

타자에 대한 호소. (…)
타자와 직접적인 관계를 맺는 것을 포기하기.
타자와의 진정한 관계는 결코 직접적이 아니라 작품의 매개를 통해 이루어지는 관계이다. 나의 자유는 상호적 인정을 내포하고 있다. 하지만 인간은 스스로를 주면서 스스로를 상실한다. 관용. 사랑. 작품을 통한 나의 대자와 나의 대타 사이의 새로운 관계. 타자가 나에게 객체성을 주게끔 하기 위해 나는 내 자신을 타자에게 내가 창조한 대상으로서 주면서 나를 규정한다. (*CPM*, 487)

여기서 우리가 주목할 수 있는 것은 크게 다음과 같은 두 가지이다. 하나는 나와 타자와의 참다운 관계는 '직접' 이루어지는 것이 아니라 '작품'을 매개로 이루어지다는 점이다. 다른 하나는 내가 타자에게 내가 창조한 것 – 여기에는 나 자신도 포함되고 또 내가 만들어 낸 여러 가지 것(진리, 예술작품, 물건 등)이 포함된다 – 을 주는 것은 타자가 이것에 대해 객체성을 주기 위함이라는 것이다. 이제 우리는 사르트르가 『도덕을 위한 노트』에서 증여와 관용의 개념을 이용하여 계획하고 있는 관용의 도덕의 플랜을 어느 정도 이해할 수 있다. 먼저 『존재와 무』에서 나와 타자 사이의 관계는 직접적으로, 그러니까 '신체 corps'를 통해 서로가 서로의 '시선' 하에 놓이기 때문에 투쟁과 갈등의 관계로부터 벗어날 수가 없다는 점이다. 이에 비해 『도덕을 위한 노트』에서는 이 문제가 해결되고 있다. 즉 나와 타자 사이에 이른바 도덕적 전환, 즉 나도 자유, 주체성, 초월을 가지고 있고, 타자도 자유, 주체성, 초월을 가진 상태에서 인간관계를 맺을 수 있는 가능성이 있는 것이다.[39] 그것이 바로 내가 창조한 그 무엇인가를 매개로 하는 경우이다. 우리는 이 메커니즘을 『문학이란 무엇인가』에서 작가와 독자 사이에 맺어지는 '관용의 협약'을 통해 살펴보았다. 그리고 내가 창작한 작품을 타자에게 주는 것은 결국 타자로 하여금 이 작품에 객체적인 면을 부여해 달

---

39 사르트르에 의하면 인간은 홀로 도덕적 전환을 실현할 수는 없다. 인류 전체가 이 전환을 실현해야 한다.

라고 요청하는 것이다. 물론 이 요청을 하기 위해서는 당연히 나는 자유의 상태로 있어야 하며, 타자 역시 자유로 있어야 하는 것이다. 다만 문제가 되는 것은 여전히 타자는 나의 호소, 증여, 관용을 거절할 수 있는 입장에 있다는 것이다. 왜냐하면 그는 자유로운 존재이기 때문이다. 사르트르는 이에 대해 이렇게 답하고 있다. 즉, "내가 쓴 작품을 읽고 안 읽고는 독자의 자유이다. 하지만 이 작품을 집어든 순간 책임을 져야 한다"고. 이것은 이렇게 해석할 수 있겠다. 즉, "당신이 나와 인간관계를 맺고 안 맺고는 당신 자유의 소관이다. 하지만 일단 나와 관계를 맺게 되면 서로 서로에게 최선을 다하자"라는 의미로 말이다.

5. 마치면서

지금까지 우리는 증여라는 개념을 통해 사르트르와 모스의 사유의 일면을 비교해 보았다. 그러니까 사르트르는 『존재와 무』 차원에서는 모스가 「증여론」에서 증여에 대해 가하고 있는 부정적 의미, 곧 '증여＝포틀래치＝관용＝파괴'의 의미만을 받아들였으나, 『도덕을 위한 노트』 차원에서는 이 개념들이 가지고 있는 긍정적 의미를 받아들이는 한편, 다른 한편으로는 이 개념들을 중심으로 한 도덕의 정립 가능성까지를 받아들이고 있다는 것을 확인할 수 있었다. 물론 사르트르는 끝까지, 즉 관용의 도덕의 플랜을 수립하면서까지도 모스의 이름을 전혀 거론하지 않고 있다. 하지만 우리는 지금까지의 논의를 통해 사르트르가 모스에게 얼마나 많은 부채를 지고 있는가 하는 것을 알 수 있었다. 그럼에도 불구하고 사르트르가 모스의 증여 개념에 대한 해석을 그대로 답습하고 있다고는 할 수 없을 것이다. 『도덕을 위한 노트』 그리고 『문학이란 무엇인가』에서 다루어지고 있는 창조를 통한 관용의 도덕의 정

립 가능성을 제시하고 있는 점, 그리고 진리vérité의 전승 문제를 놓고
행해지는 증여에 대한 설명,[40] 그리고 그 과정에서 호소와 같은 새로운
개념을 도입하고 있는 점, 증여 등의 개념을 통해 미학과 도덕을 연결
하고 있는 점 등은 모두 사르트르의 독창적인 사유인 것으로 보인다.

　사르트르는 이처럼 모스의 증여 개념을 '전유explorer'—들뢰즈G.
Deleuze의 용어대로—하여 자기만의 도덕을 정립하려고 노력하고 있
다. 이에 비해 모스의 「증여론」으로부터 커다란 영향을 받은 앞에서 우
리가 예시했던 다른 학자들, 가령 데리다, 부르디외, 바타유, 보드리야
르 등의 이론이 모스의 이론과 어떤 편차를 보이고 있는가, 그리고 다
른 한편으로 모스의 이론으로부터 출발해서 어떤 새로운 이와 관련하
여 특히 지금 우리가 살고 있는 사회와 관련하여 관용, 증여를 통한 도
덕의 정립 가능성을 사르트르와 다른 각도에서 생각해 보는 것도 큰 의
의가 있는 일로 여겨진다. 이와 관련하여 여기서는 다음과 같은 사실만
을 지적하는 것으로 그치고자 한다. 즉, 증여와 관용 행위에서 이 행위
의 주체인 개인, 집단 또는 국가의 주체성, 자유, 초월이 삭제된 상태,
곧 익명으로anonymat 행해지는 이러한 행위들을 진정한 도덕적인 행
위들로 자리매김할 수 있다는 점이 그것이다. 다시 말해 남에게 무엇인
가를 주고 베풀면서 자기를 과시하고, 자기의 경제적 힘을 과시하고,
자기의 존재론적 힘을 과시하고, 자기의 명예와 위신을 드높이고 과시
하려는 생각, 즉 독성이 빠진 증여와 관용이 행해질 때 우리는 진정한
의미에서 이 개념들이 갖는 도덕적 의미를 말할 수 있을 것으로 보인
다. 앞에서 본 대로 사르트르는 "증여의 개념이 존재론적으로 무상이
고, 동기화되지 않았고, 이해관계와는 거리가 멀다"고 말하고 있기는

40　여기서는 다루지 않았으나 사르트르는 『진리와 실존(Vérité et existence)』을 통해 진리의 전
　　승(transmission) 과정에서 우리가 작가와 독자 사이에 맺어졌던 것과 같은 성격의 관용의
　　계약이 정립될 수 있다고 보고 있다.

하다. 그럼에도 불구하고 사르트르가 다루고 있는 증여와 관용의 개념에는 아직도 주체성이라는 독성이 여전히 배어 있다는 것을 부정할 수 없는 것으로 보인다.[41] 아마도 이런 의미에서 그는 『성 주네, 희극배우와 순교자』에서 도덕의 정립은 "불가피하면서도 불가능하다inévitable et impossible"고 말하고 있는지도 모를 일이다. 위에서 살펴본 관용의 도덕의 정립 가능성과 관련하여 지적되어야 할 또 한 가지 사항은 바로 이 도덕이 과연 '역사Histoire'와의 관련하에서 어떤 모습을 가질 것인가의 문제이다. 이 사실은 그대로 이 글의 여러 한계 중 하나에 해당한다고 할 수 있을 것이다.

---

41 이러한 시각에서 칸트가 말하는 '목적 없는 합목적성'의 문제를 다루어 볼 수도 있겠다. 과연 예술 창조는 목적 없는 합목적성인가의 문제를 말이다.

필자 소개와 기출 서지(이름 가나다순)

강초롱은 서울대학교 불어불문학과와 동 대학원을 졸업하고 프랑스 파리 7대학에서 「시몬 드 보부아르의 자서전 담론: 여성적인 것에 대한 글쓰기, 주체성, 상호주체성」으로 박사학위를 받았다. 현재 서울대학교 등에서 강의하고 있다.

이 책에 실린 「시몬 드 보부아르의 『피뤼스와 시네아스』」는 『프랑스학연구』 제64집(2013), 「윤리적 실존주의의 관점에서 본 타인 살해의 의미」는 『프랑스학연구』 제56집(2011)에 각각 실린 글을 수정한 것이다.

강충권은 서울대학교 사범대학 불어교육과와 대학원 불어불문학과를 졸업하고 프랑스 몽펠리에 3대학에서 「사르트르의 『집안의 천치』: 문학비평에서 자기비평으로」로 박사학위를 받았다. 현재 아주대학교 인문대학 불어불문학과 교수로 있다. 저서로 『사르트르의 문학적 세계』(공저), 역서로 『프랑스 혁명의 지적 기원』(공역) 등이 있다.

이 책에 실린 「사르트르의 변증법에 대한 고찰」은 『불어불문학연구』 제75집(2008), 「『닫힌 방』의 서사극적 특징에 대한 연구」는 『프랑스어문교육』 제18집(2004)에 각각 실린 글을 일부 수정, 보완한 것이다.

박정자는 서울대학교 불어불문학과를 졸업하고 동 대학원에서 「비현실 미학으로의 회귀: 사르트르의 『집안의 백치』를 중심으로」로 박사학위를 받았다. 현재 상명대학교 명예교수이며, 이화여자대학교 대학원(서양화전공)에서 강의하고 있다. 역서로 사르트르의 『지식인이란 무엇인가』, 『변증법적 이성비판』(공역), 『상황』 제5권 등, 저서로 『잉여의 미학』, 『마그리트와 시뮬라크르』, 『시선은 권력이다」등이 있다.

「타인 없는 세계」는 이 책을 통해 처음 발표하는 글이다.

변광배는 한국외국어대학교 불어과와 동 대학원을 졸업하고 프랑스 몽펠리에 3대학에서 「장폴 사르트르의 소설과 극작품에 나타난 폭력의 문제」로 박사학위를 받았다. 현재 한국외국어대학교 등에서 강의를 하고 있으며, 프랑스인문학연구모임 '시지프'를 이끌고 있다. 저서로 『존재와 무: 자유를 향한 실존적 탐색』, 『제2의 성: 여성학 백과사전』 등, 역서로 『사르트르 평전』, 『변증법적 이성비판』(공역) 등이 있다.

이 책에 실린 「사르트르의 시선과 신체에 관한 한 연구」는 『불어불문학연구』 제37집(1998)에 실린 글을 수정, 보완한 것이다. 「사르트르의 증여론」은 한국불어불문학회 주최 사르트르 탄생 100주년 기념 학술대회(2005)에서 발표한 글을 수정, 보완한 것이다.

심정섭은 서울대학교 문리과대학 국어국문학과를 졸업하고 동 대학원에서 석사학위 취득 및 박사과정 수료 후, 프랑스 파리 고등사회과학연구원대학(EHESS)에서 「사르트르의 문학비평과 문학사회학」으로 박사학위를 받았다. 서울여자대학교 인문대 불어불문학과에 재직하였고 지금은 동 대학교 명예교수이다. 논문으로 「사르트르의 문학비평과 철학적 인식」, 「사르트르의 문학과 이데올로기」, 「사르트르의 실존적 상상력과 개별적 보편성: *Les Mots*를 중심으로」 등이 있다.

이 책에 실린 「『문학이란 무엇인가』를 위한 변명」은 『현대비평과 이론』 제7호(1994)에 「『문학이란 무엇인가』를 어떻게 읽을 것인가?」라는 제목으로 실린 글을 대폭 수정, 보완한 것이다.

오은하는 서울대학교 불어불문학과와 동 대학원을 졸업하고 프랑스 파리 3대학에서 「장폴 사르트르의 픽션작품 속 여성형상 연구」로 박사학위를 받았다. 현재 인

천대학교 조교수로 재직하고 있다.

이 책에 실린 「사르트르의 시선과 관계의 윤리」는 『불어불문학연구』 제94집 (2012), 「『한 지도자의 어린시절』과 파시즘 비판」은 『불어불문학연구』 제86집 (2011)에 각각 실린 글을 수정, 보완한 것이다.

윤정임은 연세대학교 불어불문학과와 동 대학원을 졸업하고 프랑스 파리 10대학에서 「성 주네, 배우와 순교자: 서문에서 문학비평까지」로 박사학위를 받았다. 현재 중앙대학교 등에서 강의하고 있다. 역서로 사르트르의 『시대의 초상』, 『변증법적 이성비판』(공역), 『상상계』, 장 주네의 『자코메티의 아틀리에』 등이 있다.

이 책에 실린 「사르트르의 『킨』 연구」는 『한국프랑스학연구』 제60집(2012), 「사르트르와 메를로퐁티」는 『인문과학』 제98집(연세대학교 인문과학연구소, 2013)에 각각 실린 글을 수정, 보완한 것이다.

장근상은 서울대학교 불어불문학과를 졸업하고 프랑스 푸아티에 대학에서 석사, 파리 10대학에서 「장폴 사르트르 희곡의 역사 수용」으로 박사학위를 받았다. 현재 중앙대학교에 재직하고 있다. 이 책에 실린 「사르트르의 '진실같음'」은 『불어불문학연구』 제86집(2011)에 실린 글을 간추린 것이다. 「사르트르의 베네치아」는 『프랑스어문교육』 제26집(2007)에 「사르트르의 비참여문학」이라는 제목으로 실린 글을 간추리고 수정, 보완한 것이다.

정경위는 서울대학교 문리과대학 불어불문학과를 졸업하고 프랑스 파리 7대학에서 「한국과 프랑스의 사실주의: 모파상의 『여자의 일생』과 채만식의 『탁류』」로 박사학위를 받았다. 현재 숭실대학교 명예교수이다.

이 책에 실린 「사르트르의 존재론으로 본 미셸 투르니에의 『방드르디, 태평양의 끝』」은 『불어불문학연구』 제86집(2011)에 「『방드르디, 태평양의 끝』에 나타난 존재론적 양상」이라는 제목으로 실린 글을 수정, 보완한 것이다.

조영훈은 한국외국어대학교 불어과와 동 대학원을 졸업하고 프랑스 파리 8대학에서 「사르트르와 『자유의 길』: 전쟁의 글쓰기의 제 문제」로 문학박사학위를 받았다. 현재 전남대학교 불어불문학과 교수로 재직하고 있다. 역서로 『지식인을 위한 변명』, 논문으로 「사르트르의 주체성의 사실주의」, 「전쟁의 이야기체와 몽타주 기법: 『희망』과 『자유의 길』 연구」 등이 있다.

이 책에 실린 「사르트르의 전쟁의 글쓰기와 미학」은 『프랑스학연구』 제56집 (2011)에 실린 글을 수정, 보완한 것이다.

지영래는 고려대학교 불어불문학과와 동 대학원을 졸업하고 프랑스 스트라스부르 대학에서 문학박사학위를 받았다. 현재 고려대학교 불어불문학과 교수로 재직하고 있다. 역서로 『사르트르의 상상력』, 『닫힌 방·악마와 선한 신』 등, 저서로 『집안의 천치: 사르트르의 플로베르론』, 『실존과 참여』(공저) 등이 있다.

이 책에 실린 「사르트르, 플로베르를 읽다」는 『집안의 천치: 사르트르의 플로베르론』(고려대학교 출판부, 2009)의 제3부(pp. 113-59)에 해당하는 내용을 중심으로 수정, 보완한 것이다.

기파랑耆婆朗은 삼국유사에 수록된 신라시대 향가 찬기파랑가讚耆婆朗歌의 주인공입니다. 작자 충담忠談은 달과
시내의 잣나무의 은유를 통해 이상적인 화랑의 모습을 그리고 있습니다. 어두운 구름을 헤치고 나와 세상을 비추는
달의 강인함, 끝간 데 없이 뻗어나간 시냇물의 영원함, 그리고 겨울 찬서리 이겨내고 늘 푸른빛을 잃지 않는 잣나무
의 불변함은 도서출판 기파랑의 정신입니다.

카페 **사르트르**

사르트르 연구의 새로운 지평

1판 1쇄 발행일 2014년 11월 10일

지은이 | 한국사르트르연구회
펴낸이 | 안병훈
펴낸곳 | 도서출판 기파랑
표지디자인 | 김정환
본문디자인 | 커뮤니케이션 울력
등록 | 2004년 12월 27일 제300-2004-204호
주소 | 서울특별시 종로구 대학로8가길 56(동숭동 1-49) 동숭빌딩 301호
전화 | 02-763-8996(편집부) 02-3288-0077(영업마케팅부)
팩스 | 02-763-8936
이메일 | info@guiparang.com

ISBN 978-89-6523-877-5 93100